国家社科基金重大课题项目（18ZDA056）
国家社科基金一般课题项目（22BJY100） 研究成果

“三重压力”之下中国中小企业稳进提质

——若干问题研究——

刘淑春 林汉川 金 洁
杨 冕 王分棉 ◎等著

企业管理出版社
EMPH
ENTERPRISE MANAGEMENT PUBLISHING HOUSE

图书在版编目（CIP）数据

“三重压力”之下中国中小企业稳进提质若干问题研究 / 刘淑春等著.
—北京：企业管理出版社，2022. 12

（中国中小企业高质量发展系列）

ISBN 978-7-5164-2715-6

Ⅰ. ①三…　Ⅱ. ①刘…　Ⅲ. ①中小企业—企业发展—研究—中国
Ⅳ. ①F279. 243

中国版本图书馆 CIP 数据核字（2023）第 066789 号

书　　名：“三重压力”之下中国中小企业稳进提质若干问题研究

书　　号：ISBN 978-7-5164-2715-6

作　　者：刘淑春　林汉川　金洁　杨冕　王分棉　等

责任编辑：赵喜勤

出版发行：企业管理出版社

经　　销：新华书店

地　　址：北京市海淀区紫竹院南路 17 号　　**邮　　编**：100048

网　　址：http：//www. emph. cn　　**电子信箱**：zhaoxq13@ 163. com

电　　话：编辑部（010）68420309　发行部（010）68414644

印　　刷：北京厚诚则铭印刷科技有限公司

版　　次：2022 年 12 月第 1 版

印　　次：2022 年 12 月第 1 次印刷

开　　本：787 毫米×1092 毫米　1/16 开本

印　　张：40 印张

字　　数：760 千字

定　　价：238. 00 元

本著作系以下项目研究成果

国家社科基金重大课题项目“新时代加强中国中小微企业国际竞争力的模式与路径研究”（批准号18ZDA056）

国家社科基金一般课题项目“创建新时代企业风险大数据动态预警监管的新体系新模式与运行保障机制研究”（批准号22BJY100）

浙江省新型重点专业智库杭州电子科技大学浙江省信息化发展研究院资助项目

浙江省新型重点专业智库浙江工业大学中国中小企业研究院资助项目

前　言

本书是国家社科基金重大课题项目“新时代加强中国中小微企业国际竞争力的模式与路径研究”（批准号：18ZDA056）、国家社科基金一般课题项目“创建新时代企业风险大数据动态预警监管的新体系新模式与运行保障机制研究”（批准号：22BJY100）的阶段性研究成果，也是浙江省新型重点专业智库杭州电子科技大学浙江省信息化发展研究院、浙江省新型重点专业智库浙江工业大学中国中小企业研究院资助的研究成果。

纵观新一轮发展格局与态势，世界百年未有之大变局加速演进，全球进入了大变革、大转型、大调整的历史时期，我国宏观经济面临“需求收缩、供给冲击、预期转弱”三重压力，中小企业所处的发展环境和面临的困难挑战发生了极为显著的变化，这对中小企业稳进提质提出了新命题、新挑战、新使命。党的二十大报告指出，要“支持中小微企业发展”“营造有利于科技型中小微企业成长的良好环境”“支持专精特新企业发展”，这为中小企业加快迈向高质量发展之路指明了方向。中小企业是我国经济的“毛细血管”和市场主体“金字塔”的塔基，也是实体经济发展的重要力量来源，其稳进提质是现代化经济体系建设和产业链供应链韧性增强需要高度关注和研究的重要问题。在全球经济出现大变革、大转型、大调整的背景下，特别是在“需求收缩、供给冲击、预期转弱”三重压力背景下，探讨我国中小企业稳进提质已成为亟待研究解决的重大理论命题和实践问题。

第一，国际组织持续聚焦中小企业的生存和发展问题，特别是亚太经济合作组织（APEC）领导人非正式会议已连续多年向全球发出号召与呼吁，把支持中小企业高质量发展作为世界经济增长的核心议题。

APEC 认为中小企业高质量发展是增强产业链供应链韧性和提升经济竞争力的重要基础，APEC 领导人非正式会议已连续多年向全球发出号召与呼吁。第 27 届 APEC 成员中小企业部长视频会议指出，各经济体需要采取有力行动促进中小微企业和初创企业的发展，通过促进开放且包容的贸易和投资环境来确保这些企业进入国际市场和供应链；同时随着APEC地区进入经济恢复的下一阶段，要继续通过纾困计划满足企业需求，为小企业参与创新性的、环保可持续的实践活动创造有利环境。《2021年APEC中小企业部长会议联合声明》表示，创新发展对激励中小企业内生动力、提升中小企业可持续发展水平至关重要，会议讨论通过《关于促进中小企业创新发展的南京宣言》，呼吁各经济体采取有力措施推动中小企业创新发展，建立创新激励机制，以创新推动中小企业可持续发展。2022年6月，APEC领导人非正式会议深入讨论通过数字化技术推动中小企业转型和发展问题，面向全球发布了《2021年中小企业数字化指数报告》和《支持亚太中小企业数字化转型的倡议》，APEC领导人越来越形成共识的是，数字化是经济复苏的重要推动因素。由此可见，APEC领导人非正式会议已经把中小企业发展作为极其重要的议题，并持续探索如何支持中小企业高质量发展这一问题。

第二，面对“需求收缩、供给冲击、预期转弱”三重压力，以及全球滞胀风险上升、俄乌冲突、美联储加息等外部环境不稳定不确定因素影响，中小企业生存发展环境面临新形势、新挑战、新问题。

中小企业是我国市场主体的生力军，全国4842万户企业（市场主体1.5亿户）之中，99%是中小企业，中小企业贡献了50%以上的税收、60%以上的GDP、70%以上的科技创新成果、80%以上的城镇劳动就业、90%以上的企业数量（数据来源：2018年国务院促进中小企业发展工作领导小组第一次会议国家领导人的讲话），中小企业的生存发展困境势必会对中国经济稳进提质造成不容忽视的影响。外部环境的剧烈震荡对广大企业，特别是量大面广的中小企业生产经营造成了严重冲击，同时叠加俄乌冲突、美联储加息、全球滞胀风险上升等综合因素，中小企业呈现发展预期低、投资意愿弱、亏损面广等特点。在如此错综复杂、挑战巨大的宏观环境之下，针对中小企业的政策扶持需要从“放水养鱼”走向“放水救鱼”，不仅要推出传统的财政政策、产业政策、金融政策等，更要结合当前中小企业发展的实际需求，量体裁衣推出更富有针对性的政策工具组合拳，帮助中小企业渡过难关。

第三，全球不少国家，特别是德国、日本、韩国等发达国家纷纷通过数字化变革实现中小企业高质量发展，中国亟须探索符合实际的中小企业数字化变革路径，以破解中小企业现实困境。

中小企业是全球经济的重要支撑，不少国家纷纷寻找助推中小企业纾困解难和高质量发展的路径，中小企业数字化变革已成为全球各国数字化战略的重点，特别是不少发达国家针对中小企业数字化制定实施了十分明晰的长远战略计划，如德国政府推出了“Digital Now 2021”“中小企业数字化转型行动计划”，以及第五版“中小企业4.0数字化生产和工作流程”；日本实施“身の丈IT”计划——适合中小企业身高（体量、规模、素养）的数字化系统；韩国实施数字代金券计划、“大中小企业双赢型”智能工厂计划等，并且建立“数字一站式商店”；新西兰政府实施了“数字化解决方案”战略，打造“全世界小企业数字化程度最高”经济体；西班牙政府启动“数字工具包”计划，等等。由此可见，推动中小企业数字化变革实现高质量发展已成为发达国家普遍关注的热点问题，说明数字化变革既是顺应数实融合发展趋势的必要之举，也是中小企业应对外部不确定性冲击、实现高质量发展的必由之路。但由于中小企业长期存在的抗风险能力弱、数字化基础落后、数字化思维缺失等问题，加之资源与能力的约束，限制了其数字化变革的步伐，数字化程度远低于大企业。而且中小企业与大企业的数字化变革理论依据、实践路径、演进逻辑差异极大，大中小企业的数字化变革容易陷入“强者恒强、弱者愈弱、平台挤压、赢者通吃”境地，同时不同行业、不同领域、不同规模的中小企业数字化变革效应存在显著异质性。当前，中小企业通过数字化变革创造多维价值，进而提升企业绩效的过程仍是“黑箱”，囿于数字化变革基础薄弱、数改投入大、投资回收期长、平台经济挤压等因素影响，中小企业普遍面临数字化转型“不敢转”“不愿转”“不会转”“无能力转”“转不好”“转得慢”“转死了”等现实困境，由此面临较大的变革风险并可能影响其高质量发展。

第四，中小企业是保产业链供应链畅通稳定的重要力量，在我国产业链供应链稳定性面临前所未有的冲击和考验背景下，需要以超预期的力度帮助中小企业纾困解难和稳进提质，有效应对风险挑战并巩固产业链供应链韧性。

当前，全球产业链供应链面临极大的不确定性，逆全球化和贸易保护主义抬头给中国产业链供应链带来了前所未有的冲击和史无前例的考验，特别是美国致力重构全球产业链和打造新的经济发展体，推动制造业回归美国本土或布局在英国、加拿大、澳大利亚、新西兰、新加坡、印度等英联邦国家，以及日本、韩国等军事同盟国家。受中美贸易摩擦影响，美国等对中国高端并购项目严加审查限制，高科技领域跨国并购受阻，部分跨国公司逐渐调整产业链布局。能否实现产业链供应链的稳定和安全是全面恢复生产系统的重要检验，也是中国制造竞争优势和国际竞争力的重要体现。中小企业围绕产业链供应链形成了环环相扣的产业生态，是保持和提升产业链供应链稳定性和竞争力的重要力量。习近平总书记致信祝贺2022全国专精特新中小企业发展大会召开时强调：“希望专精特新中小企业聚焦主业，精耕细作，在提升产业链供应链稳定性、推动经济社会发展中发挥更加重要的作用。”我国《“十四五”促进中小企业发展规划》指出，紧紧围绕“政策体系、服务体系、发展环境”领域，紧盯“提升中小企业创新能力和专业化水平”目标，构建“321”工作体系，支持中小企业成长为创新重要发源地，进一步增强中小企业综合实力和核心竞争力，推动提升产业基础高级化和产业链现代化水平。在当前背景下，需要进一步加大对中小企业的纾困帮扶力度，实施小微企业所得税优惠、增值税留抵退税、小规模纳税人免征增值税等税收优惠政策，针对专精特新中小企业提供技术改造和转型升级专项金融支持，以更有力的举措推动中小企业健康发展，以最终稳住产业链供应链和经济基本盘。

本书聚焦中国中小企业稳进提质若干重大理论与实践问题研究，通过深入实际求真务实地调查研究，撰写了一系列具有前瞻性、战略性和针对性、可操作性的研究报告。本书坚持理论的先导性和对实践的指导性，针对中小企业稳进提质若干问题进行深入探讨，一系列成果发表于《中国工业经济》《系统工程理论与实践》《经济评论》《外国经济与管理》等核心以上期刊，以及《人民日报》（理论版）、《光明日报》（理论版）等权威报纸，力求从理论的层面进行探索，为政策实践提供理论支撑。同时，坚持把研究成果写在大地上，坚持问题导向、实践导向、应用导向，通过实实在在的理论分析和实地调研，深入挖掘我国中小企业稳进提质的现实突破口和可行路径，20 多篇研究报告得到了国家领导人、省主要领导等 30 多次重要批示，相关政策建议被国家部委、省级政府部门采纳，转化为政府的政策措施，真正实现了理论研究的政策价值和社会效应。

本书分五篇共 38 章，主要由刘淑春、林汉川等同志负责，刘淑春、林汉川负责总体设计与统撰工作。参加本报告撰写的成员有（以章节为序）：前言林汉川、刘淑春，第 1 章刘淑春、张思雪、闫津臣、林汉川，第 2 章刘淑春、林洲钰、林汉川，第 3 章刘淑春、马源、林汉川等，第 4 章刘淑春、林汉川，第 5 章刘淑春、林汉川，第 6 章刘淑春、林汉川，第 7 章刘淑春、林汉川，第 8 章刘淑春、辛金国、林汉川等，第 9 章杨冕、徐江川、杨福霞，第 10 章杨冕、袁亦宁、万攀兵，第 11 章翁胜斌、刘淑春等，第 12 章刘淑春、林汉川等，第 13 章刘淑春、林汉川，第 14 章刘淑春、林汉川，第 15 章刘淑春、张国胜、林汉川，第 16 章徐飞、杨冕，第 17 章王分棉、贺佳、孙宛霖，第 18 章王分棉、贺佳，第 19 章王分棉、任倩宜、周煊，第 20 章刘淑春、潘李鹏、陈玮、金洁等，第 21 章刘淑春、徐吉成等，第 22 章刘淑春、陈玮、林汉川，第 23 章刘淑春、金洁、陈玮，第 24 章刘淑春、林汉川，第 25 章刘淑春、张思雪、林汉川等，第 26 章林汉川、刘淑春，第 27 章杨冕、王恩泽、叶初升，第 28 章刘淑春、李青原、林汉川等，第 29 章刘淑春、林汉川，第 30 章傅啸、刘淑春、金洁、陈玮，第 31 章林汉川、刘淑春，第 32 章林汉川、刘淑春、林洲钰，第 33 章程宣梅、刘淑春等，第 34 章刘淑春，第 35 章刘淑春、林汉川，第 36 章刘淑春、辛金国、林汉川，第 37 章刘淑春、潘李鹏、金洁、陈玮等，第 38 章刘淑春等。

本书基于大量的基层一线调查研究、学术专题研讨、广泛征集意见等过程提炼而成，得到了教育部社会科学司、国家哲学社会科学基金规划办公室、国家自然科学基金委员会管理科学部，国务院发展研究中心企业研究所，工业和信息化部中小企业司，浙江省哲学社会科学规划办公室、浙江省社科联、浙江省教育厅、浙江省经济和信息化厅、浙江省市场监管局等有关单位和部门，以及杭州电子科技大学浙江省信息化发展研究院、浙江工业大学中国中小企业研究院等高校领导的指导、关怀和帮助，他们为本研究提出了很多中肯的意见和建议，使得本研究内容充实、数据翔实、方法严谨、资料丰富，在此表示诚挚的感谢！特别需要指出，本研究在实地调研过程中得到了浙江省和杭州市、宁波市、温州市等地方政府，以及很多企业、行业协会等支持和帮助，为本研究提供了大量鲜活丰富的案例和素材，使得本研究更好地将理论研究与基层实践结合起来。同时要说明的是，尽管起草组本着精益求精的态度进行认真撰写和必要的校核，但囿于能力和水平有限，加之时间所限，书中难免存在不妥与纰漏之处，敬请各位学界同仁和读者朋友批评指正！

目　录

第一篇　数字化转型变革与中小企业稳进提质

第四篇　海内外市场开拓与中小企业稳进提质

第五篇 营商环境优化与中小企业稳进提质

图目录

表目录

第一篇 数字化转型变革与中小企业稳进提质

第1章 成本粘性作用与企业数字化转型路径
——基于全国第一个信息化与工业化深度融合国家示范区1950家企业的动态研究

第一节 问题的提出

数字经济的指数级增长和企业的数字化转型推动着商业模式的快速迭代，各类数字化技术的创新、研发和应用，促使传统企业生产、经营、管理方式快速变革，为新一轮技术革命背景下的产业革命按下了“加速键”（李海舰等，2020），成为经济结构调整和高质量发展的新形态（裴长洪等，2018）和国家经济增长的“新引擎”（UNCTAD，2019；陈晓红等，2022）。十九大报告指出：“大力推进互联网、大数据、人工智能和实体经济深度融合。”十九届五中全会强调：“坚持把发展经济着力点放在实体经济上，坚定不移建设数字中国，……加快数字化发展。”企业数字化转型已成为实现数字技术驱动下的信息化和工业化深度融合（以下简称“两化”融合），进而推动产业结构转型升级，赋予经济增长“新动能”的重要路径，亦是构建以数字经济为核心、新经济为引领的现代化经济体系迫切需要研究的重大命题（陈晓红，2020）。数字技术的广泛应用推动企业自身治理机制，以及内部管理的系统性变革，改变了产品生产流程、企业运作效率、资源组织方式和现在正在改变、将来可能更快变化的商业模式创新（George et al.，2016；刘洋等，2020；陈春花等，2019），成为企业适应新发展阶段背景下市场竞争必须做出的战略抉择。

然而，企业数字化转型的过程并非一蹴而就（李海舰等，2014），需要长期、持续、执着的投资，以及相应的内部管理方式调整，根据企业自身的行业属性、资源禀赋、工业基础、业务环境、收入成本等寻找符合实际情况的数字化转型路径（陈冬梅等，2020）。而转型过程中需要高度关注的问题是，企业数字化投资成本随着业务量上升和下降的变动幅度是不对称的，也就是存在成本粘性现象（Anderson et al.，2003）。已有研究认为，中小企业规模较小、风险承担能力较弱，实行数字化投资后，具有较高的调整机会成本，从而可能形成成本粘性，挤占企业可用资本规模；而规模较大的企业数字化转型投资额大，具有较高的调整成本，表现为更高的数字化转型成本粘性和更高的数字化“统治力”（韩岚岚，2018），同时，市场中如果存在占据一定市场份额的数字化经营者时，市场外的潜在进入者会面临较高的准入门槛和进入壁垒，市场外潜在厂商进入该市场后，在短期内也很难形成有效的竞争力（孙武军等，2006），存在收入分配差距加大和形成垄断市场的风险（Rochet and Tirole，2008；苏治等，2018）。显然，数字化转型不是单纯意义上的技术变革，推动难度好比一口气“突破了、顶住了，可能就是一片新的天地；有时候没有过去，又回到起点”。美的集团董事长方洪波认为：“每年考虑数字化转型投入都是他最艰难、最焦虑的时刻，数额大至每年投几十亿。”每位管理者都深知“这项投资没错，但无法预知结果。焦虑就是未知”。回首已经进行数字化转型的企业，其领导者认为自身是被逼的，不得不做出数字化转型的选择。换言之，企业面临“投资风险高、不投资等死”的“数字化转型困境”，这是本章现实逻辑和理论逻辑的出发点。

企业作为市场经济结构的基本单元和重要组成部分，是实现数字化转型的主要载体。从经营管理结构分析，企业数字化转型的本质是由“工业化”向“信息化”的动态发展；从软件技术层面分析，是数字化管理软件、大数据、人工智能、物联网、区块链等新一代信息技术在企业组织、生产、管理、经营等各方面的应用，赋予企业对大规模数据信息的处理能力，有效捕捉市场信息和预测市场供需动态变动，实现“生产”和“销售”决策的准确、高效匹配（Maas，1999），降低搜寻、生产、管理、交易成本（Borenstein et al.，2001）；从硬件层面分析，数字化硬件应用不仅催生了一个新兴的数字化硬件制造业，而且推动了企业日常生产经营的标准化和智能化，进而逐步打破工业化管理依赖路径（肖静华等，2015），实现企业生产管理结构从管理形式到管理能力的根本性变革（陈剑等，2020）。数字化转型为传统产业结构转型升级提供了重要技术支持、经验参考和推动力量（许恒等，2020）。IDC 报告数据显示，全球已有 67%的企业将数字化转型作为企业的核心战略，但受制于管理能力变革的滞后性、企业资源禀赋和生产流程与数字技术的耦合性，中国数字化转型对企业绩效的提升并不显著（埃森哲，2020），其中，成本粘性高、企业转型能力弱、成本高、周期长成为导致这一后果的主要因素。因此，研究企业数字化转型投资行为的粘性特征，探索其内在机制和一般性规律并加以利用，对于破解企业“数字化转型困境”具有重要的理论价值和现实意义。

企业实际经营过程中，数字化转型是数字投资、技术研发应用、生产力和生产关系相互作用的动态过程，体现为数字化软件和硬件在经营管理过程中的应用过程，如何合理地在企业日常经营管理、数字化转型和扩大再生产之间配置资本，是企业制定生产投资决策时首先需要考虑的重要问题。如图 1-1（a）所示，一方面，数字化转型企业中，数字化软硬件投资对数值的中位数约为 4，数字化销售对数值的中位数仅为 8，前者约占后者的 50%，可见，投资产出比例较高，且数字化软硬件投资存在较高的离群值，部分企业选择高额的数字化转型投资；另一方面，数字化成本对数值中位数约为 7，即数字化软硬件投资所带来的成本额的提升相较于销售额较低，可能的原因来自数字化应用降低了采购成本。因此，企业会根据自身经营状况调整数字化投资成本，如图 1-1（b）所示，其中，横轴为企业数字化成本变动额，纵轴为企业数字化收益变动额，直线为一阶拟合线，企业数字化成本变动和收益变动呈现正相关关系，较高的数字化产出增长会给予企业扩大数字化投资的激励。然而，较高的数字化软硬件投资额也意味着企

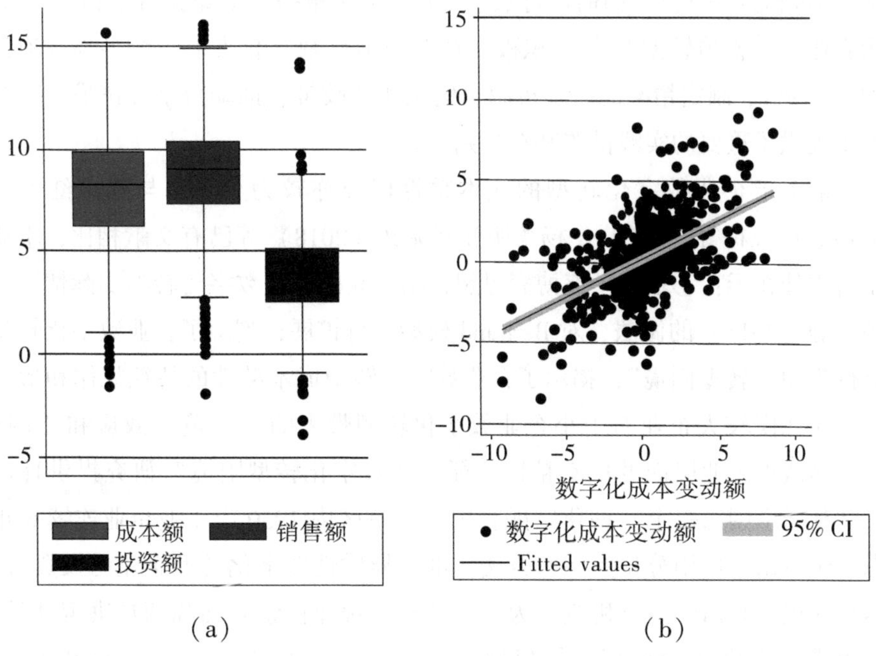

图 1-1 企业数字化软硬件投资成本与数字化收益

业无法将大部分数字化收益投资到扩大再生产中；较高的数字化成本额同时挤占了企业传统业务的净利润空间，进一步压缩了企业可以用于扩大生产规模的资产规模。由此可见，企业的数字化转型和投资是个长期的过程，调整成本和成本粘性较高，企业经营管理风险也在这一过程中逐步提高，继续投资“破釜沉舟”，还是“坐以待毙”不进行转型，成为企业数字化经营投资面临的重要困境和现实问题。

相对于数字经济快速发展的实践，数字经济发展相关理论研究比较滞后，数字化环境下企业转型研究也只是刚刚起步（戚聿东和褚席，2021；Adner et al.，2019），现有的企业数字化管理变革研究主要集中在宏观层面，对于微观层面的企业投资行为和成本模式的研究仍处于理论探索和案例研究阶段，缺乏规范的实证结果支撑和经验证据（陈剑等，2020）。具体而言，关于企业数字化转型投资行为和规律特征的研究较为匮乏的主要原因在于数据的缺失和较难获取，已有研究使用的 A 股数据无法捕捉到中小企业数字化转型的信息特征，而这部分市场主体的数字化表现却能够真实体现我国企业数字化转型的现实状况和困境。基于第一个国家级“两化”融合示范区内企业连续 6 年数字化转型动态调研面板数据的分析，为本章的理论研究提供了坚实的数据基础。本章有关解释和破解企业“数字化转型困境”的理论依据研究——企业数字化转型过程中的投资决策倾向，以及基于企业异质性特征对数字化成本粘性测度、形成内在机理和一般规律的初步探索，为企业是否进行/如何进行数字化转型的决策提供了经验借鉴和理论参考，也为企业从“被迫转型”向“积极变革”过渡的数字化发展，为各地政府深化“两化”融合、制定精准的激励机制、优化扶持政策、推动数字经济发展和数字化变革提供了重要的实践借鉴和有益判断。

目前关于企业数字化转型的成本粘性研究亦较为少见，与李婉红和王帆（2021）、廖飞梅等（2019）、杨德明和刘泳文（2018）等已有文献相比，本研究的创新之处在于：①基于动态博弈思想，结合我国企业数字化转型实际情况，参考杨其静（2011）的做法，对 Bertrand 模型进行扩展，刻画了企业数字化转型的投资行为和“转型困境”，揭示了企业数字化转型成本粘性的特征规律和形成机制，探讨规模较大企业对中小企业数字化转型带来的“示范”效应和“倒逼”效应，为微观企业层面的成本粘性特征和“数字化转型困境”研究提供理论基础。②基于全国第一个“两化”融合国家示范区内 1950 家工业企业连续 6 年的动态调研数据，使用分位数回归方法，剖析异质性数字化转型企业的投资行为、成本粘性规律和内在运行机制，为成本粘性的规律探索和面临两难决策/困境时的行为模式提供经验证据。③根据 Anderson 等（2003）、Noreen 和 Soderstrom（1997）的粘性估计方法，对企业数字化转型成本粘性进行测度，并参考 Powell

(2020) 的分析方法，从数字化总成本粘性、数字化运营成本粘性和数字化劳动力成本粘性等角度，探讨企业数字化转型随着投资规模逐步扩大呈现的愈加明显的粘性特征，从有利于企业发展的成本粘性特征转变为表现出负面影响的粘性特征过程，以及其达到峰值的所在区间，为制定精准的激励政策体系提供了实证支持，使研究结果具有理论意义和实践价值。

第二节 文献综述

一、企业数字化转型及相应的成本投入

数字赋能（Digital Empowerment）越来越成为企业转型升级的主流趋势（陈冬梅等，2020），尤其是随着大数据、云计算、物联网等新一代数字技术快速发展，数字化变革正在深刻影响企业生产的质量变革、效率变革、动力变革，以及资源配置效率的先进性（Arntz et al.，2016；刘淑春，2019），不仅促使企业在生产端优化要素资源配置，重塑企业生产流程，促进按需定制、智能生产和市场的快速响应，而且重构了传统的商业模式逻辑，推动企业管理的系统性转变，进而实现运营效率和组织绩效的提升（戚聿东，2020；Zott et al.，2011）。

数字化转型在一定程度上是企业组织协调及技术适应的过程，通过设备互联和数字化软件构建工厂的数字映射系统，进行相应的调适并且优化或重新配置要素资源和完善管理策略（Yeow et al.，2018），进而实现生产体系智能化、模块化和管理体系高效化、柔性化，当然这需要企业在数字化转型方面进行持续不断的投入，对原有的生产装配线和业务单元流程进行技术改造，通过生产流程、经营模式、管理架构的匹配性改革，实现企业生产的数字化定义。数字技术的运用赋予企业加快业务模式创新的能力，提高对市场供需结构变化的反应速度（Mikalef，2017），在这一过程中，数字化技术的投入和应用能够产生正向的技术溢出效应（D' Aspremont，1990），推动企业提升市场服务质量（Wallsten，2015）。但企业仅以技术导向进行数字化转型，已无法有效发挥数字化转型带来的优势，需要以转型需求和业务能力相匹配为靶向目标，以实现企业自身的价值创造为根本目的，重构企业的业务体系、商业模式和价值模式（尤尔根·梅菲特和沙莎，2018）。

成本的控制和领先优势是企业在市场中获得竞争优势的重要路径选择，企业数字化转型过程中必然需要面对投入成本这个现实问题。换言之，企业需要有效控制成本，尽可能降低成本，才能获得更大的市场发展空间（杨德明和刘泳文，2018）。通过生产流程、管理流程、营销流程等数字化转型，进一步降低生产经

营成本、提升产品质量、不断扩大动态化的价值增值空间，逐步实现信息数字化、业务数字化和整体数字化（吴群，2017）。在这一过程中，企业将面对数字化投入成本和利用数字技术降本增效的问题，实际上在增加数字化资本投入的同时通过数字化的协作降低了搜索成本、信息成本、沟通成本、管理成本等交易成本（Goldfarb and Tucker，2019），只有找出生产经营环节或产品成本控制不到位的地方，实施更为精准的成本控制，才能在不断加大数字化投入的情况下获得更高的产出。

二、成本粘性与企业数字化转型的关系

与传统成本性态模型不同，成本粘性主要表现在业务量上升成本的边际增加量和业务下降成本的边际减少量之间的非对称变动现象（Anderson et al，2003），尤其是资源投入冗余与错配可能导致较高的成本粘性（谢获宝和惠丽丽，2017）。尽管国内外理论界对企业的成本粘性现象进行了极有价值的探索和贡献，亦发现成本粘性与企业管理、企业规模、财务指标、行业属性等特征存在相关性（Calleja et al.，2006；Banker and Byzalov，2014；刘武，2006；孔玉生等，2007；孙铮和刘浩，2004），但针对企业数字化转型的成本粘性进行的研究比较匮乏。企业数字化投入占用了大量人力资本、技术资源和培训资源，存在收益上的滞后性（Hall et al.，2010；梁上坤，2015；周兵，2016）。识别数字化成本粘性及其影响因素，对于企业有效进行数字化转型和提升企业生产经营效率具有重要意义（梁上坤，2015；Costa and Habib，2020）。

数字化转型有利于企业智能技术改造、优化生产管理流程、降低生产经营成本（Mikalef and Pateli，2017），但也会颠覆其商业模式或价值创造方式，尤其是软硬件、数据、员工之间能否实现有效的数字化交互导致并非所有企业都能从中受益（Hajli et al.，2015）。其数字化固定资本和数字化人才的薪资成本占据了数字化变革投入的较大比例，所创造的无形资产、潜在的技术积累和管理效率提升也只会在未来逐步为企业创造收益，这类收益转化需要一定的过程和时间，这一特征决定了企业数字化转型投资具有较大的成本粘性。因此，企业如何根据所属行业属性、规模体量、技术优势、转型需求等特征，制定合理的数字化转型投资决策显得十分重要。

企业数字化转型的成本粘性主要来自资源调整成本、管理者偏好、代理成本等主要因素（Anderson et al.，2003；Banker，2011）。调整成本（Adjustment Costs）在企业成本中具有非对称性特征（陆旸，2015），是成本粘性的重要原因之一，企业成本费用的变化不仅取决于其当期业务量的变化，而且取决于现有生产能力及预期未来业务量的变化。一般情况下，企业向下调整承诺资源的成本要

高于企业向上调整承诺资源的成本，当企业的业务量下降时，企业成本下降的幅度要低于业务量上升时成本费用的增加幅度（江伟和胡玉明，2011）。已有研究表明，一方面，在企业数字化变革进程中，成本粘性是客观存在的，且在企业规模和所有制方面存在较大的异质性（Zhong et al.，2020）。规模较大的企业成本粘性较高（韩岚岚，2018），能够长期持续投入大量资本以推动数字化管理变革；中小企业的数字化转型虽然也具有成本粘性，但由于规模较小，风险承受能力较低，可能陷入"数字化投资困境"，不推进数字化转型，将在市场竞争中处于劣势地位，而推进数字化进程又会大幅提高企业经营风险，这一困境产生了"被动"的数字化管理变革成本粘性。另一方面，成本粘性对企业发展有积极促进作用，其粘性程度的增加能够推动企业继续推进数字化转型进程，同时，长期来看，适度的成本粘性对企业发展和经济结构转型具有积极作用。然而，数字化转型投资具有高投入、高风险和变现慢等特征，大型企业相对抗风险能力较强，但对于私营企业，尤其是中小企业在"投资"与"等死"之间需要进行"艰难"的抉择，政府部门经常采取一系列的政策手段推动企业的数字化发展。作为企业数字化转型主要政策手段的政府补助，可以通过补助企业成本投入和降低企业准入门槛等方式促进企业的数字化转型（南晓莉和张敏，2018；邵敏和包群，2012）。

综上，在数字经济迅猛发展的背景下，建立一个具有微观基础的数字化管理变革理论研究框架，刻画企业数字化转型的投资行为特征，充分发挥成本粘性的优势，同时规避其带来的各种弊端，对于企业的数字化转型和政策设计具有重要的理论意义和实践价值。然而，已有研究对于企业数字化转型的测度和分析大多数集中在宏观及中观层面，关于企业数字化转型的投资行为和成本管理的微观机制和内在逻辑研究较为匮乏，同时已有部分研究成果主要集中在理论研究和案例分析阶段，缺少微观企业层面的调查数据和实证分析的支持，因此，本章在长期跟踪研究企业数字化转型投入产出效率的基础上，尝试从企业层对数字化转型的成本粘性特征以及影响因素进行拓展研究，试图对企业数字化转型投资行为和模式进行深入探索和实证研究，并力争做出一定的理论拓展和政策贡献。

第三节 理论模型与研究假设

本研究遵循Tirole（1988）的主流范式构建博弈模型，引入数字化转型补贴和企业规模异质性，刻画企业数字化转型的投资行为和"投资困境"，参考杨其静（2011）的相关研究，引入政策关联和产品异质性，并以此为基准模型，引入企业投资的动态特征，对企业在长期中的投资行为进行刻画。具体而言，在 $t=0$

时，两个初始规模和禀赋不同，但其他方面同质的企业，可以将资源投入到数字化管理方面或者扩大企业生产规模，在数字化试点区域中，企业和政府之间信息不对称，带来的不确定性会影响企业的投资行为（Lee，2020），如引发部分“骗补贴”行为，因此，本研究假定企业在 $t=0$ 时期，两类企业都能够获得数字化转型补贴；在 $t=1$ 期，进行数字化转型的企业能够提高产品质量，降低成本，进而在市场竞争中占据优势地位。

一、需求结构

经济体中有 N 个消费者，且对商品品质具有偏好差异性，为了简化分析，设定一个消费者对某一商品存在一单位潜在需求，根据主流研究范式，设定品质偏好强度为 θ，受经济发展水平和收入分配水平影响，$\theta \in [\hat{\theta}\ (1+\tau)\ \hat{\theta}]$，$\tau \epsilon$ [0，1]，其中高端消费者商品价格为 p，品质为 v，令 $\tilde{\theta}=(1+\tau)\ \hat{\theta}$，代表高端消费者的偏好特征，高端消费者、中间消费者和低端消费者占人口的比例分别为 α，β，γ，满足 $\alpha+\beta+\gamma=1$，且保证中间消费者比例足够大，满足均匀分布，密度函数为 $\text{share}=\dfrac{\beta N}{\tau\hat{\theta}}$。

二、行业结构

根据试点区域的实际情况，政府对市场中所有报备的企业进行数字化转型的补贴，市场中的企业能够选择较高的数字化转型投入或者扩大较多的生产投入，在这一过程中，企业会产生非对称的投资行为（Banker，2014），对于新产品、新技术的异质性，企业非对称的投资行为会导致非对称的投资成本粘性（Ko，2021），由此导致的成本结构、定价能力和市场需求结构的异质性会进一步影响各类企业的成本粘性特征（Ciftci，2011；Banker，2014；Balakrishnan，2014）。具体而言，在 $t=0$ 时，所有的企业都能够得到数字化转型补贴，假设 j 类企业能够将补贴投入数字化转型并且选择较高的数字化投入比例，那么在 $t=1$ 期时，企业提供较少数量但更高质量且成本更低的产品，进而在市场上具有一定的垄断势力，可以设定一个较高的价格；i 类企业在 $t=0$ 期进行较少的数字化转型投入，甚至不投资，采取“骗补贴”的策略，选择扩大生产规模，但是在 $t=1$ 期时，质量保持不变，也没有市场定价能力，消费者的选择满足如下不等式：

$$\theta v_j - p_j \geqslant Q_j - p_i \tag{1-1}$$

其中 Q_j 代表第 j 个企业的产品质量，p_j 代表第 j 个企业的产品定价，由式

（1-1）解得偏好的无差异点为 $\theta^*=\frac{p_j-p_i}{v_j-v_i}$。如果偏好系数小于无差异点，那么消费者会选择第 i 类企业的商品；若偏好系数大于无差异点，则消费者会选择第 j 类企业的产品。所以，两类企业所面临的市场规模为 $\theta_i^*=\theta_j^*=\frac{1}{2}N$，$t=0$ 期以边际成本 c_0 生产品质 v_0 的同质产品，并且 $c_0\leqslant\hat{\theta}v_0$，以边际成本定价，进行 *Bertrand* 竞争，最优化时利润为 0，即：

$$\pi_i^*=\pi_j^*=0 \tag{1-2}$$

试点区域中，企业选择将一部分资源用于购买机器设备，扩大生产线，并由此提高劳动生产率，降低单位产品的生产成本，参考已有研究，设定下降后的成本为

$$c_1=c_0-f(Inv\mid Q_0) \tag{1-3}$$

其中 Q_0 是企业面对的市场份额，$Inv=kQ+\eta sub$ 代表企业投资到扩大生产线上的金额，参数分别为投入占比，Q 是厂商的初始资本，sub 是厂商获得的数字化转型政府补贴，并且假设 $f'>0$，$f''<0$，但是单纯的扩大生产线没有提升产品品质，并有可能提高管理成本，为了简化分析，此处假设管理成本不受影响。

企业将 $Digi=Q-Inv$ 的资本用于数字化管理变革，产品质量在 $t=1$ 期能够有一定程度的提升，即：

$$v_1=v_0+\mu\frac{Digi^{1-\sigma}}{1-\sigma} \tag{1-4}$$

其中，$\mu>0$、$\sigma>0$，参数越大，企业越容易在数字化转型中获得产品质量提升，获得市场产品定价能力。假设在期初，厂商已经投入了一定量的固定资产 K，属于厂商的沉没成本。那么，两种企业的最大化问题应遵循以下规则：

$$\begin{cases}max\pi_i=[p_i-c_{1i}]\left[\left(\frac{p_j-p_i}{v_j-v_i}-\hat{\theta}\right)share+\alpha N\right]-1+sub\\ max\pi_j=[p_j-c_{1j}]\left[\left(\tilde{\theta}-\frac{p_j-p_i}{v_j-v_i}\right)share+\gamma N\right]-1+sub\end{cases} \tag{1-5}$$

由于 $\frac{\partial^2\pi}{\partial p^2}<0$，则企业定价的 $F.O.C$ 是：

$$\begin{cases}\dfrac{\partial\pi_i}{\partial p_i}=\dfrac{p_j-p_i}{v_j-v_i}\times share-\hat{\theta}share+\alpha N-\dfrac{1}{v_j-v_i}(p_i-c_{1i})share\\ \dfrac{\partial\pi_j}{\partial p_j}=\dfrac{p_j-p_i}{v_j-v_i}\times share+\tilde{\theta}share+\gamma N-\dfrac{1}{v_j-v_i}(p_i-c_{1j})share\end{cases}\quad(1-6)$$

解得：

$$\begin{cases}p_j^*=c_0+\dfrac{1}{3}\begin{bmatrix}-2f(k_jQ_j-\eta_jsub)-f(k_iQ_i-\eta_isub)\\+\hat{\theta}(v_j-v_i)+\dfrac{1+\gamma}{1-\alpha-\gamma}\lambda\hat{\theta}(v_j-v_i)\end{bmatrix}\\ p_i^*=c_0+\dfrac{1}{3}\begin{bmatrix}-f(k_jQ_j-\eta_jsub)-2f(k_iQ_i-\eta_isub)\\+\hat{\theta}(v_j-v_i)+\dfrac{1+\alpha}{1-\alpha-\gamma}\lambda\hat{\theta}(v_j-v_i)\end{bmatrix}\end{cases}\quad(1-7)$$

由此，得出偏好无差异点为

$$\theta^*=\frac{f(k_iQ_i-\eta_isub)-f(k_jQ_j-\eta_jsub)}{3(v_j-v_i)}+\frac{2}{3}\hat{\theta}+\frac{\gamma-\alpha}{1-\alpha-\gamma}\lambda\hat{\theta}\quad(1-8)$$

非负利润的条件分别为

i 类企业：

$$\begin{cases}\dfrac{f(k_iQ_i-\eta_isub)-f(k_jQ_j-\eta_jsub)}{\hat{\theta}(v_j-v_i)}>1-\dfrac{\gamma-\alpha}{1-\alpha-\gamma}\cdot\lambda\\ \dfrac{f(k_iQ_i-\eta_isub)-f(k_jQ_j-\eta_jsub)}{\hat{\theta}(v_j-v_i)}>1-\dfrac{\gamma+\alpha}{1-\alpha-\gamma}\cdot\lambda\end{cases}\quad(1-9)$$

易得：

$$\frac{f(k_iQ_i-\eta_isub)-f(k_jQ_j-\eta_jsub)}{\hat{\theta}(v_j-v_i)}>1-\frac{\gamma-\alpha}{1-\alpha-\gamma}\cdot\lambda\quad(1-10)$$

J 类企业：

$$\begin{cases}\dfrac{f(k_iQ_i-\eta_isub)-f(k_jQ_j-\eta_jsub)}{\hat{\theta}(v_j-v_i)}\leqslant 1+\lambda-\dfrac{\gamma-\alpha}{1-\alpha-\gamma}\cdot\lambda\\ \dfrac{f(k_iQ_i-\eta_isub)-f(k_jQ_j-\eta_jsub)}{\hat{\theta}(v_j-v_i)}\leqslant\dfrac{1}{2}+\dfrac{1+\gamma}{2(1-\alpha-\gamma)}\cdot\lambda\end{cases}\quad(1-11)$$

易得：

$$\frac{f(k_iQ_i-\eta_i sub)-f(k_jQ_j-\eta_j sub)}{\tilde{\theta}(v_j-v_i)}\leqslant 1-\frac{\gamma-\alpha}{1-\alpha-\gamma}\cdot\frac{\lambda}{1+\lambda}\quad(1-12)$$

则两类企业的共存条件为

$$1-\frac{\gamma-\alpha}{1-\alpha\text{-}\gamma}\cdot\lambda<\frac{f(k_iQ_i-\eta_i sub)-f(k_jQ_j-\eta_j sub)}{\hat{\theta}(v_j-v_i)}\leqslant 1-\frac{\gamma-\alpha}{1-\alpha-\gamma}\cdot\frac{\lambda}{1+\lambda}$$

(1 - 13)

此时（p_i^*，p_j^*）是企业 $t=1$ 期的策略组合。其中，$k_i>k_j$、$\eta_i>\eta_j$，表示第 i 类企业将大部分资源用于扩大生产规模，企业生产决策受到了自身的规模和补贴额度共同影响。此时，两类企业最大化利润分别为

$$\begin{cases}\pi_j^*=\left[\dfrac{(1+\alpha)\lambda}{1-\alpha\text{-}\gamma}+\left(\dfrac{f(k_iQ_i-\eta_i sub)-f(k_jQ_j-\eta_j sub)}{\hat{\theta}(v_j-v_i)}\right)-1\right]^2\\ \quad\dfrac{\hat{\theta}(v_j-v_i)(1-\alpha-\gamma)N}{9\lambda}-1\\ \pi_j^*=\left[\dfrac{(1+\gamma)\lambda}{1-\alpha\text{-}\gamma}+(1+\lambda)\left(1-\dfrac{f(k_iQ_i-\eta_i sub)-f(k_jQ_j-\eta_j sub)}{\hat{\theta}(v_j-v_i)}\right)-1\right]^2\\ \quad\dfrac{\hat{\theta}(v_j-v_i)(1-\alpha-\gamma)N}{9\lambda}-1\end{cases}$$

(1 - 14)

各类企业可以自己选择投资组合，同时也会给其他企业传递信息，影响其利润规模，因此分别对投资份额求导：

$$\begin{cases}\dfrac{\partial\pi_i^*}{\partial K_i^*}=2\times\left[\dfrac{(1+\alpha)\lambda}{1-\alpha\text{-}\gamma}+\left(\dfrac{f(k_iQ_i-\eta_i sub)-f(K_jQ_j-\eta_j sub)}{\hat{\theta}(v_j-v_i)}\right)-1\right]\times\\ \quad\dfrac{\hat{\theta}(v_j-v_i)(1-\alpha-\gamma)N}{9\lambda}\times\dfrac{f'(K_iQ_i-\eta_i sub)Q_i}{\hat{\theta}(v_j-v_i)}\\ \dfrac{\partial\pi_i^*}{\partial K_i^*}=-2\times\left[\dfrac{(1+\alpha)\lambda}{1-\alpha\text{-}\gamma}+\left(\dfrac{f(k_iQ_i-\eta_i sub)-f(K_jQ_j-\eta_j sub)}{\hat{\theta}(v_j-v_i)}\right)-1\right]\times\\ \quad\dfrac{\hat{\theta}(v_j-v_i)(1-\alpha-\gamma)N}{9\lambda}\times\dfrac{f'(K_iQ_i-\eta_i sub)Q_i}{\hat{\theta}(v_j-v_i)}\end{cases}$$

(1 - 15)

当 i 类企业规模较小时，则 j 类企业可以选择扩大生产规模和较低的补贴进行数字化转型，或者采用稍高的生产水平和较高的数字化转型补贴的策略，即轻微提升比例便可以将 i 类企业挤出市场，而当 i 类企业规模较大时，j 类企业则必须更多地投入数字化转型，才能够保证自身的市场份额。

值得注意的是，成本管理和领先优势是企业在市场中获得竞争优势的重要路径选择，无论是规模较大的企业还是中小企业，数字化转型过程中均需要面对成本这个现实问题。企业数字化转型过程中，实际上在增加数字化资本投入的同时也通过数字化的协作降低了搜索成本、信息成本、沟通成本、管理成本等交易成本（Goldfarb and Tucker，2019）。换言之，通过企业的成本粘性分析进行更为有效的成本控制，在不断加大数字化转型投资的情况下获得更高的产出，以获得更大的市场发展空间（杨德明和刘泳文，2018）。以 Zhong 等（2020）为代表的文献研究认为，成本粘性在企业规模、所有制等方面存在较大的异质性。规模较大的企业成本粘性较高，抗风险能力比较强，能够长期持续投入大量资本推动数字化管理变革，而且其 ERP、MES/DCS、PLM 等数字化系统应用已经从传统财务加供销存向生产制造协同、供应链协作与优化等转变，通过供应链数字化的协同效应可能会倒逼上下游的中小企业同步进行数字化投资；中小企业数字化转型的风险承受能力较低，容易陷入“数字化转型困境”，不推进数字化转型，将在市场竞争中处于劣势地位，增加中小企业的市场经营风险，将可能不得不通过数字化转型嵌入上下游密切协作的产业链和供应链体系，由此可能致使产生“被动”的数字化变革成本粘性。据此，本研究提出假设 1。

假设 1：企业数字化转型投资决策受到企业规模的影响，规模较大的企业对数字化管理的投资会对中小企业的投资额产生“倒逼”效应，从而促使中小企业增加对数字化转型和管理的投资额。

但是中小企业规模较小，抗风险能力较差，数字化转型需要企业“烧钱”，数字化相关投资挤占了企业大量资源，一定程度上限制了中小企业发展，增加了中小企业的运营风险（张新民和陈德球，2020）。同时，在 $t=0$ 期，企业选择了较高的数字化转型投资，在 $t=1$ 期至少需要维持这一水平，才能够在市场竞争中“存活”下来。为了赢得更高的市场份额，企业不得不追加数字化投资，以期进一步提升产品质量。随着投资成本的不断扩大，调整成本逐步升高，数字化投资的粘性便由此产生。资源调整成本是成本粘性的重要原因之一，在企业成本中具有非对称性的特征（陆旸，2015）。数字化转型在一定程度上是企业组织协调及技术适应的过程，在成本性态（Cost Behavior）的传统理论模型中，企业成本随着业务量增加或减少的变动幅度是相同的，也就是成本的边际变化率在不同的业务量变化方向上具有对称性（Anderson et al.，2003）。然而，Noreen and Soderstrom（1997）对传统的成本性态理论模型提出了质疑，认为企业成本在业务量上升时增加的幅度要大于业务量下降时减少的幅度，即成本随着业务量上升和下降的变动幅度是不对称的。据已有理论研究，企业成本粘性主要来自管理者偏好、调整成本、代理问题等相关因素（Anderson et al.，2003；Banker，2011）。这些年，国内外理论界分别从风险偏好理论、信息不对称理论、委托代理理论、管理者预期等方面对企业的成本粘性现象进行了富有价值的探索和贡献（洪荭等，2021），这为本研究讨论“两化”融合背景下企业数字化转型成本粘性问题提供了重要的理论基础。但同时，学术界针对企业数字化转型的成本粘性进行的研究比较少见，如前文所阐述，企业内部的数字化转型机制是一只诸多谜题待解的“黑箱”，也是继“索洛悖论”或“IT 生产率悖论”之后的“数字化转型悖论”（刘淑春等，2021），这使得将成本粘性理论引入企业数字化转型的理论框架之中进行探讨富有创新性。特别是面对数字化的跨体系转型，企业需要反复探索并选择与自身相适应的运营转型方式，企业产品和服务的市场供给需要从企业主导转变为企业与用户互动、数据集成的模式，这种调整机制可能比劳动力配置的调整更为复杂，调整带来的边际成本变动幅度可能高于后者。据此，本研究提出假设 2。

假设 2：企业数字化投资具有较为明显的粘性特征，并且随着投资规模的不断扩大，粘性特征逐步明显且存在峰值；并在投入的成本达到一定规模时，由有利于企业发展的成本粘性特征转变为表现出负面影响的粘性特征。

企业从工业化到数字化的转型是一种根本性变革，意味着技术、业务、管理等一系列创新，这需要购入比较先进的数字化软件和硬件，与此同时，组织学习是企业适应数字化新环境的重要方式，企业员工掌握运用新型数字化技术也会产生一定的知识获取成本和业务培训成本（肖静华，2020）。为了提高劳动生产率，企业不得不继续追加数字化人力资源投入，追加更多配套设备，提高数字化采购额，以期从数字化转型和管理中获得更多收益，而这一投资也会表现出较高的粘性特征。同时，企业数字化销售额提升是一个显性信号，会提高数字化销售额的预期收益，让企业有继续投资数字化转型和管理的激励，进一步提高了数字化成本粘性。企业成本费用的变化不仅取决于其当期业务量的变化，而且取决于现有生产能力，以及企业管理者预期未来业务量的变化。Banker 等（2014）考察了管理者乐观预期和悲观预期对企业成本粘性的影响，结果发现，乐观的管理者在销售量上升时更愿意增加生产能力，由此会强化企业的成本粘性；而悲观的管理者在销售量下降时更愿意减少生产能力，由此会弱化企业的成本粘性。Chen 等（2012）对成本粘性理论中的代理问题进行了研究，其观点认为，在委托代理的理论框架下，管理层倾向于在业务量上升的时候过多地增加资源要素投入，而在业务量下降的时候拒绝减少资源要素投入，从而带来成本粘性问题。江伟和胡玉明（2011）的研究认为，一般情况下，企业向下调整承诺资源的成本要高于企业向上调整承诺资源的成本，当企业的业务量下降时，企业成本下降的幅度要低于业务量上升时成本费用的增加幅度。企业数字化转型未来的收益预期会影响数字化转型采购的预算投资额，进而带来数字化转型成本和调整成本的变化；此成本的提升短期内无法带来相应的或足够的成本收益，在上期收益这一显性信号的影响下，第二轮企业收益——投资的预期调整作用发挥，由此可能产生并带来数字化转型成本粘性，即企业数字化预期收益和利润规模在成本粘性关系中有可能起到调节的中介效应。然而，企业为了获取数字化红利，更加倾向于对投资强度低且赋能效果明显的软件投资，利用 PLM、MES/DCS、SaaS、aPaas 等数字化软件和技术对企业生产流程、业务模块、精益管理、数据决策、产品定制等进行数字化重塑，以实现数据治理和价值挖掘。同时，企业数字化销售额提升是一个显性信号，会提高数字化预期收益，让企业有进一步投资数字化转型和管理的激励。由此，本研究提出假设 3 和假设 4。

假设 3：企业数字化转型未来期的收益预期会影响数字化软硬件投资的预算投资额，进而带来数字化转型成本和调整成本的变化；此成本的提升短期内又无法带来相应的或足够的成本收益，在上一年利润这一显性信号下，第二轮企业收益—投资的预期调整作用同时开始，由此产生并带来了数字化转型成本粘性。即企业数字化预期收益在成本粘性关系中起到中介作用。

假设 4：上一年利润在企业数字化转型成本粘性关系中起到调节作用。

基于上述理论分析和推导，本研究的理论框架如图 1-2 所示。

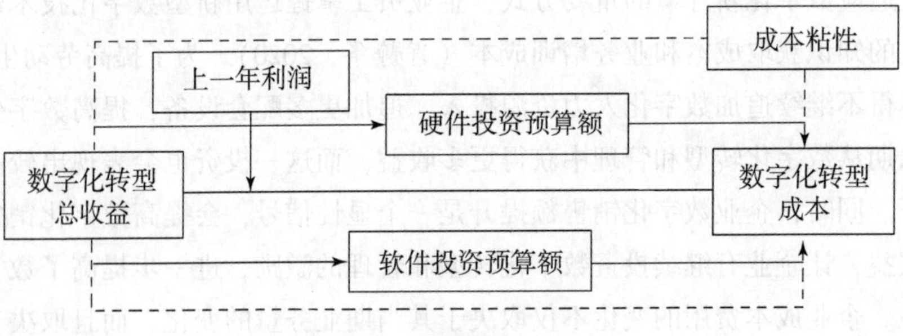

图 1-2 研究框架图

第四节 研究设计

一、数据来源

本章数据源于针对我国第一个“两化”深度融合的国家级示范区内，1950

家工业企业连续 6 年（2015—2020 年）的动态跟踪调查，“两化”融合发展水平评估体系参照国家工业和信息化部（以下简称工信部）2014 年 5 月 1 日实施的国家标准《工业企业信息化和工业化融合评估规范》（GB/T23020-2013）。作为全国首个“两化”深度融合国家示范区，每年在示范区范围内组织《“两化”融合发展水平评估企业问卷》，由浙江省委托省企业信息化促进会实施“两化”融合发展水平评估，评估对象为示范区范围内 11 个设区市、90 个县（市、区）内进行数字化改造的 13037 家工业企业。调查评估于每年 11 月启动，从一万多家工业企业中随机抽取有效样本企业，每年进行跟踪调查并发放问卷。为了保证数据收集的科学性、准确性和有效性，加大问卷审核和执行力度，每次调查均经过通知下发、样本企业选取、企业样本填报、数据筛查和预警、电话核查、主管部门直接对样本企业摸底、上级部门对超过预警阈值数据进行直接核实、企业信息化促进会对存疑数据对应企业直接进行电话核查等主要工作环节。获取有效问卷数据后，本章删除了与金融机构相关的企业，剔除部分不合理/无效的观察值，同时进行缩尾处理，得到 5792 条有效观察值，1950 家企业 6 年时间的动态跟踪面板数据。

二、计量模型设计

根据理论分析，规模较大的企业会对规模较小的企业产生“示范”效应和“倒逼”效应，为了验证假设 1，设定多元线性回归方程如下：

$$\ln cos\ t = \alpha_0 + \beta_1 \ln revenue + \beta_2 control + fix\_\ effect + {}_{\varepsilon} it \qquad (1-16)$$

其中，ln*cost* 为当期数字化转型投资成本的对数值（后文简写为 *lcost*），ln*revenue* 是企业的数字销售收入（即 *lrev*）；*fix_effect* 为固定效应。企业数字化转型的投资额与企业的规模、经营效率、数字化转型后的盈利能力具有很强的相关性，为了进一步探究条件分布下，企业数字化投资额和企业数字化销售额之间的关系，参考 Koenker 和 Bassett（1978）提出的分位数回归方法，本研究构建了分位数回归模型，分别针对 10%、25%、50%、75% 和 90% 五个分位点，考察企业规模对数字化转型投资行为的影响，条件分位点定义如下：

$$Q(\tau \mid x_i) = x_i^T \beta_\tau \qquad (1-17)$$

为了解决由于企业规模、数字化程度和经营状况等导致小组间无法观测到异质性差异的问题，参考 Lamarche（2010）和 Koenker（2004）提出的固定效应分位数回归方法对系数进行估计，估计方法如下：

$$min \sum_{n=1}^{N} \sum_{i=1}^{I} \sum_{t=1}^{T} w_n \rho \tau_i [y_{it} - a_i - x_{it}\beta(\tau_n)] + \lambda \sum_{n=1}^{N} | a_n | \quad (1-18)$$

具体思想是假定固定效应系数与分位点无关，在逐渐减少权重后，固定效应的回归系数会由于惩罚项的存在，逐步趋近于 0。

然而，在传统分位数回归估计中，计算条件期望依赖于协变量的选择，即本质上是进行条件期望估计，为了克服这一问题，参考 Powell（2020）的做法。企业在进行数字化转型和管理后，投资行为会表现出粘性特征，参考 Anderson 等（2003）、Noreen 和 Soderstrom（1997）的做法，设定模型如下：

$$\Delta incost_{n,i,t} = \alpha_0 + \alpha_{1,n,i,t}\Delta \ln revenue_{n,i,t} + \alpha_{2,n,i,t} decline_{n,i,t} \Delta \ln revenue_{n,i,t} + control + \varepsilon_{n,i,t} \quad (1-19)$$

其中，$\Delta \ln cost_{n,i,t} = \ln cost_{n,i,t} - \ln cost_{n,i,t-1}$，表示 n 类企业的数字化转型投资成本变动（后文简写为 dcost）；$drev = \Delta \ln revenue_{n,i,t} = \ln revenue_{n,i,t} - \ln revenue_{n,i,t-1}$，表示第 n 类企业的数字销售收入变动；$decline_{n,i,t}$ 表示企业收益变动的虚拟变量。为了解决反向因果和内生性问题，本研究定义 $decline_{n,i,t} = \begin{cases} 1 & if \quad \ln revenue_{n,i,t} - \ln revenue_{n,i,t} < 0 \\ 0 & else \end{cases}$，即如果相较于上一期下降了，则取 1。交互项回归系数用于衡量企业数字化转型的成本粘性 $stick$，即 $decline_{n,i,t}$ 与 $drev$ 的乘积系数。

机制分析方面，本研究借鉴 Edwards 和 Lambert（2007）的路径分析法验证调节的中介效应，模型设定如下：

$$\ln(hardinvb)_{i,t} = \alpha_0 + \beta_{11} lrev_{i,t} + \beta_{12}\ln(profit\_1_{i,t}) + \beta_{13} lrev_{i,t} \times \ln(profit\_1_{i,t}) + \varepsilon_{1,t} \quad (1-20)$$

$$\ln(softinvb)_{i,t} = \alpha_1 + \beta_{21} lrev_{i,t} + \varepsilon_{2,t} \quad (1-21)$$

$$dcost = \alpha_3 + \beta_{31}\ln(hardinvb)_{i,t} + \beta_{32}\ln(softinvb)_{i,t} + \beta_{33} lrev_{i,t} + \beta_{34} lrev_{i,t} \times \ln(profit\_1_{i,t}) + \beta_{35}\ln(hardinvb)_{i,t} \times \ln(profit\_1_{i,t}) + \beta_{36}\ln(profit\_1_{i,t}) + \beta_{37} decline_{i,t} + \beta_{38} stick + \varepsilon_{3,t} \quad (1-22)$$

其中，ln（$hardinvb$）$_{i,t}$ 和 ln（$softinvb$）$_{i,t}$ 分别是硬件和软件投资预算额的对数；ln（$profit\_1_{i,t}$）是企业上一年度利润的对数值。

三、数据处理和变量定义

根据上文分析，企业数字化转型投资表现出粘性特征，本研究选用企业数字化总投资额的对数值（$lcost$）作为被解释变量，用以捕捉数字化转型的投资成本特征，包括信息化投资额、数字化软件投资、数字化硬件投资、信息化咨询费用、数字化培训费用、数字化运维费用等。$lcost = \ln\ (cost_{n,i,t})$；$dcost$ 为数字化成本的变动额，$dcost = \ln cost_{n,i,t} - \ln cost_{n,i,t-1}$。具体而言，参考 Chen 等（2012）的做法，将其细分为数字化劳动力成本 $lab\_cost = \ln[(lab\_cost_{n,i,,t}) - \ln(lab\_cost_{n,i,t-1})]$（含数字化培训费用等）、数字化运营成本 $ope\_cost = ln\ (ope\_cost_{n,i,,t}) - \ln\ (ops\_cost_{n,i,t-1})$（含数字化软件投资、数字化硬件投资、信息化咨询费用和数字化运维费用等）。

解释变量分别为企业数字化转型总收益（l 和 $drev$）。以企业数字化销售额对数值作为代理变量，$lrev = \ln\ (revenue_{n,i,t})$；企业数字化转型总收益的变动额 $drev$，$drev = \Delta \ln revenue_{n,i,t} = \ln\ (revenue_{n,i,t}) - \ln\ (revenue_{n,i,t-1})$；企业数字化转型总收益变动的虚拟变量 $decline_{n,i,t}$，$decline_{n,i,t}\begin{cases} 1 & if \quad \ln revenue_{n,i,t} - \ln revenue_{n,i,t} < 0 \\ 0 & else \end{cases}$，即如果相较于上一期下降了，则取 1，以及成本粘性 stick，即与 $decline_{n,i,t}drev$ 的乘积系数。

企业硬件预算投资额 ln（$hardinvb$）、软件投资预算额 ln（$softinvb$）作为中介变量，企业上一年利润（$profit\_1$）作为调节变量。在稳健性检验中，选取两年内是否有 SCM 项目升级计划（有，dum_scmup = 1；其他，dum_scmup = 0）作为工具变量，对基准回归进行稳健性分析。此外，分别选取市辖区的道路面积和城市公共汽电车运营车辆数作为工具变量，进行内生性分析。

参考已有研究选取控制变量。首先是企业规模（reg）。已有研究的企业规模一般用上一期期末的总资产对数进行衡量（寇宗来和刘学悦，2020；刘诗源等，2020；沈国兵和袁征宇，2020；诸竹君等，2020），但所用的数据多来自 A 股上市公司数据，本研究由于数据来源的独特性，所用调查样本同时包括了不在 A 股上市的部分中小企业，会减少仅使用 A 股上市公司数据对企业推行数字化转型进行研究可能产生的偏误，因此，为了不损失这部分中小企业数据信息，本研究选用企业的注册资本（亿元）作为衡量企业规模的代理变量。其次，控制了企业数字化生产特征，包括生产设备总数（equ）、数控装备总数（$dequ$）和已联网数控装备数（$ndequ$）（单位：万台）等。最后，为了进一步检验回归结果的稳健性，加入了控制变量本年软件投资预算额（$softinvb$），本年信息化咨询费用预算额（$infinqb$），本年信息化培训费用预算额（$infedub$）及本年信息化运维费用预算额（$infopb$）。同时，本研究对所有指标均进行了 1%的缩尾处理和取对数处理。

表 1-1 报告了被解释变量、解释变量、中介变量和主要控制变量在全样本下的统计结果。

表 1-1　全样本描述性统计

变量名	英文缩写	测量方法	观测值	平均值	最小值	最大值
被解释变量						
数字化转型投资成本	lcost	$\ln(cost_{n,i,t})$	9042	5. 8393	-1. 2039	16. 3650
数字化成本变动额	dcost	$lncost_{n,i,t}-lncost_{n,i,t}$	5842	0. 0741	-8. 9872	9. 3989
数字化运营成本	ope_cost	$\ln(ope\_cost_{n,i,,t})-\ln(ops\_cost_{n,i,t-1})$	5839	0. 0769	-8. 9808	9. 4056
数字化劳动力成本	lab_cost	$\ln(lab\_cost_{n,i,,t})-\ln(lab\_cost_{n,i,t-1})$	4878	0. 0447	-9. 2103	9. 2103
解释变量						
数字化转型总收益变动额	drev	$\ln(revenue_{n,i,t})-in(revenue_{n,i,t})$	5842	0. 2167	-13. 3099	12. 8182
数字化转型总收益	lrev	$\ln(revenue_{n,i,t})$	9042	8. 6530	-1. 8971	18. 6030
数字化转型总收益变动虚拟变量	decline	$\begin{cases} 1 & if \quad drev<0 \\ 0 & else \end{cases}$	5842	0. 3093	0	1
成本粘性	stick	$decline_{n,i,t}$ 与 $drev$ 乘积系数	5842	-0. 2905	-13. 3099	0
中介变量和调节变量						
硬件预算投资额	hardinveb	—	9042	1045. 8240	0	5200000
软件预算投资额	softinveb	—	9042	953. 7175	0	3800000
企业上一年利润	profit_1	—	9042	125931. 9	-291361. 5	560000000
工具变量						
两年内是否有 SCM 项目升级计划	dum_scmup	—	9042	0. 6816	0	1
道路面积_市辖区	—	—	9042	3126. 1440	433	9341

续表

变量名	英文缩写	测量方法	观测值	平均值	最小值	最大值
城市公共汽电车运营车辆数	—	—	9042	2963. 4560	295	10840
控制变量						
企业规模	reg	企业注册资本	9042	1440212	0	1500000000
生产设备总数	equ	—	9042	853. 5504	0	250000
数控设备总数	dequ	—	9042	562. 5613	0	250000
已联网数控装备数	ndequ	—	9042	431. 2797	0	250000
本年度信息化咨询费用预算额	infinqb	—	9042	165. 6478	0	600000
本年度信息化培训费用预算额	infedub	—	9042	83. 2828	0	200000
本年度信息化运维费用预算额	Infopb	—	9,042	329. 2912	0	800000

资料来源：作者根据示范区《“两化”融合发展水平评估企业问卷》整理。

四、描述性统计

已有研究表明，成本粘性是在国有企业中普遍存在的现象（廖飞梅等，2019），在混合所有制改革背景下，国有企业股权结构发生了结构性变化，其他股东对第一大股东的制衡程度和企业成本粘性呈现反向变动关系（万寿义和田园，2017）。因此，本研究针对所有权结构进行了进一步分析，表 1-2 报告了描述性统计结果。国有企业和其他类型企业的观测值数量相近，具有一定的可比性。从国有企业和其他类型企业各项指标之间的均值差可以看出，在“两化”试点区域中，国有企业的经营管理决策相较于其他类型企业，更加倾向于进行数字化转型和管理变革。这一结论与李婉红、王帆（2021）的研究结论是基本一致的，与非国有企业相比，国有企业进行数字化转型对降低成本粘性、提升企业绩效的效应更为明显。原因可能来自两方面：一是相较于其他类型企业，国有企业承担更多的社会责任，在“两化”改革中需要且更易发挥示范作用；二是针对传统国有企业存在的管理结构问题，数字化转型和管理变革为解决这一问题和结构优化升级提供了良好的契机。因此，相较于其他类型企业，国有企业具有更高的投资激励，投资成本提升推动了企业调整成本，进而提高了企业成本粘性。

表 1-2　描述性统计——所有制结构

变量	国有企业		其他类型企业		均值差
	观测值	平均值	观测值	平均值	
	A	B	C	D	E=B-D
lcost	4555	5.9175	6144	5.5871	0.3304
dcost	3168	0.0802	4074	0.0711	0.0091
ope_cost	3168	0.0832	4074	0.0611	0.0221
lab_cost	3168	0.0356	4074	0.0489	-0.0133
lrev	4555	8.0203	6144	7.3558	0.6645
decline	3168	0.3980	4074	0.3929	0.0185
stick	3168	-0.2404	4074	-0.2589	76.32
infedu	4555	157.5932	6144	81.2732	7.4226
infop	4555	871.6461	6144	275.2377	2573457.5
infinq	4555	199.6774	6144	192.2548	0.3304
reg	4555	3495722	6144	922264.5	0.0091

资料来源：作者根据示范区《“两化”融合发展水平评估企业问卷》整理。

对于国有企业而言，执行差异化战略相较于执行投资粘性战略，成本粘性更高（叶松勤等，2020），同时不同行业的国有企业执行的战略亦具有异质性差异。因此，本研究将企业分为制造业、加工业和制品业三类，对被解释变量和解释变量进行了描述性统计（见表1-3）。由此可知，国有企业对于数字化转型的投入成本明显高于非国有企业，这一现象在制品行业中尤为突出；相较于这一显著差异，国有企业与非国有企业在数字化销售额方面的差异明显较小。可能的原因在于：一是投资的边际收益递减，随着投资规模增加，收益率逐渐降低；二是国有企业管理组织形式所带来的一系列负面影响，学术界针对这一问题已经进行了详尽研究。但是针对数字化转型投资的研究仍然相对较少，探讨其是否仍然会受到行业、所有制结构的影响，探究其背后的潜在机理对于进一步推动"两化"融合发展、发挥示范区应有的示范作用和优化数字化政策结构等具有十分重要的理论和现实意义。

表1-3　描述性统计——行业与所有制

变量	分类		观测值	均值	最小值	最大值	占比（%）
lcost	制造业	全样本	4659	5.8767	0.6931	14.2219	100.00
		国有企业	1938	6.0974	0.6931	14.2219	41.60
		非国有企业	2721	5.7194	0.6931	12.8270	58.40
	加工业	全样本	1675	5.8857	0.6931	10.4913	100.00
		国有企业	757	6.0312	0.6931	9.7648	45.20
		非国有企业	918	5.7651	0.6931	10.4913	54.80
	制品业	全样本	538	5.0913	-1.2040	14.0424	100.00
		国有企业	228	5.3829	-1.2040	10.4341	42.38
		非国有企业	310	4.8769	1.3862	14.0424	57.62
lrev	制造业	全样本	4659	8.5683	-1.8971	17.0914	100.00
		国有企业	1938	8.8036	0	15.8304	41.60
		非国有企业	2721	8.4008	-1.8971	17.0914	58.40
	加工业	全样本	1675	8.8978	0.3148	15.4448	100.00
		国有企业	757	9.1874	1.6094	14.7318	45.20
		非国有企业	918	8.6590	0.3148	15.4447	54.80
	制品业	全样本	538	8.0621	-0.2231	16.2399	100.00
		国有企业	228	8.8206	0	16.2399	42.38
		非国有企业	310	7.5043	-0.2231	14.2918	57.62

资料来源：作者根据示范区《"两化"融合发展水平评估企业问卷》整理。

第五节　实证结果及分析

一、基准回归

根据计量模型，本章对数据进行了基准回归分析（见表1-4）。结合上文理论分析，上期数字化收益对本期数字化转型的投资成本具有显著的正向影响，回归系数反映了投入产出弹性，在模型（1）中，没有控制企业的特征变量、企业固定效应和时间固定效应，投入产出弹性达0.0991，说明在数字化过程中，企业获得高额收益上升后，会有进一步提高数字化转型投资的激励，但是在不同所有制、数字化程度的企业中，投入产出弹性会存在一定的异质性，因此，模型（2）和模型（3）在控制了企业规模和数字化程度等表现企业特征变量的基础上，分别控制了企业所有制固定效应和时间固定效应，数字化投入产出弹性有一定程度的降低，但这些回归结果仍只能解释投资额和销售额之间的关系，无法阐述数字化产出变动额与数字化投资变动额之间的关系。继而，模型（4）至模型（6）用数字化产出对数值的差值和数字化成本对数值的差值分别替换解释变量和被解释变量，根据回归结果可以发现，数字化产出变化率对数字化投入成本变化率的弹性是显著为正的，说明在数字化收益提高的阶段，企业具有提高数字化投入的正向激励。

表1-4　基准回归

变量	(1)	(2)	(3)	(4)	(5)	(6)
	lcost	lcost	lcost	dcost	dcost	dcost
lrev	0.0991***	0.0780***	0.0647***			
	[0.012]	[0.012]	[0.012]			
reg		0.0129	0.0088		0.029	0.0265
		[0.014]	[0.015]		[0.022]	[0.022]
equ		−0.189	−0.0955		−0.117	−0.184
		[0.220]	[0.211]		[0.285]	[0.282]
dequ		0.36	0.305		0.683*	0.711**
		[0.344]	[0.326]		[0.366]	[0.360]
ndequ		0.0836	−0.0533		−0.778**	−0.672**
		[0.311]	[0.285]		[0.302]	[0.305]
drev				0.0479***	0.0467***	0.0453***
				[0.012]	[0.012]	[0.012]

续表

变量	(1)	(2)	(3)	(4)	(5)	(6)
	lcost	lcost	lcost	dcost	dcost	dcost
_cons	4.982***	3.997***	4.063***	0.0638***	-0.477	-0.429
	[0.107]	[0.330]	[0.321]	[0.003]	[0.550]	[0.535]
N	10699	10699	10699	7242	7242	7242
企业固定效应	未控制	控制	控制	未控制	控制	控制
时间固定效应	未控制	未控制	控制	未控制	未控制	控制
adj. R-sq	0.0132	0.0555	0.0632	0.0024	0.0108	0.0108
AIC	23665.6	23235.8	23154	17262.5	17239.4	17243.4
BIC	23672.9	23534.1	23488.7	17269.4	17514.9	17546.4

注：***代表 $p<0.01$，**代表 $p<0.05$，*代表 $p<0.1$，方括号中为标准误。下同。

然而，规模较小的中小企业是否有能力进行数字化转型、是否有能力持续进行数字化转型投资？成为研究数字化投资行为需要关注和讨论的又一重要问题。因此，根据模型（1-17）和（1-18），本研究对数字化转型投资成本和数字化收益进行了固定效应分位数回归，加入了企业上年利润额、上年信息化运维费用、上年信息化咨询费用和上年信息化培训费用，用以考察不可观测的企业间异质性差异。表1-5报告了分位数回归结果，分位点分别为10%、25%、50%、75%和90%。可以发现，在企业规模较小时，数字化投入产出弹性较高，随着企业规模增大，数字化投入产出弹性逐渐降低，原因主要来自两方面：一方面，中小企业在发展阶段，投资边际收益较高，中小企业家也更具有冒险精神，愿意增加数字化转型投资，进而寻求企业的快速成长；另一方面，亦是由于中小企业规模较小，融资能力较差，抗风险能力较低，规模较大的企业进行数字化投资对中小企业来说是一个显性的信号，给予中小企业增加数字化转型投资的激励，经营风险在这一过程中也逐步增加，从而产生了中小企业“数字化转型投资困境”，同时规模较大企业的数字化投资行为，在一定程度上对中小企业数字化转型产生了“倒逼效应”，使得中小企业不得不进行数字化转型投资。这与Zhong等（2020）等研究得出的结论是一致的。规模较大的企业成本粘性较高，抗风险能力较强，能够长期持续投入大量资本，以推动数字化管理变革，而且其ERP、MES/DCS、PLM等数字化系统应用已经从传统财务和市场营销向生产制造协同、供应链协作等方向转变，通过供应链数字化的协同效应倒逼上下游的中小企业同步进行数字化投资；中小企业数字化转型的风险承受能力较低，容易陷入“数字化转型困境”，不推进数字化转型，将在市场竞争中处于劣势地位，增加中小企业的市场经营风险，将可能不得不通过数字化转型嵌入上下游密切协作的产业链和供应链体系，由此可能导致“被动”的数字化变革成本粘性。验证了假设1。

表1-5 分位数回归

变量	(1)	(2)	(3)	(4)	(5)
	lcost	lcost	lcost	dcost	dcost
	q10	q25	q50	q75	q90
lrev	0.339***	0.331***	0.298***	0.252***	0.230***
	[0.015]	[0.009]	[0.009]	[0.009]	[0.013]
reg	0.078	0.0345	0.0494	-0.0291	-0.0946***
	[0.070]	[0.034]	[0.035]	[0.022]	[0.023]
equ	0.497	1.133***	0.885***	1.849***	2.060***
	[0.390]	[0.205]	[0.230]	[0.558]	[0.770]
dequ	0.142	-0.666*	-0.0899	-0.324	-0.577
	[0.581]	[0.355]	[0.631]	[1.210]	[1.744]
ndequ	-0.539**	-0.384**	-0.734	-1.457	-0.825
	[0.225]	[0.193]	[0.549]	[0.964]	[1.606]
_cons	1.198***	2.048***	3.215***	4.446***	5.398***
	[0.112]	[0.075]	[0.079]	[0.073]	[0.124]

根据回归结果，各解释变量回归系数的分位数回归图如图1-3所示。可以发现：首先，根据各分位点系数可以看出，主要解释变量“数字化总收益”随着企业规模的增大逐步呈下降趋势，但当企业规模较小时，递减速度低于规模较大企业的递减速度与边际报酬率递减规律吻合。如同Schreyogg和Sydow（2011）研究所得出的结论，企业从工业化向数字化转型，需要打破工业化发展形成的各种制度依赖及其路径锁定，包括由资源属性和信息结构特征而形成的企业边界、市场基础、组织结构、市场结构等，致使企业向数字化新体系转型难度越来越大、调整速度趋慢。在实际经营过程中，规模较大的企业雇佣能力较强、专业性更强的数字化人才和劳动力，而在数字化管理变革中，人力资本呈现出显著优势，高素质劳动力团队能够降低企业为提升劳动力素质所需投资的人力资源成本。然而，雇用更高素质的劳动力，企业需要在软件、硬件、薪酬方面为劳动力提供更为优越的劳动契约条件，需要保持或者提高现有的数字化管理变革投资额

度，因而在数字化转型的初期，成本规模较小的阶段，企业信息化运维费用会有一定的下降趋势，但随着成本规模逐步扩大，运维费和软硬件投资都会逐步上升，表现为较大的成本粘性。假设 1 再次得到验证。

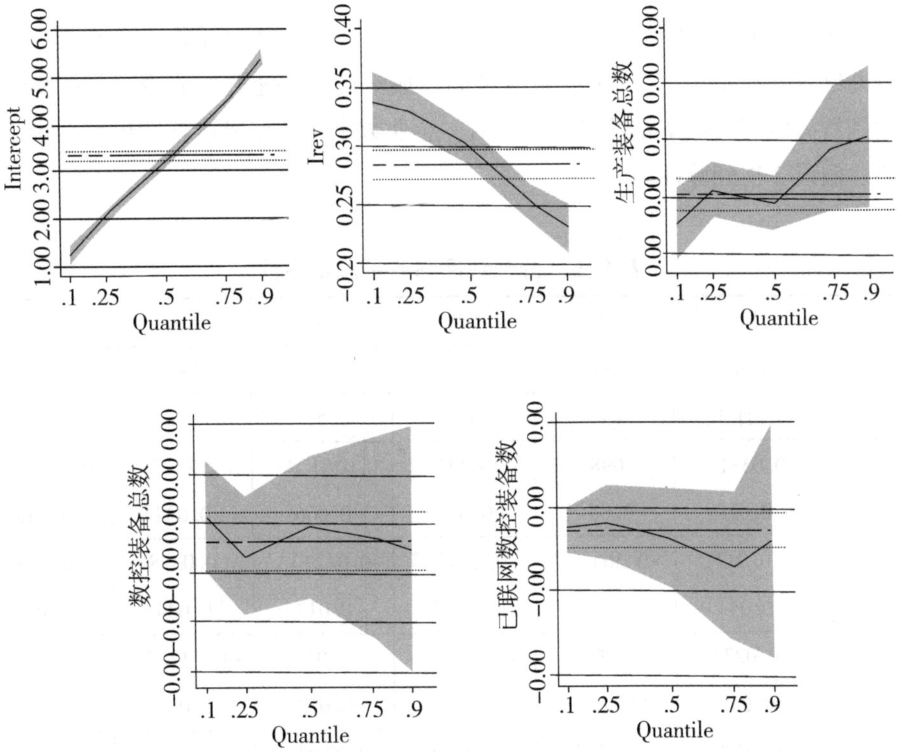

图 1-3　分位数回归图

二、成本粘性规律

基于上述回归结果和理论分析，探讨企业数字化投资与成本粘性的规律特征。中小企业在逐步推进数字化转型过程中，“被动”承担着逐步提高的数字化转型成本粘性，而规模较大的企业却由于较高的调整成本而产生并导致较高的成本粘性。然而，不仅是企业规模，企业数字化投入生成的成本规模亦会影响企业数字化的成本粘性。

（一）数字化总成本粘性

企业数字化转型过程并非一帆风顺，实际操作中也难以一蹴而就，这决定了企业转型过程中需要持续不断地进行投入，并对投入的资源要素进行相应的调整优化。由此，本研究对企业数字化转型成本粘性进行了固定效应面板分位数回归，以期探索由于企业数字化成本投入规模不同而导致不同成本粘性的阶段性跃迁规律，考察企业处在哪一成本规模区间会产生最高的数字化转型成本粘性（见

表 1-6）。可以看出企业的成本粘性呈现如下规律：当企业数字化转型的成本规模处在 25%~50%之间时，企业利润增速开始大于成本增速，各类企业看到数字红利并持续进行数字化转型，即此时的成本粘性表现出有利于企业投资和发展的特征；然而，当投入数字化转型成本规模达到 50%，成本粘性特征开始转变；50%~75%区间中，成本增速逐步大于利润增速，成本粘性开始对企业产生负面影响并继续累积增加；至 75%~90%区间，成本粘性增速开始放缓，并在 90%左右达到所有区间的成本粘性峰值；此后，企业数字化转型成本粘性出现缓慢下降趋势。假设 2 得到验证。

表 1-6　分位数回归——成本粘性

变量	(1)	(2)	(3)	(4)	(5)	(6)
	dcost	dcost	dcost	dcost	dcost	dcost
	全样本	q10	q25	q50	q75	q90
drev	0.0331*	-0.0982**	-0.0293**	0.0281***	0.127***	0.207***
	[0.018]	[0.044]	[0.014]	[0.006]	[0.032]	[0.049]
decline	-0.0138	-0.364***	-0.228***	-0.0427***	0.0398	0.138
	[0.044]	[0.060]	[0.032]	[0.014]	[0.044]	[0.100]
stick	0.0277	0.207**	0.134***	-0.0173	-0.147***	-0.279***
	[0.033]	[0.088]	[0.040]	[0.012]	[0.037]	[0.068]
reg	0.0272	0.0233	0.0149	0.000694	0.00094	-0.0456***
	[0.021]	[0.034]	[0.015]	[0.008]	[0.012]	[0.009]
equ	-0.089	0.414*	0.0858	-0.0812**	-0.186**	-0.320*
	[0.291]	[0.224]	[0.174]	[0.035]	[0.090]	[0.194]
dequ	0.615	-1.250*	-0.375	0.148	0.485**	0.518
	[0.380]	[0.675]	[0.605]	[0.162]	[0.207]	[0.364]
ndequ	-0.697**	0.864*	0.297	-0.0667	-0.308*	-0.23
	[0.308]	[0.496]	[0.479]	[0.136]	[0.166]	[0.218]
_cons	0.0829***	-0.677***	-0.125***	0.0766***	0.330***	0.897***
	[0.019]	[0.034]	[0.013]	[0.005]	[0.023]	[0.055]

随着企业成本规模不断扩大至中等左右水平，数字化程度和成本粘性同步提升，企业体会到了数字化转型的红利，大量企业蜂拥而至，同时得益于企业对于如何进行数字化转型和管理的部分实践经验，此时的成本粘性呈现出有利于企业发展的特征；然而，随着数字化投资的持续增加，企业并没有充分完成数字化转

型投资结构调整，成本粘性对企业的负面影响开始显现并逐步累积增加。根据资源调整成本理论，资产调整成本、生产能力适配等是成本粘性的重要原因之一（Anderson et al.，2003；Banker，2011），资产专用性限制导致部分装备和设备用途在较长时间内被锁定，数字化转型所产生的调整成本相对较高，而且转型期固定资产难以得到有效利用（李婉红和王帆，2021）。企业特别是离散型制造企业面对柔性化生产的市场需求，需要对工业机理、工艺流程、模型方法、MES、SCM 等信息系统等进行相应调整，解决不同软硬件系统存在的分割现象，以及自动化装备的通信协议统一、数据接口标准规范、数据采集和硬件通信问题，以有效支撑复杂数据分析和数字化技术迭代，特别是面对数字化的跨体系转型，企业需要反复探索并选择与自身相适应的运营转型方式，产品和服务的市场供给需要从企业主导转变为企业与用户互动、数据集成的模式，这种调整机制可能比劳动力配置的调整更为复杂，调整带来的边际成本变动幅度可能高于后者。更进一步地分析，这一区间的企业在数字化转型前期产生了大量转型成本投资后，很难短期内迅速回收成本，成本粘性迫使企业必须进一步扩大数字化转型投资；中等规模的企业在面临较大市场竞争压力时，数字化转型却能提高企业管理效率，面临“投资风险高，不投资即等死”的两难境地，表现出较大的数字化转型成本粘性，当企业追逐数字化转型带来的红利逐步加大投入时，出现了投资成本越来越高、利润越来越薄的成本粘性负向特征。

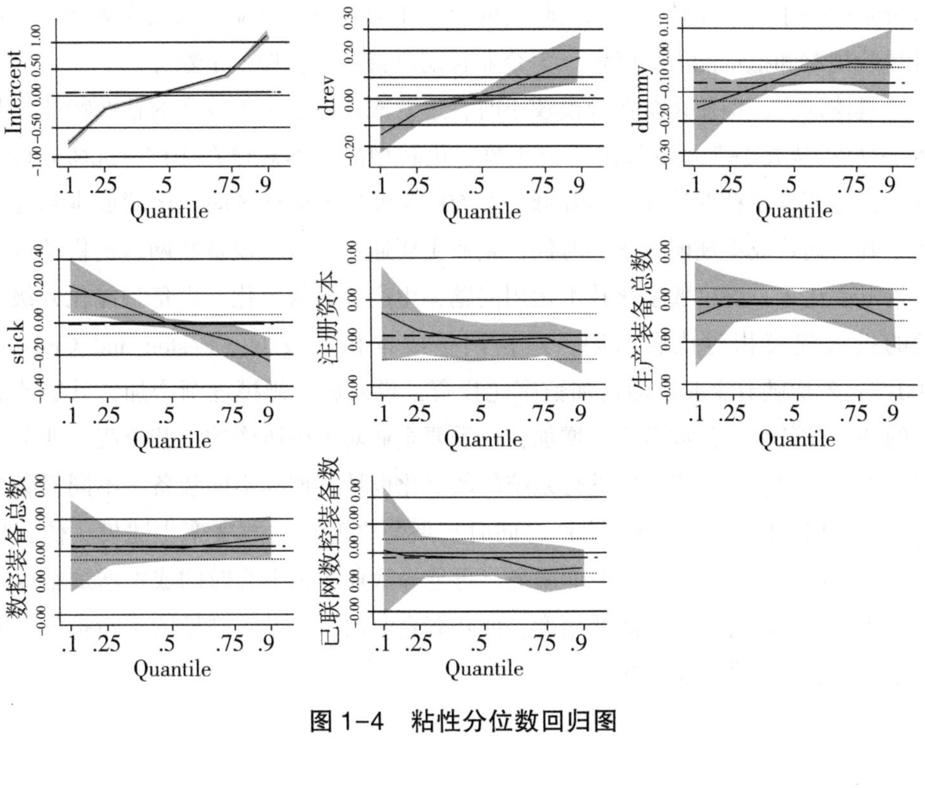

图 1-4　粘性分位数回归图

与此同时，从图 1-4 还可以发现：随着企业数字化成本规模扩大，数字化转型投资逐步提高，无论成本粘性高低，企业的数字化盈利能力均呈现逐步上升的趋势。同时解释了为什么在数字化转型投资前期无法带来收益，并且还会产生大量不可回收或者回收价值较低的沉没成本的情况下，企业依然愿意进行数字化管理变革的原因。数字化管理变革能够为企业预期收益带来的较大增幅给企业释放了一个正向信号，促使企业有倾向并开始投资于数字化转型活动，此时成本粘性又通过上述规律作用于企业，推动其不断扩大数字化投资规模，最终激发企业实现全程的数字化转型和管理变革。

（二）数字化运营成本粘性

进一步，对企业数字化转型成本进行细分，其中的运营成本过高是大中规模的企业数字化转型面临的主要问题之一。初期，数字化、信息化管理系统的应用推动了管理经营模式的变革，与此同时，员工与系统之间、部门之间配合的磨合时间，新系统的业务管理费用、使用管理费用等随之增加，需要企业不断投入转型成本，表现出较高的粘性特征。随着数字化管理系统的逐步应用，企业进入数字化转型的“红利期”（刘淑春等，2021），企业产生了不断扩大数字化规模，推动数字化转型的动力，企业数字化转型成本粘性亦同步提高。粘性的非线性上升特征，一方面帮助企业进入“引进—应用—增效—再引进、再升级”的良性循环，逐步扩大数字化转型的先行优势；另一方面也提升了企业运营成本压力，部分企业由于数字化转型带来的较高的财务压力、财务风险，以及宏观经济系统性风险规避和抵抗能力的降低，为企业长期可持续经营埋下了隐患。

具体而言，即便在企业规模较小时，运营成本已表现出较强的粘性特征（见表 1-7）。从表 1-7 可以看出，企业数字化转型的成本规模在 10%~50%分位区间时，运营成本粘性特征逐步降低，至 50%~90%分位点区间，运营成本粘性逐步上升。运营成本规模较小的时候，企业主要通过上云、设备联网、销售端或采购端电商化等来解决数字化技术运用问题，生产装备数控化、设备智能化升级相关的投入规模相对比较有限，运营调整成本相对较低（Poston and Grabski，2001）；然而随着企业逐渐追加数字化投资，投入成本规模逐渐增加，升级或新上的硬件设备和装备数量不断增加，这需要企业对人机协作的工艺流程、业务流程、管理流程、质控流程等进行系统的数字化设计，推动不同装备、不同设备之间进行数据实时交互与协同生产，同时扩展与之匹配的数字孪生建模、仿真模拟、边缘计算、系统集成等专业服务，可能导致业务量上升时的成本增加幅度要高于业务量下降时的成本降低幅度，即随着企业数字化投入规模的不断扩大，成本粘性可能得到进一步强化。

表 1-7　分位数回归——运营成本

变量	(1)	(2)	(3)	(4)	(5)	(6)
	ope_cost	ope_cos	ope_cos	ope_cos	ope_cos	ope_cos
样本区间	全样本	q10	q25	q50	q75	q90
drev	0.0337*	-0.0934**	-0.03	0.0289***	0.125***	0.204***
	[0.019]	[0.047]	[0.019]	[0.008]	[0.039]	[0.023]
decline	-0.0112	-0.358***	-0.229***	-0.0389***	0.0587	0.124**
	[0.045]	[0.084]	[0.041]	[0.015]	[0.037]	[0.059]
stick	0.0287	0.210***	0.139***	-0.0157	-0.147***	-0.274***
	[0.034]	[0.070]	[0.039]	[0.014]	[0.043]	[0.054]
reg	0.0256	0.0318	0.0139	0.00381	0.00127	-0.0477***
	[0.022]	[0.078]	[0.027]	[0.014]	[0.011]	[0.011]
equ	-0.0939	0.415**	0.0516	-0.0843*	-0.167	-0.319**
	[0.311]	[0.171]	[0.182]	[0.050]	[0.112]	[0.145]
dequ	0.605	-1.254**	-0.36	0.167	0.452	0.506
	[0.405]	[0.611]	[0.639]	[0.193]	[0.309]	[0.315]
ndequ	-0.683**	0.867*	0.317	-0.0824	-0.294	-0.219
	[0.314]	[0.484]	[0.509]	[0.161]	[0.231]	[0.218]
_cons	0.0855***	-0.698***	-0.132***	0.0766***	0.330***	0.922***
	[0.019]	[0.047]	[0.016]	[0.006]	[0.025]	[0.029]
N	5839	5839	5839	5839	5839	5839

（三）数字化劳动力成本粘性

企业数字化人才及储备是数字化转型的基础，相较于传统意义上由于员工薪酬带来的成本粘性，较高的员工数字化培训成本带来的劳动力成本粘性成为企业数字化转型的重要特征。本研究使用数字化培训成本作为代理变量分析数字化转型的劳动力成本粘性特征。与运营成本不同，数字化水平较低的企业需要投入较高的培训成本，用以实现经营管理团队的人力资本结构与企业数字化经营管理模式的匹配，随着转型过程的不断推进，数字化人才流动性增强，企业能够在劳动力市场上直接雇用到拥有相关工作经验和技能的数字化人才，劳动力成本粘性逐步降低。值得注意的是，随着数字化转型的进一步深入，专业化、多元化与创新性逐步成了企业转型的核心利益诉求，企业需要投入较高的工作技能培训成本，优化企业人力资本结构，进而导致数字化劳动力成本粘性的逐步增加。根据分位数回归结果（见表 1-8）不难看出，虽然总成本、劳动力成本和运营成本粘性变动趋势基本相同，但劳动力成本在25%~50%分位区间中，并未表现出显著的粘性特征，验证了上文分析。这也说明，企业仅以技术导向进行数字化转型，已无法最大化发挥数字化转型带来的优势，需要以转型需求和劳动力业务能力适配为目标，重构企业数字化模式。

表1-8　分位数回归——劳动力成本

变量	(1)	(2)	(3)	(4)	(5)	(6)
	lab_ cost	lab_ cost	lab_ cost	lab_ cost	lab_ cost	lab_ cost
样本区间	全样本	q10	q25	q50	q75	q90
drev	0.021	-0.135***	-0.0917***	4.96E-07	0.104***	0.108***
	[0.027]	[0.034]	[0.021]	[0.012]	[0.026]	[0.025]
decline	-0.0966*	-0.475***	-0.324***	-4.8E-05	-0.0732*	0.0259
	[0.057]	[0.117]	[0.083]	[0.010]	[0.040]	[0.053]
stick	0.0051	0.244***	0.182***	0.000249	-0.186***	-0.259***
	[0.049]	[0.065]	[0.056]	[0.013]	[0.037]	[0.060]
reg	0.0411**	-0.0521	0.0149	-0.00136	-0.0411	-0.0245
	[0.020]	[0.060]	[0.039]	[0.017]	[0.031]	[0.032]
equ	-0.143	-0.0602	-0.0824	-7E-07	-0.151	-0.351***
	[0.343]	[0.248]	[0.211]	[0.039]	[0.100]	[0.115]
dequ	1.190**	-0.241	0.282	0.115	0.527	0.725
	[0.487]	[0.616]	[0.504]	[0.197]	[0.541]	[0.596]
ndequ	-1.433**	0.337	-0.192	-0.115	-0.395	-0.416
	[0.592]	[0.479]	[0.405]	[0.188]	[0.459]	[0.507]
_cons	0.0815***	-0.894***	-0.181***	1.57E-07	0.464***	1.052***
	[0.025]	[0.051]	[0.028]	[0.010]	[0.021]	[0.033]

三、稳健性分析

上述回归分析结果证明了本研究的理论分析和部分假设，但仍然存在行业异质性、未捕捉到的企业异质性所带来的回归偏误，本研究分别针对这些问题进行了稳健性分析，并根据回归结果进行了进一步的讨论。

（一）稳健性检验1——未捕捉信息

企业数字化转型的软硬件投资在成本中占有较大比重。有趣的是，考察捕捉企业数字化软硬件投资上的异质性信息后，成本粘性是否会与上述研究结果有异。因此，本章根据计量模型（1-18），适当调整控制变量，以更好地捕捉无法观测的信息，减少由于固定效应带来的估计偏差；同时，为了更多保留样本信息，本研究对控制变量不做对数处理。具体而言，加入企业本年度对于信息化咨询费、运维费、数字化软件投资和数字化培训费用的预算额，用于捕捉难以观测到的企业关于数字化转型的投资偏好，从而进一步考察在控制住这些企业特征后，企业数字化转型的成本粘性变化情况，看回归结果与变动趋势（见表 1-9）。结果表明，成本粘性的回归系数表现出与基准回归相似的特征，基准回归结果稳健。

表 1-9　稳健性检验 3——增加控制变量

变量	dcost	dcost	dcost	dcost	dcost	dcost
	全样本	q10	q25	q50	q75	q90
drev	0.0333*	-0.100**	-0.0294**	0.0268***	0.126***	0.201***
	[0.018]	[0.048]	[0.014]	[0.007]	[0.029]	[0.037]
decline	0.00219	-0.370***	-0.228***	-0.0418***	0.0452	0.154
	[0.042]	[0.081]	[0.039]	[0.014]	[0.041]	[0.108]
stick	0.0318	0.211**	0.133***	-0.0157	-0.142***	-0.273***
	[0.033]	[0.088]	[0.029]	[0.013]	[0.032]	[0.065]
reg	0.0267	0.0256	0.016	0.000663	0.00245	-0.0446***
	[0.021]	[0.039]	[0.020]	[0.014]	[0.023]	[0.009]
equ	-0.0832	0.276	0.0143	-0.0801*	-0.252***	-0.297***
	[0.293]	[0.248]	[0.107]	[0.048]	[0.089]	[0.092]
dequ	0.595	-1.086	-0.279	0.145	0.566*	0.458*
	[0.384]	[0.816]	[0.534]	[0.232]	[0.344]	[0.256]
ndequ	-0.682**	0.837	0.272	-0.0652	-0.327	-0.198
	[0.309]	[0.684]	[0.463]	[0.206]	[0.288]	[0.201]
softinvb	3.13E-06	-1.7E-05	-4.1E-06	9.88E-07	-3.8E-06	-1.3E-05
	[0.000]	[0.000]	[0.000]	[0.000]	[0.000]	[0.000]
infinqb	5.06E-05	0.0000701*	5.09E-05	2.88E-05	3.31E-05	6.68E-05
	[0.000]	[0.000]	[0.000]	[0.000]	[0.000]	[0.000]
infedub	-0.00015	0.000147	4.96E-05	5.41E-05	-4.8E-05	-5.2E-05
	[0.000]	[0.001]	[0.000]	[0.000]	[0.000]	[0.000]
infopb	0.0000760*	-2.9E-06	1.39E-06	-1.2E-05	4.19E-05	6.33E-05
	[0.000]	[0.000]	[0.000]	[0.000]	[0.000]	[0.000]
_cons	0.0682***	-0.676***	-0.127***	0.0740***	0.328***	0.883***
	[0.019]	[0.036]	[0.021]	[0.011]	[0.025]	[0.044]
N	5842	5842	5842	5842	5842	5842

（二）稳健性检验 2——广义分位数回归及内生性初探

为了克服基本分位数回归中条件期望方程可能带来的估计偏误，本研究对基准回归进行了广义分位数回归。本研究选取生产装备数和数控装备数作为外生变量捕捉企业本身具有的生产规模特征，回归结果见表 1-10。对比表 1-5 回归系数，使用非条件期望估计方法，捕捉了企业生产规模特征条件下的回归系数有所升高，但变化趋势基本一致。进一步分析可以发现，数字化成本额在 10%～25% 区间时，收益额对成本额的影响较小，其原因在于较低的成本额使企业依然能够更加自由地调整自身投资结构，从而表现出较低的成本粘性特征，并且企业投资粘性在整体分布表现出的异质性特征与基准回归中关于粘性的分位数回归结果基本相同。因此表明，基准回归结果稳健；同时也从侧面验证了企业的生产规模在管理层制定数字化转型投资决策中的重要性。

Powell（2020）认为，可以在广义分位数回归模型中指定工具变量以处理内生性问题，其对解决粘性模型分位数回归中的内生性问题具有一定借鉴意义，参考这一方法，根据粘性模型测算公式，假设 *drev* 和 *decline* 均为控制变量，用以研究粘性的变动特征，选取两年内是否有 SCM 项目升级计划（有，dum_scmup=1；其他，dum_scmup=0）作为工具变量进行回归分析。

表 1-10　广义分位数回归

变量	lcost	lcost	lcost	lcost	Lcost
	q10	q25	q50	q75	q90
lrev	0.703***	0.631***	0.761***	0.730***	0.834***
	[0.028]	[0.022]	[0.075]	[0.091]	[0.199]
_cons	−2.173***	−0.666***	−0.953	0.518	1.118
	[0.287]	[0.212]	[0.689]	[0.725]	[1.251]
N	9042	9042	9042	9042	9042

（三）稳健性检验 3——剔除金融扶持政策效果

结合实地调研情况看，示范区积极推动金融服务创新，建立“数字金融大脑”等金融信息综合服务平台，推动“一对一”金融服务模式，扩宽了中小企业融资渠道，有效缓解了中小企业融资难的问题。这一改革措施不仅能助力中小企业突破发展瓶颈，还可能影响或降低数字化转型过程中的成本粘性。为了剔除这一金融扶持政策的长期效应，本章构建了时间虚拟变量（2018 年以后取 1，其余取 0），与粘性指标构建交互项，表 1-11 报告了回归结果。对比基准回归和表 1-11 模型（1）与模型（2）的回归结果可以发现，在剔除金融扶持政策后，尽管 10%和 25%分位点的粘性下降明显，但仍然显著，说明金融扶持政策在一定程度上缓解了中小企业数字化转型的资金压力，而在 50%分位点以上的测算结果与表 1-6 回归结果相似，因此，可以认为本章的回归结果是稳健的。

表 1-11 面板分位数回归

变量	(1)	(2)	(3)	(4)	(5)
	dcost	dcost	dcost	dcost	dcost
	q10	q25	q50	q75	q90
drev	-0.0981**	-0.0321	0.0270***	0.126***	0.208***
	[0.046]	[0.020]	[0.006]	[0.026]	[0.027]
decline	-0.357***	-0.232***	-0.0432***	0.0423	0.158***
	[0.059]	[0.046]	[0.017]	[0.029]	[0.061]
stick	0.189***	0.1000**	-0.0204	-0.174***	-0.401***
	[0.070]	[0.044]	[0.023]	[0.051]	[0.103]
stick_after	0.0645	0.056	0.00389	0.0423	0.231**
	[0.103]	[0.042]	[0.026]	[0.040]	[0.093]
N	5842	5842	5842	5842	5842

四、内生性问题

虽然广义分位数回归方法可以在一定程度上克服内生性问题，但作为因果推断的前沿计量方法，其估计量存在渐进分布，无法根据广义分位数回归结果解释剔除内生性后变量之间的因果关系。因此，Chernozhukov 和 Hansen（2008）提出工具变量分位数回归方法对内生性问题进行处理，但由于该方法在多工具变量情况下运用 OLS 进行估计存在一定偏误，以至提出后在很长一段时间未得到广泛应用，直到 Machado 和 Silva（2019）提出运用矩估计进行分位数回归解决了存在的潜在问题。SCM 升级计划作为企业自身战略决策，虽然通过了工具变量检验，但仍无法避免可能的内生性。因此，为了保证回归结果的无偏性，本研究引入市辖区道路面积作为工具变量，运用工具变量分位数回归方法对内生性问题进行处理。由于这一方法本质上仍然是两阶段最小二乘法，因此，表 1-12 第一列报告了两阶段最小二乘法的估计结果，通过系数对比，能够更直观地看出粘性的变化特征，且报告了过度识别检验（sargon test = 0.9547），弱工具变量检验（Cragg-Donald Wald F statistic = 17.613），不可识别检验（Anderson canon. corr. LM statistic = 20.420，P-value = 0.000）和外生性检验（F-test = 17.61，P-value = 0.000）

等相应指标。对比后5列回归结果可以发现，50%分位点之前，企业数字化成本粘性相对较低，且呈现快速上涨趋势；50%分位之后成本粘性上涨速度逐渐放缓，进一步印证了本章提出的由于投资规模逐步增大而带来的“数字化转型困境”。

对比表1-6可以发现，处理了内生性问题后，企业成本粘性有所上升，且在表1-6的回归模型中进一步引入市辖区道路面积作为工具变量，回归系数显著增加，一方面表明本研究的基准回归结果稳健可信；另一方面也证明了企业存在潜在的数字化转型成本粘性，但工具变量法仅能从某一方面控制住内生性问题，商业活动这一“黑匣子”的影响因素和影响机制仍需进一步探索和研究分析。

表1-12　内生性处理

变量	dcost	dcost	dcost	dcost	dcost	dcost
	全样本	q10	q25	q50	q75	q90
drev	0.211	0.337***	0.250***	-0.231	0.217***	-0.283***
	[0.132]	[0.030]	[0.024]	[0.309]	[0.014]	[0.070]
decline	-0.234*	-2.764***	-1.997***	11.13***	-0.00364	8.410***
	[0.123]	[0.093]	[0.075]	[0.964]	[0.043]	[0.220]
stick	-0.467	-1.801***	-2.024***	29.70***	-0.347***	4.224***
	[0.362]	[0.000]	[0.000]	[0.000]	[0.000]	[0.000]
equ	-0.149	-0.773**	-0.341	0.117	-0.24	2.132**
	[0.169]	[0.377]	[0.304]	[3.915]	[0.175]	[0.892]
dequ	0.261	0.421	0.629	-0.131	0.550*	-3.088*
	[0.298]	[0.716]	[0.578]	[7.442]	[0.333]	[1.695]
ndequ	-0.113	0.358	-0.299	0.0114	-0.318	0.973
	[0.177]	[0.479]	[0.387]	[4.975]	[0.223]	[1.133]
_cons	-0.0318	-1.195***	-0.388***	0.186	0.294***	1.392***
	[0.096]	[0.072]	[0.058]	[0.746]	[0.033]	[0.170]
N	5842	5842	5842	5842	5842	5842

Sargon test = 0.9547；Cragg-Donald Wald F statistic = 17.613；Anderson canon. corr. LM statistic = 20.420；Chi-sq（1）P-val = 0.0000

五、滞后效应

数字化转型具有高投入、高风险、变现慢等持续性特征（Costa and Habib,

2020)，为了解决滞后效应带来的反向因果问题，同时解决内生性问题，参考 Anderson（2003）和 Chen 等（2012）的研究方法，引入滞后项，同时运用工具变量分位数回归方法探索由于企业数字化成本投入规模在时序上的差异而导致的不同成本粘性问题，考察企业处在哪一成本规模区间会产生最高的数字化转型成本粘性，模型如下：

$$\Delta \ln cost_{n,i,t}=\beta_0+\beta_{1,n,i,t}\Delta \ln profit_{n,i,t}+\beta_{2,n,i,t}decline_{n,i,t}\Delta \ln profit_{n,i,t}+\beta_{3,n,i,t}decline_{n,i,t-1}\Delta \ln profit_{n,i,t-1}+\beta_{4,n,i,t}decline_{n,i,t}\Delta \ln profit_{n,i,t}growth_{n,t}+\varepsilon_{n,i,t} \tag{1-23}$$

其中，*growth* 代表企业所在地级市 GDP 增长率。

由表 1-13 可知，当企业的成本规模在 10%~50%区间时，其对上一期的营收状况和宏观因素十分敏感，但并未对滞后一期的营收状况表现出明显的粘性特征。主要原因有二：一是这一规模区间的企业多数为私营企业，在供给侧结构性改革和银保监部门推出“四三三十”专项治理活动背景下，融资渠道收紧，中小规模企业，尤其是处于供应链中下游的私营企业，无法承托大规模的数字化转型成本和潜在风险，因此，在进行初级的数字化转型后，中小规模企业会选择放缓甚至停止数字化转型进程，在一定程度上规避了风险，因此，在 10%~25%分位点处企业并未表现出数字化粘性（*drev* 回归系数不显著，*stick* 回归系数显著）。这一回归结果反映了中小企业普遍数字化程度较低这一现实情况。二是私营企业抗风险能力较差，对营收状况更为敏感，面对数字化转型决策时更加谨慎，如果投入过多影响企业现金流，会对企业造成致命影响；如果投入过少，达不到数字化转型的应有效果，中小规模企业“不敢投、不敢转”，粘性出现并有所波动，但并未表现出较高的粘性特征。而中等成本规模企业，不仅面临融资不足且困难的问题，而且在数字化转型前期产生了大量转型成本投资后，很难短期内迅速回收成本，成本粘性迫使企业进一步扩大数字化转型投资，即在 75%分位点处企业开始表现出较强的数字化成本粘性；中等规模企业在面临较大市场竞争压力时，数字化转型却能提高企业管理效率，因而面临“投资风险高，不投资即等死”的两难境地，表现出较大的数字化转型成本粘性，这一推论与表 1-13 中模型（5）的回归结果相契合。当企业到达中间规模拐点时，粘性由正向影响转变为负向影响，企业开始面临是“坐以待毙”，还是“破釜沉舟”的抉择，进而，随着企业数字化规模的逐步扩大，在 75%~90%分位点上，企业不仅表现出明显的成本粘性特征，同时也表现出对宏观经济变动十分敏感的弹性特征，主要原因可能在于，随着企业成本规模的不断扩大，数字化程度和成本粘性同步提升，企业对于如何进行数字化转型和管理虽然已经有了较为丰富的实践经验，有意识并有能力开始调整企业的数字化转型投资结构，但企业发展同时也对数字化转型产生高度依赖，管理者为寻求企业进一步发展，提升产品附加值和市场竞争力等，更不得不增加数字化转型投资，包括软硬件升级、数字化咨询等，以期更快获取数字化转型红利，因此，在大中型企业中数字化转型粘性受到“正反”两个效应的双向影响，宏观经济发展对数字化转型粘性具有一定的缓释作用。

表 1-13　滞后效应

变量	(1)	(2)	(3)	(4)	(5)
	dcost	dcost	dcost	dcost	dcost
	q10	q25	q50	q75	q90
drev	-0. 159	-0. 0731***	0. 0175	0. 140***	0. 230***
	[0. 159]	[0. 018]	[0. 015]	[0. 016]	[0. 021]
decline	0. 0366	-0. 162***	-0. 0313	0. 0302	0. 103*
	[0. 428]	[0. 047]	[0. 039]	[0. 043]	[0. 055]
stick	20. 15***	1. 317***	0. 143***	-0. 209***	-0. 370***
	[0. 000]	[0. 000]	[0. 000]	[0. 000]	[0. 000]
$\beta_{3,n,i,t}$	0. 0499	0. 0886	0. 0136	0. 043	0. 038
	[0. 569]	[0. 063]	[0. 052]	[0. 057]	[0. 074]
$\beta_{4,n,i,t}$	-2. 900***	-0. 167***	-0. 0223***	0. 00452	0. 000682
	[0. 043]	[0. 005]	[0. 004]	[0. 004]	[0. 006]
_cons	-0. 636*	-0. 0965***	0. 0809***	0. 328***	0. 874***
	[0. 330]	[0. 037]	[0. 030]	[0. 033]	[0. 043]
N	5842	5842	5842	5842	5842

六、生产能力

企业规模差异决定了生产能力的异质性差异，那么，企业是否存在由于生产能力差异导致的数字化转型成本粘性需要进一步探讨。数字化转型是一个系统化过程，是对企业生产能力的转型升级，因此无法准确确定相对应的收益和成本变化等的实际雇员数（如企业进行 ERP 项目升级，尽管升级的主要对象为财务部，应用了新会计软件，采购、生产、财务、投融资、管理等跨部门相关人员都需要进行相关培训，但并非所有企业人员均需进行此培训）。即无法满足已有研究中的隐含假设，即投资作用于所有雇员，这是分工更加明晰带来的结果。因此，本研究参考 Anderson（2003）和 Chen 等（2012）的研究，选取数字化设备密度作为代理变量，运用工具变量分位数回归方法进行分析，模型设定如下：

$$\Delta \ln cost_{n,i,t}=\beta_0+\beta_{1,n,i,t}\Delta \ln lrev_{n,i,t}+\beta_{2,n,i,t}decline_{n,i,t}\Delta \ln profit_{n,i,t}+\beta_{3,n,i,t}decline_{n,i,t}\Delta \ln rev_{n,i,t}decline_{n,i,t-1}+\beta_{4,n,i,t}decline_{n,i,t}\Delta \ln rev_{n,i,t}growth_{n,t}+\beta_{5,n,i,t}decline_{n,i,t}\Delta \ln rev_{n,i,t}\ln\left(dequ/profit\_1\right)+\varepsilon_{n,i,t} \quad (1-24)$$

回归结果如表 1-14 所示。企业在所有分位点处都对数控设备密度表现出较高的敏感性，对比表 1-13 可以发现，从 25%分位点处开始，企业表现出显著且递增的粘性特征，且宏观经济波动对数控装备密度的影响也在逐步加强，直到 90%分位点处，企业对于数控装备密度的依赖程度才逐渐减弱直至消失。主要原因在于：数控化设备密度是企业数字化转型的重要组成部分和数字化程度的重要体现，中小企业资金储备少，风险承担能力较差，购买数控设备会给企业现金流带来一定压力，租赁设备成为中小企业进行数字化转型的一种可行手段；中等规模和较大规模的企业，为了获得技术优势，会选择购买或研发新型的数控设备等；当数字化转型程度较低或市场设备成本较高时，企业会选择租赁或买入设备从而开始企业的数字化转型进程，但随着数字化投入的逐步扩大，现有数控设备对特定升级的刚性需求导致更换成本的大幅提升，即表现出递增的成本粘性特征；当企业发展到足够规模后（90%分位点左右），技术储备较为丰富，专业化程度逐步提高，管理者储备了较为丰富的实践经验，有意识且有能力调整企业的数字化转型投资结构，对绝对数控设备的依赖程度逐步降低，生产能力带来的粘性特征也在同步减弱，直至摆脱数字化设备带来的“粘性陷阱”。

表 1-14 生产能力回归结果

变量	dcost	dcost	dcost	dcost	dcost
	q10	q25	q50	q75	q90
drev	0.00276	0.105	0.0460*	0.0544***	0.172***
	[0.251]	[0.079]	[0.025]	[0.020]	[0.017]
decline	−0.0231	−1.714***	−0.662***	−0.197***	−0.047
	[0.347]	[0.212]	[0.067]	[0.054]	[0.046]
stick	0.526	−6.837***	−3.226***	−2.355***	−0.940***
	[2.832]	[0.000]	[0.000]	[0.000]	[0.000]
$\beta_{3,n,i,t}$	0.0357	−0.292	0.0435	−0.0185	0.04
	[0.202]	[0.281]	[0.089]	[0.072]	[0.062]

续表

变量	dcost	dcost	dcost	dcost	dcost
	q10	q25	q50	q75	q90
$\beta_{4,n,i,t}$	-0.0506	0.635***	0.351***	0.304***	0.0870***
	[0.243]	[0.028]	[0.009]	[0.007]	[0.006]
$\beta_{5,n,i,t}$	0.0407	-1.309***	-0.298***	-0.0655***	-0.0266***
	[0.223]	[0.038]	[0.012]	[0.010]	[0.008]
_cons	0.127	-0.833***	-0.178***	0.066	0.315***
	[0.186]	[0.163]	[0.052]	[0.041]	[0.036]
N	5842	5842	5842	5842	5842

第六节　进一步分析

一、机制分析

参考 Edwards 和 Lambert（2007）的推荐方法，本研究构建结构方程模型检验软硬件投资预算额和上一年利润的调节中介效应（假设 3 和假设 4），分析数字化成本粘性的运行机制。具体而言，数字化转型带来的利润增长会提高企业的预期收益或预期收益率（企业预期数字化转型能够为企业带来收益），从而增加第二年数字化转型所需的软件投资和硬件投资预算额，转型成本的增加进一步影响企业数字化的总投资额和粘性特征；与此同时，企业这一数字化转型业务的投资规划会受到上年利润规模的显性信号影响，企业数字化转型表现出较强的粘性特征（见表 1-15）。

表 1-15　调节的中介效应模型

变量	系数估计值	系数成绩战略		Bootstraping Percentile 95% 置信区间	
		标准误	Z 值	下限	上限
		ln(hardinvb)			
lrev	0.1120	0.0590	1.9100	0.4300	0.4783
ln(profit_1)	0.4540	0.0100	44.7700	0.4300	0.4783
ln(profit_1)×lrev	-0.0110	0.0070	-1.5700	-0.0293	0.0101

续表

变量	系数估计值	系数成绩战略		Bootstraping Percentile 95% 置信区间	
		标准误	Z 值	下限	上限
ln(softinvb)					
lnrev	0.0630	0.0150	4.1300	0.0318	0.0934
dcost					
ln(hardinvb)	0.1180	0.0270	4.3800	0.0650	0.1710
ln(softinvb)	0.0670	0.0110	6.1400	0.0460	0.0890
lrev	0.1500	0.0370	4.0800	0.0780	0.2230
ln(profit_1)	-0.0540	0.0150	-3.5000	-0.0850	-0.0240
ln(profit_1)×lrev	-0.0130	0.0040	-3.1200	-0.0210	-0.0050
ln(profit_1)×ln(hardinvb)	-0.0020	0.0030	-0.7700	-0.0090	0.0040
decline	-0.0720	0.0310	-2.3000	-0.1340	-0.0110
stick	-0.0180	0.0200	-0.9000	-0.0580	0.0210

关键业务、环节、部位的数字化转型能够有效提高企业应对市场变化的灵活性（Mikalef and Pateli，2017），数字化应用软件和硬件作为数字化转型的主要载体，亦成为企业进行转型投资决策、制定数字化预算的重要考量因素。具体而言，企业数字化转型初期，需要较高的数字化软硬件投资，如购买软件的版权费、维护费及员工培训费，企业升级改造已有的生产模式和管理结构，亦需要投入较高的硬件设备等；数字化转型中期，企业仅需支付软件使用费和新员工的培训费用，软件投资额会有所降低，数字化为企业带来的盈利能力提升逐步显现，企业进入数字化转型“红利期”；而当企业逐步经过这一阶段后，盈利提升幅度逐步降低，企业开始寻求新的数字化转型方式和盈利增长点，含购买更为先进的数字化软硬件、寻求数字化转型咨询服务和设备等，周而复始。由回归结果可知，数字化软硬件投资预算的多重中介效应存在，硬件投资预算和软件投资预算第一阶段的回归系数分别是 0.1120（$p<0.1$，95% CI {0.430，0.478}）和 0.0630（$p<0.5$，95% CI {0.032，0.093}）；第二阶段的回归系数分别是 0.1180（$p<0.5$，95% CI {0.065，0.171}）和 0.0670（$p<0.5$，95% CI {0.046，0.089}），直接效应回归系数 0.1500（$p<0.5$，95% CI {0.078，0.223}）。profit_1 作为调节变量调节了数字化转型总收益与数字化成本变动额之间的关系，回归系数为-0.0130（$p<0.5$，95%CI {-0.021，-0.005}）。假设 3 和假设 4 得到验证。

二、异质性分析

本研究在测度了企业数字化转型成本粘性基础上，运用工具变量分位数回归方法进行回归分析，将样本根据所有制形式区分为国有企业和非国有企业（见表1-16）。其中，第一列为全样本下两阶段最小二乘法的回归结果，后五列为工具变量分位数回归的回归结果。不难发现，随着成本规模的不断上升，国有企业的成本粘性会显著高于非国有企业，与理论分析相符。与此同时，回顾表1-7回归结果：全样本中，企业并不具有显著为正的数字化转型成本粘性，但是在分位数回归中，随着企业成本规模的逐步增加，数字化粘性特征趋于增强，可能的原因即来自企业所有制的异质性差异。

表 1-16　成本粘性测度回归结果

变量	国有企业					
	dcost 全样本	dcost q10	dcost q25	dcost q50	dcost q75	dcost q90
stick	0.158	-1.879***	-0.488***	15.57***	0.619***	0.502***
	[1.168]	[0.000]	[0.000]	[0.000]	[0.000]	[0.000]
drev	-0.00014	0.351***	0.128***	-0.208	-0.102***	-0.122***
	[0.450]	[0.050]	[0.022]	[0.250]	[0.022]	[0.027]
decline	-0.0201	-3.349***	-0.554***	5.641***	0.527***	0.465***
	[0.366]	[0.156]	[0.068]	[0.784]	[0.069]	[0.085]
_cons	0.128	-1.234***	-0.267***	0.174	0.521***	1.182***
	[0.321]	[0.122]	[0.053]	[0.611]	[0.054]	[0.066]
N	2549	2549	2549	2549	2549	2549
	非国有企业					
stick	0.028	0.212***	0.123***	-0.0217	-0.209***	-0.374***
	[0.042]	[0.069]	[0.046]	[0.015]	[0.068]	[0.111]
drev	0.0139	-0.125**	-0.0437***	0.0304***	0.163***	0.208***
	[0.023]	[0.062]	[0.015]	[0.009]	[0.048]	[0.050]
decline	-0.0587	-0.404***	-0.291***	-0.0517***	0.0403	0.0443
	[0.056]	[0.105]	[0.060]	[0.017]	[0.065]	[0.092]
_cons	0.0959***	-0.654***	-0.118***	0.0742***	0.302***	0.887***
	[0.028]	[0.037]	[0.018]	[0.007]	[0.026]	[0.049]
N	3293	3293	3293	3293	3293	3293

针对企业所处行业异质性带来的回归偏误问题，本研究首先分别针对制造业、加工业和制品业的国有企业和非国有企业进行回归，进而为了考察企业所处细分行业带来的不同影响，对样本进行分组回归，表 1-17 报告了制造业中国有企业的回归结果。结果表明，区分了行业和所有制结构、控制了行业固定效应后，成本粘性的回归系数仍然显著为正，对比基准回归系数，可以认定回归结果是稳健的。进一步仍可发现，就不同所有制企业的数字化成本粘性而言，制造业中，国有企业低于非国有企业；而在加工业和制品业中，国有企业明显高于非国有企业。进一步分析，制造业数字化转型需要较大的固定资本投入，当私营制造业企业投资数字化转型后，其调整成本和机会成本会明显高于国有企业；相较于加工业和制品业，制造业企业具有存货周期长、投资变现慢、工业化程度高的特点，数字化机床、数字化管理系统等的应用可以有效提升制造业企业劳动生产率和产品合格率，而对于私营制造业企业而言，需要在相比国有企业更为恶劣的市场环境中提升劳动生产率，求生存谋发展，其数字化粘性相较国有企业则更高；制造业行业中，国有企业相较于非国有制造业企业拥有更完善的数字化管理系统和数字化管理变革信息，可更加灵活地调整数字化转型的投资规划和投资决策。面对企业进行数字化转型投资博弈，尽管所有企业都不投资数字化是一个子博弈精炼纳什均衡，但国有企业需要且会在数字化转型阶段起到示范作用，承担相应的经济社会责任，与此同时，国有企业也更容易获得数字化转型补贴和业务支持，受到激励从而进行数字化转型投资，投资的增加推动了调整成本不断上升，使得加工业中的国有企业表现出远高于非国有企业的数字化转型成本粘性。表 1-17 最后一列的全样本回归控制了企业所在行业的固定效应，表明粘性的回归系数仍显著为正。综上分析并对比表 1-16 回归结果，可以认为，不同规模企业的数字化转型成本粘性存在异质性差异，且原因不同。

表 1-17　异质性检验——制造业

国有企业					
变量	(1)	(2)	(3)	(4)	(5)
	dcost	dcost	dcost	dcost	dcost
	q10	q25	q50	q75	q90
stick	−0.430***	−0.359***	−1.117***	−0.915***	−0.326***
	[0.000]	[0.000]	[0.000]	[0.000]	[0.000]
decline	−0.573***	−0.471***	−0.446***	−0.0863	0.335***
	[0.119]	[0.093]	[0.106]	[0.106]	[0.117]

续表

变量	(1) dcost q10	(2) dcost q25	(3) dcost q50	(4) dcost q75	(5) dcost q90
国有企业					
drev	0.181***	0.121***	0.308***	0.409***	0.300***
	[0.038]	[0.030]	[0.034]	[0.034]	[0.038]
_cons	-0.956***	-0.272***	4.72E-16	0.252***	0.814***
	[0.092]	[0.072]	[0.083]	[0.082]	[0.091]
N	1299	1299	1299	1299	1299
非国有企业					
stick	0.315**	0.184**	-0.00645	-0.214***	-0.308***
	[0.126]	[0.073]	[0.027]	[0.081]	[0.112]
decline	-0.362***	-0.291***	-0.0236	0.0858	0.126
	[0.134]	[0.083]	[0.021]	[0.053]	[0.120]
drev	-0.211**	-0.102**	0.0318*	0.157***	0.205**
	[0.084]	[0.050]	[0.018]	[0.052]	[0.100]
_cons	-0.628***	-0.112***	0.0735***	0.319***	0.919***
	[0.076]	[0.039]	[0.009]	[0.022]	[0.094]
N	1753	1753	1753	1753	1753

具体而言，对于国有企业，数字化转型成本显著高于非国有企业，且在制品业中尤为明显，而数字化转型的销售额与非国有企业的数字化转型销售额差异较小，表现为更高的成本粘性；制造业行业中，国有企业的成本粘性小于非国有企业，而对于加工业和制品业行业，其国有企业的数字化成本粘性高于非国有企业。在制造业和加工业行业中，国有企业的数字化投资显著高于平均水平，而数字化转型收益却小于平均水平，虽然国有企业表现出较高的粘性特征，但仍能够发挥国有企业在企业数字化转型进程中的示范作用，积极进行数字化软硬件的创新、研发、生产和应用，发挥信息化技术的溢出效应，带动中小规模企业推动数字化转型，为私营企业提供技术支持，为中小规模企业应用先进的信息化技术提供可能性。与此同时，针对私营企业，应当合理引导企业投资决策，开源信息，制定合理扶助政策，降低数字化转型的调整成本。

三、示范效应再探讨

企业数字化转型在一定程度上打破了技术进步的空间壁垒，然而，大城市对于资源的“虹吸效应”仍然对企业发展产生重要影响。大城市的信息完备程度、人才储备和市场竞争程度远高于地理位置较为偏僻的地区，例如大型互联网公司（阿里巴巴、海康威视、网易等）、数字产业园（梦想小镇、云栖小镇、滨江物联网小镇、未来科技城等）、数字产业集聚区（杭州江东新区、宁波前湾新区、绍兴滨海新区等），创造了大量服务于信息化、数字化产业的就业岗位，极大地提升了当地市场的竞争程度，亦对其他企业产生了强烈的“示范”效应，“倒逼”中小企业寻求产业链、供应链、生产链的转型升级。据此，结合上文分析和研究讨论，大城市企业应表现出更高的数字化转型成本粘性。为了验证这一观点，本研究根据企业地址，将企业分为城市和县/镇两组进行工具变量分位数回归（见表 1-18）。根据粘性测算模型可以发现，县/镇公司数字化转型的成本粘性要明显低于城市，观点得以验证，同时进一步印证了研究假设 1。进一步，考虑到大型国有企业在城市中数量较多，而在县、乡、镇一级的行政区域中数量较少，或仅设立办事处，为了避免由于企业异质性带来的粘性差异，分别对国有企业和非国有企业进行了分组回归分析。结果表明，城市中的国有企业成本粘性明显高于其他企业，原因不仅来源于国有企业规模较大，更在于国有企业承担着“两化”融合的政治使命及社会责任；县/镇一级的国有企业，成本粘性也要高于同地区的其他企业，再次验证观点。最后，综合比较可以看出，城市中的非国有企业较乡、镇一级企业也表现出较高的成本粘性，进一步验证研究结论，并表明大企业数字化转型给市场带来“示范”效应，推动市场中所有类型企业进行数字化转型和数字化项目投资。

表 1-18　分组回归——注册地

县/镇					
变量	dcost	dcost	dcost	dcost	dcost
	q10	q25	q50	q75	q90
drev	-0.139*	-0.0758**	0.0255***	0.0791*	0.166***
	[0.081]	[0.029]	[0.009]	[0.044]	[0.055]
decline	-0.306***	-0.209***	-0.0365	0.0644	0.248***
	[0.111]	[0.065]	[0.026]	[0.047]	[0.084]

续表

变量	dcost q10	dcost q25	dcost q50	dcost q75	dcost q90
县/镇					
stick	0.307* [0.163]	0.226*** [0.055]	−0.0121 [0.031]	−0.100* [0.053]	−0.143 [0.098]
_cons	−0.648*** [0.081]	−0.0736** [0.030]	0.0767*** [0.006]	0.301*** [0.028]	0.825*** [0.052]
N	2017	2017	2017	2017	2017
城市					
drev	−0.0792* [0.041]	−0.0173 [0.013]	0.0351*** [0.012]	0.149*** [0.040]	0.217*** [0.018]
dummy	−0.372*** [0.077]	−0.254*** [0.043]	−0.0430*** [0.015]	0.0194 [0.040]	0.121 [0.113]
beta2	0.177 [0.113]	0.0987** [0.042]	−0.0256 [0.017]	−0.166*** [0.040]	−0.300*** [0.066]
_cons	−0.692*** [0.044]	−0.150*** [0.017]	0.0724*** [0.007]	0.349*** [0.018]	0.913*** [0.036]
N	3825	3825	3825	3825	3825

第七节　结论与政策启示

一、主要结论

本章基于对我国第一个“两化”深度融合国家示范区内1950家企业连续6年（2015—2020年）推进数字化管理的动态追踪调查数据，使用分位数回归等方法测度数字化成本粘性、考察企业数字化转型在不同成本规模区间的成本粘性特征及其影响因素，以期剖析异质性企业面临数字化转型和管理变革困境时的选择和行为规律。得出以下主要研究结论：①不同规模企业的数字化转型均体现出成本粘性特征，但大小和原因不尽相同；更为重要的是，规模较大企业的数字化转型会对中小规模企业的数字化投资额产生“示范”效应和“倒逼”效应，增加其成本粘性。②企业数字化投资具有较为明显的粘性特征，并且随着投资规模的不断扩大，粘性特征逐步明显且呈如下特征：当投入的成本规模达 50%左右时，由有利于企业发展的成本粘性特征转变为表现出负面影响的粘性特征，在 75%~90%区间，成本粘性增速开始放缓，并在 90%左右时达到粘性峰值。③企业成本粘性的形成机制和内在规律表现为：企业数字化转型未来期的收益预期会影响数字化转型软硬件的预算投资额，进而带来数字化转型成本和调整成本的变化；此成本的提升短期内又无法带来相应的或足够的成本收益，在上一年利润这一显性信号的调节作用下，第二轮企业收益—投资的预期调整作用同时开始，由此产生并带来了数字化转型成本粘性。④企业数字化转型的成本粘性特征在不同行业和所有制结构之间表现出较大的异质性差异，且原因不同。⑤无论成本粘性高低以及呈现何种趋势，企业的数字化盈利能力总体呈现逐步上升趋势，且大城市对于资源的“虹吸效应”为大企业的数字化转型和管理变革带来示范效应。数字化管理变革为企业预期收益带来的较大增幅给企业释放了一个正向信号，促使企业在面临“坐以待毙”和“破釜沉舟”的数字化转型困境时，通过成本粘性规律推动企业不断扩大数字化投资规模，帮助企业做出正确选择，提供“示范”效应，最终激发企业实现数字化转型并完成管理变革。

二、政策启示

本章结论为揭示不同企业进行数字化转型的投入产出效率、成本粘性规律，以及成本粘性的异质性差异提供了重要线索和经验证据。以全国第一个“两化”融合国家示范区为研究对象，尽管具有一定的地域局限性，但作为 2013 年得到批准的我国首个“两化”融合国家示范区，以及全国首批“国家数字经济创新发展试验区”，其在省域经济中具有明显的先行优势，对这一“先行者”连续 6 年的动态研究能够为“追赶者”和“后发者”提供有益借鉴，还能为其他省域的政府部门制定更有针对性和操作性的政策提供宝贵经验和重要启示。

（1）针对不同规模、不同行业、不同所有制企业制定更加精准、更加匹配的政策激励措施。基于本章研究结果，中小规模企业多“被动”承担较高的数字化转型成本粘性，而规模较大的企业由于较高的调整成本而导致较高的成本粘性。中小规模企业的数字化投资额在受到规模较大企业数字化转型的“示范”和“倒逼”效应后，增加了企业成本粘性和经营风险，陷入了继续追加投资“破釜沉舟”的追随大企业加强数字化转型投资，亦或“坐以待毙”地减少成本、不再增加数字化转型投资，但在成本粘性作用下较难获得数字化收益的“数字化转型两难困境”，即面临小企业不敢投却不得不投，大企业不得不保持成本规模的局面。换言之，在深化“两化”融合、推动数字经济高质量发展的背景下，“一刀切”的政策对企业进行数字化转型的促进效果并不理想。破解不同规模、不同行业、不同所有制企业的数字化转型的成本粘性差异化问题，应当实事求是，根据企业的实际情况选择适合自身的数字化转型路径，转型投入不能着眼于“好大求全”而延长转型周期、抬高转型成本，导致实际数字化应用过程中复杂度提升、业务协同难度加大，从而影响企业数字化投入的成本粘性，而是充分考量企业现有的数字化能力和条件，包括 IT 构架、硬件设备兼容性、软件系统融合状态、数字技术人才储备等，从企业痛点和转型需求寻求突破，帮助企业走出数字化转型困境。例如，对于数字化基础比较薄弱的中小企业而言，可以采用低成本、速应用的 SaaS、aPaaS 产品，尽可能降低前期的硬件投入成本；但对于大型企业，可以改进 PLM、MES/DCS 数字化能力。

（2）通过“模块/单元数字化→生产线/流水线数字化→系统/整体数字化”渐进式数字化路径减少成本粘性达到临界值后带来的负面影响。当成本粘性逐步呈现出对企业产生负面影响的特征时，企业逐步面临“投资风险高，不投资即等死”的两难境地，表现出较大的数字化转型成本粘性。尽管数字化转型是企业实现高质量发展的战略方向，但由于企业数字化投资的成本粘性的普遍性问题，转型过程中必然遇到重重阻力，因此，如何缩短数字化转型期、降低数字化转型成本是需要破解的重大难题。对于大多数企业，尤其是中型企业和小微企业而言，数字化转型不能急于求成，应当寻找适合自身成熟度及战略前景的数字化转型方案，分阶段、分步骤推进数字化转型项目开发，先进行模块/单元的数字化及轻资产化的数字化转型，再延伸至生产线/流水线的数字化，最终实现系统/整体的数字化，如此有利于降低转型成本粘性的客观影响。路径方面，需要企业客观判断自身的发展阶段和现实条件，以需求驱动数字化转型效应释放，依照急用先行的原则，从最迫切需要改进的业务环节入手进行局部领域的数字化先行，转型成功后再进行其他环节的数字化延伸，尽可能降低成本粘性的负面作用，最终实现整体的数字化链接与集成。

（3）发挥国有企业“上云、用数、赋智”的宏观政策先导作用。企业尝试进行数字化转型的核心诉求是实现投资回报价值的最大化。从本研究结论看，虽然国有企业表现出较高的成本粘性，但能够在企业数字化转型过程中发挥示范作用，通过数字化技术创新与应用实现溢出效应。“上云、用数、赋智”是国家政策层面对企业数字化转型的战略导向，而数字化转型投入的收益预期会影响企业的投资预算，这需要发挥国有企业在数字经济发展的宏观政策引导下的数字化引领作用，引导中小企业科学进行数字化转型投入或者通过“外包模式”帮助中小企业推行数字化管理，在成本粘性影响下逐步实现数字化转型升级目标。与此同时，根据前文得出的企业数字化转型投资的成本粘性会随着时间的推移逐步降低的结论，不能仅将企业数字化转型视为一个技改项目，而应该作为持续的技术迭代升级和中远期转型变革战略。

（4）科学编制数字化转型预算并完善企业数字化转型的成本审计制度。本研究发现，无论何种类型、处于哪种规模和发展阶段的企业，尽管原因不尽相同，但其数字化转型均表现出较高的成本粘性特征，然而，企业数字化转型是个长期持续积淀的过程，而且数字化转型不是解决企业所有问题的万能良药，过度的数字化投资或者盲目的数字化战略会导致“去实体化”或转型的形式主义，进而导致企业投入结构不合理并抑制企业的正常生产和产能扩张，最终大规模数字化投入可能带来众多的结构性风险，包括提高企业的杠杆率、负债率、不良率，影响企业的流动性。科学合理的成本管理是企业成功转型和可持续发展的重要前提，必须结合自身的转型发展战略，制定针对数字化转型的成本审计制度，以系统思维审计企业的数字化产品采购、IoT 技术投入、数字中台建设、智能传感硬件、信息化运维及培训等各类投资，编制科学合理的数字化转型预算，优化成本管理结构和投入结构，避免盲目过度的数字化投资行为。

三、局限性和未来研究方向

研究虽然对企业数字化转型的成本粘性规律进行了理论探索和实践层面的挖掘，但仍存在不足之处和一定局限性，有待进一步研究拓展和深化。首先，企业是样本容量的拓展问题。尽管 1950 家企业连续 6 年有关数字化投资和产出的面板数据已经较为难得，但本研究仅选取我国第一个“两化”深度融合国家示范区作为追踪调查区域，未来研究可以将样本进一步拓展到国家先后批复的其他省份、地区的数字经济创新发展试验区。其次，本研究虽然初步探究了不同类型企业数字化转型的成本粘性特征规律，但并未考虑宏观经济因素，以及经济结构和未预期冲击对企业数字化转型的影响，这是需要进一步研究探讨的问题。最后，本章研究的是微观层面的企业特征，而数字化转型在行业中具有较强的技术溢出效应，构建数字化产业生态是未来的发展趋势，如何合理引导企业行为，设计推动企业构建数字化产业生态的机制问题可能是值得深入挖掘和探讨的重要方向。

第2章 宗族文化对企业数字化转型的影响研究

——基于“融合”还是“排斥”的分析

文化治理在推进国家治理体系和治理能力现代化进程中发挥着日益重要的作用。本研究采用各地区族谱数据度量地区宗族文化，考察传统宗族文化影响下企业的数字化转型过程，以及对数字化成果转化所起的作用，研究发现：①在宗族文化浓厚的地区，企业表现出更低的数字化转型规模和强度，基于转型内容的考察发现，宗族文化对企业数字化转型的影响主要体现在缩小投资范围和投资于风险可控的领域；②在影响机制方面，所在地区宗族文化越浓厚的企业表现出更高的姓氏趋同程度、更低的人才国际化意愿和相对保守的创新投入，这表明宗族文化通过强化差序格局、保留本土意识、规避变革风险等途径抑制了企业的数字化转型进程；③在情境影响方面，政府持股、境外投资者从股东治理层面了缓解了宗族文化对企业数字化转型的抑制效应；④基于数字化成果转化的考察发现，宗族文化也减弱了数字化转型与企业生产率之间的敏感性。本章丰富了文化治理对企业转型和变革领域的研究，具有重要的理论价值和现实意义。

第一节 引言

以大数据、云计算、人工智能等为代表的数字化技术已经成为中国企业实现转型升级和高质量发展的重要手段（Wu et al.，2020；埃森哲，2020；陈剑 et al.，2020）。数据显示，2020年中国数字经济规模达到39.2万亿元，占GDP的比重达38.6%，保持9.7%的高位增长速度，成为稳定宏观经济增长的关键动力。[①] 党的十九大报告提出：“加快建设制造强国，加快发展先进制造业，推动互联网、大数据、人工智能和实体经济深度融合。”放眼全球，随着人工智能、大数据、云计算、移动互联网和物联网等数字科技的蓬勃发展，数字化转型正在成为全球企业转型的重要方向，世界各国经济发展进入大变革、大调整时期，例如，美国发布“未来工业发展规划”，利用大数据、区块链技术推动制造业融入工业互联网，打造国家制造业创新中心；德国实施“国家工业计划2030”，依托

注：该文发表于《外国经济与管理》，2023年5月中国知网网络首发。

① 引自新华网. 中国数字经济规模达39.2万亿元［OL］. 2021-9-26.

工业互联网平台大力打造“制造 4.0 能力中心”；英国发布“英国数字化战略”，利用云计算发展数字业务实施“制造企业数字化攻势”。

与蓬勃发展的整体态势形成鲜明对比的是，企业微观层面的数字化转型不是一帆风顺的。数字化转型在给企业带来巨大发展机遇的同时（李海舰等，2014；施炳展和李建桐，2020），也存在诸多不可预知的风险和挑战（郭家堂和骆品亮，2016）。《2020 中国制造业企业数字转型指数》显示，中国制造业企业在数字化转型方面成效显著的比例仅为 11%，平均成绩只有 50 分。究其原因，数字化转型过程中存在众多挑战和风险，在数字化技术引进方面，数字技术的数字孪生、无限收敛和自我迭代等特性（陈冬梅等，2020），导致企业更容易掉入包括组织陷阱、工具陷阱、治理陷阱、业绩陷阱等困境（李东红，2019），在数字化转型过程中，人工智能挑战人力资本、线上新创企业冲击线下传统企业，企业组织内部人机冲突、传统竞争优势贬值等问题凸显（陈冬梅等，2020）。由此可以看出，在这个背景下，如何营造一个制度环境，以便更好地服务于企业数字化转型升级和高质量发展，成为当前理论界和实务界关注的重要命题。

现有研究表明，正式制度（法律条文、政策法规和规章契约等）构成了经济社会运行和市场交易的基础，例如，正式制度提供了一个国家必需的政府治理体系（Easterly，2002；La Porta et al.，1999），建立产权保护环境（Porta et al.，1998），影响公共品、劳动力、能源等关键生产要素的投入产出过程（Fan et al.，2011）等。新制度经济学（Williamson，1981、2000）则认为，一系列的契约构成了市场经济环境下制度体系的微观基础。契约本身的不完备特性（Hart and Moore，1999）和经济活动的复杂性导致正式制度在调节经济社会各个主体关系的时候更容易出现制度空隙和无法覆盖的盲区。不仅如此，一项正式制度的建立和运行往往离不开其所处的具体时代背景和现实环境，包括法律条文在内的正式制度本身运行也需要通过依托政府部门、执法机构等相关机构才能更好地发挥制度效果。由此可以看出，正式制度在调节社会关系方面发挥了巨大作用，但其本身具有的不完备性、时空嵌入性和对正式组织的依托性，使得正式制度在解释很多经济社会问题时具有很大的局限，特别是在中国这样一个法律制度的制定和执行并不完善的转型和新兴市场国家，这一问题表现得更加突出（Allen et al.，2005）。在这个背景下，非正式制度（价值信念、伦理规范、道德观念、风俗习惯和意识形态等）可能占据着更为重要的地位（Stiglitz，2000；Williamson，2000），其所具有的自发性、非强制性、广泛性和持续性特征能够对正式制度和经济社会活动产生深远影响。长期历史文化发展过程中积累下来的文化、习俗和惯例等非正式制度，平行推动着社会演进（陈冬华等，2013）。在基于中国制度背景的研究中，非正式制度对社会运行和经济活动的作用在现有研究被广泛涉及

（陈冬华等，2013；戴亦一等，2016；陆铭和李爽，2008；潘越等，2019a）。

在非正式制度的类型中，历史中缓慢形成且影响深远的文化塑造了人们的认知结构、身份认同和交流互动在调节社会关系中发挥着独特的作用（DiMaggio，1997）。文化通过影响人们的世界观、人生观、价值观等意识形态，进一步改变和塑造了国家或民族的思维方式、生活方式、行为规范等具体方面（Stiglitz，2000）。例如，Li等（2011）认为在中国经营的不同外资企业来源国民族文化（个人掌控型和关系嵌入性型）特征对外资企业的资本决策产生了显著影响。文化不仅构建了人们的认知结构，还通过建构所在群体的身份认同、整合社会各集团起着重要的作用。现有研究发现，人们通过文化在认同意识方面的生产机制，塑造了特定版本的集体记忆（DiMaggio，1997），进而塑造了特定的群体认同观。另外，依托特定范围的特定身份（同乡关系、宗族关系等）构建起特定的关系纽带和信任结构，形成有别于外部市场环境的非正式契约机制。

作为一个具有重要影响的文化类型，宗族文化是同宗、同族经过漫长历史积淀和提炼形成的身份认同意识，通过文字形式记载于族谱等字里行间，同宗族人之间传承延续。在中国这样一个具有悠久传统农耕文化的国家，宗族关系在建立人际关系、组织农业生产等方面发挥着重要影响，并在历史发展过程中演化出一套宗族成员共同遵守的价值认同、思维模式、内部信任等规范，构成了宗族文化影响人们经济社会生活的主要途径（Greif and Tabellini，2010；Peng，2004；Zhang，2020）。现有研究表明，宗族网络为内部成员提供了包括信息共享、融资安排、外出就业等便利（Guiso et al.，2006；Peng，2004；林建浩等，2016；潘越等，2019a），这种基于“圈内人”的互利互惠模式在获得成员之间的认同关系和情感依附的同时，在一定程度上屏蔽了微观个体同外界的交流与联系，人为导致信息和机会在市场上流动的不均等。

与传统宗族文化强调的圈层关系不同，数字技术作为现代信息文明时代新兴科技的代表，强调开放、融合和共享的发展理念，通过万物互联模式更快更好地实现信息资源的高效配置，这也对发展数字经济的制度环境提出了更高的要求。在影响企业数字化转型的众多因素中，既有资金、人才和组织等有形因素，也包括根植于人们行为习惯、传统观念等的无形因素。相较于可见的有形因素，无形障碍往往表现更为隐蔽，从而容易被忽视，而从文化视角解读中国企业的发展问题已经成为一大新的研究热点（Zingales，2011）。

基于以上分析，本研究试图回答三个问题：①现有研究表明，宗族文化影响下的社会网络提供了缓解融资约束和方便外出就业等现实便利。来到数字经济时代，宗族文化是否还能够持续发挥类似弥补正式制度缺陷的作用？具体而言，地区宗族文化是促进还是抑制了企业数字化转型？②地区宗族文化如何影响企业数字化转型活动？在这个过程中，相关公司治理机制发挥了什么样的影响？本研究试图厘清宗族文化作用于企业数字化转型的背后机制，从而为政府推进文化治理和制定企业数字化转型产业政策提供经验依据。③如果地区宗族文化促进（或者阻碍）了数字化转型活动，那么宗族文化是否也会提升（或者降低）企业数字化转化为生产率的过程？

本研究发现：①地区宗族文化对当地企业数字化转型过程表现出了显著的抑制效应，而宗族文化对企业数字化转型的影响更多体现在促使企业缩小投资范围和投资于风险可控的领域（选择技术应用类模式而非开发类模式）；②在影响机制方面，受宗族文化影响更大的地区，当地企业表现出以姓氏集中为特征的人才结构、更低的人才国际化意愿和相对较低的创新投入，这表明宗族文化通过强化以宗族为纽带的圈层关系、保留本土意识、影响风险偏好等途径抑制了企业的数字化转型进程；③从国家治理和开放视角下的研究情境发现，公司治理体系的政府持股、境外投资者因素缓解了宗族文化对企业数字化转型的抑制效应；④从数字经济成果转化的角度出发，我们考察了数字化转型与企业生产率，以及宗族文化在这一关系中的作用，发现宗族文化也弱化了数字化转型与企业生产率之间的敏感性，从而进一步验证了宗族文化对企业数字化活动的抑制效应。本章揭示出在地区宗族文化影响下企业进行数字化转型活动的响应模式，从而丰富了文化与企业转型行为之间关系的研究内容。本研究的贡献主要体现在以下几个方面。

第一，丰富了文化治理影响经济增长的研究内容，实现了从文化领域向企业数字化领域交叉研究的拓展。当今世界正经历百年未有之大变局，文化治理与创新已经成为国家治理体系和治理能力现代化的重要组成部分，中国经济正处于实现高质量发展的关键时期，如何通过有效的“文化治理”更好地服务于企业现代转型进程？现有研究发现传统文化对正式制度的补充作用体现在缓解民营企业融资约束、促进银行发展、强化家族化治理模式和促进移民就业等正面影响方面，而对宗族文化本身可能存在的局限性和治理问题则较少涉及。在中国这样一个有着浓厚宗族文化的国家，数字经济本身的高速性和高渗透性使得传统文化元素与现代科技文明之间的碰撞与摩擦在所难免，这也为本章提供了一个独特的研究情境。本研究将企业数字化转型放入传统文化与现代技术之间的比较框架下，这是在之前研究中所没有出现的思路，本研究揭示文化因素是影响企业数字化转型的重要环境因素，公司治理框架在这一过程中发挥了交叉影响，从而拓展了文化治理的研究内容。

第二，深化了对企业数字化过程决定因素和依托情境的理解。当前，企业面临着比以往更加激烈的市场竞争，迫切需要通过数字化转型探寻新的增长机会和发展模式。全球企业的数字化转型实践都亟须获得具备现实洞察力和战略导向的系统性理论框架来指导（Agrawal et al.，2018）。现有关于企业数字化的研究更多从企业数字化活动的“经济属性”视角出发，考察企业数字化对包括改进生产率、提升企业价值等方面所产生的经济绩效，而对企业数字化转型的影响因素的研究仍处于起步阶段，尤其是缺乏针对与企业数字化转型密切联系的文化条件和观念意识的研究。本研究从非正式制度角度揭示了宗族文化对企业数字化转型的影响，从而揭示出企业数字化转型的“文化属性”，并且这种影响会随公司的用人结构、本土意识、风险偏好，以及企业的股东构成背景的不同而不同，从而进一步拓展了经济转型背景下企业数字化转型的研究框架。

第三，拓展了文化与企业转型领域的交叉研究。转型困难、升级缓慢一直是中国企业转型过程中的突出问题。现有研究更多从政府补贴、税收政策等正式制度角度考察其对企业转型的影响。中国企业希望借助新技术来实现跨越式发展，拥抱和借力数字化的意愿强烈，企业面临的转型升级压力明显增大。当前学术界和企业界对于数字化转型在实际运行中存在的问题及改进方向，各方评价不一，针对非正式制度的研究不但可以为从现有制度框架下评估影响企业转型的差异提供一个独特的视角，而且可以为推动完善中国企业转型变革体系提供有益借鉴。

第二节　理论分析与研究假设

一、制度背景

宗族是由拥有共同祖先的个体以血缘关系为纽带，在宗法观念的规范影响下，以宗祠、族谱、族规等为文化载体组成的社会群体。宗族是一个延续数千年，在世界范围内几乎所有民族中都普遍存在的现象，包括盎格鲁-撒克逊、古希伯来、德意志等民族（恩格斯，1884）。列宁（1918）在其《国家与革命》中直接将“宗族社会”当作人类社会的一个阶段。中国的宗族文化作为农耕文明的重要组成部分，可以追溯到氏族社会末期，当时形成了以家族公社作为基本经济单位的社会体系结构，氏族社会则是在世界范围内各民族历史上都曾经普遍存在历史阶段。而到了公元前 11 世纪的西周时期，在分封制的作用下宗族体系日渐成型（Peng，2010），逐渐延续到秦汉、隋唐和宋元时期，① 至明末清初时期，宗族活动开始市民化，普通老百姓都可以自己修祠堂、修族谱，宗族现象变得更

① 唐代诗人白居易就曾描绘了中国传统乡村社会聚族而居的景象，即“有财不行商，有丁不入军，家家守村业，头白不出门”（《朱陈村》）。

加繁盛普遍。纵观整个中国封建社会时期，宗族制度绵延传承，宗族秩序占居了社会规范的主导地位，宗族制度及其变种长期渗透到社会伦理、道德规范等社会生活的各个方面，传统“族权”与封建“政权”结合在一起，曾经被历史上的统治阶级作为乡村地区的治理工具（Peng，2010；Su et al.，2011），深刻影响了中国社会和历史格局的演进（梁启超，1986）。

改革开放以后，伴随着家庭联产承包责任制的实行、乡镇企业的异军突起，宗族文化以族员关系、共同姓氏等宗族特征为纽带，通过宗族内部的互帮互助、协助生产、共御外敌的社会功能，衍生出共同遵守的行为规范、价值观念等社会体系（Peng，2004），促进了宗族成员的内部合作（潘越等，2019a），在促进市场合作方面发挥了独特的作用。社会学家费孝通（2019）曾说：“中国乡土社会采取了差序格局，利用亲属的伦常去组合社群，经营各种事业。”宗族文化影响下的宗族网络对社会经济活动的多个方面产生了显著影响，例如在个体层面，为弱势群体提供救济、医疗、教育等公共产品（Greif and Tabellini，2017），促进农村劳动力流动和缓解收入差距（郭云南和姚洋，2014）；在企业层面，现有研究发现宗族文化缓解了民营企业的融资约束（潘越等，2019a）、促进了创业（张川川和李涛，2015）、促进了乡镇企业和民营企业发展（Peng，2004；Zhang，2017），激励了银行业发展（刘冲等，2021）。

宗族体系在发挥经济效应的同时，也受到自身价值观念和意识形态的制约，呈现出差序格局的特征，表现出以宗族关系为辐射范围的作用体系。阮荣平和郑风田（2012）发现宗族网络的短半径信任效应和短半径交易效应的作用更为突出。刘冲等（2021）也认为宗族内部交流频繁可能会导致通行有限信任，信任半径较短。Greif 和 Tabellini（2010）对宗族成员赋予更多信任，对宗族外部的信任则较低。宗族文化的特点有其深刻的历史背景和渊源。首先，宗族的形成受到其血缘关系的历史渊源和基于血脉亲情的传承繁衍的影响（莫富，1989），强调宗族成员“血浓于水”的心理认同。其次，受特定历史、社会和文化条件的制约，宗族的发展伴随着包括农耕文明在内的特定历史时期生产方式的影响，依附于村庄等与地理紧密联系的外部因素，逐步衍生出对同乡同宗的地理认同，而修订族谱、组织祭祀等聚宗合族活动，强化了宗族内部认同心理，构建起具有强大凝聚力的宗族组织（潘越等，2019b）的同时，也使得宗族内部呈现出等级性、依附性和封闭性等宗法家长遗风。

基于以上分析可以看出，宗族可以借助宗族网络对宗族内部发挥信息传递、稀缺公共品供给的作用，产生了对现代市场制度的不足或者缺陷的补充效应，另外，宗族网络也受到价值观念和传统意识的桎梏，表现为宗族内部辐射范围的有限性和对宗族外部联系沟通的界限区别。进入数字经济时代，一个随之而来的问题是：以宗族为代表的传统文化能否适应快速变革和万物互联的时代需求，持续发挥促进企业转型的独特功能？作用机制和影响效果如何？对这一问题的考察能够进一步深化我们对数字经济时代下文化治理和企业转型问题的理解。

二、研究假设

企业从传统的大工业时代向数字经济时代的转型往往不是一蹴而就的，伴随而来的是包括信息、资金、人才等在内的资源匹配和约束挑战问题。在信息获取层面，数字化转型演进路径的多样性决定了投资类型的覆盖面宽，涉及范围广，既包括以人工智能、机器学习、生物识别为代表的跨领域技术开发，也包括移动支付、数字营销、无人零售为代表的众多跨领域技术应用（吴非等，2021）。技术开发的不确定性和技术资产的专用性加大了信息获取难度和投资的风险程度。宗族文化影响下的宗族网络是横跨了技术、信息、资金等资源的重要平台，在技术部门、投资机构等任职的个体，可以通过日常沟通、朋友交流等多渠道与市场中的宗族网络个体建立联系，有助于减少信息摩擦并促进信息交换（潘越等，2019a），帮助企业拓宽信息获取渠道和提高信息搜集效率。

另外，企业数字化转型也面临巨大的资金需求，在这个背景下，宗族文化通过其影响下的社会纽带增强与金融机构之间的信任水平，有助于缓解企业转型过程中面临的融资约束水平。在人才层面，数字化转型离不开高技能员工的参与，人力资本的投入也被认为是影响企业数字化转型的主要原因（何小钢等，2019），人力管理实践和高技能劳动力对企业数字化转型发挥着重要影响（Black and Lynch，2001）。如何将人力资本有效地服务于企业数字化转型是企业面临的重要课题。宗族文化建立的熟人网络能够帮助企业更加高效地发现所需人才，传统的“举贤不避亲”的内部人举荐模式为促进企业与人才间的相互了解、互动和双向选择提供了更多的渠道，促使宗族网络内部开展更多经济合作与互惠活动（Peng，2004）。综合上述分析，本研究提出假设1。

假设1：在宗族文化影响更浓厚的地区，当地企业表现出更高的数字化转型水平。

数字经济以大数据、云计算、物联网为基础，高度互联的特征突破了传统的国家、地区的地理界限和产业边界（陈冬梅等，2020），使整个世界的各个微观实体更加紧密地联系起来。另外，也突破了组织边界的约束，使微观组织之间的信息传输、经济往来可以在更大范围内进行，加速了全社会各个组织之间收集、处理和应用信息的节奏。从这个意义上看，数字经济背景下，以开放、兼容和共享为代表的数字理念的传播与普及使得传统企业经营下的时空间观念和价值理念受到了真正的挑战，也改变了商业竞争的底层逻辑（Cennamo，2021）。由此看出，企业转型过程不仅包括资金、人才等要素投入下的流程再造和组织变革等有形体系的制约，也受到价值文化、思想理念等无形因素的影响。血缘纽带、地缘关系、农耕活动、聚居特征一起构成了宗族文化发展延续的主要基础。宗族文化强调以宗族内血缘关系、地缘关系和姓氏关系为纽带，在强调本宗族内部认知与信任半径的同时（阮荣平和郑风田，2012），也放大了与宗族外部主体的差异，形成了区别于市场规则，以宗族影响范围为边界的体系和相对封闭性的圈层结构，从而限制了企业与外界市场主体进行更加广泛的信息、资金、人才等要素资源的交换与交流。

数字经济时代，新竞争对手不断涌现和颠覆性创新层出不穷，折射出企业数字化转型过程所具有的高创新性、强渗透性、广覆盖性等发展特征，需要企业快速地洞悉当下的形势、挖掘前所未知的机遇。企业数字化转型体现了对未来技术路径的探索和尝试，包含了大量新技术的开发和采用，伴随着数字化转型过程的高投入、高风险和高不确定性，需要企业勇担风险、快速学习、积极创新，不断适应快速变革的数字经济时代。随着以“社交电商”和“物联网”为代表的网络服务形态多元化的兴起，“去中心化”越来越成为显著趋势。而宗族内的宗法家长遗风体现出强制、依附、从属的文化特征，在统一宗族内部思想认识的同时，也可能使得宗族网络影响下的成员变得相对保守和封闭，由此衍生出的任人唯亲和保守排外等特征，则更有可能降低了以人才多样性为特征的外部新鲜“血液”的注入，从人才供给层面抑制了企业的转型变革。宗族文化固有的保守特征与数字经济时代提倡的“平等、开放、互利原则”的多元治理结构形成了鲜明对照。另外，小农经济在中国历史上很长一段时间是宗族文化存在繁衍的经济基础，小农经济影响下的自给自足和故步自封使得宗族共同体具有超稳定性和封闭性特征，也改变了宗族内部的风险偏好，变得更加传统和守旧，也降低了宗族内成员的风险承担水平，从而抑制了企业数字化转型意愿。综合上述分析，本研究提出假设 2。

假设 2：在宗族文化影响更浓厚的地区，当地企业表现出更低的数字化转型水平。

第三节 研究设计

一、数据来源和研究变量的定义

参考现有研究（吴非等，2021），本研究选取企业数字化转型作为被解释变量，通过爬虫技术获取了上市公司年报中管理层讨论与分析关于数字化的描述，并汇总统计数字化转型相关词汇出现的次数。① 本研究使用转型规模和转型强度作为企业数字化转型的度量指标。在解释变量方面，参考现有研究（潘越等，2019b），本研究从上海古籍出版社出版的《中国家谱总目》整理并获取了清朝至1990年各地区的族谱数据，在此基础上整理各个地区的族谱卷数，并结合各省的人口数量构建地区层面宗族文化指标。本研究进一步控制了公司规模、公司年龄、盈利能力、负债水平、两职合一、机构投资者持股比例、股权制衡度、市场化程度、地区经济发展水平和地区外资水平对企业数字化转型的影响。上市企业财务数据来自CSMAR数据库。本研究选取A股上市企业2004—2018年数据，进一步剔除了金融业，以及由于财务状况或其他经营状况出现异常而被特别处理的企业，最终得到2907家企业，23450个观测样本。

二、模型与估计策略

参考现有的研究的做法，本研究构造多元回归模型，具体回归方程设定如模型（2-1）和模型（2-2）所示。模型（2-1）考察了地区宗族文化对企业数字化转型的直接影响，模型（2-2）从"政府持股""境外投资者"的研究情境出发，考察了利益相关者对地区宗族文化对企业数字化转型的影响差异。具体变量定义如表2-1所示，文中分别控制了年份和行业等相关因素对于企业创新的影响，ε为随机扰动项。本研究按照1%与99%的水平对变量进行了缩尾处理（Winsorize），来控制异常值对模型分析的影响。

$$Digit_{it} = \beta_0 + \beta_1 Clan_i + \beta_2 Firmcontrolit_{it} + Industry_i + Year_i + \varepsilon_i \quad (2-1)$$

$$Digit_{it} = \beta_0 + \beta_1 Clan_i \times Moderator_{it} + \beta_2 Firmcontrolit_{it} + Industry_i + Year_i + \varepsilon_i \quad (2-2)$$

① 具体词汇包括人工智能技术：人工智能、商业智能、图像理解、投资决策辅助系统、智能数据分析、智能机器人、机器学习、深度学习、语义搜索、生物识别技术、人脸识别、语音识别、身份验证、自动驾驶、自然语言处理。大数据技术：大数据、数据挖掘、文本挖掘、数据可视化、异构数据、征信、增强现实、混合现实、虚拟现实。云计算技术：云计算、流计算、图计算、内存计算、多方安全计算、类脑计算、绿色计算、认知计算、融合架构、亿级并发、EB级存储、物联网、信息物理系统。区块链技术：云计算、流计算、图计算、内存计算、多方安全计算、类脑计算、绿色计算、认知计算、融合架构、亿级并发、EB级存储、物联网、信息物理系统。数字技术的应用：移动互联网、工业互联网、移动互联、互联网医疗、电子商务、移动支付、第三方支付、NFC支付、智能能源、B2B、B2C、C2B、C2C、O2O、网联、智能穿戴、智慧农业、智能交通、智能医疗、智能客服、智能家居、智能投顾、智能文旅、智能环保、智能电网、智能营销、数字营销、无人零售、互联网金融、数字金融、Fintech、金融科技、量化金融、开放银行。

表 2-1 变量定义

类别	变量	英文简称	计算方法
被解释变量	转型规模	Digi1	参考现有研究（吴非等，2021），统计年报管理层讨论与分析部分（MD&A）中出现与数字化转型有关内容的词语数量加 1 取对数
	转型强度	Digi2	参考现有研究（吴非等，2021），统计年报管理层讨论与分析部分出现数字化转型有关内容的词语除以管理层讨论与分析部分总字数
解释变量	宗族文化	Clan	使用各省的族谱卷数量除以当地人口数量（万人）加以衡量，得到当地每万人拥有的族谱数量
控制变量	公司规模	Firm size	Ln（企业资产）
	公司年龄	Firm age	Ln（经营期限）
	盈利能力	Performance	企业利润除以企业资产
	负债水平	Leverage	企业负债总额除以企业资产
	两职合一	Dual	董事长与总经理为同一人标记为 1，否则为 0
	机构投资者持股比例	Institu	机构投资者持有的上市公司股份比例
	股权制衡度	Penalty	第 2～5 大股东持股比例/第一大股东持股比例
	高科技行业	Lawyer	本研究将高技术行业①标记为 1，否则为 0
	市场化程度	Marketization	当地市场化指数
	地区经济发展水平	Eco_develoment	当地 GDP 水平的对数
	地区外资水平	Cash	当地实际利用外资规模除以 GDP 水平

注：①根据国家统计局《高技术产业（制造业）分类（2017）》，高技术行业包括医药制造业；铁路、船舶、航空航天和其他运输设备制造业；计算机、通信和其他电子设备制造业；电气机械及器材制造业；化学原料及化学制品制造业；专用设备制造业；通用设备制造业；仪器仪表制造业；文教、工美、体育和娱乐用品制造业。

三、主要变量的描述统计

表 2-2 报告了主要变量的描述统计。样本企业所在地区的宗族文化的均值（标准差）为 0.659（0.895），表明中国不同地区的宗族文化氛围显著不同，而

表 2-2 主要变量的描述统计

序号	主要变量	1	2	3	4	5	6	7	8	9	10	11	12	13	14
1	转型规模	1													
2	转型强度	0.72	1												
3	宗族文化	-0.02	-0.01	1											
4	公司规模	0.01	-0.04	-0.10	1										
5	公司年龄	0.11	0.03	-0.04	0.22	1									
6	盈利能力	-0.04	-0.02	0.04	-0.04	-0.10	1								
7	负债水平	-0.11	-0.10	-0.04	0.52	0.15	-0.25	1							
8	两职合一	0.12	0.08	0.07	-0.19	-0.05	0.04	-0.19	1						
9	机构投资者持股比例	-0.16	-0.13	-0.06	0.37	-0.04	0.14	0.23	-0.21	1					
10	股权制衡度	0.11	0.10	0.03	-0.15	-0.01	0.03	-0.17	0.08	-0.25	1				
11	高科技行业	0.17	0.08	0	-0.12	-0.06	-0.05	-0.10	0.09	-0.12	0.06	1			
12	市场化程度	0.18	0.10	0.34	-0.01	0.09	0.02	-0.06	0.12	-0.10	0.06	0.09	1		
13	地区经济发展水平	0.25	0.12	0.19	0.03	0.24	-0.01	-0.13	0.17	-0.21	0.13	0.15	0.60	1	
14	地区外资水平	-0.05	0.01	0.04	-0.03	-0.11	0.02	0.04	-0.01	0.07	-0.05	-0.01	0.43	-0.08	1
15	均值	1.054	1.139	0.659	21.96	2.591	0.064	0.411	0.257	45.936	0.703	0.212	8.011	10.217	0.027
16	标准差	1.477	3.086	0.895	1.279	0.457	0.057	0.2	0.437	25.021	0.624	0.409	1.724	0.82	0.014

样本企业数字化转型规模均值（标准差）为 1.054（1.477），企业数字化转型强度均值（标准差）为 1.139（3.086），表明企业数字化转型的差异程度很大。宗族文化分别与企业数字化的转型规模、转型强度负相关，表明不同地区宗族文化可能是企业数字化转型的一个抑制因素，为了验证二者之间的关系，本研究将通过控制其他变量因素和相关统计方法，进一步排除其他可能的替代文化治理已经成为国家治理体系和治理能力现代化的重要组成部分的解释。

第四节 实证检验

一、地区宗族文化对企业数字化转型的作用

表 2-3 报告了宗族文化对企业数字化转型的影响。第（1）列和第（4）列在没有加入控制标量的情况下，第（1）列宗族文化对企业数字化转型规模的影响系数为-0.029，在 1%的水平上显著为负［对应的第（4）列中，宗族文化对企业数字化转型强度的影响系数为-0.058，在 5%的水平上显著为负］，这表明宗族文化对企业数字化转型过程产生了显著的抑制作用。第（2）列和第（5）列中，在加入企业和地区宏观层面的控制变量后，宗族文化对转型规模和转型强度的影响保持稳定。第（3）列和第（6）列中，在加入企业、地区宏观层面以及行业、年份控制因素后，第（3）列宗族文化对企业数字化转型规模的影响系数为-0.085，在 1%的水平上显著为负［对应的第（6）列中，宗族文化对企业数字化转型强度的影响系数为-0.107，在 1%的水平上显著为负］。基于以上结果可以发现，在控制了一系列企业和地区宏观因素影响后，在地区宗族文化浓厚的地区，当地企业表现出了更低的数字化转型水平，回归结果表明宗族文化对当地企业数字化转型产生了显著的抑制效应，研究结果支持了假设 2，这意味着宗族文化影响下的有形资源效应可能不是主要影响因素，而宗族文化影响下的思想意识和宗法观念产生了更显著的影响。

随着大数据、云计算、人工智能、移动物联网等数字科技的蓬勃发展，企业数字化转型的内涵和种类也在不断丰富，为了打开宗族文化影响企业数字化转型的“黑箱”，本研究从转型类型、转型多样性等角度考察宗族文化对企业数字化转型结构的影响。数字化转型的内容为统计企业数字化的细分种类，例如当年公司的文本内容为“人工智能、商业智能、图像理解、云计算、大数据”5 项，则转型类型标记为 5。同时参考现有研究（Tan et al.，2021），企业转型多样性采用（1-赫芬达尔指数）获得。

表 2-3 宗族文化对企业数字化转型的影响

被解释变量	转型规模			转型强度		
	(1)	(2)	(3)	(4)	(5)	(6)
宗族文化	-0.029***	-0.128***	-0.085***	-0.058**	-0.202***	-0.107***
	(0.011)	(0.011)	(0.010)	(0.026)	(0.029)	(0.026)
公司规模		0.137***	0.101***		0.145***	0.158***
		(0.009)	(0.008)		(0.020)	(0.020)
公司年龄		0.197***	-0.110***		0.051	-0.152***
		(0.021)	(0.020)		(0.049)	(0.049)
盈利能力		-1.071***	0.162		-1.940***	-0.244
		(0.183)	(0.157)		(0.404)	(0.374)
负债水平		-0.894***	-0.168***		-1.643***	-0.527***
		(0.058)	(0.053)		(0.144)	(0.131)
两职合一		0.213***	0.085***		0.337***	0.134**
		(0.024)	(0.020)		(0.062)	(0.054)
机构投资者持股比例		-0.005***	-0.001***		-0.012***	-0.005***
		(0.000)	(0.000)		(0.001)	(0.001)
股权制衡度		0.146***	0.024*		0.343***	0.094**
		(0.017)	(0.014)		(0.044)	(0.038)
高科技行业		0.476***	0.926***		0.301***	1.210***
		(0.025)	(0.027)		(0.056)	(0.053)
市场化程度		0.118***	0.074***		0.164***	0.079***
		(0.008)	(0.009)		(0.018)	(0.021)
地区经济发展水平		0.169***	-0.047***		0.089***	-0.074*
		(0.015)	(0.017)		(0.032)	(0.039)
地区外资水平		-7.635***	-2.847***		-2.030	-0.113
		(0.736)	(0.704)		(1.765)	(1.736)
常数项	1.095***	-4.404***	-2.068***	1.285***	-3.129***	-2.876***
	(0.012)	(0.186)	(0.206)	(0.028)	(0.416)	(0.454)
行业和年份效应	未控制	未控制	已控制	未控制	未控制	已控制
Adj-R^2	0.000	0.125	0.385	0.000	0.045	0.279
样本量	23450	23450	23450	23450	23450	23450

注：***、**、*分别代表在1%、5%和10%的统计水平上双尾显著，括号内数字是标准误，标准误按异方差的处理方法调整。下同。

在保留进行数字化转型的样本企业情况下，表 2-4 报告了宗族文化对企业数字化转型结构的影响。第（1）列中，宗族文化对转型类型的影响系数为-0.091，在 1%的水平上显著为负，表明在宗族文化浓厚的地区，当地企业参与了更少的转型内容。第（2）列中，宗族文化对转型多样性的影响系数为-0.014，在 1%的水平上显著为负，表明在宗族文化浓厚的地区，当地企业的数字化转型内容更为单一。参考现有研究（吴非等，2021），本研究进一步将数字化转型内容划分为技术开发①与技术应用②，一般认为技术开发周期长、风险高，而技术应用则风险相对可控。结果显示，在第（3）列中，宗族文化对技术开发规模的影响系数为-0.085，在 1%的水平上显著为负，在第（4）列中，宗族文化对技术开发强度的影响系数为-0.083，在 5%的水平上显著为负，而与之对应的第（5）列和第（6）列，宗族文化对技术应用（规模）和技术应用（强度）的影响系数不显著，表明宗族文化对企业数字化转型的抑制效应主要体现在技术开发而非技术应用。一个可能的解释是，技术开发周期长、风险大，而宗族文化影响更大的地区企业更多选择风险小和见效快的技术应用类数字化过程。

表 2-4 宗族文化对企业数字化转型的影响：数字化转型的结构特征解析

被解释变量	转型类型	转型多样性	技术开发（规模）	技术开发（强度）	技术应用（规模）	技术应用（强度）
	(1)	(2)	(3)	(4)	(5)	(6)
宗族文化	-0.091***	-0.014***	-0.085***	-0.083**	-0.018	0.036
	(0.026)	(0.004)	(0.016)	(0.035)	(0.015)	(0.042)
公司规模	0.193***	0.018***	0.093***	0.163***	0.053***	0.024
	(0.023)	(0.003)	(0.014)	(0.032)	(0.014)	(0.027)

① 技术开发包括人工智能技术：人工智能、商业智能、图像理解、投资决策辅助系统、智能数据分析、智能机器人、机器学习、深度学习、语义搜索、生物识别技术、人脸识别、语音识别、身份验证、自动驾驶、自然语言处理。大数据技术：大数据、数据挖掘、文本挖掘、数据可视化、异构数据、征信、增强现实、混合现实、虚拟现实。云计算技术：云计算、流计算、图计算、内存计算、多方安全计算、类脑计算、绿色计算、认知计算、融合架构、亿级并发、EB 级存储、物联网、信息物理系统。区块链技术：云计算、流计算、图计算、内存计算、多方安全计算、类脑计算、绿色计算、认知计算、融合架构、亿级并发、EB 级存储、物联网、信息物理系统。

② 技术应用包括移动互联网、工业互联网、移动互联、互联网医疗、电子商务、移动支付、第三方支付、NFC 支付、智能能源、B2B、B2C、C2B、C2C、O2O、网联、智能穿戴、智慧农业、智能交通、智能医疗、智能客服、智能家居、智能投顾、智能文旅、智能环保、智能电网、智能营销、数字营销、无人零售、互联网金融、数字金融、Fintech、金融科技、量化金融、开放银行。

续表

被解释变量	转型类型	转型多样性	技术开发（规模）	技术开发（强度）	技术应用（规模）	技术应用（强度）
	(1)	(2)	(3)	(4)	(5)	(6)
公司年龄	-0.084 (0.054)	-0.017** (0.008)	-0.033 (0.035)	0.045 (0.073)	-0.075** (0.034)	-0.210*** (0.073)
盈利能力	0.015 (0.393)	0.033 (0.053)	0.051 (0.244)	-0.513 (0.518)	-0.406* (0.228)	-0.216 (0.428)
负债水平	-0.267* (0.137)	-0.023 (0.020)	-0.149* (0.087)	-0.307 (0.202)	-0.144* (0.087)	-0.439** (0.183)
两职合一	-0.003 (0.047)	0.005 (0.007)	-0.038 (0.029)	-0.081 (0.069)	0.011 (0.029)	0.122* (0.065)
机构投资者持股比例	-0.003*** (0.001)	0.000 (0.000)	-0.004*** (0.001)	-0.008*** (0.001)	-0.001 (0.001)	0.000 (0.001)
股权制衡度	-0.025 (0.032)	-0.004 (0.005)	-0.003 (0.020)	-0.015 (0.043)	0.009 (0.021)	0.106** (0.050)
高科技行业	0.972*** (0.068)	0.152*** (0.011)	0.622*** (0.044)	0.858*** (0.067)	0.398*** (0.044)	0.469*** (0.069)
市场化程度	0.024 (0.023)	0.008** (0.004)	0.038** (0.015)	0.020 (0.032)	0.011 (0.015)	-0.010 (0.028)
地区经济发展水平	0.101** (0.047)	0.008 (0.007)	0.002 (0.031)	-0.022 (0.062)	0.067** (0.030)	0.169*** (0.059)
地区外资水平	7.493*** (2.143)	0.534* (0.309)	2.599* (1.336)	11.484*** (3.472)	2.070 (1.291)	2.681 (2.539)
常数项	-5.301*** (0.663)	-0.599*** (0.105)	-2.707*** (0.414)	-4.606*** (0.900)	-1.174*** (0.415)	1.898** (0.945)
行业和年份效应	已控制	已控制	已控制	已控制	已控制	已控制
Adj-R^2	0.269	0.213	0.309	0.223	0.144	0.130
样本量	9223	9223	9223	9223	9223	9223

二、地区宗族文化对企业数字化转型的作用：传导机制

宗族文化强调以血缘和地缘为主要纽带的社会认同结构，从这个意义上看，

宗族文化对企业数字化转型的影响可能从强化用人的差序格局、保留本土意识、规避变革风险等途径抑制了企业的数字化转型进程。参考现有研究（Tan et al.，2021），本研究选取董事会成员的姓氏的集中程度作为宗族文化影响下的姓氏纽带度量指标，表 2-5 第（1）列显示，在宗族文化更加浓厚的地区，当地企业表现出了更高的姓氏集中程度。第（2）列和第（3）列显示董事会治理结构的姓氏集中度特征对企业的数字化转型产生了显著的负面影响，结合中介效应 Sobel 检验，发现中介效应通过了显著性检验（Z 值分别为-2.27 和-2.37），由此可以看出，宗族文化强化了当地企业在用人方面以姓氏作为主要宗族联系纽带的差序格局特征。而数字化转型的过程往往需要多样性的人力资本投入，以姓氏为特征的选人用人模式无法满足数字化过程对人力资本的需求，表现出地区宗族文化对企业数字化转型的抑制效应。

表 2-6 从地理范围角度考察了地区宗族文化对企业数字化转型的影响。本研究选取有海外学习工作经历的董事数量作为企业人才国际化的度量指标，表 2-6 第（1）列显示，在宗族文化更加浓厚的地区，当地企业表现出了更低的用人国际化意愿。第（2）列和第（3）列显示人才国际化对企业的数字化转型产生了显著的正面影响，结合中介效应 Sobel 检验，发现中介效应通过了显著性检验（Z 值分别为-4.66 和-3.67）。一方面，引进有海外工作经历的人才在给企业带来数字化转型的新鲜资讯、专业知识和技术引进的同时，也从文化层面为企业带来开放包容的文化重塑效应，从而显著不同于宗族文化所强调的乡土意识。这意味着宗族文化强化了当地企业在用人方面以本土人才作为主要宗族联系纽带的特征。另一方面，数字化转型的过程中往往需要企业建立更多的社会联系，而强调地理特征的治理模式无法满足数字化的要求，表现为地区宗族文化出对企业数字化转型的抑制效应。

表 2-7 从风险规避角度考察了地区宗族文化对企业数字化转型的影响。本研究选取创新投入作为企业风险偏好的度量指标，表 2-7 第（1）列显示，在宗族文化更加浓厚的地区，当地企业表现出了更低的创新投入水平。第（2）列和第（3）列显示创新投入对企业的数字化转型产生了显著的正面影响，结合中介效应 Sobel 检验，发现中介效应通过了显著性检验（Z 值分别为-12.71 和-11.95），表明宗族文化强化了企业风险规避选择，进而影响了企业数字化转型。创新投入是包括企业数字化投资在内的企业数字化转型的重要保障，另外，创新投入周期长、风险高，带有很大的不确定性因素。在宗族文化更加浓厚的地区，当地企业表现出更低的创新投入水平，创新投入的减少进一步影响了企业的数字化转型。

表 2-5　宗族文化对企业数字化转型的传导路径：差序格局

被解释变量	(1) 姓氏集中度	(2) 转型规模	(3) 转型强度
姓氏集中度		-0.733***	-1.845***
		(0.202)	(0.424)
宗族文化	0.001***	-0.082***	-0.095***
	(0.000)	(0.010)	(0.024)
公司规模	-0.004***	0.095***	0.128***
	(0.000)	(0.008)	(0.018)
公司年龄	-0.002***	-0.104***	-0.122***
	(0.001)	(0.020)	(0.045)
盈利能力	0.010*	0.206	-0.034
	(0.005)	(0.154)	(0.344)
负债水平	-0.010***	-0.152***	-0.364***
	(0.002)	(0.052)	(0.118)
两职合一	0.002***	0.081***	0.087*
	(0.001)	(0.020)	(0.048)
机构投资者持股比例	-0.000***	-0.001***	-0.004***
	(0.000)	(0.000)	(0.001)
股权制衡度	-0.002***	0.019	0.055*
	(0.000)	(0.013)	(0.032)
高科技行业	0.000	0.908***	1.130***
	(0.001)	(0.027)	(0.049)
市场化程度	-0.000	0.073***	0.073***
	(0.000)	(0.009)	(0.018)
地区经济发展水平	0.002***	-0.044***	-0.047
	(0.001)	(0.017)	(0.035)
地区外资水平	-0.047**	-2.740***	0.120
	(0.024)	(0.691)	(1.594)
常数项	0.213***	-1.866***	-2.278***
	(0.007)	(0.206)	(0.422)
行业和年份效应	已控制	已控制	已控制
$Adj-R^2$	0.067	0.382	0.277
样本量	23450	23450	23450

表 2-6　宗族文化对企业数字化转型的传导路径：人才国际化程度

被解释变量	（1）人才国际化程度	（2）转型规模	（3）转型强度
人才国际化程度		0.093*** (0.018)	0.148*** (0.041)
宗族文化	-0.026*** (0.004)	-0.081*** (0.010)	-0.093*** (0.024)
公司规模	0.086*** (0.004)	0.090*** (0.008)	0.123*** (0.019)
公司年龄	-0.072*** (0.008)	-0.096*** (0.020)	-0.107** (0.045)
盈利能力	0.101* (0.058)	0.189 (0.154)	-0.067 (0.344)
负债水平	-0.122*** (0.020)	-0.133** (0.052)	-0.327*** (0.119)
两职合一	0.045*** (0.008)	0.075*** (0.020)	0.076 (0.048)
机构投资者持股比例	0.001*** (0.000)	-0.001*** (0.000)	-0.004*** (0.001)
股权制衡度	0.077*** (0.005)	0.013 (0.013)	0.047 (0.032)
高科技行业	0.028*** (0.010)	0.906*** (0.027)	1.126*** (0.049)
市场化程度	0.045*** (0.003)	0.069*** (0.009)	0.067*** (0.018)
地区经济发展水平	-0.016** (0.007)	-0.044*** (0.017)	-0.049 (0.035)
地区外资水平	-0.353 (0.261)	-2.673*** (0.690)	0.259 (1.592)
常数项	-1.997*** (0.087)	-1.836*** (0.205)	-2.376*** (0.423)
Adj-R^2	0.149	0.383	0.277
行业和年份效应	已控制	已控制	已控制
样本量	23450	23450	23450

表 2-7 宗族文化对企业数字化转型的传导路径：风险规避

被解释变量	(1) 创新投入	(2) 转型规模	(3) 转型强度
创新投入		0.023*** (0.001)	0.046*** (0.004)
宗族文化	-0.833*** (0.048)	-0.068*** (0.010)	-0.060** (0.026)
公司规模	0.915*** (0.048)	0.085*** (0.009)	0.107*** (0.019)
公司年龄	-0.551*** (0.109)	-0.088*** (0.021)	-0.091* (0.048)
盈利能力	-3.746*** (0.783)	0.263 (0.162)	0.058 (0.363)
负债水平	-0.489* (0.280)	-0.138** (0.055)	-0.328*** (0.126)
两职合一	-0.185* (0.101)	0.077*** (0.020)	0.075 (0.050)
机构投资者持股比例	-0.008*** (0.002)	-0.001*** (0.000)	-0.004*** (0.001)
股权制衡度	0.174** (0.072)	0.018 (0.014)	0.055 (0.034)
高科技行业	1.350*** (0.146)	0.925*** (0.028)	1.130*** (0.051)
市场化程度	0.257*** (0.053)	0.068*** (0.009)	0.062*** (0.019)
地区经济发展水平	-1.198*** (0.103)	-0.014 (0.018)	0.011 (0.037)
地区外资水平	2.175 (4.238)	-2.405*** (0.778)	0.942 (1.799)
常数项	-5.056*** (1.343)	-1.948*** (0.229)	-2.749*** (0.471)
行业和年份效应	已控制	已控制	已控制
$Adj\text{-}R^2$	0.108	0.380	0.286
样本量	21717	21717	21717

第五节　基于研究情境的进一步考察

近现代以来，国家权力在乡村社会得以全面渗透，并对传统的宗族进行了现代化改造，现代化的组织概念和组织方式不断下沉（王铭铭，1996），在一定程度上改变着传统宗族的治理结构，国家制度引入的行政权威、法制权威和市场权威构成了对传统宗族家长制权威的多元制衡（王阳和刘炳辉，2017）。在国家权力向社会行使经济管理过程中，国有资本承担了重要角色（Bai et al.，2006），国家意志和利益决定了对其资本拥有所有权或者控制权的国有企业的行为。另外，国家对外开放过程中带来的跨国经济文化交流不仅促进了技术、资本的跨国流动，也促进了各国文化的交流与融合，中西方文明在哲学理念、文化精神、思维方式等方面存在的差异也对传统宗族文化的改造产生了潜移默化的影响。在这个过程中，跨国资本扮演了重要角色。跨国资本不但给东道国带来了相应的资金和技术，也带来了基于不同价值观念体系的管理模式。

综上所述，近现代以来，现代国家体系和外国资本的引入构成了中国宗族文化发展演进的两个重要的情境因素。本研究进一步选取国有股东、境外投资者作为现代公司治理机制下国家观念和域外是否缓解了地区宗族文化对企业数字化转型的影响，本研究从国有股东、境外投资者两个角度考察不同股东治理结构作为情境因素宗族文化对企业数字化转型的影响差异。

一、国有股东背景

表 2-8 第（1）列中，“宗族文化×国有股东”的系数为 0.065，在 1%的水平上显著为正，表明国有股东背景发挥了缓冲地区宗族文化抑制企业数字化转型规模的作用。第（4）列结果显示，“宗族文化×国有股东”的系数为 0.104，在 1%的水平上显著为正，表明国有股东背景的存在减弱了地区宗族文化对企业数字化转型强度的抑制作用。研究结果显示假设 2 得到支持。

二、境外投资者背景

表 2-8 第（2）列中，“宗族文化×境外投资者”的系数为 0.022，在 1%的水平上显著为正，表明境外投资者减弱了地区宗族文化对企业数字化转型规模的抑制作用。第（5）列显示，“宗族文化×境外投资者”的系数为 0.033，在 1%水平上显著为正，表明境外投资者减弱了地区宗族文化对企业数字化转型强度的抑制作用。

第（3）列和第（6）列的全模型中交互项“宗族文化×国有股东”和“宗

族文化×境外投资者”的结果保持稳定，结合系数差异的检验表明，第（3）列“宗族文化×国有股东”、数字化“宗族文化×境外投资者”的系数差异在5%的水平上显著（F值为6.16），第（6）列“宗族文化×国有股东”、数字化“宗族文化×境外投资者”的系数差异在5%的水平上显著（F值为4.03），表明在缓解宗族文化对企业数字化转型方面，国有股东的作用显著高于境外投资者。

表2-8 宗族文化对企业数字化转型的影响：情境因素

被解释变量	转型规模			转型强度		
	(1)	(2)	(3)	(4)	(5)	(6)
宗族文化×国有股东	0.065***		0.070***	0.104***		0.113***
	(0.017)		(0.017)	(0.038)		(0.038)
宗族文化×境外投资者		0.022***	0.024***		0.033***	0.037***
		(0.008)	(0.008)		(0.011)	(0.012)
国有股东	-0.089***		-0.092***	-0.127***		-0.142***
	(0.019)		(0.019)	(0.039)		(0.039)
境外投资者		-0.008	-0.014		-0.043***	-0.053***
		(0.008)	(0.008)		(0.017)	(0.017)
宗族文化	-0.095***	-0.075***	-0.096***	-0.118***	-0.087***	-0.122***
	(0.010)	(0.009)	(0.010)	(0.026)	(0.021)	(0.026)
公司规模	0.105***	0.097***	0.104***	0.146***	0.131***	0.141***
	(0.008)	(0.008)	(0.008)	(0.019)	(0.018)	(0.019)
公司年龄	-0.088***	-0.103***	-0.088***	-0.096**	-0.121***	-0.098**
	(0.020)	(0.020)	(0.020)	(0.045)	(0.045)	(0.045)
盈利能力	0.144	0.199	0.145	-0.129	-0.040	-0.123
	(0.155)	(0.154)	(0.155)	(0.346)	(0.344)	(0.347)
负债水平	-0.138***	-0.145***	-0.140***	-0.337***	-0.351***	-0.343***
	(0.052)	(0.052)	(0.052)	(0.118)	(0.118)	(0.118)
两职合一	0.064***	0.080***	0.065***	0.061	0.088*	0.064
	(0.020)	(0.020)	(0.020)	(0.048)	(0.048)	(0.049)
机构投资者持股比例	-0.001**	-0.001***	-0.001*	-0.003***	-0.004***	-0.003***
	(0.000)	(0.000)	(0.000)	(0.001)	(0.001)	(0.001)
股权制衡度	0.009	0.021	0.011	0.042	0.063**	0.047
	(0.014)	(0.013)	(0.014)	(0.033)	(0.032)	(0.033)

续表

被解释变量	转型规模			转型强度		
	(1)	(2)	(3)	(4)	(5)	(6)
高科技行业	0.902***	0.912***	0.906***	1.121***	1.136***	1.126***
	(0.027)	(0.027)	(0.027)	(0.049)	(0.049)	(0.049)
市场化程度	0.076***	0.073***	0.076***	0.079***	0.074***	0.080***
	(0.009)	(0.009)	(0.009)	(0.019)	(0.018)	(0.018)
地区经济发展水平	-0.061***	-0.044***	-0.059***	-0.074**	-0.047	-0.072**
	(0.017)	(0.017)	(0.017)	(0.036)	(0.035)	(0.036)
地区外资水平	-2.930***	-2.680***	-2.917***	-0.158	0.262	-0.122
	(0.698)	(0.691)	(0.698)	(1.603)	(1.592)	(1.600)
常数项	-2.093***	-2.075***	-2.086***	-2.755***	-2.699***	-2.714***
	(0.201)	(0.202)	(0.201)	(0.411)	(0.413)	(0.412)
行业和年份效应	已控制	已控制	已控制	已控制	已控制	已控制
Adj-R^2	0.383	0.382	0.383	0.277	0.277	0.277
样本量	23450	23450	23450	23450	23450	23450

第六节　宗族文化背景下的数字化转型对企业生产率的影响

以工业互联网和智能制造为代表的数字经济新模式、新业态不断孕育兴起，数字化正发挥着巨大的基础资源和创新引擎作用（蔡莉等，2019）。自索洛 1987 年提出著名的“生产率悖论”（IT 投资和生产率提高或公司绩效改善之间缺乏显著联系的现象）以来，有关信息技术与生产率的研究与争论持续不断，阻碍企业数字化转型的包括资金投入不足、运营模式单一、人力资本短缺等被认为是变革背景下制约数字化效应发挥的重要原因（何小钢等，2019；毛基业和王伟，2012）。本章进一步研究在宗族文化影响下，企业数字化转型对企业生产率的影响。参考之前的研究，本章分别计算了基于 LP 和 OP 方法的下一期生产率指标，表 2-9 第（1）列显示，“宗族文化×转型规模”对企业 LP 方法的影响系数为-0.010，在 1%的水平上显著为负，第（2）列显示，“宗族文化×转型强度”对企业 LP 方法的影响系数为-0.005，也在 1%的水平上显著为负。基于 OP 方法生产率的分析显示［见表 2-9 第（3）列］，“宗族文化×转型规模”对企业 OP 方法生产率的影响系数为-0.007，在 5%的水平上显著为负，第（4）列中显示，“宗族文化×转型强度”对企业OP方法生产率的影响系数为-0.004，也在1%的水平上显著为负。由此看出，宗族文化降低了企业数字化转型对企业生产率的促进作用。

表 2-9　数字化转型对企业生产率的影响：宗族文化的调节作用

被解释变量	LP 方法生产率		OP 方法生产率	
	(1)	(2)	(3)	(4)
宗族文化×转型规模	-0.010*** (0.003)		-0.007** (0.003)	
宗族文化×转型强度		-0.005*** (0.001)		-0.004*** (0.001)
宗族文化	-0.008 (0.006)	-0.015*** (0.005)	-0.018*** (0.006)	-0.020*** (0.005)
转型规模	0.045*** (0.004)		0.013*** (0.004)	
转型强度		0.017*** (0.002)		0.009*** (0.002)
公司规模	0.483*** (0.004)	0.485*** (0.004)	0.360*** (0.004)	0.360*** (0.004)
公司年龄	-0.021** (0.010)	-0.024** (0.010)	-0.007 (0.010)	-0.007 (0.010)
盈利能力	2.805*** (0.070)	2.813*** (0.071)	2.332*** (0.072)	2.333*** (0.072)
负债水平	0.827*** (0.025)	0.826*** (0.025)	0.694*** (0.026)	0.694*** (0.026)
两职合一	-0.052*** (0.009)	-0.050*** (0.009)	-0.058*** (0.009)	-0.058*** (0.009)
机构投资者持股比例	0.001*** (0.000)	0.001*** (0.000)	0.000 (0.000)	0.000 (0.000)
股权制衡度	-0.018*** (0.006)	-0.018*** (0.006)	-0.019*** (0.006)	-0.020*** (0.006)
高科技行业	-0.051*** (0.013)	-0.032** (0.013)	-0.064*** (0.013)	-0.062*** (0.013)

续表

被解释变量	LP 方法生产率		OP 方法生产率	
	(1)	(2)	(3)	(4)
市场化程度	0.059*** (0.004)	0.061*** (0.004)	0.071*** (0.005)	0.071*** (0.005)
地区经济发展水平	-0.027*** (0.009)	-0.028*** (0.009)	-0.060*** (0.009)	-0.060*** (0.009)
地区外资水平	1.665*** (0.355)	1.574*** (0.355)	2.830*** (0.363)	2.805*** (0.363)
常数项	1.951*** (0.119)	1.952*** (0.120)	5.076*** (0.122)	5.081*** (0.122)
Adj-R^2	0.658	0.658	0.557	0.557
样本量	23422	23422	23422	23422

第七节　稳健性检验

一、内生性问题

宗族文化与企业数字化转型之间统计上的显著关系可能源自未观测到遗漏变量的作用。本研究采用企业迁址作为外生的冲击事件，获取发生迁址事件的企业样本 374 个，其中迁址前的 163 个样本做控制组，迁址后的 211 个样本做处理组（见表 2-10），回归显示本研究的主要结论保持稳定。

表 2-10　宗族文化对企业数字化转型的影响：用企业迁址作为外生冲击事件

被解释变量	(1) 转型规模	(2) 转型强度
宗族文化	-0.208*** (0.072)	-0.469*** (0.141)
公司规模	0.333*** (0.080)	0.515*** (0.134)
公司年龄	-0.155 (0.203)	0.526* (0.274)

续表

被解释变量	（1）转型规模	（2）转型强度
盈利能力	-3.069***	-2.064
	(0.822)	(1.476)
负债水平	-0.484	-1.413**
	(0.421)	(0.700)
两职合一	0.031	0.485
	(0.163)	(0.315)
机构投资者持股比例	-0.010*	-0.036***
	(0.005)	(0.013)
股权制衡度	0.482***	0.392*
	(0.130)	(0.204)
高科技行业	2.136***	2.669***
	(0.276)	(0.671)
市场化程度	0.326***	0.575***
	(0.067)	(0.149)
地区经济发展水平	-0.391**	-0.793*
	(0.189)	(0.404)
地区外资水平	-24.559***	-53.332***
	(6.630)	(17.093)
常数项	-4.181**	-4.749
	(1.954)	(3.204)
Adj-R^2	0.399	0.266
样本量	374	374

二、指标度量的偏误问题

考虑到省份层面对地区宗族文化的度量可能存在的衡量偏误问题，本研究进一步通过整理获取各个城市的族谱数据，并通过各个城市人口数量获得每百万人口对应的族谱数据。回归结果如表 2-11 所示，宗族文化（城市层面）对企业数字化转型的规模和转型强度的影响显著为负，本研究结论保持不变。在被解释变量方面，以第一代 iPhone 苹果手机于 2007 年上市为标志事件，开启了移动互联网为代表的数字化技术新纪元，为了更好地识别企业数字化转型情况，本研究进一步基于 2008—2018 年的数据重新估计了回归结果，如表 2-11 的第（3）列和第（4）列所示，本研究结论保持不变。

表 2-11 宗族文化对企业数字化转型的影响：衡量指标的影响

被解释变量	（1）转型规模	（2）转型强度	（3）转型规模	（4）转型强度
宗族文化（城市层面）	-0.012*** (0.002)	-0.016*** (0.003)		
宗族文化（省份层面）			-0.092*** (0.012)	-0.092*** (0.035)
公司规模	0.102*** (0.009)	0.160*** (0.021)	0.116*** (0.010)	0.192*** (0.025)
公司年龄	-0.125*** (0.022)	-0.176*** (0.055)	-0.116*** (0.025)	-0.161** (0.064)
盈利能力	0.098 (0.171)	-0.501 (0.417)	0.107 (0.192)	-0.590 (0.477)
负债水平	-0.135** (0.057)	-0.526*** (0.146)	-0.117* (0.066)	-0.531*** (0.171)
两职合一	0.067*** (0.022)	0.123** (0.061)	0.052** (0.024)	0.086 (0.067)
机构投资者持股比例	-0.002*** (0.000)	-0.005*** (0.001)	-0.002*** (0.000)	-0.006*** (0.001)
股权制衡度	0.023 (0.015)	0.090** (0.042)	0.027* (0.016)	0.109** (0.047)
高科技行业	0.944*** (0.029)	1.243*** (0.058)	1.055*** (0.033)	1.406*** (0.067)
市场化程度	0.061*** (0.009)	0.065*** (0.021)	0.080*** (0.011)	0.076*** (0.027)
地区经济发展水平	-0.022 (0.018)	-0.050 (0.042)	-0.024 (0.022)	-0.041 (0.051)
地区外资水平	-2.524*** (0.749)	-0.025 (1.901)	-2.687*** (0.960)	1.386 (2.455)
常数项	-2.269*** (0.217)	-3.105*** (0.487)	-2.388*** (0.274)	-3.521*** (0.636)
Adj-R^2	0.399	0.283	0.379	0.286
N	20725	20725	17535	17535

三、其他宏观文化因素的影响

除了影响深远的宗族文化外，还有很多独特的文化传统有可能对企业数字化转型产生影响。本研究采用上市公司 100 公里半径范围内孔庙数量度量以孔孟之道为代表的儒家文化的影响，同时采用上市公司 100 公里半径范围内寺庙数量测量地区宗教文化的影响。在此基础上，本研究控制了儒家文化、宗教文化的影响，如表 2-12 第（1）列和第（2）列所示，在控制了其他地区宏观文化变量因素的情况下，本文结论保持不变。考虑到中国是一个多民族国家，当地民族文化有可能对本研究结果产生潜在的影响，在第（3）列和第（4）列本研究进一步排除了新疆、宁夏、西藏、广西和内蒙古等省份少数民族聚居地区的企业样本后，发现主要结论保持不变。

表 2-12　宗族文化对企业数字化转型的影响：控制其他文化因素的影响

被解释变量	（1）转型规模	（2）转型强度	（3）转型规模	（4）转型强度
	全部样本		排除民族地区样本	
宗族文化	−0.094*** (0.012)	−0.078*** (0.030)	−0.094*** (0.012)	−0.067** (0.031)
儒家文化	0.020* (0.012)	0.051* (0.029)	0.017 (0.012)	0.052* (0.031)
宗教文化	0.012 (0.009)	−0.039* (0.022)	0.014 (0.011)	−0.049* (0.026)
公司规模	0.101*** (0.008)	0.155*** (0.020)	0.104*** (0.009)	0.163*** (0.020)
公司年龄	−0.111*** (0.020)	−0.148*** (0.049)	−0.102*** (0.021)	−0.139*** (0.050)
盈利能力	0.167 (0.158)	−0.252 (0.375)	0.154 (0.162)	−0.287 (0.386)
负债水平	−0.168*** (0.053)	−0.521*** (0.131)	−0.192*** (0.054)	−0.570*** (0.135)
两职合一	0.085*** (0.020)	0.133** (0.054)	0.091*** (0.020)	0.146*** (0.056)
机构投资者持股比例	−0.001*** (0.000)	−0.005*** (0.001)	−0.001*** (0.000)	−0.005*** (0.001)

续表

被解释变量	(1) 转型规模	(2) 转型强度	(3) 转型规模	(4) 转型强度
	全部样本		排除民族地区样本	
股权制衡度	0.024*	0.095**	0.017	0.089**
	(0.014)	(0.038)	(0.014)	(0.039)
高科技行业	0.927***	1.209***	0.940***	1.226***
	(0.027)	(0.053)	(0.028)	(0.054)
市场化程度	0.070***	0.075***	0.068***	0.063***
	(0.009)	(0.021)	(0.010)	(0.022)
地区经济发展水平	-0.043**	-0.070*	-0.043**	-0.068
	(0.017)	(0.039)	(0.018)	(0.042)
地区外资水平	-2.977***	0.022	-2.900***	0.137
	(0.707)	(1.750)	(0.732)	(1.822)
常数项	-2.214***	-2.823***	-2.262***	-2.880***
	(0.212)	(0.470)	(0.229)	(0.506)
Adj-R^2	0.385	0.279	0.384	0.277
N	23450	23450	22568	22568

第八节　结论与政策启示

一、研究结论

开放、兼容和共享是数字化的核心精髓，数字经济时代提倡的万物互联、突破原有边界、“去中心化”理念与传统宗族文化固守的差序格局和圈层关系形成了鲜明对照。习近平总书记在强调继承中国传统文化精髓的同时也指出：“对历史文化特别是先人传承下来的价值理念和道德规范，要坚持古为今用、推陈出新，有鉴别地加以对待，有扬弃地予以继承。”① 本研究运用各地区族谱数据度量地区宗族文化特征，考察了传统宗族文化对中国上市公司数字化转型的多维度影响及其现在公司治理结构影响的演绎过程，结果发现：①地区宗族文化对当地企业数字化转型规模和强度产生了一定程度的抑制效应，基于转型内容的考察发现，宗族文化对企业数字化转型的影响更多体现在缩小投资范围和选择技术应用

① 引自 2013 年 11 月 26 日习近平在山东曲阜考察时的讲话。

的低风险领域；②在影响机制方面，位于宗族文化越浓厚地区的企业越表现出以姓氏集中为特征的用人风格、更低的人才国际化意愿和相对保守的创新投入，这表明宗族文化通过强化差序格局、保留本土意识、规避变革风险等途径抑制了企业的数字化转型过程；③现代公司治理背景下的利益相关者（包括政府持股、境外投资者）缓解了宗族文化对企业数字化转型的抑制效应；④在数字化转型经济后果方面，研究发现宗族文化弱化了数字化转型与企业生产率之间的敏感性。本研究构造了宗族文化影响企业数字化转型过程和经济绩效的分析框架，不但为研究企业转型问题提供了一个独特的制度视角，也为完善现有数字经济治理下的政策体系提供了有益启示，具有重要的理论价值与现实意义。

二、政策启示

（一）从文化视角分析中国企业的转型发展问题已经成为新的研究热点

现有针对企业数字化转型的政策支持更多集中于本研究揭示的以宗族文化为代表的非正式制度因素是影响企业数字化转型的一个重要因素。这意味着在全国各地政府都在出台各种激励措施和扶持政策大力推动企业数字化转型的背景下，相关部门不但需要解除制约企业数字化转型的来自资金、设备等方面的有形障碍，也需要重视根植于传统文化影响下的价值观和行为习惯对企业转型变革的影响和无形束缚，在大力弘扬优秀传统文化的同时，倡导破除根植于人们传统观念意识的“隐形”藩篱，努力摆脱思想封闭和圈层关系的束缚，推动以“开放、兼容和共享”为核心的发展理念成为文化创新建设的重点，为数字经济发展和企业数字化转型培育良好的文化基础和社会氛围，实现传统文化与现代文明的和谐共生。

（二）推进公司治理体系和治理能力现代化是实现企业数字化转型和高质量发展的重要抓手

本研究发现政府持股、境外投资有助于缓解传统宗族文化对企业数字化转型的抑制效应，具体方面，通过多元化姓氏构成、人才国际化、加大创新投入可以有效促进公司数字化转型水平。这意味着在当前中国面临复杂国际环境和推动国内国际双循环的新发展格局背景下，企业数字化转型需要以公司治理体系和治理能力现代化作为重要保障，具体而言，通过推动企业引入多元化的股权结构，优化高管治理团队来源构成，加大海外引智工作，推进人才国际化来促进企业数字化转型，在此基础上通过提升研发创新投入为企业数字化转型提供足够的资源保障。

三、展望

本研究对于传统宗族文化与企业数字化转型的研究尚有进一步拓展的空间：①文化与金融的交叉融合是当前学术研究的前沿话题，研究包括儒家文化、民族文化等其他形式的文化类型对企业数字化转型的不同影响效果可以进一步深化对非正式制度因素与企业转型行为的理解；②宗族文化概念本身内涵丰富，理论界对其的讨论也在不断进行当中，本章中宗族文化的指标体系主要依据现有文献关于宗族文化的论述，对这一指标的研究还有继续完善和深化的空间，进一步构建宗族文化细分的多维度有助于更加清晰地解读宗族文化的影响效果；③本章研究了传统宗族文化对企业数字化转型的影响，而席卷全社会的数字化浪潮本身也会反过来作用于人们的日常生活和社交网络，例如这些年兴起的网上祠堂、网上拜年、微信红包等现象，这显然给传统“登门拜访”模式下的宗族社交带来一定冲击。如何考察评估数字经济对传统文化的改造和影响可以成为未来研究工作的新方向。

第3章　制造业企业数字化转型的困难问题与对策建议

——基于浙江企业的实地调查

数字化转型是制造业企业高质量发展的重要战略方向，是抢抓新一轮科技革命和产业变革重要机遇的必然选择。面对全球制造业竞争日趋激烈的格局，我国作为制造大国、数字大国、网络强国，应通过加快推动制造业数字化转型，实现实体经济的高质量发展。近年来，浙江省将制造业数字化转型作为打造全球先进制造业基地的重要举措，从机器换人、智能化改造、企业上云、工业互联网到产业大脑，梯队推进、层层深化，大力推动企业开展数字化转型，逐步探索出一条具有浙江特色的制造业数字化转型之路。根据国家互联网信息办公室（以下简称国家网信办）发布的《数字中国建设发展报告（2021年）》，浙江省产业数字化发展指数持续保持全国第一，但同时也要看到，制造业企业在数字化转型过程中也面临一些问题。当前，应借鉴全球“灯塔工厂”和“黑灯工厂”经验，加强数字化转型相关政策解读，在财政、税收、科研奖励、服务创新等方面对数字化转型企业予以政策支持，强化中小型企业数字化赋能，开展制造业企业“数字化诊断”活动，加速数字化领域核心技术突破，制定并出台数字化转型标准，促进制造业企业数字化转型。

第一节　制造业企业数字化转型面临的突出困难和问题

一、部分制造业企业数字化基础薄弱

（一）企业数字鸿沟明显，产业协同数据开放与共享不够

目前市场上的工业设备种类繁多、应用场景较为复杂，不同环境有不同的工业协议，数据格式差异较大，大中小企业间数字鸿沟十分明显，企业间、软件间的数据互联互通仍有欠缺，数据难以转化为有用的资源，反而由于系统间的信息交流不顺畅导致“信息孤岛”丛生，产业链协同发展受限。当前，企业愿意将数字化资源全方位延伸至供应链一端，实现订单处理、生产制造、物流安排等的智能化，但部分中小供应商缺乏人才、设备，数字化程度较低，影响了平台开放

和产业链协同发展。某电器有限公司反映，企业目前数字化与外部数据融合度不高，受限于数据的规模、种类及质量，无法及时全面感知数据的分布与更新。

（二）不少企业处于半自动化生产阶段，硬件数字化程度低，设备改造和数据采集难度大，数字化基础薄弱

宁波市宁海县10余家年产值10亿元以上行业龙头企业均已完成数字化车间建设，ERP、MES等信息系统应用成熟，但辖内中小企业应用数字化技术的普及比例、对数字化转型相关技术的利用程度均比较低，纳入统计的190余家规模以下（以下简称规下）样本企业生产设备普遍比较低端，以手工生产和半自动化生产为主，平均每年每家在信息技术应用上投入资金不足万元。杭州市70%的项目仍处于数字化转型的探索阶段，主要是解决数据采集、连接及自动化控制等问题，真正实现产品全生命周期数据驱动和产业链协同的智能化应用的还不多，辖内萧山区规模以上（以下简称规上）企业中，50%以上没有企业数字化转型的整体规划，大多数企业的数字化投入还是软件投入；临平区11400多家大中小企业中，数控化设备占整体设备80%以上的企业仅有24家，已联网数控化设备占整体80%以上的企业仅7家；富阳区1100家企业中，设立信息化部门的仅占23%，设备数控化率和联网率仅为35%和20%，实现仓储管理、生产管理、产业研发设计数字化等仅占10%、30%、22%，实现企业系统间集成的更是不足20%。

（三）不少企业数字化改造更多地停留在碎片化、低端化层面，最终导致数字化转型效果不佳，企业未能从数字化转型中明显受益

绍兴市某家具公司生产线上共有20多个环节，目前仅仓储智能管理、智能验布两条线实现完整的转型升级，布匹不良品率仅下降10%左右，转型效果未能达到预期。诸暨市某针织有限公司已完成80台一体机数字化车间改造工作，共投入资金620余万元，主要为设备和相关软硬件建设，生产效率提高20%、成本降低18%，但数字化转型效果局限于排产效率提升、减员降本、原料节省等直接经济效益，尚未涉及商业模式、组织架构、价值体系等深层次的优化。宁波市某制衣有限公司2019年花费3万元购买了ERP系统，主要用来管理有关数据，ERP系统变成单纯的数据库应用，而生产进度管理、产品质量管理等方面的功能完全没有用上。

二、数字化转型要素支撑能力不足

（一）第三方服务供给不足

企业在数字化转型过程中，由于自身数字化转型经验不足，往往无法独立完成数字化改造方案，也缺少转型的相关技术，因此，需要一些数字化转型服务供应商来提供数字化转型服务。但是，目前第三方数字技术服务市场供给不足、服

务水平不高，现有数字化转型服务供应商数量很少且良莠不齐，大部分服务商局限于某些特定的行业或特定的场景，深耕本地制造业的信息工程服务商、系统解决方案提供商力量较为薄弱，提供服务的精准度、深度与广度难以满足企业的个性化需求。数字化转型专业机构供给不足，尤其制造业企业很难找到既有开发完善的工业互联网产品能力，又充分了解企业产品生产实际情况的服务公司，难以帮助企业梳理数字化改革需求，严重阻碍了企业的数字化转型。某电气有限公司反映，提供诊断服务的机构对电气行业不了解，提供的诊断结果和技改方案套用其他行业的模板，不具备可操作性，对企业基本没有什么参考价值。某智能科技股份有限公司专业从事氢碎炉、磁场成型机等磁性材料专用设备研发、生产和销售，企业计划未来两年投入3000万元用于数字化车间改造及购买PLM、PDM等企业数据管理系统，由于生产设备专业性较强，属于定制类产品的生产管理，与流程型数字化系统有较大区别，而目前市场上第三方专业机构大多集中在流程型数字化领域，实际应用效果不佳，针对定制类成套设备的数字化诊断咨询机构又十分稀缺，导致企业数字化转型推进缓慢。某电机有限公司购买了多家第三方服务供应商的数字化系统，由于第三方未能全面调查、研究该公司的个性化产品，系统试行时产品信息读取不完整，产品无法达到预期效果，运行效果不佳，导致企业迟迟未能上线成熟的数字化生产系统，损失近100万元。

（二）企业数字化转型资金支撑不足

资金密集是数字化转型的显著特点。当前，制造业企业，尤其是中小企业数字化转型存在较大资金缺口，用于研发、设备、人才的资金不足，数字化转型融资难、融资贵问题突出，目前市场上缺乏面向企业数字化转型的特色融资产品，无法为制造业企业数字化转型提供有效资金保障。不少有意愿进行数字化转型升级的企业由于资金原因，转型难以实施或进度缓慢。绍兴市某新材料技术发展有限公司投资2000万元对现有1万锭无纺纱布生产线进行智能化升级，生产效率提高25%。为争取全球市场，公司计划投资1.5亿元推进实施国际化高级无纺布定制项目，全力促进生产经营模式的数字化转型升级。但由此产生的资金缺口在0.5亿~1亿元，目前企业缺乏充裕的资金，该项计划仍未正式实施。浙江某消防报警设备有限公司主要生产电路板和火灾报警器设备，企业于2019年启动数字化“5G+智慧工厂”项目，利用5G网络将厂内设备接入企业数据中心信息系统，该项目需要在厂内建设5G基站，投资额高达1.2亿元，前期建设和后期维护费用均远高于企业其他生产性建设项目。2020年年底，因投入产出长期失衡影响，企业资金链出现问题，项目被迫暂停。经企业与属地政府及农村信用合作联社、宁波银行等金融机构磋商协调，计划将整体工程分为2期，通过分期投入的方式降低资金压力，推动项目重新动建。截至2022年9月，累计完成总投资

4523万元，投资完成率仅37.7%，项目建设进度滞缓，企业仍在多方筹措资金保障建设。

（三）数字化转型人才紧缺

由于缺乏数字化转型整体规划型人才和系统运营维护的应用型人才，部分企业虽有转型意愿，但受制于自身条件，应用型人才缺口较大，难以独立完成数字化转型。特别是中小企业数字化人才缺口更为严重，支撑中小企业数字化转型的数字高端专技人才、数字工匠结构性短缺，兼具数字技能与制造业技能的复合型人才十分匮乏，严重制约了企业数字化转型。以温州市为例，根据《2020浙江省数字经济发展综合评价报告》，温州市企业每百人中信息技术人员数量为1.31人，企业每百名员工拥有计算机数为24.04台，企业使用信息化进行生产制造管理普及率为42.4%。据抽样调查，69.2%的企业反映在数字化改革后，遇到了缺乏人才的问题。某滤清器有限公司表示，由于国内难以找到能熟练使用SAP的ERP系统的人才，只能高价购买IBM公司的咨询服务，由国外团队花费一年多时间在各部门培训2~3名操作管理人员，该项费用支出超过1000万元。某精密机械有限公司反映，企业数字化人才引进难以达到理想状况，长期面临高精人才、配套供应商引进难、留驻难等问题，缺少大数据应用、机械设计、电气自动化设计等领域的高端专业人才。

三、数字化核心技术受制于人

（一）国产替代较进口设备仍有差距

核心技术易受欧美限制，设备采购、维护较难。当前，国内芯片、基础软件、整机、工业控制技术、网络传输系统等核心环节供给能力与国外发达水平相比仍然具有较大差距，且对外依存度高。绍兴市某区对辖内已开展数字化转型的25家企业、近80种智能软件设备的调研显示，目前数字化转型常用的生产控制、资源管理类高端软件，52%依赖进口，70%以上智能终端传感器及绝大多数存储芯片依赖进口。某机械有限公司反映，国内高端传感器、智能仪器仪表、高档数控系统、工业应用软件等市场份额占比不到5%，关键技术和核心部件受制于进口。某模塑有限公司反映，由于国内欠缺精密程度高、三维设计的绘图软件，模具行业基本还是采用西门子PLM软件公司研发的UGNX系统，一套系统内模具设计模块的费用为21万元，以该公司6名研发人员配套计算，整套设计软件购买费用高达126万元。某精密仪器公司反映，相关智能化设备从日本采购需要200万~300万元，是国产机器的2倍，但是由于国产机器无法满足仪器生产的精度要求，且生产效率与稳定性均不如进口机器，只能选购高成本的进口机器。

（二）数字化转型"卡脖子"环节攻坚困难

某制冷设备有限公司反映，由于生产车间智能化程度不足，企业投资150万元对冷风机中固定配件的流水线进行数字化改造，节省生产成本近 20%，但由于技术阻碍，企业迟迟没有对复杂的制冷并联机组生产车间进行全面数字化改造，如突破该环节，并联机的制作成本将至少节省 20 万元/台。浙江某铝塑业有限公司在口红管的质检环节用工量较大，迫切需要通过视觉识别实现机器换人，公司对接了大量的技术解决服务商，包括国内该领域处于领先地位的海康威视等企业，均无法提出行之有效的技术解决方案。

（三）平台安全性不足、设备精密性不够

以杭州湾某经济开发区的安全环保智慧监管平台为例，平台总共布设超过 20 万个数据感知和监测点位，部分监测数据涉及生产工艺参数，如反应釜的温度、压力等事关企业核心技术；储罐和仓库信息则涉及企业原料和产品库存，关系到企业上下游供应链价格谈判，企业负责人对数字化监管的信息安全顾虑很大。危化品车辆运输及企业仓库、罐区的监管情况，相关数据可以推算出企业原材料和产品的库存，一旦数据泄露会造成企业在与上下游供应链企业价格谈判中处于不利位置。2018 年，中国轻纺城集团公司纺织产业大数据中心开发的“印染大脑”，是运用人工智能机器学习等方法，精准分析使用采集到的印染运行数据对印染行业进行优化工艺流程的“数字化管理系统”，前身为 2017 年提出的“十朵云”，但企业认为该系统需要采集的财务数据、客户资料等信息较为敏感，因此响应度并不高。升级后的“印染大脑”不涉及此类较敏感信息，企业的参与积极性提升 30%左右。

四、数字化转型标准不统一

（一）软硬件设备没有统一标准

制造业企业设备品牌多、型号杂、接口不一，有时即使是同一家企业内部，也没有统一标准，导致数字化转型困难重重。以浙江某印染有限公司加装模块为例，公司原有设备品牌型号较多，一些老旧设备需进行数字化改装才能接入系统中，面临着“一机一方案”的难题。如日新的 10GPW—2000 定型机，为监测机台参数，每个温控点均需要装一个输出接口到 PLC（可编程逻辑控制器），需 2000 元/个，共 20 个，另加 PLC 模块 3000 元，改造费用 43000 元/台，总体改造成本预估要几百万，改造成本巨大。染色机改造方面，为满足市场需求，公司配备了亚东溢流缸、东霖溢流缸、东宝气流缸等多种缸型，其中染缸带的集控有 SEDO、DTR 等多种类型，即使同样是 DTR 类型的，还细分了 DTR650、DTR650A、DTR800、DTR850 等多种型号，实现数据的集约后接到同一套系统难度极大，需要进行大量更换。

（二）数据没有权威标准

制造业企业每天产生和利用大量数据，应用场景较为复杂，不同环节、不同

工业协议数据格式差异较大，标准难以兼容，尤其是产业链间业务协同不理想。在制造业领域存在 ModBus、OPC、CAN 等多种类型的工业协议，且自动化设备生产及集成尚未开发各种私有工业协议，导致工业协议难以互通。某鞋材有限公司反映，企业各部门所持有的产品、工艺、设备等数据版本不统一，缺少统一的数据平台，设备与设备之间信息联通处于孤岛状态，数据存在一定滞后性，导致无法对数据进行深度挖掘和利用。杭州某啤酒有限公司精酿发酵阀阵自控改造项目，仅产线设备提供商就有 4 家，需额外增加 32 万元的技术服务费用来兼容不同的数据。

（三）企业数字化系统和外部数据系统对接没有技术标准

企业的数字化改革基本是按照自身需求推进，系统由软件公司量身定制，技术框架不尽相同，后期如果要与政府数字化监管系统等外部数据系统对接，将面临资金、人力、时间等方面的再次投入，给企业增加负担。某饮料集团有限公司在海宁地区设有各类食品加工企业 5 家，其管理数字化系统较为完备，但对应不同类食品的监测控制数据也各不相同。“浙食链”推广过程中，由于两个平台间的信息壁垒尚未打通，数据无法导出，仍旧需要每天手工输入相应数据。某电器有限公司反映，企业目前数字化与外部数据融合度不高，受限于数据的规模、种类及质量，无法及时全面感知数据的分布与更新。

（四）数字化改造没有标准模板

由于制造企业产品不同、标准不同、工艺不同，在推进数字化改造的过程中，各领域缺少可参考借鉴的成功经验和范本，需要“一企一案”量身定制，导致企业改造成本偏高、过程较长。某针织有限公司在 2020 年年底投入 800 多万元将生产机器更换成一体机、条码机进化为磁卡、传送带取代人工搬运、管理系统全部智能化等，是该地区第一家尝试数字化改造的袜业企业，改造前期缺乏专业技术人员给予相关方面的指导，整个过程全凭多年经验和设想，与第三方软件公司经过反复讨论后实施，在运行的大半年时间里也进行了多次修正和完善，目前生产效率虽然能提高 15%以上，但改造过程中因经验缺乏走了很多弯路，改造成本也大大增加。

五、数据安全缺乏有力保障

（一）制造业数据安全难以保障

制造业数据涵盖设备、产品、运营、用户等多方面，在企业数字化转型中，数据要素是制造业数字化转型的重要驱动力和关键支撑力，其安全要求远高于消费数据。这些数据一旦在采集、存储和应用过程中泄露，会给企业和用户带来严重的安全隐患，企业对此存在较大担忧。某智能泵阀实验室反映，Modbus、

DNP3、OPC 等传统工业协议缺乏身份认证、授权及加密等安全机制，若利用中间人攻击捕获和篡改数据，给设备下达恶意指令，会严重影响生产调度，造成生产失控。某液压有限公司表示，制造智能化意味着企业产品的核心数据要上网，为防止相关核心数据外泄，企业就要建立数据库的安全保护机制，但要投入多少资金、达到何种水平，企业没有经验，也缺乏指导。

（二）中小制造企业的技术难以达到构建自身数字中台的要求

中小企业往往依赖第三方数字平台去利用数字资源，但第三方数字平台若在采集、存储和应用过程中泄露数据，会给企业和用户带来严重的安全隐患。某服饰营销管理有限公司反映，公司是中国最大的女装制造商之一，为解决传统刚性制造存在的订单量大、款式少、排期不灵活的问题，借助消费互联网平台和工业互联网平台推动汉帛服饰成功实现小单化、数字化、智能化生产，高效整合设计研发、智造工厂、面辅料、零售、电商等上下游产业链，但“云化”后，数据非法访问次数加剧，数据安全风险持续加大，各种信息窃取、篡改手段层出不穷。

第二节　制造业企业数字化内生动力不强的关键因素

一、部分制造业企业固守传统思维模式，数字化转型认识不足

数字化转型的根本挑战之一就是需要变革深入组织结构中的旧的企业文化和已固化的流程。不少传统制造业企业规模普遍不大，管理层又固守于传统思维模式，对数字化转型的认识不足，缺乏清晰的数字化转型战略目标和路径，存在如何进一步转变发展思路、打破惯性模式，以及寻找创新模式等问题。如湖州市在对辖内上千家企业的“智能制造成熟度”评估工作中发现，70%以上的企业仍停留在数字化能力初级水平，而主要原因正是企业领导团队对企业数字化改革的必要性认识不足，特别是数据意识淡薄，对企业的数字化建设仅停留在财务、办公软件等企业基础管理应用层面，在生产工艺应用等方面数字技术能力滞后，更缺乏打通企业全面数字化转型管理系统与生产流程系统间的数据流的意识。某智能制造工程服务公司反映，制造业企业普遍对数字化认识不深，部分土生土长的企业家对数字化转型、智能化转型、5G、互联网平台等新知识、新事物知之甚少，经营理念、思想意识整体较为落后。有些企业家把数字化简单地认为是一种互联网新技术的应用，以为在原有业务基础上安装管理软件就可以实现数字化转型。部分企业家认为数字化转型是信息部门或 IT 部门的事情，自身没有真正意识到数字化转型是需要从顶层设计出发，优化资源配置、改进组织管理的大变革。杭

州市某区反映，2019 年以来引进了中控技术、鼎捷软件、金蝶软件、用友软件、优海科技、万马科技等优秀服务商到企业进行数字化现场诊断，但一大批传统企业无法表述自己的数字化转型需求，同时也难以理解服务商提出的数字化理念和方案。某数码科技有限公司反映，企业员工多为蓝领工人，普遍认为自己从事的纺织品数码印花、数码喷绘等业务与数码相关，已将其视为数字化转型，其他经营领域没有实行数字化转型，认为没必要，对数字化转型的理解和应用存在误区。

二、部分制造业企业经营压力大，无力转型

受宏观经济形势影响，叠加原材料、运输成本大涨，同时各地能耗管控力度不断加大，不少企业生产、销售下降，利润减少，信心不足，投资意愿明显下滑，直接影响数字化转型。某纺织有限公司反映，企业产品主要销往中东、欧美等地，2022 年以来，订单减少近三成，叠加用电控电限制，可用电量减少 40%，企业原先正常运作的 160 台设备已减少至 60 台，订单减少近 40%，原本计划购置智能设备，目前暂时不考虑。某食品有限公司反映，2021 年计划引进的 DG52—Ⅱ型数字化生产线，该设备仅基本架构设备价格在 95 万元左右，如果加上烘干、冷却等配套设备，达到全自动数字化，预计费用在 120 万元以上。公司生产的各类豆制品销售低迷，目前可利用的流动资金非常紧张，一口气投资 100 万元转型全自动数字化生产极有可能让企业资金链断裂。某塑胶有限公司反映，企业主要生产夹层玻璃用的 PVB 胶片，本次在建设 PVB 智能工厂的过程中，由于受新冠疫情影响，芯片紧张导致原料价格上涨 50%，供应商设备及服务费用等上涨 30%左右，共计增加成本约 10 万 ~ 20 万元，占企业一年利润的 5% ~ 6%，导致数字化项目升级迭代进度滞后，影响企业智能化生产。

三、数字化转型前期投入大，企业观望情绪浓

制造业企业数字化转型是一项系统性工程，从企业诊断、实施方案制订、软硬件购买、安装调试到日常运维、人力资源培训等环节，都需要持续投入资金。不仅前期要加大高端软硬件投入、人才储备，以及升级生产环节的基础设施，而且投入后还需要长期维护，整体回报周期比较长。尽管政府对企业“上云”、数字化车间/智能工厂、未来工厂建设、人才引进等采取一系列扶持政策，但部分企业由于目前盈利能力不高、生存压力较大、投资风险大、每个项目建设周期长，有些项目的投资回报率难以量化，因此不敢投资。数字化转型过程中涉及高端硬件、软件投入，资金需求量大，但前期产出回报慢，短期内投入产出比难以达到预期。同时部分传统制造业企业多年积累了较为完整和成熟的生产线，依赖于传统销售渠道和代加工生产模式，数字化转型所需的大量成本投入及不甚明朗

的发展前景，导致不少企业望而却步。

四、数字化转型中期维护成本高、见效慢

数字化转型是一项长期的、持续化的工程，而中小企业的资金实力较弱，前期巨额投资加上每年的维护成本，导致数字化发展难以持续。某塑业科技有限公司为了建设包材行业智能化工厂，2017 年投入 1 亿元建成化妆品包装生产数字化车间，2019 年投入 4000 多万元建成智能模具数字化车间，2021 年又投入 1000 多万元进行产品创新研发，截至目前共计投入 1.5 亿元。该公司反映目前尚处于数字化初级阶段，只完成“转”这个点，而建立起完整的智能化制造体系及产业配套架构还需 5~10 年的时间，预计再投入资金达 5000 万元。除此之外，还有转型后设备的保养维护、软件的定期升级资金，每年需约 100 万元，基本维护成本比较高。

五、制造业企业缺乏系统规划，数字化转型效果不够显现

不少制造业企业的数字化转型过程是逐步推进的，相关系统和设备添置慢，由于缺乏系统规划，数字化系统间不兼容，最终导致数字化转型效果不佳。某精密机械有限公司前期投入大笔费用购买 ERP 系统和现场自动化系统及其他专用设备，2021 年年初又花费 20 余万元自行采购了 MES 系统，但在 MES 系统选型中未将现有的 ERP 系统纳入需求分析中，导致 MES 系统与 ERP 系统兼容性极差，应用效果大打折扣。此外，部分企业经营者和管理者对数字化转型相关工具作用不够了解，也影响工作成效。

第三节　对策建议

一、增强企业数字化转型内生动能

（一）积极对企业开展多层次、多维度的宣传培训，加强数字化转型相关政策解读，加快提升企业数字化发展理念

充分发挥行业协会、展会活动、第三方机构等在企业间的桥梁纽带作用，让企业及时跟进了解行业间数字化转型发展进度，提高企业对行业数字化转型的认识。组织企业家到数字化改造较成功的先进企业参观学习，学习先进的数字化转型经验做法，进一步提升数字化转型动力。

（二）加快产业大脑建设应用

产业大脑是服务产业数字化、数字产业化、经济治理现代化的公共智能系统

和新型数字基础设施。通过建设产业大脑，可让企业实现研发设计、物资采购、生产销售等业务的数字化，实时了解行业发展趋势，便捷享受政府要素保障、标准规范、政策支持等服务事项，实现企业发展提质、降本、增效、环保、安全，提升企业市场竞争力。

（三）打造一批标杆示范

结合产业特点，精选优势行业，开展制造业数字化转型试点示范工作，在不同行业、不同区域培育一批标杆。可借鉴“灯塔工厂”，建设若干“未来工厂”，树立产业数字化转型标杆，支持智能制造试点示范企业联合优秀服务企业，共同推进 5G、工业智能、工业互联网、数字孪生等最新技术在制造业各环节、各场景创新应用。打造批量化解决方案，探索批量化、规模化推进产业集群、块状经济数字化改造的新模式。

（四）探索轻量化数字化改造方式

针对中小微企业量多面广、数字化水平低的实际情况，推进解决共性问题多、投资小、工期短、见效快、易推广的中小企业轻量化数字化改造。

二、完善企业数字化转型的鼓励政策

（一）完善制造业数字化转型的扶持政策

优化制造业数字化改造资金支持政策，设立数字化转型升级专项资金，用于企业数字化改造的无偿资助、引导、贷款贴息、补助等。利用基金、信托等金融工具，打造数字化转型金融服务平台，针对性开发特色信贷产品，突出对重大平台、重大项目及各类试点示范的支持，发挥政策叠加效应。鼓励银行开发针对企业数字化改造的相关信贷产品，开设项目融资“绿色通道”，为优质项目提供金融服务。在财政、税收、科研奖励、服务创新等方面对数字化转型企业予以政策倾斜。

（二）加大对企业研发创新的支持力度

鼓励企业利用大数据、云计算、模拟仿真、知识图谱、数字孪生等新一代信息技术，开展专业细分领域的数字化研发创新，将“工匠经验”软件化、模块化、标准化。支持企业与上下游、高校科研机构开展合作，缩短产品研发周期、提升产品性能、优化材料工艺。对研发设计环节的研发创新投入给予重点支持。

（三）强化中小型企业数字化赋能

以新一代信息技术与应用为引领，以产业大脑为支撑，以提升中小企业竞争力、夯实可持续发展基础为目标，分行业、分区域、分类型探索中小企业数字化转型升级路径，集聚一批面向中小企业的工业信息工程服务机构，培育推广一批符合中小企业数字化转型需求的工业互联网平台、系统解决方案、产品和服务，显著提升中小企业发展质效。

三、强化市场服务供给

（一）支持培育数字化转型专业服务机构

加快培育企业数字化转型工程总包商、行业工业互联网平台服务商、数据价值应用软件开发商，加快工业数字化工程市场的培育，促进工业数字化工程市场的健康发展。鼓励服务公司形成跨国、跨地区、跨行业的综合型多层次服务能力，切实为制造业数字化转型提供专业的服务。加强数字化转型评估诊断服务，全面掌握企业数字化转型现状，优化调整数字化转型策略和措施，推动企业数字化水平和效益水平的双提升。加强对中小企业的服务供给，鼓励服务机构针对中小微企业量多面广、数字化水平低的实际，对共性问题多、投资小、工期短、易推广的中小企业轻量化数字化改造给予更多解决方案。

（二）加大培育支持平台服务型企业的力度

促进由消费需求端的产业互联网向工业互联网演进发展，发挥平台企业向中小企业辐射赋能的作用，促进大中小微企业融通发展。鼓励支持行业龙头企业围绕上下游产业链生态圈的数字化、智能化需求，构建工业互联网平台，开展个性化定制、众包设计、智能监测、全产业链追溯等应用创新，带动中小企业制造资源的有效汇聚，推动产业链要素优化配置和高效协同，并鼓励其开发依托自身产品的系统化解决方案，向平台化及整体解决方案提供商转型发展。

（三）构建与应用评价指标体系

加强数字化转型的评估诊断，全面掌握企业数字化转型现状，优化调整数字化转型策略和措施，引导新一代信息技术在企业研发、生产、管理和服务等全流程和产业链各环节的深度应用，推动企业数字化水平和效益水平的双提升。

四、加大数字化要素支持

（一）统筹数字化产业发展和人才培养开发规划

制造业数字化转型是制造业面临的一场新革命，这需要以更大的力度培养高水平数字化人才。加强产业人才需求预测，不断完善产学研用结合协同育人模式，加快培育面向传统制造业数字化转型的复合型人才。支持各地引进高校、科研院所专家学者，集聚一批数字化转型高层次人才，加强数字化转型路径研究，指导企业开展数字化转型，提供技术赋能、组织赋能和管理赋能的咨询服务。鼓励企业引入数字化转型人才，并给予相应的人才政策支持。推动企业开展数字化人才再教育培训，不断提升数字化人力资本的积累和数字化的普及程度，提高现有人力资本的数字化素养。

（二）深化校企合作、政企合作

通过建设企业大学、企业培训基地、开设专业课程等方式，培养适应市场需求的智能制造实用型人才，推动形成“人才+团队+项目+平台”四位一体开放式人才培引模式。

（三）开展制造业企业“数字化诊断”活动

加强底层操作系统、嵌入式芯片、人机交互、工业大数据、核心工业软件、工业传感器等核心技术攻关，并加大采购力度，从需求侧拉动技术发展，帮助新技术、新产品进入市场。

五、加速数字化领域核心技术突破

（一）增强信息基础设施的支撑能力

加强国际合作交流，加快补齐短板。鼓励、引导企业、科研机构等加大核心技术研发投入，加强底层操作系统、嵌入式芯片、人机交互、工业大数据、核心工业软件、工业传感器等核心技术攻关。支持企业加大采购力度，从需求侧拉动技术发展，帮助新技术、新产品进入市场。发挥重点平台、试验区的作用，引导重点项目、企业、技术、资金等向平台集中，培育具有核心竞争力的数字产业集群。

（二）注重发挥数据价值

数据作为一种新型生产要素，凭借其诸多独特的属性，正在推动制造业要素资源重组、生产流程再造、企业组织重构，将大幅提升其他要素的生产效率。加快推进数据贯通，引导企业实现数字化全局协同，从支持单个环节延伸成为支持制造业企业整体贯通，即打通生产、供应和营销的通道，构建新型制造能力，从而提升整体运营效益。加强数据安全保障，进一步加强“多云”环境下对多类型数据应用及数据归总的统一管理，并给企业提供可自服务、自定义管理流程的数据管理框架，让其成为数据安全管理的坚强防线。

（三）加大对新技术、新模式的支持

为推进制造业企业实施数字化、智能化改造升级，聚焦新模式、新技术的应用推广，鼓励支持数字化车间、智能工厂、未来工厂等面向整体技术改造项目的生产模式变革，也包括个性化定制、网络化协同、服务化延伸等面向特定环节的生产模式变革。促进 5G、工业互联网、人工智能、数字孪生等新一代信息技术在研发、生产、供应链、服务等环节的创新应用。通过鼓励支持不同行业、不同领域的试点项目和应用场景建设，并遴选具有典型示范效应和推广价值的示范项目和应用场景，总结提炼分行业、分领域的解决方案和标准细则，助力更广泛的制造业企业改造应用。

（四）加强生产设备的智能化研发力度

引导高校、机械制造企业与优势传统产业加强对接沟通，精准掌握传统企业需求，以“揭榜挂帅”等方式合力研发适合柔性生产的绿色、智能机械设备，壮大浙产首台（套）产品规模，既助力国内机械制造在传统行业实现弯道超车，又推动传统产业由“造得出”向“造得精”“造得好”转变。

六、推动数字化转型标准制定出台

（一）加快推动工业数据标准制定

完善工业数字化基础设施建设，引导行业组织、企业研究制定工业数据的行业标准、团体标准、企业标准，建立健全社会数据采集、存储、交易等制度，打通产业上下游数字壁垒，实现不同企业间、不同服务商间的数据融合。

（二）推进制造业工业协议统一、设备系统接口等软硬件标准制定落地

加强标准体系与认证认可、检验检测体系的衔接。采用信息化手段开展工业协议标准落地检测评价工作，通过全省制造业工业协议标准实施信息收集，逐步完善评价体系。

（三）加强标准应用

针对制造业数字化改造存在行业间差异性、区域间共性的特点，深化分类指导，对行业企业数字化改造进行细分，建立一系列可复制、可落地的改造样板，进而固化为改造标准，在全行业复制推广，让企业数字化改造有章可循。

七、加强制造业数据安全保障

（一）完善数据安全法律法规，明确数字资源的产权属性和隐私保护

围绕基本管理制度、数据利益分配机制、数据流通交易规则、数据审查机制、数据安全评估机制及数据应用违规惩戒机制等方面，加强网络和数据安全制度建设。加强“多云”环境下对多类型数据应用及数据归总的统一管理，为企业提供可自服务、自定义管理流程的数据管理框架，让其成为数据安全管理的坚强防线。

（二）加强数据安全保护体系建设

强化工业数据和个人信息保护，明确数据在使用、流通过程中的提供者和使用者的安全保护责任与义务。加强数据安全检查、监督执法，提高惩罚力度，增强威慑力；严厉打击相关不正当竞争和违法行为，如虚假信息诈骗、倒卖信息等，推动行业协会等社会组织加强自律。引导企业在转型过程中提升数据管理意识及水平，制定完备的数据保护方案和管理策略。

（三）加强对企业、平台数据安全的培训教育，提高企业、平台保护数据安全的意识和能力

第4章　探索符合中国实际的中小企业数字化转型之路实地调查

习近平总书记在中央政治局第三十四次集体学习时指出：“把握数字化、网络化、智能化方向，推动制造业、服务业、农业等产业数字化，利用互联网新技术对传统产业进行全方位、全链条的改造，提高全要素生产率，发挥数字技术对经济发展的放大、叠加、倍增作用。”这一指示为中小企业数字化转型指明了方向。中小企业作为中国经济“金字塔”的塔基，量大面广、铺天盖地，是产业转型和跃升的微观基础，在稳增长、促改革、调结构、惠民生、防风险中发挥着至关重要的作用。据统计，中国中小企业占企业数量的90%以上，贡献了50%以上的税收、60%以上的GDP、70%以上的技术创新、80%以上的就业（资料来源：国家领导人在国务院促进中小企业发展工作领导小组第一次会议上的讲话）。在新一轮科技革命和产业变革浪潮下，中小企业数字化转型已成为中国经济发展的重大战略问题。近年来，国家先后出台《数字化转型伙伴行动倡议》《中小企业数字化赋能专项行动方案》等系列政策，旨在为中小企业开展数字化转型保驾护航，推动中小企业质量变革、效率变革、动力变革，探索符合中国实际的中小企业数字化转型之路，为全球中小企业的数字化浪潮提供中国方案。

第一节　中小企业数字化转型是必然趋势

中小企业是中国经济的重要有生力量，如何推动中小企业数字化转型是现代经济体系建设迫切需要研究的重要命题，也是中小企业高质量发展必须破解的问题。随着国内国际宏观形势复杂变化，叠加周期性的经济波动，中国中小企业面临要素成本上升、创新发展动能不足、国内外市场竞争加剧等突出问题，影响了企业的平稳健康发展。在数字经济迅猛发展的背景下，以数字化转型为方向，激发中小企业发展新动能，是实现质量变革、效率变革、动力变革的必由之路，符合中国经济发展实际。

一、数字化转型是中小企业“质量变革”的迫切需要

“质量变革”是中小企业脱胎换骨、凤凰涅槃的重要方向。中小企业把互联网、大数据、云计算、人工智能等新兴技术与制造融合起来，用数字化、智能

化、标准化的生产方式提高了企业产品质量和服务质量，实现了企业高质量发展。中小企业数字化水平较高的汽车、电子、仪器仪表、运输设备、医药等行业，纷纷对设备、工艺、流程等进行了数字化改造，通过智能生产线、数字化车间实现了精益制造，解决了中小企业的产品质量问题。从未来趋势看，中小企业需要应对快速变革的技术浪潮，不断提升数字化能力，通过数字化、智能化赋能，确保企业不偏离高质量发展的航道。

二、数字化转型是中小企业“效率变革”的迫切需要

效率是中小企业赢得市场竞争力的关键。企业生产全过程高效协作，以及与产业链上下游高效协同，有助于提高劳动生产率和全要素生产率。进入数字化时代，中小企业通过数字化平台与各类要素资源有效链接，以数据流驱动技术流、物质流、资金流、人才流，有效降低了企业运营成本。中小企业在研发、采购、生产、设计、库存等环节进行数字化改造，尤其是工业互联网的应用打通了供应链上下游的数据通道，实现了跨部门、跨企业、跨行业的资源优化配置，促进了供需精准对接和市场高效生产。例如，LOT加速智能制造、智慧物流等行业的升级换代，AI和区块链助推征信识别等提升效率。

三、数字化转型是中小企业“动力变革”的迫切需要

对中小企业而言，数字化程度越高，生命力越强。数字化不仅能帮助企业有效降低各类运营风险，而且能推动企业技术创新和模式变革，催生新业态、新动能，形成新的增长点。在复杂形势冲击之下，不少中小企业发展受到冲击，但也有大量中小企业抓住机遇，创新了移动办公、在线教育、直播带货、社交团购、云签约等新产品和新服务，获得了发展壮大的机会。因此，推动中小企业数字化、网络化、智能化，提升企业创新能力、业务能力和市场能力，形成网络化协同、个性化定制等“互联网+制造”新模式，是培育新动能的关键之举。

第二节　中小企业数字化转型路径导向

一、破解中小企业“不敢转”问题

中小企业数字化转型需要对生产制造流程进行再造，技术开发成本和后期运维成本较高，且中小企业数字化转型过程漫长复杂，大量投入难以在短期内取得收益，导致不少中小企业对数字化转型持观望态度。还有些中小企业担忧第三方数字化平台发生数据泄露，会给企业带来风险隐患，特别是物联网、云服务需要

企业将数据采集传输到云端，存在核心数据泄露导致企业丧失市场竞争力的风险。对此，应加快推进产业链供应链协同改造，通过“以大带小”，降低中小企业技术改造风险。对于传统数字化改造投资大、周期长、运维复杂等问题，鼓励数字工程服务机构、工业互联网平台发展模块化、订阅式的数字系统，为中小企业提供成本低、见效快、集成灵活、升级便捷的云产品和云服务。同时，支持互联网巨头企业、龙头骨干企业、传统软件企业参与中小企业数字化改造，共同解决数字化生产过程中的技术难题。

二、破解中小企业“不想转”问题

一些中小企业没有意识到数字化转型的重要性和紧迫性，简单地将数字化转型等同于办公流程的电子化，“重硬件、轻软件”现象突出，缺乏系统的顶层设计和战略规划，数字化技改仅限于设备更新、机器换人、办公自动化等方面，未能深入到研发、生产、物流、营销及售后服务等环节。有些中小企业虽然能够基于二维码、条形码、RFID 等标识技术进行数据采集，但大数据分析能力不足。对此，应当建立数字化转型赋能中心等公共服务平台，支持龙头企业整合行业云服务商、智能制造服务商等优势资源，搭建面向本行业的数字化转型服务平台，培育数字信息工程服务公司，为中小企业提供精准适用的个性化解决方案，形成大中小企业协同转型发展的格局。构建企业级工业互联网平台，制定工业技术软件化行动计划，解决工业 APP 的“卡脖子”瓶颈，推动中小企业“上云”“用数”“赋智”。此外，加大对中小企业数字化转型的专项技改补贴，撬动更多社会资源进入数字化生产环节和领域。

三、破解中小企业“不会转”问题

传统行业的中小企业对数字化的认识大多停留在初级应用，缺乏较高层次的数字化应用，存在“人、机、物、法、环”数据不全、接口协议不统一等问题，难以形成基于整厂及供应链数字化的个性化定制、协同制造等新兴制造模式。而且中小企业利润薄、实力弱，信息化投入能力有限，难以进行工厂车间的数字化改造。对此，应当开展中小企业数字化转型专项行动，分行业分层级筛选、培育一批具有示范意义的标杆项目，从组织实施、技术构架、成本绩效等方面形成示范。针对生产过程智能化、研发设计协同化、智能仓储、网络化协同制造等关键环节，协调开展重点数字化技术攻关，为中小企业提供高质量的解决方案。同时，搭建产业数字化转型生态系统，整合各方力量发挥协同效应，对中小企业的整体架构及业务流程进行数字化改造。有效链接“政企校”三方，优化产学研一体化人才培育模式，鼓励行业龙头企业与职业院校合作办学，为中小企业数字化转型培育人才。

四、破解中小企业“转不好”问题

大量中小企业未安装传感设备、数据集成设备，无法实现数据采集、数据传输、数据挖掘等工业互联的基础功能。市场上的数据转型服务公司提供的多为普适性解决方案，无法满足中小企业、行业的个性化、一体化需求，企业上云大多集中在云存储、云主机等云设施服务领域，而在云桌面、云 ERP、云制造等云平台、云软件深度服务方面不足，限制了企业数字化转型的深度。尤其是中小企业行业机理、工艺流程、模型方法积累有限，专业的算法库、模型库、知识库等开发工具应用不够。对此，应紧扣中小企业转型的痛点和难点，加快推广集中采购、共享生产、协同制造、新零售等解决方案，构建线上采购、线下配送、智慧物流相结合的供应链网络。基于工业互联网平台，促进中小企业深度融入大企业的供应链、创新链。建立中小企业集群和供应链数据共享机制，基于产业集群与供应链上下游企业打通不同系统间的数据联通渠道，实现数据信息共享、制造资源共用、生产过程协同。

五、破解中小企业“转得慢”问题

中小企业普遍缺乏自主规划数字化转型方案的能力，而能帮助中小企业进行数字化转型的第三方服务商，也难以结合市场需求为中小企业提供个性化服务。中小企业数据采集和应用面比较窄，尚未构建覆盖全流程、全产业链、全生命周期的数据链，订单、物料、生产、设备、成品、客户等数据分散在独立的业务系统中，无法做到有效联通，形成企业内部大大小小的“数据孤岛”。而且，中小企业的技术、装备、系统的标准规范体系不够完善，缺乏统一的技术标准、数据接口标准，设备与设备之间互联互通存在困难。对此，应扶持发展区域性数字化服务商，促进第三方服务供给与中小企业需求的有效对接，形成政府、服务商、金融机构、龙头企业多方联动服务机制。加快推动中小企业设备上云和业务系统向云端迁移，鼓励数字化服务商向中小企业开放平台接口、数据、技术、算力等数字化资源，进一步提升中小企业的二次开发能力。同时，还要加快制定工业数据的行业标准、团体标准、企业标准，加强标准体系与认证认可、检验检测体系的衔接，促进标准的普及应用。

第三节　对策建议

错综复杂的宏观经济形势影响了中小企业发展，但同时也为中小企业数字化转型按下了快进键。不少国家纷纷启动中小企业数字化转型战略，德国实施“中小企业数字化转型行动计划”，日本实施“经济增长战略行动计划”，法国投入财政专项资金支持中小企业数字化转型等，充分说明中小企业数字化转型已上升为各国抢抓经济竞争制高点的国家战略。当前和今后一个时期，是我国中小企业数字化转型的重要窗口期。数字化转型势在必行、迫在眉睫，但难以一蹴而就，需要贯彻新发展理念要求，以提高质量和效益为目标，发挥企业主体作用和市场力量，激发企业内在动力，同时加强政府的公共服务供给，健全中小企业数字化转型生态体系，加快中小企业数字化转型步伐。

一、提升中小企业数字化基础能力

中小企业转型过程中，尽管数字化能够提升生产效益，但由于基础能力不强，转型过程漫长复杂，影响了企业进行数字化转型的意愿。如何针对性地为不同行业、不同层次的中小企业提供更有效的数字化基础能力支撑就显得尤为重要。对此，要加强数字化基础设施建设，降低中小企业数字化转型成本，激发企业转型的内生动力。同时，要依托制造业创新中心、企业技术中心等载体，突破一批智能传感、分布式控制等关键软硬件产品，加强中小企业的推广应用，提升中小企业的数字化能力。对于技术密集型中小企业而言，还需要注意数据安全，构建自主可控的安全防护体系，加强网络安全、数据安全、软硬件安全，降低中小企业数字化转型的风险。

二、推动中小企业智能化改造升级

从中小企业转型趋势看，智能化不是选择题，而是必答题。《中国中小企业数字化转型分析报告（2020）》显示，当前中小企业数字化装备应用率仅为45%，生产过程数字化覆盖率仅为40%，设备联网率仅为35%，中小企业的智能化投入与大型企业相比明显不足。未来，中小企业的生产运营需要推进“智能+”，在智能化改造方面下更大功夫，推动新技术、新工艺、新装备在中小企业的广泛应用，加快向柔性化、智能化、精细化制造转变。从产业链配套看，中小企业由于实力有限，数字化转型需要配套的公共服务支撑。对此，应建立共性技术研发、测试验证、咨询评估、创业孵化等公共服务平台，鼓励公共数据资源和行业数据资源开放共享，促进中小企业智能化改造升级。

三、赋能中小企业数字化应用新场景

上云是中小企业数字化的重要场景，但目前中小企业对云平台利用普遍不足。据统计，只有25%的中小企业应用了采购云平台，23%的中小企业实现上云管理，设计、研发、运维等业务的云应用程度较低。对此，关键是创新面向不同行业、不同场景的云服务，围绕产业链、供应链、创新链推出集成应用的数字化场景。例如，5G技术在电力、采矿、化工、装备制造等领域的场景融合应用已取得良好效果，呈现快速规模化应用趋势。实践已证明，中小企业数字化场景应用的潜力巨大，需要不断创新“互联网+制造”模式，尤其是在数据成为新生产要素的理念下，通过数据应用推动业务模式变革，培育数字孪生、云制造、众包设计、虚拟仿真等新业态，打造越来越多的数字化应用新场景。

四、协同推动中小企业集群数字化

中小企业在产业链、供应链、价值链中起着穿针引线的重要作用，应结合自身的灵活优势，加强与大型企业的协作配套，推动上下游企业协同数字化。基于龙头骨干企业的数字化转型，构筑面向中小企业的数字化赋能平台，通过大企业“建平台”和中小企业“用平台”双向发力，推动大中小企业形成协作共赢的数字化生态。从研发设计、生产制造、能力共享、质量溯源等行业共性需求入手，满足中小企业小批量试制和定制生产需求，延伸产业链和价值链。积极支持中小企业与供应链上下游企业打通数据渠道，建设数字化园区和虚拟产业园，推动数据信息共享、制造资源共用、转型过程协同，促进产业集群数字化。

五、优化中小企业数字化转型环境

中小企业数字化转型是一项具有系统性、长期性、复杂性的工程，在充分发挥市场“无形之手”的作用的基础上，还应发挥政府“有形之手”的推力。结合中小企业发展实际，进一步深化“放管服”改革，简化涉及中小企业数字化转型的行政审批事项，降低新业态、新模式企业设立的门槛，消除阻碍数字化的各种行业性、地区性壁垒。中小企业数字化转型需要大量研发投入，需要把支持研发放在重要位置，落实各项税收扶持政策，确保简政放权和惠企政策应享尽享。同时，还要创新重大装备首台套、软件系统首用、固定资产加速折旧等政策，推动中小企业设备更新和新技术应用，加快数字化转型提升步伐。

第5章　发展具有全球竞争力的数字经济

数字经济是现代化经济体系建设的重要支撑，是迈向数字时代的重要标识，对于培育高质量发展新动能、厚植经济竞争新优势、提升国家综合实力极其重要，且意义深远。当前，数字经济发展速度之快、辐射范围之广、影响程度之深前所未有，已成为重组全球要素资源、重塑全球经济结构、改变全球竞争格局的关键力量。面对新冠疫情和百年变局交织带来的种种冲击，以及需求收缩、供给冲击、预期转弱三重压力，需要深刻把握数字化变革带来的生产方式转型、产业结构重构、治理方式变革的历史趋势，统筹推进数字产业化和产业数字化，加快数字经济与实体经济深度融合，进一步激发数字化变革新动能，全方位打造具有全球竞争力的数字经济高地。

第一节　高水平发展数字科技

数字科技是数字产业高质量发展的加速器，也是做强做优数字经济的核心力量，正在改变传统经济运行方式并赋能实体经济提质增效。当前应抢抓新一轮科技革命和产业变革机遇，发挥我国集中力量办大事的制度优势和超大规模市场优势，开展通用技术、颠覆性技术、非对称技术等前沿研究，以数字技术进步促进全要素生产率提升，推动我国数字经济发展驶入“快车道”。瞄准产业实际需求和转型痛点，聚焦战略性新兴产业，抢先布局引领产业变革的原创性重大科技项目和重大前沿技术，进一步加强关键核心技术攻关，着力突破“卡脖子”技术，努力填补我国技术空白。紧扣产业链、部署创新链，围绕数字经济重点行业和重点领域，进一步搭建数字科创平台，集聚高端创新要素资源，科学布局国家技术创新中心、产业创新中心、制造业创新中心等平台，进一步构建开放协同的创新平台体系。畅通科技成果产业化转化渠道，加快平台化、定制化、轻量化服务模式创新，鼓励数字技术与生物技术、材料技术、能源技术等交叉融合，推进先进科技成果转化为现实生产力。

第二节　推动数字产业迈向全球价值链高端

数字产业是数字经济的重要支柱，高层次的数字产业带来高质量的数字经济，可以更好地引领和推动现代化经济体系建设。迈入新发展阶段，需要深刻把握产业结构演进规律，加快推动数字产业迭代升级，形成国际领先的数字产业集群，实现产业基础高级化和产业链现代化。加强前瞻性数字产业布局，大力培育数字经济未来产业，强化新一代信息技术的突破和引领，培育数字产业新业态、新模式，打造一批具有国际竞争力的世界未来产业集群。做大做强数字产业平台，高标准建设数字经济产业园，构筑高能级外资对接合作平台，建立数字化转型促进中心，形成完善的数字产业平台体系；搭建数字化转型开源社区，加强产业资源平台化运营和网络化协同，形成产业数字化新生态。系统性重塑数字产业链和供应链，聚力强链、补链、延链，培育数字经济“链主”企业和领军企业，支持龙头骨干企业发展壮大，鼓励中小微企业参与协作，形成上下游紧密配套的产业链共同体，提升产业链主导能力和供应链集成能力。

第三节　推进数字经济与实体经济深度融合

数字经济与实体经济融合是全球经济格局演变的重要趋势。要在未来的国际竞争中赢得一席之地，必须进一步做深做透“数实融合”这篇文章，利用先进的数字理念和数字技术对实体经济进行全方位、全角度、全链条的改造，加快数字资源赋能全产业链协同和跨领域融合应用，全面深化重点领域、重点行业数字化转型，助推经济向分工更精细、技术更先进、结构更合理、形态更高级的发展阶段演进。以数字化变革巩固提升制造业竞争新优势，推动制造业重点行业、重点产业集群、重点企业数字化改造，促进制造业数字化转型，健全资源配置机制、产业协同机制和价值创造体系。深化服务业数字化变革，加强数字技术在服务领域的研发及应用，支持发展共享经济、线上经济、新个体经济，提高服务业产业链供应链上下游协同效率。深化农业数字化变革，探索农业“产业大脑+未来农场”的发展模式，加快物联网、人工智能等技术在生物育种、农业生产、农机装备等领域的推广，打造数字农业园区。

第四节　培育具有国际影响力的数据要素市场

数据作为新型生产要素，是全球经济竞争的新赛道，也是新发展格局背景下体现国家综合实力、增强国际竞争优势的战略资源。要对标国际一流，探索推进数据要素市场化改革，积极培育数据要素市场，创新数据交易模式和机制，规范数据交易平台建设，依法依规推进数据资源开发和应用。健全数据产权制度，建立合规高效的数据要素流通和交易制度，完善数据生成、确权赋权、定价交易、安全保护等方面的地方性法规，推动数据资源管理规范化和制度化。加强数据资源管理，强化公共数据归集和质量管理，依法合规收集、存储、加工、使用数据。建立数据要素交易领域的标准体系，提高数据的质量和规范性。开展跨境数据流通试点，严厉打击数据黑市交易，营造安全有序的市场环境。强化政策资源供给保障，吸引社会资本支持数据要素市场建设，为数据要素市场高质量发展提供金融支持。

第五节　对策建议

构建与数字生产力发展相适应的数据治理体系是经济高质量发展的迫切需要，当前亟须探索一条符合中国国情和发展阶段的数据治理道路，为数字经济高质量发展保驾护航。创新监管治理模式，强化以信用为基础的新型监管方式，完善包容审慎的行业监管体制，提高对新技术、新产业、新业态、新模式的监管能力。借鉴国际规则和经验，开展数字贸易、数字人民币、数据知识产权、数字税等领域的治理规则研究，建立数字技术应用审查机制和监管法律体系。健全数字治理体系，以市场主体应用需求为导向，制定公共数据开放清单，健全公共数据运营规则，实行公共数据开放清单管理制度，推动公共数据资源安全有序地向社会开放。健全网络安全和数据安全保障机制，加强关键信息基础设施和网络系统的安全防护，深入排查关键领域产业链供应链风险，切实增强产业体系抗风险能力。加强数字贸易国际合作，建立多边数字经济合作伙伴关系，推动数字丝绸之路不断深化，支持数字经济领域的企业“走出去”发展，切实增强全球数据资源配置能力，提升企业在数字经济竞争中的话语权。

第6章　数字变革推动企业高质量发展

习近平总书记在中共中央政治局第三十四次集体学习时指出："数字经济发展速度之快、辐射范围之广、影响程度之深前所未有，正在成为重组全球要素资源、重塑全球经济结构、改变全球竞争格局的关键力量。"新一轮科技革命和产业变革浪潮蓬勃兴起，数字经济与实体经济加速融合，对企业发展产生了全方位、深层次、革命性的影响。我国《国民经济和社会发展第十四个五年规划和2035年远景目标纲要》提出："充分发挥海量数据和丰富应用场景优势，促进数字技术与实体经济深度融合，赋能传统产业转型升级，催生新产业、新业态、新模式，壮大经济发展新引擎。"在全球数字经济浪潮和国家政策支持背景下，企业数字化变革迈出了越来越快的步伐，释放出越来越强劲的动能，有力助推企业迈入高质量发展轨道。

第一节　企业数字化变革的战略必要性

数字化变革蕴含着广阔空间和巨大潜力，不仅能激发新的经济增长点，而且是改造提升传统产业的战略方向，为企业实现价值创造和效益增值提供了重要窗口机遇。根据IDC预测，2023年全球企业数字化变革投资将达到7.4万亿美元，年复合增长率将达到17.5%，未来的企业数字化变革将是值得深耕的一片蓝海。

一、数字化变革是新发展阶段实现企业提质增效升级的重要战略导向

新一轮科技革命和产业变革引发企业技术范式的重大转变，以云计算、大数据、物联网、人工智能为代表的新一代信息技术正在向各行业、各领域广泛渗透，成为企业转变生产方式、提高质量效益的强大动能。运用数字技术对企业进行全方位、多角度、全链条的改造，促进企业生产要素数字化、生产过程柔性化、系统服务集成化，数字化变革红利将源源不断释放。这是推动企业实现质量变革、效率变革、动力变革的重要途径，对提升企业核心竞争力、促进企业实现高质量发展具有至关重要的作用。

二、数字化变革是企业实现模式创新和业态创新的重要动力源泉

工业化生产方式向数字化生产方式的转变，是释放企业内生发展动能的"催

化剂”，有助于促进企业催生新技术、新业态、新模式。数字技术被引入企业生产运营体系，推动企业的业态模式、管理模式、商业模式等发生系统性重塑，为企业高质量发展开辟了新的空间。越来越多的企业探索利用大数据、工业互联网、物联网、云计算、人工智能等数字技术进行智能制造、在线监测、远程运维，建立“无人车间”“智能工厂”“黑灯工厂”等数字化生产模式，推动平台经济、共享经济、无人经济等新业态不断涌现。

三、数字化变革是释放企业数据要素红利的重要前提条件

数据既是企业内生发展的重要生产要素，也是驱动企业高质量发展的“助燃剂”。党中央、国务院《关于构建更加完善的要素市场化配置体制机制的意见》明确指出，加快培育数据要素市场，培育发展新型要素形态。数据要素作为一种新型生产要素，打破了土地、资本、劳动力等传统要素的有限供给约束，具有规模经济和范围经济效应，能够全面提升企业的要素资源配置效率和水平，已成为企业创造新价值的重要驱动力。展望未来，必须发挥数据生产要素的重要作用，促进数据要素市场化，推动数字经济与实体经济深度融合，为企业高质量发展赋能。

第二节　企业数字化变革的战略路径

新一代信息技术的蓬勃兴起，使得企业发展进入数字化变革的窗口期，对企业而言这是提升核心竞争能力、实现高质量发展需要牢牢把握的重大战略机遇。数字化变革的浪潮并非一蹴而就，而是任重道远，需要精准施策、久久为功。

一、着眼增强企业数字化变革的内生动力

数字化变革需要企业对生产制造流程进行再造，开发成本和运维成本较高，且数字化变革过程漫长复杂，投入难以在短期内见效。与此同时，企业担忧第三方数字化平台泄露数据带来风险隐患，特别是物联网、云服务需要企业将数据采集传输到云端，存在核心数据泄露导致企业丧失市场竞争力的风险。对此，要强化网络安全、数据安全、软硬件安全，降低企业实施数字化改造的风险。健全数据资源产权、交易流通、安全保护等制度规范，落实企业信息保护制度。针对传统数字化改造投资大、周期长、运维复杂等问题，鼓励数字工程服务机构、工业互联网平台为企业提供成本低、见效快、升级方便的产品和服务。支持互联网平台企业、龙头骨干企业、中小微企业等协同开展企业数字化改造，形成产业数字化梯度培育体系。

二、着眼提高企业数字化变革的承接能力

传统行业企业对数字化的认知往往停留在初级应用层面，缺乏自主规划数字化变革的能力，导致企业数字化进程不快，难以形成基于智能工厂及供应链数字化的个性化定制、协同制造等新兴制造模式。对此，应加强系统谋划，基于产业集群打通产业链供应链上下游的数据渠道，实现数据信息共享、制造资源共用、生产过程协同。围绕企业生产过程智能化、研发设计协同化、协同制造网络化等关键环节，开展面向不同行业和场景的应用创新。应用“5G+工业互联网”，聚合云计算、边缘计算、人工智能、AR/NR等新技术，从物流配送等生产外围环节向数字孪生等生产内部环节延伸，推动制造业从单点、局部的数字化应用向全面数字化和智能化转变。同时，发挥资源协同效应，链接高校、科研院所、企业创新资源，建设软件开源社区、生态联盟，构筑全要素开放共享的生态系统，促进全行业集群式数字化改造。

三、着眼强化企业数字化变革的基础支撑

数字化过程中，技术、装备、系统的标准规范体系不够完善，无法实现工业互联的基础功能。尤其是企业行业机理、工艺流程、模型方法积累有限，算法库、模型库、知识库等开发工具应用不够，云制造、云平台、云软件应用不足，限制了企业数字化变革的深度和广度。对此，要遵循企业发展规律，紧扣企业数字化的痛点和难点，实施数字化、智能化改造，应用低成本、模块化、易使用的先进智能装备和系统，优化工艺流程和装备技术，推广共享生产、协同制造、云端工厂等新模式。例如建筑行业企业应用工业互联网，大幅提升设计效率、施工质量、安全生产水平、成本进度控制水平。同时，制定数字化领域的行业标准、团体标准、企业标准，加强标准体系与认证认可、检验检测体系的衔接，促进数字技术标准的应用。

四、着眼优化企业数字化变革的市场环境

发挥市场在资源配置中的决定性作用，通过市场需求激发企业推进数字化变革升级的意愿，针对企业转型过程中的关键环节，进一步优化政策、资金、要素等资源配置。根据实际需要，建立数字化变革赋能中心等公共服务平台，搭建面向本行业的数字化变革服务平台，解决工业APP“卡脖子”瓶颈，推动企业“上云”“用数”“赋智”。数据是重要的生产要素和战略资源，可与其他生产要素不断组合，加速交叉融合，对企业发展释放出巨大价值和潜能。应大力支持企业推动研发、生产、经营、运维等全链条数据采集，鼓励上下游产业链供应链企

业开放数据资源，加快企业数字化变革速度。此外，降低数字化变革门槛，实施包容审慎的监管，推动各方联合开展技术创新、投融资对接等活动，撬动更多的社会资源进入企业数字化领域。

第三节　对策建议

一、开启数字化变革“创新源”

随着全球新一轮科技革命的加速演进，数字技术迭代创新并推动产业形态向更高级演进是抢占全球未来产业竞争制高点的战略选择。新发展格局下，必须前瞻布局技术创新，加快突破关键核心技术，打造全球数字技术创新高地。

（一）加强数字技术基础科学研究

紧扣产业链布局创新链，加强前沿基础理论研究，引导骨干企业组建产业创新联合体，开展重大前沿基础技术和核心技术攻关，培育世界一流的数字技术基础学科群。开展人工智能、量子信息、大数据、区块链等基础技术研究，集中力量突破核心技术、非对称技术、“杀手锏”技术等战略性技术，打造自主创新、安全可控的数字技术创新系统。

（二）主攻重点领域关键核心技术

勇闯数字技术“无人区”，找准产业链、创新链、价值链的“断链点”，重点围绕核心基础部件、核心基础材料、核心基础工艺等产业链关键环节，突破“卡脖子”难题，填补国内空白和盲区。实施重点领域“强核”行动，突破脑机混合智能、机器视觉识别等前沿技术，强化颠覆性数字技术创新，打造自主创新、安全可控的数字技术体系。

（三）推进数字技术产业化

产业链数字化将改变价值链的分配机制，应抓住数字技术创新成果的转化路径，聚焦技术深度较高、产业链较长的战略性产业，推动数字技术的产学研深度融合。加快“产业大脑+未来工厂”建设，重点突破前沿技术的产业化瓶颈。积极发展“新智造”，促进制造业、农业、服务业数字化转型，把产业体系优势转化为数字体系优势。

二、浇灌数字化变革“粘合剂”

融合已成为数字经济发展的重要方向，数字产业融合必须坚持系统思维，统筹推进数据链、技术链、产业链、供应链、资金链同频共振，通过产业数字化和数字产业化双轮驱动，助推现代产业体系建设。

（一）突出“智造”高质量

抓住数字化变革机遇，利用先进数字技术对产业进行全方位、全角度、全链条的改造，提升制造业的全要素生产率。发展智能工厂和无人工厂，推动生产方式向柔性化、智能化、精细化转变。基于工业互联网打通需求侧和供给侧，以数据为主线贯通产业链上下游，提升产业链和供应链的整体智能化水平。

（二）推动企业“上云用数”

深入实施“上云用数赋智”，推动三大产业数字化、智能化、网络化转型。支持企业开展生产线装备智能化改造，推动龙头骨干企业依托工业互联网平台，与上下游企业实现深度融合。用数字化技术赋能小微企业园、工业园、农业两区、自贸区，联动推进龙头骨干企业、规上企业、中小微企业的智能化转型，培育全球产业链数字化集群。

（三）做强数字企业方阵

培育数字经济领军企业，支持领军企业进行“无人区”拓荒，与世界一流企业同台竞技。实施数字企业上市“凤凰行动”，培育超级独角兽企业和独角兽企业，促进准独角兽企业快速成长。实施中小微企业数字化赋能提升工程，培育一批细分领域的高成长性“隐形冠军”和“单项冠军”。

（四）高水平发展数字贸易

抓住“一带一路”倡议推进契机，构建全球数字贸易网，打造全球数字贸易中心，建设电子世界贸易平台试验区。发挥跨境电商综试区作用，打造全球电子商务核心功能区，推进“数字丝绸之路”建设。拓展跨境电子商务集约高效发展的边界，提升跨境电子商务能级。

三、拉伸数字化变革“价值链”

数据资源作为数字化变革的产品，是现代产业体系的关键要素，具有拉伸产业价值链、提高劳动生产率的乘数效应。要构建以数据驱动为关键特征的新经济形态，通过数据流引领技术流、人才流、资金流、信息流，形成新的资源配置方式。

（一）聚力培育数据要素市场

高标准建设大数据交易中心，探索开展大数据交易市场试点，健全大数据交易产品体系，培育数据资产评估、大数据融资、大数据征信、大数据质押等业态，打造全球有影响力的大数据交易市场。健全数据要素高效配置规则体系，完善数据要素交易功能，通过数据要素的流动打通供应链上下游堵点、高效共享全球市场要素资源，促进国内国际双循环。

（二）深度开发公共数据资源

建立公共数据资源开发利用目录清单，制定公共数据通用标准和关键技术标准，开展公共数据资源开发利用试点，明确公共数据资源开发利用的边界条件。依托大数据管理机构，探索设立公共数据资源交易机构，创新公共数据资源配置模式，逐步形成数据产品价格的市场化调节机制。

（三）安全前提下推进政府数据开放共享

建立数据开放共享体系，建立政务数据开放“负面清单”制度，开放具有公共属性的数据，加强数据跨境流动的安全评估。构建“横向到边、纵向到底、条块集成、高效耦合”的数据共享平台，为数据需求方提供精准服务，最大限度地释放政府数据资源红利。

四、构筑数字化变革“生态圈”

数字化变革浪潮下，充分发挥数字生态对现代产业体系的催化作用，打造富有磁场引力的数字经济生态系统，推动数字经济竞争范式从企业间竞争、产业间竞争、供应链间竞争转向生态间竞争，是赢得产业未来的根本之举。

（一）构建数字政务

聚焦整体智治，以“152”体系架构为基础，通过数字化变革改进政务服务模式，系统性重塑政府治理机制、业务模式、技术架构。以群众需求为导向，以多跨场景应用为关键，以数字驱动制度重塑为目的，拿出一些看得见、摸得着的成果，推动数字化改革走深走实。建立新业态、新模式、新领域容错机制，完善数字经济市场监管体系，构建数字化营商环境。

（二）升级数字设施

建设杭州国家新型互联网交换中心，促进大数据、云计算、边缘计算、人工智能、数字孪生等新一代信息技术与传统基础设施融合创新。布局新一代通信、卫星互联网、量子互联网等未来网络设施，推动传统基础设施“数字+”“智能+”升级。加强网络安全、数据安全保障，提升网络安全风险防范和数据流动监管水平。

（三）营造数字生态

发挥产业投资基金、创业投资基金等政府投资基金的杠杆撬动作用，开发知识产权质押等融资产品，支持数字经济优质企业对接资本市场。突出“高精尖缺”导向，吸引海内外数字经济领域高层次人才，培养应用型、技能型“数字工匠”。落实首台套产品应用推广相关政策，优化数字经济领域重大项目的用地、用能、用水、授信等要素资源保障。

第7章　推动数字经济和实体经济融合发展

习近平总书记在中共中央政治局第三十四次集体学习时指出："要推动数字经济和实体经济融合发展，把握数字化、网络化、智能化方向，推动制造业、服务业、农业等产业数字化，……发挥数字技术对经济发展的放大、叠加、倍增作用。"数字经济与实体经济融合已成为推动中国经济高质量发展的强大动能，正在开启一次全方位的经济发展方式转型。根据我国《国民经济和社会发展第十四个五年规划和2035年远景目标纲要》，未来一个时期将加快打造数字经济新优势，在数字经济与实体经济深度融合方面挖潜力。立足新发展阶段、贯彻新发展理念、构建新发展格局，亟须牢牢抓住数字化变革的窗口期，深入实施网络强国、数字中国战略，全方位推进数字经济与实体经济深度融合，为中国经济高质量发展注入新的强大动能。

第一节　以战略思维推进数字经济与实体经济深度融合

"不谋万世者，不足谋一时；不谋全局者，不足谋一域。"习近平总书记指出："当今时代，数字技术、数字经济是世界科技革命和产业变革的先机，是新一轮国际竞争重点领域，我们一定要抓住先机、抢占未来发展制高点。"数字经济与实体经济的深度融合，需要从战略层面精准把握融合发展的总体趋势，确定方向定位、主攻领域及突破重点。随着全球新一轮科技革命和产业变革加速演进，主要发达国家纷纷将数字经济作为振兴实体经济的重要战略，例如美国实施"信息高速公路"战略和"智慧地球"战略，德国实施"工业4.0"战略，英国实施"数字英国"计划，日本实施"e—Japan""u—Japan""i—Japan"等国家战略，目的都是抢占全球竞争制高点。要加快推动"互联网+"、大数据、人工智能和实体经济深度融合，促进数字经济与实体经济双向交融，构筑富有竞争力的数字产业化和产业数字化体系，使数字经济成为质量变革、效率变革、动力变革协同推进的加速器，形成以数字经济为引领、实体经济为支撑的现代化经济体系。

第二节　以创新思维推进数字经济与实体经济深度融合

数字经济与实体经济的深度融合是创新活跃、要素密集、辐射广泛的重要领域，要按照新发展理念要求，加强技术创新、模式创新及业态创新。当前，创新能力不强是制约融合发展和技术进步的重要短板，对此需要瞄准全球前沿高端领域，勇闯技术“无人区”，突破自主可控核心技术，利用先进技术对实体经济进行全方位、全链条的改造，赋能全产业链协同和跨领域融合，进而充分释放技术红利和创新红利。数字经济具有高创新性、强渗透性、广覆盖性，要充分发挥海量数据和丰富应用场景的优势，促进数字技术与实体经济深度融合，赋能传统产业转型升级，催生新产业、新业态、新模式，发挥数字技术对经济发展的放大、叠加、倍增作用。目前，数字技术的持续创新正广泛渗透到传统产业中，推动农业、工业和服务业掀起了数字化变革的浪潮。例如，基于5G技术开展的远程医疗能够提供远程会诊、影像云等服务，推动我国互联网医疗行业驶入高速发展的轨道。

第三节　以系统思维推进数字经济与实体经济深度融合

数字经济与实体经济的融合是复杂的系统工程，具有整体性、关联性、动态性等特征，需要全方位系统谋划，加强生态系统支持，推动竞争范式从企业竞争、产业竞争、供应链竞争迈向生态系统竞争。认清这一趋势，需要继续实施行业准入负面清单制度，建立公开透明的市场准入标准，进一步优化营商环境，最大限度地激活市场主体的活力和创造力。发挥市场在资源配置中的决定作用，促进数据、人才、技术、资本等要素资源的优化配置，集聚创新型企业和专业化人才，提高劳动生产率和全要素生产率。要在依法加强安全保障和隐私保护的前提下，稳步推动公共数据资源开放共享，加强重要领域数据资源、网络平台和信息系统的安全保障。此外，还应当着眼于国际合作，构建全球数字贸易网，建设“一带一路”信息港，共建网络空间命运共同体。

第四节　以法治思维推进数字经济与实体经济深度融合

“法治是最好的营商环境”。数字经济与实体经济的融合发展需要从法治层面进行保障，但当前的相关法律制度明显滞后于实际需要。要针对融合发展的实际情况和市场需求，制定出台相关法律法规，形成灵活反应、兼容与可持续的法律法规体系。要对现有法律制度进行全面梳理，修订完善不适应数字经济与实体经济融合发展的相关内容，营造有利于融合发展的法治环境。对涌现出来的新业态、新模式，立法时机尚未成熟的，可以制定行业管理规章，或者对已有行业管理规章进行适当的调整。同时，还要完善知识产权保护相关法律和权利人维权机制，加强知识产权综合行政执法，严防出现“劣币驱逐良币”现象，保护企业创新创业的热情。

第五节　对策建议

加快促进数字技术与实体经济深度融合，赋能传统产业转型升级，催生新产业、新业态、新模式，壮大经济发展新引擎，打造数字经济新优势。迈入新发展阶段以后，建设数字中国和网络强国，需要着眼于长远未来，构建融合新体系，推动我国经济实现质量变革、效率变革、动力变革。

（一）从数据要素着力，释放市场红利

数字技术与经济社会的交汇融合引发了数据迅猛增长，特别是随着社会进入万物互联时代，数据量迎来了爆发式增长，2020 年全球数据产生量达到 47ZB，对经济社会发展产生深远影响。我国互联网、移动互联网用户规模均居全球第一，拥有丰富的数据资源和市场优势，部分大数据关键技术取得突破，打造了一批区域数据交易平台，数据开发应用能力不断提高。数据要素是经济发展的关键生产要素和战略性资源，高能级的数据要素市场是数字经济新体系的重要支撑。应积极探索数据要素市场化、资产化、产业化发展的有效模式和可行路径，建立数据资产交易规则和定价机制，形成数据资产评估、登记结算、交易撮合、争议仲裁等市场运营体系。同时，进一步健全行业自律机制，培育规范的数据交易平台，支持各类企业公平参与建设数据要素市场，以数据流引领技术流、资金流、人才流、物质流，从而释放市场新红利。

（二）从产业体系着力，释放创新红利

数字产业化和产业数字化是驱动我国数字经济发展的双轮。数字产业化代表了新一代信息技术的发展方向。我国数字产业规模不断壮大，体量近 8 万亿元，年均增速 10%左右，走在了全球前列，但产业核心竞争力仍有待进一步提升。应根据全球数字产业发展态势，运用我国的数据资源和应用场景优势，推动数字技术创新链与产业链融合，进一步催生新模式、新业态、新产业，不断提高数字产业的全球竞争力。对此，一方面要促进数字产业化，鼓励发展量子通信、云计

算、区块链等新兴数字产业，创新融合应用场景，探索以数字链驱动产业链的新体系；另一方面要促进产业数字化，推进互联网、大数据、人工智能与实体经济深度融合，发挥数字技术在制造业、服务业和农业转型升级中的赋能引领作用，激发传统产业新活力，形成新的增长点。例如，宝钢建立的24小时运转“黑灯工厂”，劳动效率提升30%，产能提升20%，成本下降10%，新冠疫情期间也保持了稳健运行。

（三）从竞争规则着力，释放制度红利

近年来，我国数字经济立法进程明显加快，《中华人民共和国数据安全法》《中华人民共和国电子商务法》等一系列国家法律相继出台，为数字化治理提供了重要法律依据。构建数字经济新体系，必须打破制约数字经济生产关系的制度障碍，包括公共数据公开、数字技术标准、数字经济发展测度等法律制度。对此，进一步建立健全法律法规，完善数据开放共享、知识产权保护、隐私保护、安全保障等法律制度，健全公共数据资源体系，推进公共数据资源跨部门、跨行业、跨地区共享共用。建立数字经济标准体系，加快数字化共性标准、关键技术标准的研制和推广。构建系统的数字经济发展测度指标体系，从数字基础设施、数据资产价值、数据交易定价、数字经济规模结构、数字技术融合应用等维度，对数字经济发展的质量和效益进行测度评价。

（四）从生态系统着力，释放改革红利

全球数字经济竞争越来越激烈，要在国际舞台上赢得一席之地，数字生态环境至关重要。当前，要适应数字经济创新发展的趋势，进一步深化“放管服”改革，推行以“负面清单”为主的产业准入制度，鼓励新模式、新业态、新产业有序发展。以更大的力度引进高端要素资源，发挥企业的市场主体作用，促进大中小企业联盟共建产业链供应链。坚持促进发展和监管规范两手抓，安全和发展相辅相成、不可偏废，建立数字经济安全保障体系，实现网络信息安全与数字经济发展良性互动。此外，抓住国家“一带一路”机遇，倡导构建合作共赢的数字经济国际规则，推动数字丝绸之路建设，融入全球数字产业生态圈。

第8章　制造业产业链强链补链的调查研究与对策建议

——基于浙江省制造业企业的实地调查

在中美贸易摩擦影响下，全球产业链加速重构，加强制造业产业链强链补链成为事关制造业高质量发展和稳定宏观经济大盘的迫切要求。[①] 产业链现代化是经济体系现代化和治理体系现代化的重要支撑，习近平总书记在中央财经委员会第五次会议上明确指出："要充分发挥集中力量办大事的制度优势和超大规模的市场优势，打好产业基础高级化、产业链现代化的攻坚战。"新发展格局下，必须保持高度的战略定力和敏感性，将增强产业链韧性、提升产业链国际竞争力作为重要靶心，运用系统思维、战略思维、创新思维打赢产业链现代化攻坚战，加快迈向高质量发展轨道，提升中国制造在国际市场上的话语权。

第一节　制造业强链补链基本情况

按照新发展理念要求，应启动实施制造业产业基础再造和产业链提升工程，全力推动制造业强链补链工作。根据调研情况来看，产业链供应链自主可控能力有效提高，现代化水平和数字化程度不断攀升。

一、产业链核心竞争力不断提升

着力强化产业链标准体系建设和质量提升，增强产业链核心竞争力。一是产业链短板逐渐弥补。聚焦重点产业链、龙头企业，深入排摸断供断链风险，初步梳理出断链断供风险，采用目录引导、揭榜挂帅、急用先行等方式推进产业链协同创新和产业化应用，着力弥补短板。二是标志性产业链持续壮大。通过在浙江省建立产业链"链长制"、实施冠军企业培育工程，推进制造业产业基础再造和产业链提升。浙江省累计培育单项冠军114家，梳理出标志性产业链核心企业690家，十大标志性产业链2020年实现规上增加值8175.9亿元，占全部规上企业的48.9%，利润总额、研发费用分别占53.8%、58.4%，标志性产业链运行状

① 《国民经济和社会发展第十四个五年规划和2035年远景目标纲要》指出："坚持自主可控、安全高效，推进产业基础高级化、产业链现代化，保持制造业比重基本稳定，增强制造业竞争优势，推动制造业高质量发展。"

况持续向好。三是“卡脖子”关键核心技术攻关不断推进。浙江省着力构建产学研用融合的产业创新体系，累计建成国家工程研究中心 6 家、省工程研究中心 206 家、国家“双创”示范基地 13 家、省级“双创”示范基地 85 家。同时，发力关键核心技术攻关。据有关部门统计，已部署重点研发项目 295 项，安排资助经费 10.8 亿元，带动研发经费投入 36.6 亿元。四是供应链保障能力更加强大。编制大宗商品储运基地规划纲要，深入推进储运基地规划建设；建设培育一批层次丰富、类型多样、位居全国前列的数字供应链平台，加强对外经贸合作，增强龙头骨干企业的全球供应链组织能力和应急处置能力，保障产业链供应链畅通循环。

二、产业结构优化不断升级

大力实施制造业产业升级，推动产业结构不断优化，绿色可持续发展基础不断巩固。一是新兴产业加快发展壮大，产业链向高技术产业、高附加值的领域延伸。2020 年高技术制造业、战略性新兴产业、装备制造业增加值占规上工业的比重分别为 15.6%、33.1%和 44.2%，比 2015 年分别提高 4.9 个、7.5 个、7.4 个百分点。加快构筑以万亿产业为支柱的现代产业体系，数字经济、环保、健康、时尚、高端装备等产业增加值分别占规上工业的 14.5%、12.1%、5.0%、8.8%和 25.3%。二是传统优势产业转型升级。持续推动钢铁、汽车、石化等产业提升发展，引导重点企业制订技术改造方案，推进技术升级。以化工化纤、纺织服装为代表的传统产业已逐步建立具有竞争力的全产业链，具备从原料、辅料、纺织机械、面料生产、印染后处理到服装成品、专业市场、营销网络的完整产业体系，且加工配套和制造能力强，设计创意、营销网络、物流配送等产业链规模和服务质量都达到国内一流水准。三是重点领域节能降碳部署落实。聚焦石油煤炭及其他燃料加工业、化学原料和化学制品制造业、非金属矿物制品业、黑色金属冶炼和压延加工业、有色金属冶炼和压延加工业五大行业 20 个重点领域和数据中心，推进实施一批能效标杆引领技改项目和能效基准整改提升项目，全面加快重点领域产业结构绿色低碳转型。

三、产业链新动能不断增强

聚焦制造业产业链发展方向和趋势，产业链新动能进一步提升。一是有效投资继续扩大。全省深入推进实施“六个千亿”工程、省市县长项目工程等重大投资计划。2021 年 1—10 月，数字经济等 6 个领域累计完成投资 7189.9 亿元，计划完成率达 107.3%。二是重大产业支撑项目扎实推进。浙江省各地深入抓好石化化工、纺织化纤、汽车领域等百个产业链支撑项目建设，着力推进舟山绿色石化基地、万向创新聚能城年产 80GWh 锂电池项目、吉利汽车先进混动系统技术攻关项目等重大产业项目落地建设。三是战略性新兴产业持续壮大。聚焦智能装备、生物医药、新材料、航空航天、新能源等新兴产业，高水平推进“万亩千亿”新产业平台建设，进一步做优做强战略性新兴产业，2021 年前三季度浙江省 20 个新产业平台实现工业总产值近 4000 亿元。四是产业数字化发展水平进一步提升。围绕数字化改革，深入实施数字赋能促进新业态、新模式发展行动计划，聚焦产业大脑、供应链数字化、工业互联网等领域，加快推进新型基础设施建设，2021 年全省完成新型基础设施项目投资约 3200 亿元，超额完成年度投资计划。

四、产业配套能力进一步提升

根据浙江省有关部门统计，培育先进制造业集群，已形成年产值超 100 亿元的产业集群 200 多个、超 1000 亿元的产业集群 14 个、万亿级的产业集群 3 个。数字安防、绿色石化、汽车零部件、电气产业、新材料产业、现代纺织和现代五金 7 个产业集群入选国家重点先进制造业集群培育名单，数量居全国第二位。创建国家新型工业化产业示范基地 24 个，居全国第三位；省级以上开发区（园区）1010 个，其中产值超 3000 亿元的有 6 个；“万亩千亿”新产业平台有 20 个。杭州数字安防产业集群占全国安防产业总值的 55.5%，核心领域视频监控产品全球市场占有率近 50%；宁波汽车零部件产业集群拥有从材料、零部件到整车的产业链条，零部件涵盖汽车动力、底盘、车身、电子电气四大类，包括以均胜、华翔为代表的汽车零部件规上企业 722 家，产值占到全省汽车制造业的 46.3%。温州乐清电气产业集群则占据全国市场份额的 65%以上，产品门类覆盖输电变配电等 200 多个系列、6000 多个种类、25000 多种型号，成为名副其实的“中国电器之都”。

五、产业链自主可控能力不断提升

技术创新是把握产业链分工主导权的关键。浙江省全面实施创新驱动发展战略，加大科技创新力度，积极打造创新型省份和“互联网+”世界科技创新高地，启动实施“凤凰行动”“雄鹰行动”“雏鹰行动”培育计划，增强产业链供应链自主可控能力。目前，特色小镇、之江实验室、杭州城西科创大走廊等成为有全国影响力的科创基地，3 家制造业企业入围世界企业 500 强，96 家企业入围中国民营企业 500 强；培育国家制造业单项冠军企业（产品）114 家（个）、专精特新“小巨人”企业 162 家，均居全国第一。规上工业企业 R&D 经费与营业收入之比由 2015 年的 1.31%提升至 2020 年的 1.77%，年均提升 0.09 个百分点。

工业企业研发机构设置率由 2015 年的 21.9%提升至 2020 年的 29.0%，年均提升 1.4 个百分点。新产品产值率由 2015 年的 32.2%提升至 2020 年的 39.0%，年均提升 1.4 个百分点。高新技术企业由 2015 年的 6437 家增长到 2020 年的 22158 家，复合年均增长率 28.0%。其中科技型中小企业由 23930 家增长到 69119 家，复合年均增长率 23.6%。

第二节 制造业强链补链存在的困难和问题

一、关键核心环节易遭“卡脖子”

国内自主创新能力和技术实力在一些领域与发达国家还有差距，部分原材料、核心零部件及重要设备依赖国外进口，相关产业链供应链易遭受断供风险（见表 8-1）。

表 8-1 典型代表性的重点产业链风险

序号	产业链	产业链情况	主要风险敞口
1	集成电路产业链	上游支撑产业包括半导体材料和半导体设备，中游制造产业包括 IC 设计、IC 制造、IC 封装测试，下游需求产业链覆盖汽车电子、消费电子等	①部分关键原材料和高端生产测试设备缺口大；②基础设计软件（EDA）高度依赖进口，国产替代困难；③绝大多数集中在中低端市场，核心产品缺乏，计算机系统中的 MPU、通用电子系统中的 FPGA、EPLD、DSP 等核心产品自给率几乎为零
2	生物医药产业链	主要包括化学药品原料药、化学药品制剂、高精密药物分析仪器、化学制药专用设备、药用辅料和包装材料等环节	①关键环节制药设备、高精密药物分析仪器、特殊辅料、高端原料等依赖欧美日等；②部分中间体、原料药的生产在境外，缺乏长期稳定的供应保障；③化学药的辅料、原料药等国产化替代需要重新审批或备案，重大变更需要开展研究验证等
3	汽车产业链	主要包括原材料供应、零部件生产与制造、研发与设计、整车生产与组装等环节	①芯片短缺问题严重；绝大部分被英飞凌、恩智浦、瑞萨、意法半导体等国际厂商垄断；②生产设备和软件对外依存度较高；③零部件产业存在“多小散弱”问题

数据来源：作者搜集资料整理。

以“缺芯”为例，受国际贸易冲突，芯片紧缺影响持续蔓延，部分领域芯片“卡脖子”问题突出，制约制造业强链补链。例如，某汽车整车企业因车规级芯片供应严重不足导致生产和交付计划被迫延期，影响产业链稳定性。该公司制造需求约15%无法得到满足。家电行业领域，某智能厨卫股份有限公司反映，该公司取暖设备、空调面板的芯片货源难觅，目前需求量约为10000个/月，但供货量仅为8000个/月，企业不得不根据实际情况关停部分产线。除了芯片，一些重要设备和原料“供不上”也导致供应链风险持续叠加。某机械集团有限公司反映，为配合主机厂同步开发新产品，需要引进定制的高端设备——多轴加工中心，完成技改后每年可新增产值约3亿元，同时也将大力推动国内汽车核心部件制造行业发展。但由于高端制造生产要求零件之间配合公差小，只有从美国进口的多轴加工中心才能满足±8μm的设计要求，国产及其他国家的设备一般精度为±0.01mm，无法达到生产要求。某壁炉机械制造有限公司专业生产壁炉、火炉及其他装饰配件，部分核心材料、重要涂料国内没有供应，完全依赖进口，壁炉涂料需采用耐高温650℃、防生锈的高端油漆，公司一直向美国Forrest品牌采购。由于产品供应链不畅、出口货柜不足等原因，此款油漆“断供”，导致企业供加拿大Montigo公司的壁炉产线停工。

二、产业链上下游协同发展不够

上下游企业之间协同发展不够，制约了强链补链的质效。一是龙头企业、“链主”型企业带动效应不够。由于龙头企业数量少、规模效应弱、产业链关联度不够、协同发展意愿不强等各种因素，影响产业链强链补链。某科创投资公司反映，数字经济、智能制造、空天信息等行业缺乏千亿市值的龙头企业，更缺乏500亿市值的中坚力量，市值超500亿的仅有涂鸦智能。因此，核心企业带动孵化的中小企业数量较少，后备企业数量不足。某服装集团是一家从事成衣制作和定制的大型企业，其生产原料为企业自主采购，纺织、设计、生产、销售等环节均为自主控制，基本没有上下游相关配套企业，对当地服装产业链的带动力不强。二是配套企业难配合或畏难。一些产业链中龙头企业有强烈的工艺或智造升级的意愿，但是配套企业存在畏难情绪，难以形成一致行动。某电器企业近年来积极实施智能制造战略，大力实施机器换人和“无人工厂”，也同时要求配套企业同步提高智能化水平，但这些配套企业因缺乏技术、资金等而改造意愿较低，在数字化发展上明显进度滞后，导致产业链间的业务协同水平较低。三是中小企业补链实力不够。很多中小企业智能化改造能力弱、自身生产能力存在“天花板”，无法满足产业链优质企业产业升级的高要求，难以成为其供应链的一环。宁波某机械有限公司接到上海众山特殊钢有限公司一笔价值1500万元智能化冷轧管机的订单，要求产品增加智能化模块，于三季度前交付 12 台冷轧管机，并完成调试；同时明确设备若出现故障，技术人员能在 4~8 小时内赶到解决问题。公司希望借此成为大企业供应链上的一环，但其仅有 20 多名工人，3D 绘图等方面的专业人才极为紧缺，智能化制造能力难以满足客户要求。

三、产业链区域协同效应较弱

由于产业集聚程度不够、同质化严重等问题，部分地方缺乏本地上下游配套产业，产业链区域协同效应较弱，导致企业生产成本上升，强链补链难度加大。某汽车零部件有限公司反映，该企业是平湖汽车零部件五金制品制造龙头企业，本地采购额占比低，本地配套化率仅为 20%，企业零部件配套主要在北京、青岛、南通、上海等地。浙江某服饰有限公司是一家经营生产销售服装、绣花产品的制造企业，现其主要上游为纺织原料行业，多从上海、福建、江苏等地引进，本地几乎没有主要原材料合作企业。因本地产业链尚不完整，企业每月需要在原材料采购上支出不少的运输费用，抬高了经营成本。智能制造设备产业链企业均需要从事电阻、电容、电抗等贴片的生产企业为其配套，而这些配套企业一般都在苏州、深圳、武汉等地，增加了企业的采购成本。

四、土地、能耗等资源要素紧缺

产业链强链补链离不开优质项目的建设，而资源要素紧缺制约了重大产业项目落地推进，成为产业链强链补链发展的严重瓶颈。一方面，土地指标紧缺。某高新技术产业园区自 2003 年建区到 2020 年，已开发工业用地面积 5000 余亩，但是经过摸排，21 家内育企业有 952 亩土地用地需求、15 家招商引资项目入库企业有 540 亩土地用地需求，都得不到满足。某型钢科技有限公司经营范围包括冷拔型钢研发、加工、批发、零售，模具、机械零部件制造等。自 2015 年拿到现有厂房土地后，经营发展状况良好，2021 年产值约 2 亿元。该企业反映，公司的订单数很多，客户群体广泛，但由于受土地指标限制，企业无法继续优化升级产业链。另一方面，能耗双控、电力供应紧张影响产业链发展。新型显示产业建设一般要建设无尘车间，24 小时保持恒温恒湿项目投产后机器运转能耗高，在能耗强度大、总量双控的背景下，对后期显示产业引进筛选提出了更高的要求。某扎啤设备有限公司主营不锈钢扎啤桶，该公司下游酸洗厂受限电影响，产品难以按时足量向铭匠公司提供，同步影响到铭匠的生产节奏、产能受限。受能耗指标、占补平衡指标要素制约，部分重大项目建设进度缓慢。据统计，2021 年浙江省新入投资统计库的项目个数同比下降 7.3%。重大先进制造业项目明显偏少，总投资超过 100 亿元的重大先进制造业项目仅 3 个，总投资 50 亿~100 亿元的项目仅12个。

五、高端技术人才紧缺

部分地区和产业链高端人才紧缺，对强链补链的智力支持和技术支撑不足，制约了产业链提档升级，特别是对于新兴战略产业、未来产业等技术壁垒较高的产业，相关的创新型领军型技术人才储备不足成为产业链发展的突出问题。某机械股份有限公司反映，企业在高端人才引进方面，尽管有国家级博士后科研工作站层面解决一部分，但总体人才招聘仍存在问题，目前仅设计部就有10余名设计师的缺口，社会途径招聘的供热专家、高端机械设计人才等仍未招满。某医疗器械有限公司反映，企业主要从事可视化医疗器械成套设备及具有专利保护耗材的研发、生产和销售，目前企业技术型人才紧缺，较大地限制了企业发展。此外，人才流动受阻也制约新项目推进，延误产业升级。某装备有限公司反映，目前每年将销售额的5%~7%投入产品研发中，但在履带起重机研发等关键技术上缺乏熟悉美国履带起重机市场技术应用并且有相关行业10年以上经验的人才，需要聘请2位美国、日本籍专家常驻指导，而受国外新冠疫情影响，美国、日本等国外专家无法如期入驻，由于国内尚没有该领域研究较为成熟的专家，因此在关键技术上迟迟没有突破。

六、企业经营压力增大、资金紧张

受汇率波动、原材料价格上涨，以及海运成本上升等因素交织影响，企业经营压力增大，资金紧张，导致强链补链项目后续投入缩水，甚至停滞。某机械有限公司反映，企业外派收款人员无法及时到达山西、江苏、河南、北京、内蒙古等地的合作单位进行结算操作，导致应收账款难以到账，涉及资金近9000万元，致使公司资金链断裂，只能选择缩减主营业务，拒绝合作单位的订单金额超1800万元，更没有资金可以投入强链补链。某智能科技有限公司反映，原计划于2021年5月开工建设年产30万平方米智能家居、10万吨绿色装配式钢结构件项目，计划总投资2.4亿元，但因钢材价格最高涨至6600元/吨，涨幅达75%，导致造价成本提高了1000万元，企业资金紧张，项目迟迟未动工。某流控机械有限公司反映，企业主营API 6D阀、船用阀及化工不锈钢阀门系列产品，销往美国、欧盟、中东和南亚等多个国家和地区，但受国外新冠疫情影响，该企业船用阀、化工不锈钢阀门等系列产品约20个外贸订单约800万元被取消，2020年3月至2021年11月应收350万元账款年内难以收回，导致企业有资金缺口，原计划对旋塞阀产业链进行的技术研发被搁置（见表8-2）。

表 8-2 部分产业链关键核心技术（产品）断链断供风险点

产业链	核心技术及产品	省域替代	区域替代	国产替代	依赖进口
网络通信产业链	数据通信终端	新华三	迈普技术（江苏）、剑桥通讯（上海）	华为、中兴通讯、星网锐捷、烽火通信、神州数码	诺基亚、爱立信、思科、Arista（美国）、Juniper（美国）、西门子（德国）
集成电路产业链	MOSFET功率器件	士兰微	上海光宇睿芯、上海先进、华润华晶、江苏长晶等	安世半导体、比亚迪半导体、吉林华微	Fairchild（美国）、Infineon（德国）、ST（法国）、POHM（日本）
网络通信产业链	射频放大器	嘉科电子、立昂微电子	卓胜微、中普微、中电 55 所英诺迅	海思半导体、唯捷创芯、紫光展锐、中科汉天下	住友（日本）、Macom（美国）、NXP（荷兰）、IFX（美国）
智能计算产业链	操作系统	华为 OpenEular、阿里云 OS	中标麒麟	银河麒麟、普华软件、东方通、金蝶天燕	Microsoft（美国）、苹果（美国）
新材料产业链	缓释氧化硅蚀刻液	格林达、中巨芯	—	—	巴斯夫（德国）、关东化学（日本）、安斯泰来（日本）
生物医药产业链	微晶纤维素	展望药业	瑞登梅尔、山河药用辅料	曲阜药用、六佳药用、九典制药	Microcellulose（美国）、DFE（荷兰）、JRS（德国）
智能家居产业链	蓝牙通讯模组芯片	—	泰凌微、卓胜微	—	TI（美国）、Nordic（瑞士）

数据来源：作者搜集资料整理。

七、国产替代突破困难

国产替代是强链补链的重要组成部分。但由于起步晚、技术水平存在差距等原因，部分国产替代项目虽有所突破，但还不能实现充分竞争和有效替代。某鞋业有限公司反映，国产的皮料电脑切割机无论是广州意达的，还是佛山瑞洲的，都不同程度存在排版后实际切割有误差的问题，而意大利进口的 TESEO 品牌切割机精确度误差最大仅为±0.005 毫米（ISO5），相较国产切割机可节省 3%～5%的物料。某钮扣有限公司反映，该公司现有 140 余台套（占公司总设备的 80%）纽扣设备从意大利进口，相较国产设备，虽然价格贵 1 倍左右，但进口设备可用 10 年以上，国产设备只能维持 5 年左右，且进口设备精密度更高，质量更加稳定。同时，国产替代品投入市场还往往面临推广不畅的问题。某打印机集团有限公司自 2013 年起启动打印机研制工作，在 300 余名研发人员耗时整整 5 年多，累计投入研发经费近 6 亿元后，终于取得成功，打破了国外企业专利壁垒，成为全国首家同时掌握激光和喷墨打印核心技术的企业。但 2022 年仅销售了 3000 余台，离赚回研发费用还差很远，导致企业研发信心受挫。调研台州市 17 家拥有“首台套”产品的企业后发现，企业客户对“首台套”产品“不敢用、不愿用”的现象突出，市场推广遇冷。客户在采购时都会考虑供应商产品应用业绩作为故障率和性价比等参数的判断参考，但“首台套”是新研发产品，易陷入“没有应用业绩则不被采购，不被采购更没有应用业绩”的死循环。某环境设备股份有限公司反映，公司“首台套”产品高效净化静音型新风机，较国外同期设备便宜 40%，但推广两年来仅占 10%的市场份额，许多客户在购买设备时优先选择进口设备。

八、国外“双重挤压”下发展机遇期缩短

受国际环境等复杂因素影响，企业平稳的发展机遇期越来越短。一方面，近年来在新一轮的科技革命中，发达国家推动“再工业化”，积极将一些重要的生产环节“回迁”本土，并在知识产权方面设置了更高的门槛，使得国内产业高端化、现代化面临更大的阻碍；另一方面，东南亚等一些发展中国家依靠人力成本优势，既吸引欧美国家加大投资，也促使部分国内企业进行产业转移，对中国部分劳动密集型行业和外向型加工制造业形成更大的替代压力。某动物营养科技股份有限公司 2019 年投资 2.6 亿元在越南成立两家全资子公司，全力扩大产能应对贸易摩擦。某开源动力工具有限公司、某电机有限公司等主要制造成套保温杯（壶）生产设备，因印度、非洲等地保温杯（壶）产业开始发展和抢占部分国际市场份额，企业已将部分产线迁移至泰国、越南等东南亚地区。企业产线转移国外之后，会逐步吸引上游和配套企业跟进转移，经过数年发展，很有可能在当地培养起成熟的产业链，这将对中国保持产业链完整性及竞争优势带来重大挑战。

第三节　对策建议

一、强化供应链与产业链深度耦合

中国制造业规模已居全球首位，是全球唯一拥有联合国产业分类中所列全部工业门类的国家，但不可否认的是，核心零部件、核心软件、高端装备、高端原材料、关键检测设备等方面对发达国家的依存度仍比较高。2020 年 4 月，美国白宫国家经济委员会、日本经济产业省实施中国企业撤离和回迁计划，美国对从中国迁回的企业给予厂房、设备、知识产权、基建、装修等所有费用直接报销，日本资助制造商将生产线从国外撤回，推进生产基地多元化，避免供应链过于依赖海外。美国频频打击对中国企业的出口，贸易摩擦、高科技产品出口限制、供应链切割、生产线回迁等都对中国产业链带来巨大考验和冲击。在全球产业链重塑、供应链调整、价值链重构，特别是中美出现“产业链脱钩”“供应链脱钩”“技术脱钩”“人才脱钩”等情况下，必须重新审视中国产业链在全球的定位和布局，聚焦产业链完整和产业配套能力，加强国际供应链合作，寻求替代供应备选方案，保持供应链结构的合理性，增强中国供应链应对外部冲击的灵活性和抗风险能力，扭转供应链高度依赖国际市场的不利局面。

（一）强化产业链自主供应链建设

抓住全球大变局中的机遇，调整产业链供应链布局，精准分析关键产业链和供应链，围绕“断链点”寻求供应链替代备选方案，加快重点国家技术替代计划实施，构建全球产业链供应链安全预警指标体系。在维护国家安全利益的前提下，加快推动供应链全球多元化布局，扩大产业链核心环节的国内替代，多元化融入全球技术供应链，尤其需要防范集成电路、光学制造、显示面板等主要产业链环节的断供风险，切实增强产业链供应链的应急能力和配套能力。

（二）强化“节点型”企业的布局

从推动符合未来技术和产业变革方向的整机产业入手，支持上下游企业加强产业协同和技术联合攻关，以“节点型”企业为支撑，打造具有战略性和全局性的产业链。强化产业配套，避免孤立布点，把点状企业拉成产业链条，把产业链条铺成产业板块，形成产业关联度高、辐射力大、带动性强的产业网络。

（三）强化产业关联性耦合布局

针对产业关节不紧密、企业附着度不高、产业集中度不高、上下游配套不强等问题，对整个供应链的信息流、物流、资金流、业务流等进行优化，推动产业研发中心、供应商、制造商、销售商、服务商等无缝对接，形成龙头企业、骨干企业、配套企业细密分工，以及大中小微企业紧密协作的产业链生态，提升产业整体竞争力和市场协同占有率。巩固产业链的韧性，把产业链核心环节和核心企业的根留在国内，防止产业链过快向国外转移，同时疏通产业链的良性循环，在开放合作中打造创新力更强、附加值更高的产业链。

（四）强化产业链招商

按照产业链的精准定位来招商选资，不能“捡到篮子里的都是菜”，绘出行业龙头企业布局图、关键共性技术需求图、重大项目开发作战图，以建链补链强链为目标，找准产业链、创新链、价值链中的关键“断链点”，纵向上开展补充式、填空式招引，引进关联性强、辐射力强、带动力强的大项目和好项目，推动产业链向上下游延伸。全面推广实施“链长制”。建立并运行产业链、供应链“链长制”，全方位发挥“链长”协调解决产业链供应链突出问题的作用，更大力度地招引国际高端环节补链强链，破解标志性产业链培育过程中的突出症结。

二、强化数据流与产业链深度耦合

世界经济已进入数字化发展的新阶段，数据流在产业链中的渗透已成为推动经济高质量发展、可持续增长的强大动能。中国数字经济发展走在全球前列，但数字化赋能产业链的空间仍有待释放。国家明确提出，要推动互联网、大数据、人工智能和实体经济深度融合，培育新增长点、形成新动能。紧紧抓住数字经济红利释放的时间窗口，坚持数字产业化和产业数字化双向驱动，实施“上云用数赋智”行动，促进数据供应链和产业链耦合共振，把“大国效应”“规模效应”“市场效应”，以及人口优势、制度优势、数据资源优势紧密结合起来，构建“生产线数字化—车间数字化—企业数字化—产业链数字化—数字化生态体系”产业链上下游数字化范式，实现生产智能化、产业高端化、经济耦合化，推动中国产业链弯道超车或换道超车。

（一）推进产业链上下游数据共享共用

加强全链条、全渠道、全领域供需调配和精准对接，促进数据流和产业链高效运行，有力支撑产业基础高级化和产业链现代化。鼓励产业链龙头企业与互联网平台企业深度合作，做大做强行业级工业互联网平台和综合性工业互联网平台。以产业大脑、企业上云、智能改造、数据赋能等为抓手，加快推动数字化新技术，推动建设“无人车间”和“未来工厂”，促进生产方式向柔性化、智能化、精细化转变。

（二）推进供应链上下游数据共享共用

坚持供应链要素数据化和数据要素供应链化双轮驱动，构建“研发链+生产链+供应链”数字化模式，推动产业链以数字供应链为支撑打造产业生态圈。加快数字化转型与商业模式变革有机结合，推动传统企业与互联网平台企业、行业性平台企业等融合创新，构建跨界融合的数字化生态。实施“工业互联网+小微企业”行动，支持中小微企业接入工业互联网平台，低成本快速提升数字化、网络化、智能化能力。

（三）推进金融链上下游数据共享共用

加快推进资金链上下游数字化和协同化，通过畅通资金链更好地稳定产业链，鼓励产业链龙头企业联合金融机构共建产融合作平台，开展“银企对接”，增强金融服务产业链的主动性，促进产业链和金融链双向共赢。发展供应链金融，健全企业信用信息平台，运用大数据技术打通部门间和区域间的数字壁垒，使信用信息数据成为金融链的重要支撑。

三、强化创新链与产业链深度耦合

产业链的高度本质上取决于创新链的深度，只有强大的创新驱动才能提升劳动生产力和全要素生产率，进而实现经济的集约增长。对标高质量发展和创新驱动导向，我国产业基础创新能力和产业链脆弱性的问题依然比较突出，创新链与产业链迭代升级的现实需求扣得还不够紧，创新链对产业链的支撑性和超前性不够。要破解这一问题，关键是围绕产业链布局创新链，实施以科技创新为动力、产业链痛点为靶向、创新生态圈为支撑的创新发展战略，精准锻造撬动高质量发展的创新链。

（一）紧扣产业升级需求推进基础研究

全面梳理现有产业链分布状态，摸排产业链与创新链的缺口和鸿沟，瞄准世界科技高端，加强前沿基础理论研究，“内育外引”集聚高水平、领军型高科技创新人才，强化变革性和交叉性基础研究，力争在前瞻性基础研究、引领性原创研究方面取得突破性成果。精准把脉传统产业改造提升和战略性新兴产业培育发展的技术需求，聚力核心基础零部件、关键基础材料、先进基础工艺、产业技术基础“四基”领域，实施产业关键核心技术攻坚行动，推动关键核心技术融合应用。

（二）紧扣企业创新需求促进技术转化

围绕产业链“做精上游、做强中游、做高下游”，支持创新型领军企业打造顶级科研机构，培育发展面向市场的新型研发机构，推动企业结合实际建设创新载体。引导龙头骨干企业对标全球领先企业，在创新指标、研发能力、人才集聚、科研产出等领域全方位对标，推动优势企业成为全球细分领域的领军者。建设网上技术交易平台，依托产业链组建共性技术平台，集中力量整合提升一批关键共性技术平台，建设国家级重点实验室，着力解决跨行业跨区域的关键共性技术难题。梳理产业链的关键环节、薄弱环节，建设高水平创新型企业创新载体，构建以企业为主导的制造业创新中心、产业创新中心、技术创新中心及协同创新中心。重点支持产业链龙头企业联合上下游组建“企业+联盟”制造业协同创新中心，通过协同创新，推动智能芯片等产业实现重大突破（见表 8-3）。

表 8-3 智能芯片产业链协同创新案例

序号	具体任务	技术指标	实施目标
1	5G 智能手机用系列声表滤波器	最小尺寸 0706；插入损耗 1.5～2dB；功率耐受≥30dBm；隔离度≥55dB；温度系数≤5ppm Hz/℃	5G 声表滤波器项目与省内外上下游企业形成协同配套，形成“装备—材料—器件—模组”声表面波器件的产业生态链
2	国产红外热成像机芯	采用国产氧化钒非制冷红外焦平面探测器，有效像素不低于 400（H）×300（V）、640（H）×512（V），像元间距不高于 17μm，噪声等效温差（NETD）：≤40mK（@ f/1.0，300K，50Hz），测温：MAX（±2℃，±2%℃），支持 2D、3D 降噪，支持坏点矫正，支持 NUC 等，功耗小于 1.8W，工作温度：—40℃—70℃	与省内外下游协同企业配套形成不低于 1 万台套/年，与省内下游协同企业配套提供完整的整机集成方案不低于 10 个/年
3	大尺寸柔性显示磁控溅射镀膜设备	溅镀宽度≤1600mm，卷绕速度 0.5～10m/min，卷绕收边精度≤±2mm，张力稳定性≤±1%，薄膜均匀性≤±5%	与省内外上下游企业协同配套应用不低于 5 台套/年，打破国际垄断，降低柔性显示生产成本

（三）紧扣科技创新需求给予政策扶持

全面落实研发费用税前加计扣除、高新技术企业所得税优惠等普惠政策，推行企业研发准备金制度，推广科技创新券制度，完善创新产品政府采购政策，制定鼓励首台套产品大规模市场应用的政策，切实帮助企业解决“不敢创新、不愿创新、创新出险”等问题。采取政企合作、混合股权、基金撬动的市场化运作模式，突破关键环节核心技术短板，实现产业链水平整体跃升。

四、强化集群化与产业链深度耦合

集群是产业地理集聚的外在表象，集群化与产业链的集成耦合才是其内在机理。产业集群本质就是高度相关的生产链、供应链、创新链、要素链在一定空间的有机组合，形成互生共生的产业生态系统。但有些产业集聚区只是地理扎堆、空间堆砌、同质竞争，生产链、供应链缺乏有机衔接，企业之间缺乏密切协作，产业链存在“缺口”和“断裂”，快速响应市场的协同集成能力不强。产业集聚是我国产业的传统优势，但产业集聚不能沿袭以往的数量堆积、产量堆积、规模堆积路径，必须是主导产业与配套产业、上游企业与下游企业全方位地高度集成耦合，构建起高效、稳固、富有弹性的网链结构，以高级化的产业集聚提升产业链韧性，通过大规模定制和专业化协同形成超强的产业竞争力。因此，重中之重是解决以下三个问题。

（一）破解产业“对外转移快、对内转移慢”的问题

制定有针对性的产业政策，支持建设产业跨地区转移利益共享合作机制，对已在向境外转移的企业，尽量留下产业链的核心环节；对向境外转移明显的产业链，要把“走出去”和“引进来”结合起来，形成国内外产业链稳固的上下游合作关系。鼓励和支持集群优势企业，特别是上市公司通过海外并购重组获取欧美发达市场的知名品牌、高新技术、优质项目、高端人才等资源，支持龙头企业带动上下游企业“结伴出海”建设境外工业园，鼓励龙头骨干企业建立海外研发中心，提升企业获取国际创新资源的能力。

（二）破解无序集群带来的产业同质问题

同质企业无序集聚、过度竞争必然带来恶性循环，陷入“逐底竞争”的困境，从而导致产业衰退、区位转移、低端锁定。产业集聚必须明确主攻方向，挖掘比较优势，瞄准集群产业发展瓶颈，突出主导产业和特色产业，优化产业集群组织结构，实现错位发展、差异竞争，打造空间上高度集聚、上下游紧密协同、供应链高效衔接的产业链集群，形成区域经济增长的热核。围绕关键基础材料、核心基础零部件、先进基础工艺、产业技术基础“四基”领域，集聚各方面的政策资源，加快重点项目和重点工程建设，填补产业链短板和空白。

（三）破解产业集中度不高的问题

从系统性构建产业链角度全面梳理产业集中度，对标世界最优、最高、最先进水平，以集群化、数字化、绿色化转型为方向，促进集群治理模式创新。加快推动企业兼并重组，瞄准产业链关键环节和核心技术，实施高端并购、强强联合，加速全球产业链关键资源整合。支持块状经济向先进制造业集群转型，培育具有全球竞争力的标志性产业链和先进制造业集群，形成市场机制有效、企业主体有活力、网络化协同紧密的集群生态，全方位提升产业链创新能力、龙头企业带动力和辐射力、全球高端市场占有率、产业协作配套水平。完善产业链“链长制”，组建产业链服务和推进工作团队，充分发挥“链长”的协调服务作用，通

过组建产业联盟、合作平台等，促进跨区域、跨企业的通力合作，推动产业链上下游协同发展。

（四）破解产业链安全风险问题

实施产业链风险清单化管理，建立重点产业链关键核心技术断链断供风险清单，并定期进行监测预警。推进全球精准合作补链，加快谋划替代链，积极布局极端情况下国内外多边多元替代，通过多方合作来减少上游断供风险。加快国产替代速度，积极鼓励支持重要生产设备、关键部件和核心材料国产化，加大国产替代和“首台套”的推广力度，并予以采购投用企业相应补助。

第二篇　资源要素优化配置与中小企业稳进提质

第9章　能源价格波动、高能效资本动态累积与资本—能源替代关系

资本与能源之间的替代关系是节能减排政策制定过程中的重要参考因素。本研究在数理演绎能源价格波动影响高能效资本动态累积内在机理的基础上，通过构建动态要素需求模型，探究资本与能源之间的关系由短期互补向长期替代的转变机制。随后，基于1995—2018年我国30个省份面板数据进行实证研究，结果表明：①在样本期内，我国资本存量的能源效率得以持续提升，年均增长率达9.25%；②能源价格波动所产生的诱致性技术进步对新增资本能源效率的提升具有重要促进作用，其在样本期内的平均贡献为42.86%；③外生技术进步率的年均值为6.2%，其对新增资本能源效率提升的贡献高达57.14%；④资本与能源在短期内呈现互补关系，而长期内则转变为替代关系；⑤能源价格波动所诱发的资本存量能效的提升在短期内减弱了资本与能源的互补关系，而在长期内增强了两者之间的替代关系。

第一节　引言

20世纪70年代爆发的两次“石油危机”对发达国家经济增长造成了巨大冲击。在此背景下，能源价格波动对社会经济的影响评估逐步引起学术界的广泛关注，进而催生了能源经济学这一新兴经济学分支。为积极应对我国当前所面临的能源短缺逐步凸显、环境污染日益加剧和气候灾害频繁发生等一系列资源与环境

问题，国务院适时制定并实施了诸如差别电价、碳排放权交易、环境税等基于市场的环境规制政策。就其本质来看，此类环境政策工具的根本目的在于通过提高企业的能源使用成本（或污染物排放成本），来激励企业自发地提升其能效水平，进而降低能源消耗。在实践中，随着能源价格不断升高，企业通常会选择淘汰低能效资本设备并安装节能型资本设备来提升其能效水平，最终表现为以增加资本投资的方式来节约能源使用，即利用资本替代能源。由此产生如下两个问题：①经济系统中资本与能源的替代关系呈现何种特征和演变规律？②能源使用成本的提升又将通过何种途径对上述替代关系产生影响？

资本—能源替代弹性是表征这两种重要生产要素之间替代关系的直观形式。截至目前，关于资本—能源替代弹性的估算已成为国内外学者关注的焦点问题之一。早期，学者们基于不同国家或地区的数据，运用成本函数模型对资本与能源之间的替代弹性进行估算。以 Berndt、Wood 和 Magnus 等为代表的研究采用单个国家的行业或地区层面时间序列数据，先后发现资本与能源之间呈现互补关系。然而，Griffin、Gregory 和 Pindyck 等使用跨国的截面数据却得出了相反的结论，认为资本和能源呈现替代关系。针对这一分歧产生的原因，学者们分别从数据类型、模型设定和估算方法、研究样本等方面对其进行了深入探讨。其中，较为主流的观点认为，基于时间序列数据的研究判定的是资本与能源的短期关系，即短期内资本与能源呈现互补关系；而采用截面数据的研究结果则识别二者之间的长期关系，即长期内资本与能源之间表现出相互替代关系。为在同一框架内考察两种要素在短期与长期的替代互补关系，部分学者构建了动态要素需求模型，并采用面板数据来测算资本与能源之间的短期与长期替代弹性，结果发现两要素间的短期与长期替代弹性均为负值，即均呈现互补关系。究其原因，上述研究的模型设定均暗含“putty-putty”（“弹性—弹性”）假设，认为资本是同质的，且资本与其他生产要素的替代弹性在其投资完成前后一致。

通过对现有关于资本—能源替代弹性估算的研究脉络进行系统梳理，我们发现绝大多数文献基于 CES 生产函数、超越对数生产函数或超越对数成本函数来考察两种要素间的替代或互补关系；此类研究通常假定在整个样本期内资本的特性（如附着在资本上的能效）保持固定不变，而未考虑资本体现式技术进步的作用。[①] 从短期来看，这一假定具有较强的合理性；但从长期来看，则难以成立。其主要原因在于，随着能源价格波动上行及多种环境政策工具实施，能源使用（或污染物排放）成本的增加必然导致要素间相对价格发生变化，进而诱发节能型技术进步；在实际生产中具体表现为新型高能效资本投入增加和能源节

① 资本体现式技术进步是指耦合于设备投资品内，通过资本设备的更新换代和技术升级所实现的技术进步。

约。由于高能效资本设备的购买安装需要支付调整成本，这类设备资本一旦投入运行，其性能随要素相对价格变动而进行即时调整的可能性相对较小，即短期内单位资本能效水平通常是固定不变的，该时期内资本与能源呈现互补关系。但从长期来看，能源价格上涨所诱致的技术进步会使得高能效资本投资不断积累和低能效资本设备持续折旧直至退出，从而实现资本存量整体能效水平持续提升（见图 9-1），最终表现为资本对能源的替代。

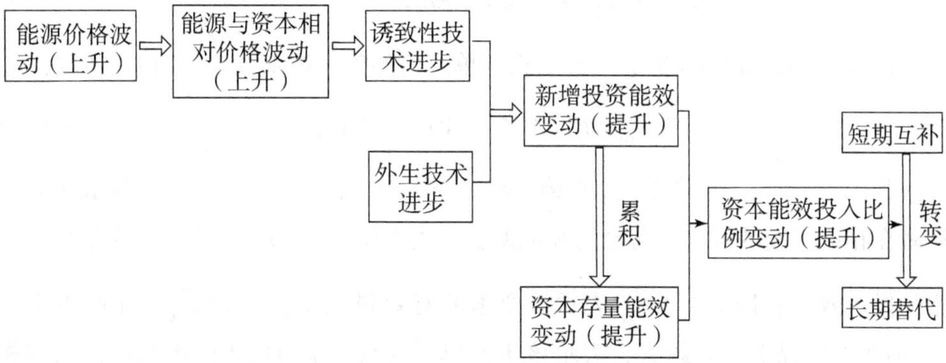

图 9-1　能源价格波动对资本—能源长短期替代弹性的影响机制

然而，鲜有文献对能源价格波动背景下资本的能效水平动态调整进而影响资本—能源替代关系的演变规律（从短期内互补转变为长期内替代）及其具体作用机制进行科学刻画和探索。为弥补这一空白，本研究在系统演绎能源价格波动影响高能效资本动态累积的内在机理的基础上，通过构建动态要素需求模型，探究资本与能源之间的关系由短期互补到长期替代的转变机制。随后，基于 1995—2018 年我国省际层面面板数据，对上述影响机制进行实证分析。与现有研究相比，本研究的学术贡献主要体现在如下两个方面：首先，与传统分析框架假定资本设备的相关特性（如技术工艺水平、自动化程度、能源效率等）在整个研究期内恒定不变不同，本研究将能源价格变动诱致的高能效资本投入内生于新增资本存量能效表达式中，从理论上刻画出资本存量能效的动态演进过程。其次，基于上述理论分析框架，探究“能源价格上升—资本存量的能效提升—经济系统中资本对能源的投入比升高”这一传导路径，进而考察能源价格波动在促进我国资本—能源之间的关系由短期互补向长期替代转变的过程中所发挥的作用。

第二节　要素价格波动与资本的要素投入效率

由于在不同历史时点上企业新购置资本设备的要素投入效率具有差异性，且新增资本设备一旦投入使用，其生产性能（如技术工艺水平、自动化程度、能源效率等）在整个生命周期内将保持不变，因此每年度资本存量的要素投入效率呈现动态变化特征，且与之前各年度新增资本的要素投入效率相联系。为准确刻画能源价格波动对资本存量能效的内在影响机制，本研究先借助要素增强型生产技术形式对资本的能源效率指数进行界定，随后演绎出能源价格提升通过高能效新增资本的累积，进而作用于资本存量能效水平的具体过程。

一、资本的要素投入效率指数的构建

依据 Acemoglu 的研究，一种多投入单产出的生产技术可表示为如下形式：

$$y_{i,q}=F\ (A_i^k x_{i,q}^k,\ A_i^l x_{i,q}^l,\ A_i^e x_{i,q}^e) \tag{9-1}$$

其中，$y_{i,q}$ 表示生产单元 i 在第 q 年的经济产出；$x_{i,q}^k$、$x_{i,q}^l$、$x_{i,q}^e$ 分别表示该生产者在相应年度的资本、劳动力和能源实际投入量；A_i^j（$j=k$，l，e）为某生产要素的投入效率；因此，$A_i^j x_{i,q}^j$ 表示该要素的有效投入量，记为 $\tilde{x}_{i,q}^j$。在产出水平 $y_{i,q}$ 不变的情况下，A_i^j 越大，表示该生产单元对要素 j 的使用效率越高，则其相应所需 j 要素的实际投入量 $x_{i,q}^j$ 也就越少。

由于此处需要界定资本关于某种要素的投入效率，因此，令式（9-1）中资本的投入效率 $A_i^k=1$，则此时 A_i^l、A_i^e 的实际含义分别转变为劳动力、能源相对于资本而言的投入效率，即以资本的投入效率为基准来衡量的劳动力、能源的投入效率。进一步对 A_i^l、A_i^e 进行取倒数变换，式（9-1）可变换为

$$y_{i,q}=F\left(x_{i,q}^k,\ \frac{1}{\gamma_i^l}x_{i,q}^l,\ \frac{1}{\gamma_i^e}x_{i,q}^e\right) \tag{9-2}$$

其中，$\gamma_i^j=\dfrac{A_i^k}{A_i^j}>0$，（$j=l$，$e$），表示以 j 要素的投入效率为基准来衡量的资本的投入效率，此处将其定义为资本关于第 j 种生产要素的投入效率指数。①

另外，根据前文假设，γ_i^j 还可以表示为：$\gamma_i^j=x_{i,q}^j/\tilde{x}_{i,q}^j$。通常，资本的某要素投入效率的提升依赖于新型资本设备的购置。考虑到当期购置的新设备性能的充分发挥存在一定的滞后性，此处假设经济主体的投资决策和新资本的实际投入运行存在一年的滞后期，即在第 $q-1$ 年投资的新型技术资本在第 q 年才能真正投入运行，则第 $q-1$ 年资本的要素投入效率指数可用第 q 年 j 要素的实际投入与其有效投入之比来表示：

① 显然，资本关于其自身的投入效率指数 $\gamma^k=\dfrac{A^k}{A^k}=1$。

$$\gamma^{j}_{i,q-1}=\frac{x^{j}_{i,q}}{\tilde{x}^{j}_{i,q}} \tag{9-3}$$

式（9-3）中，$\gamma^{j}_{i,q-1}$ 增加意味着在保持产出水平不变的条件下，单位资本所对应的第 j 种要素的实际消耗量将增加。由此可见，$\gamma^{j}_{i,q-1}$ 越小，则表明资本关于该要素的投入效率越高。

为进一步建立 $\gamma^{j}_{i,q-1}$ 与要素投入比之间的关系，此处将式（9-3）左右两边同时除以 $\gamma^{k}_{i,q-1}$（等于 1），可得：

$$\gamma^{j}_{i,q-1}=\frac{x^{j}_{i,q}}{\tilde{x}^{j}_{i,q}}\bigg/\frac{x^{k}_{i,q}}{\tilde{x}^{k}_{i,q}}=\frac{x^{j}_{i,q}}{x^{k}_{i,q}}\bigg/\frac{\tilde{x}^{j}_{i,q}}{\tilde{x}^{k}_{i,q}} \tag{9-4}$$

式（9-4）表明，在单位有效资本所对应的 j 要素投入量（$\frac{\tilde{x}^{j}_{i,q}}{\tilde{x}^{k}_{i,q}}$）一定时，资本关于该要素的投入效率指数 $\gamma^{j}_{i,q-1}$ 取决于要素 j 与资本的实际投入量之比（$\frac{x^{j}_{i,q}}{x^{k}_{i,q}}$）。也就是说，单位资本的 j 要素实际投入量越少，资本关于该要素的投入效率指数越高。

相应的，根据对偶理论，资本关于某要素投入效率指数 $\gamma^{j}_{i,q-1}$ 还可表示为该要素有效价格与实际价格之比的形式：

$$\gamma^{j}_{i,q-1}=\frac{\tilde{w}^{j}_{i,q}}{w^{j}_{i,q}} \tag{9-5}$$

同理，式（9-5）表明在 j 要素的有效价格 $\tilde{w}^{j}_{i,q}$ 恒定时，j 要素的实际价格越高，资本关于 j 要素的效率指数 $\gamma^{j}_{i,q-1}$ 则越低；此时，资本的 j 要素投入效率也就越高。

二、要素价格波动对资本存量的要素投入效率的影响机制

在实际生产中，企业购置新型资本设备通常源自对老旧设备更新和要素成本节约两方面的考虑。因此，为考察生产要素 j 的价格波动对新增投资关于 j 要素投入效率的影响，此处假定对某一生产者而言，其资本关于 j 要素的投入效率受 j 要素价格及外生技术进步两种因素共同作用。参考 Steinbuksand Neuhoff 的研究，设定在企业新增投资过程中，资本关于 j 要素的投入效率指数 $\gamma*^{j}_{i,q}$：

$$\gamma*^{j}_{i,q}=(1-\zeta)^{q\cdot(-\phi^{j})}\left(\frac{w^{j}_{j,q}}{\overline{w}^{j}}\right)^{\phi j} \tag{9-6}$$

式（9-6）中，$\overline{w}^j=\frac{\sum_{i=1}^{n}\sum_{t=1}^{T}w_{i,t}^j}{nT}$为 j 要素价格的均值；ϕ^j 表征资本的 j 要素投入效率指数关于其自身价格的弹性，即第 j 种要素价格升高 1% 所导致的资本关于 j 要素投入效率提升的幅度。由此可知，资本关于 j 要素投入效率指数受外生技术进步率 ζ 和要素价格 $w_{i,q}^j$ 的共同影响。其中，外生技术进步率 ζ 与 $\gamma_{i,q}^j$ 呈现负向关系，即外生技术进步率越高，资本关于 j 要素的投入效率指数越低，即 j 要素的相对使用效率越高。同样，要素价格 $w_{i,q}^j$ 与 $\gamma_{i,q}^j$ 之间亦呈现负向关系，要素 j 价格的上升会使 $\gamma_{j,q}^j$ 减小，即要素 j 价格升高会诱使资本关于其利用效率的提升。

在此基础上，下面将着重考察技术进步如何通过新增资本要素投入效率的动态累积，进而作用于资本存量的要素投入效率。实现这一目标的总体思路为：将生产者第 t 期的总资本存量按数量及其关于 j 要素投入效率水平两个维度进行年度分解，然后通过将各年份的新增资本关于 j 要素投入效率指数进行加权平均，得到第 t 期的总资本存量关于 j 要素的投入效率指数，其权重为各年份新增投资经折旧后的余值占整个资本存量的比重（见图 9-2，此处以资本的能源投入效率为例）。

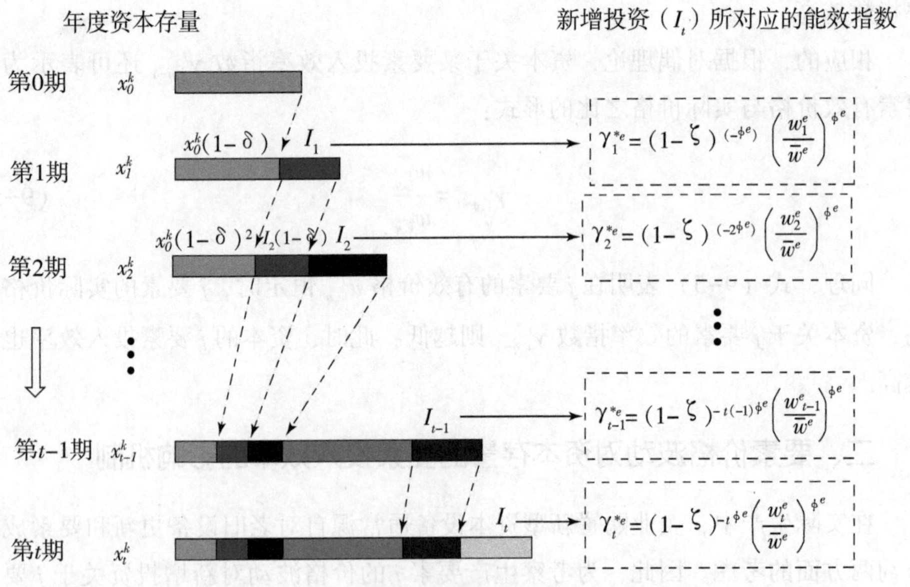

图 9-2 资本存量能效的动态累积过程示意图

具体而言，假设生产者 i 投入生产过程中的资本 $x_{i,q}^k$ 按照年度折旧率 δ_i 均匀地折，则由新增投资的积累而形成资本存量的过程可表示为 $x_{i,q}^k=I_{i,q}+(1-\delta_i)x_{i,q-1}^k$，那么，第 q 年的新增投资 $I_{i,q}$ 可表示为

$$I_{i,q}=x_{i,q}^{k}-(1-\delta_i)\ x_{i,q-1}^{k} \tag{9-7}$$

依据式（9-7），第 q 期新增投资在第 t 年的余值为 $I_{i,q}\ (1-\delta_i)^{t-q}$。通过将总资本存量中各年度资本关于 j 要素投入效率进行加权平均，可估算出第 t 期资本存量的要素投入效率指数 $\gamma_{i,t}^{j}$：

$$\gamma_{i,t}^{j}=(1-\delta_i)^{t}\frac{x_{i,0}^{k}}{x_{i,t}^{k}}\left(\frac{w_{i,0}^{j}}{\overline{w}^{j}}\right)^{-\phi^{j}}+\sum_{q=1}^{t}(1-\zeta)^{1-\phi^{j}q}\left(\frac{w_{i,q}^{j}}{\overline{w}^{j}}\right)^{-\phi^{j}}\frac{I_{i,q}\ (1-\delta_i)^{t-q}}{x_{i,t}^{k}},\ (j=l,\ e) \tag{9-8}$$

式（9-8）右边第一项为基期（第零期）资本存量在第 t 期仍发挥作用的部分关于 j 要素的投入效率指数，即为 $\gamma_{i,0}^{j}$；在后文计算中，假设该值等于样本期第一年度资本存量的要素投入效率指数。第二项为除基期以外的各年度新增资本关于 j 要素投入效率指数的加权值，权重为其在第 t 期仍发挥作用部分的占比。

第三节　资本—能源短期互补向长期替代的转变机制

要素相对价格波动诱致的技术进步会通过对新增投资的要素投入效率影响的逐年累积，进而影响整体资本存量的要素投入效率水平。具体到资本与能源两种生产要素，由于能源相对价格变动影响资本的能源效率，进而影响两要素的投入比，这一传导路径与 Morishima 对资本和能源间替代弹性的定义不谋而合，[①] 为此，本研究将上述资本存量的要素投入效率指数嵌入 Pindyck 和 Rotemberg 的动态要素需求模型中，采用 Morishima 替代弹性的概念测算资本—能源的长短期替代弹性（简称 M 替代弹性），以刻画能源价格波动通过影响资本能效进而作用于资本—能源替代关系的动态过程。

一、资本—能源短期与长期替代弹性估算

首先，假设在第 t 年度生产者 i 在给定资本投入（$x_{i,t}^{k}$）条件下，为生产固定的产出（$y_{i,t}$），其两种可变投入要素——劳动力（$x_{i,t}^{l}$）与能源（$x_{i,t}^{e}$）消耗所对应的最小成本为 $C\ (\tilde{w}_{i,t}^{l},\ \tilde{w}_{i,t}^{e},\ x_{i,t}^{k},\ y_{i,t},\ t)$。该函数关于投入要素价格呈现单调递增性，但关于资本投入呈现单调递减性。在此基础上，假设生产单元 i 的目标是最小化预期总成本的现值，则通过求解以下动态最优化问题可得到其各期的有

① 且 Morishima 替代弹性具有更接近于传统意义上 Hicks 替代弹性的定义，能更准确地反映出要素之间的替代互补关系（Blackorby and Russell，1989）等优势。

效要素需求：

$$min\ E\sum_{t=\tau}^{T}R_t\left[C\left(w_{i,t}^l,\ \tilde{w}_{i,t}^E,\ x_{i,t}^k,\ y_{i,t},\ t\right)+w_{i,t}^k x_{i,t}^k+A\left(I_t\right)\right] \tag{9-9}$$

式（9-9）中，R_t 为折现因子，$A\left(I_t\right)$ 为资本的调整成本，它是关于新增投资（I_t）的增函数。根据谢泼德引理，可求得生产要素的有效投入量：

$$\frac{\partial C_{i,t}}{\partial \tilde{w}_{i,t}^j}=\tilde{x}_{i,t}^j,\ j=l,\ e \tag{9-10}$$

此外，通过求解式（9-9）关于资本（$x_{i,t}^k$）的一阶偏导条件，可得：

$$\frac{\partial C_{i,t}}{\partial x_{i,t}^k}+w_{i,t}^k+\frac{\partial A\left[x_{i,t}^k-\left(1-\delta_i\right)x_{i,t-1}^k\right]}{\partial x_{i,t}^k}+E\left\{\frac{\partial A\left[x_{i,t+1}^k-\left(1-\delta_i\right)x_{i,t}^k\right]}{\partial x_{i,t}^k}\right\} \tag{9-11}$$

式（9-11）即为欧拉方程，表示在第 t 年资本存量多增加一单位所导致边际预期总成本的现值为零。为对上述隐函数进行动态最优化求解，此处借鉴 Pindyck 和 Rotemberg 的做法，分别将 $C\left(\tilde{w}_{i,t}^l,\ \tilde{w}_{i,t}^e,\ x_{i,t}^k,\ y_{i,t},\ t\right)$ 和 $A\left(I_t\right)$ 的函数形式具体设定为

$$\begin{aligned}\ln C_{i,t}=&\theta_0+\sum_j\theta_j\ln\tilde{w}_{i,t}^j+\theta_k\ln x_{i,t}^k+\theta_y\ln y_{i,t}+\theta_t t+\frac{1}{2}\sum_j\sum_n\mu_{jn}\ln\tilde{w}_{i,t}^j\ln\tilde{w}_{i,t}^n\\&+\sum_j\mu_{jk}\ln\tilde{w}_{i,t}^j\ln x_{i,t}^k+\sum_j\mu_{jy}\ln\tilde{w}_{i,t}\ln y_{i,t}+\sum_j\mu_{jt}t\ln\tilde{w}_{i,t}^j+\frac{1}{2}\mu_{kk}\left(\ln x_{i,t}^k\right)^2\\&+\mu_{ky}\ln x_{i,t}^k\ln y_{i,t}+\mu_{kt}t\ln x_{i,t}^k+\frac{1}{2}\mu_{yy}\left(\ln y_{i,t}\right)^2+\mu_{yt}t\ln y_{i,t}+\frac{1}{2}\mu_{tt}t^2\end{aligned} \tag{9-12}$$

$$A\left(I_t\right)=\frac{1}{2}\lambda\left(I_t\right)^2 \tag{9-13}$$

式（9-12）即为超越对数形式的成本函数，其中，时间趋势项 t 及 t 与其他各项的交乘项用来捕捉非体现式的中性和偏向性技术进步。式（9-13）代表凸性的调整成本函数。

在此基础上，将式（9-10）两边同乘以$\frac{\tilde{w}_{it}^j}{C_{it}}$，可以得到可变投入要素成本份额的表达式：

$$S_{i,t}^j=\frac{\tilde{x}_{i,t}^j\tilde{w}_{i,t}^j}{C_{i,t}}=\frac{\partial\ln C_{i,t}}{\partial\ln\tilde{w}_{i,t}^j}=\theta_j+\mu_{jk}\ln x_{i,t}^k+\mu_{jy}\ln y_{i,t}+\mu_{jt}t+\sum_p\mu_{jn}\ln\tilde{w}_{i,t}^p \tag{9-14}$$

此外，式（9-11）可具体表示为

$$\frac{C_{i,t}}{x_{i,t}^{k}}s_{i,t}^{k}+w_{i,t}^{k}+\lambda\left[x_{i,t}^{k}-(1-\delta)x_{i,t-1}^{k}\right]-E\{R_{j}(1-\delta_{i})\lambda\left[x_{i,t+1}^{k}-(1-\delta)x_{i,t}^{k}\right]\}=0 \tag{9-15}$$

其中，设定 $S_{i,t}^{k}=\frac{\partial\ln C_{i,t}}{\partial\ln x_{i,t}^{k}}=\theta_{k}+\mu_{kk}\ln x_{i,t}^{k}+\mu_{ky}\ln y_{i,t}+\mu_{kt}t+\sum_{j}\mu_{kj}\ln\widetilde{w}_{i,t}^{j}$。

在短期内资本存量不能进行充分调整的条件下，能源的自价格弹性（η_{ee}^{s}）及能源与资本的交叉价格弹性（η_{ke}^{s}）可分别表示为

$$\eta_{ee}^{s}=\frac{\partial\ln x_{i,t}^{e}}{\partial\ln w_{i,t}^{e}}=\frac{\mu_{ee}}{S_{i,t}^{e}}+S_{i,t}^{e}-1 \tag{9-16}$$

$$\eta_{ke}^{s}=\frac{\partial\ln x_{i,t}^{k}}{\partial\ln w_{i,t}^{e}}=\frac{\partial\ln x_{i,t}^{k}}{\partial\ln C_{i,t}}\cdot\frac{\partial\ln C_{i,t}}{\partial\ln w_{i,t}^{e}}=\frac{S_{i,t}^{e}}{S_{i,t}^{k}} \tag{9-17}$$

从长期来看，当资本投入可以进行充分调整时，生产者的预期调整成本为零，即 $\xrightarrow[t\to\infty]{lim}E\left\{R_{t}\left[\frac{\partial A\ (x_{i,t+1}^{k}-\ (1-\delta_{i})\ x_{i,t}^{k}}{\partial x_{i,t}^{k}}\right]\right\}=0$。相应的，式（9-11）的前三项将满足如下极限条件：$\xrightarrow[t\to\infty]{lim}E\left\{R_{t}\left[\frac{\partial C_{i,t}}{\partial x_{i,t}^{k}}+w_{i,t}^{k}+\frac{\partial A(x_{i,t}^{k}-\ (1-\delta_{i})\ x_{i,t-1}^{k})}{\partial x_{i,t}^{k}}\right]\right\}=0$，表示其资本投入的边际预期成本的折现值为零，也就意味着当前资本投入达到最优水平。

基于这一极限条件可推演出：$-\frac{\partial C_{i,t}}{\partial x_{i,t}^{k}}=w_{i,t}^{k}$，该式即为长期状态下关于最优资本存量的包络条件。在此基础上，能源的长期自价格弹性（η_{ee}^{L}）为

$$\eta_{ee}^{L}=\frac{w_{i,t}^{e}}{x_{i,t}^{e}}\left(\frac{\partial x_{i,t}^{e}}{\partial w_{i,t}^{e}}\bigg|_{x_{i,t}^{k}\ fixed}+\frac{\partial x_{i,t}^{e}}{\partial x_{i,t}^{k}}\cdot\frac{\partial x_{i,t}^{k}}{\partial w_{i,t}^{e}}\right)=\eta_{ee}^{S}+\left(S_{i,t}^{k}+\frac{\mu_{ke}}{S_{i,t}^{e}}\right)\cdot\left(S_{it}^{e}+\frac{\mu_{ke}}{S_{i,t}^{k}}\right) \tag{9-18}$$

资本与能源长期的交叉价格弹性（η_{ke}^{L}）为

$$\eta_{ke}^{L}=\frac{\partial\ln x_{i,t}^{k}}{\partial\ln w_{i,t}^{e}}=\frac{\partial\ln C_{i,t}}{\partial\ln w_{i,t}^{e}}+\frac{\partial\ln S_{i,t}^{k}}{\partial\ln w_{i,t}^{e}}=S_{i,t}^{e}+\frac{\mu_{ke}}{S_{i,t}^{k}} \tag{9-19}$$

综上，根据能源自价格弹性及能源与资本的交叉价格弹性，可分别计算出资本—能源的长短期替代弹性。其中，短期替代弹性 M_{ke}^{S} 为

$$M_{ke}^{S}=\frac{\partial\ln\ (x_{i,t}^{k}/x_{i,t}^{e})}{\partial\ln w_{i,t}^{e}}=\eta_{ke}^{S}-\eta_{ee}^{S} \tag{9-20}$$

长期替代弹性 $\mathrm{M}_{\mathrm{ke}}^{\mathrm{L}}$ 为

$$M_{ke}^{L}=\frac{\partial \ln\ (x_{i,t}^{k}/x_{i,t}^{e})}{\partial \ln w_{i,t}^{e}}=\eta_{ke}^{L}-\eta_{ee}^{L} \tag{9-21}$$

若 M_{ke}^{S}（M_{ke}^{L}）>0，则表明两要素间存在替代关系；反之，则为互补关系。

二、能源价格波动对资本—能源长短期替代弹性影响程度测算

如前所述，由于能源相对价格波动会通过促进资本能效的变动进而导致两要素间替代弹性发生变化，因此，能源价格变动对两要素间替代弹性的影响程度可以通过对 Morishima 替代弹性计算式（式 9-20 和式 9-21）中与 $\gamma_{i,q-1}^{e}$ 相关的部分进行计算得到。根据式（9-20），能源价格波动对资本—能源短期替代弹性的净影响（$M_{ke}^{S}\_\gamma$）可表示为

$$M_{ke}^{S}\_\gamma=\underbrace{-\frac{ir\_ee\cdot\mu_{ke}\ln\gamma_{i,t-1}^{e}}{(ir\_ke)^{2}}+\frac{\mu_{ee}\ln\gamma_{i,t-1}^{e}}{ir\_ke+\mu_{ke}\ln\gamma_{i,t-1}^{e}}}_{\eta_{ke-\gamma}^{S}}\underbrace{-\mu_{ee}\ln\gamma_{i,t-1}^{e}\left(1-\frac{\mu_{ee}}{(ir\_ee)^{2}}\right)}_{\eta_{ee-\gamma}^{S}} \tag{9-22}$$

同理，能源价格波动对资本—能源长期替代弹性的净影响（$M_{ke}^{L}\_\gamma$）可表示为

$$M_{ke}^{L}\_\gamma=\underbrace{\mu_{ee}\ln\gamma_{i,t-1}^{e}-\frac{\mu_{ke}^{2}}{(ir\_ke)^{2}}\ln\gamma_{i,t-1}^{e}-\mu_{ee}\ln\gamma_{i,t-1}^{e}\left(1-\frac{\mu_{ee}}{(ir\_ee)^{2}}\right)+\mu_{ee}\mu_{ke}(\ln\gamma_{i,t-1}^{e})^{2}+}_{\eta_{ee-\gamma}^{L}}$$
$$\underbrace{\mu_{ee}\ln\gamma_{i,t-1}^{e}\cdot ir\_ke+\mu_{ke}\ln\gamma_{i,t-1}^{e}\cdot ir\_ee-\frac{\mu_{ke}^{2}(\mu_{ee}\mu_{ke}(\ln\gamma_{i,t-1}^{e})^{2}+\mu_{ee}\ln\gamma_{i,t-1}^{e}\cdot ir\_ke+\mu_{ke}\ln\gamma_{i,t-1}^{3}\cdot ir\_ee)}{(ir\_ee)^{2}\cdot(ir\_ke)^{2}}}_{\eta_{ee-\gamma}^{L}} \tag{9-23}$$

第四节 数据来源及实证结果

基于上述理论模型，本研究首先采用 1995—2018 年中国省际层面的面板数据估算各年度新增资本的能效，并进一步剖析其增长诱因的时空分异规律；其次，考察由新增资本能效累积而形成的资本存量能效的时序演进特征；最后，在识别资本与能源的长短期替代互补关系的基础上，测算由能源价格波动所引致的资本能效变动对二者之间长短期替代弹性的影响。

一、变量说明及数据来源

囿于数据的可获得性，本研究样本为 1995—2018 年期间中国除台湾、香港、澳门和西藏以外的 30 个省、直辖市、自治区（下文简称各省）。实证过程中所涉

及的变量及其相应的数据来源做如下说明。

（一）投入与产出变量

本研究考虑一种三投入单产出的生产技术，其中投入变量主要包括劳动力、资本、能源三种。劳动力投入以各省就业总人数来衡量，1995—2004 年的数据取自《中国国内生产总值核算历史资料 1952—2004》，2006 年的数据源于《新中国 60 年统计资料汇编》，部分缺失数据由各省相应年度的统计年鉴进行补充，其余年份的数据取自各省的统计年鉴。能源投入以分地区能源消耗总量来测度（以标准煤计），数据采集于历年的《中国能源统计年鉴》。各省的资本投入采用基于永续盘存法计算而得的实际资本存量表示；计算过程中所涉及的各省资本折旧率采用张建华的估算结果。产出变量以经各省 GDP 平减指数折算后的实际 GDP 来表征，相关基础数据来源于历年的《中国统计年鉴》。需要说明的是，1995 年和 1996 年重庆市缺失的数据按 1997 年后其占四川省的比例进行填补。

（二）生产要素价格变量

劳动力价格以各省劳动力的人均报酬衡量，具体的测算方法分为两步：首先计算经 CPI 折算后的各省劳动总报酬；然后用折算后的各省劳动总报酬除以对应的就业总人数，得到劳动力的人均报酬。资本价格的测算参考 Pindyck 和 Rubinfeld 的研究，以折旧率和利率两部分之和来表示。[①] 其中，利率以 3 年期贷款利率表示，基础数据来源于中国人民银行网站；各省折旧率采用张建华的估算结果。能源价格的测算参考杨冕等的做法，通过以下 3 个步骤展开：首先，根据各省 1995 年每种能源的终端消耗量及其对应价格，计算出各省 1995 年能源投入的总成本；其次，根据各省 1995 年能源总成本及其综合能源消耗量（以标准煤计），估算出其实际能源价格（单位是元/吨标准煤）；最后，依据各省历年的燃料动力类价格指数序列，递推各省历年的实际能源价格。由于基期能源价格及后续递推所采用的价格指数序列在地区之间均具有显著差异，因此采用该方法测算的综合能源价格同时保证了时间与空间维度的异质性，能较为充分地反映全部能源价格的变化。上述数据中，各省每种能源消耗量及综合能耗总量来自历年的《中国能源统计年鉴》，每种能源 1995 年的价格数据来自《1995 年第三次全国工业普查资料汇编》，各省燃料动力类价格指数取自历年各省的统计年鉴，少数缺失年份以当年的全国指数进行填补。

二、参数估计结果

随着年度新增资本的不断积累，式（9-8）的具体表达式会随时间推移而发

① 本研究也构建了考虑通货膨胀因素后的资本价格序列，发现更换为该资本价格序列对基本结果无显著影响。

生动态调整；在此背景下，传统的系统估计方法（如非线性迭代似不相关估计，INLSUR）会因自由度的急剧下降而失效。因此，本章采用全信息最大似然估计法（FIML）对由（9-5）（9-8）（9-14）（9-15）四式所组成的方程组进行系统估计。系统估计的具体步骤如下：

（1）采用随机搜索法估算资本的 j 要素投入效率关于 j 要素价格的弹性 ϕ^j 和外生技术进步率 ζ 的值；为增加搜索效率，参考现有研究结论并结合我国的实际生产情况，此处将 ϕ^j 的搜索范围限定在 0~2 之间，ζ 的搜索范围限定在 0~0.2 之间。[①] 经过10000次的迭代计算，最终的搜索结果显示，当 $\phi^e=-1.143$、$\phi^l=-1.724$、$\zeta=0.062$ 时，整个方程系统的似然值达到最大。上述关键参数的经济含义分别为：长期来看，能源价格每上涨1%，将诱导资本的能源投入效率提升1.143%；劳动力要素的价格每上升1%，会导致资本的劳动投入效率提升1.724%；样本期内，外生技术进步率的年均值为6.2%。

（2）运用上述搜索结果，并使用迭代似不相关回归法对（9-5）（9-11）（9-17）（9-18）四式所组成的系统方程组进行回归估计（见表9-1），结果显示：除能源份额方程中的参数外（其在10%水平上显著），其余所有参数的估计结果均在1%的水平上显著，表明上述系统模型较好地拟合了实际生产情况。需要特别说明的是：出于投资变量计量单位原因，欧拉方程中参数 λ 的估计结果较小（为 1.26×10^{-6}），但其仍在1%的水平上显著，意味着短期内资本投入的变动确实需要支付相应的调整成本；根据 λ 的估计值，并结合相应年度的资本投资额，可计算新增投资的边际调整成本 $\frac{\partial A\ (I_t)}{\partial I_t}=\lambda I_t$（参数 λ 的经济含义）。计算结果显示，每新增10000元的资本投资，平均需要额外支付约600元的调整成本（以1995年不变价格计算）。

表9-1 参数估计结果

变量	能源份额方程		欧拉方程	
	参数	估计值	参数	估计值
Adj			λ	1.26×10^{-6}*** (4.55×10^{-7})
$\ln x_{it}^k$	μ_{ek}	0.045*** (0.013)	μ_{kk}	−0.572*** (−0.031)

① 经检验，调整或扩大初始的搜索范围均不会改变关键参数的搜索结果及后续似不相关的回归结果。

续表

变量	能源份额方程		欧拉方程	
	参数	估计值	参数	估计值
$\ln y_{it}$	μ_{ey}	-0.091^{***} (0.011)	μ_{ky}	0.478^{***} (−0.026)
t	μ_{et}	0.015^{***} (0.001)	μ_{kt}	0.045^{***} (−0.002)
$\ln\tilde{w}_{it}^{l}$	μ_{el}	-0.014^{*} (0.008)	μ_{kl}	0.255^{***} (−0.019)
$\ln\tilde{w}_{it}^{e}$	μ_{ee}	0.182^{***} (0.010)	μ_{ke}	0.250^{***} (−0.025)
Constant	θ_e	0.830^{***} (0.050)	θ_k	0.554^{***} (−0.130)
Observations		690		690
R-squared		0.538		0.662

注：***代表 p<0.01、**代表 p<0.05、*代表 p<0.1；括号内为标准误。下同。

三、新增资本的能效变动及其诱因分析

前文理论分析表明，要素间相对价格波动诱致的技术进步会通过对新增投资的要素投入效率影响的逐年累积，进而作用于资本存量的要素投入效率水平。基于上述参数估计结果，并结合式（9-6），可逐一计算出样本期内各年度新增投资的能效指数（见图 9-3）。计算结果表明，除 2009 和 2015 年呈现轻微下滑外，$\gamma*_{i,q}^{e}$ 值从 1995 年的 2.277 持续下降到 2018 年的 0.126，意味着近 24 年来我国新增资本的能效水平呈现逐年上升趋势（$\gamma*_{i,q}^{e}$ 值越大，表明资本关于能源的效率越低）。为深入考察该时期内能源价格波动的动态影响及其区域分布特征，此处分别绘制了图 9-4 与图 9-5。

从时序维度上来看（见图 9-4），对于样本期内新增资本的能效改进而言，能源价格波动诱致的技术进步（PITC）平均贡献率为 42.86%，而外生技术进步（ETC）的贡献率则为 57.14%。由此说明，能源价格波动对近 20 年来我国新增资本能源效率改进的贡献约为四成。其演变趋势与能源价格（以折算后标准煤的价格度量，单位为元/吨标准煤）的波动趋势具有高度的一致性。具体来看，大致可分为三个阶段：①1996—2002 年，这一时期我国能源价格整体水平较低，但

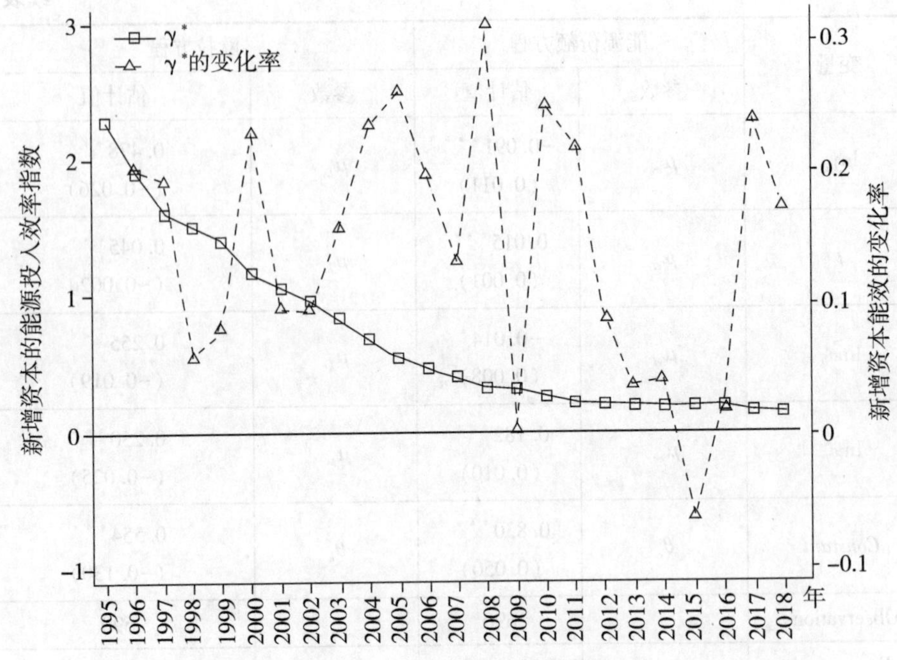

图 9-3　新增资本的能源投入效率指数及能效增长率（1995—2018 年）

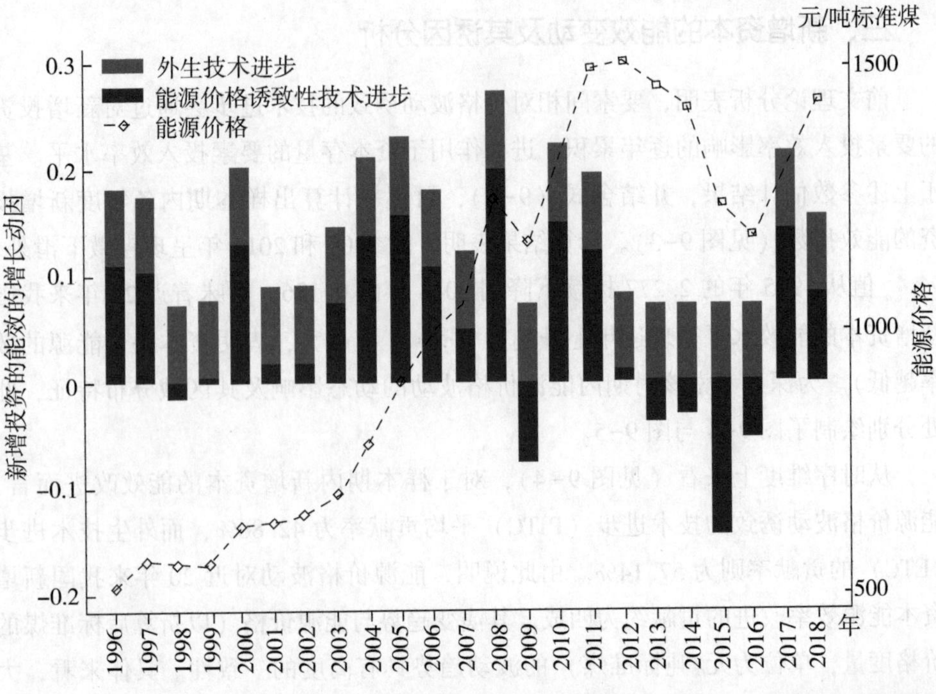

图 9-4　能源价格诱致性技术进步对新增投资能效改进的贡献（1996—2018 年）

存在一定的起伏，导致相应年份 PITC 的贡献率也出现显著波动，外生技术进步是致使这一时期新增资本能效得以提升的主导驱动力。②2003—2011 年，随着“十一五”发展规划中“节能降耗”外部约束的提出，以及能源市场化改革进程的深化，能源价格从过去的低廉价格向市场价格过渡，① PITC 的作用也逐步突显，在部分年份（如 2004—2006 年、2008 年、2010 年和 2011 年）其贡献率甚至超过外生技术进步的贡献，成为促进新增资本能效提升的首要因素。③2012—2018 年，与前两个阶段不同，能源价格在这一时期先迅速下降，而后逐步回升；相应的，PITC 则是先在一定程度上阻碍了新增资本能效的提升（在 2015 年，其负向作用甚至完全抵消了外生技术进步的贡献，导致新增资本的能效下降），而后随着能源价格的走势发生反转，其诱导作用再次突显。

从地区分布来看（见图 9-5），能源价格波动对新增资本能效改进的诱导作用呈现出一定的空间异质性。就各省的平均水平而言，北京、福建、河南、黑龙江、贵州、新疆等省（自治区、直辖市）能源价格波动的诱导作用较强，其对资本能效提升的贡献均在 40%之上。究其原因不难发现，在样本期内上述省的能源价格上涨幅度普遍较大。以能源价格诱导效应最为明显的新疆为例，其能源价格波动对资本能效提升的贡献达到 56.04%，而恰好在所有样本省中，新疆的能源价格上升幅度也最大。根据本研究的计算方法，相较于 1995 年 411.76 元/吨

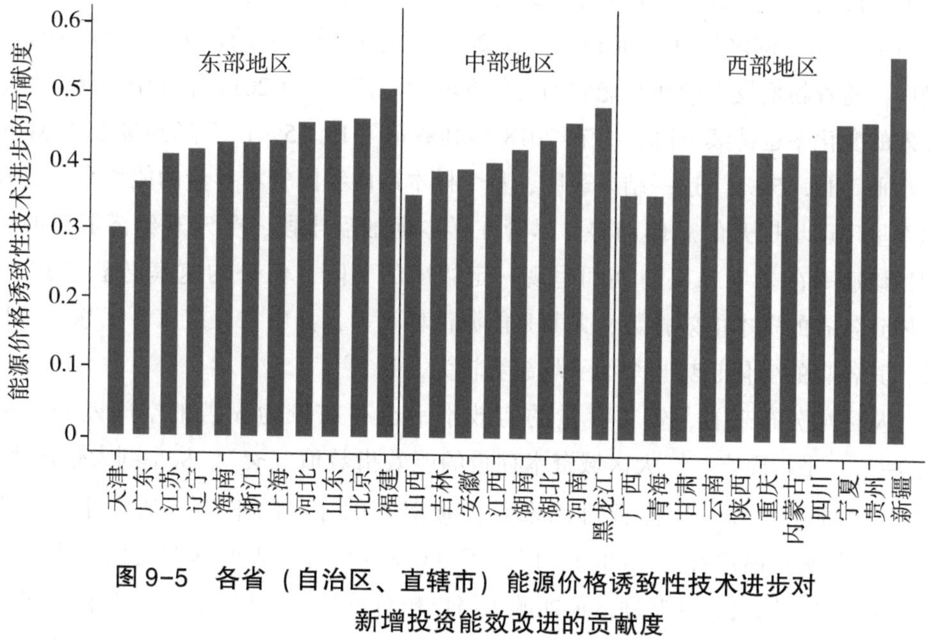

图 9-5 各省（自治区、直辖市）能源价格诱致性技术进步对新增投资能效改进的贡献度

① 2003—2012 年之间的十年也被称为煤炭的“黄金十年”，这一时期我国煤炭价格经历了持续上涨。

标煤的能源均价，新疆2018年能源均价上升至2670.16元/吨标煤（以1995年不变价格计算），涨幅高达548.47%。与之相反，天津、山西、广西等省（自治区、直辖市）能源价格的诱导效应则较弱，均不超过40%；与之相对应，其能源价格在整个研究年限内也仅翻了一番左右。此外，分地区来看，东部、中部和西部地区能源价格对资本能效提升的平均贡献均在40%左右，表明能源价格波动对新增资本能效水平提升作用在大区域尺度上的差异性不甚明显。

四、资本存量能效改进的时空分异特征

根据式（9-8）计算出样本期内各省历年资本存量的能源效率指数，连同其增长率一起绘制于图9-6中。与新增资本的能源效率指数变化趋势相同，资本存量的能源效率指数在整个研究期内也呈现持续下降趋势，其数值从1995年的2.277下降到2018年的0.271，表明过去24年间我国资本存量的能效水平逐年提升，年均增幅达9.25%。但具体到各年度来看，资本存量的能源效率指数的变化率则表现出一定的波动性特征。1996—2007年期间，该指数变化率的相反数从1996年的1.80%增加到2007年的13.73%，表明资本存量的能效改进速率有较大幅度的提升。究其原因，是因为这一时期内各年度新增投资的能效均得以较快提升，且其变化率在大多数年份也保持增长，则由其加权而得的资本存量的能效得以持续提升，且其提升速率越来越快。随后，该指数变化率的相反数在经历2008年微弱下调之后继续提升，并在2011年达到样本期的最大值（14.07%）。最后，随着新增投资量和其能效的变化率的“双降”，自2011年开始，资本存量能效的变化率也持续下降，并在2018年其数值（10.15%）下降到接近2004年的水平（11.45%）。这一结果表明，整个样本期内我国资本存量的能效水平提升速率呈现逐步提升的总体趋势，尽管在样本期的后半段，受宏观经济形势的影响，该速率在“十二五”期间呈现一定幅度的下降，但平均速率仍超过10%。具体到各省的资本能效指数，尤其是能源消耗大省，如山东、广东、江苏、河北等，其各自的变化趋势与全国平均趋势较为一致。①

从区域分布来看，资本存量的能效水平也存在较为显著的空间差异（见图9-7）。平均而言，三大区域资本存量的能效指数值（$\gamma_{i,q}^{e}$）从小到大依次为：东部、西部、中部。从各省对比来看，海南省的$\gamma_{i,q}^{e}$的平均数值最小，仅为0.680，其次是福建省（0.800）、广东省（0.837）等，表明这些地区资本的用能效率较高。同时，这些地区的能源价格也相对较高，都在1000元/吨标准煤以上，其中，福建的平均能源价格位于全国之首，达到1759.72元/吨标准煤。与

① 此处限于篇幅，各省资本能效的变动情况未予以汇报，留存备索。

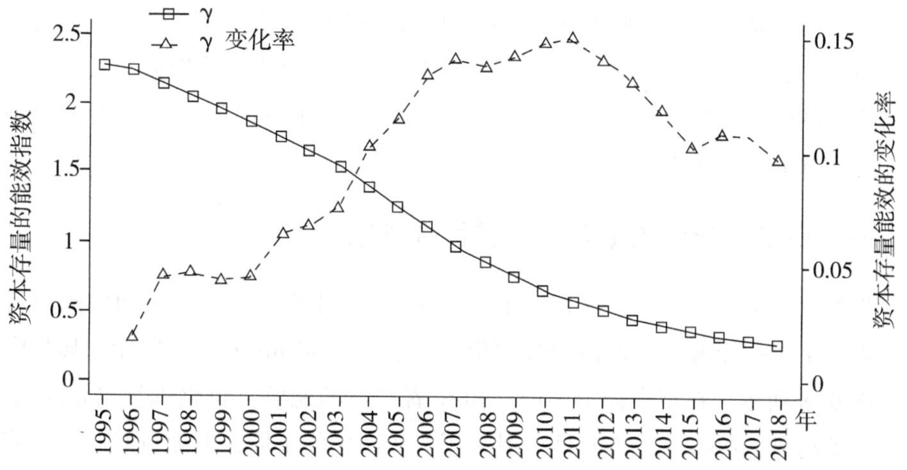

图 9-6　资本存量的能源投入效率指数及能效增长率（1995—2018 年）

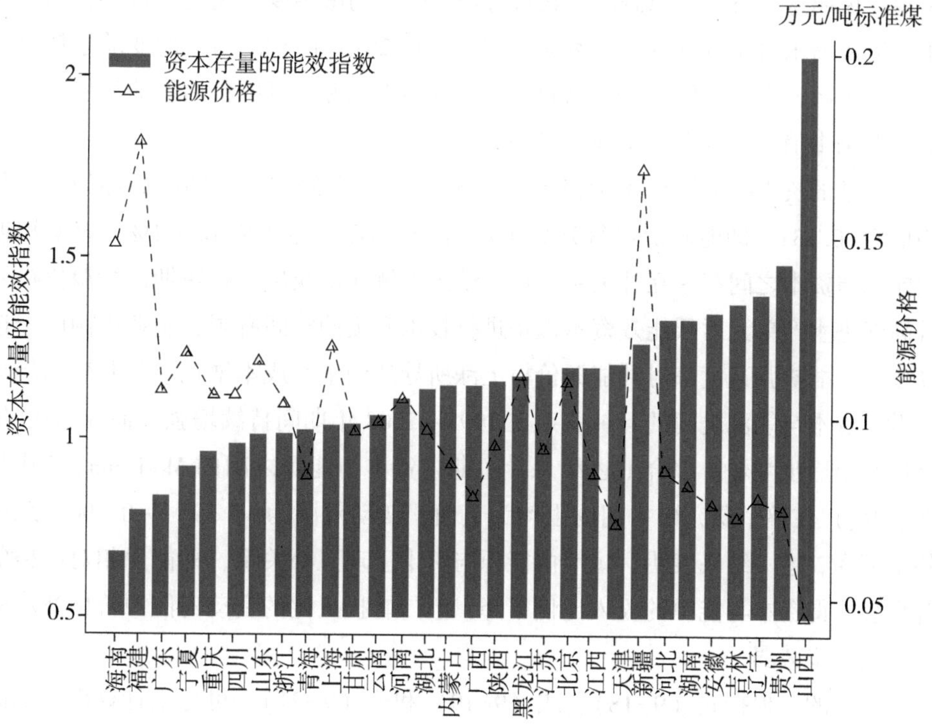

图 9-7　资本存量的能效指数的空间分布状况

这些省相反，山西省的 $\gamma_{i,q}^{e}$ 的平均数值最大，高达 2.066，其次为贵州、辽宁、吉林、安徽、湖南等，这些地区资本的用能效率较低，其能源价格也相对较低，均在 1000 元/吨标准煤以下。综合来看，各省资本存量的能效指数与其平均的能源价格呈现较为明显的负相关关系，这在较大程度上印证了能源价格对于促进资本能效提升的重要作用。

五、资本—能源短期与长期替代弹性估算

根据式（9-16）、式（9-17）和式（9-20）可分别计算出短期的能源自价格弹性、资本—能源交叉价格弹性及资本—能源 Morishima 替代弹性，其时序结果如图 9-8 所示。在整个样本期内，30 个省平均的能源自价格弹性（η_{ee}^{S}）呈现 U 型变动趋势，1995—2005 年间，其表现为较高位的正值，但随着时间的推移有所降低，意味着该时期内，政府对能源价格的行政控制与市场机制的不完善，阻碍了能源价格在市场体系下调节功能的发挥，但该阻碍效应在这一时期的后半段逐渐减弱；随后，在 2005—2012 年间，η_{ee}^{S} 由先前的正值转为负值，且保持相对平稳，说明这一时期能源需求对其自身价格波动的敏感度出现明显改善，但整体来看能源需求对于自身价格依然缺乏弹性；自 2013 年开始，η_{ee}^{S} 的变动趋势出现反转，再次转变为正值，这从侧面反映了近年来能源市场的价格扭曲虽然有所缓解，但仍未消除，且存在反弹的趋势。

短期的资本—能源交叉价格弹性（η_{ke}^{S}）在整个研究样本期内始终为负，其均值为-0.331，即能源价格每升高 1%会使资本需求量下降 0.331%，表明短期内能源与资本之间存在互补关系。这一结果也侧面反映出：在短期内能源价格的升高促进生产单元对低能效资本设备进行技术升级的空间有限；企业更倾向于选择放缓产能扩张速度来对冲能源价格上涨所导致的生产成本增加。就其变动趋势来看，资本与能源之间的互补关系在 1995—2008 年期间持续增强，而在 2008 年之后开始逐步减弱。综合上述结果，短期内资本与能源之间的 Morishima 替代弹性（M_{ke}^{S}）在整个研究样本期内也均为负值，变动范围为-0.595～-0.390，总体趋于下降。这一结果表明，短期内能源与资本呈现互补关系，即能源相对价格的升高会使得资本与能源的投入比例下降，但二者投入比的变动对能源价格波动的敏感度逐步减弱。

类似的，根据式（9-18）、式（9-19）和式（9-21），可分别计算出长期的能源自价格弹性、资本—能源交叉价格弹性和资本—能源 Morishima 替代弹性，结果如图 9-9 所示。与短期自价格弹性类似，能源的长期自价格弹性（η_{ee}^{L}）也经历了由正到负的转变，且变动趋势也与其短期情形较为一致，但从长期来看，能源需求对其自身价格的敏感性比短期情形有一定程度的提升。与之相反，能源

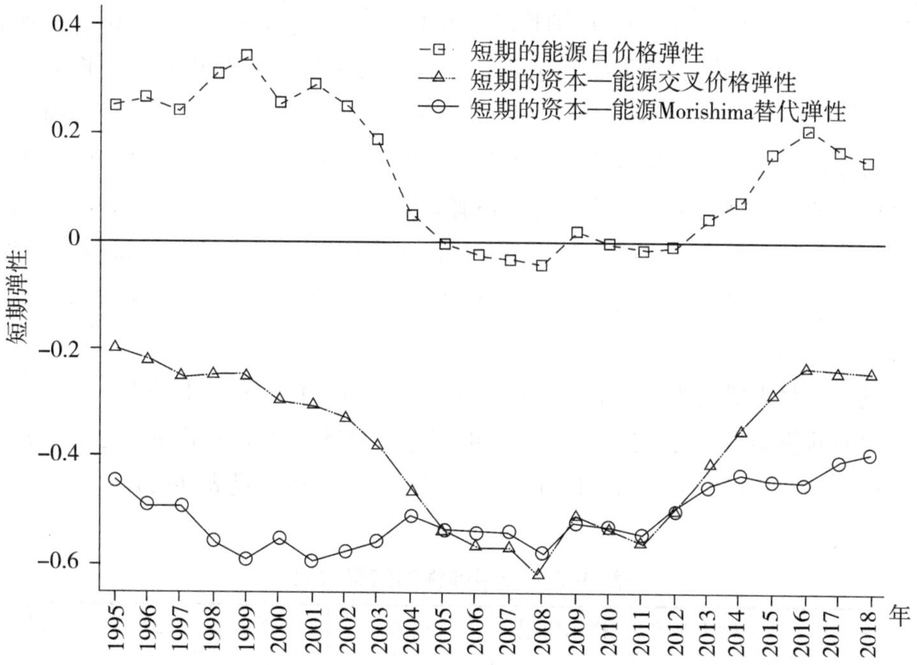

图 9-8　能源的短期自价格、资本—能源的交叉价格与 M 替代弹性（1995—2018 年）

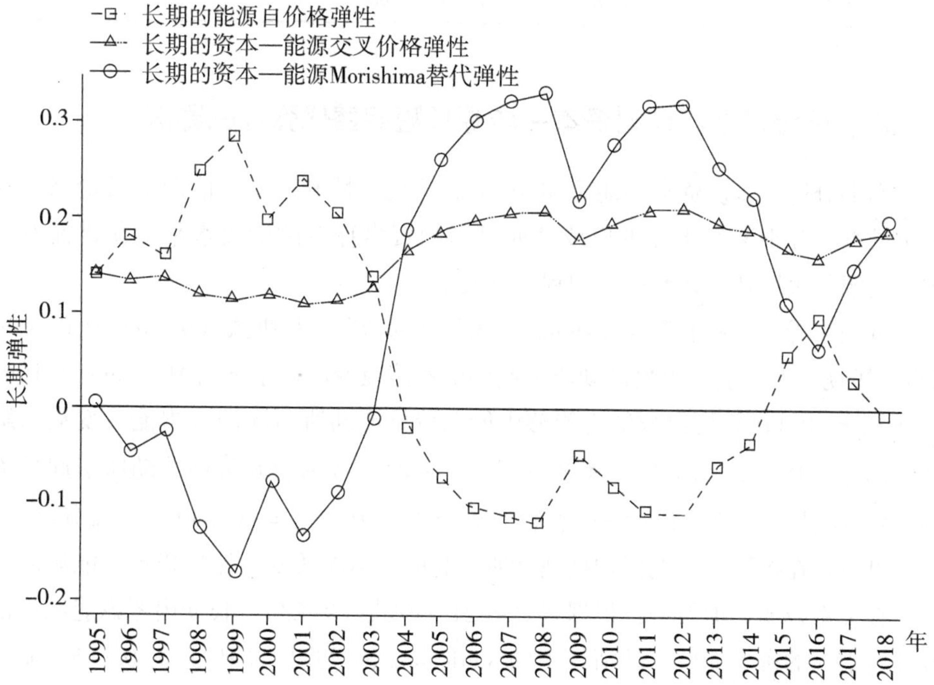

图 9-9　长期内能源的自价格、资本—能源交叉价格弹性与资本—能源 M 弹性

与资本的交叉价格弹性（η_{ke}^{L}）则持续为正，取值范围为 0.107～0.209，表明长期内能源与资本始终表现为替代关系。综合上述结果，资本和能源的长期 Morishima 替代弹性（M_{ke}^{L}）在大多数年份都为正，意味着能源相对价格上涨将导致资本与能源投入比例上升，且二者在大多数年份呈现替代关系；其在 1995—2003 年间为负值的原因在于，能源的自价格弹性在 2004 年以前为正值，并且要高于资本—能源的交叉价格弹性，在此期间能源价格提高反而会使得能源投入增加，同时降低其他要素投入比例，原本理论上的替代关系实际上却是一种异常的互补现象。

进一步将本研究所计算的 3 个长期弹性结果与已有研究结果进行对比，发现与本研究测算结果较为接近的是 Ma 等的研究；且除了于立宏和贺媛之外，绝大部分研究结论均证实资本与能源在长期内存在替代关系（见表 9-2）。

表 9-2　长期弹性的结果对比

研究员	数据类型	样本年限	模型	η_{ee}^{L}	η_{ke}^{L}	M_{ke}^{L}
Ma 等	省际	1995—2004	Trans-log cost	-0.47	0.22	0.69
于立宏和贺媛	省际	2000—2010	Trans-log cost	-0.04	-0.23	-0.19
Ma 和 Stern	省际	1995—2004	Trans-log cost	-0.70	0.13	0.83
Yang 等	行业	1995—2012	Trans-log cost	-0.75	0.23	0.98

六、能源价格波动对资本—能源长短期替代弹性的影响

本部分进一步从资本—能源 Morishima 替代弹性和资本—能源交叉价格弹性两个维度，分别考察能源价格波动通过影响资本存量的能效水平变化进而对资本—能源长短期替代弹性的影响程度（见表 9-3）。

首先来看资本—能源 Morishima 替代弹性的情况，根据式（9-20）和式（9-22），短期内考虑能源价格波动所引起的资本能效变动情景下的 Morishima 替代弹性（$M_{ke}^{S}=-0.116$）可以分解为能够由能源价格波动所引起的资本能效变动来解释的部分（$M_{ke\_}^{S}\ \gamma=0.006$）和余下部分——即不考虑能源价格波动所引起的资本能效变动情景下的 Morishima 替代弹性（$M_{ke}^{S}-M_{ke\_}^{S}\ \gamma=-0.349$）两部分之和。由此可见：在短期内，能源价格波动所引起的资本能效变动促进资本与能源之间的互补关系减弱。类似的，根据式（9-21）和式（9-23），长期内考虑能源价格波动所引起的资本能效变动情景下的 Morishima 替代弹性（M_{ke}^{L}）为 0.245，而不考虑这一因素的 Morishima 替代弹性（$M_{ke}^{L}-M_{ke\_}^{L}\ \gamma$）则降低至 0.213。说明在长期内，能源价格波动所引起的资本能效变动促进了资本与能源之间的替代关系增强。

表 9-3 能源价格波动对资本—能源的长短期替代弹性的影响度

弹性类型	能源变动情景	短期		长期	
M 替代弹性	考虑资本的能效变动	M^{S}_{ke}	-0.342^{***} (0.041)	M^{L}_{ke}	0.245^{***} (0.053)
	其中与资本能效有关的部分	$M^{S}_{ke-}\gamma$	0.006^{***} (0.003)	$M^{L}_{ke-}\gamma$	0.032^{***} (0.008)
	不考虑资本的能效变动	$M^{S}_{ke}-M^{S}_{ke-}\gamma$	-0.349^{***} (0.038)	$M^{L}_{ke}-M^{L}_{ke-}\gamma$	0.213^{***} (0.063)
交叉价格弹性	考虑资本的能效变动	η^{S}_{ke}	-0.331^{***} (0.003)	η^{L}_{ke}	0.169^{***} (0.018)
	其中与资本能效有关的部分	$\eta^{S}_{ke-}\gamma$	0.042^{***} (0.002)	$\eta^{L}_{ke-}\gamma$	0.027^{***} (0.004)
	不考虑资本的能效变动	$\eta^{S}_{ke}-\eta^{S}_{ke-}\gamma$	-0.373^{***} (0.003)	$\eta^{L}_{ke}-\eta^{L}_{ke-}\gamma$	0.142^{***} (0.019)

注：***表示在1%水平下显著；括号内为标准误。

究其原因不难发现：在样本期内的绝大多数年份，我国能源价格都呈现出上升的趋势，而能源价格的上涨诱致了资本体现式技术进步的持续发生（见图 9-2），其与外生技术进步共同推动着新增投资的能效的提升。随着原有低能效资本的持续折旧与新增高能效资本的不断累积，整个资本存量的能效也随之得以提升，最终表现为经济系统中资本—能源投入比的上升。① 结合资本—能源 Morishima 替代弹性的具体表达式 $\left[M_{ke}=\frac{\partial \ln\ (x^{k}_{i,t}/x^{e}_{i,t})}{\partial \ln w^{e}_{i,t}}\right]$ 可知，能源价格（上升）与资本—能源投入比（升高）呈现同方向变化，因此，该传导路径对资本—能源 Morishima 替代弹性的贡献为正。鉴于这一原因，当短期内资本与能源呈现互补关系（资本—能源 Morishima 替代弹性表现为负）时，由能源价格波动所引起的资本能效变动会促进二者之间的互补程度减弱；反之，当长期内资本与能源呈现出替代关系（资本—能源 Morishima 替代弹性表现为正）时，由能源价格波动所引起的资本能效变动会促进二者之间的替代关系增强。

与资本—能源 Morishima 替代弹性的情况相类似，分析资本—能源交叉价格弹性也可得出一致的结果。表 9-3 显示：η^{L}_{ke} 和 $\eta^{L}_{ke-}\gamma$ 的结果分别为-0.331 和

① 详见式（9-4）的推导。

0.042，则可推知，在不考虑能源价格波动所引起的资本能效变动时，资本—能源交叉价格弹性会上升至-0.373；表明能源价格波动所引起的资本能效变动在短期内会促进资本—能源的互补程度减弱。而在长期内，能源价格波动所引起的资本能效变动使得资本—能源的交叉价格弹性由0.142提升至0.169，即促进了二者之间替代关系的增强。

综上所述：无论是从资本—能源Morishima替代弹性，还是从资本—能源交叉价格弹性来看，能源价格波动所引起的资本能效变动在短期均会促进资本与能源之间的互补关系减弱，而在长期则会促进资本与能源之间的替代关系增强，即促进资本—能源之间关系由短期互补向长期替代转变。

第五节　研究结论

减轻经济增长对资源能源的依赖程度，是促进我国节能减排工作目标顺利实现的关键环节，也是推动产业转型升级乃至经济发展方式转变的重要举措。为有效减轻经济增长对能源资源的依赖，政府部门需采取适当的环境政策工具来提高企业的能源使用成本，以此激励企业增加高能效的资本设备投资并逐步淘汰高能耗的机器设备来实现能源节约，即促进资本替代能源。在此背景下，资本—能源之间的替代关系逐步成为学术界关注的焦点问题。本章在深入剖析能源价格波动影响资本的能源效率内在机理的基础上，通过构建动态要素需求模型，探究资本与能源之间的关系由短期互补向长期替代的转变机制。

本研究基于中国1995—2018年省际面板数据，对我国近24年来新增资本的能效水平变动及其诱因、资本存量的能源效率的动态演变趋势，以及能源价格波动通过资本能效水平变动进而影响资本—能源替代关系的作用过程进行实证分析，主要研究结论可归纳如下：①样本期内我国新增资本投资的能效水平呈现逐年上升趋势；且随着高能效新增资本的不断积累，近24年来我国资本存量的能源投入效率水平也逐年提升，年均增幅为9.25%。从空间维度上看，东部地区的资本存量的能效水平最高，其次为西部地区，而中部地区最低。②能源价格波动所产生的诱致性技术进步对资本能效的提升具有重要促进作用，其在样本期内的累计贡献为42.86%；具体来看，能源价格每上升1%，资本的能源投入效率上升1.143%。从地理分布来看，能源价格提升幅度越大的地区，其诱导资本能效提升的作用也越强。③短期内，资本与能源之间呈现互补关系，而长期内两者之间表现为替代关系。④能源价格波动所诱发的资本能效提升在短期内减弱了资本与能源的互补强度，而在长期内增强了两者之间的替代关系。

本研究的政策含义在于：当前，能源价格调整在促进资本替代能源，进而减轻我国经济增长对能源资源严重依赖方面的作用依然不够突出，甚至近几年还呈现下降趋势。因此，一方面，应继续加快推进能源价格的市场化改革，逐渐放开对煤炭、石油、天然气等能源品种的价格管制，助力打破能源产业的一体化垄断，建立能反映外部性因素的、透明的且具有竞争性的能源市场定价机制及价格体系。由于不同能源产品之间会发生相互替代和转换，还应考虑细分能源品种价格的一致性与协调性，避免出现“市场煤”与“计划电”的矛盾，以及成品油价格倒挂现象。另一方面，本研究的实证结果发现，能源价格的上升虽然在短期内会抑制产能扩张，但其在长期则会通过促进高能效资本累积的方式实现资本对能源的替代。这表明，能源价格的调控政策应更多着眼于中长期布局，不为短期变化所左右，保持战略定力，统筹短期调整与中长期规划。

此外，为实现全国经济平衡稳定发展，有必要依据不同地区的资源禀赋特征和发展状况采取差别化的能源价格调控政策。具体而言，东部地区因经济发展水平与对外开放程度较高而拥有较强的应对能源价格冲击的能力，为此可以通过全面建设用能权交易市场、碳排放权交易市场或直接调控等措施适当提高能源的使用价格，以引导企业加快更新高能效资本，进而逐步减少对能源，特别是化石能源的依赖。中部地区（如山西、河南等省）的煤炭资源较为丰裕，但其经济发展也面临着资本用能效率不高的制约，同时由于这些地区能源结构中煤炭占比较高，其能源价格也位居全国最低水平，因此应更加注重提高煤炭资源的实际价格，以倒逼煤炭终端使用效率的提升，或鼓励优质高效能源进行替代。西部地区的能源调控政策则应更加谨慎，可以侧重于疏通能源价格对能源需求的影响路径，通过给予更多的投资政策扶持的方式，增加企业进行资本更新的融资机会与渠道，促使能源价格对高能效资本的诱致性作用得以更加顺畅的发挥。

第10章 环境规制、银行业竞争与企业债务融资成本

——来自“十一五”减排政策的证据

环境规制的加强特别是绿色信贷政策的实施，将促进融资环境持续发生改变，进而对高污染企业的债务融资成本产生影响。在这一过程中，银行业的市场结构又会对上述影响发挥“调节器”的作用。本研究在深入剖析环境规制影响企业债务融资成本内在机理的基础上，将“十一五”时期我国严格实施的二氧化硫减排计划作为一项准自然实验，结合工业企业数据和商业银行分支机构数据，实证评估环境规制强度对高污染企业债务融资成本的影响，以及银行业市场结构在其中所发挥的作用。研究发现：“十一五”减排政策实施后，在 SO_2 减排目标更高的地区，高污染企业的债务融资成本明显升高；在银行业竞争程度更高的地区，“十一五”减排政策实施对企业债务融资成本的影响更小。以上结论在处理内生性问题、更换指标进行稳健性检验后依然成立。本研究结论可以为政府制定合理的绿色信贷政策乃至完善金融体系建设提供理论参考。

第一节 引言

改革开放以来，我国经历了40多年的经济高速增长，综合国力得以显著增强，人民生活水平持续改善。但举世瞩目的社会经济发展成就背后却隐藏着高昂的环境成本。根据世界银行2007年的估计，空气污染和水污染给中国经济造成的损失高达1000亿美元，相当于当年GDP的5.8%。① 从20世纪90年代开始，环境保护和污染治理就成了我国政府的工作重点。党的十九大报告明确提出：着力解决突出环境问题。可以预见在未来相当长的一段时期内，我国政府将保持环保工作的高压态势。

工业污染是我国当前环境污染的主要来源，环境质量的根本改善离不开高污染高耗能行业的持续去产能和转型升级。作为资本密集型行业，高污染行业对债务融资高度依赖，信贷资金的可得性及其成本将对高污染企业的生存发展产生重要影响（Andersen，2016、2017；文书洋、刘锡良，2019）。在环境规制力度不

---

① World Bank. Cost of Pollution in China: Economic Estimates of Physical Damages [R]. 2007.

断加大的情况下，由于融资环境的恶化，高污染企业可能承担更高的债务融资成本。债务融资成本的上升加剧了高污染企业的融资约束，一方面限制了企业盲目扩大生产规模，有利于从源头上减少污染物排放；另一方面也使企业难以获得足够的资金进行环保投资和技术升级，不利于企业长期转型发展。由此可见，在国家强调生态文明体制建设和经济高质量发展的双重背景下，研究环境规制对企业债务融资成本的影响及其作用机制具有重要的理论价值和现实意义。

我国的金融体系具有典型的银行主导型特征，建设现代金融体系的过程也是银行体系不断发展完善、银行业竞争不断加剧的过程。在金融研究领域，虽然大多数学者都承认银行业发展有助于经济增长（Rajan and Zingales，1998；Levine and Zervos，1998；Beck and Levine，2004），但是就银行业市场结构对经济增长的影响却存在着不同看法。有学者认为，更具竞争性的银行业市场结构可以有效缓解信贷配给，对经济增长有利（Guzman，2000；林毅夫、孙希芳，2008）；但也有学者认为银行竞争不利于银行和企业之间形成稳定关系，从而不利于经济增长（Cetorelli and Gambera，2001）。关于银行业市场结构影响经济增长的内在机制，部分学者试图从微观层面进行解释。有学者发现，银行竞争增强了银行获取企业信息的动机，减少了银行和企业间的信息不对称（Berger and Udell，2002；Petersen and Rajan，1995）；在更具竞争性的银行业市场结构下，企业获得信贷资金的难度和成本都更低（Beck et al.，2004；姜付秀等，2019）。值得注意的是，在我国金融体制深化改革的背景下，银行业竞争的加剧也意味着国有大型商业银行的市场份额和垄断势力逐步下降（王广谦，2002；林毅夫、孙希芳，2008）。随着银行业市场主体的多元化，政府通过国有银行干预金融市场的能力也将受到影响。综合现有文献的研究结论，本研究认为银行业的市场结构在环境规制影响企业债务融资成本的过程中可能发挥“调节器”的作用。竞争程度更高的市场结构不仅可以缓冲环境规制带来的负面冲击，降低贷款风险溢价，同时削弱了政府干预银行信贷的能力，降低了银行绕过监管向高耗能高污染授信的难度，从而削弱环境规制对企业债务融资成本的影响。

“十一五”时期，我国政府实施了以“领导责任制”为核心的污染物减排新政策。通过将减排任务与地方政府官员政绩考核挂钩，我国的环境规制实现了从“软约束”向“硬约束”的转变。有研究发现，“十一五”减排政策不仅促进了 SO_2 等污染物排放量的大幅下降，而且产生了广泛的经济影响（Shiand Xu，2018；陶锋等，2021）。“十一五”减排政策为本研究环境规制对企业债务融资成本的影响提供了良好的准自然实验。基于 2001—2009 年的中国工业企业数据库和银监会商业银行分支机构数据，本研究使用三重差分模型（DDD）实证考察了“十一五”减排政策对高污染企业融资成本的影响，以及银行业市场结构在这一过程中所发挥的作用。实证结果表明，“十一五”减排政策导致了高耗能企业的债务融资成本上升，即在 SO_2 减排目标更高的省份，高污染企业的债务融资成本上升幅度更大；在该过程中，银行业竞争程度的上升，在一定程度上减小了环境规制对企业债务融资成本的影响。

本研究的贡献主要体现在 3 个方面：①对环境治理与金融市场之间关系的研究形成补充。现有文献主要聚焦于金融市场对环境的影响（Andersen，2016，2017；刘锡良、文书洋，2019；胡宗义、李毅，2019）、绿色信贷的经济影响（王元龙等，2011；苏冬蔚、连莉莉，2018）等问题。本研究深入探究了污染物减排政策对金融市场的影响，对该领域进行了有益的拓展。②丰富了银行业竞争这一主题的相关研究。针对银行业市场结构的研究一直是金融学领域的热点，但是较少有文献从微观视角讨论银行业竞争对政府市场干预活动的影响。本研究从环境规制这个视角出发，发现银行业竞争程度将影响政府干预活动的效果，为相关研究提供了更丰富的经验证据。③深入探究环境规制影响企业债务融资的内在逻辑，特别是考察了金融市场结构在环境规制影响企业债务融资过程中的作用，对我国完善绿色金融体系建设、促进经济高质量发展具有重要的理论与实践意义。

第二节　理论分析与研究假设

风险是影响企业债务融资成本的首要因素。如果企业债务违约风险高于市场平均水平，债权人会要求更高的利息收益作为补偿。尽管有部分学者认为环境规制会推动企业改进自身管理水平、加快自主创新，最终提高自身的效率（Porter and Van der Linde，1995），但是主流观点仍认为环境规制会给企业发展带来不利影响。为了使污染物排放达到政府要求的标准，企业将被迫增加环保投资购买减排设备和更新生产线，由此导致生产性投资被挤占，产出、生产率和盈利水平将随之下降（Ryan，2012；Greenstone et al.，2012）。政府加强环境规制导致高污染企业未来收益的不确定性上升，银行可能会提高贷款的风险溢价。在不完美市场中，企业和金融机构之间的信息不对称也会增加企业的外部融资成本（Kaplan and Zingales，1997；Myers and Majluf，1984）。环境规制强度的提高增加了违规排污企业遭受处罚的概率，如果银行不能有效掌握企业的排污信息，将通过提高贷款利率来防范风险。

我国的金融体系有着明显的政府主导特征，其主要特点包括：以银行间接融资作为金融资源配置的主要方式，国有大型商业银行在银行体系中占绝对主导地位，以及存在利率管制（王晋斌，2000；张磊，2010）。政府主导型的金融体制为政府干预信贷市场提供了便利。由于国有商业银行分行具有地域性，地方政府可以通过动员地方存储，以及干预国有商业银行分支机构领导考核的方式对这些银行施加影响（巴曙松，2005；纪志宏等，2014）。2007年5月，国务院发布“十一五”《节能减排综合性工作方案》，提出严把信贷闸门，通过提高节能环保市场准入门槛来控制高耗能高污染项目的盲目扩张与过快增长。为了实现环境治理目标，“十一五”期间地方政府通过行政手段限制银行向高耗能高污染企业提供贷款。政府的干预使企业不得不转向利率更高的融资方式，最终导致债务融资成本的上升。

综合上述分析，提出本研究第一个研究假设。

假设1：在其他条件相同的情况下，政府加强环境规制会导致企业债务融资成本上升。

银行业市场结构对信贷可得性和贷款成本会产生直接影响。对于银行业市场结构和企业融资成本的关系，目前主要存在“市场力量假说”和“信息假说”两种主要观点。基于产业组织理论的“市场势力假说”（Market Power Hypothesis）认为，在集中度较低的市场中，缺乏市场势力的银行通过降低贷款利率来获得竞争优势，进而降低贷款成本（Guzman，2000；Beck et al.，2004）。基于信息不对称理论的“信息假说”（Information Hypothesis）认为，中小型银行相对大型银行在获取企业信息方面具有比较优势，中小型银行的增多有利于减少银企间的信息不对称，降低贷款的风险溢价（Berger and Udell，2002；姜付秀等，2019）。“市场力量假说”和“信息假说”都认为银行业市场竞争有利于企业融资成本的下降。我们认为，在竞争程度更高的市场中，缺乏市场势力的银行有着更高的风险偏好，面对环境规制带来的负面冲击不会过度提高贷款利率；市场集中度的下降也有利于缓解银企信息不对称，降低环境规制导致的风险溢价。

银行业市场结构的变化会影响政府干预金融市场的能力。1993年，国务院发布《关于金融体制改革的决定》，将“建立以国有商业银行为主体、多种金融机构并存的金融组织体系”确立为我国金融体制改革的目标之一。20世纪90年代后期随着市场化改革的深入，我国的金融体系发生了深刻变化，国有大型商业银行的市场份额和垄断势力逐步下降，银行业的市场竞争程度不断上升。随着银行业市场主体的多元化，政府通过国有银行获得金融资源和干预金融市场的能力将大大下降。从商业银行的角度来看，市场化程度的提高将迫使商业银行向客户提供更加优惠的贷款条件。有研究发现，在竞争性更强的市场结构下，银行对企业会计稳健性的要求更低，贷款审批过程也更为宽松（方芳、蔡卫星，2016；Leon，2015）。我们认为，在竞争程度更高的市场中，政府难以直接通过行政手段限制银行向高耗能、高污染企业授信；而银行为了争取目标客户，也将采取措施规避政府的监管。银行竞争减轻了环境规制对企业的债务融资成本造成的冲击。

综合上述分析，提出本研究第二个假设。

假设 2：在其他条件相同的情况下，银行业竞争程度的提高会减小环境规制对企业债务融资成本的影响。

第三节　实证策略

一、“十一五”减排政策

从 20 世纪 80 年代开始，我国政府就把环境保护确定为一项基本国策。作为环境保护工作的重大举措，我国政府从“九五”时期开始编制主要污染物排放总量控制计划，将主要污染物减排纳入国民经济和社会发展总体规划中。1996 年 9 月，国务院批准《国家环境保护“九五”计划和 2010 年远景目标》，要求“九五”期间对全国 12 种主要污染物实行总量控制。2001 年 12 月，国务院公布《国家环境保护“十五”计划》和《“十五”期间全国主要污染物排放总量控制分解计划》，提出“十五”期间全国 SO_2 等 7 种主要污染物排放总量下降 10%的目标，并将该目标分解到各省（区、市）。然而由于钢铁、水泥等高耗能行业迅猛扩张，“十五” SO_2 减排目标没有完成。全国 SO_2 排放量由 2000 年的 1995 万吨上升至 2005 年的 2549 万吨，增幅高达 27.8%。①

面对日趋严峻的环境形势，我国政府在“十一五”期间推出了以“领导责任制”为核心的污染物减排新政策。2006 年 8 月，国务院公布《“十一五”期间全国主要污染物排放总量控制计划》，制定了“十一五”期间 SO_2 和化学需氧量两种主要污染物排放总量减少 10%的目标。与此同时，要求严格落实污染物减排的政府领导责任制，将主要污染物减排目标的完成情况作为约束性指标纳入各地区、各部门经济社会发展综合评价和绩效考核体系。2006 年 8 月开始，原国家环保总局（国家环保部前身）与各省（自治区、直辖市）人民政府主要领导陆续签订了《“十一五”主要污染物总量削减目标责任书》。基于政府领导责任制的“十一五”污染物排放总量控制计划取得了预期效果：与 2005 年相比，2010 年我国 SO_2 排放总量下降了 14.29%；除新疆、海南、青海和西藏外，其他省份均达到本省的“十一五”减排目标。

① “十五”时期各省的 SO_2 减排目标数据来自《“十五”期间全国主要污染物排放总量控制分解计划》，全国及各省 SO_2 实际排放量数据来自《中国环境统计年鉴》。

二、数据来源

本研究使用的企业财务数据来自 2001—2009 年的中国工业企业数据库。参考聂辉华等（2012）的做法，采取以下步骤对原始样本进行了筛选：①删除了主营业务收入低于 500 万元的观测值；②删除了员工人数少于 8 名的观测值；③删除了资产负债率大于 1 的观测值；④删除了流动负债或长期负债大于负债合计的观测值；⑤删除了利息支出、财务费用和负债总额为负值或缺失的观测值。

用于计算银行业竞争程度的数据来自中国银监会网站。该网站提供了中国所有商业银行分支机构的金融许可证信息，包括各分支机构的金融许可证类型、批准成立时间和所在地。考虑到政策性银行、信托公司、金融公司等金融机构的特殊性，将其全部删除，仅保留商业银行的样本。

用于计算行业能源强度的行业能耗数据来自《中国能源统计年鉴》，行业工业增加值数据来自《中国统计年鉴》。各省（自治区、直辖市）人均 GDP、城市化率和第二产业增加值数据来自《中国统计年鉴》。“十一五”期间各省（自治区、直辖市）的 GDP 增长目标摘自各省（自治区、直辖市）发布的《国民经济和社会发展第十一个五年计划纲要》。

三、变量选取

（一）债务融资成本

现有文献一般使用利息支出与负债总额的比值衡量企业债务融资成本（Minnis，2011；周楷唐等，2017）。本研究将利息支出与负债总额的比值（IE/TL）作为主要的被解释变量，同时使用财务费用与负债总额比值（FE/TL）作为稳健性检验。由于使用该方法计算的债务融资成本包含大量的极端值，两个指标都进行了 5%的双侧缩尾处理。

（二）环境规制

由于“十一五”减排目标的完成情况与地方政府主要领导的绩效考核直接挂钩，且在减排目标更高的省份往往需要采取更为严格的减排措施，本研究将各省（自治区、直辖市）“十一五”SO_2 减排目标作为衡量各省“十一五”期间环境规制强度的指标，具体数据来自 2006 年国务院发布的《“十一五”期间全国主要污染物排放总量控制计划》。

（三）银行业竞争程度

参考已有文献，本研究使用各省（自治区、直辖市）大型国有银行分支机构占比（LSB）作为衡量地区银行业竞争程度的主要指标（方芳、蔡卫星，2016；蔡卫星，2019）。根据方芳和蔡卫星（2016），国有大型商业银行大多源于垄断经营的专业银行体制，且由中国银行保险监督管理委员会大型银行部直接监管，因此，在国有大型商业银行市场份额越高的地区银行业的市场化程度往往更低。[①] 在稳健性检验中，也使用各省（自治区、直辖市）前五大银行分支机构占比（CR5）（姜付秀等，2019）和银行业的赫芬达尔-赫希曼指数（HHI）（张璇等，2019）作为衡量银行业竞争程度的指标。[②] 考虑到2006年后银行业竞争程度可能受到“十一五”节能减排政策的影响，为了避免内生性问题，LSB、CR5和HHI均为2001—2005年数据的均值。

（四）能源强度

高耗能行业排放的工业废气是我国大气污染物的主要来源。相较其他行业，高耗能行业受政府节能减排政策的影响更大。参考Hering和Poncet（2014），能源强度（单位增加值能耗）被用来衡量行业的暴露程度（exposure）。考虑到行业之间单位增加值能耗差距较大，没有直接使用单位增加值能耗的绝对值，而是基于2001—2005年的行业单位增加值能耗数据，使用系统聚类法将36个工业行业的能源强度分成了高耗能（EI=4）、中高耗能（EI=3）、中低耗能（EI=2）和低耗能（EI=1）4个等级，将能源强度等级作为行业暴露程度的代理变量。[③]

（五）其他控制变量

根据《国务院关于“十一五”期间全国主要污染物排放总量控制计划的批复》，各省（自治区、直辖市）主要污染物排放总量控制指标的制定需要综合考虑当地的环境质量、环境容量、排放基数、经济发展水平和削减能力。相较经济发展落后的中西部省份，东部发达地区由于拥有更高的环境质量需求和更强的污染物削减能力在“十一五”期间承担了更多的减排任务。同时，经济发达地区具有更加完善的金融体系，企业面临的融资约束也较经济欠发达地区为轻。为了避免估计结果出现遗漏变量偏误，在回归模型中加入了一组反映各省（自治区、直辖市）经济发展水平的控制变量，包括“十一五”GDP年均增长目标（GDP Target）、人均GDP（GDP pc）、城市化率（Ur）和第二产业工业增加值占比

---

① 根据中国银行保险监督管理委员会公布的银行业金融机构法人名单，国有大型商业银行包括中国工商银行、中国建设银行、中国农业银行、中国银行、交通银行和中国邮政储蓄银行。

② 各省（自治区、直辖市）前五大银行分支机构占比（TOP5）是该地分支机构数量最多的五家银行的分支机构数量之和与银行支行总数得到。各省（自治区、直辖市）银行业的赫芬达尔-赫希曼指数（HHI）的具体计算方法如下：

$$HHI = \sum_{j=1}^{Np} (Branch_{jp} / \sum_{j=1}^{Np} Branch_{jp})^2$$

其中，$Branch_{jp}$ 代表银行 j 在 p 省的分支机构数量，$\sum_{j=1}^{Np} Branch_{jp}$ 则代表了 p 省所有银行的分支机构数量。与大型国有银行分支机构占比一样，前五大银行分支机构占比（TOP5）和银行业赫芬达尔-赫希曼指数（HHI）也是银行业竞争程度的负向指标。

③ 行业分类的具体的情况详见附表1。

(SI)。其中，GDP pc、Ur 和 SI 均为 2001—2005 年数据的均值。

本研究所涉及变量的具体含义和描述性统计详见表 10-1。

表 10-1 变量描述性统计

变量	变量描述	均值	标准差	最小值	最大值
IE/TL	企业利息支出与负债总额比值	0.026	0.041	0	0.215
FE/TL	企业财务费用与负债总额比值	0.028	0.045	0	0.223
EI	能源强度等级（行业单位增加值能耗）	1.632	1.056	1	4
SO_2 Target	省（自治区、直辖市）“十一五” SO_2 减排目标	0.144	0.052	0	0.259
LSB	省（自治区、直辖市）大型国有银行分支机构占比	0.788	0.085	0.545	0.985
CR5	省（自治区、直辖市）前五大银行分支机构占比	0.767	0.086	0.541	0.959
HHI	省（自治区、直辖市）银行业赫芬达尔-赫希曼指数	0.141	0.033、	0.087	0.215
GDP Target	省（自治区、直辖市）“十一五” GDP 增长目标	0.008	0.097	0.085	0.130
GDP pc	省（自治区、直辖市）人均 GDP 均值（万元）	2.402	3.211	0.469	13.453
Ur	省（自治区、直辖市）城市化率均值	0.489	0.144	0.257	0.888
SI	省（自治区、直辖市）第二产业增加值占 GDP 比重均值	0.498	0.049	0.223	0.565

注：利息支出与负债总额比值和财务费用与负债总额比值进行了 5%的双侧缩尾处理；为了保证变量的外生性，所有省级层面指标均为 2001—2005 年数据的均值。

四、实证模型

本章基于“十一五”减排政策这一准自然实验，使用因果推断方法评估环境规制对企业债务融资成本的影响。双重差分（DID）是最为常见的因果推断方法之一。通过对比实验组和对照组在政策实施前后的变化差异，政策的实施效果可以被估算出来。然而，由于随时间变化且不可观察到的影响因素存在，双重差分模型的估计结果仍可能存在一定的偏差。基于高污染企业受环境规制影响大于其他类型企业这一事实，本章使用三重差分（DDD）方法来评估“十一五”减排政策对企业债务融资成本的影响（假设 1），基准回归模型构建如下：

$$FC_{it}+\alpha+\beta_1 SO_2Target_p \times EI_k \times After+v_{pt}+\gamma_{kt}+\theta_{pk}+\varepsilon_{it} \qquad (10-1)$$

模型（10-1）中：FC_{it} 是企业 i 在 t 年的债务融资成本，在基准回归中由利息支出与负债总额的比值度量。$SO_2Target_p$ 是《“十一五”期间全国主要污染物排放总量控制计划》中规定的省份 p 的 SO_2 减排目标，EI_k 是企业所属行业 k 的能源强度。$After$ 是事件虚拟变量，对于 2005 年之前的样本，$After$ 取值为 0，对于 2005 年之后的样本，$After$ 取值为 1。模型（10-1）的核心解释变量是 $SO_2Target_p$、EI_k 和 $After$ 的交互项，在控制了省份—年份、行业—年份和省份—行业固定效应后（v_{pt}，γ_{kt}，θ_{pk}），系数 β_1 衡量了相较于其他行业，在单位能耗更高的行业中，各省（区、市）“十一五” SO_2 减排目标对当地企业债务融资成本的净影响。

根据假设 2，银行竞争会削弱政府对银行授信行为的干预能力，在银行业竞争程度更高的省份，高污染企业债务融资成本受“十一五”减排政策的影响将更小。为验证这一假设，在模型（10-1）的基础上设计了以下回归模型：

$$\begin{aligned} FC_{it} = \alpha &+\beta_1 BCI_p \times SO_2Target_p \times EI_k \times After \\ &+\beta_2 SO_2Target_p \times EI_k \times After+\beta_3 BCI_p \times EI_k \times After \\ &+\beta_4 BCI_p \times SO_2Target_p \times EI_k+v_{pt}+\gamma_{kt}+\varepsilon_{it} \end{aligned} \qquad (10-2)$$

模型（10-2）中：FC_{it} 是企业 i 在 t 年的债务融资成本，BCI_p 是省份 p 的银行业竞争程度。模型（10-2）的核心解释变量是 BCI_p、$SO_2Target_p$、EI_k 和 $After$ 的交互项。在控制了交互项“$SO_2Target_p \times EI_k \times After$”“$BCI_p \times EI_k \times After$”“$BCI_p \times SO_2Target_p \times EI_k$”，以及省份—年份、行业—年份固定效应后（$v_{pt}$，$\gamma_{kt}$），系数 β_1 衡量了相较于银行业竞争程度较高的省份，在银行业竞争程度较低的省份中，各省份“十一五” SO_2 减排目标对当地高污染企业债务融资成本的净影响。

第四节 实证结果

一、“十一五”减排政策对企业债务融资成本的影响

根据假说 1，“十一五”减排目标与高污染企业的债务融资成本存在正向关系。在本部分将对此进行验证。

（一）基准回归

表 10-2 汇总了 SO_2 减排目标影响企业债务融资成本的回归结果，其中模型（10-1）的结果在表 10-2 的第（1）列中汇报。结果显示，交互项“$SO_2Target_p \times$

$EI_k \times After$”的系数为正且在 1%的置信水平上统计显著，这表明在 SO_2 减排目标更高的省份，高污染企业将承担更高的债务融资成本。具体地，SO_2 减排目标每上升 0.1，属于高耗能行业（EI = 4）的企业的债务融资成本将上升 24 个基点（0.1×4×0.006）。

表 10-2 的第（2）列用企业固定效应代替省份—行业固定效应以控制企业层面特征。与基准回归的结果相比，主要解释变量在 1%的置信水平上显著且系数未出现明显变化。第（3）列添加了一系列包含省份层面特征的控制变量。参考 Shi 和 Xu（2018）的做法，这些控制变量采用了交互项的形式，省份层面变量（GDP Target、GDP pc、Ur、SI）和行业能源强度 EI_k 和 *After* 事件虚拟变量进行了交乘。结果显示，虽然大多数控制变量都是统计显著的，但是主要解释变量保持了统计显著性且系数只出现了小幅下降。以上证据表明遗漏变量对估计结果的影响有限。

当误差项之间存在相关性时，OLS 估计的系数标准误是有偏的，此时需要使用聚类稳健标准误来反映估计系数的真实变异性。由于面板数据中同一个体的误差项往往存在自相关，在基准回归中使用了企业层面的聚类稳健标准误。考虑到不同个体之间的误差项仍可能存在相关性，在表 10-2 的第（4）列和第（5）列也使用省份—行业层面和省份层面的聚类稳健标准误进行了稳健性检验。结果显示，更高层次的聚类稳健标准误更大，但主要解释变量仍然在 5%的置信水平上统计显著。

表 10-2 “十一五”减排目标对企业债务融资成本的影响

变量	*IE/TL*				
	(1)	(2)	(3)	(4)	(5)
$SO_2 Target \times EI \times After$	0.006*** (0.001)	0.005*** (0.001)	0.004** (0.002)	0.006** (0.002)	0.006** (0.002)
$GDP\ Target \times EI \times After$			0.034*** (0.009)		
$GDP\ pc \times EI \times After$			-0.000*** (0.000)		
$Ur \times EI \times After$			0.004*** (0.001)		
$SI \times EI \times After$			0.002 (0.002)		
省份—年份固定效应	Yes	Yes	Yes	Yes	Yes
行业—年份固定效应	Yes	Yes	Yes	Yes	Yes

续表

变量	IE/TL				
	(1)	(2)	(3)	(4)	(5)
省份—行业固定效应	Yes	No	Yes	Yes	Yes
企业效应	No	Yes	No	No	No
观测值	1434109	1429343	1434109	1434109	1434109
聚类稳健标准误	企业	企业	企业	省份—行业	省份
R-squared	0.089	0.555	0.089	0.089	0.089

注：***、**、*分别表示在1%、5%、10%水平上显著；第（1）至第（3）列使用企业层面聚类稳健标准误，第（4）和第（5）列使用省份—行业层面聚类稳健标准误，在后文中均使用企业层面聚类稳健标准误。下同。

（二）替换被解释变量与解释变量

在模型（1）中，企业的债务融资成本由利息支出与负债总额的比值（IE/TL）衡量。考虑到债务融资成本的上升也可能表现为金融机构手续费的增加，采用财务费用与负债总额比值（FE/TL）代替 IE/TL 对基准回归进行了重新检验。① 表 10-3 第（1）列展示了稳健性检验的结果，交互项“$SO_2Target_p \times EI_k \times After$”的系数显著为正，与基准回归一致。这表明替换被解释变量并未改变基准回归的结论。

在基准回归中，行业的暴露程度由能源强度衡量。为确保回归结果不依赖于特定的暴露程度指标，也使用 SO_2 排放强度（单位增加值 SO_2 排放量）作为替代指标进行了稳健性检验。与能源强度数据的处理方法相同，30 个工业行业的 SO_2 排放强度（SO_2In）被分成了由高到低 4 个等级。根据表 10-3 第（2）列展示的结果，交互项“$SO_2Target_p \times SO_2In_k \times After$”的系数显著为正，与基准回归一致。这表明基准回归的主要结论并不依赖于特定的行业暴露程度指标。

“十一五”期间中央政府对各省的 SO_2 排放总量、化学需氧量排放总量以及单位 GDP 能耗均实施了目标约束。② 基准回归考察了 SO_2 减排目标对企业债务融资成本的影响，在稳健性检验中，也对化学需氧量减排目标（$COD\ Target_p$）和单位 GDP 能耗降低目标（$En\ Target_p$）的影响进行考察。表 10-3 第（3）列和第

① 财务费用是企业筹集资金发生的费用。具体项目包括利息净支出、汇兑净损失和金融机构手续费。

② 2006 年国务院发布《“十一五”期间各地区单位生产总值能源消耗降低指标计划》，拟定了“十一五”期间全国及各省（自治区、直辖市）的单位 GDP 能源消耗降低目标。《计划》要求各省（自治区、直辖市）将能源消耗降低目标纳入本地区经济社会发展“十一五”规划和年度计划，国务院有关部门将对目标完成情况进行严格考核。

(4) 列分别汇报了交互项“$COD\ Target_p \times COD\ In_k \times After$”和交互项“$En\ Target_p \times EI_k \times After$”作为主要解释变量的回归结果。① 可以看到，在第 (3) 列交互项的系数统计上不显著，在第 (4) 列交互项的系数为正且在 5%的置信水平上统计显著。考虑到 SO_2 减排目标、化学需氧量减排目标和单位 GDP 能耗降低目标之间可能存在的相关性，在表 3 的第 (5) 列同时加入了交互项“$SO_2Target_p \times EI_k \times After$”“$COD\ Target_p \times COD\ In_k \times After$”和“$En\ Target_p \times EI_k \times After$”。回归结果显示，$SO_2$ 减排目标对企业债务融资成本仍存在显著的正向影响，但是化学需氧量减排目标和单位 GDP 能耗降低目标的影响都不明显。

表 10-3 稳健性检验：替换被解释变量与解释变量

变量	FE/TL	IE/TL			
	(1)	(2)	(3)	(4)	(5)
$SO_2Target_p \times EI_k \times After$	0.007*** (0.001)				0.006*** (0.001)
$SO_2Target_p \times SO_2In_k \times After$		0.008*** (0.002)			
$COD\ Target \times COD\ In_k \times After$			0.002 (0.002)		-0.000 (0.002)
$EN\ Target_p \times EI_k \times After$				0.007** (0.003)	0.005 (0.003)
省份—年份固定效应	Yes	Yes	Yes	Yes	Yes
行业—年份固定效应	Yes	Yes	Yes	Yes	Yes
省份—行业固定效应	Yes	Yes	Yes	Yes	Yes
观测值	1434109	1434109	1434109	1434109	1434109
R-squared	0.090	0.089	0.089	0.089	0.089

(三) 平行趋势检验

三重差分 (DDD) 模型的反事实逻辑能够成立的一个基本前提是，在政策实施前对照组和处理组拥有相同的发展趋势，即满足平行趋势假设。为了验证这一假设，构建以下回归模型：

① 交互项“$COD\ Target_p \times COD\ In_k \times After$”和“$En\ Target_p \times EI_k \times After$”的构造方法与“$SO_2Target_p \times EI_k \times After$”一致。其中，Atter 是事件虚拟变量，对于 2005 年之前的样本，Atter 取值为 0，对于 2005 年之后的样本，Atter 取值为 1。$COD\ In_k$ 是行业的化学需氧量排放强度（单位增加值化学需氧量排放量），用于衡量行业对于化学需氧量减排目标的暴露程度。

$$FC_{it}=\sum_{t=2001}^{2009}\beta_t SO_2Target_p\times EI_k\times year_k+v_{pt}+\gamma_{kt}+\theta_{pk}+\varepsilon_{it} \tag{10-3}$$

模型（3）中：“$SO_2Target_p\times EI_k\times year_t$”是“十一五”$SO_2$减排目标、行业能源强度和年份虚拟变量的交互项。对于年份 t 的样本，年份虚拟变量 $year_t$ 取值为1，否则 $year_t$ 取值为0。系数 β_t 反映了在不同年份“十一五”SO_2减排目标对企业债务融资成本的影响。

图10-1展示了模型（3）的回归结果，可见交互项“$SO_2Target_p\times EI_k\times year_t$”的系数在2006年之前均不显著，2006年之后均显著为正。这一结果表明在“十一五”规划开始之前，各省份的SO_2减排目标和企业债务融资成本并没有直接关系，基准模型符合平行趋势假定。值得注意的是，交互项“$SO_2Target_p\times EI_k\times year_t$”的系数在2006年大幅上升之后逐渐趋于稳定，2008年之后甚至出现了小幅下降。出现这一现象的原因是：①在“十一五”结束之前，很多地方政府已经超额完成了本地区的SO_2减排任务，因此在后期存在放松管制力度的情况。②2008年全球金融危机爆发，中国政府采取了一系列经济刺激政策，对污染行业的管制也有一定程度的放松。

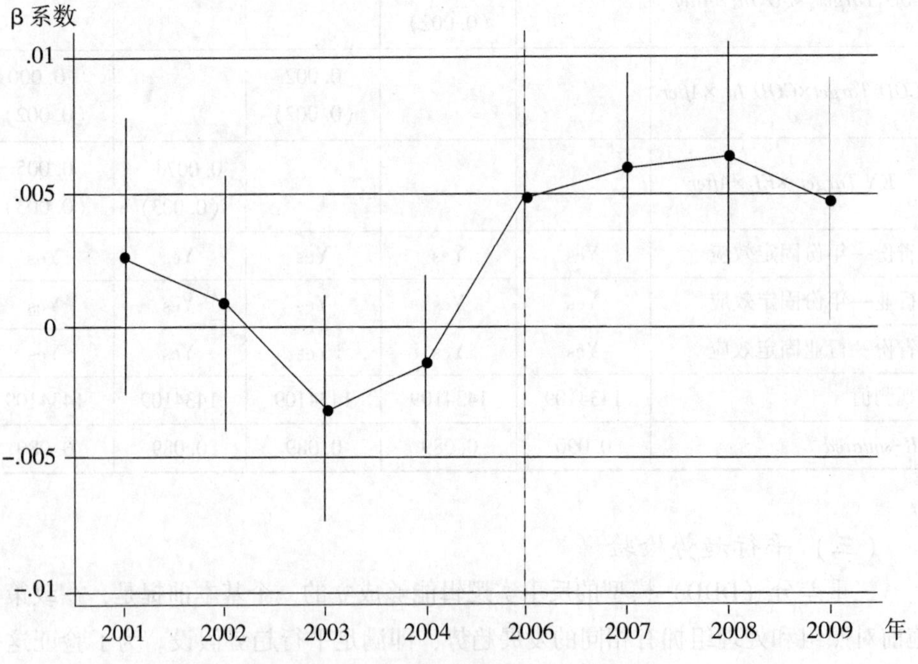

图10-1 稳健性检验：动态效应

注：圆点到横坐标轴的距离代表着交互项“$SO_2Target_p\times EI_k\times year_t$”系数的绝对值，即“十一五”$SO_2$减排目标对当年企业债务融资成本影响的大小；黑色实线的长短代表系数的置信区间；为了避免多重共线性问题，回归模型中未包括2005年的交互项（$Target_p\times EI_k\times year_{2005}$）。

（四）按能源强度分组的子样本估计

本研究三重差分（DDD）模型的反事实逻辑能够成立的另一个前提是，“十一五”减排政策对高污染企业的影响大于其他企业。为了进一步验证基准回归结果的稳健性，我们考察了“十一五”减排目标对不同能源强度企业债务融资成本的异质性影响。在前文中，36 个样本行业已经按照能源强度划分成了 4 个等级（EI），本小节将使用双重差分（DID）模型分别对这 4 个等级的子样本进行估计。

表 10-4 报告了能源强度的分样本回归结果。可以看到，对于高耗能行业（EI=4），SO_2 减排目标与事件虚拟变量的交互项系数为正且在 1%的水平上显著；对于能源强度较高的行业（EI=3，EI=2），交互项的系数虽然为正但都不显著；对于低耗能行业（EI=1），交互项的系数为负且不显著。这反映出“十一五”减排目标对企业债务融资成本的影响范围仅限于能源强度最高的重污染企业。

与三重差分（DDD）模型相比，使用双重差分（DID）模型估计的系数的经济学意义更容易得到解释。以表 10-4 的第（1）列为例，交互项“$SO_2Target \times After$”的系数为 0.028，表明“十一五”期间 SO_2 减排目标每增加 0.1，属于高耗能行业的企业的债务融资成本将上升 28 个基点，这一结果与基准回归的结果高度一致。

表 10-4　稳健性检验：能源强度分组回归

变量	*IE/TL*			
	EI=4	*EI*=3	*EI*=2	*EI*=1
	(1)	(2)	(3)	(4)
$SO_2Target \times After$	0.028*** (0.004)	0.006 (0.004)	0.009 (0.007)	-0.005 (0.016)
省份固定效应	Yes	Yes	Yes	Yes
行业固定效应	Yes	Yes	Yes	Yes
年份固定效应	Yes	Yes	Yes	Yes
观测值	155832	165839	107332	1005110
R-squared	0.048	0.050	0.051	0.083

二、银行竞争、“十一五”减排目标与企业债务融资成本

在前一节已经证实，“十一五”减排政策导致了高污染企业的债务融资成本上升。根据假设 2，“十一五”减排目标影响的大小和所在省（自治区、直辖市）

的银行业竞争程度相关，在银行业竞争程度越高的省（自治区、直辖市），减排目标造成的冲击将越小。本节将对假设2进行验证。

（1）基准模型。表10-5的第（1）列报告了模型（2）的估计结果，交互项“*BCI×Target×EI×After*”的系数为正且在1%的置信水平上显著。表10-5的第（2）列增加了企业固定效应，第（3）列使用财务费用与负债总额比值（FE/TL）代替IE/TL作为被解释变量，回归结果都与第（1）列一致。以上结果表明，在大型国有银行分支机构占比（LSB）更高的省份，“十一五”减排目标对高污染企业债务融资成本的影响更大。表10-5的第（4）列和第（5）列分别使用前五大银行分支机构占比（CR5）和银行业赫芬达尔-赫希曼指数（HHI）作为衡量企业所在省（自治区、直辖市）银行业竞争程度的指标，对模型（2）重新进行了估计。与第（1）列的结果一样，交互项“*BCI×Target×EI×After*”的系数显著为正。由于LSB、CR5和HHI皆为银行业竞争程度的负向指标，以上结果表明，银行竞争减小了“十一五”减排目标对高污染企业债务融资成本的影响。

表10-5 “十一五”减排目标影响企业债务融资成本：银行竞争的调节作用

变量	*IE/TL*		*FE/TL*	*IE/TL*	
	LSB			*CR5*	*HHI*
	(1)	(2)	(3)	(4)	(5)
BCI×Target×EI×After	0.074***	0.041**	0.100***	0.063***	0.179***
	(0.022)	(0.020)	(0.024)	(0.022)	(0.051)
BCI×EI×After	-0.007**	-0.003	-0.009***	-0.006*	-0.018**
	(0.003)	(0.003)	(0.003)	(0.003)	(0.007)
Target×EI×After	-0.055***	-0.029*	-0.075***	-0.044**	-0.023***
	(0.018)	(0.017)	(0.020)	(0.018)	(0.008)
BCI×Target×EI	-0.001		-0.001	-0.001	-0.000
	(0.001)		(0.002)	(0.001)	(0.007)
省份—年份固定效应	Yes	Yes	Yes	Yes	Yes
行业—年份固定效应	Yes	Yes	Yes	Yes	Yes
企业固定效应	No	Yes	No	No	No
观测值	1434113	1429343	1434113	1434113	1434113
R-squared	0.076	0.555	0.078	0.076	0.076

（2）按银行业竞争程度分组的子样本估计。为了进一步验证实证结果的稳

健性，按照省（区、市）的银行业竞争程度对样本进行了分类，考察在不同的银行业竞争程度下“十一五”减排政策对高污染企业债务融资成本的影响。根据 2001—2005 年的国有大型商业银行分支机构占比数据，所有样本被分成“低银行业竞争程度”（Low competition）和“高银行业竞争程度”（High competition）两组，各包含 14 个省份。① 子样本估计使用的回归模型和模型（1）一致，在控制了省份—年份、行业—年份和省份—行业固定效应后，交互项“$SO_2Target_p \times EI_k \times After$”的系数衡量了“十一五”$SO_2$ 减排目标对高污染企业债务融资成本的净影响。

表 10-6 第（1）—（3）列报告了基于“低银行业竞争程度”子样本的回归结果。其中，第（1）列是基准模型；第（2）列添加了企业层面的固定效应；第（3）列进一步添加了包括省份层面特征的控制变量。② 结果显示，交互项“$SO_2Target_p \times EI_k \times After$”的系数在 1%的水平上均显著为正，这表明在银行业竞争程度较低的省份，“十一五”减排政策导致了高污染企业债务融资成本上升。

表 10-6 稳健性检验：按银行业竞争程度分组回归

变量	*IE/TL*					
	Low competition			*High competition*		
	(1)	(2)	(3)	(4)	(5)	(6)
$SO_2Target_p \times EI_k \times After$	0.008*** (0.002)	0.008*** (0.002)	0.006** (0.003)	0.005*** (0.002)	0.004*** (0.002)	0.004 (0.004)
省份—年份效应	Yes	Yes	Yes	Yes	Yes	Yes
行业—年份效应	Yes	Yes	Yes	Yes	Yes	Yes
省份—行业效应	Yes	No	Yes	No	Yes	No
企业效应	No	Yes	No	Yes	No	Yes
控制变量	No	No	Yes	No	No	Yes
观测值	419150	418334	419150	1005397	1001456	1005397
R-squared	0.056	0.549	0.056	0.103	0.556	0.103

① 本研究基于 2001—2005 年的国有大型商业银行分支机构占比数据对样本进行划分：如果某省（自治区、直辖市）2001—2005 年国有大型商业银行分支机构占比的均值高于中位数，那么其属于银行业竞争程度较低的省份，否则属于银行业竞争程度较高的省份。贵州省由于银行竞争程度指标等于中位数被排除出样本。

② 表 10-3 中的控制变量与表 10-2 一致，都是省份层面变量、行业能源强度变量 EI_k 和事件虚拟变量 *After* 的交互项。

表10-6第（4）—（6）列报告了基于“高银行业竞争程度”子样本的回归结果。可以看到，在没有添加控制变量的情况下［第（4）—（5）列］，交互项的系数虽然显著为正但是相较第（1）—（2）列明显减小；在增加了包括省份层面特征的控制变量后［第（6）列］，交互项的系数在统计上不显著。这表明在银行业竞争程度较高的省份，“十一五”减排政策对高污染企业债务融资成本的影响较小。稳健性检验的结果进一步证实，银行业竞争程度的上升减弱了环境规制对企业债务融资成本的影响。

第五节　结论和政策建议

习近平总书记在党的十九大报告中提出：“要坚决打好防范化解重大风险、精准脱贫、污染防治的攻坚战，使全面建成小康社会得到人民认可、经得起历史检验。”自此，污染防治和防范化解以金融风险为主的重大风险被并列放在了政府工作的突出位置。一方面，生态环境质量是全面建成小康社会的突出短板，污染物排放量大面广，治理和改善任务艰巨；另一方面，降低企业融资成本对盘活实体经济，特别是应对新冠疫情冲击所引起的衰退风险有着重要的作用。

本研究以“十一五”污染物减排新政作为准自然实验，结合中国工业企业数据和商业银行分支机构数据，考察了环境规制对企业债务融资成本的影响，以及银行业市场结构在其中所起的作用。结果表明：①“十一五”减排政策导致了高污染企业债务融资成本的提高；经过替换被解释变量、添加控制变量等一系列稳健性检验，这一结论仍然成立。②在银行业竞争更激烈的省份，减排政策对企业债务融资成本的影响更小；按银行业竞争程度进行分组回归可以得到一致的结论。

基于以上结论可得到以下政策启示：

（1）根据当地经济发展的实际情况制定适度的节能减排目标，避免过激政策。“十一五”期间实行的以“领导责任制”为核心的污染物减排政策本质上是一种自上而下的行政命令型环境规制手段。这类政策虽然能促使地方政府大幅增加环保投入，在短期内实现环境质量的改善，但也使地方官员倾向于采取激进的减排措施，对社会经济造成负面影响。从融资角度来看，严格的环境规制将导致企业融资成本大幅上升，抑制企业的长期投资（包括环保设备购置和技术研发投资），不利于其实现绿色发展转型。有鉴于此，政府应该建立健全环境保护长效机制，减少对企业的行政干预，降低对企业投资造成的不利影响。

（2）积极发挥金融机构的作用，帮助有意开展节能减排技术升级与改造的高污染企业脱困转型。政府可以鼓励银行和其他金融机构在不改变贷款投向的情况下，为高污染企业的技术升级提供资金支持，在帮助企业脱困的同时提升企业的用能效率和清洁程度。鼓励金融机构根据污染物类型和行业特点开发绿色金融产品，引导企业实现绿色转型。

（3）应建立与银行业发展相适应的金融监管体系，引导银行竞争在企业绿色转型过程中发挥积极作用。根据本研究结论，银行业竞争将减小环境规制对高污染企业债务融资成本的影响。一方面，这有利于企业以更低的成本获得资金进行长期投资，从而实现技术升级和发展转型；另一方面，这也使企业得以维持其生产规模，不利于污染物总体排放量的下降。在金融市场化改革稳步推进、银行业竞争不断加剧的背景下，政府需要建立与之相适应的金融监管体系，引导银行在企业绿色转型过程中发挥更为积极的作用。具体地，政府可以通过立法来明确银行的环境责任，规定银行对授信项目的环境影响具有审核义务；设立专门机构监管银行向高污染行业授信；建立绿色评级体系，为企业提供绿色评级，鼓励银行使用绿色评级。

附表 1　工业行业的能源强度分级

能源强度等级（EI）	行业名称
4	黑色金属冶炼及压延加工业（32），非金属矿物制品业（31），石油加工、炼焦及核燃料加工业（25）
3	燃气生产和供应业（45），有色金属冶炼及压延加工业（33），化学纤维制造业（28），化学原料及化学制品制造业（26），煤炭开采和洗选业（06）
2	水的生产和供应业（46），电力、热力的生产和供应业（44），造纸及纸制品业（22），非金属矿采选业（10），有色金属矿采选业（09），黑色金属矿采选业（08）
1	仪器仪表及文化、办公用机械制造业（41），通信设备、计算机及其他电子设备制造业（40），电气机械及器材制造业（39），交通运输设备制造业（37），专用设备制造业（36），通用设备制造业（35），金属制品业（34），塑料制品业（30），橡胶制品业（29），医药制造业（27），文教体育用品制造业（24），印刷业和记录媒介的复制业（23），家具制造业（21），木材加工及木、竹、藤、棕、草制品业（20），皮革、毛皮、羽毛（绒）及其制品业（19），纺织服装、鞋、帽制造业（18）

注：行业划分依据是中华人民共和国国家标准国民经济行业分类（GB2002）。行业能源强度分级根据 2001—2005 年的行业单位增加值能耗数据。

第 11 章　民营企业债券融资面临的困难问题与对策建议
——基于浙江省的实地调查

债券融资作为民营企业直接融资的基础手段，是民营企业扩大有效投资、加快高质量发展的重要支撑，有助于降低民营企业融资成本，缓解融资难、融资贵问题。[①] 面对百年变局和世纪疫情的双重叠加，国际形势更加复杂严峻，全球供需失衡加剧、经济复苏放缓，市场主体困难明显增加，对民营企业健康稳健发展提出了严峻挑战。2022 年国务院《政府工作报告》明确提出“完善民营企业债券融资支持机制”，促进民营企业纾困解难和高质量发展。应当借鉴发达国家的经验，完善民营企业债券融资支持机制，着力破解民营企业债券融资面临成本高、门槛高、违约风险高的“三高”问题，从优化评级机制、增信机制及投资者结构，加强民企债券风险防范、违约处置工作等方面着手，充分发挥债券市场服务民营经济高质量发展的作用，提升债券市场服务民营经济的质效，助力民营企业债券市场走上良性循环、稳步扩容的新道路，为新发展阶段民营企业高质量发展注入强大动能。

第一节　民营企业债券融资的基本情况和主要特征

一、民营企业债券融资的基本情况

统计表明，2016—2021 年浙江民营企业信用类债券融资规模合计 7110.7 亿元，发行数量 1077 支，其中企业债发行金额合计 75 亿元，发行数量 6 支；金融债发行金额合计 458.50 亿元，发行数量 37 支；公司债（包含可交债、可转债）发行金额合计 2500.63 亿元，发行数量 340 支；协会产品发行金额合计 4076.60 亿元，发行数量 694 支（见表 11-1）。同时，把风险控制在最小范围、损失降到最低程度。2018—2021 年浙江省民营企业债券违约金额依次为 127.52 亿元、81 亿元、34.5 亿元和 0 元，呈逐步收敛的态势。

① 近年来，我国债券市场取得了长足发展，市场中存在包括公司债、短融、可转债、资产支持证券（ABS）等在内的数十种支持企业融资工具，但债券融资占民营企业总体融资金额的比例仍然较低。

表 11-1 浙江省民营企业债券发行情况（2016—2021 年）

债券类型	发行金额（亿元）	金额占比（%）	发行支数	支数占比（%）
企业债	75.00	1.05	6	0.56
金融债	458.50	6.45	37	3.44
公司债	2500.63	35.17	340	31.57
协会产品	4076.60	57.33	694	64.44
合 计	7110.73	100.00	1077	100.00

二、信用债融资中民营企业占比较小

统计表明，2016—2021 年，浙江省地方国有企业信用类债券融资规模合计 31797.69 亿元，浙江民营企业信用类债券融资规模合计 7110.73 亿元。浙江省国有企业的发债规模逐年增加，在浙江省债券市场融资中占据主导地位，是民营企业融资规模的 4.47 倍（见图 11-1 和表 11-2）。而民营企业的债券融资规模在 2016—2019 年间呈下降趋势，市场对民营企业信用融资持谨慎态度。

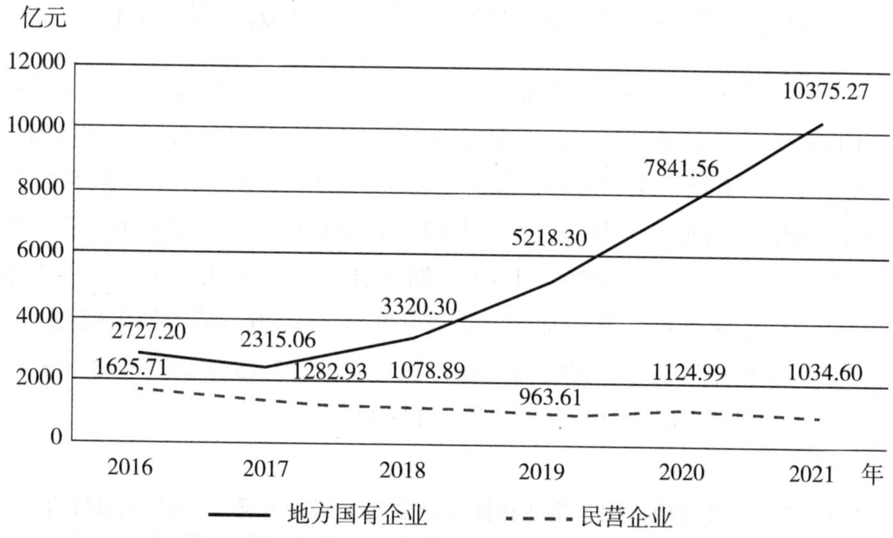

图 11-1 浙江省地方国有企业和民营企业发行规模情况

表 11-2 浙江省地方国有企业和民营企业主体评级情况（2016—2021 年）

发行时主体评级	地方国有企业		民营企业	
	金额（亿元）	占比（%）	金额（亿元）	占比（%）
AAA	9584.00	30.14	1190.59	16.74

续表

发行时主体评级	地方国有企业		民营企业	
	金额（亿元）	占比（%）	金额（亿元）	占比（%）
AA+	12656.00	39.80	3479.76	48.94
AA	8970.42	28.21	2033.12	28.59
其他	587.27	1.85	407.25	5.73
合计	31797.69	100.00	7110.73	100.00

三、民营企业债券整体评级情况低于国有企业

从评级情况分析，2016—2021 年，浙江省地方国有企业以 AA+级为主，占比 39.80%，分布较为均衡，其中 AA+级和 AAA 级主体债券融资规模占比分别为 28.21%和 30.14%，整体评级较高。浙江省民营企业以 AA 级和 AA+级评级为主，其中 AA 级和 AA+级主体债券融资规模占比分别为 28.59%和 48.94%，AAA 级企业占比为 16.74%，整体评级低于地方国有企业，且同等级下浙江民企的融资规模显著低于国有企业。

四、民营企业债券融资期限较短，长期限市场认可度较低

浙江省民营企业相对国有企业不仅债券融资困难，而且发行的债券期限更短。2016—2021 年，浙江省民营企业发债期限集中在 5 年以内，1 年期以内占比 32.27%，1~3 年期（含 1 年）占比 15.96%，3~5 年期（含 3 年）占比 39.18%；而浙江省地方国有企业发债期限分布相对均匀，主要集中在 3 年期及以上，1 年期以内占比 23.62%，1~3 年期（含 1 年）占比 4.54%，3~5 年期（含 3 年）占比 59.90%。相较而言，民营企业发行信用类债券期限较短，1~3 年期（含 1 年）中短期债券占比高于地方国有企业，3~5 年期（含 3 年）中长期债券占比显著低于地方国有企业（见表 11-3）。

表 11-3　浙江省地方国有企业和民营企业债券期限情况（2016—2021 年）

发行期限	地方国有企业		民营企业	
	金额（亿元）	占比（%）	金额（亿元）	占比（%）
1 年以内（含 1 年）	7508.30	23.62	2294.60	32.27
1~3 年（含 1 年）	1441.98	4.54	1134.96	15.96
3~5 年（含 3 年）	19045.54	59.90	2785.80	39.18
5 年以上	3797.87	11.95	895.37	12.59
合计	31793.69	100.00	7110.73	100.00

五、民营企业债券融资成本高

统计分析发现，除发债规模和期限受到限制外，浙江省民营企业相较地方国有企业还面临着发债成本高昂的问题。同级别企业中，AAA 级民营企业发行利率比地方国有企业高 89bp，AA+级企业高 125bp，AA 级企业高 8bp，体现出投资者更青睐于国有企业，民营企业存在融资成本较高的特点（见表 11-4）。

表 11-4 浙江省地方国有企业和民营企业发债利率情况（2016—2021 年）

主体评级	地方国有企业（%）	民营企业（%）	平均利差（%）
AAA	3. 30	4. 20	0. 89
AA+	4. 11	5. 35	1. 25
AA	5. 14	5. 21	0. 08
总计	4. 35	4. 99	0. 64

六、民营企业债券融资风险较大

统计表明，2021 年，浙江省共有 96 家企业上榜中国民营企业 500 强，连续 23 年蝉联全国首位。尽管浙江民营企业在浙江省经济中扮演着举足轻重的作用，但民营企业在债券市场中仍存在融资困难、融资期限短、融资成本高等难题，无法充分激活民营经济的活力。民营企业存在融资难题，主要原因是民营企业经营波动性较大，存在因经营不善导致债券违约的情形，进而影响民营企业在资本市场的形象和投资人行为。根据 Wind 资讯，2016—2021 年度，浙江省民营企业共有 46 支债券发生违约，违约日债券余额合计 321. 36 亿元（见表 11-5）。

表 11-5 浙江省民营企业债券违约情况（2016—2021 年）

债券类型	违约日金额（亿元）	金额占比（%）	违约支数	支数占比（%）
企业债	26. 80	8. 34	3. 00	6. 52
公司债	184. 26	57. 34	29. 00	63. 04
协会产品	110. 30	34. 32	14. 00	30. 43
合计	321. 36	100. 00	46. 00	100. 00

第二节　发达国家主要模式

一、美国“高收益债券市场模式”

高收益债券也称垃圾债券，指信用等级较低的企业发行的债券（在美国主要是标普信用评级在BB级以下的债券），由于其信用水平差，因此为吸引投资者，相应的其债券利息较高。而中小企业大部分评级较低，因此中小企业债券属于典型的高收益债券。美国高收益债券市场模式的成功，有以下几点关键因素。

（一）完善的信息披露制度

高收益债券的核心问题在于发债企业的信用风险，为控制中小企业债券较高的风险，美国建立了严格的债券风险控制机制。其中，完善的信息披露制度起到了重要作用。美国规定，中小企业发行高收益债券，必须在SEC登记注册，且发行企业必须披露与债券发行相关的一切信息，一旦发行企业披露的信息有误，持有证券的投资者可以要求发行企业、保荐人和承销商等任何相关责任人承担相应责任。

（二）健全的投资者保护机制

为了减轻投资者投资中小企业债券的风险，美国制定了一系列有利于投资者的保护制度。例如其债权契约制度就规定，投资者可以限制企业将抵押物再用于其他用途，或者可以要求企业提前成立基金用于到期偿还本金等。这一系列完善的投资者保护机制有效限制了中小企业违约风险，保护了投资者的利益，从而使更多投资者愿意投入中小企业债券市场。

（三）较强的市场流动性

美国的中小企业债券市场较为多样化，发行企业可信度较高，并且高收益债券为众多风险偏好型投资者提供了良好的投资机会，满足了其投资需求。因此，大量的投资机构参与到高收益债券市场中，使得美国的中小企业债券市场得以保持较强的流动性，从而确保了市场的良性发展。

二、韩国“P-CBO模式”

不同于美国，韩国资本市场尚不完善，也没有发达的垃圾债券市场，为解决中小企业融资问题，韩国推出“P-CBO模式”，即通过集合大量垃圾债券，将这些债券打包并分层，出售给不同的投资实体，从而在实现信用风险分散的前提下，盘活资产存量，为中小企业债券融资提供可能。该模式的亮点在于以下两点。

（一）提高发行效率

该模式采取单个企业发债、多个企业捆绑证券化的模式，既克服了企业集合债券或集合票据模式下发行效率低下、企业协调较为困难的局面，提高了债券发行效率，也通过集合证券化，有效地分散了单个企业的违约风险。

（二）内部增信机制降低违约风险

通过对中小企业债券的打包与分层，将其分为优先级与次级，韩国规定只有优先级部分可以公开向投资者出售，而次级债券部分则由特殊目的实体自身持有。这样的制度安排避免了中小企业由于难以找到合适的外部增信担保者而阻碍其债券成功发行的局面，利用结构化分层有效实现了债券的内部增信，提高了优先级部分债券的信用评级，确保了债券的成功发售，而且也保护了广大投资者利益，降低了债券违约风险。

三、德国“贷款证券化模式”

德国商业银行通常采用合成证券化的模式，即商业银行将其持有的中小企业贷款打包作为标的资产进行资产证券化，然后将证券化的资产分层，分为优先级、夹层和受损三个部分，其中优先级占比最大，属于信用高、风险小的部分，德国银行将其对外出售换取即期流动性；而夹层风险稍大，通过特殊目的实体在资本市场上进行担保出售；风险最大的受损部分则由发起银行自身持有，并且证券化的资产本身也保持在发起银行的资产负债表上，由银行承担相应的责任。其之所以能成功实施，离不开以下几点要素。

（一）证券化产品分层设计实现了激励相容效果

资产证券化产品的杠杆性质极易导致银行降低其信贷审核标准，盲目地给不符合风险要求的对象贷款，又凭借着高风险的资产进行大量证券化操作，从而将风险扩大到整个金融体系。而德国的合成证券化模式，采用激励相容的设计，规避了银行盲目放贷的风险。由于德国银行证券化的资产仍然保留在自身表内，且其资产证券化后，自身将持有风险等级最高的受损部分，这就为促进德国银行更好地实行其贷款资质审核提供了激励，从源头上控制了资产证券化产品的风险。

（二）公共部门支持

一方面，欧洲投资基金积极为其成员国的贷款证券提供外部信用增级和担保；另一方面，欧洲投资银行更是直接在市场上买入大量的优先级集合贷款证券，为投资者投资树立信心，起到信用背书的目的。这种政策上的支持有效促进了德国中小企业贷款证券化业务的发展。

（三）基础产品的差异化和透明度

一方面，德国的集合贷款证券化产品，其标的资产保持了较高的差异化，无论是贷款企业的行业分布、地区分布，还是行业地位、企业规模都相差甚远，通过这种差异化的安排，有效分散了地区性的、行业性的大规模违规风险，保证了较低的违约率。另一方面，由于欧洲地区中小商业银行主要服务于当地中小企业，通过长期接触和较为完善的信用平台建设，当地银行对中小企业的内部信用评级较为准确、可靠，因此可以保证产品的发行对象和分层合理。

四、日本“信用保证模式”

（一）完善的法治建设

日本是民营企业立法方面较健全的国家之一，于1963年制定出台《中小企业基本法》，针对国内中小企业发展提供纲领性规定，被誉为日本中小企业的“宪法”。在《中小企业基本法》指导下，日本先后制定了30余部针对民营企业的专门法律，这套完备的法律制度体系为民营企业发展提供了规范而畅通的经营环境。

（二）多形式的直接融资渠道

为加强对民营企业的资金支持，日本政府积极拓宽多种直接融资渠道。首先推动组建资本市场二板市场，提供门槛较低的企业上市和债券融资途径，让市场前景好、产品竞争力强、有发展潜力的民营企业优先进入债券市场公开融资；在支持经营状况良好的民营企业面向社会发行债券的同时，日本政府不仅予以认购，并且于1996年成立“风险基金”，对存在债券违约风险的发行企业提供资金支持。

（三）特色信用担保体系

为降低金融机构向民营企业提供金融服务所面临的风险，提升市场对民营企业的信心，拓宽民营企业融资渠道，日本政府在全国范围内按照行政区划设立信用保证协会（以下简称信保协会）。各信保协会的基本财产由政府出资、金融机构捐款和累计收支余额三部分组成，承保金额以基本财产的60倍作为法定最高限额。民营企业按照担保合同向信保协会支付每年不超过担保金额1%的担保费用。同时，政府出资设立专门对信保协会进行保险的机构——中小企业信用保险公库（以下简称信保公库）。按照法律规定，只要民营企业获得的担保金额是在法定限额内，则自动获得信保公库的信用保证保险。信保协会向信保公库缴纳担保费收入的40%作为保险费用。当民营企业面临违约风险时，信保协会将做出代偿；之后信保公库向信保协会支付代偿金额70%的保险赔偿金，即信保协会只需承担30%的损失。代偿发生后，一旦信保协会向违约企业追回代偿金额，70%的保险赔偿金将重新归还给信保公库。

第三节　国际经验启示

一、丰富中小企业债券融资渠道

通过多元化渠道，政策性金融机构持有的次级部分为优先级投资者提供了本息偿还保障，大大提升了中小企业集合债券的投资吸引力，也有效分散了单个发行企业的违约风险。例如，韩国面向国内中小企业推出中小企业集合债券，由参与发债的中小企业分别向政策性金融机构发行债券，再向某个特殊目的载体（SPV）进行发行转移以获得资金，随后由 SPV 将这些债券重新组合打包并分层后发行资产证券化产品。日本政府推动组建资本市场二板市场，为门槛较低的企业提供上市和债券融资途径，让有发展潜力的中小企业优先进入债券市场公开融资，积极认购经营状况良好的中小企业的债券，并于 1996 年成立“风险基金”，为存在债券违约风险的发行企业提供资金支持。在美国，以中小企业为发行主体的高收益债券可以选择公开发行或非公开私募发行。根据美国证监会（SEC）出台的“144A 规则”，符合条件的合格机构投资者无须向 SEC 登记即可转售已认购的非公开发行债券，大大提高了机构投资者债券交易的便利性和积极性。

二、健全市场驱动型的信用评级体系

独立、严格和客观的信用评级制度可以最大限度地保障债券市场参与者各方的利益，对民营企业债券融资具有巨大的促进作用。以市场驱动发展信用评级体系，依靠独立性、中立性和公正性形成评级公司强大的无形资产是资本市场高度发达地区的有效做法。监管机构根据信用评级机构在市场中的表现，决定是否认可该评级机构的评估结果、批准信用评级机构的设立和存续、核准其业务范围等，形成“良币驱逐劣币”的良好市场氛围。例如，美国的双评级制度是在市场自发的基础上形成的，发行人在发债时通常会委托两家评级公司同时评级，监管部门从债券投资者使用的角度将双评级结果纳入其监管规则中。欧盟理事会于 2013 年 5 月通过《欧盟评级机构监管法规》第二次修正案，规定当发行人聘请 2 家及以上评级机构时应考虑聘请至少一家市场份额不超过 10%的小型评级机构进行评级。

三、建立特色担保体系“兜底”风险

政府出资设立中小企业信用保险公库，只要民营企业获得的担保金额是在法定限额内，则自动获得信保公库的信用保证保险。信保协会向信保公库缴纳担保费收入的40%作为保险费用。中小企业面临违约风险时，信保协会只需承担30%的损失。这种政府担保兜底的机制，值得在制定相关政策时借鉴。

四、培养多元化的机构投资者

投资者是市场存在和发展的基础，民营企业债券市场的活跃需要多类投资者并存。美国的债券市场参与者以银行、保险公司、养老基金会、慈善基金会等机构投资者为主。机构投资者购买债券是为了获得长期稳定的收入，以保证资金的流动性，分散资金运用的风险；而个人投资者参与债券投资倾向于获得投机性的价差收益，渴求更高的投资收益率，因此，个人投资者参与债券市场的意愿较机构投资者更低。此外，机构投资者具有更加稳定的现金流入，更易形成巨大的买方市场，有利于促进民营企业债券市场的发展壮大。

五、完善场外交易市场

交易所和银行间市场是我国民营企业债券上市交易的主战场，而由于上市费用、额度控制等诸多因素的制约，债券上市交易的数量和规模较为有限。发行市场欠发达和交易制度的缺陷使得我国民营企业债券交易较为清淡，流动性不足，使需要保持资产具有较高流动性的机构投资者不愿意参与民营企业债券交易。美国、日本等发达国家的债券交易绝大多数集中在场外交易市场，极大方便了民营企业债券的上市和交易需要。为促进我国民营企业债券融资力度，应当加快完善建立场外交易市场，以此提高民营企业债券流通性。

第四节　民营企业债券融资存在的主要困难和问题

一、民营企业债券融资相关主体意愿不强

（一）优质民营企业发债意愿不强

对于优质民营企业而言，由于融资需求大、融资渠道多，他们往往对融资成本较为敏感。从针对优质民营企业开展的调研情况看，部分企业反映公司债券融资成本普遍高于公司可获得的同期限银行贷款利率；部分企业认为，公司债券到期后的滚动融资不确定性较大，而银行贷款融资的续贷确定性较高，更利于企业的长期发展规划。

（二）中介机构承销意愿不强

近年来，民营企业信用风险趋于上升，中介机构承销民企债券承担的风险较高，但承销费的上涨空间并不大，经济效益不匹配，参与积极性不高，导致对民

营企业发债主体的遴选审核更严，甚至在一定程度上回避民营企业债券项目。而且，中介机构“重股轻债”的思想仍不同程度存在，无论是前期的尽职调查还是后期的受托管理等方面，资源投入与 IPO 等业务存在较大差距。

（三）投资机构买债意愿不强

受房地产企业和制造业企业融资压力大、资金回笼效率较低影响，市场对于民营企业债券的审慎度大幅提升，民营企业债券销售端受限，投资者出于避险心理投资意愿降低，造成“投资人不敢买”“发行人卖不掉”的局面。

二、民营企业债券融资成本高、门槛高、期限短

（一）民营企业债券融资成本高

近年来民营企业债券发行利率普遍高于全市场平均水平。从定价来看，无论是发行利率还是发行利差，相同级别的国有企业发行利率表现优于民营企业，利差低于民营企业，近年来同等级民营企业与国有企业的平均发行利差最高差距可达到 250bp 左右。截至 2021 年年底，AAA 级和 AA 级民营企业与国有企业债券平均发行利差分别差 107bp 和 166bp，AA+级民营企业及国有企业间利差差距相对较小达到 53bp。以 1 年期短期融资券为例，各等级民营企业短融发行利率持续处于高位运行状态，除个别年份 AAA 级民营企业短融利率略低于全市场水平或持平外，民营企业利率普遍高于市场水平 28bp~190bp。

（二）民营企业债券融资门槛高

目前我国对于公司债和企业债发行主体资格要求较高，大多数中小企业都不能达到发行标准。《中华人民共和国证券法》规定，发行公司债和企业债的股份有限公司净资产不得低于 3000 万元，有限责任公司净资产不得低于 6000 万元，同时还要求公司近 3 年的净利润足以支付债券一年的利息，以及累计债券融资规模不能超过企业净资产的 40%等。仅就企业净资产规模这一个条件就把 80%以上的中小企业排除在公司债和企业债的市场之外，而民营企业大多为中小微企业，个体规模小、资产价值低，且评级机构在对民营企业评级时条件较国有企业更为苛刻，给出的评级意见也普遍偏低，导致民营企业难以达到发债资质要求。

（三）民营企业债券融资手续繁杂

由于企业债券在发行过程中涉及多个中介机构和政府部门，协调、调查和审批需耗费大量时间。而中小企业对资金需求具有“短、频、快”特点，特别是在紧缩性货币政策实施期间，中小企业急需资金，冗长的发行过程使得企业债券不能很好地满足企业的融资需求。萧山区某部门反映，企业债的发行手续必须由企业报给省发展改革委，经省发展改革委报到国家发展改革委审核批准，然后从国家发展改革委传到省发展改革委，再通知企业，较长的审批时间通常会延误企

业发行债券的最佳时机。

(四) 民企债券融资期限短

现行的融资产品无法与民营企业融资需求有效匹配，特别是短期融资券及超短期融资券对民营企业而言基本没有需求，民营企业普遍希望能够发行中长期债券。Wind 数据显示，2010—2019 年间浙江民营企业发行的债券期限绝大部分在 5 年以下，其中 3~5 年期（含 3 年）集中度最高，占比达到 51.7%；3 年以下债券占比也高达近 40%，而 5 年以上的民营债券大部分是在 2011—2013 年发行的长期限债券，并且数量屈指可数。①

三、民营企业债券融资风险高

(一) 民营企业投融资管理能力不足

投资者主要通过信评报告、募集说明书、财务报告等公开途径获取企业信息并评估企业信用资质，而部分民营企业由实际控制人的近亲属管理财务，往往缺乏现代财务管理的专业能力，存在企业信息披露不透明、不真实现象，致使市场公信力不足。同时，部分民营企业在企业战略制定时存在严重个人偏好，造成对外多元投资过快、主业不突出、杠杆率较高、流动性较差等问题，影响企业健康稳定发展。

(二) 民营企业债券融资违约风险高

目前民营企业整体信用较弱，发生违约概率较高，且近两年个别民营企业出现财务造假、发债材料造假等现象，导致市场对于民营企业违约风险的担忧加剧。2017—2019 年民营企业违约规模在全市场违约规模中占比维持在 80%以上。2021 年受房地产企业风险影响，违约民营企业占比为 76%，较 2020 年增加 15 个百分点。与此同时，民营企业违约后续处置进展缓慢，根据中诚信国际统计，民营企业违约后续平均处置周期为 404 天，比国有企业处置周期长 58 天，这也进一步推升了市场对民营企业的谨慎情绪。

(三) 债券风险处置机制尚不完善

实践中，民营企业债券发行人违约后，处置时间长、难度大，对信用类债券持有人的清偿率较低，普遍不足 5%。在债券市场违约常态化背景下，投资者的风险偏好下降、风险溢价要求上升，对中小企业债券认购意愿低下，而目前债券市场信息披露平台即时性较差、债券违约处置机制不规范，进一步降低了投资者认购积极性。某投资主体反馈，2018 年以来民营企业债违约较多，从数量上看

① 相较于民营企业发债的短期限问题，国有企业发债期限则分布相对均匀，且期限更久。Wind 数据显示，2010—2019 年间浙江国有企业债券在 3 年以上，集中在 5~10 年（含 5 年）；其次是 3~5 年（含 3 年），两个期限段的合计占比达到 90.87%。

远远高于国有企业与城投，投资者从风险角度开始规避弱资质民营企业债的投资。此外，相对于股票，民营企业债的处置机制尚不完善，违约事件频发，2019 年该地区合计 186 支债券违约，新增违约发行人中，民营企业占比在 80%左右。

四、民营企业发行债券增信难度大

（一）民营企业债券信用评级制度不完善

国际公认的信用评级机构如穆迪、标准普尔、惠誉等有一套完整而严密的评级框架，且评级有效期内会对评级对象持续跟踪监测。我国资信评级尚未有科学、统一的行业标准和管理体系，区域差异较大，同样的企业债券在不同评级机构可能得到不同的信用等级，导致市场对债券产品的认可度不高。某信用管理有限公司反映，企业主要为中小企业做信用评价，大部分中小型民营企业因在财务、信息公开等方面存在问题，较难成为大型债券信用评级机构的评级对象，不得不转向小型评价机构，而小型评价机构因评价质量参差不齐、专业度不高，信用评价结果难被市场认可，该企业 80%以上的客户反映，建设银行、杭州银行等银行认为第三方信用评级无法保证安全性，评价结果难以被承认。

（二）民营企业难以获得较高信用评级

评级机构对于民营企业评级更为严格，在取得相同的评级结果下，民营企业一般需要具备更好的资质条件。财通证券梳理全国净资产规模为 100 亿~500 亿元的 AA+国有企业、民营企业主营收入前 10 名，民营企业的主营收入明显好于国有企业，部分同资质国有企业甚至取得 AAA 评级，即在同等条件下民营企业更难取得较高评级，发债难度更大。①

（三）发债支持工具对民营企业覆盖面不够

从已发行的风险缓释产品来看，相关标的债券发行人普遍为行业龙头企业等信用资质相对较好的企业。对于当前风险较高的民营企业债券来说，缺少相应的民营企业信用“保险”工具。基层银行反馈，目前虽然有债券融资支持工具，但民营企业发债普遍要求近 3 年的净利润足以支付债券一年的利息，累计债券融资规模不能超过企业净资产的 40%，导致民营企业发债融资困难重重。Wind 数据显示，截至 2022 年 3 月，国内有记录的信用风险缓释凭证（CRMW）数量为 400 多单，名义本金规模 500 多亿元，与我国境内信用债市场超过 20 万亿的存量规模相比，CRM 的覆盖面仍明显不足。其中以民营企业债券为标的的 CRM 共有 242 单，实际发行金额合计 327. 24 亿元，仅占存量规模的 59. 2%。

---

① 根据中诚信国际统计，2021 年在 AAA 级民营企业新发行债券数量在所有民营企业发债总量中占比约 55%，AA 及以下等级发行人发债数量占比不足 10%。

第五节　对策建议

一、制定出台支持民营企业发债融资的专项政策

（一）适当降低民营企业发行债券的门槛

政府及金融机构继续提供相关的扶持政策，给予发债民营企业一定比例贴息，提供民营企业与国有企业公平的竞争环境，扩大民营企业通过债券融资获得资金的使用范围。鼓励市场主体创新债券发行的品种和类别，使各种类型、各种规模的企业，特别是民营企业，可以在债券市场上获得符合自身需求的债券品种。

（二）对符合条件的优质民营企业实行正负面清单管理

鼓励将债券募集资金用于国家重大战略、重点领域和重点项目。对于进入名单内的民营企业给予政策支持，增强债券融资在成本、期限及便利性等方面的综合优势，引导优质民营企业发债融资。支持符合条件的民营企业发行创业投资基金类债券，募集资金用于出资设立或增资创业投资基金。

（三）探索构建行业龙头企业对产业链上下游民营企业债券融资的增信支持机制，适时开展试点

探索在省级、地市级层面，设立针对民营企业发行债券的风险缓释基金及民营企业增信基金。完善民营企业债券融资支持工具配套机制，进一步扩容CRMW，提高CRMW对AA级和AA+级民营企业的覆盖范围，确保更需要信用保障的低级别主体有能力进行债券融资。

（四）降低民营企业发债成本

实施税收减免或税收返还、财政贴息支持等优惠政策。成立专门为民营企业债务融资的担保公司，设立民营企业增信基金，解决中小民营企业债券融资难、融资贵问题。

二、创新民营企业发债增信工具

（一）推广小微企业增信集合债券

鼓励各地以大中型企业为主体发行小微企业增信集合债券，募集资金由托管商业银行转贷给符合经济结构优化升级方向、有前景的民营企业，并适当优化小微企业增信集合债券发行管理的相关规定。

（二）完善民营企业债券融资支持工具配套机制

进一步扩容CRMW（信用风险缓释凭证），创新机制提升金融机构创设积极

性，提高 CRMW 对 AA 级和 AA+级民营企业的覆盖范围，确保更需要信用保障的低级别主体有能力进行债券融资，为民营企业创造良好的融资环境。

（三）建立数字化发债平台，降低发债信息不对称风险

建立数字化发债平台，纳入可体现企业信用水平的相关信息，打通担保机构与金融机构之间的数据壁垒，实现发债业务全流程的线上化与智能化管理。完善企业和中介机构、投资人之间的信息对接机制，健全发债主体信息披露制度，提升信息披露质量，强化民营企业债券全流程信息披露。

三、加强民营企业发债融资服务

（一）简化发债程序

建立数字化发债平台，实现发债业务全流程线上智能化管理，完善企业和中介机构、投资人之间的信息对接机制，减少债券发行时间，增强债券融资时效性。

（二）加快发展债券评级机构

适当引入双评级制度，企业债券至少要接受两家评级机构评级。同时，加快引入具有国际信用力的评级机构，完善评级机构结构优化和内部竞争机制，鼓励评级机构增量、增质。鼓励、遴选部分具备较强评级实力和市场公信力的评级机构，针对小微企业特点设计、研发小微特色评级模型，以提升小微企业评级的有效性与针对性。

（三）降低国有担保公司担保门槛

将国有担保企业为民营企业发债增信的完成情况纳入绩效考核评价体系。推动地方政府出台更有针对性的支持民营企业债券融资的政策，设立针对民营企业发行债券的风险缓释基金及民营企业增信基金。

四、健全民营企业发债融资风险处置机制

（一）确立风险定价机制

让债券市场建立起以企业信用风险为基础的投资逻辑，让只有纯粹企业信用的民营企业以合理定价获得公平的债券资源；加快供给侧结构性改革，完善民营企业内部治理，提升经营与抗风险能力，规范信息披露等，让市场更好地进行风险定价。

（二）完善风险分散机制

进一步拓宽民营企业融资渠道、提升债券市场包容性，稳步推进债券市场注册制改革，降低民营企业债券融资门槛；加快完善债券违约处置机制，做好风险防范化解，强化投资者保护。

(三) 健全民营企业债券风险防范机制

建立风险监测机制，落实发债民营企业全口径监测，对投资经营策略激进、表外杠杆高、再融资受阻、资金面较为紧张的发债民营企业实施重点动态监测，引导民营企业加强资金链、现金流管理。同时，健全债券违约市场化处置机制，提高违约处置效率，夯实发行人和中介机构责任，提高违法成本，保障投资人的合法权益。

五、打造良好的民营企业发债融资生态

(一) 优化市场投资者结构，鼓励参与者类型多元化

逐步培育风险偏好不同的多层次投资者，引导其参与到债券市场中来，同时提高债券投资者积极性，增加高风险投资需求，从需求端带动民营企业债券发行，进而吸引更多风险偏好较高、风险承担意愿及能力较强的投资者入市。

(二) 进一步丰富市场层次

完善现有债券市场，试点建立区域性债券市场，把地方金融资产交易场所和地方金融组织功能发挥出来，持续扩大覆盖面、延长纵深度，惠及更多的民营企业和实体企业，解决民营企业发债难问题。引入大量的机构投资者，包括保险公司、基金公司、财务公司、城乡信用社、证券公司及其他社会法人，建立多层次的企业债券交易市场，构建场外交易平台，完善企业债券托管和结算服务，提高企业债券交易效率，降低企业债券的交易成本。

(三) 加强民营企业自身建设

加强债券融资相关业务的教育培训，帮助企业提高自身财务规范程度，提升市场信用等级。支持民营企业逐步向“专精特新”“小巨人”“省隐形冠军”等转型升级，提升社会信誉度和治理能力，提升获得债券发行资格概率。净化市场生态，对欺诈发行、逃废债等行为保持“零容忍”态度，严厉打击债券市场违法违规行为，提高民营企业违约处置效率。

第 12 章　共性技术研发平台建设存在的问题与对策建议

——基于浙江省的实地调查

跨越从基础研究到技术创新的“死亡谷”是各国创新活动普遍面临的一个难题。世界主要发达国家和地区通过政府研究机构、政府社会资本合作研究计划、技术创新网络、技术联盟和伙伴关系等形式推动建设共性技术平台，为后续技术创新发挥重要先导作用。2021 年国务院《政府工作报告》提出，要搭建更多共性技术研发平台。① 共性技术平台是实现科技与经济紧密结合、推进产学研深度融合的重要桥梁和纽带。浙江省实施了《浙江省战略性新兴产业重大关键共性技术导向目录》等政策，初步建立包括之江实验室、各类重点实验室在内的实验室体系，形成高校、企业、研究院等创新主体联合创建的产学研合作体，涌现出一批新型研发机构等技术研发平台，促进产业共性关键技术创新，但也存在一些问题需进一步关注。

第一节　共性技术研发平台建设情况

一、平台主体不断增加

浙江省目前已涌现出包括各类实验室、企业研发机构、产业创新服务综合体等多种形式在内的一大批技术研发平台，其中国家重点实验室 15 家，产业创新服务综合体 304 家，制造业创新中心 19 家。全省共认定省级企业研发机构 7245 家，包括省高新技术企业研究开发中心 5306 家、省级企业研究院 1688 家、省级重点企业研究院 251 家。这些平台不少从事或涉及共性技术研发，为共性技术研发平台建设打下了坚实基础。如杭州市大力推进共性技术研发平台建设，截至目前已整合场地设施面积 34. 75 万平方米，整合仪器设备 1. 6 万台套，累计建成服务平台 28 个。又如湖州市通过集中创新资源建成了一批共性技术研发平台，累

---

① 共性技术平台具备及时了解行业技术需求和有效提供研发活动供给的多重优势，主要是从事技术成熟度介于 3~6 级之间的有关实验室成果中试熟化、应用技术研发升级等活动，它能将产学研用组织结合起来，协同突破产业技术共性瓶颈，降低后续应用技术研发风险，弥合科技和经济间可能的断裂，支撑产业链向中高端转化。

计培育省无人机技术重点实验室、省微波目标特性测量与遥感重点实验室等省级重点实验室（工程技术研究中心）15家。

二、平台覆盖范围逐步扩大

一方面，浙江省各地市均积极建设共性技术研发平台，基本实现“地域全覆盖”。例如温州市近年来加速建设共性技术研发平台，已引进、共建中国科学院大学温州研究院、浙江大学温州研究院等创新载体41家；又如绍兴市完善多元投入体系、探索新型体制机制，积极谋划建设鉴湖现代纺织实验室、绍芯集成电路实验室、高分子新材料实验室等一批共性技术研发平台。另一方面，按照“传统块状经济、现代产业集群全覆盖”目标，各产业积极打造共性技术研发平台，目标是实现“产业全覆盖”。杭州市已累计建成的28个共性技术研发平台覆盖物联网、移动通信、电子软件、装备制造、生物医药、丝绸纺织、工业设计、新材料等多个领域；宁波市4家省级制造业创新中心，涵盖石墨烯、磁性材料应用技术、智能成型技术、电驱动等多个技术领域。

三、平台建设效应逐步显现

近年来，各平台不断开展基础研究与关键核心技术攻关，研发成果逐步显现。例如之江实验室，已竞争性获得国家项目52项、总经费9.1亿元，形成全球神经元规模最大的类脑计算机、具有完全自主知识产权的天枢人工智能开源平台、具备全球领先技术指标的太赫兹通信系统、大规模光交换芯片等16项重大科研进展和成果，发表高水平论文115篇。又如全省19家制造业创新中心，累计已收集模型压缩、编码协议、柔性显示、动力电池、智能医疗设备等领域关键共性技术项目152项，启动攻关项目66项。

四、创新服务供给日益增加

共性技术研发平台集聚人才、设备、技术等优势，围绕产业，引领传统块状经济向现代产业集群加快转变，推动新兴产业实现从无到有、从小到大、快速成长，积极为行业、企业提供创新服务。根据浙江省科技厅统计数据，138家省级产业创新服务综合体共集聚创新服务机构5494家，2020年为企业解决技术难题2.1万个，带动产业集群增加值增长6.1%，成为全省推动产业升级、服务企业发展的重要载体。

五、政策引导力度加大

浙江省先后发布《浙江省战略性新兴产业重大关键共性技术导向目录》《浙

江省高端装备制造业发展“十四五”规划》等政策文件，对共性技术研发提供方向性政策引导，鼓励共性技术研发平台加快建设。各地也相继出台配套政策，支持地方共性技术研发平台建设和申报。例如 2020 年，杭州市印发《杭州市共性技术研发平台建设与运行管理暂行办法》，推动平台建设与认定，并明确了产业布局与补助办法。台州市出台《十大共性技术突破项目实施方案》，对入选项目给予资金补助。

第二节　共性技术研发平台提质提效面临的困境

一、平台重复建设、同质竞争

由于缺乏有效的统筹协调机制，不同条线多头批复和管理研发平台，形成了多个相互独立、性质多样的研发平台体系，导致平台间重复建设、同质竞争等问题。目前，除科技部以外，工信部、国家发展改革委等也相继批复了一系列国家级研发机构，形成了多个相互独立的产业关键共性技术研发平台体系，各类共性技术研发合作机构并存，在不同体系下从事相同或相近的研究。虽然各不同平台间可以通过技术合同、项目合作、共建实体等推进共性技术研发，但整体上尚未形成有效合力和资源优化配置，甚至存在相互竞争抢资源的现象。以绍兴市柯桥区为例，江南大学柯桥轻纺产业技术中心、东华大学绍兴创新研究院都是集轻纺技术人才培养、技术研发、产品开发、科技服务、技术转化、创业孵化、创新平台构建等功能于一体的校地合作平台，都开展纺织技术研发与创新、纺织产品性能检测、产业化中试基地建设、纺织成果产业孵化等技术活动，存在一定程度的同质化情况。

二、企业参与度较低

（一）共性技术研发投资大、周期长、见效慢、风险高，市场前景不确定，企业一般不愿意投资

目前主要还是由政府主导和建设，在投入主体上企业缺位。同时，中小微企业由于多处于产业链低端、技术积累较少、创新能力薄弱，在平台合作共享中处于弱势地位，参与程度较低。以浙江省某新能源产业创新服务综合体为例，目前有成员企业近 170 家，70%的成员为中小企业。这些中小企业与大型企业在研发能力上差距过大，没有多少技术成果可以共享，因此在共性技术研发平台中往往“说不上话，搭不上车”，已促成的 8 项技术合作主要是大型企业间的合作，中小企业获利较小。

（二）企业存在技术泄密顾虑，不愿参与共性技术研发

企业对共性技术研发平台的保密工作非常重视，尤其是专利保护程度相对较低的行业企业担心缺乏有效机制制约，企业的产值数据、订单信息，以及产品技术、设计都可能遭到泄露，导致企业参与共性技术研发的积极性不高。

（三）校企合作研发存在“两张皮”现象，企业合作积极性不高

高校重理论研究、企业重工程应用，不少高校专家在共性技术研发平台中，侧重于技术成果的理论先进性，对中间试验和产业化环节关注不足，导致共性技术研究成果与企业实际需求存在一定的偏差。科研人员在争取课题上花费过多的时间和精力，再加上考评比较重视论文数量、刊物档次，使得一些科研人员不得不追求“短、平、快”的项目，不愿意参与需要长期跟踪的共性技术研究项目。

三、设备和技术共享机制不完善

一方面，科研设备共享不足。高校的大型仪器设备在对外开放过程中存在具体服务工作量、额外维修维护工作量和服务难易度认定难以量化等问题，导致科研仪器设备开放共享率依然较低。以某地方大学为例，该校拥有 30 万元以上大型科研仪器设备 137 台，设备原值 1.2 亿元，但因缺乏激励机制，设备开放共享积极性不高，2020 年对外开放共享收入仅为 22.5 万元。另一方面，技术共享机制不健全。行业企业虽建有企业技术研发中心，配有实验设备，但因企业之间存在竞争，为避免技术泄露、技术团队流失等，企业不愿意合作共建研发机构、开放共享实验设备，以及合作开展核心技术、共性技术、关键技术研发和攻关，而是各自为政、独立研发，导致重复投资、资源浪费。某竹木玩具企业反映，因与同行业企业都是以欧美为主要出口市场，虽然平时企业之间沟通交流比较多，但是真正开展技术合作的可能性还是比较低。同时，在技术共享方面缺乏相应的指导性的经济补偿机制，从企业角度看，技术研发需要人力、物力、财力及时间、精力等，多数企业出于同行竞争压力，在没有一定补偿机制的情况下，不愿分享核心技术。某科技有限公司反映，该企业主营水性不粘涂料、陶瓷涂料、粉末涂料、高分子复合材料、高性能工程塑料制品（除废塑料、危险品及有污染的工艺）的研发等，想与同类企业合作共享先进技术，但屡屡碰壁，目前只能独自研究开发。

四、关键共性技术配套产品依赖国外

某电气公司反映，国内缺乏所需的电气化铁道产品升级技术研究的上游技术、产品供应支持，由于研究技术配套的电阻片需高温烧结，但国内市场上的烧结炉普遍高温不稳定，导致电阻片产品报废率高，高温烧结炉只能依赖进口。浙

江省激光智能装备技术创新中心所在的高端激光智能装备领域国产化产业链不配套，高端研究装备元器件主要依赖进口，存在“卡脖子”技术风险，阻碍国内厂商自主研发装备元器件成果转化和产业化。工业设计、控制系统、试验验证等软件被外方垄断，关键共性技术研究存在数据泄露风险。目前，我国机械行业关键共性技术研究主要集中于硬件上，软件上仍严重依赖外方。机械设计、信息化管理等软件，被 IBM、SAP（思爱普）、ROK（罗克韦尔）等跨国公司垄断。某电气公司反映，采购的西门子数控机床，机床设备和操作终端都是国外产品，只能匹配运行国外系统软件，德国供货方可实时监控生产加工、设备运行情况，企业担心若在相关机器上开展关键共性技术研究有商业秘密外泄的风险。

五、平台配套体制机制不健全

目前，共性技术研发平台缺乏特别有效的体制机制设计，研究方向的确定、研发资金的投入、研究成本的分担、研发成果的共享、研究人员的聘任和激励等平台配套机制问题尚未很好地解决，平台研发项目的系统性不强、产出效率不高、研发资金支持力度不大等问题普遍存在。例如某机床制造有限公司立足共性技术运用前景，于 2021 年 6 月成功研发新一代精密专机。尽管当地多家汽摩配、水暖阀门公司上门表露合作意愿，但由于公司在前期研发投入已超过 600 万元，4 家意向单位仅能分担 200 万元授权费用，加上针对共性技术的共享激励政策尚未出台，补贴方面公司仅能以传统技改项目申报 100 万元。对比前期高昂的研发投入及收益前景，该公司最终选择自研自用、面向市场销售专机成品。

六、创新要素集聚不够充分

创新生态系统构建有待加强，行业资源集聚不够，部分欠发达地区高层次创新人才引进难，留住更难，搭建共性技术研发平台的人才基础薄弱。以浙江省丽水市为例，该市企业研发人员共 1.26 万人，仅为杭州 9.68 万人的 13.0%和宁波 11.56 万人的 10.9%；省“重点引才计划”专家 23 人，仅为杭州 739 人的 3.1%和宁波 350 人的 6.6%。资金方面，由于共性技术往往涉及多个技术领域，开发周期较长，对资金的需求较高，现有的各种研究计划如国家自然基金等基础研究类的科技计划或专项，难以对需要长期、稳定、持续资金支持的产业共性技术研发给予足够支持。根据《浙江省科技发展专项资金管理办法》，按照项目情况提供 100 万—1000 万元的补助资金，分 2~3 次拨款，对于许多大共性技术研发项目而言只是杯水车薪，如没有金融方面的其他政策帮扶，难以提供连续性支持。地方财政相对紧张的地区，对共性技术研发的资金支持更为有限，单个共性技术研发往往耗资在千万以上，资金不足成为当地搭建共性技术研发平台的掣肘。设备方面，许多共性技术研发需要高精尖设备支撑，而现行体制下，由于仪器设备开放共享激励机制尚不完善，科研仪器设备开放共享率依然较低。处于起步阶段的企业和平台，没有经费购买大型研发设备，又较难共享已有科研设备，导致技术研发成本较高，进度较慢。

七、利益分配机制尚不完善

“共同投资、共担风险、共享收益、共赢发展”的合作运营机制不够健全，各方在合作中的知识投入量难以界定，对知识产权的价值评估也容易产生分歧，进而易导致在利益分配方面存在纷争。浙江某减震科技有限公司在与清华大学某技术研发团队搭建共性技术研发平台开展合作时，由于技术尚未研发成功，两方对此有约定为产权共享，但对于技术落地后具体的分配比例尚未做约定，各方利益保障方面存在一定的风险。某动力有限公司与研究院合作研发航空发动机叶片，经过两年的研发仍然没有成功突破技术难题，因该公司前期研发投入占比为75%，导致无力承担后期研发费用，最终放弃该项目的研发。

八、平台功能作用发挥不够

当前共性技术研发平台为提高自身“含金量”，往往会出台很多优惠政策吸引国内外高校和科研院所参与合作。但有时高校和科研院所往往侧重于“挂牌子”而忽视“立柱子”，导致校企合作、院企合作形式大于内容，难以实现有价值的科研合作及成果转化。另外，不少共性技术研发平台建设时间较短，对共性技术研发的服务供给有待加强。某光机所激光及光学特性表征公共服务平台于2020年10月成立，建立时间短，知名度低，服务范围有限。截至2021年7月，平台设备使用频次约270次，测试时长约930小时，仅服务了12家单位。某智能电梯产业创新服务综合体将主要精力放在筹建中心、组建队伍等方面，共性技术研发和攻关等服务尚在摸索阶段。

九、研发成果产业化机制不畅

长期以来，我国的科技评价体系侧重于论文、专利等科学价值标准，科技计划项目研究更多强调技术与产品开发目标，反映研发绩效的技术价值和经济价值标准所占权重不高。同时，产学研合作各方在管理体制上存在条块分割、壁垒障碍和研发资源错配等问题，再加上科技成果转化本身是一个长周期过程，见效较慢，企业重生产轻研发现象仍然存在，融资机构对重大技术研发和转化缺少长期投资意愿，科技、产业“两张皮”的问题严重制约了科技成果产业化效率。数据表明，我国的科技成果转化率仅为6%，美国等发达国家转化率相对较高，也仅为40%。

第三节　对策建议

一、统筹推动共性技术研发平台搭建

加强共性技术研发平台建设的总体布局，优化各地区参与共性技术研发平台建设的路径、模式，个性化指导帮助企业主体向共性技术研发平台搭建靠拢，推动各地区、企业等因地制宜搭建平台，实现错位发展。探索以满足市场需求为导向，以优化创新资源配置为核心，以创新链、产业链为纽带的多样化的共性技术研发平台组建模式，在运营管理、研发投入、团队建设、项目合作、收益分配等方面改革创新，保障共性技术研发平台高水平运行发展。鼓励大型领军企业，联合上下游企业，通过重组、合作、共享等方式自主自愿组建共性技术企业类平台，联合政产学研力量共同组建。根据科研技术目录，将各地区分散、相近的技术按照规模、类别等方式进行整合，提高平台搭建的效率和质量。

二、完善共性技术研发平台运营机制

发动高校、科研院所等建设主体对共性技术研发平台申报企业进行分级分类；通过章程或协议形式，明确牵头企业、中小企业、科研机构等核心成员的权利和义务，对研发投入和成果产出进行份额配比，并完善知识产权保护机制。完善政产学研合作的风险分担和利益分配机制，提高科研人员、企业、科研院所等各方从事共性技术研发的积极性。完善适应市场需求的关键技术成果转化机制，将共性技术研究成果有效转化为企业核心技术和商业价值。优化平台运作模式，增强平台技术研发、检测与认证等综合技术服务能力，提高平台自我造血能力。完善考核评估机制，实现差异化政策扶持和奖励，对建设成效明显的创新中心，在项目申报、立项、金融支持等方面给予重点扶持。

三、加强共性技术平台的资源要素支持

资金方面，加大财政对共性技术研发平台的资金支持，鼓励社会资本支持平台建设，建立完善稳定、长效的产业共性技术资金投入体系，实现财政资金、社会资本与创新平台、科研机构、科技人才、科技成果等要素的有效对接利用。人才方面，大力引进创新创业团队，探索新型人才培养机制，鼓励和支持一流大学与企业合作共同培养高素质工程师。持续深化科研领域“放管服”改革，下放经费自主权，简化科研项目审批流程，增加科研人员劳务经费在科研经费中的比重，提高科研人才积极性。扩大科研人员的成果转化收益分配权，完善相应考评

机制，提高科研人员从事共性技术研发的积极性。

四、提升共性技术平台的平台能级

支持新型研发机构、龙头企业等创建重点实验室，推进建设实验室联盟，鼓励不同层次、不同区域的实验室，提升自主创新能力及高端技术承接能力。探索“深度孵化”模式，培育集创业辅导、资金扶持、技术支撑功能于一体的复合型孵化器，提升龙头企业的垂直型孵化能力，提高成果转化率。积极对接龙头企业、一流高校、高层次人才团队，通过合作、共建、入职等多种方式，吸引高能级科研力量加入研发平台，提升平台自主创新能力及高端技术承接能力。进一步推动共性技术研发平台的产学研融合，完善考核激励方式，推动平台高水平运行发展，产生更多先进技术和实质性成果。充分挖掘平台潜力，出台政策推动平台与企业的合作，促使平台更好地为当地企业和产业提供技术服务。

五、提高企业主体的参与度

通过补贴、税收减免、政府采购、风险投资等多种形式，加大企业参与共性技术研发的扶持力度，提高企业积极性。鼓励大型领军企业联合上下游企业，共建共性技术企业类研发平台。同时，根据中小企业技术创新难、集聚人才难等现实困难，进一步突出构建以龙头企业为牵引，大中小企业协同创新的生态链，完善信息共享机制，提高中小企业对平台技术研发的参与程度和获利程度。加速关键技术成果转化，整合高端企业核心技术专利，与中小企业分享技术成果，形成以产业化机制为核心的成果转移扩散机制。

第13章　重大专项“揭榜挂帅”机制症结问题与政策导向

——基于浙江省的实地调查

2016年4月，习近平总书记在网络安全和信息化工作座谈会上提出：“可以探索搞揭榜挂帅，把需要的关键核心技术项目张出榜来，英雄不论出处，谁有本事谁就揭榜。”2021年国务院《政府工作报告》指出，改革科技重大专项实施方式，推广“揭榜挂帅”等机制。实施“揭榜挂帅”，深化科技体制机制改革，改革重大科技项目立项和组织管理方式的探索实践，有利于破解产业发展关键核心技术难题，对实现高水平科技自立自强，构建以先进制造业为支撑的现代产业体系具有重要意义。浙江省认真贯彻《政府工作报告》精神，全面实行“揭榜挂帅”机制，营造了良好的创新创业氛围。但同时，“揭榜挂帅”机制落实也存在一些问题，亟须进一步关注。

第一节　“揭榜挂帅”的基本情况

强化“揭榜”制度体系建设，推动平台、项目、人才、资金一体化配置，通过设榜选帅机制、激励保障机制、考核评估机制及“揭榜挂帅”实施成效检测研判制度等机制，确保“揭榜挂帅”能够按照科技发展规律和人才成长规律顺利实施，有利于“揭榜挂帅”取得更好的预期效果和更大的边际效应。

一、“揭榜挂帅”实施机制

省级层面和各地市着力完善“揭榜挂帅”工作的组织实施机制。省级层面在“尖兵”“领雁”研发攻关计划（省级重点研发计划）项目组织实施中，全面实行“揭榜挂帅”机制，对“出榜”“发榜”“揭榜”“选帅”“挂帅”“验榜”等全流程机制进行了实践探索，共组织实施“揭榜挂帅”项目335项。比如宁波市建立“企业出题、政府立题、全球创新资源协同破题”的关键核心技术攻关组织实施机制，公开发布“榜单”，以“谁能干就让谁干”的原则，面向国内外招揽专业贤才“揭榜挂帅”；舟山市按照“英雄不论出处，谁有本事就让谁干”的要求，明确发榜、揭榜、评榜、奖榜的有关程序，建立以需求为导向、成效为衡量标准、市场为唯一验证标准的评价体系，为“揭榜挂帅”科技攻关工作提供有力制度保障；金华市采取“揭榜挂帅”“赛马制”“军令状”等攻关模式，完善对重大原创性、颠覆性、交叉学科创新项目的非共识评审立项机制，对省内无法解决的技术问题，以部省联动方式纳入国家重大科技专项，面向全国乃至全球征集解决方案。

二、“揭榜挂帅”政策支持

从政府侧发力，完善顶层设计，出台支持保障政策。例如杭州市出台支持政策，张榜项目签订技术合同的可直接进入市科技成果转化项目库，完成后按交易额的20%给予资助，每家企业最高可享受资助150万元；优先推荐揭榜人才团队申报各级人才计划和重大科技专项。又如湖州市制定出台《湖州市人民政府关于支持创新创业创强十条政策意见》，专门推出“揭榜挂帅”政策，注重3个“突出”，即突出重点产业、突出关键技术、突出支持力度，按照项目技术的投入等情况，最高奖励可达1000万元，对列为国家、省重点研发项目的，按上级补助经费的20%配套，最高奖励500万元。再如台州市黄岩区，对符合条件的“揭榜挂帅”人才（团队）优先推荐申报人才计划，对于“揭榜挂帅”项目，优先列入市级科技计划项目，优先推荐申报省级科技项目，优先给予企业享受最高20万元的创新券支持，对于“揭榜挂帅”项目由高端以上人才领衔的，按人才新政有关规定，经认定后按项目完成合同金额的50%，给予企业最高300万元的补助。

三、“揭榜挂帅”服务支撑

加强对“揭榜挂帅”参与主体的服务支撑，调动引导创新研发活力。例如杭州市采取“政府引导、企业主体、市场配置、上下联动”等方式，将“揭榜挂帅”相关服务始终贯穿到人才活动、项目申报、技术路演、平台对接等各环节中，逐一梳理细化张榜项目，动态更新技术需求并编制成册投放至科研院所和人才团队；启动“揭榜挂帅”重大技术需求和项目发布会、2021杭州“揭榜挂帅·全球引才”（生物医药专题）科洽会，邀请国内著名高校、中科院系统研究所、知名风投机构前来揭榜；选择优质发榜项目带至各项人才活动，加大针对性对接力度，持续激发企业攻克关键核心技术和重大应急攻关的信心，激发人才团队参与攻克底层技术和颠覆性技术的激情。又如丽水市加强对项目的后续跟踪服务，对于已成功签约项目，持续提供项目落户、政策补助、人才对接等服务，重点在场地租金减免、人才引进补贴及资金贷款等方面给予实际支持；对于未“揭榜”项目，以清单化方式汇总形成技术难题名单，依托市内引才平台进行常态化发布征集，主动寻找并邀请行业专家与企业“面对面”“屏对屏”交流，为企业提出专属化“诊治”方案。

四、“揭榜挂帅”成果显著

浙江省各地围绕创新需求，“揭榜挂帅”工作取得了显著成效，促进了重大技术问题的解决，有力带动了产业发展。例如绍兴市通过“浙里工程师”数字化应用场景，聚焦行业普遍共性技术，如定型机余热回收、易燃问题、车间恒温恒湿控制等，发起联合揭榜任务，有效减少企业二次研发成本和试错成本，自试运营以来，解决企业个性化难题 185 个，完成“揭榜挂帅”成果 16 项，推广共性技术 7 项。又如台州市通过“揭榜挂帅”机制解决产业发展中“卡脖子”技术难题，如全面实施农业“双强行动”，加快提升乡村产业全面推进乡村振兴，探索农机类、非农机类“揭榜挂帅”，发布“西兰花智能化联合采收机械研发与示范”等 7 项农业科技攻关项目，榜单金额达 1320 万元。截至目前，台州市已有总榜单数 86 项，已挂帅 18 项，已兑现 14 项，总计兑现金额 3730 万元，奖榜金额 22 万元。

第二节　“揭榜挂帅”机制存在的症结问题

一、企业参与“揭榜挂帅”积极性不高

（一）企业担心泄露风险

不少科技型企业，尤其是行业领军企业不愿公开自身技术短板、研发需求等信息，相关技术信息被国内外竞争对手、原材料供应商及产品采购商等了解掌握后，带来一系列负面影响，导致参与意愿不强。以温州市某区为例，该区共向辖区内 144 家高新技术企业征集技术难题、人才项目需求，最终仅 35 家企业反馈揭榜意愿并提供了相关项目。某锁业科技有限公司反映，该企业项目主攻方向是智能锁，存在一定的商业保密性，若参与揭榜，担心项目核心信息被行业竞争对手获悉，因此未主动揭榜。以某集成电路制造有限公司为例，由于集成电路产业近年来受中美贸易摩擦等外部不利因素影响，在技术、原材料、设备等方面被国外“卡脖子”，企业担心研发内容泄露，引起外部不良关注，核心技术研发主要由企业内部的研发团队展开，没有参与“揭榜挂帅”公开发榜。某科技股份有限公司是一家拥有原创技术、核心专利、核心产品研发制造能力的全球领先高分子功能膜高新技术企业，主要从事反射膜、背板基膜、光学基膜等的研发、生产和销售，着力攻克“手机用高抗压高亮度涂布型白色反射膜研发及产业化项目”，原计划以“揭榜挂帅”形式对外发布需求，但考虑到可能会让竞争对手获

悉企业产品研发方向，最后采取了常规的立项模式，倾向于自主攻关或自行选取联合攻关单位。

（二）部分企业对“揭榜挂帅”机制认识不到位

由于“揭榜挂帅”专业性较强，有能力参与的大部分是领军企业和高校科研机构，中小企业对此的知晓度和参与度不高，接受度较低，许多企业对于重点项目、择优委托项目、竞争性项目的定义、划分标准“一知半解”。以“揭榜挂帅”平台为例，虽采取多种形式广发“揭榜帖”，但发榜量、揭榜量却没有相应增加，平台知晓度较低，全网点击量不足，许多行业专家对平台缺乏了解，主动参与揭榜的积极性不高。对于中小型企业来说，什么政策能在企业当下的能力范围内够得上，那就试一试，对于“揭榜挂帅”机制了解还不够深入。

（三）部分地区“揭榜挂帅”成效不突出导致企业参与意愿低

对于企业而言，“重金破题”多数是遇到了“卡脖子”的急切难题，“揭榜挂帅”的成效将直接影响企业参与意愿。某县在“揭榜挂帅”平台的项目有10项，但被揭榜的仅1项，暂时并未取得积极成果，导致企业观望情绪较浓。某电子有限公司反映，对于通过“揭榜挂帅”能否真正解决企业的技术难题把握不大，而身边也还没有比较成功的案例，现在只是进行初步尝试。

二、科技成果供需匹配度有待进一步提高

（一）科研供给与企业需求存在脱节

作为科技创新供给端主力军的高校院所与作为技术需求端主体的企业之间，科技成果供求间尚存在较明显的脱节和错位。企业张榜项目多与自身技术发展紧密相关，而高校、科研院所攻关课题以国家战略为主导方向，导致部分地区企业张榜项目与当前科研方向有差距，难以形成实际科研成果转化。某电力科技有限公司反映，高校或科研院所的研发成果往往过于前沿，企业生产过程中遇到的很多技术难题却没有科研机构研发，企业碰到“汽车充电桩关键控制数据分析算法研究与深化应用”项目上的技术难题，跟上海的“211”“985”高校合作沟通后，因为高校院所认为需求和技术难度匹配度不够，后期没有合作，科技成果与市场需求存在脱节。

（二）企业实用性技术难题与“揭榜挂帅”标准有差距

“揭榜挂帅”本质上是为了解决国家和地方急需的产业关键共性技术问题，但是基层较多企业的技术性难题受众面比较小，或是仅涉及某一行业的实用性技术难题，无法达到“揭榜挂帅”要求。以某经编有限公司为例，该公司要产品为经编麂皮绒、各类涤纶经编织物（经平）、氨纶弹性织物等，公司曾发布“针对面料落机自动称重进行研究”的榜单项目，但企业表示项目很难被选中揭榜，

因为项目涉及内容主要是纺织行业的实用性技术，称不上重点产业的关键性难题。

（三）张榜和揭榜双方时间周期难以匹配

目前“揭榜挂帅”需经历寻榜、制榜、发榜、揭榜、竞榜等多个流程，整体周期长，项目难以高效落实，无法满足张榜方要求。某电缆有限公司反映，申请的防火电缆附件项目，在产品研发过程中，市场调研、数据输入、设计参数、反复试验、总结参数等一系列流程需要花费大量的时间和人力，但“揭榜挂帅”项目年底需完成，企业有较大压力。某轴承有限公司发布关于轴承锻造自动线项目，总经费 1500 万元，榜金 80 万元，希望揭榜人半年内可以完成相关技术攻关，由于该项目前期需投资超 500 万元，且实际科技成果攻关需花费一年以上时间，短期内无法取得实际收益，至今未有企业参与揭榜。

三、部分项目仍存在“四重门槛”

（一）地域门槛

在重大专项科技攻关“揭榜挂帅”中，部分地区存在对本地企业的保护主义，制约市场主体公平参与“揭榜挂帅”，阻碍了创新要素的全国流动。某信息科技股份有限公司具有较强信息化技术研发应用能力，其主导研发应用的危化品道路运输信息化管理项目成功在宁波市投用。该企业表示，曾想将该项目参与某外省重点工程项目遴选评定工作，但该工程项目评选申报单位限制为省内企事业单位或者社会团体。该企业因不符合地域限制，只能放弃参与揭榜。某市科技局组织实施的“加快车规级高性能自动驾驶芯片设计关键技术”项目，要求牵头揭榜单位在该市行政区域内注册，且为行业龙头骨干企业，年度研发费用超过 3000 万元。由于地域限制，导致一些想参与的企业被拒之门外。

（二）体量门槛

重点项目攻关中仍存在重大企业、轻小企业倾向，制约小微主体“揭榜挂帅”。如工信部为加快推动我国新一代人工智能产业创新发展，印发《新一代人工智能产业创新重点任务揭榜工作方案》，重点突破一批技术先进、性能优秀、应用效果好的人工智能标志性产品，并组织开展集中评审和现场评估，择优确定揭榜单位。某智能技术有限公司作为一家科技型中小企业，主营电子元件和智能技术研发，在智能家居领域具备较强研发、应用能力，拥有 212 项专利，但因总体规模较小，年产值仅 2.6 亿元，且产品应用范围并不广泛，最终没有顺利揭榜。某新材料科技有限公司主要从事绿色健康防护功能材料、助剂的研发，公司参与国家重点研发计划项目 1 项，受理国家发明专利 4 项，拥有超过 600 平方米的新产品研发基地，研发设备投入超过 400 万元。但目前产品尚处于研发阶段，

2021 年企业营收不足 1 万元，而“揭榜挂帅”更倾向于选择成熟的企业及市场认可度高的技术，因此企业在竞争中未成功张榜。

（三）身份门槛

不少项目对揭榜方的身份性质有所限制。如限制自然人和团队揭榜，中南财经政法大学两名学者对 2018—2020 年全国各地的“揭榜挂帅”政策进行搜集整理，梳理出 198 份政策文本，覆盖 21 个省份，大部分实施的都将揭榜方限定为企业、高校和科研院所等法人单位，或者是由多个单位组成的联合体；只有少数将其范围扩展到科研团队和自然人。某化工有限公司反映，该公司计划揭榜“尖兵计划”中的“高性能锂电多元正极材料短程绿色制造关键技术研发与产业化示范”，但根据“尖兵”“领雁”研发攻关计划项目要求，该项目限制了申报主体必须是创新联合体，虽然企业在新能源材料方面的技术条件基本可以满足绩效目标要求，但是还是被主体这一“硬门槛”阻挡。

（四）资历门槛

部分项目在遴选揭榜者时仍存在“资历论”和“学历论”，过度追求学历资历，选拔条件设置欠合理，制约部分具备能力的主体“揭榜挂帅”。某国际科创中心实施的第一批“揭榜挂帅”自主科研项目中，要求申请人具有正高级专业技术职务，并具有承担国家或省部级科研项目（课题）的经历。以《2021 年邮政业国家标准、行业标准“揭榜挂帅”工作方案》为例，方案要求“揭榜主体项目负责人应当具有高级职称或相应职务”，该类限制条件极易将潜在社会人才排斥在外，不利于广罗英才，激发社会创新活力。

四、项目容错机制、风险补偿机制等有待完善

科学研究充满着随机性和偶然性，关键科技领域的攻关存在较高的失败概率。而目前“揭榜挂帅”机制中对于项目失败后的制度设计还不完善，一定程度上影响了科研工作主体的揭榜积极性。

（一）未充分考虑科研探索的不确定性，缺少宽容机制和容错机制，揭榜主体承担较大风险

“尖兵”“领雁”研发攻关计划管理办法第三十七条“建立健全绩效评估评价机制”中规定，“揭榜不成功的，视情况在一定范围内通报结果，由于主观不努力等因素导致攻关失败的依规纳入失信记录，并按照有关规定严肃追责”，可能会给揭榜者造成一定的心理负担。某科技股份有限公司反映，科研项目在开展过程中存在一定的不确定性，不能百分之百保证一定成功，也不能百分之百保证按期完成，因此需要建立更加科学有效的容错机制。

（二）对项目失败的责任划分、处理、风险补偿机制等尚不明晰，导致张榜者与揭榜者均有顾忌

“揭榜挂帅”机制的推行难以“大展拳脚”。某铝业有限公司反映，公司“揭榜挂帅”设立“高精度、智能化铝合金挤压矫直产线研发”项目，由于研发过程中遇到产品特定部位调节功能矫直误差过大、高精度识别提升难等问题，以企业自身研发水平无法在原定的一个累计年度内完成，最终企业中断了该研发项目，此项发榜导致损失 103.6 万元。某科技有限公司反映，“揭榜挂帅”项目技术一般难度较高、创新性较强，项目研发过程中会出现失败情况，但是当前对于项目失败的处理机制、责任划分尚不明晰，该公司此次挂榜的项目是企业拓客系统，榜额为 80 万元，试错成本大，若项目最终没有达到企业要求，对于企业和揭榜方来说都存在较大的风险，导致至今无人揭榜。

五、“揭榜挂帅”人才支撑不充分

（一）高新技术专业人才或团队缺乏

部分欠发达地区经济基础薄弱，缺乏高新技术产业人才，技术水平有限，导致实际揭榜率不高。如开化县是浙江省山区 26 县之一，全县规上工业从业人员 6133 人，其中拥有研究生及以上学历者仅有 64 人。目前，已发布企业技术难题 15 个，但由于缺乏对人才的虹吸能力等原因，成功揭榜的仅 3 个，揭榜成功率仅 20%。同时，部分技术要求高，匹配的人才团队缺乏。某科技大市场反映，在进行“基于荧光传感材料和荧光传感技术的水质监测技术开发及产业化”技术难题破解时，由于该技术涵盖地理信息、新材料、传感器等多领域学科知识，前后对接十余位高校及科研院所的专家，很多专家表示只可以解决难题中的一个环节，如果要解决这个技术难题，需要组建一个专家团队，而这目前比较难以实现。某智控股份有限公司的高能耗行业节能技术研究及应用——基于浅层地热能的建筑物智能供热/制冷系统关键技术研究及应用项目入选省重点研发计划项目，为竞争性“悬赏揭榜”项目，但在技术攻关上由于缺少动力学、使用制冷/制热系统、楼宇自控、云端开发方面的相关科技人才，导致项目成果转换遇阻。

（二）人才激励机制不够有力

“揭榜挂帅”的项目研究成果未能与人才职称晋升很好地结合，对于科研人员的职称晋升助力不大，高校等科研机构的研发团队参与热情不高。目前，高校科研人才晋升考核时仍存在“重论文、重职称、重学历、重奖项”的倾向，参与“揭榜挂帅”项目攻关只能对相关项目在相关重大人才科技活动中揭榜公布，但是对于个人的职称晋升帮助不大，因此科研人才不愿意参与。职称晋升主要以学历、专业、工作年限等条件作为依据，没有将揭榜后取得成绩与职称晋升进行

挂钩，也没有出台其他奖励性政策。某“海归”人员在访谈过程中表示，其了解到“揭榜挂帅”中采取的是个人现金奖励和企业研发补助，但缺乏人才长远规划、职称提升等方面的激励措施，所以参与“揭榜挂帅”的积极性不高。

六、资金压力影响揭榜积极性

由于“揭榜挂帅”较为注重成果兑现，且一般要求揭榜人自筹大部分项目经费，政府部门予以一定专项补助，但补助主要为阶段性补助或事后补助，在项目前期对揭榜主体造成较大的资金压力，揭榜单位需要面对揭榜失败带来沉没成本的风险。某电子有限公司揭榜了“基于5G通信的低时延高同步远程驾驶终端开发”项目，项目要求总投资额不低于200万元，其中揭榜方自筹经费不低于项目总经费的70%，项目执行期为2~3年；考核指标为申请发明专利不少于2件、授权实用新型专利不少于2件，项目完成后需实现销售2000万元/年，利税每年130万元。企业反映，因投资中企业承担的比例较大，且考核周期较长，要求的经济指标高，目前尚不明确揭榜失败是否会有惩罚措施或容错机制，若届时无法顺利完成考核任务，很可能导致全部投资打水漂，并对企业科研业务发展造成不良影响。某气动科技有限公司专业生产气动元件产品体系及各种气动系统，2021年10月中标了宁波市奉化区“低功耗高可靠性高频电磁阀关键技术研发及产业化”项目，若能成功投产，此类国产电磁阀售价将降至进口的1/3。企业反映，目前已经做出了第一批样品，但距“电磁阀的功率为4W，寿命为2亿次”的相关性能指标还有较大距离，由于该项目总投资达360万元，且目前政府方未给予资金补助，企业的资金链存在较大压力，很可能要在项目验收完成后才能获得相应的政策奖励补助。某轴承有限公司张榜项目电机轴承电腐蚀及其模拟试验，前期已投入大量资金，但受制于国内没有相应的模拟试验机，后期研发预计投入还会倍增。依现有制度，企业只有实现既定目标才能兑现奖金，意味着揭榜者和相关团队承担很大风险。

七、政策保障支持力度还不够大

当前，部分地区“揭榜挂帅”还存在优惠政策兑现限制多，奖补支持力度还不够大等问题。某化工有限公司曾通过“揭榜挂帅”平台解决了新材料研发的关键问题，但是由于没有细则，政策无法兑付，目前还未享受成果转化相关政策，影响了企业参与的积极性。某市“揭榜挂帅”奖补政策，投入研发资金需要50万元以上，且在项目完成后，才可申请15%的奖补费用。企业负责人表示项目完成前无法享受奖补政策，后期或存在资金周转困难，兑现难度较大。目前，镇街级尚没有“揭榜挂帅”的专项资金保障，但组织一次“揭榜挂帅”的成本不仅包括对项目的直接资助，还涉及寻榜、发榜、揭榜、评榜等费用，政府无力对相关科研经费予以支持，若泛用“揭榜挂帅”机制易增加行政成本，加重行政负担，从而影响支持保障力度。

第三节　对策建议

一、明确“揭榜挂帅”实施条件

“揭榜挂帅”是对现有科技创新支持模式的补充，不是所有行业、所有项目、所有领域都能够适用，主要是为了解决科技领域的“卡脖子”问题而实施的重大科技攻关手段。建议进一步明确“揭榜挂帅”的实施条件，即对事关国家和地区发展的重大关键核心技术问题或民生领域重大社会需求问题，启动“揭榜挂帅”机制。具体而言，不能盲目地“一刀切”，应结合各部门、各地方实际实事求是地推进“揭榜挂帅”实施。

二、加强“揭榜挂帅”机制保障

（1）完善常态化的需求征集和榜单筛选机制，主管部门定期组织企业、机构等提出科技攻关技术需求，并请专家组把关，细化、明确需求和任务指标。

（2）探索多元化支持投入机制、风险和利益共担机制，科学设计好项目全流程期间的投入比例，合理划分各方风险承担责任。

（3）建立科学考核机制。加强科研诚信建设，给科研人员松绑的同时要完善相应的管理体系，建立相应责任制和问责制度，可设立科研红黑榜，对科研失信行为和管理失信行为进行追责。

三、加强“揭榜挂帅”扶持力度

（1）提高政策奖补力度，加大对重大项目的财政资金保障，提前奖励时间节点，采用前资助与后补助相结合方式，对揭榜项目分阶段进行资助。

（2）降低政策兑现门槛，提高政策兑现速度，有效提升参与主体的获得感。

（3）强化金融政策支持，对揭榜项目加大信贷、基金多种方式的支持力度，降低参与主体的融资门槛和融资成本，保障资金链稳定。

四、加强“揭榜挂帅”联动实施

（1）加强部省联动、区域联动实施“揭榜挂帅”机制，打破各地、各部门之间的隐形壁垒，推动部省、长三角地区以“揭榜挂帅”方式联合实施重点专项，依托全国及长三角资源优势，解决一批“卡脖子”技术问题。

（2）推进统筹平台建设，搭建省市县贯通、数据实时汇集的“揭榜挂帅”对接平台，方便各参与主体在同一平台上放榜、揭榜，利用数字化提升各环节的办事效率。

（3）推进创新联合体建设，让更多参与主体通过创新联合体发挥自身优势，积极参与“揭榜挂帅”项目。

五、加强“揭榜挂帅”人才支撑

（1）强化人才和人才团队培养，通过调整专业设置、提高产学研程度等方式培养适合创新技术攻关的人才和团队。

（2）提高人才吸引程度，各地要加大人才政策支持，加快人才对接，提高基础设施配套，吸引人才和人才项目落户当地。

（3）要完善人才考评制度，建议出台人才考评与“揭榜挂帅”挂钩政策，将“揭榜挂帅”项目作为晋升职称评定条件，根据揭榜者的能力和实绩及解决重大问题的成效，对人才进行有必要的物质激励和精神激励。

六、完善“揭榜挂帅”监管机制

研究适合“揭榜挂帅”组织方式的监管机制，从项目申请转向根据攻关结果的后续扶持，最大限度地保证攻关的有效性和激励性。实施竞争性评审，评审过程和结果向社会公开，接受社会各方面监督。坚持以实绩论英雄，探索采取竞争性验收，由同行顶级专家参与验收，重点评价科技成果的实际成效。本着行业自律和政府监管相结合的原则，明确政府、企业、中介机构等各方的履约责任，既减少监管成本，又最大限度地激励科技人员攻关。

第 14 章　企业扩大有效投资现状、困难与对策建议

——基于浙江省的实地调查

高质量发展需要高质量投资。构建现代产业体系，既要依靠重大项目增量来调结构，也要通过传统产业存量调整来促转型，这都需要有效投资的强力支撑。当前，必须把握新发展阶段、贯彻新发展理念、构建新发展格局，启动实施新一轮扩大有效投资行动计划，推动重大项目开工建设形成实物工作量，进而培育高质量发展新动能。浙江省全面贯彻落实党中央、国务院决策部署，着力优化投资结构，提高投资效率，推动有效投资稳步增长，全省投资形势延续平稳态势，但调研中也发现一些问题影响有效投资，需进一步关注。

第一节　企业扩大有效投资现状

扩大有效投资对经济恢复发展具有关键性作用和牵引性作用。浙江省坚持把企业扩大有效投资作为推动经济稳增长的“三驾马车”之一，紧盯固定资产投资增速与经济增速基本同步的总目标，有针对性地谋划一批育链、补链、延链、强链项目，着力以重大项目增量来调整产业结构和优化经济结构，投资对浙江省经济增长的贡献率接近 40%，成为稳定经济增长的“压舱石”。浙江省投资形势总体稳定，投资增长继续好于全国、领跑东部，2021 年 1—8 月浙江省固定资产投资同比增长 14%，高于全国平均水平 5. 1 个百分点。具体呈现以下特点。

一、三大板块投资呈现“一高一低一回落”

（一）制造业投资持续高增长

2021 年 1—8 月，浙江省制造业投资同比增长 29. 8%，高于上半年 2 个百分点，高于面上投资增速 15. 8 个百分点；两年年均增长 12. 3%，高于面上投资增速 3. 5 个百分点。31 个制造业行业中，医药制造业、计算机通信及其他电子设备制造业、化学原料和化学制品业等重点行业拉动作用明显，两年年均增速分别达到 42. 2%、29. 7%、28. 8%。

（二）基础设施投资增速较低

2021 年 1—8 月，浙江省基础设施投资同比增长 7. 4%，仍低于面上投资增

速，但比1—6月提高1.6个百分点。部分城市基础设施投资增速为负，如宁波市1—8月基础设施投资增长-6.5%（两年平均增长1.8%），较1—7月回落1.9个百分点，持续保持低迷走势，该市机场四期、通苏嘉甬等一批重大交通基础设施项目推进慢于预期。

（三）房地产开发投资持续回落

2021年1—8月，浙江省房地产开发投资同比增长11.7%，比上半年回落2个百分点，两年年均增长8.4%，增速继续低于面上投资增速。部分房地产市场热门城市，也逐渐呈现回落趋势，如杭州市1—8月房地产开发投资同比增长11.9%，较1—7月回落1.4个百分点；其中商品房施工面积12231万平方米，增长4.4%；住宅6330万平方米，增长4.1%；新开工面积1451万平方米，下降28.7%；住宅756万平方米，下降38.9%。

二、重点领域投资呈现“两个好于、两个低于”

（一）高新技术产业投资、生态环保城市更新和水利设施投资好于上半年，高于面上投资增速

2021年1—8月，全省高新技术产业投资同比增长31.7%，比上半年提高1.8个百分点，两年年均增长18.0%，高于全省面上投资增速9.2个百分点；生态环保、城市更新和水利设施投资同比增长24.5%，分别高于上半年和面上投资增速4.9个、10.5个百分点。其中，未来社区建设投资持续发力，同比增长290%。

（二）民间投资、交通投资增速低于面上投资增速

2021年1—8月，浙江省民间投资同比增长13.6%，两年年均增长7.0%，分别低于面上投资增速0.4个、1.8个百分点；其中，民间项目投资同比增长20.5%，民间房地产开发投资同比增长9.8%；交通投资同比增长6.7%，虽比上半年提高0.2个百分点，但仍低于面上投资增速7.3个百分点，两年年均仅增长3.8%，低于面上投资增速5个百分点；其中，铁路运输业投资（占交通投资比重为18%）同比增长27.1%，道路运输业投资（占比为74%）同比增长3.5%。

第二节　企业扩大有效投资存在的困难

一、原材料“涨价潮”导致项目成本难以平抑

（一）原材料价格大涨直接导致项目成本大幅增加，部分重大项目资金周转存在困难，推进进度受到影响

调研发现，某智造谷一期项目于2020年8月1日开工。由于原材料成本和

投标报价相比上涨幅度较大，例如合金门窗预算报价为 1200 万元，实际成本费用为 1500 万元，单项亏损 300 万元；钢筋使用量共 12000 吨，每吨最高时上涨 2000 元，结合整个项目施工周期平均涨价幅度为 167 元/吨，直接造成成本费用增加 200 万元，对整体进度直接产生了影响。某运河文化园项目工程采用约定范围内固定单价，即在合同工期实施期间，除人工、钢材、铝合金门窗等为开口材料，其余机械（含机上人工）、材料均不做调整。但截至 2021 年 9 月，包括楼承板、镀锌钢板、玻璃在内的 15 种钢结构、金属屋面、幕墙主材所需建材价格较 2020 年 7 月编制预算时期严重超出，其中楼承板价格由 70 元/平方米上涨至 105 元/平方米，涨幅 50.0%；水泥价格由 410 元/吨上涨至 510 元/吨，涨幅 24.4%。项目生产成本上涨趋势过快，施工单位负担加重。

（二）原材料价格大涨导致部分民营企业项目成本上升，项目整体利润摊薄，盈利能力预期减弱，投资意愿显著降低

调研发现，某酒厂年酿造 850 吨黄酒、50 吨米酒、100 吨白酒技改项目，因水泥价格从 400 元/吨上涨至 600 元/吨，企业考虑延后建设。某汽配有限公司年初计划投资至少 100 万元用于更新老旧生产设备，以提升生产效率，扩大生产，但由于原材料涨幅较大，[①] 导致企业生产利润从 7%～8%下降至负利润，企业反映当前原材料价格居高不下，贸然投资的风险较大，只能暂时搁置投资计划。

二、有序用电延缓项目进展

下半年以来，多地出台了有序用电举措，导致部分企业已投资项目进展缓慢，投资信心下降，放缓了投资步伐。调研发现，某新能源科技股份有限公司动力型锂电材料综合基地项目，总投资 19.45 亿元，年度计划投资 2 亿元，已实际投资 1.8 亿元，但自实行限电政策以来，现场 6 台塔吊只能维持 1 台塔吊运作，每日工作完成量仅达 1/25，工程无法开展。某钢业有限公司反映，能耗“双控”政策落实后，企业被列入停产企业名单，用电受到严格管控，实际产能被压减 70%，预计经济损失达 500 万元。在相关管控政策放宽之前，企业将不会有任何投资计划。调研发现，某纺织有限公司已完成新厂房建设和验收，对设备采购的需求较大，已签订了 3500 万元的设备合同。公司表示，若是后续政府能耗“双控”举措强硬，对高能耗企业用电、订单完成影响较大的话，后续投资将减少。

三、土地、能耗等要素制约项目落地实施

受土地、能耗等多种要素制约，部分先天条件不足或者后天制约因素较多的

---

① 以企业主要原材料钢材为例，原本企业以 3800 元/吨的价格购买钢材，预估 2021 年过年期间钢材价格小幅上浮后回落，但钢材价格一路上涨，最高点到达了 6200 元/吨，目前价格在 5500 元/吨，涨幅 44.7%。

地区项目推进存在困难，成为制约产业发展、扩大有效投资的瓶颈。一是存量建设用地和新增用地指标紧缺，项目用地供应不足，制约有效投资扩大。调研发现，某县国土空间总体规划尚未开始申报，总投资6亿元的农副产品批发市场，总投资12亿元的中科微至智能传感器研发基地及物流科技绿谷项目及总投资10亿元的年产整梯5000台、电梯配件16万吨生产制造项目等均受到影响，项目开工建设存在较大难度。二是受双控“能耗”影响，能耗指标紧张，加剧新上项目难度。某特种纤维有限公司反映，企业投资项目建设单位需在开工建设前取得节能审查机关出具的节能审查意见。作为高耗能纺织业在能源技术评价方面屡屡受挫，加之区一级审批的能耗指标比较紧张，原本计划进口日本加捻机90台左右，总投资约为8亿元的项目目前处于暂缓审批的状态。

四、民营企业投资信心受宏观环境冲击

目前，国内外需求弱化，叠加上游原材料价格大涨、运输成本大幅上升等，企业经营压力加大，特别是民营企业投资预期和信心受到冲击，投资决策更趋谨慎，投资节奏明显放缓。在对50家企业的调研摸底中发现，15%的企业反馈暂时看不清投资方向并缺少好项目支撑，8%的企业反映产品市场需求不足，暂缓技改项目上线，因此降低了投资预期。某汽车电器股份有限公司主营汽车电器配件、汽车零部件及配件的制造、加工，原计划2021年投资约1000万元用于生产线自动化改造，预计提高生产效率30%，但当前出口订单量仍未恢复到正常，该公司反映整体还是继续观望为主，暂不考虑扩大产量及进一步投资。某经济开发区2020年获取项目线索总计182条，但落地率不足10%，且平均固定资产投资额下降近30%，民间投资热情明显下降。

五、涉外项目投资进度受阻

（一）境内外人员流动受阻，国外投资方来华、国内引资方出境均存在困难，导致部分投资项目推进缓慢甚至停滞，打击了国外投资方信心

调研发现，某化妆品项目投资方原定2021年6月来华洽谈投资细节，受新冠疫情影响，韩国投资方无法取得有效签证，导致投资细节迟迟未能落实，影响了项目建设进度。某项目主要生产具有附加值高的水疗设备产品及配套性高端摩雅天然草本精油罐装加工产品，需购置国外的生产设备及研发设备，利用国外的生产工艺及专利技术。由于设备大部分需从德国进口，设备合作方无法到现场实地考察，导致设备迟迟未能到位，造成项目竣工延期。

（二）国际政局不稳定、国际贸易冲突等导致贸易形势不容乐观，影响部分企业项目投资

某电气股份有限公司反映，企业部分缅甸客户因当地军事政变局势动荡导致工厂停工，东南亚市场业务量整体下降 25%左右，影响企业的投资信心，2021 年前三季度该企业的总体投资同比下降约 20%。又如某澳大利亚高端洁净室项目，原计划在嘉兴市南湖区投资 1000 万美元，从事生物医药、集成电路企业配套洁净室板材、设备生产、洁净室整间装配等业务。因受中澳关系恶化等因素影响，担心国际局势不明朗影响其未来发展，最终总部决定目前暂缓在华投资。

（三）受主体资格认证、业务办理不畅等影响，外商投资进度受阻

某医疗科技有限公司申请开办过程中，因驻外机构暂停业务，投资主体资质不发认证，公司开办停顿，后经商务部门协作，先行容缺办理，才能继续办理，而整个过程耗费尽 1 个月时间。调研发现，某文化旅游发展有限公司申请新办时，国内所有的材料均准备完毕，包括公司住所租赁合同已经签署完毕。但外方投资方公证和认证件需新加坡认证公司认证，最终等待 1 个多月才取得公证认证资料，办理营业执照。

六、地方融资渠道收紧影响重大项目融资

受经济下行因素影响及财政支出增加，地方财政面临较大的收支平衡压力。随着政府隐性债务风险防控力度加大，地方融资渠道收紧，地方项目投资及续投计划受阻，部分重大项目进程趋缓。某市 60 个省重点建设项目中，建成后无收益的政府投资项目占比达 41. 6%，其中由 6 个重大项目总投资 378 亿元，年度财务计划支出 57. 5 亿元，仅 2019—2020 年利息就达 3 亿元。由于国家加大对政府隐性债务风险的防控，非经营性项目不得贷款，对 PPP 模式采取审慎态度等举措，融资渠道逐步收紧，而项目建设成本显著增加，资金难以平衡导致融资难度增加。随着地方政府债务不断高企，部分县市区资金趋于紧张，难以满足重大交通建设项目的建设需要。某高速项目于 2016 年推进了前期工作，2018 年施工图获批，由于无法使用政府还贷模式，以及“交通+资源”联合开发模式无先例参考的问题，项目推进举步维艰，无法开工建设。最终，通过共建模式（资本金+专项债）和“高速公路项目+资源”联合开发模式，才解决了资金问题。

七、审批流程复杂导致部分项目落地慢

部分项目前期审批涉及部门多、程序复杂、周期长，导致落地推进偏慢，影响投资进度。某水库工程估算静态总投资为 24. 16 亿元，是一座以防洪、供水为主，结合灌溉、发电、改善水生态环境等综合利用的中型水库，前期审批及协调

事项多，从项目建议书行业意见到可研评估批复需要完成25个审批事项、涉及10个审批单位，从2021年4月完成项目建议书行业审查意见到目前可研行业意见上交省水利厅审批，历时5个月，接下来还要完成规划大纲批复、移民安置规划评审；规划选址/土地预审；移民安置规划审核意见、可研评估及可研批复，流程复杂，审批时间长。有的项目由于环保等各类因素限制，审批难度较大，时间较长。某酒店项目属于现代服务业类项目，因涉及林地审批和风景名胜区审批，部分审批项目需编制公路沿线控制性详细规划并上报林草部门审批，导致前期工作时间延长，未能如期开工。

八、投资增长后劲不足

根据投资在线平台3.0上赋码项目的意向投资情况测算，浙江省2021年前三季度2.4万个赋码项目的意向投资较2020年下降14.8%，其中杭州市、舟山市下降幅度较大，超过20%。预计四季度还将继续下降。重大项目引领作用不够强，初步摸排2022年计划总投资20亿元以上的全省重大储备项目（不含房地产项目）293个，2022年计划投资约3710亿元，比2021年同口径的计划投资（约4200亿元）缩小12%。其中，245个续建类项目计划完成投资占91.4%，41个新建类项目仅占8.6%，新建类项目储备明显偏少，后续投资增长面临较大压力，2022年将有大幅回落，甚至可能出现负增长。

第三节　对策建议

借鉴广东、山东、江苏等省份的改革经验，科学把握新发展阶段、贯彻新发展理念、构建新发展格局，以重大项目提质增效为重要突破口，启动实施新一轮扩大有效投资行动计划，加快重大项目尽快开工建设，加快培育高质量发展新动能（见表14-1）。

表14-1　重大项目开工建设的改革创新举措

省份	主要改革创新措施
广东	• 建立重大项目审批台账，打破项目报批的中梗阻环节 • 开展建设用地审批供应管理和用地规划许可等“多审合一”改革 • 将环节风险可控的项目评审审批权限全部下放 • 优化投资向在线审批监管平台，推进项目单位统一身份认证 • 实施项目赋码、备案“一站式、免证办”

续表

省份	主要改革创新措施
山东	• 将国家政策性开发性金融工具全部纳入重大项目清单 • 对列入省级重大项目清单的项目采取用地计划核销制 • 将土地出让挂牌结束到完成开工前审批办证缩短至 5 个工作日 • 在项目用地预算环节或建设用地供应环节，土地勘测定界和不动产地籍调查同步开展 • 建立重大项目联动服务机制，建立“告知承诺+并联审批+全程网办”机制
江苏	• 出台土地要素跟着项目走实施细节 • 建立快速直达的资金分配机制，实现政策精准推送、资金精准拨付 • 全面提升规划选址、用地用海、社会稳定评估等环节审批效率 • 出台《企业投资项目核准和备案办法》，实行统一的政府核准的投资项目目录 • 对备案项目一律通过投资在线平台实行告知性备案 • 建立项目直通车制度，点对点精准跟踪服务
浙江	• 联通有效投资 e 本账和建设用地动态监管系统 • 建立“极简审批+无感联办”机制 • 实现项目信息自动抓取、资金需求自动匹配、证照资料自动核对 • 建立“标准地+政策精准直达”机制，提升企业用地的匹配度 • 深化“标准地”改革，开展企业“亩均效益”综合评价 • 实施差别化用地、用能等政策

资料来源：作者根据调研资料整理而得。

一、强化企业投资项目储备

迭代完善 2022 年重大项目储备清单，做优做实省市县长工程，为浙江省投资大局稳定打好基本盘。结合当地产业优势和资源禀赋，找准在全球先进制造业基地“四梁八柱”中的定位，紧扣 415 产业集群；强化“双招双引”，优化投资环境，增强企业投资信心，吸引更多企业投资新项目。加强项目建设规划，增强投资项目的关联度，发挥项目的集群带动作用，增强投资持续增长潜能。通过产业集聚等规模优势增强对新兴战略产业等项目的招引吸引力。围绕构建交通、能源、水利、信息“四张网”，谋划一批铁路、轨道、高速公路、港口、电源电网、水库等项目。

二、保障用地、用能等要素

加强土地、能耗等资源配置的统筹协调，推动要素指标向优势地区和优势项目倾斜，及时根据重大项目的建设进度保障要素。落实永久基本农田补划、耕地占补平衡等基本要求，最大限度增加重大项目用地供给量。加强源头管控和全链条管理，探索构建交通、能源、水利等重大基础设施建设项目全过程用地管理的多跨场景应用，建立重大基础设施节约集约用电、严守耕地保护红线和生态保护红线、遏制违法建设用地的协同共治平台，最大限度地减少耕地占补平衡问题。鼓励企业节约用地和能源，通过技术改造等，提高容积率和亩均效益，降低单位能耗。严格落实能效准入标准，加快“腾笼换鸟、凤凰涅槃”步伐，开展“两高”项目和高耗低效企业专项整治，腾出存量用能空间保障低耗高效项目。

三、强化项目资金保障

最大限度争取国债资金、债券资金、中央预算内资金等国家项目资金和政策扶持资金，为重点工程建设提供更多资金投入。加快政府部门投融资平台建设，全面拓宽重大项目融资渠道，采取 PPP、基金、专项债券、银行贷款等方式，撬动更多资本投入建设。加快重大项目建设预算资金执行，统筹使用好项目资金，确保资金投入跟上项目建设进度。加快专项债券发行速度，优先保障专项债券续发项目，通过地方政府专项债券资金提速切实保障重大项目建设资金。尽快梳理形成地方政府专项债券项目储备清单，加强项目包装组合，形成一批专项债项目库。完善专项债券管理机制，健全专项债券项目全生命周期收支平衡机制，实现融资规模与项目收益相平衡，防止产生新的隐性债务。

四、加大重大项目协调推进

坚持以清单化管理推进重大项目，及时掌握项目进展情况和推进中的问题。建立健全重大项目问题协调处置机制，聚焦项目推进中的卡点堵点问题，加大对各部门和单位的协调、推动力度，切实解决一批事关浙江省及各地发展大局的重大项目推进中的难题。涉及控规编制调整的，探索先行出具规划设计要点，作为项目开展方案设计、编制供地方案的依据，加快项目推进速度。实行“多图一审”，提高施工图审查效率，简化工程施工许可。提高“中介超市”知晓率，通过向社会购买服务等方式，加快工程设计方案审查进度。

五、加大民间投资支持力度

拓宽社会资本和民间资本参与基础设施投资的渠道，研究出台打破民营企业投资“玻璃门”“隐形门”“旋转门”“弹簧门”的专项政策，引导民营资本进入法律没有禁止准入的行业领域。探索降低基础设施投资项目资本金比例要求，加快投融资平台建设，采取 PPP、基金、专项债等方式，撬动民间资本参与市政、交通、生态环境、社会事业等领域建设。加强对重点行业和民营企业的帮扶，落实好减税降费等政策，做好稳投资政策宣传解读，建立健全规范化、机制化政企沟通渠道。充分发挥各级政府投资引导带动作用，拓展和畅通民间投资参与基础设施建设的渠道，调动民间投资积极性，更好地发挥市场的有效作用，吸引民间资本参与工业、高新技术产业、交通、生态等多个领域建设。

六、招大引强与激活内资并重

着力推动民间投资、央企投资、外商投资、政府投资“四个轮子一起转”。一方面是招大引强。要紧盯世界 500 强企业、中国 500 强企业、大型央企外企民企，千方百计招引一批有实力的大企业、大集团。要重点引进成长能力强、创新能力强、竞争力强的行业龙头企业、“隐形冠军”企业和“专精特新”企业。另一方面是激活内资。充分发挥浙商优势和民间资本优势，加强对民营企业投资的服务和保障，让民营企业把大项目、好项目落在浙江。实施向民间资本集中推介项目长效机制。例如，台州市深化国家民间投资创新综合改革试点，全国首条民营资本控股高铁杭绍台铁路已试运行。

七、打造最优投资环境

加强投融资无缝对接，开展多形式、多层次的银企合作，打造银企对接融资平台，定期向金融机构推介符合国家产业政策和产业导向的重大项目。迭代投资项目在线审批监管平台，深化工程建设数字化管理，实现投资项目网上统一收件、统一审批、统一出件，提高审批效率。全面深化测绘验收“多测合一、多验合一”改革，开展工程质量、安全、消防、人防等联合监督检查，探索分阶段施工许可、分期验收等审批服务模式。抓住开展营商环境试点，在清理审批“体外循环”“隐性审批”等方面蹚出路子。对每个重大项目，要建立“一个项目、一名领导、一张作战图、一个服务小组”的工作机制，提供个性化、“保姆式”服务。

第 15 章 工业企业运行新问题与战略路径

——基于浙江省的实地调查

工业经济是国民经济的重要支柱，工业经济运行情况是反映国民经济发展的重要晴雨表。面对复杂多变的国内外形势，浙江省上下认真贯彻落实党中央、国务院决策部署，坚持稳中求进工作总基调，立足新发展阶段，贯彻新发展理念，构建新发展格局，全力推进制造业高质量发展，工业经济持续快速恢复，发展韧性持续显现。与此同时，面对错综复杂的国内外形势，当前工业经济运行过程中出现了一些问题，保持工业经济持续稳定增长压力较大，需引起高度关注。

第一节 工业企业平稳运行面临的瓶颈因素分析

一、用能限制对工业经济带来冲击

为遏制能耗过快增长势头，缓解电力供应紧张局面，2021 年 9 月后一些地方在工业领域推出限电限产措施。对高耗能企业实行用电调控和有序用电等措施，这是倒逼企业绿色低碳高效转型，促进产业结构升级，实现经济高质量发展的重要举措。各地实施精准的限电措施，尽可能将有限的电力资源向能耗低、经济贡献大、产业链供应链关键环节倾斜，尽量减少限电对经济社会发展的影响。但是短期内，限电措施势必会对部分限电企业生产经营造成一定影响。

（一）影响企业生产进度安排

企业供货周期拉长，订单交付压力加大。一般而言，每年的四季度正值生产旺季，企业已经有大量在手订单，临时限电给企业带来较大的违约风险，甚至客户流失等长期不利影响。以某扎啤设备有限公司为例，其主要生产不锈钢啤酒桶，产品出口欧美，年销售约 4 亿～5 亿元。公司现在手 1 亿元订单要求在年前交货，原计划 10 月中旬开始大量生产，但有关部门通知，用电控制在 18kW 以下。这直接导致企业减产，难以按期完成订单，将面临 1000 万元以上的合同违约损失。鉴于可能存在的违约风险，部分工业企业保持谨慎和观望的态度，不敢加大生产。大量企业采取预收订金的销售模式，若订单无法及时交付，公司将支付大量违约金。受能源“双控”政策影响，企业开工率下降，暂缓接收生产订单，放慢生产进度。

（二）影响上下游产业链协同发展

以某机械有限公司为例，该公司以生产液压车配件、机械件、五金件为主，2021 年前三季度工业总产值 5852 万元，较 2020 年同期 2762.9 万元上涨 111.8%，但上游材料供应商均为高耗能产业，受到限电措施影响，目前已收到 3 家供应商发函申请延期交货，公司将陷入有订单无原料可产的违约风险，若限电措施全面施行，公司已接订单违约金将高达 60 万元，面临亏本。某汽车模具股份有限公司反映，公司在稳定传统燃油车模具业务基础上，逐步开发了新能源、国宾车等模具业务，进一步提升了公司产值，但限电措施愈发严格，严重影响公司产品交付。据了解，为保障供应链稳定可靠，汽车零部件供应商供货不及时造成汽车主机厂停线的，按产品品类普遍面临 0.2 万元/分钟到 2 万元/分钟不等的违约金。

（三）推高企业运营成本

企业生产工序具有连续性，大型机器一旦停机，不仅损失材料，还会增加成本及机器损耗，二次开启，能耗也可能翻倍，增加企业负担。某水泥有限公司反映，按照节能降耗的要求，企业停产直接导致每天少发 5000 吨水泥，按照每吨 300 元计算，每天利润缩减 150 万元。此外，每次开停机所耗费的燃料成本也在 20 万元左右，直接增加了企业的经营成本。

二、芯片断供影响加剧

多重因素叠加影响，加剧芯片紧缺问题。调查显示，53%的企业认为“海外国家在芯片技术和设备上对中国设限”是造成芯片短缺最主要的原因，“国产芯片难以替代进口芯片”（42.6%）、“全球芯片产能不足”（37.3%）分别排名第二、三位。此外，还有 7.5%的企业认为大企业大量囤积芯片从而导致芯片短缺加剧。“缺芯潮”影响产业转型升级，对汽车、电子等行业产生严重冲击。不少汽车、家电等行业“缺芯卡脖”问题短期难以解决，生产受较大影响。某汽车控股集团品牌部反馈，芯片不足对企业制造业影响也比较大，企业产能利用率只有三成左右，而且芯片价格也在成倍上涨，可能会面临断货的压力，也会对整体生产计划有影响。某生物股份有限公司表示芯片原料紧缺，每月需要 20 万个芯片，实际只能供应 8 万不到，导致产品的产量严重受限，配套的血糖测纸销量也受到较大影响，导致产值增速下降。调研显示，某电产有限公司新能源驱动电机订单充裕，但受芯片供应不足影响，产能发挥率仅 70%左右。

三、“一箱难求”仍未根本改善

海运成本持续高位运行，国外新冠疫情影响下港口拥堵、集疏运体系仍然不畅，国际海运航线“一舱难求”，运价暴涨，使得部分低附加值企业不得不放弃海外订单，订单数量减少。如省经信厅对省内1.1万家规上工业企业调查，发现化纤（-25.3%）、服装（-14.0%）、皮革（-12.5%）、食品饮料（-11.7%）、纺织（-8.1%）等行业海外订单下降明显。某食品有限公司反映，企业所生产的食用菌货物95%以上销往国外，受出口舱位紧、定舱难等影响，导致库存积压。国外客户无法如期收到货物，从而不再继续下单，导致企业订单量减少。

运价高涨也导致企业盈利能力大幅缩减，某旅游用品有限公司在国内制造后委托外贸企业海外销售，原本企业有望升级规上企业，但海运成本上升直接影响其后续发展。企业表示，目前海运柜子价格翻了约4倍，一箱货品原本仅赚2000美元，现在运一箱则要多花3000美元，反亏1000美元，海运成本远大于利润。某布业公司反映，公司专做东南亚市场业务，受当地部分港口限制停泊影响，部分港口只能使用50%的航运力，大批船只排队等候泊位，企业回款时间由原来的30天增加到60天甚至90天，财务成本增加60%以上。

四、用工缺口影响扩大

工业企业用工难问题仍然存在。据经信部门对浙江省1.1万家规上企业的调查显示，64.2%的规上企业存在缺工现象，其中15.6%的企业用工缺口在10%以上。限电导致用工问题加剧。工人工资一般与产能挂钩，工人工资减少，积极性下降，进一步加剧企业员工流失。

受用工缺口扩大影响，一方面用工成本持续上升。2021年1—8月浙江省规上企业应付职工薪酬同比增长26.1%，创21世纪以来新高；全省规上工业企业人均薪酬为93364元/人年，明显高于2020年（85000元/人年）和2019年（74840元/人年），同比增长20%。据万家企业监测平台调查显示，47.3%的企业反映用工成本较上季度有所增加，同比提高7.2个百分点。另一方面，企业订单完成受影响。某宠物用品制造有限公司主要经营范围为宠物用品生产、销售，2021年上半年的订单量同比增长近50%，而每月只能完成200万左右的订单，约占总订单额的70%。该公司表示，尽管连续不断地通过在人流聚集地的公告栏和招聘网络等平台发布招聘信息，薪酬高于同行平均水平，但仍然存在招工困难，现有生产线缺少操作人员15名。企业9月新开的车间预计还需招聘20人左右。

五、低碳转型致企业面临运营风险

随着碳达峰、碳中和持续推进，低碳转型是工业经济中面临的现实问题。当前，不同行业企业对低碳转型态度不一。

（一）部分企业由于低碳转型方向“吃不准”、前期技术研发难、替代原料少、补贴少等因素制约，投资意愿不高

针对 323 家工业企业开展的问卷调查显示，企业对低碳转型的认识尚处于有所了解的阶段，主动开展低碳转型投资的意愿不强。62.23%的企业对低碳转型投资态度谨慎，其中 43.03%的企业表示短期内不会进行低碳转型投资，19.20%的企业不想进行低碳转型投资。某纺织有限公司表示，目前行业内低碳转型仍处于摸索阶段，未来方向尚不明确，加之设备及技术投入更新换代周期较快，一旦投入项目方向出现问题，将难以处置现有生产设备，造成较大损失，企业目前持谨慎观望态度。某电器有限公司表示虽了解碳达峰、碳中和相关政策，但因缺乏可替代生产原料、绿色生产技术研发难度大，且技术研发存在失败的风险，相关风险需要企业自行承担，故短期内不会进行低碳转型投资。

（二）部分低碳行业密集投资“易盲动”，或将造成产能过剩

在“双碳”目标下，部分新能源产业作为重点扶持培育产业密集开展项目投资建设，可能导致重复投资、过度投资，易引发产能过剩风险。光伏巨头企业计划在义乌投资光伏产业 800 亿元，计划产能规模逾 100GW。但据中国光伏行业协会预测，全球光伏装机预计 150~170GW，国内为 55~65GW，而国内排名前六的光伏组件生产企业 2021 年合计出货量目标已超过全球的潜在需求，需关注光伏企业过度投资风险。

第二节 工业企业运行存在的突出问题

一、存在“高进低出”价格剪刀差

2020 年二季度开始，全球大宗商品价格出现持续大幅上涨，企业上游原材料成本仍处于高位，下游受需求影响，价格传导滞后，“高进低出”价格剪刀差状况仍然存在。受此影响，企业存在增收不增利的情况，利润受到严重挤压。2021 年 9 月某市对辖内 100 家加工制造企业的调研结果显示，电连接器、小家电等行业企业受铜、塑料、铁等原材料价格上涨因素影响，导致生产成本上涨 20%左右，而产品销售价格仅提高不足 10%，效益下降明显。某金属制品有限公司专业生产净水龙头等金属制品，原材料铜价格从 2021 年 1 月的 3.71 万元/吨涨到 9 月底的 6.8 万元/吨，而年初出口印度、东南亚地区客户的订单已事先签好合同，提价困难，企业订单利润率由原先的 18%缩减为 12%左右，预计减少利润近 330 万元，若原材料价格居高不下，企业将主动减少订单量。某汽车部件有限公司，其原材料 8 毫米钢板价格已从 2 月初的 4800 元/吨涨至目前的 6020 元/吨，上涨

约25.4%，但客户产品报价涨幅仅维持在6%左右，涨幅难以抵消原材料上涨压力，企业利润减少近15%，面临亏本风险。以某市为例，该市制造业企业在产业链中的议价能力不强，在原材料价格上涨、终端产品价格尚未传导到位的情况下，企业利润压缩尤其明显。某木制工艺品有限公司反映，2021年年初订单量充足，较往年上涨了20%，本准备追加投资1000万元进行装备改造和厂房扩建。但由于原材料价格大幅上涨，松木价格从2020年的1600元/立方米上涨至最低2100元/立方米，成本涨幅超30%，直接压缩企业利润，致使企业增收不增利、有单不敢接，厂房建设投资进程也只能放缓。

二、企业资金周转压力变大

企业资金流动性明显收紧，资金周转压力加大。据经信部门有关数据显示，2021年1—8月规上企业应收账款达17469亿元，同比增长13.3%，比上半年提升2.2个百分点；应收账款平均回收期为63.89天，少于全国水平12.3天。某市对全市550家工业企业监测调查发现，24.8%的企业反映当前“资金紧张”；约50%的企业应收账款呈现同比增长，20%的企业增幅超过10%。部分受访的工业企业反映，2021年以来企业整体生产销售情况良好，有扩大生产的意愿，但由于部分应收账款收不回来，资金回笼慢，周转压力加大，企业无力进行技术改造和更新设备，只能维持现有生产现状。企业资金周转压力增大，主要是受多种因素影响：一是企业库存不断攀高，2021年1—8月浙江省规上企业产成品存货达5012亿元，同比增长22.8%，比上半年、1—7月分别提升了9.0个、3.6个百分点，为历年同期高点，占用了大量企业流动资金。二是原材料成本上升、供应紧张。汽摩配行业协会反映，原材料结算方式由以往可展期2~4个月，转为提前支付现金预订，导致企业现金流紧张，财务成本上升。三是市场竞争更为激烈，激烈的商业竞争迫使企业以各种手段扩大销售，为了保住现有市场，不得不采用延长信用期、提高现金折扣等结账方式，导致企业资金周转困难。

三、行业企业出现分化加剧的迹象

从盈利能力来看，新兴产业与传统产业盈利水平差距明显。2021年1—8月，浙江省规上企业的亏损面为21.6%，明显高于全国平均水平，但医药、电子、机械等行业亏损面均低于平均水平，而纺织业、服装服饰业和皮革制鞋业的亏损面分别达22.6%、41.8%和30.7%。大型企业盈利能力明显好于中小企业，规上大、中、小企业营业收入利润率分别为10.1%、7.4%和5.0%，亏损率分别为10.7%、16.9%和22.2%。从市场产品来看，一般企业产品同质化严重，而专精特新产品市场占有明显优势。以某市为例，该市建立单项冠军企业培育库，构建

“市单项冠军—省隐形冠军—国家专精特新‘小巨人’—国家单项冠军”培育升级链，目前已有 179 家企业遴选入库，其中 31 家企业产品在全球市场占有率居前三，产品业务收入逾 300 亿元，其中 9 项产品占有率居全球第一。而传统企业普遍存在产品同质化严重、市场竞争激烈问题。某化纤有限公司反映，市场上常规品种的涤纶纤维同质化现象严重，由于产品附加值低，市场竞争激烈，加上产品价格涨幅低于原材料价格涨幅，企业往往会处于亏本销售状态。从新增投资来看，大型企业资金实力雄厚，利用自身优势和要素支持优势，纷纷加快市场布局，抢占要素资源，趁机占领市场份额；中小企业生产投资趋于谨慎，部分企业产能收缩。

四、工业企业投资后劲不足

工业企业投资意愿减弱，部分重点项目推进偏慢，工业经济增长后劲有所降低。一方面，受生态环保、产业定位、劳动力供需等因素影响，部分地区产业发展限制条件较多，工业项目投资受限。例如某县属于水源涵养型国家重点生态功能区，为降低部分产业造成的污染，保护绿水青山，对产业项目引进和实施建设给予明确划分，负面清单涉及会造成环境污染的国民经济 7 个门类 31 大类 58 中类 101 小类，其中，限制类涉及国民经济 7 个门类 28 大类 50 中类 87 小类，禁止类涉及国民经济 2 个门类 7 大类 10 中类 14 小类，大部分涉及工业制造业。另一方面，受市场需求不明朗、环境约束等因素影响，企业家投资更趋谨慎，后续投资存在下滑风险。以某市为例，大项目陆续建成投产，后续投资将锐减。同时，根据前期摸排，能够入库且计划总投资在 2000 万元以上的项目仅 21 个，年内投资额不足 4 亿元。同时，外资项目和对外投资项目也推进缓慢，部分外资项目处于停工状态。

五、“脱实向虚”现象有所抬头

由于原材料、人工、海运、汇率、能源等成本持续上涨，中下游工业企业受产业链上下游两端挤压的压力较大，盈利空间大幅度缩小，经营压力较大。叠加传统产业转型升级困难，部分工业企业“弃业转租”“炒地”等“脱实向虚”现象有所抬头。例如某薄膜有限公司，2019 年购得滨海工业区 100 亩工业用地，单价约 100 万元/亩，总价 1 亿元。两年来，该土地价格上涨迅速，周边同类土地价格已经超过 200 万元/亩，年均增长超 50%，土地增值的收益大幅超过生产投资，企业对该土地待价而沽，放弃生产投资。又如某食品有限公司专门为该品牌门店提供包子肉馅，由于对市场前景持续看淡，正常情况下公司一周最少要生产

5天，但目前一周只生产1天，企业通过将部分闲置厂房出租的方式，填补收益，缓解成本开支。

第三节　对策建议

一、加强供应链保障

积极引导上游原材料供应链整合，协调各企业之间的资源，加强运行监测和价格监管，坚决打击垄断市场、恶意炒作等违法违规行为，切实保障原材料价格稳定，避免再出现大幅度增长。加大芯片技术投入，扶持国内芯片制造产业，确保芯片供应不被“卡脖子”。组织开展用芯企业参与芯片集中采购，与国内外主要芯片供应商、代理商开展商务谈判，扩大采购数量，降低采购成本，进一步增加相关企业芯片采购份额。

二、实施企业资源要素差别化价格政策

依法依规综合运用财政、土地、金融、项目、人才、科技、舆论等措施，放大政策杠杆作用，加大首档企业正向激励和末档企业反向倒逼力度，将资源要素向产出高、质量好的企业、园区、特色小镇等倾斜，对末档企业停止各类财政补贴，达到奖优罚劣的效果。建立规则统一、公开透明、服务高效、监督规范的要素市场交易平台体系，按照交易规则和标准，进行土地、用能、排污权等资源要素的更大范围的市场化交易，推动企业间要素市场化规范交易。

三、强化中小政策扶持力度

进一步加大针对工业企业，特别是中小企业在税收减免、人才、融资、拓宽销售渠道、要素保障等方面的政策支持力度，加强政策申请的便利性，确保政策兑现快速高效，切实提高企业获得感，促进工业经济持续健康发展。

四、推进企业降本减负

加强平抑海运成本，引导造箱企业加大生产力度，逐步缓解集装箱短缺困扰。进一步优化营商环境，深化减负降本，扎实推动惠企减负政策落到实处，着力降低制造业的税费、用能、物流等成本，加大对困难企业的政策扶持力度。推进亩均税收1万元以下的低效企业改造提升，及时总结推广各地低效企业改造提升的好经验、好做法，对处于衰弱期、停产歇业的企业，加快研究建立市场化退出机制。

五、推进企业转型升级

积极响应低碳号召，引导企业加大对高新技术的研发投资，提高产品的附加值，减少污染排放，从粗放型、高能耗的生产转型到环保、低碳生产。进一步深化“亩均论英雄”改革，持续开展“低散乱”企业整治行动，加强反向倒逼企业转型。积极引导企业数字化转型升级，加快制造业数字化改造，通过技术改造贷款贴息、搬迁补助、职工安置补助、加速折旧、产业引导基金投资等方式支持和帮助企业进行数字化改造。

六、加快产业结构调整

逐步减少高能耗产业比重，尽可能让经济增长和能源需求增长逐渐脱钩，通过减少新产业、新模式对高能耗领域的过度依赖，实现能源产业和经济全局的高协调性、高适应性和高质量协同增长。着力培育专精特新“小巨人”企业，开展产业链“山海协作”行动，解决制造业发展不平衡、不充分问题。大力实施“双招双引”工程，加强对生物医药大健康、半导体、新材料、大数据、高端装备等先进工业企业的招引工作，强化资源要素倾斜，加快提高新兴产业比重。

第三篇　市场主体动能激活与中小企业稳进提质

第16章　企业集团内部创新架构与创新绩效

集团化经营是企业应对复杂多变的经营环境的关键举措，集团内部组织架构直接关系着企业集团的成功实践。就集团创新架构而言，可分为分散式创新和集中式创新。其中，集团分散式创新强调去中心化的个体自发参与创新活动，而集中式创新则由个别节点开展封闭的创新活动。虽然一些知名企业集团已经从封闭的集中式创新走向开放的分散式创新，但既有研究关于两种集团创新架构的创新绩效研究不足，导致难以指导企业集团创新实践。为此，本研究从集团微观组织角度识别集团创新架构特征，并基于2007—2017年A股上市公司进行实证检验，重点讨论企业集团创新绩效。主要研究结论包括：企业集团分散式创新对于组织创新绩效更有利，包括组织的专利申请和专利授权绩效；调节效应检验显示，增强企业集团盈利能力和国家创新驱动政策实施可以削弱集中式创新的负面影响；分组检验显示，企业集团分散式创新对于东部地区企业的组织创新绩效影响更明显，即发达地区更需要注重集团内部分散式创新；集团创新架构会通过影响创新策略和产品市场竞争力而影响创新绩效，具体表现为集团分散式创新更加有利于实质性创新和提升产品市场竞争力，进而显著增加分散式创新绩效。本研究表明，企业集团不仅要重视与外部组织开放协作，更要重视内部创新架构设计，构建成员企业积极参与的内部分散式创新网络。本研究丰富了企业集团组织研究，拓展了企业集团创新架构及创新绩效研究。

第一节 引言

集团化经营是企业应对激烈市场竞争的关键举措（任海云和冯根福，2018）。企业通过与供应商、客户，甚至竞争对手建立联合体，由“封闭”走向“开放”，促进企业全面创新发展（姚铮等，2013）。企业集团是以母公司为控制主体，通过股权投资、经营协作等多种模式，由多个组织组成的经济联合体。与西方单一法人企业集团不同，我国企业集团主要由多法人实体组成（邵军和刘志远，2006），按所有权性质又可分为民营企业集团和国有控股企业集团（蔡卫星等，2019）。

集团化经营能够应对市场失灵和制度缺陷，在企业投资、融资方面可发挥积极作用（林洲钰等，2015）。企业集团弱化了成员企业的组织边界，加强不同成员间相互交流与协作，实施个体企业难以开展的创新活动，有助于推动高质量创新（陈志军和缪沁男，2014）。因此，学者们相继发现集团化经营会促进技术创新，提高研发乘数效应（娄祝坤等，2019）。就其作用机制看，企业集团主要通过内部市场缓解融资约束（蔡卫星等，2019）、提升人力资本（林洲钰等，2015）、共享信息技术（赵月皎和陈志军，2016）和弥补市场缺陷（相欣，2017）等发挥积极作用。但是，企业集团未完全消除成员间的组织边界，甚至增加集团内部成员间的委托代理层级（郑国坚等，2016）。娄祝坤等（2018）指出，集团内部结构更为复杂，其内部的治理问题及利益冲突可能更为严重，集团管控的难度和风险也更高。任海云和冯根福（2018）研究显示，中国企业集团在技术创新中的正面效应发挥不好，附属企业集团反而不利于上市公司技术创新。因此，不恰当的集团内部组织架构依然可能造成负面冲击，甚至陷入“集而不团、管而不控”的境地（朱方伟等，2018）。尽管既有研究已经验证了企业集团作为协同网络发挥的积极作用，但对于企业集团内部网络架构设计、成员关系安排等研究不足，没有构建完整的集团内部要素协同理论框架（赵月皎和陈志军，2016），造成“集团网络化生成机理”尚属黑箱（黄海昕等，2018）。

就创新网络架构而言，开放式创新自20世纪80年代提出以来（Allen，1983），已成为最受关注的创新管理理念（Alexy et al.，2016）。开放式创新揭示了企业与外部组织之间的双向开放过程，会产生知识互补及商业推广效应等，是企业卓越绩效的关键（Wang et al.，2015）。然而，开放式创新理论忽视了企业集团内部成员间的创新网络架构研究。对于企业集团而言，可以选择由个别节点开展封闭的集中式创新，抑或由多个节点进行分散式创新（严云峰和李英，2011）。其中，封闭式创新可能增强集团对创新的控制力和降低委托代理问题，而分散式创新则更符合开放式创新理念，即集团成员合作创新以实现知识互补及商业推广。华为、苹果、三星等知名企业集团也已经从封闭的集中式创新走向开放的分散式创新（尹志欣等，2017），因此，关于企业集团内部创新架构及其创新绩效的研究，将有助于企业集团创新管理实践。

为此，本研究基于开放式创新理念，探讨企业集团内部成员间分散创新对企业创新绩效的影响，即集团成员间开放式创新可能更有利于企业集团的实质性创新和提高产品市场竞争力，最终提升企业集团创新绩效。本研究贡献在于：一是从集团内部成员微观视角分析集团创新架构，有助于拓展集团内部组织架构研究，正确认识企业集团这一特殊市场主体；二是将开放式创新理念引入企业集团内部，即不仅要关注企业集团与外部组织的开放，也要重视集团内部成员间的有效开放协作；三是本研究基于上市公司专利数据构建了集团创新架构测度体系，有助于推动企业集团微观层面的创新组织研究。

第二节　文献回顾与研究假设

一、企业集团内部的创新架构

为研究跨组织创新行为，学者们提出创新网络概念，即创新主体间就合作创新而达成的制度安排。开放式创新是最受关注的跨组织创新管理理念，是在企业边界外寻找相关解决方案（Alexy et al.，2016），包括利用外部投入来改进内部创新过程，以及为内部开发产品寻找外部商业化机会（Huizingh，2011）。开放式创新实践历史悠久（Christensen et al.，2005），Allen（1983）对 19 世纪英国钢铁产业的研究中便提出了“集体创新”理念，它是开放式创新最初的形式（Huizingh，2011）。Mowery（2009）甚至认为，历史进程是以开放式创新为主要特征，封闭式创新是特例。开放式创新揭示了企业与外部组织的创新合作与共享机制，通过知识流入和流出来加速内部创新，并扩大创新的外部市场，开放式创新已经从活跃于高科技产业的创新实践发展为被广泛实施的创新实践。

开放式创新被证明是创新绩效的重要驱动因素。一方面，开放式创新通过与外部组织联合创新，可以获取外部知识和技术，补充内部研发活动。丰富的外部知识技术可以增强内部创新能力，从而获得更高的创新绩效（Wang et al.，2015）。另一方面，开放式创新可以寻找更好的商业模式的外部参与者合作开发，增强新产品的商业化应用能力（Vanhaverbeke et al.，2008）。开放式创新可以实现在不同市场出售知识产权，通过将创新成果转移至外部来实现技术增值。

企业集团内部创新网络与经典的开放式创新网络仍存在一定差异。集团内部创新网络是处在同一控制权下的集团成员创新架构，而经典的开放式创新关注企业与外部组织合作创新。企业集团虽然会削弱成员间的组织边界（蔡卫星等，2019），但也引致新的委托代理问题（郑国坚等，2016）。开放式创新理念是否同样适用于企业集团是本研究的重点。借鉴开放式创新理念，集团内部创新架构可分为母公司主导的集中式创新架构、子公司主导的集中式创新架构，以及由母子公司共同主导的分散式创新架构三大类（见图 16-1）。母公司集中创新架构中，母公司作为集团最高权力机构，能够凭借其控制权保障创新投入，打造创新型总部，并通过战略安排要求子公司协助和推广创新成果。子公司集中创新架构则可以发挥子公司专业优势，母公司回归战略管理职能，发挥母、子公司的专业化优势（潘怡麟等，2018）。集团分散式创新可以发挥各自的创新优势，共享创新成果，从而实现类似开放式创新效果（Alexy et al.，2016）。

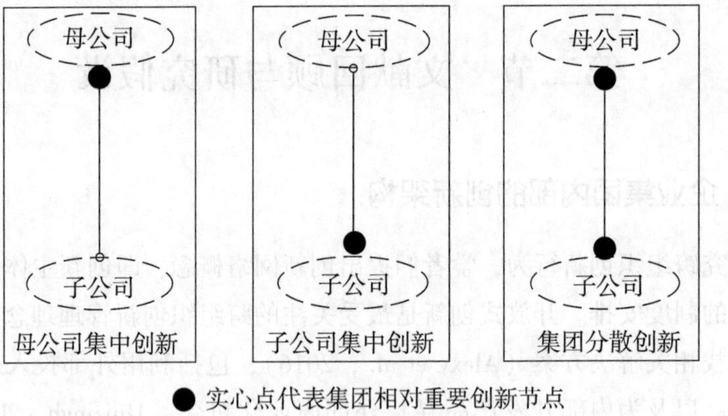

图 16-1 企业集团创新架构分类

二、企业集团化创新的后果

创新研究领域广阔，遍布整个社会生活和全球经济（杨冕和徐飞，2021）。创新活动与普通投资活动的不同在于其高风险性和信息不对称性。创新活动的不确定性与其他项目的不同之处在于，它可以是"极端的"。信息不对称性指公司比外部投资者掌握更多关于创新项目的信息，包括成功概率、价值和风险。由于创新活动固有的高风险和信息不对称特征，导致创新活动面临严格"融资约束"（徐飞，2019），很多创新项目往往遭遇资金问题，最终导致创新积极性减弱，实质性创新更是激励不足（蔡卫星等，2019）。

Coriat 和 Weintein（2002）构建的微观企业创新活动分析框架显示，企业集团是一种有利于企业创新的组织形式。企业集团作为外部市场的有效替代，在转型经济体中作用可能更明显（任海云和冯根福，2018）。一方面，企业集团可以充分发挥内部知识市场功能，为创新活动提供有效的知识共享平台，降低协同创新的不确定性（Claessens and Fan，2003）。企业集团内部知识市场提高了创新效率，表现为更低的“试错成本”和更广泛的“知识溢出”（蔡卫星等，2019）。同时，企业集团比企业个体更重视声誉，成员企业更容易达成技术合作，最终降低技术创新风险（任海云和冯根福，2018）。另一方面，企业集团通过内部资源二次配置，为创新活动提供有力的资金支持，缓解创新活动融资约束。例如，Jia等（2013）研究表明，集团总部向那些急需资金的集团成员提供短期借款和长期贷款，进行集团成员之间内部资金调配。

然而，企业集团并非能解决企业创新的所有问题。由于企业集团存在复杂的组织架构和三重委托代理问题，造成企业集团表现出更为复杂的大股东掏空、成员企业寻租等不道德行为，反而造成内部市场失效（邵军和刘志远，2006）。因此，对于某些集团成员而言，并未享受集团经营的好处，反而成为大股东掏空工具，造成自身技术创新资金不足，限制技术创新（任海云和冯根福，2018）。因此，需要深入企业集团内部，解析企业集团组织架构对企业创新影响。

三、企业集团内部创新架构与创新绩效

企业集团内部创新网络是母公司、子公司之间由信息、资源、能力的交流及关联交易而形成的创新网络，同时具有正式层级和非正式网状关联二重属性（黄海昕等，2018）。集团内部创新网络架构将直接影响集团创新绩效。集团成员根据自身经营属性和技术特征，嵌入到集团创新网络中，实现集团成员系统性和协同性创新效应（解学梅等，2015）。相较于外部创新网络，集团内部创新网络更能实现成员企业利益趋同，激励成员企业服务于集团创新绩效，避免外部创新网络中普遍存在的机会主义行为（Tong et al.，2011）。在集团创新引领下，成员企业更清楚合作创新方向，可以加快信息交流与合作，促进内向型开放式创新（徐鹏等，2019）。

企业集团要在集中式创新和分散式创新之间权衡。其中，集团分散式创新强调去中心化的分散个体自发参与创新活动，甚至完成复杂的技术创新（李晓华，2016）。集团分散式创新网络中，成员企业广泛性和相关性可以提高内部创新能力，增强成员企业参与内部开放式创新积极性（夏恩君等，2013）。集团分散式可能提高协同创新效率，而集中式创新可以增加对创新的管控力（潘怡麟等，2018）。

根据开放式创新理论，多部门联合创新和共享创新成果是实现创新绩效的关键（Huizingh，2011）。集团分散式创新则具备开放式创新特征，即不同集团成员协同创新，其潜在优势主要体现在内部知识共享和利益协同，最终可能提高集

团创新绩效。

第一，分散式创新强调成员企业在创新过程中共享知识，为集团创新带来信息优势。在分散协作创新环境中，成员企业不再受限于个体组织边界，而是以一种更开放、更具战略性的视角看待集团整体创新，积极参与集团创新（葛秋萍，2011）。通过发挥成员企业的知识优势、人才优势和信息技术优势，使企业集团迅速建立起全面创新网络，各成员企业都能从集团创新网络中获取所需资源，缓解自身创新能力约束，提高创新速度与质量。而集中式创新容易陷入“锁定”状态，使得创新一直集中在某些团体之间，不易扩散出去（严云峰和李英，2011）。

第二，分散式创新使成员企业通过内部网络共享创新成果，提高集团整体创新绩效（Beers and Zand，2014）。企业集团分散创新以背后的控股权为纽带，确保成员企业都能获得相应回报，并且降低由于知识产权保护不足而带来的合作创新风险（任海云和冯根福，2018）。在分散式创新下，企业集团可以充分发挥内部产品市场功能，通过成员企业专业化经营，有效地在集团内部实现范围经济和规模经济，为创新活动提供更为可观的经济回报（蔡卫星等，2019）。而在集中式创新架构下，个别创新主体更容易出于部门或个体利益而实施寻租行为，并且外部股东难以识别和修正，极易引发过度创新投资（潘怡麟等，2018）。

综上，企业集团弱化了成员间的正式组织边界，为内部成员间分散式创新提供制度保障。一方面，企业集团降低了成员企业间分散式创新的交易成本；另一方面，企业集团增加了成员企业分散创新的利益协同，最终可能提高企业内部创新绩效。

因此，本研究提出如下基本假设 H1a。

假设 H1a：企业集团分散式创新架构更有利于组织创新绩效。

然而，企业集团内部错综复杂的控制结构，也可能加剧内部摩擦和效率损失，成员企业对资源的争夺和寻租更容易发生，进而导致更无效的投资和更低的创新绩效（邵军和刘志远，2006）。相较于个体企业，张会丽和陆正飞（2012）指出企业集团还存在第三类代理问题，即母公司管理层与子公司管理层之间的委托代理问题。三重委托代理问题可能造成成员企业过度关注部门利益，忽视集团整体利益，最终导致企业集团陷入“集而不团、管而不控”的境地（朱方伟等，2018）。因此，根据委托代理理论，集团创新架构过于分散也可能不利于创新网络运作，反而导致集团整体创新绩效变差。

在集中式创新架构下，创新活动的委托人和代理人反而更清晰，总部很容易识别有效创新主体，进而提高资源配置有效性（张会丽和吴有红，2011）。在分散式创新下，各成员企业都具备创新话语权和投资权，无疑会增加集团内部委托代理问题，可能引发内部人寻租行为，以竞争集团内部有限的创新资源和话语权。在集中式创新下，集团总部掌控创新话语权和决策权，总部站在集团整体利益角度指导创新活动，亲自参与创新决策全过程，避免分散式创新下成员企业的无效创新现象（潘怡麟等，2018）。同时，如果集团开展大规模、长周期的创新活动，分散的财务资源是难以支持的，必须依靠集中的财务资源，集中力量办大事才能够解决基础性、关键性基础创新（谭洪涛和陈瑶，2019）。另外，集中式创新架构可以保证利益一致性。创新权力集中后，集团总部可以建立全体成员企业都适用的管理制度，例如内部审批制度、资金流转制度和决策制度等，减少成员企业由于“语言”不统一而造成的摩擦与效率损失。

因此，要保证内部资本市场运作效率，企业集团就需要加强对内部创新活动控制，强化集中式创新架构（张会丽和吴有红，2011）。就母公司集中创新而言，母公司作为企业集团的控制者，可以凭借其控制权而整合集团内部资源、维护集团管控效率，为母公司创新创造条件（张会丽和吴有红，2011）。就子公司集中创新而言，子公司作为企业集团最基础的经营单元，更清楚经营情况及市场动向，更能够发挥专业优势进行有效决策（潘怡麟等，2018）。正如谭洪涛和陈瑶（2019），直接接触市场的组织才明确创新方向、改进需求，一定程度上降低创新风险、提高创新质量，进而提高创新绩效（徐鹏等，2019）。

因此，本研究提出如下竞争性假设 H1b。

假设 H1b：企业集团集中式创新架构更有利于组织创新绩效。

四、企业集团内部创新架构与创新策略

企业集团不是一个实体组织，而是由多个存在控股关系的企业法人组成的虚拟组织，引领整个组织协同发展的是集团战略。集团战略可以为企业开展创新活动提供行动指南，并界定各成员企业创新活动的范围。企业集团战略规划是资源协同的出发点，对于企业集团参与市场竞争、获取竞争优势和谋求持续发展具有重要指导性，是直接影响企业集团创新协同能力和资源有效配置的主要因素之一，对母子公司创新协同水平有正向影响（陈志军和缪沁男，2014）。根据黎文靖和郑曼妮（2016）的研究，企业存在两类创新策略：一类是以推动企业技术进步和获取竞争优势为目的的“高质量”的创新行为，本章称之为实质性创新；另一类是以谋求其他利益为目的，通过追求创新数量和速度来迎合集团的创新策略，本章称之为策略性创新。集团创新架构可能对于企业创新策略产生如下影响。

第一，分散式创新架构下，企业集团通过成员之间的协同竞争和去中心化，避免一家独大局面，产生整体上的规模优势（李晓华，2016）。企业集团内部也普遍存在自利动机与寻租行为，集中式创新赋予创新节点专家权力，加剧创新信息不对称。集中式创新模式下，高层管理者对私人收益的追求可能促使其“建造

帝国”，即仍然进行大规模无效创新投资（潘怡麟等，2018）。因此，相较于实质性创新策略，集中式创新架构为个别成员企业在集团内部寻租创造条件，更可能倾向于策略性创新。

第二，分散式创新有利于创新主体之间的知识碰撞，有助于产生更多实质性创新（徐鹏等，2019）。企业集团为成员企业共享信息、知识、技术、创新经验及创新资源提供了平台，集团成员企业可以得益于彼此间的知识溢出，这些都有利于技术性创新，降低实质性创新风险（任海云和冯根福，2018）。各成员企业都能从集团创新网络中获取所需资源，缓解自身创新能力约束，提高创新速度与质量。然而，集中式创新网络很容易陷入“锁定”状态，陷入自我认同困境（严云峰和李英，2011）。

综上，本研究提出如下假设 H2。

假设 H2：企业集团分散式创新架构更有利于实质性创新策略。

第三节　研究设计

一、样本来源

本研究对象是上市公司与其控股子公司组成的企业集团。由于我国 2006 年颁布新会计准则，造成 2007 年前后财务会计信息可比性降低，并且国泰安（CSMAR）数据库中子公司专利信息截至 2017 年。因此，本研究最终选取 2007—2017 年 A 股上市公司为研究样本。样本公司财务数据、专利申请数据等均来源于国泰安（CSMAR）数据库。为消除异常值影响，本研究对连续变量进行上下 1%缩尾处理。

二、变量测度

（一）集团创新架构

中国证监会要求同时披露上市公司与其子公司的合并财务报表，以及上市公司个别财务报表，这种“双重披露制”为研究上市公司与其子公司组成的集团组织架构创造了条件（张会丽和吴有红，2011；谭洪涛和陈瑶，2019）。[①] 为测度集团创新架构，本研究利用上市公司自身发明专利申请数量及集团发明专利申请总数量，构建如下两类上市公司集团创新架构指标：

① 本研究考虑的是上市公司作为母公司的企业集团，个别报表为上市公司作为母公司的个别财务报表，合并报表是上市公司与其子公司构成的合并财务报表。

（1）总部集中创新架构。为识别母公司在集团创新网络的中心度，本研究首先计算母公司当年发明专利申请数量占集团发明专利申请数量比重，测度如下：

$$MR_T = \frac{IP_T^M}{IP_T} \times 100\% \tag{16-1}$$

其中，IP_T^M、IP_T 分别为母公司发明专利申请数量、集团发明专利申请数量。MR_T 反映总部集中创新程度，该指标介于0和100%之间。该指标接近100%，表明集团创新能力集中于集团总部；该指标接近0，表明集团创新能力集中于下属子公司；该指标接近50%，表明集团创新能力分散于总部和下属子公司。

（2）集团集中创新架构。由于总部集中创新架构 MR 只能反映总部在企业集团创新中心度，不能同时反映其他下属子公司在集团的创新中心度。为此，本研究进一步计算集团创新集中度，测度公式如下：

$$CR_T = 2 \times \left| \frac{IP_T^M}{IP_T} - 50\% \right| \times 100\% \tag{16-2}$$

其中，CR_T 是集团集中创新架构，该指标介于0和100%之间。其他变量定义与前述一致。若 CR_T 接近于0，意味着集团倾向于分散式创新架构，即母公司与下属子公司分别开展研发创新活动；若 CR_T 接近于100%，则意味着集团倾向于集中式创新架构，即集团主要由母公司或子公司一方集中开展研发创新活动。

（二）组织创新绩效

本研究借鉴谭洪涛和陈瑶（2019），分别以集团专利申请数量对数 P 和专利授权数量对数 G 测度创新绩效。

（三）控制变量

考虑到企业创新可能受到企业规模、盈利能力、偿债能力、公司治理、公司资历等影响，本章借鉴杨兴全等（2022）的研究选取如下控制变量：盈余管理（DA），是按照修正琼斯模型测度的公司应计盈余管理绝对值，反映企业会计信息质量；资产规模（SIZ），是公司资产总额取自然对数，反映公司规模特征；资产负债率（LEV），是总负债除以总资产，反映公司偿债能力；营业收入现金流（CSH），是公司经营活动现金流净额占营业收入的比例，反映公司盈利质量；董事会规模（DIR），是董事会人数，反映公司治理能力；有形资产比例（PPE），是固定资产占总资产的比例，反映公司经营属性；成立年限（AGE），是公司成立年限取自然对数，反映公司经营资历；高新企业（HIT），近3年申请高新技术企业为1，否则为0，反映公司创新资历；产权属性（STA），国有控股上市公司为1，否则为0，反映公司产权属性。

三、模型设定

为检验集团创新架构与企业创新绩效关系，本研究借鉴谭洪涛和陈瑶（2019），构建如下检验模型：

$$Y_{i,T+1}=a_0+a_1MR_{i,T}+a_2MR_{i,T}^2+\sum a_cCs_{i,T}+\mu+\chi+\tau+\varepsilon \quad (16-3)$$

$$Y_{i,T+1}=b_0+b_1CR_{i,T}+\sum b_cCs_{i,T}+\mu+\chi+\tau+\varepsilon \quad (16-4)$$

式中，$Y_{i,T+1}$ 为公司创新绩效指标，包括专利申请规模 P 和专利授权规模 G。模型（16-3）检验总部集中创新架构 MR 与创新绩效之间的 U 型关系；模型（16-4）检验集团集中创新架构 CR 与创新绩效的关系。Cs 为可能影响企业创新绩效的控制变量，包括资产规模对数 SIZ、资产负债率 LEV、固定资产比重 PPE、盈余管理程度 DA、营业现金流比例 CSH、成立年限 AGE、董事会规模 DIR、高新技术企业 HIT 和产权属性 STA。μ、χ 和 τ 分别为年度固定效应、行业固定效应和地区固定效应，ε 为回归残差项。为提高检验结果稳健性，本研究对被解释变量进行滞后一期处理，同时通过公司层面聚类稳健标准误控制异方差。

本研究主要变量说明如表 16-1 所示。

表 16-1　主要变量定义表

变量名称	变量代码	测度说明
专利产出	*P*	全部专利申请数量对数
专利授权	*G*	全部专利授权数量对数
发明专利产出	*IP*	发明专利申请数量对数
非发明专利产出	*OP*	外观和实用新型专利申请数量对数
实质性创新	*DS*	发明专利申请数量与非发明专利申请数量对数差
实质性创新比	*S*	发明专利申请数量与全部专利申请数量比值
总资产报酬率	*ROA*	净利润与总资产之比
账面市值比	*BTM*	资产账面价值与市场价值比
总部集中创新架构	*MR*	依据式（16-1）测度
集团集中创新架构	*CR*	依据式（16-2）测度
盈余管理	*DA*	修正琼斯模型计算操纵应计利润绝对值
资产规模	*SIZ*	总资产自然对数
资产负债率	*LEV*	总负债除以总资产
营业收入现金流	*CSH*	经营活动现金流占营业收入比
董事会规模	*DIR*	董事会人数

续表

变量名称	变量代码	测度说明
有形资产比例	*PPE*	固定资产占总资产比
成立年限	*AGE*	公司成立年限对数
高新企业	*HIT*	近三年申请高新技术企业为 1，否则为 0
产权属性	*STA*	国有控股上市公司为 1，否则为 0

第四节　实证检验及结果分析

一、描述性统计与单变量检验

表 16-2 为主要变量描述性统计。其中，上市公司平均申请专利规模为 2. 859，平均专利授权规模为 2. 132，平均申请发明专利规模为 2. 13，平均申请非发明专利规模为 2. 513，即我国企业专利申请更多集中于非发明专利，实质性技术创新有待增强。总部集中创新架构平均为 52%，集团集中创新架构平均为 75. 73%，表明我国上市公司呈现出一定的母公司集中创新特征。

表 16-2　主要变量描述性统计

变量	均值	标准差	最小值	最大值
P	2. 859	1. 512	0. 000	6. 876
IP	2. 132	1. 431	0. 000	6. 155
OP	2. 513	1. 458	0. 000	6. 436
G	2. 134	1. 364	0. 000	6. 054
MR	0. 522	0. 412	0. 000	1. 000
CR	0. 757	0. 329	0. 000	1. 000

表 16-3 为主要变量 Pearson 相关性检验。其中，总部集中创新架构 *MR* 及其二次项 MR^2 与专利申请规模在 1%的水平上显著负相关，表明总部集中创新架构与企业创新绩效可能存在倒 U 型关系。集团集中创新架构 *CR* 与各项创新绩效指标均在 1%的水平上显著负相关，初步表明集团集中创新架构明显影响创新绩效。其他变量间的相关关系如表 16-3 所示。

表 16-3 主要变量 Pearson 相关性检验

变量	P	IP	OP	G	MR	MR^2	CR
P	1.000						
IP	0.863***	1.000					
OP	0.912***	0.636***	1.000				
G	0.763***	0.541***	0.761***	1.000			
MR	-0.132***	-0.133***	-0.113***	0.094***	1.000		
MR^2	-0.202***	-0.210***	-0.161***	0.052***	0.973***	1.000	
CR	-0.278***	-0.305***	-0.188***	-0.089***	0.041***	0.266***	1.000

注：***、**、*分别代表在1%、5%与10%的显著性水平上显著。下同。

二、企业集团创新架构与创新绩效

表 16-4 为企业集团创新架构与创新绩效检验结果。结果显示，总部集中创新架构与企业专利申请和专利授权均存在显著倒 U 型关系，拐点分别发生在 49.40%和 71.21%。在拐点前，随着总部集中创新架构增加，企业创新绩效显著上升；在拐点后，随着总部集中创新架构增加，企业创新绩效显著下降；而在拐点附近时，企业创新绩效最高。检验结果表明，完全由总部集中创新，或完全由下属企业集中创新均不利于企业创新绩效，而分散式创新架构更有利于企业创新绩效。进一步的，第（3）列和第（6）列检验集团集中创新架构与企业创新绩效关系，显示集团集中创新与企业专利申请和专利授权均在 1%的水平上显著负相关，验证集团集中创新架构会显著降低企业创新绩效，无论是由总部集中创新或下属企业集中创新。相反，总部与下属企业分散式创新则更有利于企业创新绩效，假设 H1a 得以验证。

表 16-4 企业集团创新架构与创新绩效检验

变量	P_{T+1}			G_{T+1}		
	(1)	(2)	(3)	(4)	(5)	(6)
MR_T	-0.063 (-1.285)	2.374*** (13.551)		0.658*** (9.838)	2.901*** (11.464)	
MR_T^2		-2.403*** (-14.840)			-2.037*** (-9.007)	
CR_T			-0.618*** (-13.212)			-0.244*** (-3.689)

续表

变量	P_{T+1}			G_{T+1}		
	(1)	(2)	(3)	(4)	(5)	(6)
SIZ_T	0.584*** (23.264)	0.564*** (23.375)	0.573*** (23.767)	0.544*** (14.902)	0.521*** (14.504)	0.491*** (12.667)
LEV_T	−0.177 (−1.403)	−0.137 (−1.134)	−0.141 (−1.156)	−0.265 (−1.642)	−0.261* (−1.661)	−0.338** (−2.014)
PPE_T	−0.837*** (−4.673)	−0.802*** (−4.743)	−0.817*** (−4.758)	−0.675*** (−2.962)	−0.604*** (−2.717)	−0.699*** (−3.002)
DA_T	−0.248** (−2.507)	−0.180* (−1.848)	−0.189* (−1.934)	−0.202 (−1.407)	−0.151 (−1.071)	−0.190 (−1.283)
CSH_T	0.047 (0.447)	0.052 (0.506)	0.048 (0.465)	0.052 (0.341)	0.062 (0.413)	0.079 (0.510)
AGE_T	−0.130** (−2.333)	−0.114** (−2.123)	−0.112** (−2.077)	−0.129* (−1.879)	−0.133** (−2.031)	−0.173** (−2.467)
DIR_T	−0.013* (−1.827)	−0.015** (−2.108)	−0.015** (−2.102)	−0.013 (−1.188)	−0.015 (−1.427)	−0.009 (−0.815)
HIT_T	0.152*** (4.786)	0.096*** (3.134)	0.107*** (3.453)	0.164*** (3.761)	0.133*** (3.068)	0.139*** (3.117)
STA_T	−0.071 (−1.280)	−0.047 (−0.885)	−0.050 (−0.934)	−0.045 (−0.633)	−0.044 (−0.642)	−0.027 (−0.367)
常数项	−8.885*** (−16.063)	−8.730*** (−16.491)	−8.279*** (−15.711)	−8.891*** (−11.353)	−8.747*** (−11.331)	−7.020*** (−8.478)
控制变量	控制	控制	控制	控制	控制	控制
年度/行业/地区固定效应	是	是	是	是	是	是
观测值	11188	11188	11188	5286	5286	5286
调整 R^2	0.360	0.386	0.379	0.308	0.325	0.287

注：本研究通过公司层面聚类稳健标准误控制异方差，括弧内为 t 值。下同。

根据图 16-1，集团集中式创新可分为母公司集中创新和子公司集中创新，为揭示不同集中创新模式潜在差异，表 16-5 进一步引入母公司集中创新 *MO* 和子公司集中创新 *SON*。其中，当母公司发明专利申请占比超过 75%，则 *MO* 为 1，否则为 0；当子公司发明专利申请占比超过 75%，则 *SON* 为 1，否则为 0。结果显示，母、子公司集中创新模式对于专利申请无进一步影响，子公司集中创新对于专利授权的负面影响更强，而母公司集中创新对于专利授权的负面影响减弱。

表 16-5　企业集团创新架构与创新绩效的调节效应检验

变量	P_{T+1}		G_{T+1}	
	(1)	(2)	(3)	(4)
CR_T	-0.587*** (-10.086)	-0.633*** (-12.205)	-0.945*** (-11.170)	-0.021 (-0.314)
$MO_T \times CR_T$	-0.047 (-0.973)		0.748*** (11.046)	
$SON_T \times CR_T$		0.027 (0.562)		-0.809*** (-11.971)
常数项	-8.208*** (-15.346)	-8.234*** (-15.371)	-7.735*** (-9.885)	-7.921*** (-10.185)
控制变量	控制	控制	控制	控制
年度/行业/地区固定效应	是	是	是	是
观测值	11188	11188	5286	5286
调整 R^2	0.379	0.379	0.314	0.318

表 16-6 进一步引入企业盈利能力、母公司控制权、业绩增长和资本市场溢价指标，包括每股收益 *EPS*、母公司所有者权益占比 *MOS*、营业收入增长率 *GRO* 和市净率 *BP*。检验结果显示，每股收益会削弱集团集中创新对于专利申请和专利授权负面影响，母公司权益占比会削弱集团集中创新对于专利授权负面影响，业绩增长会削弱集团集中创新对于专利申请的负面影响。检验结果意味着，增强企业盈利能力、业绩增长和母公司控制可以缓解集中式创新的负面影响。

表 16-6　企业集团属性与创新绩效的调节效应检验

变量	P_{T+1}	G_{T+1}
	(1)	(2)
CR_T	-0.600* (-1.800)	-1.942*** (-4.329)
$EPS_T \times CR_T$	0.272*** (4.466)	0.263*** (2.656)
$MOS_T \times CR_T$	-0.203 (-0.589)	1.605*** (3.411)

续表

变量	P_{T+1}	G_{T+1}
	(1)	(2)
$GRO_T \times CR_T$	0.094** (2.226)	0.005 (0.062)
$BP_T \times CR_T$	0.006 (0.782)	0.004 (0.836)
常数项	-7.592*** (-11.924)	-6.961*** (-7.279)
控制变量	控制	控制
年度/行业/地区固定效应	是	是
观测值	8022	3990
调整 R^2	0.408	0.321

中国政府坚持实施创新驱动发展战略，为企业开展创新活动创造有利政策环境。为此，本章借鉴晏艳阳等（2022）的研究，以国家发改委 2010 年开展的“国家创新型城市试点”为准自然实验，检验政府创新驱动政策对于集团创新架构的创新绩效的进一步影响。根据试点，在大连等其他 16 个城市试点创建国家创新型城市。基于此，本研究构建国家创新驱动政策效应变量 *DID*。其中，国家创新型城市试点地区的上市公司在 2010 年以后 *DID* 记为 1，否则 *DID* 记为 0。表 16-7 的检验结果显示，国家创新城市试点政策会显著削弱集团集中创新对于专利申请和专利授权的负面影响，检验结果意味着国家创新驱动政策有助于改善企业集团的创新绩效。

表 16-7　国家创新驱动政策与创新绩效的调节效应检验

变量	P_{T+1}	G_{T+1}
	(1)	(2)
CR_T	-0.650*** (-13.343)	-0.295*** (-4.341)
$DID_T \times CR_T$	0.166** (2.550)	0.273*** (2.960)
常数项	-8.249*** (-15.618)	-7.008*** (-8.470)

续表

变量	P_{T+1}	G_{T+1}
	(1)	(2)
控制变量	控制	控制
年度/行业/地区固定效应	是	是
观测值	11188	5286
调整 R^2	0.380	0.290

三、稳健性检验

（一）安慰剂检验

本研究主检验利用母子公司发明专利申请数量结构衡量集团创新架构，该指标也可能受集团经营战略影响，导致本章主检验并非集团创新架构结果，而是集团经营战略后果。为此，本部分引入集团经营控制权架构，开展安慰剂检验。其中，*MC* 为母公司经营活动现金流量净额占合并报表的比重，以衡量总部经营控制权架构。*MC* 越大，表明母公司经营控制权更高；反之，表明母公司经营控制权更低。*CC* 为集团经营控制权集中程度。表 16-8 为基于集团经营控制权架构与创新绩效的安慰剂检验。结果显示，母公司经营控制权、集团经营控制权集中程度与企业专利申请和专利授权并不存在显著相关关系，表明集团经营控制权架构并未影响企业创新绩效，验证本研究主检验结果的稳健性。

表 16-8　企业集团经营控制权架构与创新绩效的检验结果

变量	P_{T+1}		G_{T+1}	
	(1)	(2)	(3)	(4)
MC_T	-0.003 (-0.545)		0.011 (1.457)	
MC_T^2	-0.001 (-1.094)		-0.001 (-0.910)	
CC		-0.004 (-1.290)		-0.004 (-0.867)
常数项	-8.547^{***} (-16.308)	-8.546^{***} (-16.319)	-7.756^{***} (-10.164)	-7.722^{***} (-10.126)
控制变量	控制	控制	控制	控制
年度/行业/地区固定效应	是	是	是	是
观测值	13422	13422	5986	5986
调整 R^2	0.352	0.352	0.270	0.270

（二）Heckman 两步法检验

由于并非所有上市公司披露研发创新数据，导致本研究样本可能存在选择性偏误。为此，本部分借鉴徐飞（2019）的研究，进一步基于 Heckman 两步法控制样本选择性偏误。检验结果显示（见表 16-9），在控制样本选择性偏误后，总部集中创新架构与专利申请规模、专利授权规模依然存在显著倒 U 型关系，集团集中创新架构与专利申请规模、专利授权规模依然显著负相关，与主检验结论一致。

表 16-9　基于 Heckman 两步法稳健性检验

变量	P_{T+1}		G_{T+1}	
	(1)	(2)	(3)	(4)
MR_T	2.357*** (13.442)		2.917*** (11.466)	
MR_T^2	−2.380*** (−14.668)		−2.054*** (−9.021)	
CR_T		−0.610*** (−13.032)		−0.249*** (−3.741)
LAMBDA	0.893*** (4.314)	0.903*** (4.327)	0.248 (0.853)	0.260 (0.850)
常数项	−10.913*** (−14.546)	−10.479*** (−13.952)	−9.296*** (−8.842)	−7.596*** (−6.664)
控制变量	控制	控制	控制	控制
年度/行业/地区固定效应	是	是	是	是
观测值	11113	11113	5250	5250
调整 R^2	0.388	0.382	0.324	0.286

注：*LAMBDA* 为 Heckman 两步法第一步计算得到的逆米尔斯比率。

（三）延长战略识别周期

由于战略具有一定稳定性和长期性，进一步以连续 3 期均值测度集团创新架构（见表 16-10）。其中，*LMR* 为连续 3 期总部集中创新架构均值，*LCR* 为连续 3 期集团集中创新架构均值。检验结果显示，总部集中创新架构与企业专利申请规模、专利授权规模依然存在显著倒 U 型关系，集团集中创新架构与专利申请规模、专利授权规模依然显著负相关，与主检验结论一致。

表 16-10 基于延长战略识别周期稳健性检验

变量	P_{T+1}		G_{T+1}	
	(1)	(2)	(3)	(4)
LMR_T	1.191*** (5.010)		3.177*** (7.481)	
LMR_T^2	-1.216*** (-5.541)		-1.763*** (-4.916)	
LCR_T		-0.804*** (-10.400)		-0.285** (-2.244)
常数项	-9.258*** (-14.996)	-8.268*** (-13.926)	-10.576*** (-12.146)	-7.092*** (-7.279)
控制变量	控制	控制	控制	控制
年度/行业/地区固定效应	是	是	是	是
观测值	7397	7397	3278	3278
调整 R^2	0.405	0.419	0.388	0.337

（四）基于替换创新指标检验

无形资产核算内容包括专利、非专利技术以及商标、土地使用权、著作权等，是记录企业创新情况的重要账户。我们基于母公司无形资产占比测度总部集中创新架构，记为 MI，进一步计算集团无形资产集中架构，记为 CI。检验结果显示（见表 16-11），总部集中创新架构与企业专利申请规模、专利授权规模依然存在显著倒 U 型关系，集团集中创新架构与专利申请规模、专利授权规模依然显著负相关，与主检验结论一致。

表 16-11 基于无形资产稳健性检验

变量	P_{T+1}		G_{T+1}	
	(1)	(2)	(3)	(4)
MI_T	0.632*** (2.950)		1.336*** (4.364)	
MI_T^2	-0.891*** (-4.438)		-1.065*** (-3.923)	
CI_T		-0.245*** (-4.262)		-0.247*** (-3.311)

续表

变量	P_{T+1}		G_{T+1}	
	(1)	(2)	(3)	(4)
常数项	-8.240*** (-14.736)	-8.570*** (-16.078)	-8.544*** (-10.559)	-7.658*** (-9.907)
控制变量	控制	控制	控制	控制
年度/行业/地区固定效应	是	是	是	是
观测值	13071	13071	5871	5871
调整 R^2	0.358	0.355	0.282	0.279

第五节 机制分析与异质性分析

一、集团分散创新架构是否更有利于实质性创新

企业创新策略可分为实质性创新和策略性创新两大类（黎文靖和郑曼妮，2016）。实质性创新是以推动企业技术进步和获取竞争优势为目的，会产生更多发明专利。策略性创新是为谋求其他利益，通过追求创新数量迎合利益相关者，会产生更多非发明专利。就企业集团而言，分散式创新架构有利于创新主体之间的知识碰撞，集团成员企业可以得益于彼此间的知识溢出，这些都有利于技术性创新，降低实质性创新风险。成员企业都能从集团创新网络中获取所需资源，缓解自身创新能力约束，提高创新质量，有助于产生更多实质性创新（徐鹏等，2019）。

为此，我们进一步检验企业集团创新架构对于企业创新质量的影响。检验结果显示（见表 6-12），总部集中创新架构与企业发明专利申请规模和非发明专利申请规模均存在显著倒 U 型关系，拐点分别发生在 50.00%和 49.75%，并且集团集中创新架构与企业发明专利申请规模和非发明专利申请规模均存在显著负相关关系。检验结果表明，完全由总部或下属企业集中创新，均不利于企业发明专利和非发明专利产出，分散式创新更有利于发明专利和非发明专利产出。进一步的，从影响系数和显著性水平看，集团集中创新架构对于发明专利产出的边际影响更显著。其中，集团集中创新架构降低 1 个标准差（1.4307），会导致发明专利申请规模增加 0.91 单位，导致非发明专利申请规模增加 0.67 单位。检验表明，集团分散创新架构对实质性创新的影响更明显。

表 16-12　企业集团创新架构与专利产出异质性检验

变量	IP_{T+1}			OP_{T+1}		
	(1)	(2)	(3)	(4)	(5)	(6)
MR_T	-0.033 (-0.648)	2.501*** (13.658)		-0.031 (-0.585)	1.807*** (9.562)	
MR_T^2		-2.500*** (-14.834)			-1.816*** (-10.296)	
CR_T			-0.637*** (-12.885)			-0.470*** (-9.206)
常数项	-9.717*** (-17.038)	-9.594*** (-17.657)	-9.055*** (-16.918)	-8.388*** (-14.136)	-8.280*** (-14.296)	-7.905*** (-13.880)
控制变量	控制	控制	控制	控制	控制	控制
年度/行业/地区固定效应	是	是	是	是	是	是
观测值	10600	10600	10600	10033	10033	10033
调整 R^2	0.325	0.354	0.346	0.339	0.354	0.350

进一步以发明专利与非发明专利申请数对数的差值 DS_{T+1} 和发明专利申请数与专利总申请数的比值 S_{T+1} 衡量企业实质性创新强度，检验结果显示（见表 16-13），总部集中创新架构与企业实质性创新强度均存在显著倒 U 型关系，拐点分别发生在 49.88%和 53.95%，并且集团集中创新架构与企业实质性创新强度均存在显著负相关关系。检验结果表明，完全由总部或下属企业集中创新均不利于企业实质性创新，而分散式创新架构更有利于企业实质性创新策略，假设 H2 得到验证。

表 16-13　企业集团创新架构对实质性创新策略的影响检验

变量	DS_{T+1}			S_{T+1}		
	(1)	(2)	(3)	(4)	(5)	(6)
MR_T	-0.009 (-0.183)	0.667*** (3.751)		0.008 (0.731)	0.127*** (3.376)	
MR_T^2		-0.668*** (-4.040)			-0.118*** (-3.363)	

续表

变量	DS_{T+1}			S_{T+1}		
	(1)	(2)	(3)	(4)	(5)	(6)
CR_T			-0.161*** (-3.361)			-0.028*** (-2.741)
常数项	-1.341*** (-2.920)	-1.314*** (-2.872)	-1.182*** (-2.646)	0.410*** (4.024)	0.417*** (4.096)	0.460*** (4.635)
控制变量	控制	控制	控制	控制	控制	控制
年度/行业/地区固定效应	是	是	是	是	是	是
观测值	9445	9445	9445	11188	11188	11188
调整 R^2	0.162	0.164	0.164	0.194	0.195	0.195

二、集团分散创新架构是否有助于提升产品市场竞争力

产品市场竞争力是企业创新最直接的体现（Li et al.，2019），随着技术进步和生产率提升，产品溢价率提升、产品市场竞争力增强。Chursin 等（2016）基于莫斯科穆勒直升机制造厂的分析发现，技术创新使得 MI-38 直升机产品竞争力整体提高 47%，使俄罗斯生产有竞争力的直升机产品成为可能。Liu 和 Jiang（2016）研究表明，技术创新是产品竞争力的关键因素，新产品开发绩效是提升中国制造企业产品竞争力的重要资源。因此，产品市场竞争力被广泛用以检验创新绩效中介机制。对于集团创新行为而言，如果分散式创新更能够提升企业实质性创新，那么势必会通过增强企业产品市场竞争力从而获得创新绩效。为此，本部分进一步构建如下中介检验模型：

$$R_{i,T+1}=c_0+c_1S_{i,T}+c_2CR_{i,T}+\Sigma c_cCs_{i,T}+\mu+\chi+\tau+\varepsilon \tag{16-5}$$

$$Y_{i,T+1}=d_0+d_1R_{i,T+1}+d_2S_{i,T}+d_3CR_{i,T}+\Sigma d_cCs_{i,T}+\mu+\chi+\tau+\varepsilon \tag{16-6}$$

其中，本章借鉴 Amir 等（2011）的研究，以企业产品毛利率 $R_{i,T+1}$ 测度企业产品市场竞争力，产品毛利率越大意味着市场溢价率越高、产品竞争力越强（Peress，2010）。本研究同时报告剔除行业平均水平的超额毛利率 $AR_{i,T+1}$ 检验结果。模型（16-5）用以检验集团集中创新架构、实质性创新强度对于产品市场竞争力的影响，模型（16-6）用以检验产品市场竞争力对于企业创新绩效的影响。

检验结果显示（见表 16-14），企业集团集中创新架构与产品市场竞争力显

著负相关，企业实质性创新强度与产品市场竞争力显著正相关。检验结果表明，集团集中式创新会削弱企业产品市场竞争力，包括通过降低企业实质性创新而削弱产品市场竞争力。反之，集团分散式创新会增强企业产品市场竞争力，包括通过增强企业实质性创新而增强产品市场竞争力。进一步的，产品市场竞争力与专利产出绩效显著正相关。综合结果表明，企业集团集中式创新会通过削弱企业产品市场竞争力而抑制创新绩效，相反，企业集团分散式创新会通过增强企业产品市场竞争力而增强创新绩效，验证产品市场竞争力在企业集团创新架构影响创新绩效过程中发挥中介作用。

表 16-14　　产品市场竞争力中介机制检验

变量	R_{T+1} (1)	P_{T+1} (2)	G_{T+1} (3)	AR_{T+1} (4)	P_{T+1} (5)	G_{T+1} (6)
R_{T+1}		0.532*** (3.299)	0.532*** (3.299)			
AR_{T+1}					0.469*** (2.931)	0.469*** (2.931)
S_{T+1}	0.025*** (3.294)	-0.600*** (-8.449)	-0.600*** (-8.449)	0.024*** (3.226)	-0.598*** (-8.421)	-0.598*** (-8.421)
CR_T	-0.016*** (-3.174)	-0.616*** (-13.287)	-0.616*** (-13.287)	-0.016*** (-3.265)	-0.617*** (-13.294)	-0.617*** (-13.294)
常数项	0.325*** (6.206)	-8.449*** (-15.785)	-8.449*** (-15.785)	0.152*** (2.896)	-8.348*** (-15.679)	-8.348*** (-15.679)
控制变量	控制	控制	控制	控制	控制	控制
年度/行业/地区固定效应	是	是	是	是	是	是
观测值	11137	11137	11137	11137	11137	11137
调整 R^2	0.485	0.398	0.398	0.278	0.397	0.397

三、集团分散创新架构是否有助于提升企业经济绩效

经济绩效是企业创新活动根本目的，因此，经济效益也是企业创新绩效的最终体现（姜滨滨和匡海波，2015）。借鉴刘凤朝等（2017）的研究，本研究基于总资产报酬率 *ROA*、账面市值比 *BTM*，进一步识别集团创新架构对于企业经济绩效的影响。

企业集团创新架构与企业经济绩效关系的进一步检验结果显示（见表 16-15），总部集中创新架构与企业经济绩效均存在显著 U 型关系，拐点分别发生在 45.74%和 47.64%。在拐点前，随着总部集中创新架构增加，企业总资产报酬率显著上升、账面市值比显著下降；在拐点后，随着总部集中创新架构增加，企业总资产报酬率显著下降、账面市值比显著上升；而在拐点附近时，企业总资产报酬率最高且账面市值比最低。检验结果表明，完全由总部集中创新，或完全由下属企业集中创新均不利于企业经济绩效提升，而分散式创新架构更有利于企业经济绩效提升。表 16-15 第（3）列和第（6）列进一步检验集团集中创新架构与企业经济绩效的关系，检验显示集团集中创新架构与企业总资产报酬率在 1%的水平上显著负相关，与企业账面市值比在 10%的水平上显著正相关，进一步验证集团层面的集中创新架构会显著降低企业经济绩效，表现为企业盈利能力和投资者溢价水平降低，而集团总部与下属企业分散式创新则有助于增加企业经济绩效。

表 16-15 企业集团创新架构与企业经济绩效检验

变量	ROA_{T+1}			BTM_{T+1}		
	(1)	(2)	(3)	(4)	(5)	(6)
MR_T	-0.002 (-1.121)	0.017*** (2.886)		-0.001 (-0.198)	-0.047** (-2.225)	
MR_T^2		-0.019*** (-3.310)			0.045** (2.325)	
CR_T			-0.005*** (-2.949)			0.011* (1.949)
常数项	-0.052*** (-3.110)	-0.050*** (-3.051)	-0.050*** (-3.121)	-1.249*** (-20.926)	-1.252*** (-21.021)	-1.265*** (-21.965)
控制变量	控制	控制	控制	控制	控制	控制
年度/行业/地区固定效应	是	是	是	是	是	是
观测值	11644	11644	11644	11446	11446	11446
调整 R^2	0.230	0.232	0.231	0.539	0.539	0.539

四、不同技术密集型产业的创新绩效是否存在差异

根据谭洪涛和陈瑶（2019）的研究结论，企业集团创新行为和创新绩效可能受到产业属性和地区经济环境影响，为此，本研究分别基于专利密集产业、东部

地区企业进行分组检验。根据国家知识产权局发布的《专利密集型产业目录》，将样本公司划分为专利密集型产业和非专利密集型产业。检验结果显示（见表16-16），集团集中创新架构对于专利密集产业的专利申请规模的负面影响程度相对更大，而对于非专利密集产业的专利授权规模的负面影响程度相对更大。研究表明，集团创新架构对于企业创新绩效的影响普遍存在于各类产业。

表 16-16　企业集团创新架构与创新绩效的产业异质性应检验

变量	专利密集产业组		非专利密集产业组	
	P_{T+1} (1)	G_{T+1} (2)	P_{T+1} (3)	G_{T+1} (4)
CR_T	−0.620*** (−11.847)	−0.175** (−2.366)	−0.491*** (−4.964)	−0.407*** (−3.035)
常数项	−8.738*** (−10.949)	−7.140*** (−6.194)	−6.552*** (−7.449)	−6.261*** (−4.390)
控制变量	控制	控制	控制	控制
年度/行业/地区固定效应	是	是	是	是
观测值	7793	3710	3320	1540
调整 R^2	0.409	0.321	0.354	0.273

五、不同区域企业的创新绩效是否存在差异

根据上市公司注册地是否为北京、天津、上海、江苏、浙江、福建、广东、山东8个东部发达省（直辖市），将样本公司划分为东部省份上市公司和非东部省份上市公司。检验结果显示（见表16-17），集团集中创新架构对于东部省份上市公司的专利申请规模和专利授权规模的负面影响程度相对更大。研究表明，集团创新架构对于东部发达地区上市公司创新绩效的影响更显著，而对于非东部发达地区上市公司创新绩效的影响减弱。

表 16-17　企业集团创新架构与创新绩效的地区异质性检验

变量	东部省份上市公司		非东部省份上市公司	
	P_{T+1} (1)	G_{T+1} (2)	P_{T+1} (3)	G_{T+1} (4)
CR_T	−0.659*** (−11.446)	−0.294*** (−3.573)	−0.535*** (−7.007)	−0.108 (−1.007)

续表

变量	东部省份上市公司		非东部省份上市公司	
	P_{T+1}	G_{T+1}	P_{T+1}	G_{T+1}
	(1)	(2)	(3)	(4)
常数项	-8.408*** (-12.112)	-7.056*** (-6.723)	-8.367*** (-10.776)	-8.351*** (-6.786)
控制变量	控制	控制	控制	控制
年度/行业/地区固定效应	是	是	是	是
观测值	7172	3410	4016	1876
调整 R^2	0.383	0.267	0.391	0.365

第六节 结论与启示

一、结论

本研究考虑企业集团内部创新架构对于企业集团创新绩效的影响，从集团微观组织角度识别企业集团架构属性影响，有助于拓展企业集团创新相关研究。本研究表明，企业集团分散式创新架构对于企业创新绩效更有利，包括企业专利申请规模和专利授权规模。验证了当前开放经济环境下，需要加强集团内部分散协作的创新组织。调节效应检验显示，增强企业集团盈利能力和国家创新驱动政策实施可以削弱集中式创新的负面影响。分组检验显示，东部地区企业集团的分散式创新架构对于企业创新绩效的影响更明显，表明发达地区更需要注重集团内部的分散式创新。进一步检验显示，集团创新架构会通过影响企业创新质量和产品市场竞争力而影响创新绩效，具体表现为集团分散式创新更加有利于实质性创新和产品市场竞争力，进而显著增加分散式创新绩效。在采用基于现金流控制权的安慰剂检验、Heckman两步法检验、延长战略周期检验和替换创新测度检验，依然验证了本研究的结论。

二、启示与建议

本研究结果意味着，虽然企业集团成为当前企业组织应对复杂市场环境的关键举措，但依然要重视集团内部组织架构和战略设计，只有恰当的内部设计才能切实实现集团的功能，否则可能陷入“集而不团、管而不控”的境地。为此，本研究提出如下政策启示。

（一）集团总部重视内部分散式创新，构建成员协同创新体系

企业集团不仅要注重与外部组织的开放式创新，也要强化集团成员之间的分散式创新，激发各成员自主创新积极性，避免陷入由个别部门垄断集团创新资源的“锁定”风险。一方面要加强集团成员协同创新的制度建设，明确集团内部成员自主创新的制度依据、财务支持、人员保障等；另一方面要加强集团成员协同创新机制建设，避免集团内部成员为了争取创新话语权而开展重复创新、无效创新。

（二）成员企业积极参与分散式创新，主动嵌入集团创新网络

成员企业要注重在集团创新网络中发挥自身价值，嵌入集团研发、设计、生产、制造及营销等各创新环节，提高成员企业自身的价值。要注重集团内部成员协同创新文化创建，引导成员企业积极参与并共享知识、人才和信息技术，构建有效分散式创新体系，发挥全员创新的分散式创新优势。集团总部要基于核心价值链设计好创新链，并在集团成员间进行有机分布，整合集团成员企业资源优势，构建符合集团发展需要的分散式创新网络。

（三）集团强化实质性创新机制保障，增强研发创新商业价值

集团分散式创新架构要有利于企业实质性创新，建立以创新价值导向的创新绩效考核体系，倒逼企业集团做好基础创新、实质性创新和创新成果应用，真正发挥创新驱动功能。集团要避免陷入策略性创新困境，避免由于策略性创新引致的资源错配，通过稳健的财务政策保障基础创新投入，构筑创新投入和创新产出的良性循环。

本研究由于数据限制，仅考虑可观测的专利申请数据来刻画集团创新架构，未来可以通过大数据、问卷调查及案例研究，开展更为具体和有针对性的集团创新架构相关研究，拓展研究领域。

第17章　命令型环境规制、ISO14001认证与企业绿色创新

本研究实证考察了ISO14001认证对企业绿色创新的影响，并以《环境空气质量标准（2012）》为外生政策冲击，检验了命令型环境规制影响下ISO14001认证对企业绿色创新的诱发效应。研究发现，企业通过ISO14001认证可以促进绿色创新。在新标准实施后，ISO14001认证对企业绿色创新的诱发作用显著增强，且对低污染企业、高创新能力企业和国有企业绿色创新的诱发作用显著提升。进一步研究发现，ISO14001认证通过发挥“环保工具”作用来诱发企业绿色创新。上述结论对有效推进环境规制和企业绿色创新具有重要政策含义。

第一节　引言

根据耶鲁大学和哥伦比亚大学联合发布的《2020年全球环境绩效指数报告》，中国的环境绩效指数在180个国家和地区中居第120位，中国有50%以上的人口受到污染空气的影响，20%的人口死亡与空气质量相关，表明中国的粗放型经济增长方式为此付出了沉重的生态环境代价。根据“波特双赢假说”可知，灵活且设计合理的环境规制不仅可以有效控制污染减排，还会诱发企业技术创新，最终达到环境保护和经济发展的双赢（Porter et al.，1995）。所以，研究环境规制如何影响企业绿色创新对打破经济与环境“非此即彼”的局面，实现协调经济发展与保护生态环境具有重要意义。

然而以往关于环境规制对企业绿色创新影响的研究尚未达成一致性结论（李毅等，2020；田红彬和郝雯雯，2020；王洪庆和张莹，2020；Zhuge et al.，2019），主要有以下三种观点：一是环境规制促进了企业绿色创新。Porter等（1995）提出灵活的、设计合理的环境法规可以有效地激发企业进行技术革新，即“波特假说”。部分学者基于“波特假说”研究发现政府可以通过环境规制施加外部压力来控制企业的污染行为，帮助企业克服组织惰性，促使企业通过技术创新来减少污染排放（Cole and Peter，1999；Johnstone et al.，2010；Calel et al.，2016），此外，Cui等（2018）、齐绍洲等（2018）、徐佳和崔静波（2020）的研究发现市场型环境规制可以促进企业绿色技术创新；许卫华和王锋正（2015）也发现环境规制水平对资源型企业的技术开发能力有显著正向影响。二

是环境规制抑制了企业绿色创新。也有部分学者认为严格的环境规制会导致企业生产成本上升，阻碍企业将资源投入到创新活动中（Petroni et al.，2019），如Kneller和Manderson（2012）发现严格的环境规制给企业带来了更大的污染减排压力，从而导致对研发投入产生“挤出效应”；沈能和刘凤朝（2012）也有类似发现，他们提出在我国中西部地区环境规制对技术创新的影响不显著，甚至在有的省份产生负向影响。三是环境规制对企业绿色创新的影响不确定。如李青原和肖泽华（2020）发现异质性环境规制对企业绿色创新的影响截然相反，其中排污收费对企业绿色创新有“倒逼”效应，而环境补助却产生了“挤出”效应；王珍愚等（2021）则发现环境规制对企业绿色创新的影响呈现先抑制后促进的U型曲线；季磊和额尔敦套力（2019）发现环境规制和全要素生产率之间呈现倒N形关系；李斌和曹万林（2017）的研究也发现环境规制与循环经济绩效之间呈U型关系；宋华等（2020）的研究表明环境规制对产业结构优化存在U型影响，且在东部和西部地区的影响更显著；还有研究提出相对于强制型环境规制，市场型环境规制因能提供更为柔性的激励，故更有效地促进企业创新（Jaffe et al.，2004；胡珺等，2020）。然而Testa等（2011）则认为严格的直接管制更有利于促进企业对创新产品和环保设备的投资，而征收污染费等环境规制工具会阻碍绿色创新。

以往研究之所以出现上述不一致，甚至相互矛盾的研究结论，说明环境规制对企业绿色创新的影响机制会受到诸多因素的影响（廖文龙等，2020），其中一种可能的原因在于环境规制类型差异的影响，因为“波特假说”提出只有灵活的、设计合理的环境规制可以诱发企业创新，而并非所有的环境规制都可以（Ambec and Barla，2002；Chakraborty and Chatterjee，2017）。Johnstone和Kalamova（2010）提出环境规制主要包括三种类型：命令/控制型规制、市场/激励型规制和自愿型规制，其中前两种环境规制都是由政府或相关监管机构制定的，而自愿型环境规制是由企业自行发起的，如通过ISO14001认证等环境管理体系、披露环保信息、环境审计、环境协议等，具有很强的灵活性和自治性（Jiang et al.，2020；潘翻番等，2020）。根据“波特假说”，自愿型环境规制可能是诱发企业绿色创新的重要因素（Banerjee and Gupta，2019）。然而，以往研究主要探讨了命令型环境规制和市场型环境规制对企业绿色创新的影响，而只有较少学者探讨了自愿型环境规制对企业绿色创新的影响，如Bu等（2020）、Jiang等（2020）和任胜钢等（2018），但也尚未得出一致性的结论（潘翻番等，2020）。此外，近20年来为了强化地方政府对企业污染的治理责任，党中央和国务院出台了一系列的政策、规章和制度，将环境治理与地方政府官员的政绩、任用与奖惩密切关联，如《国务院关于落实科学发展观加强环境保护的决定》和《环境保护违法违纪行为处分暂行规定》等将$PM_{2.5}$治理纳入各级政府政绩考核体系、对超标企业追缴排污费、划定并严守环境保护红线等严格措施；《国家环境保护“十二五”规划》明确规定对地方官员实行环境保护“一票否决制”和“约谈制”等，这一系列政策措施都对企业加强环境治理产生了最直接、最具有威慑力的压力。那么在考察自愿型环境规制对企业绿色创新的影响时必须要同时综合考虑命令型环境规制产生的影响，然而以往的研究尚未将命令型和自愿型环境规制置于同一分析框架下来分析环境规制对企业绿色创新的影响。ISO14001 是全世界最流行的自愿型环境管理体系（Environmental Management System，EMS）认证标准之一。中国在 1997 年将该标准转换为国家标准后，越来越多的企业主动申请 ISO14001 认证，截至 2019 年，全世界的 ISO14001 有效认证总数为 312580，中国作为全世界认证数量最多的国家，有效认证总数为 134926（ISO14001，2020）。基于此，本章重点研究以下问题：①企业通过 ISO14001 认证是否会诱发企业绿色创新？②在命令型环境规制影响下，相对于没有通过认证的企业，通过 ISO14001 认证诱发企业绿色创新的影响是否会增强？③诱发企业绿色创新的影响机制是什么？

为了切实落实近年来中国政府颁布的环保政策，推进空气污染治理，原国家环境保护部与质量监督检验检疫总局在 2012 年 2 月 29 日联合发布了《环境空气质量标准 2012》，并在 5 月 21 日原国家环境保护部进一步公布了《空气质量新标准第一阶段监测实施方案》，要求在新空气质量标准实施的第一阶段在 74 个试点城市[①]设立国家监测点，完成与试运行监测设备，并从 2013 年 1 月 1 日起，74 个试点城市的空气质量数据将由国家监测点统一和实时向社会公众、上级政府和新闻媒体公布，这就意味着新标准的实施将在极大程度上改变地方政府原有的环境治理动机和手段（张琦等，2019），从而为本研究提供了理想的外部政策冲击。基于此，本研究以 2004—2018 年中国 A 股上市公司为研究对象，实证考察了 ISO14001 认证对企业绿色创新的诱发作用，并运用 DID 分析法，通过比较新标准实施前后，通过 ISO14001 认证对企业绿色创新的影响是否显著增加来进一步检验自愿型环境规制对企业绿色创新的诱发作用。进一步的，根据行业污染程度、企业创新能力、企业所有权性质等进行了一系列关于自愿型环境规制诱发企业绿色创新的异质性讨论和稳健性检验。最后，利用 DID 分析法实证检验了 ISO14001 认证诱发企业绿色创新的影响机制。

① 74 个试点城市包括北京、天津、上海、重庆、石家庄、唐山、秦皇岛、邯郸、保定、承德、沧州、衡水、邢台、张家口、廊坊、太原、嘉兴、绍兴、舟山、温州、金华、衢州、台州、丽水、合肥、福州、厦门、南昌、济南、青岛、郑州、武汉、呼和浩特、沈阳、大连、长春、哈尔滨、南京、苏州、无锡、常州、扬州、镇江、南通、泰州、徐州、连云港、淮安、盐城、宿迁、杭州、宁波、湖州、长沙、广州、深圳、珠海、佛山、江门、东莞、中山、惠州、肇庆、南宁、海口、成都、贵阳、昆明、拉萨、西安、兰州、西宁、银川、乌鲁木齐。

本研究的理论贡献主要体现在三个方面：①分析了自愿型环境规制对企业绿色创新的诱发效应，为“波特假说”提供了新的实证经验，以往关于“波特假说”的研究主要集中在命令型和市场型等官方环境监管对企业创新的影响上（Bu et al.，2020；Lee et al.，2011 年；Zhuge et al.，2019），没有考虑自愿型环境规制的影响，本研究考察了 ISO14001 认证对企业绿色创新的诱发作用，并识别了 ISO14001 认证诱发企业绿色创新的影响机制，拓展了现有研究。②本研究将命令型与自愿型环境规制置于同一分析框架下，研究了不同环境规制工具协同作用对企业绿色创新的影响机制，以往研究主要关注命令型环境规制或自愿型环境规制的影响，尚未将二者置于同一分析框架考察二者的协同作用对企业绿色创新的影响，中国政府近年来出台的一系列环境规制使企业处在命令型环境规制的高压下，同时企业也会主动利用自愿型环境规制工具积极实施环保策略，因此需要同时考察二者的协同作用产生的影响，得出的结论能够更好地帮助环保政策落地。③补充和完善了绿色创新的现有研究（Chen，2008；Li et al.，2018），得出的研究结论拓展了对绿色创新驱动因素的研究，并强调了自愿型环境规制所发挥的重要作用。

第二节　理论分析与研究假设

一、ISO14001 认证与企业绿色创新

由于 ISO14001 认证过程非常烦琐，申请认证的企业需要接受严格的环境绩效审查，ISO14001 认证过程可以加强企业的环保意识并促进企业创新（González 等，2008）。此外，与命令型和市场型环境规制相比，ISO14001 认证体系作为自愿型环境规制具有以下两个特点。

（一）ISO14001 认证体系更具灵活性

自愿型环境规制侧重于制定目标、战略、改善企业环境的发展指南而不是规定实现特定目标的具体方法，这就为企业提供了很大的灵活性（Arora and Cason，1995）。与传统环境规制设定具体、强制的环境目标不同，ISO14001 认证体系标准旨在“为组织实施和改进环境管理系统以提升其环境绩效提供有效帮助”，为企业加强环境管理提供了一种规范的环境保护标准（Gasbarro et al.，2013；Ann et al.，2006；Aravind and Christmann，2011），注重帮助企业建立有效的环境管理体系，使得企业获得了更大的创新空间。如 Wagner（2007）研究发现企业实施 ISO 14001 管理体系后在环境方面投入了更多资源来改进技术，如污水设备升级、清洁生产、绿色供应等。可见，ISO14001 认证体系为企业加强环境管理提

供了一套“管理技术”（Aravind and Christmann，2011），有助于克服人的非理性，帮助企业建立和改善环境管理体系，从而诱发企业绿色创新（Boiral et al.，2012）。

（二）ISO14001 认证体系有利于企业获得长期盈利能力

企业积极申请 ISO14001 认证是因为自愿型环境规制具有俱乐部物品的特征，即获得该认证能为企业带来收益（潘翻番等，2020），并且他们相信利用自愿型环境规制获得的长期收益将超过短期付出的成本（Lyon and Maxwell，2004），如政府可能为获得通过 ISO14001 认证的企业提供更多的税收优惠、财政补贴等支持企业进行绿色创新；随着社会公众环保意识的增强，投资者会更愿意投资通过 ISO14001 认证的企业，因而通过认证的企业会从外部获得更多的资金或技术资源进行绿色创新；消费者也会更愿意购买环境友好企业的产品，因此，从长期来看，通过认证的企业有机会获得更广阔的市场和更高的利润。此外，自愿型环境规制是不断改进的（Prakash and Potoski，2006），ISO14001 环境管理标准就分别于 1996 年、2004 年和 2015 年先后经历了三次修订和完善更新，不断为企业（包括已经获得认证的企业）设定新的目标。因此，与命令型环境规制相比，ISO14001 认证能够帮助企业更好地制定和实施长期利润最大化的环保策略，让企业在长期内主动实施和加强环境管理，而非短期内被动满足政府的监管标准，因而通过 ISO14001 认证的企业更加注重长期的环境管理，更愿意开展环保相关的创新活动，从而诱发企业绿色创新。

根据“波特假说”，为了鼓励企业绿色创新以实现“创新抵消效应”，环境规制的设计至关重要。由上述分析可知，自愿型环境规制的灵活性可以为企业提供最大的绿色创新空间，ISO14001 认证因不断自我完善更新而促进企业实施长期环境管理策略，以实现可持续发展，因此自愿型环境规制比命令型环境规制更有可能实现“创新抵消效应”。基于上述分析，本研究提出假设 1。

假设 1：通过 ISO14001 认证对企业绿色创新有显著正向影响。

二、命令型环境规制压力影响下的 ISO14001 认证与企业绿色创新

2011 年频发的环境热点问题加剧了中央政府的环境治理压力，驱动着环境治理监管日趋严厉。如 12 月 4 日，美国驻华大使馆发布北京 $PM_{2.5}$ 监测的数据，显示北京的 $PM_{2.5}$ 浓度为 522，空气污染超过了最高污染指数 500，这与北京市环保局的检测结果“轻度污染”存在较大差异，引起了社会公众的极大关注。美国大使馆持续实时公布北京 $PM_{2.5}$ 的监测数据使得中国政府的环境治理压力陡增。为了切实落实近年来中央政府颁布的环保政策，推进中国空气污染治理，原国家环境保护部与质量监督检验检疫总局联合发布了《环境空气质量标准 2012》和《空气质量新标准第一阶段监测实施方案》，要求从 2013 年 1 月 1 日起在 74

个试点城市实施新空气质量标准，并实时对外公布由国家监测点统一监测的空气质量数据（刘和旺等，2020）。

在新标准实施前，有些地方政府为了提高税收收入、促进当地经济发展，都制定了地方保护性政策，默许高产能、高污染企业的发展，鼓励企业将资金用于盈利活动而非环境保护上（梁平汉和高楠，2014；郭峰和石庆玲，2017；张琦等，2019），地方政府严重缺乏环境治理动机，甚至为了达到环境考核目标而操纵、隐瞒环境质量数据，以应付中央政府的环境考核。相关数据也表明，2012 年前，中国多数省的环境规制强度均低于平均水平，地方政府普遍实行较为宽松的环境规制（唐国平等，2013）。新标准实施后，地方政府难以再"策略性优化"环境质量数据，且环境治理效果会实时受到公众和媒体的监督。此外，新标准还规定从 2013 年起持续对 74 个试点城市的空气质量进行实时监测，地方政府将无法再通过临时关停高污染企业来应对环境监测，这就在很大程度上驱动着地方政府必须采取切实有效的方式监管和引导企业的环境治理，从根本上解决环境污染问题，必然要求企业增加环保投入，减少污染物的排放，从而切实改善当地的空气质量。

面对环境政策规制的巨大压力，为了获得政府的政策支持，避免处罚和法律诉讼风险，不同企业会根据自身面临的环境监管压力而做出不同的环保战略决策。相对于没有通过 ISO14001 认证的企业，通过 ISO14001 认证的企业已经建立了内部环境管理系统，在面对严厉的环境规制时具有统一、协调、机动的组织优势，可以通过有效的内部治理提高对原材料和能源的使用效率，实现降污减排，达到甚至超过地方政府的监管要求，获得地方政府认可，从而获得税收优惠、环保和创新补贴等政府支持（Shu et al.，2016），这在一定程度上弥补了企业承担的环保成本，也大大降低了企业面临的环保压力；此外，新标准的实施迫使地方政府必须采取长效手段治理环境，地方政府自然会将环境治理压力直接传递给当地企业，这就在很大程度上驱动通过 ISO14001 体系认证的企业利用建立的环境管理体系发挥其实质性作用，将更多的资金投入到绿色创新活动中，促进企业持续进行实质性环境管理和绿色创新。而没有通 ISO14001 认证的企业面临着严厉的环境规制和地方政府监管，将不得不致力于自身的污染气体排放量的监测和控制，它们往往通过购买更为环保的生产设备等方式在短期内快速满足地方政府的监管要求，这就在很大程度上挤占了企业资源，导致它们无法将更多的精力和资源投入到风险较高且研发周期较长的绿色创新活动中，从而抑制了企业的绿色创新。综上分析可知，在新标准实施后，相对于没有通过 ISO14001 认证的企业，通过认证的企业可以利用建立的环境管理体系更加切实有效地减少环境污染排放，达到地方政府的环境监管要求，正如 Potoski 和 Prakash（2005）的研究发现一样，受美国《清洁空气法》监管的影响，在 3000 家高污染企业中通过

ISO14001 认证的企业更能减少污染排放。因而，通过认证的企业会获取和投入更多的资源进行绿色创新活动，以提高企业的可持续发展能力。基于上述分析，本研究提出如下假设 2。

假设 2：相对于新标准实施前，新标准实施通过 ISO14001 认证比没通过认证对企业绿色创新的诱发作用显著增强。

第三节　研究设计

一、研究样本的筛选与数据来源

本研究选用了 2004—2018 年中国 A 股上市公司作为样本，按照下列标准对其进行筛选：①首先删除 ST 和 * ST 上市公司；②进一步删除变量指标数据缺失的研究样本；③由于金融业具有特殊的行业性质，难以衡量创新绩效，故剔除金融类和包含金融类经营业务的研究样本。其中样本上市公司专利数据来自国家知识产权局，借鉴齐绍洲等（2018）、徐佳和崔静波（2020）的方法，根据世界知识产权组织（WIPO）2010 年的“国际专利分类绿色清单”，利用国际专利分类号识别出研究样本公司的绿色发明和绿色实用新型专利，该绿色清单包括 7 类绿色专利：交通运输类、废弃物管理类、能源节约类、替代能源生产类、行政监管与设计类、农林类和核电类；样本上市公司通过 ISO14001 认证的数据是在中国国家认证认可监督管理委员会网站手工收集的；74 个试点城市名单根据原国家环境保护部发布的《关于印发〈空气质量新标准第一阶段监测实施方案〉的通知》手工收集；样本上市公司研发投入数据来自 Wind 数据库；借鉴胡珺等（2017）的方法，将上市公司年报中的两项支出加总计算得出当年的环保投资额，一是“在建工程”中列示的与环保有关的技术改造、污染治理、脱硫设备的购建等支出；二是企业绿化支出。其他变量数据都来自国泰安数据库（CSMAR）。本研究最终得到 10027 个公司-年度观测值。

二、变量的选取

（一）因变量

一般来讲，发明专利的创新性最强，其次为实用新型专利和外观设计专利，本研究选用创新性最强的绿色发明专利申请来测度企业绿色创新，并采用绿色专利申请量（绿色专利发明申请+绿色实用新型申请）进行稳健性检验。为了避免部分样本企业绿色发明专利为 0 值的影响，本研究借鉴徐佳和崔静波（2020）的方法，将绿色发明专利申请量和绿色专利申请量分别加 1 后再取对数。

（二）自变量

是否通过 ISO14001 认证，如果企业当年已经通过 ISO14001 认证，则记为 1，否则记为 0。

（三）控制变量

考虑到其他因素可能会影响企业绿色创新，借鉴以往研究，本研究还选取了一系列影响因素作为控制变量：ROA（任胜钢等，2018），采用企业的资产收益率衡量；企业年龄（Horbach，2008；Czarnitzki and Hottenrott，2011），采用企业自成立以来经历的时间衡量；企业规模（Przychodzen and Przychodzen，2018），采用企业总资产规模的自然对数衡量；企业所有权性质（Shu et al.，2016），如果上市公司为国有企业则取值为 1，否则取值为 0；资产负债率（徐佳和崔静波，2020），采用负债总额除以资产总额来衡量；股权集中度（徐佳和崔静波，2020），采用前十大股东占股比例来测量；政府创新补贴（孔东民等，2013），采用政府创新补贴金额与企业销售收入之比来衡量；R&D 强度（Marchi，2012），采用企业研发经费占销售收入的比重来衡量。同时本研究还控制了上一年度企业绿色发明专利申请数量。

三、研究模型与估计方法

本研究旨在考察自愿型环境规制 ISO14001 认证对企业绿色创新的影响，以及命令型环境规制标准发生变化后，相对于未通过认证的企业，通过 ISO14001 认证对企业绿色创新的诱发作用是否会显著增强，建立模型（17-1）和（17-2）以分别检验假设 1 和假设 2，模型中将所有自变量都滞后一期：

$$\text{Innovation}_{it}=\alpha_0+\alpha_1\ \text{ISO14001}_{it-1}+\alpha_i\sum Controls_{it-1}+Year+\text{Industry}+\varepsilon_{it} \qquad (17-1)$$

其中 I*nnovation* 表示第 t 年 i 企业绿色发明专利；ISO14001 表示第 $t-1$ 年 i 企业通过环境管理体系情况；$\sum Controls$ 表示一系列控制变量，包括上一年企业绿色发明专利申请量、ROA、企业年龄、企业规模、企业所有权性质、资产负债率、股权集中度、政府创新补贴、R&D 强度；*Year* 和 In*dustry* 分别表示年份和行业虚拟变量，以控制年份和行业固定效应；ε 为随机扰动项。

为了研究在外生政策冲击下，受命令型环境规制的影响，相对于没有通过认证的企业，ISO14001 认证对企业绿色创新的诱发作用是否会增强，我们借鉴了 Gilje 和 Taillard（2016）的研究思路，设定回归模型（17-2），利用 DID 分析法来考察新标准实施前后，通过 ISO14001 认证与没有通过认证对企业绿色创新诱发作用的差异。新标准实施后（2013 年及以后），*Time* 的取值为 1，新标准实施前（2011 年及以前）*Time* 的取值为 0。其他变量均与模型（17-1）一致。

ISO14001×*Time* 的系数 β_1 是本研究关注的核心，它衡量了通过 ISO14001 认证相对于未通过认证在新标准实施后对企业绿色创新诱发作用的变化，如果 β_1 显著为正，则表明相对于没通过认证的企业，通过 ISO14001 认证在新标准实施后对企业绿色创新的诱发作用显著提升，假设 2 得到验证。

$$\text{Innovation}_{it} = \beta_0 + \beta_1\ \text{ISO14001}_{it-1} \times Time + \beta_2\ \text{ISO14001}_{it-1} + \beta_3 Time + \beta_i \sum Controls_{it-1} + Year + \text{Industry} + \varepsilon_{it} \quad (17-2)$$

第四节　实证结果分析

一、描述性统计分析

表 17-1 列示了各个变量的描述性统计。绿色发明专利申请量的均值为 0.367，最小值为 0，表明总体而言样本上市公司的绿色发明专利还较少，并且还有部分企业没有绿色发明专利；通过 ISO14001 认证的平均值是 0.081，表明只有 8.1%的样本企业通过了 ISO14001 认证；是否是试点城市的均值为 0.727，表明 72.7%的样本上市公司来自 74 个试点城市；企业环保投资的均值为 16.860，最小值为 13.550，最大值为 19.090，表明样本上市公司之间的环保投资额差异相对较小；政府创新补贴和研发强度的均值分别为 0.107 和 0.028；企业 ROA 的均值为 0.052，表明样本企业的经营绩效较好；企业平均年龄是 13.630 年，最小值为 2，最大值为 29，表明样本企业年龄相对较小；企业规模的平均值是 7.810，说明研究样本的规模相对较小；企业所有权性质的平均值是 0.421，表明国有企业在研究样本中占比为 42.1%；资产负债率的均值和最大值分别为 0.451 和 0.884，表明样本企业的负债率较高；股权集中度的均值为 59.44，表明样本企业的股权集中度普遍较高。

表 17-1　主要变量描述性统计

变量	符号	观测值	均值	标准差	最小值	最大值
绿色发明专利申请	Green_invent	10027	0.367	0.808	0	6.768
是否通过 ISO14001 认证	ISO14001	10027	0.081	0.274	0	1
是否是试点城市	Pilotcity	10027	0.727	0.445	0	1
环保投资	Ln_invest	10027	16.860	1.344	13.550	19.090
政府创新补贴	Subsidy	10027	0.107	0.276	0	8.350
研发强度	R&D	10027	0.028	0.039	0	0.750
ROA	ROA	10027	0.052	0.058	−0.198	0.253

续表

变量	符号	观测值	均值	标准差	最小值	最大值
企业年龄	Firmage	10027	13.630	5.717	2	29
企业规模	Firmsize	10027	7.810	1.246	4.094	11.070
所有权性质	Stateown	10027	0.421	0.494	0	1
负债率	Leverage	10027	0.451	0.197	0.056	0.884
股权集中度	Ownership	10027	59.440	15.250	21.990	91.04

表 17-2 列示了主要变量的相关系数矩阵。其中企业绿色发明专利与 ISO14001 显著正相关，与假设 1 的预期一致；企业绿色发明专利与试点城市、企业环保投资、政府创新补贴、研发强度、企业年龄、企业规模、所有权性质、资产负债率、股权集中度也显著正相关。此外，各变量之间的相关系数基本上都小于 0.4，表明样本数据不存在多重共线性。

图 17-1 展示了通过和未通过 ISO14001 认证的两类样本企业的绿色发明专利平均申请量变动情况。可以看到，通过 ISO14001 认证的企业绿色专利平均申请量在 2008—2018 年期间一直高于未通过认证的企业，但在 2012 年新标准实施之前，两类企业的绿色发明专利平均申请量在时间趋势上基本保持一致。而在新标准实施后，通过 ISO14001 认证的企业绿色发明专利平均申请量出现大幅增长，而没有通过认证的企业绿色专利平均申请量成长趋势没有发生明显变化，与本研究假设 1 和假设 2 的观点基本一致。

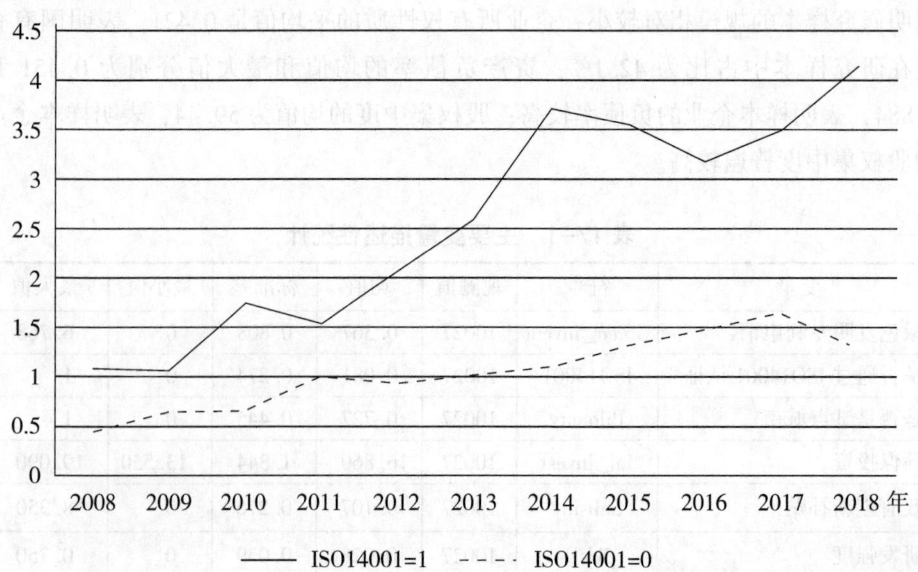

图 17-1　两类企业的绿色发明专利平均申请量变动情况

表 17-2　相关系数矩阵

	变量	1	2	3	4	5	6	7	8	9	10	11	12
1	Green_invent	1											
2	ISO14001	0.159***	1										
3	Pilotcity	0.073***	-0.007	1									
4	Ln_invest	0.156***	0.081***	0.041***	1								
5	Subsidy	0.053***	0.029***	0.059***	0.093***	1							
6	R&D	0.123***	0.032***	0.121***	0.340***	0.304***	1						
7	ROA	0.085***	0.031***	-0.004	-0.021**	0.033***	0.002	1					
8	Firmage	0.061***	0.101***	-0.004	0.408***	0.011	0.024**	-0.079***	1				
9	Firmsize	0.303***	0.197***	-0.042***	0.060***	-0.083***	-0.149***	0.072***	0.111***	1			
10	Stateown	0.058***	0.090***	-0.057***	-0.248***	-0.110***	-0.266***	-0.078***	0.027***	0.327***	1		
11	Leverage	0.073***	0.068***	-0.023**	-0.101***	-0.164***	-0.345***	-0.288***	0.170***	0.401***	0.348***	1	
12	Ownership	0.059***	-0.010	0.070***	-0.021**	-0.023**	0.027***	0.209***	-0.284***	0.079***	-0.030***	-0.164***	1

注：***、**、*分别表示在 0.01、0.05、0.1 水平下显著。

二、ISO14001 认证对企业绿色创新的影响结果分析

为了检验假设 1，表 17-3 列示了通过 ISO14001 认证对企业绿色创新影响的回归结果。由模型 2 的结果可知，ISO14001 的回归系数为 0.049，并在 5%的水平上通过显著性检验；在模型 3 中引入 Time 这一变量后，ISO14001 的系数和显著性水平未发生变化。模型 4 和模型 5 报告了采用 74 个试点城市上市公司样本数据的回归结果，除 ISO14001 的回归系数大小略有增加外，符号和显著性水平没有变化，表明通过 ISO14001 认证会促进企业的绿色创新，假设 1 得到支持。

表 17-3 ISO14001 认证对企业绿色创新的影响

变量	模型 1	模型 2	模型 3	模型 4	模型 5
$Green\_invent_{t-1}$	0.428***	0.428***	0.428***	0.421***	0.421***
	(43.07)	(42.98)	(42.98)	(36.00)	(36.00)
R&D	0.091	0.086	0.086	−0.076	−0.076
	(0.41)	(0.39)	(0.39)	(−0.28)	(−0.28)
Subsidy	0.044**	0.043**	0.043**	0.058**	0.058**
	(2.23)	(2.17)	(2.17)	(2.43)	(2.43)
Ln_invest	0.003	0.003	0.003	0.006	0.006
	(0.39)	(0.44)	(0.44)	(0.66)	(0.66)
ROA	0.235**	0.245**	0.245**	0.355***	0.355***
	(2.33)	(2.43)	(2.43)	(2.78)	(2.78)
Firmage	0.018	0.020	0.020	0.014	0.014
	(0.87)	(0.94)	(0.94)	(0.61)	(0.61)
Firmsize	0.044***	0.043***	0.043***	0.047***	0.047***
	(4.75)	(4.61)	(4.61)	(4.14)	(4.14)
Stateown	0.073**	0.070**	0.070**	0.071*	0.071*
	(2.34)	(2.25)	(2.25)	(1.83)	(1.83)
Leverage	0.095**	0.097**	0.097**	0.038	0.038
	(1.97)	(2.01)	(2.01)	(0.63)	(0.63)
Ownership	−0.0002	−0.0002	−0.0002	0.001	0.001
	(−0.39)	(−0.36)	(−0.36)	(0.71)	(0.71)
Time			−0.010		0.046
			(−0.08)		(0.33)

续表

变量	模型 1	模型 2	模型 3	模型 4	模型 5
ISO14001		0.049** (2.42)	0.049** (2.42)	0.059** (2.35)	0.059** (2.35)
常数项	−0.509 (−1.18)	−0.541 (−1.25)	−0.531* (−1.68)	−0.497 (−1.05)	−0.543 (−1.55)
年份	控制	控制	控制	控制	控制
行业	控制	控制	控制	控制	控制
观测值	10027	10027	10027	7294	7294
R^2	0.263	0.264	0.264	0.259	0.259
F	131.30	126.40	126.40	89.15	89.15
样本	全样本	全样本	全样本	试点城市样本	试点城市样本

注：***、**、*分别表示在 0.01、0.05、0.1 水平下显著，括号中的数值表示标准误。下同。

为了进一步考察假设 1，本章将研究样本划分为高污染行业和低污染行业[①]两个子样本，回归结果如表 17-4 所示。由模型 3 和模型 4 的结果可知，低污染行业 ISO14001 认证会促进企业绿色创新；模型 1 和模型 2 的结果显示全样本重污染行业 ISO14001 认证对企业绿色创新没有显著影响，但是来自 74 个试点城市的重污染行业 ISO14001 认证对企业绿色创新有显著正向影响。出现上述结果的可能原因在于：由于重污染企业是导致环境恶化的首要因素，是地方政府环境监管的重点对象，为了规避环境规制部门的惩罚，部分企业可能会通过 ISO14001 认证来获取合法性，以“迎合”地方政府的环境监管，而不是真正实施环境管理体系认证标准（张兆国等，2020），这就导致 ISO14001 认证无法诱发这些企业的绿色创新。正如前文所言，在 74 个试点城市实施《环境空气质量标准（2012）》，要求地方政府必须采取切实可行的环境治理长效措施，地方政府自然会把环境治理压力直接施加到重点监管的重污染行业企业身上，这就在很大程度上驱动着通过 ISO14001 体系认证的重污染行业企业真正实施环境管理体系认证标准，从而促进了企业绿色创新，所以 74 个试点城市样本中 ISO14001 的回归系数是显著的；而全样本中包括非试点城市企业样本，非试点城市尚未实施新标准，地方政府可能就不会向重污染行业企业加压，这些企业自然就没有压力和动

① 本研究根据原国家环境保护部 2008 年《关于印发〈上市公司环保核查行业分类管理名录〉的通知》，并结合中国证券监督管理委员会 2001 年行业分类标准来设定高污染行业与低污染行业。

力去真正实施环境管理体系标准，ISO14001 认证就不会诱发企业绿色创新，所以全样本中 ISO14001 的回归系数不显著。相对于重污染行业，轻污染行业企业面临的环境规制压力比较小，它们没有太强的动机通过 ISO14001 认证来应对环境规制压力，因为通过 ISO14001 认证需要通过烦琐的认证程序，并且建立环境管理体系还需要付出一定的财务成本，基于此，我们认为通过 ISO14001 认证的轻污染行业企业会更倾向于利用建立的环境管理体系发挥其实质性作用，从而可以诱发企业的绿色创新。

表 17-4　ISO14001 认证对企业绿色创新影响的异质性

变量	高污染行业		低污染行业	
	模型 1	模型 2	模型 3	模型 4
$Green\_invent_{t-1}$	0.345***	0.263***	0.446***	0.441***
	(17.54)	(9.97)	(38.49)	(33.72)
R&D	1.327*	0.813	-0.085	-0.286
	(1.92)	(0.98)	(-0.36)	(-0.95)
Subsidy	-0.038	0.021	0.049**	0.058**
	(-0.62)	(0.29)	(2.29)	(2.27)
Ln_invest	0.012	0.028	0.002	0.003
	(0.88)	(1.62)	(0.20)	(0.23)
ROA	-0.292*	-0.363*	0.465***	0.498***
	(-1.89)	(-1.75)	(3.51)	(3.16)
Firmage	0.097	0.041	0.018	0.016
	(1.25)	(0.51)	(0.78)	(0.66)
Firmsize	0.006	-0.005	0.053***	0.053***
	(0.36)	(-0.23)	(4.73)	(4.08)
Stateown	0.044	-0.013	0.072*	0.078*
	(0.79)	(-0.17)	(1.94)	(1.72)
Leverage	0.107	-0.035	0.094	0.046
	(1.28)	(-0.31)	(1.60)	(0.66)
Ownership	0.000	0.001	-0.000	0.000
	(0.26)	(0.93)	(-0.35)	(0.40)
Time	-0.637	-0.275	-0.011	0.025
	(-1.16)	(-0.49)	(-0.07)	(0.14)

续表

变量	高污染行业		低污染行业	
	模型 1	模型 2	模型 3	模型 4
ISO14001	0.031 (0.99)	0.078** (1.99)	0.059** (2.24)	0.055* (1.78)
常数项	-1.216 (-1.27)	-0.643 (-0.64)	-0.539* (-1.67)	-0.534 (-1.50)
年份	控制	控制	控制	控制
行业	控制	控制	控制	控制
观测值	2，770	1，534	7，257	5，760
R^2	0.202	0.143	0.286	0.284
F	24.81	8.97	101.80	79.50
样本	全样本	试点城市样本	全样本	试点城市样本

三、新标准实施后 ISO14001 认证对企业绿色创新的影响

本研究利用双重差分（DID）方法进行实证检验假设 2，回归结果如表 17-5 所示。其中，模型 1 和模型 2 分别报告了全样本和 74 个试点城市的样本企业在《环境空气质量标准（2012）》实施前后，通过与未通过 ISO14001 认证对企业绿色创新诱发作用的差异。结果显示，交互项 ISO14001×Time 的回归系数均为正，且在 1%的水平上通过显著性检验，表明相对于新标准实施前，新标准实施后通过 ISO14001 认证比未通过认证对企业绿色创新的诱发作用显著增强，并且在 74 个试点城市增强的幅度更大一些，假设 2 得到支持。模型 3 和模型 4 则进一步考察了在新标准实施前后 3 年的时间观测窗口期内的差异，回归结果保持不变，进一步验证了假设 2。进一步的，图 17-2 呈现了新标准实施前后 ISO14001 认证对企业绿色创新影响的动态效应，在新标准实施前 4 年的估计系数基本上不显著，意味着 DID 分析法的平行趋势假设得到满足。本研究还借鉴 Kudamatsu（2012）和 Alder 等（2013）的平行趋势检验做法，将 2008—2011 年作为参照年，分别构造变量 ISO14001×year2008、ISO14001×year2009、ISO14001×year2010 和 ISO14001×year2011，观测在新标准实施前两类企业可能存在的趋势性差异。由表 17-5 模型 5 可知，在新标准实施前，交互项均不显著，表明通过认证的企业和未通过认证的企业的绿色发明专利申请量不存在系统性差异，满足共同趋势假设。

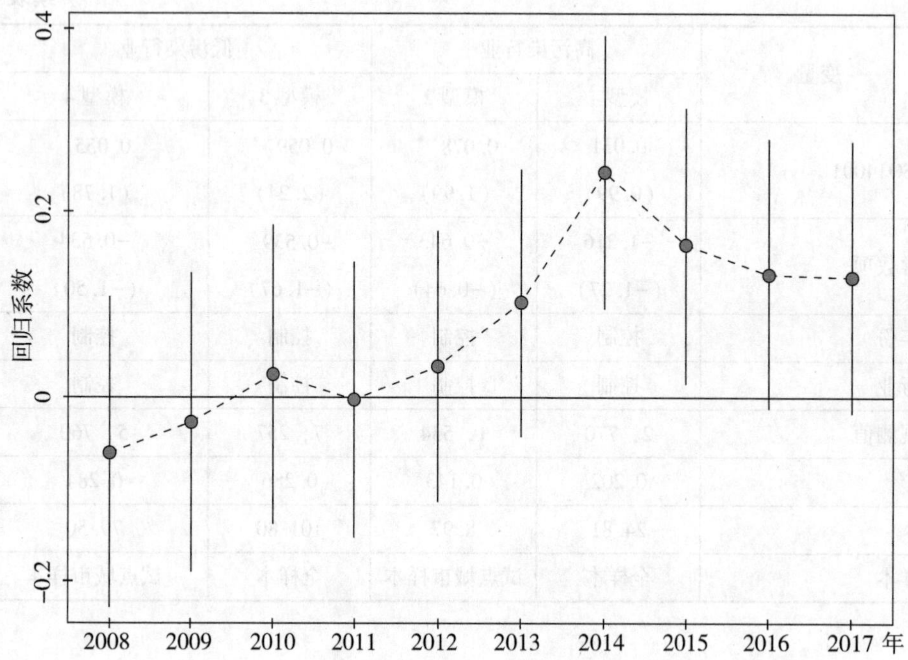

图 17-2 平行趋势检验

表 17-5 新标准实施后 ISO14001 认证对企业绿色创新影响的检验结果

变量	模型 1	模型 2	模型 3	模型 4	模型 5
Green_ invent t_{t-1}	0.425***	0.417***	0.175***	0.166***	0.807***
	(42.63)	(35.62)	(11.05)	(9.04)	(45.68)
R&D	0.074	-0.078	0.480	0.254	0.495***
	(0.33)	(-0.28)	(1.41)	(0.64)	(3.30)
Subsidy	0.042**	0.056**	0.052**	0.072**	0.023
	(2.08)	(2.34)	(2.10)	(2.41)	(1.13)
Ln_ invest	0.003	0.005	-0.001	0.004	0.007
	(0.36)	(0.59)	(-0.09)	(0.24)	(0.90)
ROA	0.244**	0.358***	0.359**	0.574***	0.465***
	(2.42)	(2.80)	(2.28)	(2.93)	(5.35)
Firmage	0.021	0.014	0.154***	0.131**	-0.003**
	(0.99)	(0.61)	(3.11)	(2.48)	(-2.54)
Firmsize	0.044***	0.048***	0.027	0.035*	0.041***
	(4.75)	(4.28)	(1.60)	(1.68)	(7.77)

续表

变量	模型 1	模型 2	模型 3	模型 4	模型 5
Stateown	0.067** (2.15)	0.067* (1.72)	0.115* (1.78)	0.165** (2.11)	0.035*** (2.69)
Leverage	0.100** (2.06)	0.040 (0.66)	0.067 (0.78)	−0.081 (−0.76)	0.061** (1.97)
Ownership	−0.0003 (−0.49)	0.0004 (0.56)	−0.0001 (−0.14)	0.0002 (0.17)	0.0003 (1.00)
Time	−0.073 (−0.49)	−0.013 (−0.08)	−0.522*** (−2.61)	−0.411* (−1.92)	0.084*** (2.59)
ISO14001	−0.088** (−2.16)	−0.095** (−2.22)	−0.191*** (−4.04)	−0.201*** (−4.11)	0.066** (2.50)
ISO14001×Time	0.179*** (4.05)	0.189*** (4.02)	0.229*** (4.27)	0.238*** (4.22)	
ISO14001×year2011					−0.093 (−1.04)
ISO14001×year2010					−0.044 (−0.55)
ISO14001×year2009					−0.079 (−0.67)
ISO14001×year2008					0.013 (0.15)
常数项	−0.491* (−1.69)	−0.490 (−1.51)	−1.829*** (−2.89)	−1.638** (−2.39)	−0.538*** (−4.34)
年份	控制	控制	控制	控制	控制
行业	控制	控制	控制	控制	控制
观测值	10027	7294	5079	3701	10027
R^2	0.265	0.261	0.085	0.089	0.673
F	122.30	86.48	21.340	16.13	111.60
样本	全样本	试点城市样本	全样本	试点城市样本	全样本

四、稳健性检验

为了考察DID分析回归结果的稳健性，本研究采用绿色专利申请替代绿色发明专利申请进行检验，回归结果如表17-6所示，模型5的结果显示，在新标准实施前通过与未通过ISO14001认证的企业绿色专利申请量也不存在系统性差异，满足共同趋势假设满足。表17-6与表17-5的模型1至模型4进行的实证考察是一一对应的，回归交互项ISO14001×Time的回归系数均为正，且在1%的水平上显著，与表17-5的回归结果完全一致，表明本研究的结果是稳健的。

表17-6 稳健性检验

变量	模型1	模型2	模型3	模型4	模型5
$Green\_patent_{t-1}$	0.402***	0.405***	0.140***	0.135***	0.800***
	(40.13)	(34.48)	(8.81)	(7.26)	(54.26)
R&D	0.076	-0.062	0.598	0.375	0.567***
	(0.28)	(-0.19)	(1.44)	(0.78)	(3.02)
Subsidy	0.035	0.050*	0.040	0.049	0.015
	(1.46)	(1.77)	(1.32)	(1.35)	(0.64)
Ln_invest	0.001	0.008	-0.014	-0.007	0.006
	(0.15)	(0.69)	(-0.88)	(-0.36)	(0.72)
ROA	0.368***	0.502***	0.598***	0.767***	0.600***
	(3.02)	(3.28)	(3.10)	(3.23)	(5.76)
Firmage	0.034	0.029	0.174***	0.164**	-0.004***
	(1.34)	(1.06)	(2.86)	(2.55)	(-2.84)
Firmsize	0.046***	0.051***	0.033	0.039	0.049***
	(4.15)	(3.73)	(1.58)	(1.51)	(7.66)
Stateown	0.090**	0.090*	0.152*	0.193**	0.029*
	(2.38)	(1.93)	(1.92)	(2.04)	(1.83)
Leverage	0.129**	0.114	0.099	-0.034	0.087**
	(2.21)	(1.58)	(0.96)	(-0.26)	(2.19)
Ownership	-0.0004	0.0002	-0.001	-0.001	0.0004
	(-0.53)	(0.23)	(-0.80)	(-0.68)	(0.93)
Time	-0.145	-0.110	-0.556**	-0.495*	0.117***
	(-0.80)	(-0.56)	(-2.27)	(-1.91)	(2.83)

续表

变量	模型 1	模型 2	模型 3	模型 4	模型 5
ISO14001	-0.043 (-0.88)	-0.044 (-0.86)	-0.148** (-2.57)	-0.147** (-2.49)	0.091*** (3.02)
ISO14001×Time	0.163*** (3.04)	0.163*** (2.90)	0.189*** (2.88)	0.181*** (2.65)	
ISO14001×year2011					-0.106 (-0.90)
ISO14001×year2010					-0.036 (-0.44)
ISO14001×year2009					-0.030 (-0.25)
ISO14001×year2008					-0.003 (-0.03)
常数项	-0.560 (-1.59)	-0.650* (-1.68)	-1.737** (-2.24)	-1.684** (-2.03)	-0.627*** (-4.11)
年份	控制	控制	控制	控制	控制
行业	控制	控制	控制	控制	控制
观测值	10027	7294	5079	3701	10027
R^2	0.251	0.254	0.066	0.071	0.668
F	113.7	83.36	16.23	12.66	142.2
样本	全样本	试点城市样本	全样本	试点城市样本	全样本

五、异质性分析

为了进一步考察假设 2，本研究将从行业污染程度、企业创新能力和企业所有权性质 3 个方面进行异质性分析。首先将研究样本划分为高污染行业和低污染行业两个子样本，回归结果如表 17-7 所示。回归结果与表 17-4 的结果一致，在新标准实施后，在低污染行业通过 ISO14001 认证比未通过对企业绿色创新的诱发作用更显著，而在重污染行业 ISO14001 认证对企业绿色创新诱发作用的提升只在 74 个试点城市样本中显著，在全样本中不显著，我们在前文的原因分析进一步得到检验，表明只有企业真正实施 ISO14001 认证标准时才能诱发绿色创新。

表 17-7 行业污染程度和企业创新能力异质性检验

变量	高污染行业		低污染行业		低创新能力企业		高创新能力企业	
	模型 1	模型 2	模型 3	模型 4	模型 5	模型 6	模型 7	模型 8
Green_invent t_{t-1}	0.345***	0.263***	0.442***	0.436***	-0.279***	-0.296***	0.384***	0.377***
	(17.54)	(9.96)	(38.01)	(33.23)	(-7.55)	(-7.01)	(28.49)	(24.10)
R&D	1.331*	0.813	-0.100	-0.296	-0.040	-0.233	0.102	-0.047
	(1.93)	(0.98)	(-0.42)	(-0.98)	(-0.17)	(-0.82)	(0.30)	(-0.11)
Subsidy	-0.036	0.023	0.047**	0.055**	-0.023	-0.020	0.067**	0.077**
	(-0.60)	(0.31)	(2.17)	(2.16)	(-1.22)	(-0.72)	(2.09)	(2.20)
Ln_invest	0.011	0.028	0.001	0.002	-0.002	-0.004	0.012	0.017
	(0.85)	(1.63)	(0.14)	(0.17)	(-0.28)	(-0.49)	(0.98)	(1.14)
ROA	-0.296*	-0.385*	0.468***	0.508***	0.182**	0.237**	0.530***	0.606***
	(-1.92)	(-1.86)	(3.54)	(3.23)	(2.13)	(2.10)	(3.02)	(2.83)
Firmage	0.097	0.038	0.019	0.017	-0.093***	-0.100***	0.054*	0.050
	(1.25)	(0.48)	(0.84)	(0.70)	(-3.14)	(-3.16)	(1.82)	(1.56)
Firmsize	0.007	-0.002	0.054***	0.054***	0.014*	0.012	0.070***	0.078***
	(0.45)	(-0.08)	(4.83)	(4.16)	(1.89)	(1.25)	(4.15)	(3.94)
Stateown	0.046	-0.009	0.066*	0.070	-0.038	-0.056*	0.105*	0.123*
	(0.84)	(-0.12)	(1.77)	(1.56)	(-1.55)	(-1.75)	(1.84)	(1.82)
Leverage	0.108	-0.045	0.095	0.049	0.043	0.021	0.089	-0.011
	(1.28)	(-0.40)	(1.62)	(0.70)	(1.05)	(0.40)	(1.06)	(-0.11)

续表

变量	高污染行业		低污染行业		低创新能力企业		高创新能力企业	
	模型1	模型2	模型3	模型4	模型5	模型6	模型7	模型8
Ownership	0.0002 (0.23)	0.001 (0.88)	−0.0004 (−0.49)	0.0002 (0.28)	−0.001* (−1.68)	−0.0004 (−0.67)	0.0001 (0.07)	0.001 (0.71)
Time	−0.645 (−1.18)	−0.285 (−0.51)	−0.044 (−0.27)	−0.011 (−0.06)	0.662*** (3.18)	0.729*** (3.29)	−0.291 (−1.37)	−0.266 (−1.16)
ISO14001	−0.039 (−0.62)	−0.041 (−0.67)	−0.114** (−2.19)	−0.124** (−2.27)	−0.022 (−0.52)	−0.022 (−0.51)	−0.134** (−2.16)	−0.155** (−2.40)
ISO14001×Time	0.075 (1.07)	0.118* (1.68)	0.221*** (3.94)	0.229*** (3.86)	−0.021 (−0.43)	−0.015 (−0.28)	0.255*** (3.87)	0.280*** (4.02)
常数项	−1.211 (−1.26)	−0.614 (−0.61)	−0.533* (−1.65)	−0.517 (−1.46)	1.260*** (3.26)	1.392*** (3.34)	−1.184*** (−2.79)	−1.256*** (−2.67)
年份	控制	控制	控制	控制	控制	控制	控制	控制
行业	控制	控制	控制	控制	控制	控制	控制	控制
观测值	2770	1534	7257	5760	4291	3036	5736	4258
R^2	0.203	0.144	0.288	0.286	0.045	0.049	0.273	0.271
F	23.86	8.63	98.66	77.24	5.73	4.33	67.35	49.33
样本	全样本	试点城市样本	全样本	试点城市样本	全样本	试点城市样本	全样本	试点城市样本

企业的创新能力也会导致绿色创新水平的差异，我们以企业过去3年绿色专利申请总量的中位数为标准将研究样本划分为低创新能力企业和高创新能力企业两个子样本进行回归，结果如表17-7所示。由模型5和模型6可知，在低创新能力企业样本中，交互项ISO14001×Time均不显著，说明在新标准实施后，通过ISO14001认证对低创新能力企业绿色创新的诱发作用并没有显著变化。而模型7和模型8的结果显示，在新标准实施后，通过ISO14001认证对高创新能力企业绿色创新的诱发作用显著增加，并且在74个试点城市的样本中增幅更大，而且模型7和模型8中ISO14001×Time的系数也分别比表17-5中模型1和模型2的系数有所增加，表明企业创新能力会进一步强化新标准实施后ISO14001认证对企业绿色创新诱发作用的提升，这一结果与吴力波等（2021）的研究结论相一致。

企业所有权性质通常会对企业绿色创新产生不同的影响（徐佳和崔静波，2020），因此将本研究样本划分为国有企业和非国有企业两个子样本，进一步考察在新标准实施后，通过与未通过ISO14001认证是否会产生异质性的企业绿色创新诱发作用。从表17-8的回归结果来看，ISO14001×Time系数在国有企业子样本对应的模型1和模型2中显著为正，在非国有企业子样本中不显著，表明在新标准实施后，ISO14001认证对企业绿色创新诱发作用确实存在企业所有权性质层面的异质性，通过ISO14001认证对国有企业绿色创新的诱发作用显著提升，而对非国有企业绿色创新的诱发作用的提升不显著。可能的原因在于，国有企业比非国有企业受政府的管制更多一些，在新标准实施后，国有企业面临更多的政府环境监管，会驱动ISO14001环境管理体系认证标准落到实处，加强环保产品开发，促进环保技术进步，而且国有企业会比非国有企业拥有并投入更多的资金和资源保障绿色创新。基于此，新标准实施后，通过ISO14001认证比未通过认证对国有企业绿色创新的诱发机制提升更为明显。

表17-8　企业所有权性质的异质性检验

变量	国有企业		非国有企业	
	模型1	模型2	模型3	模型4
$Green\_invent\ t_{t-1}$	0.575***	0.596***	0.243***	0.231***
	(40.77)	(36.04)	(17.30)	(14.16)
R&D	0.287	-0.025	0.031	-0.037
	(0.62)	(-0.05)	(0.12)	(-0.11)
Subsidy	0.091**	0.116**	0.024	0.032
	(2.18)	(2.50)	(1.04)	(1.14)

续表

变量	国有企业		非国有企业	
	模型 1	模型 2	模型 3	模型 4
Ln_invest	0.0002 (0.02)	0.001 (0.09)	0.010 (1.02)	0.012 (0.96)
ROA	0.287* (1.81)	0.335* (1.66)	0.352*** (2.63)	0.441*** (2.64)
Firmage	0.056* (1.94)	0.047 (1.54)	-0.018 (-0.54)	-0.025 (-0.67)
Firmsize	0.044*** (3.05)	0.043*** (2.65)	0.050*** (3.74)	0.050*** (3.00)
Leverage	0.099 (1.19)	-0.017 (-0.18)	0.114* (1.85)	0.118 (1.52)
Ownership	-0.0004 (-0.36)	0.001 (0.51)	-0.001 (-1.24)	-0.00004 (-0.001)
Time	-0.281 (-1.37)	-0.229 (-1.05)	0.180 (0.76)	0.265 (1.00)
ISO14001	-0.129*** (-2.63)	-0.137*** (-2.73)	0.057 (0.77)	0.055 (0.70)
ISO14001×Time	0.181*** (3.29)	0.192*** (3.34)	0.031 (0.40)	0.027 (0.33)
常数项	-0.702 (-1.44)	-0.670 (-1.24)	0.293 (0.58)	0.270 (0.48)
年份	控制	控制	控制	控制
行业	控制	控制	控制	控制
观测值	3983	2774	5155	3837
R^2	0.422	0.443	0.119	0.118
F	93.15	70.08	19.89	14.52
样本	全样本	试点城市样本	全样本	试点城市样本

六、诱发企业绿色创新的影响机制分析

以上分析表明通过 ISO14001 认证能够诱发企业进行绿色创新，在新标准实

施后这种诱发作用比新标准实施前显著提升，且诱发绿色创新的提升程度存在不同维度的异质性，然而 ISO14001 认证对企业绿色创新的诱发作用在部分子样本中不存在，这就需要我们进一步探索 ISO14001 认证诱发企业绿色创新的影响机制。

以往研究表明，不同企业参与 ISO14001 认证的动机包括规制压力、社会压力、市场压力和内在动力（潘翻番等，2020），认证动机直接影响着企业是否会利用建立的环境管理体系发挥其实质性作用。如果企业基于内在动力参与认证，那么这些通过认证的企业就会真正实施 ISO14001 认证标准，自然企业就会主动采取行动进行环境管理，ISO14001 认证会发挥“环保工具”作用，促进企业增加环保技术研发投入，不断提升企业的可持续发展能力，从而产生绿色创新诱发效应，而不仅是为了满足地方政府规定的节能减排标准，因此我们认为 ISO14001 认证是通过发挥“环保工具”作用来诱发企业进行绿色创新的。如果企业基于规制压力、社会压力、市场压力参与认证，那么这些通过认证的企业可能就不会真正实施 ISO14001 认证标准，它们会把参与认证作为迎合政府等外部利益相关者来获得合法性的手段（张兆国等，2020），ISO14001 认证仅发挥了“迎合手段”作用，而并未真正帮助企业改善环境管理，那么 ISO14001 认证仅发挥“迎合手段”时将无法诱发企业进行绿色创新。

《环境空气质量标准（2012）》也为本研究进一步检验企业通过的 ISO14001 认证究竟是发挥了“环保工具”作用还是“迎合手段”作用提供了理想的外部政策冲击。我们通过考察新标准实施前后企业环保投资规模的变化程度，来识别 ISO14001 认证的“环保工具”抑或是“迎合手段”作用，原因分析如下：一是因为企业环保投资变化可以反映企业面临的地方政府环境监管的压力变化，即新标准实施后地方政府难以通过优化环保数据或关停高污染企业，只能通过采取切实有效的治理污染的方式来完成中央政府的考核指标，地方政府必然要求企业采取长效环境治理方式来提升环境绩效，企业面临的环境监管压力增大会直接体现在企业的环保投资规模上。二是从企业层面来看，环保投资规模变化也是企业在短期内快速制定的环保治理决策（张琦等，2019）。那么，在 ISO14001 认证发挥了“环保工具”作用的企业中，它们因真正实施了 ISO14001 认证标准切实改善了企业的环境管理，在新标准实施后，只需投入较少的环保投资即可达到，甚至超过政府规定的环境标准，所以相对于新标准实施前，其环保投资规模在新标准实施后不会出现大幅增加。而在 ISO14001 认证只发挥了“迎合手段”作用及未通过 ISO14001 认证的企业中，这些企业都因没有主动采取切实有效的环境管理措施，在新标准实施后将会面临巨大的环境规制压力，它们不得不致力于自身的污染气体排放量的监测和控制，通过环保投资等多种方式提升企业的治污能力，而增加环保投资则是企业面临地方政府环境监管压力时能够快速制定的环保决策反应，那么这些企业在新标准实施后，其环保投资规模会比新标准实施前出现大幅增加。因此，我们认为相对于新标准实施前，新标准实施后没有通过 ISO14001 认证及认证只发挥了“迎合手段”作用的企业会比认证发挥了“环保工具”作用的企业的环保投资规模提升程度显著增加。

为了检验上述影响机制，我们借鉴张琦等（2019）的方法，将新标准实施前后一年作为时间观测窗口，采用 DID 分析法来考察在该政策冲击前后，通过与未通过 ISO14001 认证的企业环保投资规模的变化差异，回归结果如表 17-9 所示。模型 1 和模型 2 显示，交互项 ISO14001×Time 的回归系数显著为负，且分别在 5%和 10%的水平下通过显著性检验，表明在新标准实施后，与通过认证的企业相比，没有通过 ISO14001 认证的企业面临的环境治理压力更大，所以在新标准实施后这类企业的环保投资规模提升的程度更大。我们进一步将研究样本分为高污染行业和低污染行业两个子样本后，模型 3 和模型 4 显示在高污染行业样本中 ISO14001×Time 系数不显著，这与表 17-4 和表 17-7 的结果是相吻合的，原因如前文所述，部分重污染行业企业的 ISO14001 认证发挥了“迎合手段”作用，以获取合法性，并没有真正实施认证标准进行环境管理，所以在新标准实施后，面临地方政府严厉的环境规制监管，它们不得不通过增加环保投资来降污减排，以达到政府监管标准，这就意味着重污染行业通过和未通过 ISO14001 认证的企业都会大幅提高环保投资，从而导致这两类企业的环保投资增加幅度在新标准实施前后不会出现显著差异，所以 ISO14001×Time 系数不显著。由模型 5 和模型 6 的结果可知，在低污染行业样本中 ISO14001×Time 系数显著，这与表 17-4 和表 17-7 的结果也是相吻合的，正如前文所述，低污染行业的企业通过 ISO14001 认证，更倾向于发挥“环保工具”的实质性作用，所以在新标准实施后，未通过 ISO14001 认证的企业相比通过认证的企业，环保投资规模显著增加。

表 17-9　新标准实施后 ISO14001 认证对环保支出的影响

变量	模型 1	模型 2	高污染行业		低污染行业	
			模型 3	模型 4	模型 5	模型 6
Ln_invest_{t-1}	-0.310***	-0.322***	-0.334***	-0.324***	-0.320***	-0.299***
	(-13.89)	(-12.26)	(-7.94)	(-5.90)	(-10.59)	(-11.31)
R&D	0.402	0.661	-0.924	-1.040	0.780	0.716
	(0.64)	(0.98)	(-0.49)	(-0.45)	(1.09)	(1.06)

续表

变量	模型 1	模型 2	高污染行业		低污染行业	
			模型 3	模型 4	模型 5	模型 6
Subsidy	−0.037 (−0.96)	−0.043 (−0.90)	−0.209 (−1.05)	0.082 (0.25)	−0.038 (−0.80)	−0.028 (−0.70)
ROA	0.282 (0.94)	0.386 (1.09)	0.182 (0.31)	0.782 (1.01)	0.305 (0.76)	0.334 (0.94)
Firmage	0.084 (0.59)	0.069 (0.48)	0.035 (0.75)	0.105* (1.69)	0.064 (0.45)	0.077 (0.54)
Firmsize	−0.072** (−2.04)	−0.093** (−2.16)	−0.025 (−0.33)	−0.115 (−0.70)	−0.090** (−2.01)	−0.096** (−2.32)
Stateown	0.008 (0.05)	−0.004 (−0.02)	−0.109 (−0.39)	−0.061 (−0.19)	0.064 (0.31)	0.049 (0.26)
Leverage	0.105 (0.56)	−0.099 (−0.44)	−0.321 (−0.93)	−0.192 (−0.42)	−0.030 (−0.11)	0.281 (1.23)
Ownership	0.004 (1.27)	0.002 (0.65)	0.006 (0.97)	0.010 (1.18)	0.000 (0.09)	0.002 (0.53)
Time	0.369 (1.30)	0.407 (1.43)	0.571*** (5.47)	0.409*** (2.86)	0.393 (1.38)	0.340 (1.20)
ISO14001	−0.016 (−0.18)	−0.031 (−0.36)	0.088 (0.57)	0.044 (0.28)	−0.054 (−0.51)	−0.049 (−0.46)
ISO14001×Time	−0.172** (−2.01)	−0.148* (−1.70)	−0.152 (−1.03)	−0.077 (−0.50)	−0.181* (−1.67)	−0.187* (−1.76)
常数项	21.201*** (12.85)	21.906*** (13.19)	21.916*** (23.10)	21.293*** (12.51)	21.971*** (13.15)	21.324*** (12.78)
年份	控制	控制	控制	控制	控制	控制
行业	控制	控制	控制	控制	控制	控制
观测值	2322	1699	634	355	1344	1688
R^2	0.129	0.143	0.149	0.171	0.142	0.128
F	16.28	13.36	5.68	3.65	10.39	11.62
样本	全样本	试点城市样本	全样本	试点城市样本	全样本	试点城市样本

第五节　研究结论与启示

绿色创新是实现协调经济发展与保护生态环境的关键因素，本研究基于2004—2018年中国A股上市公司的样本数据，考察了自愿型环境规制ISO14001认证对企业绿色创新影响，并以《环境空气质量标准（2012）》为外生政策冲击，检验了命令型环境规制影响下ISO14001认证对企业绿色创新的诱发效应。研究结果表明，企业通过ISO14001认证可以促进绿色创新；ISO14001认证对会促进低污染行业企业的绿色创新，但只能促进试点城市重污染行业企业的绿色创新。在《环境空气质量标准（2012）》新标准实施后，ISO14001认证对企业绿色创新的诱发作用显著增强。此结论在进行了平行趋势假设、采用绿色专利申请量作为替代变量等稳健性检验后依然成立。在行业层面，新标准实施后ISO14001认证对低污染行业企业绿色创新的诱发作用显著提升，但对高污染行业企业绿色创新的诱发作用提升不显著，这种行业异质性是因为部分重污染行业企业通过的ISO14001认证仅发挥了“迎合手段”作用，而低污染行业企业的ISO14001认证则发挥了“环保工具”作用。在创新能力方面，新标准实施后ISO14001认证对高创新能力企业绿色创新的诱发作用显著提升，但对低创新能力企业绿色创新的诱发作用提升不显著，原因在于企业创新能力会进一步强化ISO14001认证对绿色创新的诱发机制。在企业所有权层面，新标准实施后ISO14001认证对国有企业绿色创新的诱发作用显著提升，但对非国有企业的诱发作用提升不显著，原因在于国有企业受到的政府管制更多，也会投入更多资源以驱动ISO14001认证发挥“环保工具”作用。从诱发企业绿色创新的影响机制看，ISO14001认证通过发挥“环保工具”作用来诱发企业进行绿色创新，而仅发挥“迎合手段”作用不会诱发企业进行绿色创新。

本研究结论为有效推进环境规制和企业绿色创新提供了如下政策启示。

（一）自愿型环境规制可以促进企业的绿色创新

自愿型环境规制是由企业自愿主动参与的，具有很强的灵活性和自治性，是一种具有弱约束力的环境规制工具，本研究结果表明只有ISO14001认证标准真正发挥其“环保工具”作用时才会诱发企业进行绿色创新，而只发挥“迎合手段”作用不会诱发进行绿色创新。因此，政府相关部门在鼓励企业积极通过环境认证的同时，更需要引导和激励通过ISO14001认证的企业真正实施建立的环境管理体系，促进企业绿色创新，实现企业可持续发展。此外，还需要建立和完善对认证企业和第三方认证机构的巡查和举报制度，加大对出具虚假认证机构的行政处罚力度，并依法撤销违规的第三方认证机构；加强监督通过ISO14001认证的企业是否发挥了其实质性作用，对没有真正实施认证标准的企业可以视情况撤销其证书，减少或杜绝 ISO14001 认证只发挥“迎合手段”作用。

（二）在命令型环境规制的实施过程中，需要充分发挥不同环境规制工具的协同创新作用

本研究结果表明，在命令型环境规制影响下，自愿型环境规制对企业绿色创新的诱发作用增强。命令型环境规制具有强制性和严格性特征，使得企业面临更大的环境治理压力，这就在一定程度上驱动着自愿型环境规制更有效地发挥其对绿色创新的诱发作用，从而促进企业积极主动开展绿色创新活动；此外，命令型和自愿型不同环境规制工具的协同使用，可以促进不同环境规制工具对绿色创新的诱发效应，进而可以扩大环境规制效应的影响范围。

（三）落实环境规制时需要充分考虑企业的异质性

对于低污染行业企业、高创新能力企业和国有企业，政府应积极强化和推进 ISO14001 认证发挥“环保工具”作用，以促进企业绿色创新，并加强对高污染行业企业 ISO14001 认证的巡查和监督，加大对虚假认证和“迎合手段”认证的处罚力度。对于非国有企业和低创新能力企业，政府可以加强对这些企业的绿色信贷支持，鼓励企业加大对绿色技术研发的投资，充分发挥 ISO14001 认证对企业绿色创新的诱发作用。

第 18 章　地方政府环境治理压力会“挤出”企业绿色创新吗

企业环境污染行为能否在根本上得到遏制，在很大程度上取决于地方政府对环境政策的执行力度。以往研究更多地关注了地方政府放松环境管制对企业污染行为的影响，而尚未关注地方政府的环境管制动机增强后会对企业绿色创新产生什么影响。本章以《环境空气质量标准》为外生政策冲击，研究了空气质量新标准实施引致的地方政府治理动机变化对企业绿色创新的影响。基于 2004—2018 年中国 A 股上市公司数据，运用三重差分（DDD）分析法，通过比较新标准实施前后、试点城市相对于非试点城市、重污染行业相对于轻污染行业，企业绿色发明申请量是否变化来检验地方政府环境治理压力对企业绿色创新的影响。研究发现：①2012 年空气质量新标准第一阶段方案实施后，74 个试点城市地方政府环境治理压力对重污染企业绿色创新的“挤出”效应显著高于轻污染企业，并且经过稳健性检验发现结果依然稳健。②经异质性分析发现，2013 年空气质量新标准第二阶段方案在 190 个试点城市实施后上述“挤出”效应不再显著；相对于非国有企业，地方政府环境治理压力对国有重污染企业产生的“挤出”效应更为显著；将第一阶段和第二阶段实施方案引入同一模型进行整体分析后上述研究结论依然稳健。③从影响机制来看，空气质量新标准实施引致的地方政府环境治理压力增大对企业绿色创新产生的“挤出”效应是因试点城市重污染企业大幅增加环保投资而挤占了绿色创新资源所导致的，在第二实施阶段，试点城市重污染企业不再大幅增加环保投资后，政府环境治理压力对绿色创新的“挤占”效应也不再显著。这意味着，中央政府制定合理的环境规制可以有效激发地方政府环境治理动机。因此，地方政府需要加大对污染企业的环保补助和绿色创新资源支持，以有效缓解因企业大幅增加环保投资而“挤占”的绿色创新资源。

十九大报告提出要着力解决突出的环境问题，推进中国经济高质量发展，而绿色创新已成为推进中国经济高质量发展的关键因素。此外，在 2019 年国家发展和改革委员会与科技部联合发布《关于构建市场导向的绿色技术创新体系的指导意见》后，绿色创新首次进入党内纲领性文件中，成为中国生态文明建设的重要任务。因此，研究如何加快企业绿色创新已成为推进生态文明建设和经济高质量发展的重大现实问题。以往研究表明环境规制是影响企业绿色创新的重要因素，而环境规制对企业绿色创新的影响效果则会受到中央政府、地方政府和企业

3个层面因素的共同影响，其中环境政策由中央政府统一制定，地方政府负责贯彻执行，而企业是污染主体，是政府监管的对象，所以企业的环境污染行为能否在根本上得到遏制，在很大程度上取决于地方政府对环境政策的执行力度，以及企业对环境规制的回应策略。为了激励地方政府官员加强环境治理，近年来国家已经出台了一系列政策，把环境绩效作为考核地方政府官员的重要指标。然而与中央政府环境治理重压不相称的是，地方政府在政绩诉求的激励下为发展地方经济，默许一些企业的超标排污。此外，地方政府在环境治理上曾一度呈现出“逐底竞争”特征，从而导致环境规制很难达到应有的效果。尽管环境绩效在地方官员的政绩考核体系中逐步加强，地方政府却通过操纵、隐瞒或“策略性”修改环境质量数据以应对中央政府严格的环境绩效考核。可见，地方政府环境治理动机缺失是导致环境治理失效的关键因素，而地方政府监管放松则会进一步导致企业对环境不负责任，因而不利于企业绿色创新。那么，如果地方政府环境治理动机变化后是否会对企业绿色创新产生影响呢？其对企业绿色创新的影响机制是什么？以往的研究尚未关注上述问题，本章则重点研究上述问题，以洞察地方政府环境治理动机变化对企业绿色创新的影响。

第一节　文献综述与研究假设

一、文献综述

以往关于环境规制对企业绿色创新的影响已形成3种观点：①环境规制对企业绿色创新有正向影响。“波特假说”指出环境规制通过施加外部压力促使企业利用技术创新来减少污染排放，如齐绍洲等、王锋正和郭晓川、Frondel等、徐佳和崔静波等都发现环境规制有利于帮助企业克服组织惰性，促进绿色创新，支持了“波特假说”。②环境规制对企业绿色创新有负向影响。一些学者认为环境规制会增加企业的降污减排压力，导致企业的生产成本上升，从而对企业创新资源产生“挤出效应”。如Kneller和Manderson发现严格的环境规制对企业研发投入产生了“挤出效应”。③异质性环境规制对企业绿色创新的影响存在较大差异。如李青原和肖泽华发现征收排污收费可以“倒逼”企业进行绿色创新，但环境补助却对企业的创新资源投入产生了“挤出”效应；Jaffe等、胡珺等也提出相对于强制型环境规制，市场型环境规制因能提供柔性激励而有效促进了企业创新；此外，王珍愚等研究表明环境规制对企业绿色创新的影响趋势呈先抑制后促进的U型曲线。

以往的研究之所以得出不一致的研究结论，是因为环境规制对企业绿色创新的影响机制会受到诸多因素影响，其中一种可能的原因是地方政府对环境规制的“非完全执行”导致的。一种观点认为因地方政府在晋升激励下发展地方经济，放松了环境监管标准，以牺牲环境为代价允许重污染企业的发展而形成“政企合谋”，导致环境污染治理成为难题，如梁平汉和高楠、Jia、聂辉华都发现地方政府和污染企业容易形成“政企合谋”，从而导致地方政府放松对企业污染行为的监管；郭峰和石庆玲提出地方政府为了发展当地经济，默许一些污染企业的非法排污行为，从而导致环境治理失效。还有一种观点提出地方政府间环境治理策略是影响环境规制执行力度的重要因素，因为地方政府是环境规制的执行主体，拥有执行环境规制的自由裁量权，从而可以选择执行环境规制强度水平，如 Fredriksson 等发现地方政府在环境规制执行中存在着“逐底竞争”现象，甚至会牺牲环境保护来吸引污染企业的投资；刘洁等发现地方政府间的“逐底竞争”促进了高污染企业的发展。然而，以往的研究主要是基于“地方政府—企业”和“地方政府—地方政府”间相互作用的视角研究了地方政府的环境规制执行力度，却忽略了地方政府自身治理动机的变化对环境规制执行的影响。此外，以往的研究只关注了地方政府存在很强的动机放松环境管制对企业污染行为的影响，而尚未关注地方政府环境管制动机增强后会对企业绿色创新产生什么影响。地方政府环境治理压力增大是否真的会“挤出”企业绿色创新？现有研究无法回答上述问题，因此，本研究利用三重差分分析法对此进行实证考察。

二、研究假设

在 2012 年《环境空气质量标准》实施前，地方政府缺乏环境治理动机。2006 年以前，中央政府将 GDP 作为地方官员考核和晋升的首位指标；2005 年 12 月，国务院首次明确提出自 2006 年开始对地方政府官员实行严格的环境治理绩效考核；2007 年，中央政府提出对地方官员实施环保考核问责制和“一票否决”制。然而，由于政府行政体系内的环境监管采用总量考核指标滋长了机会主义行为，使地方政府为了达到环境考核目标而操纵、隐瞒环境质量数据以应付中央政府的环境考核，有些地方官员甚至通过空气质量数据造假来粉饰政绩。正因为如此，地方官员可能基于自身利益考量和政治压力权衡而相机进行策略性执行，从而导致地方政府缺乏以经济增长为代价实施严格的环境治理标准的动力。

2012 年《环境空气质量标准》和《空气质量新标准第一阶段监测实施方案》发布后，京津冀、长三角、珠三角等 74 个试点城市的地方政府环境治理动机发生了重大变化，原因在于：①自 2013 年开始，试点城市空气质量数据由国家监测网点自动监测分析并向全社会全面、实时公开。新标准的实施，使得试点城市地方政府再难以“策略性”优化环境治理数据，极大地增加了试点城市地方政府的环境治理压力和动机。②新标准实施后，国家监测网点将持续实时监测试点城市的空气质量，地方政府将无法通过关停或暂停重污染企业来改善空气质量，这就要求地方政府必须加强对辖区内污染企业的监管，引导和督促它们采取有效措施从根本上治理污染以切实改善空气质量。③新标准明确了关于调整环境空气功能区分类，即将三类区（特定工业区）并入二类区（居住区、一般工业区和农村地区等），以及重点区域城市大气污染联防联控的规定，这就在很大程度上缩小了区域间的政策差异，限制了污染企业向环境治理压力较小的区域转移。综上分析可知，新标准实施后，74 个试点城市的地方政府环境治理动机被充分激发，环境治理压力陡增，地方政府必然会将环境治理压力传递给辖区内的企业，使它们进行实质性的环境治理。

陡增的环境治理压力势必会驱动地方政府选择卓有成效的环境治理工具以有效改善地区空气质量。环境治理工具主要包括环境立法、排污收费和环保投资，其中前两种工具对企业治污效果的影响存在较大不确定性，而环保投资则是企业通过购买或安装专业处理设备将污染物在排入水、气、土壤前进行净化处理，可以在短时间内有效降低企业对环境的污染程度。可见，在新标准实施后，增加环保投资成为减少企业污染排放、改善空气质量的最直接和最有效的环境治理工具。由于环保投资对地方政府来说是一笔不菲的投入，会给地方财政造成较大的压力，而地方政府长期在社会资源配置和政策有效传递等方面扮演着重要角色，再加上污染企业本身就是环境治理重点监管的对象，地方政府必然将环境治理压力直接传递给污染企业。为了缓解地方财政压力，地方政府势必会引导和监督企业，尤其是重污染企业，加大环保投资购买或安装专业污染处理设备，降低 SO_2、氢氮化物和粉尘等污染物的排放，从而可以有效改善空气质量。所以新标准实施后，试点城市相对于非试点城市，重污染企业会比轻污染企业面临更强的地方政府环境规制压力，这些企业为了获得地方政府的政策支持，避免法律处罚，将不得不通过购买更为环保的生产设备等方式大幅提高环保投资规模，致力于控制和降低污染物排放，以在短期内快速达到地方政府的监管要求，积极配合地方政府切实改善空气质量，这就会导致因企业治污成本的大幅提升而挤占了企业绿色创新资源投入，从而对绿色创新产生了“挤出”效应。基于上述分析，提出以下研究假设。

研究假设：新标准实施后，相对于非试点城市，试点城市地方政府环境治理压力增大对重污染企业绿色创新的“挤出”效应显著高于轻污染企业。

第二节　研究设计

一、研究样本与数据来源

本研究以 2004—2018 年中国 A 股上市公司为样本，并做了以下处理：剔除了 ST 和 * ST 公司以及核心变量数据缺失的样本，还剔除了金融类和包含金融类经营业务的样本。其中样本公司的专利数据来自国家知识产权局，并借鉴齐绍洲等、徐佳和崔静波的方法，利用国际专利分类号根据“国际专利分类绿色清单”① 收集了样本公司的绿色发明和绿色实用新型专利申请量数据；试点城市名单根据原国家环境保护部发布的《空气质量新标准第一阶段监测实施方案》和《空气质量新标准第二阶段监测实施方案》收集；研发投入数据来自 Wind 数据库；借鉴胡珺等的方法，从样本公司年报的“在建工程”和企业绿化支出两个项目收集了环保投资数据；其他变量数据都来自国泰安数据库（CSMAR）。

二、实证模型与变量设计

本研究借鉴 Greenstone 等、Cai 等和齐绍洲等的方法，在双重差分模型的基础上引入行业污染属性，建立三重差分模型来考察地方政府环境治理动机变化对企业绿色创新的影响，将所有控制变量都滞后一期建立模型：

$$\begin{aligned}\mathrm{Ln}greeninvent_{ijt} = {} & \alpha_0+\alpha_1 Pilotcity_r\times Post_t\times Pollution_j+\alpha_2 Pilotcity_r\times Post_t \\ & +\alpha_3 Pilotcity_r\times Pollution_j+\alpha_4 Post_t\times Pollution_j \\ & +\alpha_i \sum Controls_{it-1}+Year+\mathrm{Industry}+\varepsilon_{ijrt} \end{aligned} \tag{18-1}$$

因变量为$\mathrm{Ln}greeninvent_{ijt}$，表示第 t 年 j 城市 i 企业的绿色发明申请量，稳健性检验采用绿色专利申请量和绿色实用新型申请量替代，并将绿色发明专利、绿色专利和绿色实用新型申请量分别加 1 后再取对数。

自变量包括新标准第一阶段试点时间虚拟变量，试点城市虚拟变量，行业污染属性虚拟变量。*Post* 表示第一阶段试点时间虚拟变量，新标准第一阶段实施后（2012 年及以后）取值为 1，实施前（2011 年及以前）取值为 0；*Pilotcity* 表示试点城市虚拟变量，如果上市公司位于 74 个试点城市则取值为 1，否则取值为 0；*Pollution* 表示行业污染属性虚拟变量，如果上市公司属于重污染行业则取值 1，否则取值为 0。$Pilotcity_r\times Post_t\times Pollution_j$ 的系数 α_1 是本研究关注的核心，它衡量

① 世界知识产权组织的“国际专利分类绿色清单”，包括交通运输类、废弃物管理类、能源节约类、替代能源生产类、行政监管与设计类、农林类和核电类绿色专利。

了试点城市相对于非试点城市，重污染行业相对于轻污染行业，在新标准实施前后地方政府环境治理压力对企业绿色创新影响的变化，如果 α_1 显著为负，则表明新标准实施引致的地方政府环境治理压力“挤出”了企业绿色创新，研究假设得到验证。

此外，借鉴以往研究，本研究还控制了一系列可能影响企业绿色创新的影响因素：上一年企业绿色发明申请量（$Lngreeninvent_{t-1}$）、*ROA*、企业年龄（*Firmage*）、企业规模（*Firmsize*）、企业所有权性质（*Stateown*）、资产负债率（*Leverage*）、股权集中度（*Ownership*）、企业环保投资（Ln_*invest*）、政府创新补贴（*Subsidy_in*）、政府环保补贴（*Subsidy_en*）、*R&D* 强度（*R&D intensity*）；*Year* 和 *Industry* 分别表示年份和行业虚拟变量以控制年份和行业固定效应；ε_{ijrt} 为随机扰动项。

第三节　实证结果分析

一、描述性统计分析

表 18-1 列示了各个变量的描述性统计。Ln*greeninvent* 均值为 0.367，表明样本公司的绿色发明专利相对较少；*Pilotcity* 均值为 0.727，表明 72.7%的样本公司来自 74 个试点城市；*Post* 和 *Pollution* 均值分别为 0.650 和 0.276，表明空气质量新标准实施年度后的研究样本占样本总量的 65%，27.6%的样本属于重污染行业；*Subsidy_in* 和 *Subsidy_en* 均值分别为 0.107 和 0.027；Ln_*invest* 均值为 16.860，最小值和最大值分别为 13.548 和 19.085，表明样本公司间环保投资差异相对较小；*R&D intensity* 和 *ROA* 均值分别为 0.028 和 0.052；*Firmage* 和 *Firmsize* 均值分别为 13.628 年和 7.810，表明样本公司的年龄和规模都相对较小；*Stateown* 平均值是 0.421，表明 42.1%的样本企业为国有企业；*Leverage* 和 *Ownership* 均值分别为 0.451 和 59.441，表明样本企业的负债率和股权集中度都较高。

二、三重差分模型的平行趋势假设检验

图 18-1 和图 18-2 分别展示了试点城市和非试点城市中重污染行业和轻污染行业两类样本企业的绿色发明平均申请量变动情况。可以看到，无论是试点城市还是非试点城市，轻污染企业的绿色发明平均申请量在 2007—2017 年期间一直高于重污染企业，但在 2012 年空气质量新标准实施之前，试点城市和非试点城市的两类企业绿色发明专利平均申请量在时间趋势上基本保持一致。在空气质量新标准实施后，试点城市的重污染企业相对于轻污染企业的绿色发明平均申请量

表 18-1　主要变量描述性统计值

变量	指标含义	变量说明	观测值	均值	标准差	最小值	最大值
Lngreeninvent	绿色发明专利申请	绿色发明申请量加 1 取对数	10026	0. 367	0. 808	0. 000	6. 768
Pilotcity	是否是 74 试点城市	74 个试点城市取 1，否则取 0	10026	0. 727	0. 445	0. 000	1. 000
Post	是否实施新标准	新标准实施后取 1，否则取 0	10026	0. 650	0. 477	0. 000	1. 000
Pollution	是否是重污染行业	重污染行业取 1，否则取 0	10026	0. 276	0. 447	0. 000	1. 000
Subsidy_in	政府创新补贴	政府创新补贴额占销售收入的比值	10026	0. 107	0. 276	0. 000	8. 350
Subsidy_en	环保补贴	政府环保补贴额占销售收入的比值	10026	0. 027	0. 000	0. 166	0. 008
Ln_*invest*	环保投资	企业环保投资规模取对数	10026	16. 860	1. 344	13. 548	19. 085
R&D intensity	研发强度	研发经费占销售收入的比值	10026	0. 028	0. 039	0. 000	0. 750
ROA	资产回报率	企业资产收益率	10026	0. 052	0. 058	-0. 198	0. 253
Firmage	企业年龄	企业自成立以来经历的时间	10026	13. 628	5. 717	2. 000	29. 000
Firmsize	企业规模	企业总资产规模取对数	10026	7. 810	1. 246	4. 094	11. 074
Stateown	所有权性质	国有企业取 1，否则取 0	10026	0. 421	0. 494	0. 000	1. 000
Leverage	负债率	负债总额除以资产总额	10026	0. 451	0. 197	0. 056	0. 884
Ownership	股权集中度	前十大股东占股比例	10026	59. 441	15. 248	21. 990	91. 040

发生趋势变化，而非试点城市两类企业的绿色发明平均申请量时间趋势没有发生明显变化，表明三重差分模型的平行趋势假设得到支持。

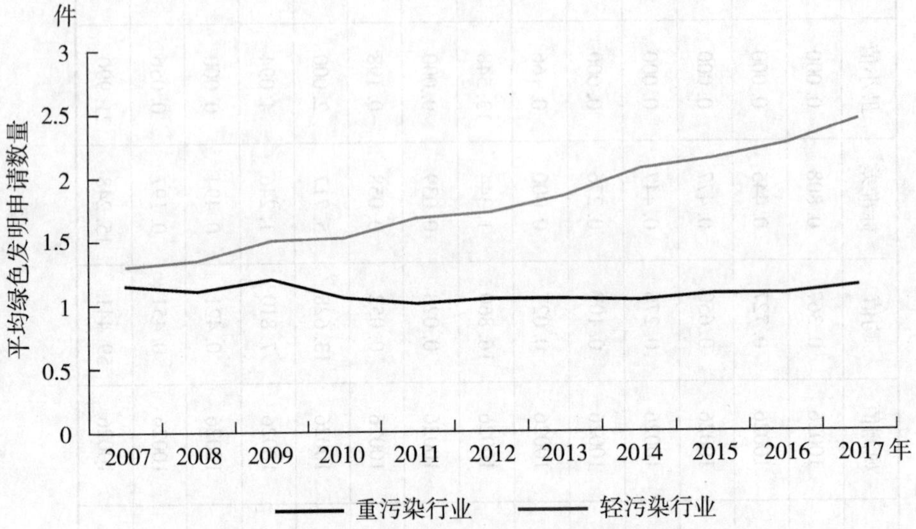

图 18-1 试点城市两类企业的绿色发明平均申请量

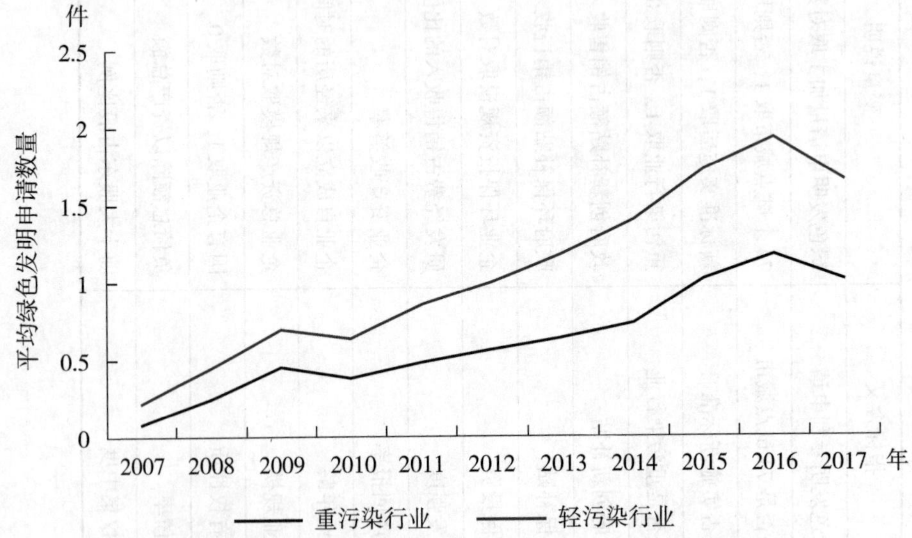

图 18-2 非试点城市两类企业的绿色发明平均申请量

三、实证结果与分析

为了检验研究假设，表 18-2 列示了空气质量新标准实施后地方政府环境治理压力对企业绿色创新影响的回归结果。本研究首先对模型（18-1）进行 OLS

回归，同时控制了年份固定效应和行业固定效应，结果如表 18-2 第（1）列和第（2）列所示，在第（2）列中 *Pilotcity×Post×Pollution* 三次交互项的回归系数为-0.048，并在 10%的水平通过显著性检验；为了控制企业个体效应，本研究进一步对模型（18-1）进行了面板固定效应回归分析，如第（3）列和第（4）列所示，由第（4）列结果可知，三次交互项的回归系数为-0.094，并在 5%的水平上通过显著性检验，表明在控制了企业个体效应后，三次交互项的回归系数显著性提高。可见，在空气质量新标准实施后，相对于非试点城市，试点城市的地方政府环境治理压力增大对重污染企业绿色创新的“挤出”效应显著高于轻污染企业，研究假设得到支持。

表 18-2　空气质量新标准实施后 74 个试点城市地方政府环境治理压力对企业绿色发明的影响

变量	OLS 回归		面板回归	
	(1)	(2)	(3)	(4)
Pilotcity×Post×Pollution	-0.277***	-0.048*	-0.188***	-0.094**
	(-3.167)	(-1.803)	(-3.607)	(-1.998)
Pilotcity×Post	0.129*	0.028	0.070**	0.035
	(1.830)	(1.637)	(2.224)	(1.229)
Pilotcity×Pollution	0.114	0.008		
	(1.641)	(0.404)		
Post×Pollution	0.099	0.028	0.034	0.009
	(1.334)	(1.147)	(0.824)	(0.236)
控制变量	否	是	否	是
年份固定效应	是	是	是	是
行业固定效应	是	是	是	是
企业个体效应	否	否	是	是
观测值	10026	10026	10026	10026
R^2	0.113	0.673	0.100	0.264

注：***、**、*分别表示在 0.01、0.05、0.1 水平下显著，括号中的数值表示标准误。下同。

四、稳健性检验与异质性分析

（一）稳健性检验

为了考察三重差分回归结果的稳健性，本研究分别采用绿色专利申请和绿色实用新型申请替代绿色发明申请进行稳健性检验，结果与表 18-2 结果完全一致，表明本研究得出的结论是稳健的（因篇幅限制，本研究不再报告稳健性检验结果）。

（二）政策实施阶段异质性分析

根据《空气质量新标准第二阶段监测实施方案》，在第二阶段新增了 87 个地级市和 29 个县级市作为试点城市，2013 年 10 月底前 190 个试点城市所有监测点都要与中国环境监测总站联网，并报送和发布环境监测实时数据。由此可知，空气质量新标准政策有两个政策节点：2012 年后 74 个试点城市和 2013 年后 190 个试点城市。前文检验了 2012 年新标准第一阶段实施后引致的地方政府环境治理压力增加“挤出”了 74 个试点城市重污染企业的绿色创新。那么第二阶段方案实施引致的地方政府环境治理压力是否也会对企业绿色创新产生“挤出”效应呢？本研究将对新标准实施阶段进行异质性分析。

本研究在模型（18-1）的基础上引入 2 个自变量，其中表示第二阶段试点时间虚拟变量，在 2014 年及以后取值为 1，在 2013 年及以前取值为 0；表示第二阶段试点城市虚拟变量，如果上市公司位于 190 个试点城市则取值为 1，否则取值为 0。回归结果如表 18-3 所示。

表 18-3 新标准第二阶段实施对企业绿色创新的影响

变量	绿色发明		绿色专利		绿色实用新型	
	(1)	(2)	(3)	(4)	(5)	(6)
Pilotcity2×Post2×Pollution	-0.032 (-0.788)	-0.039 (-0.639)	-0.046 (-0.918)	-0.100 (-1.358)	-0.036 (-0.887)	-0.052 (-0.879)
Pilotcity2×Post2	0.058*** (2.705)	0.083** (2.066)	0.077*** (2.826)	0.128*** (2.647)	0.043 (1.486)	0.077** (1.983)
Pilotcity2×Pollution	-0.007 (-0.277)		-0.010 (-0.336)		0.007 (0.346)	
Post2×Pollution	0.023 (0.611)	-0.017 (-0.309)	0.041 (0.893)	0.030 (0.436)	0.020 (0.529)	0.004 (0.081)
控制变量	是	是	是	是	是	是
年份固定效应	是	是	是	是	是	是
行业固定效应	是	是	是	是	是	是
企业个体效应	否	是	否	是	否	是
观测值	10026	10026	10026	10026	10026	10026
R^2	0.673	0.265	0.668	0.251	0.587	0.193

由第（1）列和第（2）列结果可知，*Pilotcity*2×*Post*2×*Pollution* 三次交互项的回归系数为负，但都没有通过显著性检验，表明相对于非试点城市，190 个试点城市地方政府环境治理压力增加对重污染企业绿色创新的“挤出”效应和轻污染企业相比没有显著增加。第（3）和第（4）列、第（5）列和第（6）列分别报告了以绿色专利申请和绿色实用新型申请作为替代变量的回归结果，三次交互项的回归系数也都不显著，表明该结论是稳健的。

上述研究结果说明空气质量新标准实施后，试点城市的重污染企业是地方政府重点监管对象，重污染企业加大对环境治理的投资主要是为了规避地方政府的惩罚，被迫加大环保投资来进行降污减排的。然而，在短期内企业增加环保投资的主要受益方是地方政府和社会，而非企业自身，所以重污染企业的污染排放一旦达到地方政府的监管要求后，它们将不再增加环保投资积极配合地方政府进行环境治理，所以在第二阶段方案实施后，地方政府环境治理压力对重污染企业绿色创新的“挤出”效应不再显著增加。此外，由于第二阶段新增的 116 个试点城市主要来自地级市和县级市，企业绿色创新能力较弱，尤其是重污染企业。图 18-3 展示了 74 个试点城市和第二阶段新增 116 个试点城市重污染样本企业的绿色发明平均申请量，其中新增 116 个试点城市的重污染企业的绿色发明平均申请量不到 1 项，表明这些企业自身绿色创新能力太弱，所以第二阶段方案实施后引致的地方政府环境治理压力自然也就不会对企业绿色创新产生“挤出”效应。由图 18-3 可知，来自 74 个试点城市重污染企业的绿色发明平均申请自 2012 年呈现明显下降，下降持续到 2014 年后，从 2015 年开始呈现明显增长趋势，与研究得出的结论也是完全吻合的。

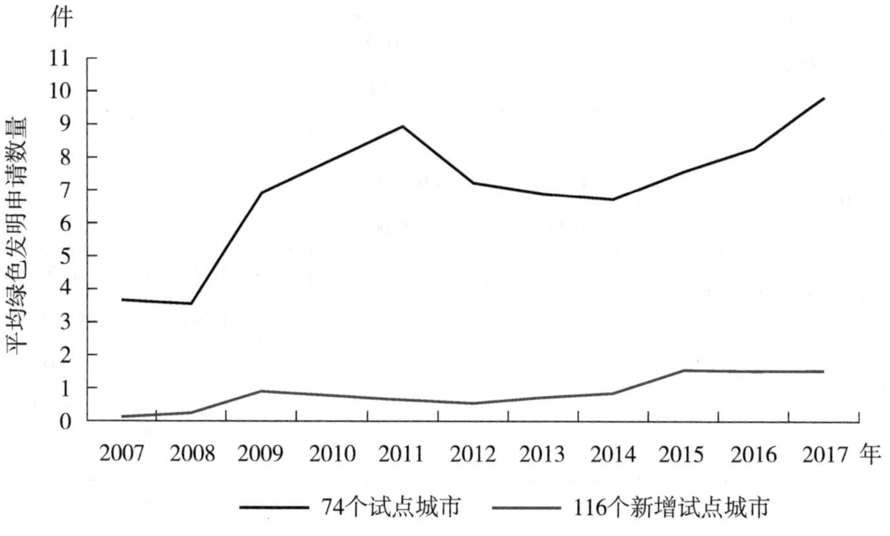

图 18-3　不同试点城市重污染企业的绿色发明平均申请量

（三）企业所有权性质的异质性分析

以往的研究表明，所有权性质不同对企业绿色创新的影响存在较大差异，本研究将进一步进行企业所有权性质的异质性分析，回归结果如表 18-4 所示。从表 18-4 第（1）列的结果来看，*Pilotcity×Post×Pollution* 三次交互项系数都显著为负，表明空气质量新标准实施后，74 个试点城市地方政府环境治理压力增加对重污染行业的国有企业绿色创新的“挤出”效应显著增加，但在非国有企业子样本中不显著，表明空气质量在新标准实施后，地方政府环境治理压力对企业绿色创新的“挤出”效应确实存在所有权性质异质性。可能的原因在于，国有企业比非国有企业受地方政府的管制更多，在空气质量新标准实施后，地方政府为了完成环境治理绩效，会将环境治理压力更多传递给国有企业，要求辖区内的国有重污染企业投入大量环保投资积极配合其环境治理，这就在一定程度上挤占了国有企业的精力和资源，限制了其绿色创新活动；对于非国有企业而言，因受到逐利目标的影响，它们很难积极地不计成本地去投入大量资源以配合政府的环境治理工作。可见，相对于非试点城市，新标准实施后，地方政府环境治理压力对试点城市重污染国有企业绿色创新的“挤出”效应提升更为明显。

表 18-4　所有权性质异质性分析

变量	第一阶段		第二阶段	
	国有企业	非国有企业	国有企业	非国有企业
	(1)	(2)	(3)	(4)
Pilotcity×Post×Pollution	-0.141** (-2.181)	0.030 (0.407)		
Pilotcity×Post	0.044 (1.030)	0.012 (0.298)		
Pilotcity×Pollution				
Post×Pollution	0.052 (0.999)	-0.118** (-2.009)		
Pilotcity2×Post2×Pollution			-0.094 (-1.076)	0.065 (0.711)
Pilotcity2×Post2			0.165** (2.570)	-0.049 (-0.925)
Pilotcity2×Pollution				
Post2×Pollution			0.047 (0.574)	-0.149* (-1.773)

续表

变量	第一阶段		第二阶段	
	国有企业	非国有企业	国有企业	非国有企业
	(1)	(2)	(3)	(4)
控制变量	是	是	是	是
年份固定效应	是	是	是	是
行业固定效应	是	是	是	是
企业固定效应	是	是	是	是
观测值	4219	5807	4219	5807
R^2	0.422	0.120	0.422	0.120

（四）影响机制分析

通过上述分析可知，在空气质量新标准实施的第一阶段，地方政府环境治理压力增大对试点城市重污染企业绿色创新的“挤出”效应显著增加，但第二阶段的“挤出”效应不再显著提升，而且这一“挤出”效应存在所有权性质异质性，这就需要我们进一步探讨地方政府环境治理压力“挤出”企业绿色创新的传导机制。我们借鉴张琦等的研究，通过考察在空气质量新标准实施前后企业环保投资规模变化程度来识别其影响机制，原因分析如下：①因为企业环保投资变化直接反映了企业面临的地方政府环境监管压力的变化。由前文分析可知，空气质量新标准实施后，地方政府必然要求企业采取长效环境治理方式来提升环境绩效，所以企业面临的环境监管压力增大会直接体现在增加的环保投资规模上。②从企业层面来看，增加环保投资规模来应对地方政府环境规制压力也是企业在短期内能够快速制定的环境治理决策。

为了检验上述影响机制，我们采用三重差分模型来考察在新标准实施前后，相对于非试点城市，试点城市重污染企业与轻污染企业环保投资规模的变化差异，回归结果如表 18-5 所示。在第（1）列中，*Pilotcity*×*Post*×*Pollution* 三次交互项的回归系数没有通过显著性检验（P 值=0.125），但接近 10%的显著水平；第（2）列的结果显示，三次交互项的回归系数为正，且在 10%水平下通过显著性检验，表明在空气质量新标准实施后，面临地方政府更加严厉的环境规制监管，因国有企业受政府管制较多，重污染国有企业不得不通过大幅增加环保投资来改善生产工业流程、降污减排，以达到政府监管标准，积极配合地方政府环境治理行动；而轻污染国有企业面临的环境监管压力相对较小，自然不会大幅增加环保投资来积极配合地方政府环境治理，从而导致重污染企业相比轻污染企业环保投资增加幅度在空气质量新标准实施前后出现显著差异。

在空气质量新标准实施的第二阶段，第（4）列和第（5）列结果显示，*Pilotcity2×Post2×Pollution* 的回归系数没有通过显著性检验，表明重污染企业，尤其是国有企业环保投资增加幅度提升不再显著，说明重污染企业大幅增加环保投资是为了迎合地方政府环境治理，以规避地方政府的处罚。当这些企业的环保投资达到政府监管要求时，它们就没有更强的动机继续增加环保投资来配合地方政府的环境治理，所以三次交互项的回归系数不再显著。可见，试点城市重污染企业在短期内大幅增加的环保投资在一定程度上挤占了企业绿色创新资源，从而导致地方政府环境治理压力对企业绿色创新产生了“挤出”效应，但“挤出”效应是短期的。

表 18-5 新标准实施对企业环保投资的影响

变量	第一阶段			第二阶段		
	全样本	国有企业	非国有企业	全样本	国有企业	非国有企业
	(1)	(2)	(3)	(4)	(5)	(6)
Pilotcity×Post×Pollution	0.102 (1.534)	0.175* (1.93)	−0.097 (−0.91)			
Pilotcity×Post	−0.040 (−1.003)	0.045 (0.75)	−0.091 (−1.57)			
Pilotcity×Pollution						
Post×Pollution	−0.021 (−0.390)	−0.039 (−0.54)	0.063 (0.75)			
Pilotcity2×Post2×Pollution				0.021 (0.251)	0.118 (0.96)	−0.118 (−0.90)
Pilotcity2×Post2				−0.021 (−0.373)	−0.091 (−1.01)	0.088 (1.14)
Pilotcity2×Pollution						
Post2×Pollution				0.018 (0.234)	−0.053 (−0.47)	0.111 (0.92)
控制变量	是	是	是	是	是	是
年份固定效应	是	是	是	是	是	是
行业固定效应	是	是	是	是	是	是
企业固定效应	是	是	是	是	是	是
观测值	10026	4219	5807	10026	4219	5807
R^2	0.775	0.802	0.732	0.775	0.802	0.732

第四节　进一步分析

一、空气质量新标准实施后对企业绿色创新的总体分析

为了进一步检验空气质量新标准两阶段方案实施后，地方政府环境治理压力对企业绿色创新的影响，我们将两阶段的试点时间虚拟变量，新标准试点城市虚拟变量，行业污染属性虚拟变量引入同一个三重差分模型进行实证检验。

由表 18-6 第（1）、第（2）和第（4）列的结果可知，*Pilotcity×Post×Pollution* 的回归系数依然显著为负，*Pilotcity2×Post2×Pollution* 的回归系数依然不显著，与前文得出的研究结论是完全一致的，表明空气质量新标准第一阶段方案实施后，地方政府环境治理压力“挤出”了试点城市重污染企业绿色发明申请和绿色专利申请，尤其是国有企业，但对绿色实用新型的“挤出”效应不显著。在第二阶段方案实施后，地方政府环境治理压力对试点城市重污染企业绿色创新的“挤出”效应不再显著，表明这一“挤出”效应是短期的，与前文得出的结论完全一致，表明本研究得出的结论是稳健的。

表 18-6　新标准实施对企业绿色创新影响的总体分析

变量	绿色发明			绿色专利	绿色实用新型
	全样本	国有企业	非国有企业	全样本	全样本
	（1）	（2）	（3）	（4）	（5）
Pilotcity×Post ×Pollution	−0.102* (−1.917)	−0.150** (−2.030)	0.005 (0.060)	−0.147** (−2.275)	−0.078 (−1.499)
Pilotcity×Post	0.008 (0.235)	−0.012 (−0.258)	0.038 (0.827)	0.030 (0.748)	0.024 (0.761)
Pilotcity×Pollution					
Post×Pollution	0.050 (0.961)	0.094 (1.267)	−0.050 (−0.668)	0.095 (1.516)	0.022 (0.442)
Pilotcity2×Post2 ×Pollution	0.017 (0.252)	−0.012 (−0.121)	0.068 (0.680)	−0.016 (−0.188)	−0.007 (−0.104)
Pilotcity2×Post2	0.078* (1.686)	0.175** (2.388)	−0.072 (−1.181)	0.108* (1.932)	0.061 (1.359)

续表

变量	绿色发明			绿色专利	绿色实用新型
	全样本	国有企业	非国有企业	全样本	全样本
	(1)	(2)	(3)	(4)	(5)
Post2×Pollution	-0.057 (-0.815)	-0.032 (-0.311)	-0.118 (-1.200)	-0.046 (-0.549)	-0.014 (-0.200)
控制变量	控制	控制	控制	控制	控制
年份固定效应	是	是	是	是	是
行业固定效应	是	是	是	是	是
企业固定效应	是	是	是	是	是
观测值	10026	4219	5807	10026	10026
R^2	0.265	0.424	0.120	0.252	0.194

二、空气质量新标准实施后对企业环保投资的总体分析

我们进一步检验了空气质量新标准两阶段实施方案对企业环保投资的影响，回归结果如表 18-7 所示，在第（1）中，*Pilotcity×Post×Pollution* 的回归系数没有通过显著性检验（P 值=0.110），但接近 10%的显著水平；在国有企业子样本中，*Pilotcity×Post×Pollution* 的回归系数为 0.172，且在 10%的水平下通过显著性检验，而 *Pilotcity2×Post2×Pollution* 的回归系数不显著，与表 18-5 的结果完全一致，与表 18-6 的结果也完全吻合，再次表明重污染企业大幅增加环保投资就是为了迎合地方政府环境治理的要求，当达到地方政府的监管要求后企业则不再继续大幅增加环保投资，所以就不再挤占企业绿色创新资源了。

表 18-7　新标准实施后对企业环保投资影响的总体分析

变量	全样本	国有企业	非国有企业
	(1)	(2)	(3)
Pilotcity×Post×Pollution	0.120 (1.596)	0.172* (1.665)	-0.049 (-0.420)
Pilotcity×Post	-0.043 (-0.933)	0.098 (1.444)	-0.158** (-2.395)
Pilotcity×Pollution			

续表

变量	全样本	国有企业	非国有企业
	(1)	(2)	(3)
Post×Pollution	-0.040 (-0.559)	-0.063 (-0.604)	0.037 (0.342)
Pilotcity2×Post2×Pollution	-0.049 (-0.505)	0.039 (0.278)	-0.123 (-0.854)
Pilotcity2×Post2	0.008 (0.125)	-0.166 (-1.615)	0.185** (2.121)
Pilotcity2×Pollution			
Post2×Pollution	0.051 (0.523)	-0.004 (-0.027)	0.098 (0.690)
控制变量	控制	控制	控制
年份固定效应	是	是	是
行业固定效应	是	是	是
企业固定效应	是	是	是
观测值	10026	4219	5807
R^2	0.775	0.803	0.732

综合上述分析可知，在第一阶段空气质量新标准实施后引致的地方政府环境治理压力增加对 74 个试点城市重污染企业绿色创新产生了“挤出”效应，随着第二阶段方案的实施，这种“挤出”效应不再显著，说明试点城市重污染行业企业在短期内大幅增加环保投资，以达到地方政府环境治理要求，这就在一定程度上挤占了企业的精力和资源，使它们无暇开展绿色创新活动，从而产生了“挤出”效应；当试点城市重污染企业不再大幅增加环保投资后，这种“挤出”效应也不再显著，表明地方政府环境治理压力对试点城市企业绿色创新的“挤出”效应是短期的，是因为企业短期内大幅增加环保投资挤占了绿色创新资源而产生的。

第五节　研究结论及政策启示

本研究以《环境空气质量标准》为准自然实验，利用 2004—2018 年中国 A 股上市公司的数据，运用三重差分模型考察了地方政府环境治理压力变化对企业绿色创新影响。研究结果表明，在空气质量新标准实施后，相对于非试点城市，试点城市地方政府环境治理压力增大对重污染企业绿色创新的“挤出”效应显著高于轻污染企业。在进行了稳健性检验后此结论依然成立。在政策实施阶段方面，地方政府环境治理压力对试点城市重污染行业企业绿色创新的“挤出”效应只在第一阶段显著增加，在第二阶段不再显著；将空气质量新标准两阶段实施方案放入同一模型进行整体分析后，研究结论依然稳健。在企业所有权层面，新标准实施后地方政府环境治理压力对国有重污染企业绿色创新的“挤出”效应显著提升，但对非国有企业的“挤出”效应提升不显著，原因在于国有企业受政府管制更多，也会投入更多环保投资积极配合地方政府降污减排，以完成环保考核绩效。从“挤出”效应的影响机制看，试点城市重污染企业在短期内为了快速达到地方政府的环境规制监管标准，通过大幅增加环保投资来积极配合地方政府治理空气质量，这就在一定程度上挤占了企业绿色创新的资源投入，从而“挤出”了企业绿色创新。

本研究结论具有以下两点较强的政策启示。

第一，中央政府制定合理的环境规制可以有效激发地方政府环境治理动机。地方政府环境治理动机缺失是导致环境规制难以发挥实际作用的关键因素，本研究结论表明空气质量新标准实施后地方政府环境治理动机发生重要变化，陡增的环境治理压力驱动着地方政府采取切实有效的措施，监督和引导污染企业采取措施从根本上进行环境治理，从而大大提高了地方环境治理效果，本研究结论为有效解决中国环境治理困境提供了重要思路。

第二，本研究结论表明在空气质量新标准第一阶段方案实施后，试点城市重污染企业因大幅增加环保投资以应对地方政府环境治理陡增的压力，在短期内挤占了绿色创新资源，对企业绿色创新产生了“挤出”效应，因此地方政府在后期需要加大对污染企业的环保补助和绿色创新资源支持，以有效弥补因企业大幅增加环保投资而挤占的绿色创新资源，从而促进企业绿色创新，推进生态文明建设和经济高质量发展。

第 19 章　生态位宽度、观众感知与市场绩效

生态位宽度越宽，其市场绩效是否越高呢？对观众满意度会有什么影响呢？通过什么影响机制发挥作用？本章以 2015—2019 年在中国市场上映的 1466 部类型电影作为研究对象，利用每一部电影的电影类型数量来衡量电影生态位宽度，运用 OLS 回归、Heckman 两阶段模型、分数逻辑回归等方法基于企业行为和观众感知整合视角对上述问题进行了多维度实证检验。研究发现，电影生态位宽度越宽越能显著提高关注电影的观众数量和观影规模，从而提高电影的市场绩效；但会显著降低观众对电影的满意度，且经过内生性检验和稳健性检验，结论依然成立。本研究还发现，随着电影生态位宽度的增加，电影杂糅和融合的电影类型数量会增多，观众感知和识别电影中预置的电影类型的难度就会增大，观众感知的电影典型性程度会降低。进一步研究发现，观众感知的电影典型性程度在电影生态位宽度与观众满意度之间发挥了中介效应，表明宽生态宽度的电影可以通过提升观众感知的电影典型性程度来提高观众的满意度。本研究识别了观众感知的电影典型性程度在电影生态位宽度与市场绩效关系间所扮演的关键角色，拓展和深化了生态位宽度影响企业绩效的现有研究。

第一节　引言

十九大报告指出：“公共文化服务水平不断提高，文艺创作持续繁荣，文化事业和文化产业蓬勃发展。”作为文化产业重要组成部分的电影产业，自 2003 年产业化改革以来呈现快速增长态势，电影市场规模每年的增速都超过 30%，中国已经成为全球第二大电影市场，跻身于电影大国行列。十九大报告还指出：“我国社会主要矛盾已经转化为人民日益增长的美好生活需要和不平衡不充分的发展之间的矛盾。”尽管国产影片品质逐年提升，国产大片和中小成本电影开始与好莱坞影片在中国市场上分庭抗礼，如《战狼 2》《流浪地球》等现象级影片将国产电影推向一个历史新高度（王分棉等，2019），但在中国电影市场快速成长的背后一直存在着两个怪圈：电影“叫座不叫好”和“叫好不叫座”的现象（见表 19-1）。有些“叫座不叫好”的影片在媒体和观众骂声中收获了不菲的票房收入，其中不乏好莱坞大片，比如 2018 年上映的《捉妖记 2》收获了 22.37 亿元的票房，但豆瓣评分只有 5 分；好莱坞大片《变形金刚 5：最后的骑士》豆瓣评

分只有4.9分，却收获了15.5亿元的票房；《大闹天竺》的豆瓣评分低于4分，票房却高达7.58亿元。然而不乏制作精良的电影作品，尽管收获了良好的媒体评价和观众①口碑，却没有获得与之相应的市场绩效，陷入了“叫好不叫座”的怪圈，如豆瓣评分为8.2分的《村戏》和7.8分的《全能囧爸》，其票房收入却分别只有90万元和70万元，再如《山河故人》和《可爱的你》的豆瓣评分都为7.9分，但票房却只有两三千万元。上述现象表明中国电影产业仍然存在较大的优质电影“供给缺口”（孙早和许薛璐，2018；石明明等，2019），这就难以更好地满足人民日益增长的高品质文化消费需求。因此，系统、深入地分析上述“现象”，揭示“现象”背后的影响机制，对有效解决高品质电影“供给缺口”，促进中国新一轮消费升级，具有十分重要的现实意义和应用价值。

表 19-1 2015—2019 年期间上映的部分电影

	电影名称	生态位宽度	票房（元）	豆瓣评分	上映时间
“叫座不叫好”的电影	捉妖记2	3	22.37亿	5.0	2018
	功夫瑜伽	3	17.5亿	4.9	2017
	西游伏妖篇	3	16.5亿	5.5	2017
	港囧	3	16.1亿	5.7	2015
	变形金刚5：最后的骑士	3	15.5亿	4.9	2017
	长城	4	11.73亿	4.9	2016
	澳门风云3	3	11.16亿	4.2	2016
	大闹天竺	4	7.58亿	3.7	2017
	九层妖塔	5	6.83亿	4.3	2015
“叫好不叫座”的电影	村戏	1	90万	8.2	2018
	绝杀慕尼黑	1	9182万	8.2	2019
	不成问题的问题	1	777万	8.2	2017
	唐顿庄园	1	2261万	8.1	2019
	山河故人	1	3226万	7.9	2015
	可爱的你	1	2211万	7.9	2015
	全能囧爸	1	70万	7.8	2015
	送我上青云	1	2900万	7.2	2019
	冈仁波齐	1	10010万	7.7	2017

① 电影市场的消费者往往被称为观众，文中所有观众都是指电影市场的消费者。

现有研究重点关注了电影制片环节和宣发环节因素对电影市场绩效的影响，如演员（Nelson and Glotfelty，2012）、档期（Zuckerman and Kim，2003）、IP（Dhar et al.，2012）、口碑（Liu，2006）对电影票房有显著提升作用。尽管以往的研究对电影票房的影响因素进行了较多的探索和考察，但是尚未对“叫好不叫座”“叫座不叫好”“叫座又叫好”的电影现象进行系统的分析，更未对这些电影现象背后的影响机制展开深入研究。究其根本，影响电影发展的核心问题是电影与观众的关系，而电影与观众的关系实质上是一种相互依赖和相互影响的生态关系，生态位宽度理论和分类理论则为探索观众对中国电影发展的影响机制提供了新的视角和思路。

基于此，本研究利用 2015—2019 年在中国市场上映的 1466 部类型电影数据，基于生态位宽度理论和分类理论整合视角考察电影生态位宽度是否会影响观众观影规模（“叫座”）和观众满意度（“叫好”），是否会影响观众对电影的感知，电影生态位宽度是否会通过观众对电影的感知来影响观众满意度。这些正是本研究旨在解决的关键问题。中国电影从 2010 年开始快速发展，积累了丰富、翔实的数据，为考察上述研究问题提供了一个绝佳的研究样本（方娴和金刚，2020）。

第一，每部类型电影涵盖的电影类型数量可以测度电影生态位宽度（Freeman and Hannan，1983），因为电影类型是连接电影（企业）与观众的接口（interface），对观众而言，电影类型既是观众区分不同电影的类别标签，也是识别和感知电影的类别范式（Hsu et al.，2009）；对企业而言，电影类型可以让电影企业明确其生态位定位，利用类别范式来评估和赋予电影企业的类别成员及其边界（Hsu et al.，2009）。那么，不同类型的电影涵盖的电影类型数量不同，意味着其跨越的生态位（类别）数量就存在差异，因此，本研究借鉴 Hsu（2006）的方法，采用每一部类型电影涵盖的电影类型数量来衡量生态位宽度。

第二，每部电影都是一个独立的产品，观众对一部电影的感知是根据他们的观影预期和观影体验等因素判断产生而独立存在的（Hannan and Freeman，1989），不会受到电影企业和其他电影的影响。

第三，由于观众对电影典型性程度的感知难以量化，本研究借鉴 Hsu（2006）的方法，利用观众与电影企业对电影类型的共识度来衡量观众感知的电影典型性程度，具体测度方法详见研究变量部分。

企业生态位宽度（niche width）及其对企业绩效的影响一直是生态理论研究的重要问题（Levins，1968；Kovács and Johnson，2014）。Hannan 和 Freeman（1977）最早将生态位应用于组织领域，并提出生态位反映了企业占据的社会、文化、经济和政治等多维资源空间。早期的生态位理论根据企业占据市场空间的多元化程度将企业划分为"通才"和"专才"（Freeman and Hannan，1983；Hannan and Freeman，1989）：定位于多元化市场空间的企业为"通才"，有较宽的生态位；而聚焦于特定市场空间的企业为"专才"，有较窄的生态位。企业因受到自身拥有有限资源和能力的约束难以满足多元化市场空间消费者的需求，所以生态位宽度与其绩效表现能力存在着一个权衡机制（Hsu，2006）："通才"比"专才"吸引的目标消费者的范围和规模更大，可以带来更高的市场绩效，但"专才"比"通才"在某一特定市场满足消费者需求的能力更强，所以消费者的满意度更高。早期的生态位理论侧重从企业层面（企业行为）研究生态位宽度对企业绩效的影响机制，而忽略了关注消费者感知在其中扮演的关键角色（Hsu，2006）。

Hannan 等（2003）重新构建了生态位理论，他们提出企业的资源空间由多类受众成员构成，如消费者、投资者、员工、合作者和分析师等，而且这些受众成员控制着企业生存的市场资源，所以企业提供的产品或服务只有得到受众认可后才能获得生存空间（Hannan et al.，2003）。由于不同消费者拥有不同的品位或偏好，例如在音乐市场，不同消费者偏好不同类型的音乐，如古典音乐、爵士音乐和重金属音乐等。因此，可以将不同消费者的品位或偏好视为企业所在市场空间对应的不同"品味位置"（taste position，生态位），这些"品味位置"是不同消费者偏好的抽象代表，对应着不同消费者的需求或期望（Hannan et al.，2003）。Hannan 等（2003）假定在同一个"品味位置"的受众成员偏好是相同的，那么每一个生态位因具有受众成员偏好相同等共同特征属性而形成一种类别（category），这就意味着一个生态位就是一种类别。Hannan 等（2007）提出的类别理论指出类别为受众提供了一种类别范式（schema）来评估和感知企业及其产品，这种类别范式会逐渐形成一个可以表征企业与受众共同期望的类别标签。受众把属于某一个生态位的企业视为这种类别的类别成员，类别成员属于一个类别的程度被称为典型性（typicality）程度。对受众而言，类别成员的典型性程度表征了受众感知的类别成员与其偏好的契合度（Hsu et al.，2009）。Hsu 等（2009）提出"专才"只聚焦于在一个或少数几个类别，它属于一个或少数几个类别的成员等级程度（grade-of-membership）就比较高，所以其类别标签的典型性程度就比较高，较易于受众用来评估"专才"及产品；而"通才"跨越了多个类别，它属于每一个特定类别的成员等级程度就比较低，所以在各个跨越的类别中都是非典型的（Hsu et al.，2009；Kovács and Hannan，2011），而且"通才"的多个类别标签会混淆受众的类别认知边界，类别边界模糊会在一程度上导致受众感知的"通才"典型性程度降低（Pontikes，2012），因此"通才"往往获得的受众关注较少（Hsu et al.，2009；Dobrev and Kim，2001），还会被受众忽视或低估（Hsu，2006；Kovács and Hannan，2010）。上述研究则侧重于从受众视角（受众感知）探讨生态位宽度对企业绩效的影响。

综上可知，以往大多数研究基于企业行为或受众感知一种作用机制探讨生态位宽度对企业绩效的影响，得出了很多有洞见的研究成果（Kovácsand Johnson，2014；Dobrev and Kim，2001；Negro et al.，2010；Negro and Leung，2013），只有 Hsu 等（2009）、Kovacs 和 Johnson（2014）的研究是基于企业行为和受众感知整合视角下的作用机制来展开的，但 Hsu 等（2009）只考察了生态位宽度与市场绩效间的直接关系。实际上生态位宽度影响企业绩效时往往是企业行为和受众感知两种作用机制同时发挥作用（Negro et al.，2010），但很难将二者一一区别开来，这也是以往研究为何在实证检验时很少区分是基于企业视角还是受众视角作用机制的原因（Kovács and Johnson，2014）。基于此，本章将借鉴 Hsu 等（2009）的研究，从企业行为和消费者感知整合视角考察电影生态位宽度对市场绩效的影响。此外，以往研究重点探讨了生态位宽度与企业绩效二者之间的直接关系，如 Hsu 等（2009）、Pontikes（2012）、Negro 等（2010）、Zuckerman 和 Kim（2003），只有较少的研究分析了究竟什么因素在生态位宽度与企业绩效间发挥了中介效应，如 Hsu（2006）考察了受众与电影企业对电影的共识度在生态位宽度与电影吸引力间发挥了中介作用，Kovacs 和 Johnson（2014）则考察了餐馆品质和典型性在餐馆跨类别度与顾客评分间的中介效应。而这个问题的解决有助于明确电影生态位宽度对市场绩效真正的影响机制。此外，以往研究更多利用企业生存（Dobrev and Kim，2001）、产品质量（Eggers，2012）、市场或财务绩效（Tanriverdi and Lee，2008）等指标来衡量企业绩效，而较少考察生态位宽度对消费者关注度和满意度等市场绩效的影响，除了 Hsu（2006）外。

本研究的创新主要体现在以下两个方面：①识别并检验了观众感知的电影典型性程度在电影生态位宽度与市场绩效间扮演的关键角色。以往的研究较少关注生态位宽度与企业绩效间真正的因果机制，忽视了消费者感知对生态位宽度在其绩效表现能力间权衡机制中所发挥的作用。本研究发现观众感知的电影典型性程度会随着电影生态位宽度的变化而系统地变化，而且电影生态位宽度会通过观众感知的电影典型性程度来影响观众满意度，从而深化了生态位宽度理论的现有研究。②不同于以往关于电影市场绩效影响的研究，本研究基于生态位宽度理论和分类理论整合视角考察了电影生态位宽度是影响观众观影规模、观众关注度和观众满意度的重要因素，丰富了对中国电影产业的现有研究，为后续电影市场的研究提供了新的视角和研究路径。

需要指出的是，与本研究最为相关的一篇文献是 Hsu（2006），但本研究与 Hsu（2006）存在以下两方面的差异：

（1）Hsu（2006）将受众分为专业影评人和普通观众，并分别考察了电影生态位宽度对两类受众的影响，她的研究表明电影生态位宽度越宽，吸引的专业影评人的规模越大；但吸引的普通观众规模越大这一结论没有得到支持，Hsu（2006）采用普通观众在IMDB网站对一部电影的评论数量和电影票房两个变量来分别衡量普通观众规模，其回归结果都没有通过显著性检验；鉴于自20世纪90年代以来中国电影批评市场萎缩，电影批评工作队伍不断流失（饶曙光，2013），这与美国影评人职业化存在显著差异，而且我们无法获取中国专业影评人的精确数据，所以本研究只考察观众而不区分专业影评人和普通观众，本研究的结果表明电影生态宽度对观众对电影的关注度和观众观影规模都有显著正向影响，结果支持了Hsu（2006）提出的研究假设，而Hsu（2006）的实证结果并没有完全支持其提出的研究假设。

（2）Hsu（2006）只是实证考察了电影企业与观众对电影类型的共识度在电影生态位宽度与观众满意度二者之间的中介作用，但Hsu（2006）采用三步法考察了中介效应而没有对中介效应进行检验，而且也没有阐明其中介变量的影响机制；而本研究采用Sobel和Bootstrap法检验了中介效应，还清晰地阐明了中介变量的影响机制，详见研究假设4的提出。

第二节　理论基础与研究假设

一、电影生态位宽度与产品绩效

电影是一种用影像展开叙事，并通过影像叙事与观众进行精神交流的艺术作品（蓝凡，2012），类型电影则是好莱坞电影工业化中为了满足观众的观影需求和观影期望而创造的在内容题材、人物设置、叙事模式和价值体系相对一致的电影（尹鸿和梁君健，2018）。电影类型正是依据类型电影的题材内容和表现形式对电影的分类方式，如西部片是以19世纪美国开拓西部为叙事背景，宣传一种善有善报、恶有恶报，是英雄救美及有情人终成眷属的类型模式；恐怖片则是以制造精神和心灵的恐怖为目的，通过影像和情节的恐怖让观众产生毛骨悚然的感觉的类型模式（Zuckerman and Kim，2003）。所以电影类型是电影企业与观众经过长时间的生产实践和观影体验后共同达成的一种约定俗成的观影模式，形成了观众熟悉的、负载价值的经验系统（吴琼，2004）。

每一种电影类型通常由一整套相对稳定、相互关联的“文本叙事体系”与“产业运作体系”构成，其中“文本叙事体系”包括公式化的情节、定型化的人物、图解式的视觉形象3个基本要素（向勇，2014），这也是观众对特定电影类型观影期待的基础，正如 Austin（1988）所说，观众“可以使用电影类型来表达自己的偏好”，不同电影类型所对应的观众存在显著的人口特征差异，例如动作片、冒险片和战争片通常被称为“男性”类型，而爱情片通常被认为是“女性”类型；电影的“产业运作体系”具体包括从影片制作、发行营销和放映全产业链流程，如定位电影的成本规模、组建主创人员团队、观影群体需求分析、制定发行营销方案等，构建满足观众观影需求的市场运营体系（向勇，2014）。正因为如此，不同电影类型在类型模式和对应的预期观众方面都存在着较大的差异，一个电影企业选择拍摄什么类型的电影就意味着它选择了与该类型电影对应的特定资源空间和预期观众，也就是确定了它在电影产品生态系统中的生态位（Hannan et al.，2003），而生态位宽度则取决于其涵盖的电影类型数量。由于电影类型还具有可塑性和延展性特征，不同电影类型之间是能够相互渗透与交融的（饶曙光，2008），所以一部电影可以同时跨越几种不同的电影类型，比如 2016 年的《美人鱼》在情境安排、人物设置等方面采用喜剧片模式，利用数字特效和空间特征融入奇幻类型元素，同时又兼具爱情片的叙事套路；2018 年的《唐人街探案 2》在情节及人物设置方面采用喜剧片和悬疑片的模式，同时还融合了动作片的类型元素。可见，不同电影类型的杂糅和融合使得一部电影跨越了两个或多个电影类型而在生态系统中占据了一个较宽的生态位。根据生态位宽度理论，本研究把融合了两种及以上类型模式的电影称为多类型电影，即“通才”电影；而只有一种类型模式的电影称为单类型电影，即“专才”电影。其中多类型电影对应着多种电影类型偏好者的观影期望和需求，电影企业需要投入相对应的资源来融合多种电影类型元素，以引起多种电影类型偏好者的关注，并吸引他们前去观影，从而可以获取广泛的、多样化的观众资源；而单类型电影对应着某一电影类型偏好者的观影期望和需求，所以只能吸引某一特定电影类型的偏好者观影。

已有研究表明，电影类型是电影企业和观众之间长期相互沟通协调的结果（Hutchinson，1978），它既是电影企业为了迎合观众观影偏好进而提供票房保证的电影生产模式（饶曙光，2008），又能够给观众提供一种相对明确的观影期待，是观众评估和感知电影的认知范式（蓝凡，2012）。对电影企业而言，电影类型在电影的制作、发行和放映环节都扮演着重要角色，为电影企业选择、拍摄电影项目及分配资源提供了清晰的框架。由于每部电影的生态位宽度和其绩效表现能力之间存在着权衡机制（Levins，1968），那么电影企业选择拍摄一部电影时就必须考虑一个重要问题：确定电影的生态位宽度，即选择“通才”电影或“专才”电影。由于“通才”电影对应着多种电影类型偏好者的观影期望，如《唐人街探案 2》融合了喜剧、悬疑和动作三种电影类型，这就会吸引这三种电影类型偏好者的关注和观影；而“专才”电影聚焦于某一电影类型，就只能引起该电影类型偏好者的关注和观影，如《山河故人》是一部剧情片，其预期观众则是剧情片爱好者。可见，相对于“专才”电影，“通才”电影扩大了电影的预期观众范围，有利于吸引更广泛、更多种电影类型偏好者的关注和观影，进而获取更高的市场绩效，所以电影企业更有动力去拍摄“通才”电影。已有研究表明很多电影企业也熟知多类型电影可以吸引更多的观众前来观影，以获取更高的电影票房收入（Altman，1999）。然而根据权衡机制暗含的假设条件（Levins，1968）可知，由于“通才”电影和“专才”电影拥有的组织能力是相同的，因“通才”电影需要满足多种电影类型偏好者的观影期望和需求，而“专才”电影则只需要满足一种，所以“通才”电影相比“专才”电影，满足每一种电影类型偏好者需求的能力就会下降，这就导致预期观众对“通才”电影的满意度随之降低，也就是说，观众对电影的体验和满意度会随着电影生态位宽度的增加而降低。基于此，本研究提出两个基础性假设 H1 和 H2。

假设 H1：电影的生态位宽度越宽，关注电影和前往观影的观众数量越多。

假设 H2：电影的生态位宽度越宽，观众对电影的满意度越低。

二、生态位宽度对电影典型性程度的影响

Hannan 等（2007）提出一个类别成员的典型性程度主要取决于两个因素：第一个因素是产品与消费者偏好之间的内在契合度（intrinsic fit）。如果产品与消费者偏好不契合的话，消费者认为这个产品不属于这个类别，意味着产品的典型性降低，甚至没有典型性，企业产品将不能引起消费者的关注（Hannan et al.，2007），企业自然也就无法获取消费者资源了。第二个因素是企业的参与行为（engagement）。企业还必须开展一系列的参与行为，以使目标消费者了解和关注其产品，并确保消费者能够真正感知到企业的产品与他们的偏好相契合。企业的参与行为（主要包括根据消费者特定偏好来设计产品的功能、生产优质产品、建立清晰的组织形象等）会有助于消费者感知到这种契合度（Hannan et al.，2003），从而可以提高产品的典型性程度。

从电影市场的情况来看，电影类型是观众经过长时间的观影体验与电影企业达成的一种默契的经验系统（吴琼，2004），与人类获取其他经验的过程一样，观众对电影类型的感知和熟悉是通过一个观影、体验、刺激、反应的不断反复的过程积累的结果（吴琼，2004），随着对同类型电影观影经验的积累，经过重复的观影体验和刺激后，观众逐步在脑海中形成了某种电影类型的类型式公设（叙事模式和类型元素）（吴琼，2004），也就是类型电影的类别范式，表征了观众对该电影类型的心理态度、情感认同和观影期待。

观众在观影过程中对电影类型的感知和识别其实是一种预设性的感性识别（蓝凡，2012），因为电影企业会依据观众的观影需求对某种类型电影进行“定制式”生产（蓝凡，2012），即将预期的目标观众在电影类型的类型式公设的基础上预先置于一种接受模式中，这些类型式公设都是目标观众所熟悉的，可以为他们带来一种熟悉的期待视野，以满足他们的观影需求和观影期待。根据分类理论可知，类型式公设（类别范式）是电影类型与观众观影偏好建立契合度的连接点（Hsu et al.，2009），所以说类型式公设是影响电影类型与目标观众观影偏好契合度的关键因素。由于观众看到的电影都是提前拍摄好的，在电影中预置的类型式公设是制片人、编剧、导演、演员等电影生产者根据电影市场绩效的需要而设置的，而观众脑海中的类型式公设则是观众观影经验的积累，再加上电影类型是一个相对的分类标准，在严格意义上清晰地辨识类型之间的差异和边界的难度很大（王少白，2017），这就导致电影中预置的类型式公设与观众感知和识别出的类型公设并非总能契合，如果二者建立的契合度高，表明电影的典型性程度比较高，观众感知的电影与其偏好的契合度就比较高，那么观众与电影企业对预置电影类型达成的共识度就越高，反之则越低。

由上述分析可知，对于生态位宽度较窄的单类型电影而言，它只占据了一个生态位，电影企业在生产电影时只需在电影中预置一种类型式公设，会把所有资源投入到一种电影类型中，这就意味着电影的生态位宽度越窄，电影类别范式的典型性程度就越高，观众自然也就越容易识别和感知到电影典型性程度；而生态位宽度较宽的多类型电影因杂糅和融合了多种电影类型，占据了多个生态位，在生产电影的过程中需要将相应的类型式公设杂糅在一起并预置到电影中，这就意味着电影企业需要把资源分散投入到跨越的每一个生态位中，这就使得在跨越的每一个生态位中投入的资源会变少，那么电影在跨越的每一种生态位的类别范式的典型性程度就会降低，从而导致目标观众在观影过程中其脑海中的类型式公设难以与电影中预置的“杂糅式”类型式公设建立契合度，观众自然会识别和感知到生态位宽度较宽的电影的典型性程度就会降低。可见，随着电影生态位宽度的增加，目标观众感知的预置电影类型典型性程度会下降。基于此，本研究提出假设 H3。

假设 H3：电影的生态位宽度越宽，观众感知的电影典型性程度就越低。

三、观众感知的电影典型性程度的中介作用

由假设 H2 可知，因生态位宽度与企业绩效表现能力之间的权衡机制，相对于单类型电影，观众对多类型电影的满意度较低。因为从观众感知视角来看，观众是根据类别边界来识别和感知电影类型的，由于多类型电影融合了多种类别范

式，导致电影的典型性程度比较低，观众在感知和识别多类型电影时会混淆其类别范式感知边界（Hsu et al.，2009），类别范式边界的模糊在一定程度上造成了观众的感知困难，观众感知和识别的电影与其偏好的契合度就会降低，那么观众就会不清楚这部电影能给他们带来什么观影期待，对这部电影的满意度也会因此而降低。

对电影企业而言，企业的参与行为有助于提升多类型电影的典型性程度（Hsu et al.，2009），从而帮助观众感知预置的“杂糅式”电影类型式公设，进而提高他们感知的多类型电影的典型性程度。这就意味着一部电影的典型性程度越高，观众对电影类型的感知就越强，观众越容易感知和识别电影的类别范式，这部电影就越能满足目标观众的观影期待，从而易于引起广大观影观众的强烈共鸣，进而提升观众对电影的认可度和满意度。如2018年上映的《我不是药神》有机融合了剧情片和喜剧片两种类型元素，设置了现实素材戏剧化的类型化情节，故事题材触及社会热点和大众痛点，电影的剧情和喜剧的典型性程度比较高，观众感知的电影典型性程度比较高，从而提高了观众对电影的满意度。因此，本研究认为电影生态位宽度会影响电影典型性程度，进而影响观众感知的电影典型性程度，最终反映在观众对电影的满意度上。基于此，本研究提出假设H4。

假设H4：观众感知的电影典型性程度在电影生态位宽度与观众满意度二者关系间起到中介作用。

第三节　研究设计

一、样本选择与数据来源

类型电影在本质上是电影工业化机制及其商品化的产物（饶曙光，2008），而类型电影的发展和成熟需要经历一个比较长期的过程。由于中国电影工业体系尚未完善，相应技术体系难以匹配，导致诸如科幻片、动作片及恐怖片等电影类型的发展遭遇瓶颈，早期国产片的电影类型比较单一（饶曙光和李国聪，2017），同时国产影片还需要正面抵抗好莱坞特效大片的巨大压力。为了突破此般窘境，政府和电影企业投入大量资金到电影高科技开发及运用中，随着国产影片特效技术的娴熟应用，国内影视公司凭借制作精良特效技术、工业化流程范式、专业化制作团队，在2015年推出了《捉妖记》《寻龙诀》《狼图腾》《西游记之大圣归来》等“国产新大片”，中国电影市场逐步形成了爱情、喜剧、魔幻、科幻、恐怖等类型电影的多元化格局。考虑到从2015年国产电影进入多类型拓展阶段后才能获取更多电影类型的相关数据，本研究样本的时间范围设定为 2015—2019 年。

本研究的数据是从豆瓣电影、猫眼电影和时光网三个网站爬取下来的。其中豆瓣电影已经成为中国最大、最权威的电影分享与评论社区，被称为“华语圈的 IMDb”，其主要用户群体与我国电影市场主力观众高度契合（王翔，2016）；时光网也是国内影响力较大的电影网站之一，专注做国内最专业的电影资讯类网站，与豆瓣电影的大众性不同，时光网聚集了更多的资深影迷与专业影评人；猫眼电影则是国内最大的电影在线票务平台（万兴和杨晶，2017），还构建了包含影视公司和主创人员等信息数据的“影人库”。本研究手工收集数据的具体过程是：第一步，在中国电影放映协会网站上下载了 2015—2019 年上映的电影清单；第二步，按照电影清单分别在豆瓣电影、时光网和猫眼电影爬取了所有的电影数据；第三步，根据研究需要对获取的研究样本进行了以下处理，剔除重复录入的电影（电影名和上映时间均相同），剔除变量数据缺失的电影，剔除变量中出现异常值的电影，如电影票房为负数，时光网在 2016 年调查发现电影已经成为超级快消品，大部分国产片在电影院的上映周期只有 2 周左右，故本研究剔除了上映天数少于 2 周的电影，① 最终获取 1466 部电影作为本研究样本。

二、研究变量

（一）被解释变量：市场绩效

本研究选取观影规模、观众关注度和观众满意度 3 个指标来衡量类型电影的市场绩效。其中，借鉴 Hsu（2006）的方法，观影规模采用电影在上映期间的累计票房来衡量。一部电影的总票房收入越高，表明进入电影院看电影的观众规模越大；观众关注度采用豆瓣电影上观众对一部电影的评论数量来衡量，一部电影的观众评论人数越多，表明该电影引起的观众关注度越高，潜在的观众了解和关注这部电影的可能性就越大，这就越会吸引观众前往影院观影。观众满意度是观众对观影体验满意的程度，采用豆瓣电影对每一部电影的评分②来衡量，豆瓣网是我国在线人数最多的用户线上评价网站，其评分均来源于每一个注册用户，因

① 根据时光网的调查结果，一部电影的正常放映周期为 30 天，影视公司可以通过秘钥延期来延伸上映周期，放映周期可以延长为 3~4 个月，如《美人鱼》延期最久，放映长达 4 个月；而大部分国产片的上映周期大约只有半个月左右。

② 豆瓣网创始人及 CEO 杨勃在 2015 年 12 月 18 日《豆瓣电影评分八问》中介绍了部分豆瓣电影的评分原则：豆瓣的注册用户看完一部电影，心情好的话会来打个 1~5 星的分（有时候心情不好也会来）。比如一部电影有 42 万用户打分，我们的程序把这 42 万个 1~5 星换算成 0~10 分，加起来除以 42 万，就得到了豆瓣评分。这也就是豆瓣电影评分的核心和原则——“尽力还原普通观影大众对一部电影的平均看法”。

此能够很好地反映观众的观影体验和满意度，电影的豆瓣评分越高，观众对这部电影的满意度就越高。其中观众观影规模的数据是从猫眼电影爬取的；观众关注度和满意度的数据都是从豆瓣电影爬取的。

（二）解释变量：电影生态位宽度

本研究利用电影类型总数量来衡量一部类型电影的生态位宽度，一部电影涵盖的电影类型数量越多，电影生态位宽度就越宽。由于国内目前暂无明确的电影类型划分标准，本研究采用好莱坞16①种电影类型的划分方法来划分电影类型：剧情、爱情、喜剧、动作、惊悚、动画、悬疑、冒险、恐怖、奇幻、战争、犯罪、纪录片、科幻、家庭和音乐。此外，本研究将存在相似性的电影子类型归入涵盖范围更广的电影类型，例如将“军旅”归入“战争”，“警匪”归入“犯罪”，“儿童”归入“动画”，“武侠”归入“动作”，“传记”归入“纪录片”，同时还剔除了没有明确指向的类型，如短片、古装、青春等。电影类型的数据分别从豆瓣电影、时光网和猫眼电影3个网站爬取，然而这3个网站对部分电影的电影类型的划分不完全一致，如《寻龙诀》在豆瓣电影的电影类型为剧情/动作/奇幻/冒险，在猫眼电影的电影类型为动作/冒险/奇幻，在时光网的电影类型为奇幻/冒险/剧情。借鉴Hsu（2006）的方法，本研究利用豆瓣电影、猫眼电影和时光网3个网站涵盖的电影类型总数来衡量一部电影的生态位宽度，如《寻龙诀》在3个网站涵盖的电影类型包括剧情、动作、奇幻、冒险，故将其生态位宽度记为4。鉴于电影生态位宽度数据存在右偏，本研究将其进行取对数处理。此外，为了确保研究结果的稳健性，本研究还选取了“专才”电影和“通才”电影来测度生态位宽度，根据前文对“通才”电影和“专才”电影的界定，当一部电影的生态位宽度为1时，“专才”电影取值为1，否则为“通才”电影取值为0。

（三）观众感知的电影典型性程度

本研究借鉴Hsu（2006）的方法利用观众和电影企业对预置电影类型的共识度（简称共识度）来衡量，即观众与电影企业对电影类型形成的共识度越高，表明电影的典型性程度越高，观众感知的电影典型性程度就越高。本研究具体采用Jaccard系数来计算一部电影在时光网、猫眼电影和豆瓣电影3个网站的电影类型相似程度来测度共识度。因为豆瓣电影对电影类型的划分代表了主力观众的意见（王翔，2016）；猫眼电影是观众购买电影票的最大在线票务平台，其用户群体来自购票观众，它对电影类型的划分则代表了部分观影观众的意见；时光网

① Hsu（2006）采用了17种电影类型，除了本研究提到的16种外，还包括西部片。西部片是以19世纪美国开拓西部疆土为背景的类型模式，在中国市场上映的西部片数量很少，所以本研究样本中西部片的观测值太少，故将西部片从电影类型中剔除了。

对电影类型的划分代表了资深影迷和专业影评人的意见，这个群体也是观众群体。所以说 3 个网站对电影类型的划分代表了不同观众群体感知和识别到的预置电影类型，因此，计算得出的相似度有效表征了共识度，3 个网站的电影类型相似度越高，观众与电影企业对预置电影类型的共识度也就越高。

电影类型相似度的计算过程为：例如电影《大闹天竺》（2017）在时光网的电影类型为喜剧/爱情，在猫眼电影和豆瓣电影的电影类型都为喜剧/动作/冒险，时光网和猫眼电影包含了 4 种电影类型，即喜剧、爱情、动作、冒险，其中相同的电影类型有 1 种，因此《大闹天竺》在时光网和猫眼电影的电影类型相似度为 1/4，如图 19-1 所示。同理可得时光网与豆瓣网的电影类型相似度也是 1/4，而猫眼电影与豆瓣电影的电影类型相似度为 1，计算得到总相似度为$\frac{(1/4+1/4+1/1)}{3}=\frac{1}{2}$。再如电影《快手枪手快枪手》（2016）在时光网的电影类型为剧情/犯罪，在猫眼电影的电影类型为喜剧/动作/犯罪，在豆瓣电影的电影类型为喜剧/动作，计算可得时光网与猫眼电影的电影类型相似度为 1/4，时光网与豆瓣网的电影类型相似度为 0，猫眼电影与豆瓣网的电影类型相似度为 2/3，计算得出总相似度为 11/36。如果一部电影的电影类型数据只能从任意两个网站获取，总相似度则为这两个网站之间的电影类型相似度。如果只能从其中一个网络获取电影类型数据，则总相似度取值为 0。

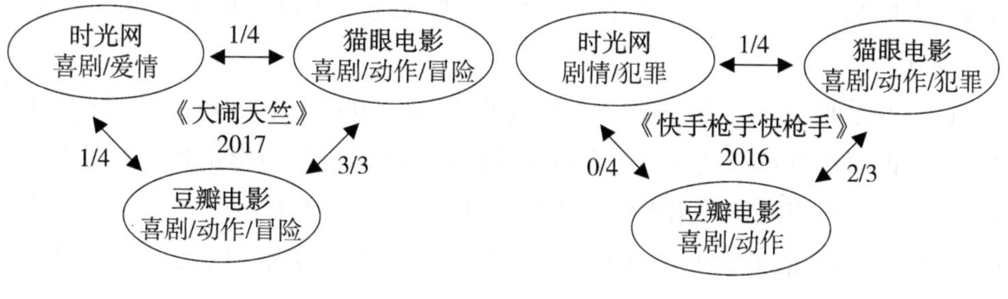

图 19-1　电影类型相似度的计算方法

（四）控制变量

借鉴以往研究，本研究控制了以下变量。

（1）演员影响力。本研究借鉴 Hsu（2006）、Nelson 和 Glotfelty（2012）的方法，利用演员在电影网站上排名来衡量演员影响力。如果演员排名越高，则观众对其越感兴趣，影响力越大。本研究利用猫眼电影“影人库”中 50 强演员排行榜来衡量演员影响力，如果电影的主演演员来自当年 50 强排行榜中的演员，则取值为 1，否则为 0。

（2）导演影响力。本研究采用和演员影响力相同的衡量方法来测量导演影响力，如果一部电影的导演来自当年“影人库”中50强导演排行榜，则取值为1，否则为0。

（3）上映档期。中国电影市场在节假日与强势影片的共同驱动下，已形成春节档、暑期档、贺岁档、国庆档等成熟档期。此外，受节假日等因素的影响，如五一假期、端午节假期等观影人数往往会比工作日多，还有情人节等有特殊意义的节日，常常也会出现观影高峰，逐渐分化出五一档、端午节档、情人节档等新兴档期。基于此，本研究将上述档期全部设定为黄金档期，如果一部电影在黄金档期上映，则取值为1，否则为0。

（4）制片国家/地区。根据一部电影的制片国家/地区，可以将电影分为国产片、进口片、合拍片。制片国家/地区如果是中国大陆，则为国产片，取值为1；制片国家/地区如果是来自港澳台地区或其他国家，则是进口片；如果制片国家/地区来自中国大陆和中国大陆以外的国家或地区，则为合拍片，进口片和合拍片的取值为0。制片国家/地区的数据来自时光网。

（5）发行公司。本研究利用猫眼电影“影人库”中20强发行排行榜来衡量发行公司的影响力，如果当年一部电影的主发行或联合发行公司来自20强发行排行榜，则取值为1，否则为0。

（6）是否续集。续集电影一般是因为前一部或几部电影获得了观众的认可后继续拍摄的，因此对于续集电影来说，前一部电影的成功为它提供了很好的知名度，会影响观众的观影规模和观影体验。如果电影为续集电影，则取值为1，反之为0。

（7）电影时长和电影版式。本研究也控制了电影时长和电影版式的影响，其中电影的时长越长，电影的内容和故事情节也越多，这会影响观众的观影行为和观影体验，电影时长采用电影放映的时间来衡量。电影版式采用电影制作技术来衡量：2D电影取值为1，3D电影取值为2，IMAX电影取值为3。电影时长和电影版式的数据都来自时光网。

（8）上映天数。本研究利用一部电影从正式上映日到结束上映日持续的天数来衡量。上映天数的数据来自猫眼电影APP。

此外，本研究还加入了年份固定效应的虚拟变量，以控制其他随时间变化的遗漏变量对最终结果造成的影响。

三、样本分布情况

图19-2报告了不同电影样本在2015—2019年的观影规模均值（a图）和观众满意度均值（b图）情况。从a图的情况来看，“通才”电影的观影规模均值每年都远远高于“专才”电影，尤其是在2016年和2017年，前者分别是后者的

20.04 倍和 10.29 倍，表明“通才”电影平均普遍比“专才”电影的市场绩效好。从 b 图的情况来看，除了 2015 年外，“专才”电影的观众满意度均值都高于“通才”电影的满意度均值，在 2015—2019 年，前者分别为 5.14、5.59、6.04、6.38、6.33；后者分别为 5.39、4.88、5.44、5.75 和 6.10，表明“专才”电影平均普遍比“通才”电影的观众满意度高，与本研究假设 H1 和 H2 的观点基本一致。

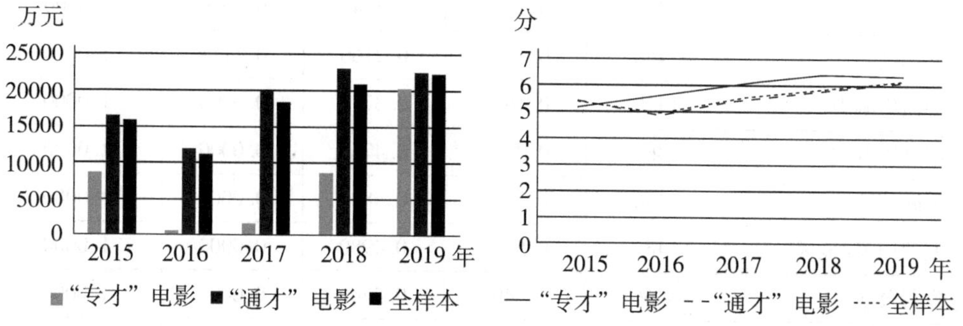

(a) (b)

图 19-2 不同电影样本的观影规模和观众满意度均值情况

四、描述性统计

表 19-2 为各变量的描述性统计分析结果。为了降低观众关注度、观影规模和生态位宽度数据分布的偏斜程度，本研究对这 3 个变量进行了对数处理。观众观影规模的均值为 7.231，最小值为 0.693，最大值为 13.2504，表明样本电影之间的观众观影规模差距很大。观众关注度和观众满意度的均值分别为 8.6316 和 5.5226，最小值分别为 0 和 2.1000，最大值分别为 15.3885 和 9.3000，表明观众对不同电影的关注度和满意度差异也很大。生态位宽度均值为 0.9498，最小值为 0，最大值为 1.9459，表明样本电影的生态位宽度普遍较宽；“专才”电影的均值为 0.1030，表明 10.3%的样本电影为“专才”电影，89.7%的样本电影为“通才”电影。共识度均值为 0.7516，表明观众与电影企业对预置电影类型的共识度普遍较高。从控制变量的情况看，平均 17%的样本电影有知名导演执导，34.7%的样本电影有知名演员参演，36.4%的样本电影在黄金档期放映，54.64%的样本电影为国产电影，34.9%的样本电影由知名发行公司发行，70.33%的样本电影为 2D 电影，8.3%的电影为续集电影，样本电影的平均时长为 102 分钟，上映天数平均为 40.7 天。

表 19-2 描述性统计

变量	观测值	均值	标准差	最小值	最大值
观影规模	1466	7. 2306	2. 7098	0. 6931	13. 2504
观众关注度	1466	8. 6316	4. 0804	0. 0000	15. 3885
观众满意度	1466	5. 5226	1. 7437	2. 1000	9. 3000
生态位宽度	1466	0. 9498	0. 4192	0. 0000	1. 9459
“专才”电影	1466	0. 1030	0. 3041	0. 0000	1. 0000
共识度	1466	0. 7516	0. 2160	0. 1111	1. 0000
导演影响力	1466	0. 1698	0. 3756	0. 0000	1. 0000
演员影响力	1466	0. 3465	0. 4760	0. 0000	1. 0000
上映档期	1466	0. 3636	0. 4812	0. 0000	1. 0000
制片国家/地区	1466	0. 5464	0. 4980	0. 0000	1. 0000
发行公司	1466	0. 3492	0. 4769	0. 0000	1. 0000
电影版式	1466	1. 4311	0. 7172	1. 0000	3. 0000
是否续集	1466	0. 0825	0. 2753	0. 0000	1. 0000
电影时长	1466	102. 3506	15. 2018	70. 0000	181. 0000
上映天数	1466	40. 7094	15. 9393	14. 0000	100. 0000

第四节 实证检验

一、电影生态位宽度对市场绩效的影响分析

(一) 基本回归结果分析

电影生态位宽度对市场绩效的影响结果如表 19-3 所示。由第（1）和第（3）列的结果可知，生态位宽度的系数都显著为正；在第（2）和第（4）列中“专才”电影的系数显著为负，即“通才”电影比“专才”电影吸引的观众关注度更高，观影的观众规模更大。第（1）至第（4）列的结果都表明一部电影的生态位宽度越宽，观众对电影的关注度越高，观影的观众规模越大，从而有助于提升电影的市场绩效。尽管以往研究表明“专才”比“通才”更容易取得成功（Negro and Leung，2013），但是由于“通才”产品跨越了多个生态位，更容易吸引不同类别偏好者的关注并购买产品，所以“通才”产品更容易获取较高的市场绩效，本研究得出的结论与 Zhao 等（2013）和 Montauti（2019）的研究结论

是一致的。虽然 Hsu（2006）提出电影生态位宽度越宽，吸引的观众对电影的关注度越高，观影的观众规模越大，但该假设没有得到其实证分析结果的支持。Quan（2013）在她的博士论文中复制了 Hsu（2006）的研究，而且 Quan（2013）的研究结果表明电影生态位宽度与观众对电影的关注度和观影观众规模都正相关，与本研究结论是一致的。至此，假设 H1 得到支持。

根据第（5）和第（6）列的结果，生态位宽度的系数显著为负，"专才"电影的系数显著为正，表明电影的生态位宽度越宽，电影满足不同类型观众偏好的能力越低，观众的满意度也就越低，与 Hsu（2006），Hsu 等（2009）的研究结论一致，这就意味着相对于"专才"电影，观众对"通才"电影的满意度更低。此外，Kovács 和 Hannan（2010，2011）的研究也得出了类似结论，他们的研究发现一家餐馆跨越的类别越多，消费者对餐馆的满意度就越低，所以给餐馆的评分越低。至此，假设 H2 得到支持。

表 19-3 电影生态位宽度对市场绩效的影响

变量	观影规模		观众关注度		观众满意度	
	(1)	(2)	(3)	(4)	(5)	(6)
生态位宽度	0.9620*** (8.9645)		2.0076*** (9.3806)		-0.3093*** (-3.1334)	
"专才"电影		-0.9589*** (-6.8738)		-2.4295*** (-7.7057)		0.7439*** (5.5406)
控制变量	控制	控制	控制	控制	控制	控制
年份哑变量	控制	控制	控制	控制	控制	控制
观测值	1466	1466	1466	1466	1466	1466
R^2	0.6519	0.6437	0.4881	0.4825	0.3857	0.3970
F 值	253.9774	241.6184	123.5461	121.9900	86.5956	91.6448

注：***、**、*分别表示在 0.01、0.05、0.1 水平下显著。下同。

控制变量中，除上映档期和制片国家/地区外，其他控制变量都对观众关注度和观影规模有显著的正向影响，表明这些变量可以显著增加电影吸引的观众数量（Barroso and Giarratana，2013）；制片国家/地区对观众关注度、观影规模和观众满意度都有显著负向影响，表明相对于进口片或合拍片，国产片吸引的观众规模更小，观众对国产片的满意度更低；发行公司、电影时长和上映天数对观众满意度也有显著正向影响，导演影响力、上映档期、电影版式和是否续集对观众满意度都没有显著影响，但演员影响力对观众满意度有显著负向影响，可能的原因在于近年来中国电影市场受资本驱动的影响，不少影片采用“流量明星”制作模式粗制滥造（饶曙光和李国聪，2017），尽管有不少影片利用明星效应吸引了大量观众去观影，但因电影质量较差观众观影后纷纷给出差评，观众的满意度必然也会大幅降低，如2015年邓超、孙俪等主演的《恶棍天使》被评为年度十大烂片之一，豆瓣评分只有4.3分。

（二）内生性检验

针对假设H1和H2中可能存在的样本自选择偏误问题，本研究采用Heckman两阶段模型进行检验。在第一阶段采用Probit模型中以是否是“专才”电影作为因变量，如为“专才”电影取值为1，否则为0；同时引入选择“专才”电影的影响因素导演影响力、明星影响力、上映档期、制片国家/地区、发行公司、是否续集、电影版式、电影时长、上映天数和年份哑变量，从而估计出米尔斯反比（IMR），然后将IMR作为控制变量引入Heckman结果回归模型中，回归结果如表19-4所示。由表4第（1）至第（6）列的结果可知，IMR的回归系数都在1%的水平下通过显著性检验，表明在第一阶段Heckman选择模型的应用是恰当的，有效控制了研究样本中存在的自选择偏误。同时表19-4中生态位宽度和“专才”电影的回归系数符号、大小和显著性水平与表19-3中的结果基本上是完全一致的，表明假设H1和H2得到支持的结论是稳健的。

表19-4 Heckman结果模型的回归结果

变量	观影规模		观众关注度		观众满意度	
	（1）	（2）	（3）	（4）	（5）	（6）
生态位宽度	0.9389*** （8.6980）		1.8992*** （9.1226）		−0.2860*** （−2.8910）	
“专才”电影		−0.9252*** （−6.5704）		−2.2798*** （−7.5164）		0.7144*** （5.3050）
IMR	−3.9505*** （−3.1974）	−4.1803*** （−3.2957）	−18.5098*** （−7.6174）	−18.6066*** （−7.6908）	3.9910***	3.6709*** （2.9820）
控制变量	控制	控制	控制	控制	控制	控制
年份哑变量	控制	控制	控制	控制	控制	控制
观测值	1466	1466	1466	1466	1466	1466
R^2	0.6536	0.6456	0.5043	0.4988	0.3898	0.4005
F值	240.0195	228.5538	122.7283	121.2524	81.5952	86.6572

二、生态位宽度对观众感知电影典型性程度的影响分析

本研究进一步探讨了生态位宽度对观众感知电影典型性程度的影响，鉴于共识度的取值范围为［0，1］，本研究分别采用分数逻辑回归（fractional logit regression）和 OLS 回归两种方法来进行实证检验，结果如表 19-5 所示。由第（1）和第（3）列的结果可知，生态位宽度对观众感知的电影典型性程度有显著负向影响，表明电影的生态位宽度越宽，电影融合和跨越的类型越多，观众感知的电影典型性程度越低，第（2）和第（4）列的结果也进一步支持了这一结论。由于一种电影类型代表着一种类型标签，每种类型标签都可以唤起观众对该电影类型的观影预期，所以观众主要是利用电影类型来感知和评价电影的（Kovács and Johnson，2014）。当一部电影的生态位宽度越宽，意味着该电影跨越的类型越多，类别标签也越多，导致电影类型越不能清晰划分，电影类型变模糊在一定程度上就造成了观众的认知困难，这就使得观众不清楚应该利用哪种类型标签来评价多类型电影，最终导致观众感知的电影典型性程度降低。Hsu 等（2009）、Kovács 和 Hannan（2011）的研究也提出因为跨类别的企业对于所跨越的每个类别都是非典型的，所以观众将无法感知和评价它们，当跨越的类别之间的差异越大时，观众的认知困难就越大，越难以感知企业的典型性程度（Kovács and Hannan，2011）。至此，假设 H3 得到支持。

表 19-5　电影生态位宽度对观众感知电影典型性程度的影响

变量	(1)	(2)	(3)	(4)
生态位宽度	-3.3472*** (-35.8905)		-0.3243*** (-38.8929)	
“专才”电影		21.3933*** (245.1576)		0.2840*** (39.4476)
控制变量	控制	控制	控制	控制
年份哑变量	控制	控制	控制	控制
观测值	1466	1466	1466	1466
RMSE	1.9506	0.9888	–	–
Dev	2830.3517	1585.7282	–	–
R^2	–	–	0.3586	0.1668
F 值	–	–	118.5801	151.3668

注：第（1）和第（2）列采用分数逻辑回归，第（3）和第（4）列采用 OLS 回归。

三、电影生态位宽度与观众满意度：观众感知的电影典型性程度的中介效应

本研究采用温忠麟等（2004）方法进一步考察了观众感知的电影典型性程度在电影生态位宽度与观众满意度之间的中介效应。在前文已经分别检验了生态位宽度对观众满意度和观众感知的电影典型性程度的影响，因此表 19-6 直接报告了生态位宽度和观众感知的电影典型性程度对观众满意度的影响，并借鉴何瑛等（2019）的做法，采用 Sobel 检验和 Bootstrap 检验对观众感知的电影典型性程度的中介效应进行了检验，Sobel Z 值和 Bootstrap Z 值都显著为正，表明观众感知的电影典型性程度存在显著的中介效应，中介效应占比为 32.81%，即电影生态位宽度可以通过提高观众感知的电影典型性程度，进而提高观众对多类型电影的满意度，表明观众感知的电影典型性程度是抵消因观众认知混乱导致观众满意度降低的作用机制，这与 Babin 等（2004）研究结论具有一致性。Babin 等（2004）发现商场的物理环境与品类原型的契合度提升了顾客的情感、质量感知和购物价值。至此，假设 H4 得到支持。

表 19-6　观众感知的电影典型性程度的中介效应

变量	回归系数	T 值
生态位宽度	−0.4601***	−4.0511
共识度	−0.4654**	−2.2477
控制变量	控制	
年份哑变量	控制	
观测值	1466	
R^2	0.3878	
Sobel Z	2.2400	
Sobel Z-p 值	0.0251	
Goodman-1 Z	2.2390	
Goodman-1 Z-p 值	0.0252	
Goodman-2 Z	2.2420	
Goodman-2 Z-p 值	0.0250	
Bootstrap Z	2.2100	
Bootstrap Z--p 值	0.0270	
Bootstrap 置信区间	[0.0170, 0.2845]	
中介效应占比	32.8132%	

四、稳健性检验

前文检验电影生态位宽度对市场绩效影响的回归模型中，其中观影规模、观众关注度和观众满意度分别采用电影总票房收入、豆瓣网观众评论人数和豆瓣评分来衡量的，本研究进一步将上述 3 个变量分别替换为电影的首周票房收入、时光网观众评论人数和时光网电影评分来进行稳健性检验。相对于表 19-3 的结果，如表 19-7 第（1）至第（4）列所示，电影生态位宽度和“专才”电影的回归系数符号和显著性没有发生变化，表明假设 H1 得到支持的结论是稳健的。尽管表 19-8 第（1）列的回归结果没有通过显著性检验，但 P 值=0.117，接近 0.1 的显著性水平；表 19-8 第（2）列的回归系数符号和显著性没有发生变化，表明假设 H2 得到支持的结论也基本上是稳健的。

本研究在前文分别采用分数逻辑回归和 OLS 回归两种方法来检验电影生态位宽度对观众感知的电影典型性程度的影响，电影生态位宽度和“专才电影”的回归系数符号和显著性完全一致，表明得出的研究结论比较稳健。囿于数据可得性，本研究进一步采用电影类型的总数量替代电影类型总数量的对数来衡量生态位宽度，仍采用分数逻辑回归和 OLS 回归两种方法进行稳健性检验，回归结果如表 19-8 第（3）和第（4 列）所示，生态位宽度的回归系数符号和显著性没有发生变化，表明假设 H3 得到支持的结论是稳健的。

表 19-7 生态位宽度对观影规模和观众关注度影响的稳健性检验

变量	观影规模		观众关注度	
	（1）	（2）	（3）	（4）
生态位宽度	1.1739*** （10.1482）		0.6770*** （6.9181）	
“专才”电影		-1.3055*** （-8.2877）		-0.7233*** （-5.1945）
控制变量	控制	控制	控制	控制
年份哑变量	控制	控制	控制	控制
观测值	1455	1455	1339	1339
R^2	0.6294	0.6214	0.6067	0.6007
F 值	235.0535	225.6288	212.1053	206.6425

注：因部分电影的首周票房收入、时光网观众评论人数和时光网电影评分的数据缺失，所以表 19-7 中的观测值比表 19-3 中的观测值略少。

表 19-8　生态位宽度对观众满意度和共识度影响的稳健性检验

变量	观众满意度		共识度	
	(1)	(2)	(3)	(4)
生态位宽度	-0.1134 (-1.5667)		-0.9565*** (-27.5322)	-0.1394*** (-40.0553)
“专才”电影		0.3341*** (3.1799)		
控制变量	控制	控制	控制	控制
年份哑变量	控制	控制	控制	控制
观测值	1339	1339	1466	1466
R^2	0.3705	0.3755	—	0.3837
F 值	71.9272	74.1079	—	124.6550
RMSE	—	—	1.5717	—
Dev	—	—	2280.6084	—

为了检验观众感知的电影典型性程度所发挥中介效应的稳健性，本研究将电影类型总数量的对数替换为“通才”电影，同样采用 Sobel 检验和 Bootstrap 检验两种方法对观众感知的电影典型性程度的中介效应进行稳健性检验，表 19-9 中的 Sobel Z 值和 Bootstrap Z 值也都显著为正，与前文得出的研究结论一致，表明假设 H4 通过稳健性检验。

表 19-9　共识度中介效应的稳健性检验

变量	回归系数	T 值
“通才”电影	-0.8709***	-6.7163
共识度	-0.4454**	-2.4757
控制变量	控制	
年份哑变量	控制	
观测值	1466	
R^2	0.3995	
Sobel Z	2.4480	
Sobel Z-p 值	0.0144	
Goodman-1 Z	2.4430	
Goodman-1 Z-p 值	0.0146	

续表

	回归系数	T 值
Goodman-2 Z	2. 4520	
Goodman-2 Z-p 值	0. 0142	
Bootstrap Z	2. 4100	
Bootstrap Z--p 值	0. 0160	
Bootstrap 置信区间	[0. 0234 0. 2296]	
中介效应占比	14. 5240%	

第五节　研究结论与启示

基于企业行为和观众感知整合视角研究了电影生态位宽度对市场绩效的影响，研究发现电影的生态位宽度越宽，目标观众对电影的关注度越高，前往观影的观众规模也越大，但目标观众观影后对电影的满意度却越低，此结论在进行了内生性检验和稳健性检验后依然成立。本研究还考察了电影生态位宽度对观众感知的电影典型性程度的影响，以及观众感知的电影典型性程度在电影生态位宽度影响市场绩效作用机制中所扮演的关键角色，研究发现随着电影生态位宽度的增加，一部电影杂糅和融合的电影类型数量越多，目标观众感知和识别电影中预置的电影类型的难度就越大，观众感知的电影典型性程度就越低，表明观众感知的电影典型性程度会随着电影生态位宽度的变化而动态变化，此结论经过稳健性检验后依然成立。进一步发现，观众感知的电影典型性程度在电影生态位宽度与市场绩效二者关系之间发挥了中介效应，即电影生态位宽度可以通过提升观众感知的电影典型性程度来提高观众对电影的满意度，此结论经过稳健性检验后依然成立。基于以上研究结论，本研究的管理启示有以下 3 点。

（一）本研究为电影企业选择电影项目和拍摄“通才”电影或“专才”电影提供了重要的理论依据和经验证据

选择拍摄一部“通才”电影，还是“专才”电影是电影企业选择电影项目时需要考虑一个重要问题。根据本研究结论可知，电影生态位的选择不仅受到电影企业自身拥有资源的影响，同时还会受到观众的影响，因为不同的生态位宽度对应着不同的预期观众，观众是否观影以及观影后是否满意直接影响着电影的票房收入和口碑，而票房收入和口碑有时不能同时兼得：选择“通才”电影虽然会收获良好的票房，但可能会以牺牲电影口碑为代价的，这在一定程度上会给电影企业带来负面影响；若选择“专才”电影可能会收获观众的良好口碑，但往往很能获得良好的票房绩效。可见，一部电影的生态位选择会直接影响着电影的生产和宣发过程，而本研究结论可以为电影企业如何选择生态位宽度提供重要的实证依据。

（二）本研究揭示了中国电影市场“叫好不叫座”“叫座不叫好”和“叫好又叫座”现象的影响机制

本研究结论表明“通才”电影因可以吸引多种电影类型爱好者观影，进而收获高额票房收入而“叫座”，但因部分“通才”电影的典型性程度较低，会导致观众感知的电影典型性程度降低，造成观众的认知困难而对“通才”电影满意度较低，所以出现“叫座不叫好”的现象；“专才”电影的典型程度比较高，观众感知的“专才”电影典型性程度也较高，所以观众对“专才”的电影满意度也较高，但因“专才”电影只能吸引某一种电影类型爱好者观影，尽管电影会“叫好”，但因观影群体规模小也很难“叫座”，所以出现了“叫好不叫座”的现象。所以，只有典型性程度高的“通才”电影，因提升了观众对“通才”电影感知的典型性程度而提高了观众的满意度，最终达到“叫座又叫好”。

（三）本研究有助于明晰“通才”电影“叫好又叫座”的实现路径

因“通才”电影融合了多种电影类型，导致类型范式边界模糊而降低了观众感知的“通才”电影典型性程度，所以电影企业可以通过企业参与行为提升“通才”电影的典型性程度（Hannan et al.，2007）来降低其类型范式的边界模糊程度，从而可以提升观众感知的“通才”电影典型性程度来提高观众满意度，最终实现“通才”电影的“叫好又叫座”。具体有以下两条实现路径。

第一，电影企业可以通过确定核心类别范式来提升多类型电影的典型性程度。在电影生产过程中导演和编剧在杂糅和融合不同电影类型的类型式公设时，需要依据类型模式的作用给予不同的定位：选择某一种电影类型作为核心类型，为整部电影的类型定位提供主要框架，处在核心位置的类型式公设就有利于与观众建立较高的契合度，给他们带来可预期的观影期待，提高了电影的典型性程度而易于观众的感知和识别；再将其他电影类型模式用来“填充完形”，用以丰富和调控影片的调性，从而可以给目标观众带来“出其不意”（王少白，2017）。

第二，电影企业可以通过提高类别范式融合的连续性来提升多类型电影的典型性程度。由于每种电影类型都有其独特的叙事模式，那么不同电影类型的叙事模式就会存在较大差异，在融合多种电影类型时需要将几种类别范式有机融合在一个完整的情节框架中以确保整部电影叙述的连续性，这是构建人物情感连续性的重要基础，从而有利于在目标观众观影的过程中可以持续地关联和唤起观众的情感体验（王少白，2017），有利于促进目标观众与电影产生强烈的共鸣，从而提高了电影的典型性。可见，对观众而言，类型电影中预置的和观众脑海中的类型式公设的契合度越高，表明类型电影的典型性程度越高，观众感知的电影典型性程度就越高，观众越容易感知和识别电影的类别范式，就越能满足目标观众的观影期待，从而易于引起广大观影观众的强烈共鸣，最终提升观众对电影的满意度。

本研究还存在局限性：由于缺乏观影观众微观层面的个性特征数据，本研究只考察了观众感知的电影典型性程度在电影生态位宽度与市场绩效间的中介效应，没有进一步考察观众的年龄、性别、受教育程度等个体特征对此中介效应可能产生的影响。未来研究可以通过问卷调查获取观众的个体特征数据来进一步考察观众个体特征是否会影响观众感知的电影典型性程度所发挥的中介效应。

第 20 章　企业研发费用加计扣除政策落实存在的问题与对策建议

——基于浙江省制造业企业的实地调查

研发费用加计扣除是世界各国普遍采用的税收激励政策，也是促进企业加快科技创新驱动步伐的重要手段。① 2021 年 3 月 31 日，财政部、国家税务总局发布《关于进一步完善研发费用税前加计扣除政策的公告》，加大企业创新政策支持力度。② 根据政策要求，延续执行企业研发费用加计扣除 75%的政策，将制造业企业加计扣除比例提高到 100%，用税收优惠机制激励企业加大研发投入，着力推动企业以创新引领发展。这一政策调整充分体现了国家对制造业和实体经济创新发展的支持。从调研情况看，政策得到落实，成效初步显现，但政策落实的过程中也面临着一些问题和困难，亟待重视。

第一节　制造业企业研发费用加计扣除政策落实情况

浙江省积极推动研发费用加计扣除新政实施，优化服务管理，引导企业享受政策带来的减税红利，同时增强对企业创新的正向激励。从调研情况来看，政策成效初步显现，总体落实情况呈现以下 3 个特征。

一、惠及面持续提升

随着研发费用加计扣除政策的优化完善，政策享受主体和扣除范围逐步扩大，浙江省制造业企业惠及广泛、获益明显。据统计，近 3 年，浙江省制造业企业加计扣除户数从 2018 年度的 18598 户增加到 2020 年度的 30576 户；加计扣除

① 作为企业所得税的一种税基式优惠方式，我国研发费用加计扣除政策始于 1996 年，期间经过了多次优化和完善，政策享受主体和扣除范围逐步扩大。

② 此次政策调整主要有两个特点：一是制造业加计扣除力度再加码。对制造业企业开展研发活动发生的研发费用，在按规定据实扣除的基础上，再按照实际发生额的 100%在税前加计扣除。二是企业享受政策更及时。企业预缴申报当年第三季度（按季预缴）或 9 月（按月预缴）企业所得税时，可以自行选择就当年上半年研发费用享受加计扣除优惠政策。即企业无须再等到次年汇算清缴时申报享受研发加计扣除优惠，而是在当年第三季度预缴企业所得税时便可就上半年研发费用申请享受加计扣除政策，缩短结算期限，让企业更早享受优惠，缓解资金压力。

额从 2018 年度的 898. 4 亿元增加到 2020 年度的 1229. 2 亿元；浙江省享受加计扣除的制造业企业户数占制造业企业总户数的比重从 2018 年度的 6. 6%提高至 2020 年度的 7. 7%，逐年提高。以温州市为例，温州市研发费加计扣除预缴享受 3037 户，享受加计扣除金额 86. 68 亿元。其中，制造业研发费加计扣除预缴享受 2825 户，享受加计扣除金额 83. 45 亿元。制造业享受研发费加计扣除预缴享受户数占总户数的 93. 02%，制造业享受加计扣除金额占总金额的 96. 27%。

二、引导成效更加显著

制造业企业作为享受加计扣除政策的主力，随着企业自身规模的扩大，尤其是规上企业，财务管理相较规范，研发投入资金量大，受新政激励效果更明显。某特材公司 2021 年加大研发投入，共投入研发费用 1. 4 亿元。新政实施后，提前享受研发费用加计扣除额 1. 02 亿元，预计给企业提前带来 1530 万元的减税红利，企业投入研发促进产品更新换代的意愿增强，总体创新意识进一步激发，研发底气更足。

三、政策享受更为及时

企业预缴申报当年第 3 季度（按季预缴）或 9 月（按月预缴）企业所得税时，可以自行选择就当年上半年研发费用享受加计扣除优惠政策。即企业无须再等到次年汇算清缴时申报享受研发费用加计扣除优惠，而是在当年第 3 季度预缴企业所得税时便可就上半年研发费用申请享受加计扣除政策。缩短结算期限，让企业更早享受优惠，缓解资金压力。某新能源电池股份公司反映，其 2020 年享受研发费用加计扣除 2. 78 亿元，若根据制造业企业研发费用加计扣除新政测算，2021 年，该企业预计可享受研发费用加计扣除 3. 7 亿元。新政让该公司可以提早 7 个月享受政策优惠，预计撬动 2800 万元左右的流动资金用于研发再投入，改善企业资金周转状况。

第二节　存在的困难和问题

一、研发费用归集口径存异，企业把控困难

目前，研发费用归集存在三个口径：一是会计核算口径，由《财政部关于企业加强研发费用财务管理的若干意见》（财企〔2007〕194 号）规范；二是高新技术企业认定口径，由《科技部　财政部　国家税务总局关于修订印发〈高新技术企业认定管理工作指引〉的通知》（国科发火〔2016〕195 号）规范；三是

加计扣除税收规定口径，由财税〔2015〕119号文件和97号公告、40号公告规范。3个研发费用归集口径存在一定差异，导致企业准确核算难度较大。某导热科技有限公司反映，企业研究开发费用投入1133.1万元，但在申报研发项目时发现高新技术企业、研发费用加计扣除政策存在差异，高新技术企业研发支出的租赁费包括租入的建筑物的折旧，但在研发费用加计扣除政策中，租赁费却不包括不动产租赁费、建筑物折旧费。因研发费用加计扣除政策的使用者通常为不具备科技相关知识的财税人员，对实质性改进、常规性升级等不适用税前加计扣除政策的七类情形难以判别，进而导致多次调整申报。调研发现，某上市电器股份有限公司会计核算、纳税申报和信息披露都比较规范，企业以往年度汇算清缴申报研发费加计扣除时，需经过研发费用加计扣除专项审计。由于会计核算和税收政策对于研发费用的归集口径不一致，企业对申报的扣除金额把控上有一定困难。

此外，企业税务登记行业可能与实际经营情况不一致，对企业申报加计扣除存在一定困扰。财政部〔2021〕13号公告明确了制造业企业的范围，是指以制造业业务为主营业务，享受优惠当年主营业务收入占收入总额的比例达到50%以上的企业。部分企业税务登记信息中不是制造业，实际生产经营业务为制造业，但没有及时变更税务登记信息，对及时申报加计扣除带来一定问题。调研发现，某自动化技术有限公司根据工商登记相关规定，其行业为工程和技术研究和试验发展，实际主营电子专用设备、工业自动控制系统装置、电子元器件等制造，2021年主营制造业收入占收入总额的比例达到83%，企业为降低涉税风险，与主管税务机关沟通确认后才申报季度研发费用加计扣除。

二、研发费用归集复杂导致企业，特别是中小企业“申报难”

（一）研发费用归集工作量大、专业性强，中小企业人力成本负担重

制造业企业研发费用加计扣除政策规定，研发费用归集以项目为单位，对于有多个研发项目的企业，需要建立多个项目的研发费用专账或辅助账，且需研发、仓管、行政、人事等多部门及时配合提供证明材料，致使费用归集较为复杂，企业需要花费较高的人力成本。而部分中小企业未设立专门研发部门，在财务核算上采用代理记账或兼职会计核算的情况也相对普遍，核算能力相对薄弱。调研发现，某电机有限公司2021年预计投入研发资金约650万元，预计可减免税额97万元，因涉及9项自主研发项目，而专账管理人员仅1名，财务人员工作量很大，且项目之间涉及共用科研人员、设备，需在项目间进行摊销，费用归集非常复杂。某通信有限公司反映，作为小企业，其每年研发投入30万元，加

计扣除口径和会计口径不一致，研发经费统计较难，如果申报加计扣除，需要另行聘请熟悉政策的财务人员，对研发支出重新进行会计处理，加计扣除税费减少了 4 万~6 万元，但需要增加 5 万~10 万元的人力成本。

（二）中小企业研发项目立项与核算不规范，易产生涉税风险

根据财政部、国家税务总局、科技部联合发布的《关于完善研究开发费用税前加计扣除政策的通知》要求，税务部门每年对研发费用加计扣除优惠政策后续管理的年度核查面不得低于 20%。每年 20%的核查面使得部分企业财务人员产生侥幸心理与懒惰心理，导致部分中小企业在研发活动立项时，存在账务上未按照研发项目进行独立核算的情况，使企业存在较大涉税风险，也给基层税务部门带来反复进行财务辅导的压力。全面简化审批流程下的留存备查制增加了基层税收部门实务操作中的后续管理难度。以绍兴市柯桥区为例，在 2020 年度企业所得税汇算中，未经税务部门辅导前，柯桥区内享受研发加计扣除政策的 654 户企业中约 128 户未规范登记企业的研发项目，占比 19.57%，甚至部分企业需在税务部门辅导 3 次以上才能按要求录入研发费用辅助账。

（三）双职/多职研发人员及设备、工时核算难度大，影响研发费用准确摊销

国家税务总局《关于企业研究开发费用税前加计扣除政策有关问题的公告》规定：企业从事研发活动的人员和用于研发活动的仪器、设备、无形资产，同时从事或用于非研发活动的，应对其人员活动及仪器设备、无形资产使用情况做必要记录，并将其实际发生的相关费用按实际工时占比等合理方法在研发费用和生产经营费用间分配，未分配的不得加计扣除。但对企业，特别是中小微企业而言，企业职工既参与研发活动，又参与采购、销售的情况较为普遍；而企业的生产设备往往也既参与试验试制，又参与批量生产。部分研发人员或试验机器并不能按固定的时间比例进行研发或其他工作，人员的工作内容每天都存在变化，如按准确的工时记录，徒增研发人员负担；若税务部门审核时对此项存在疑问，企业也无法较好地提供其合理的依据，存在一定的税务风险。对此，部分企业为减少税务风险，一般将部分人员和设备产生的费用不计入加计扣除政策中，导致加计扣除成效大打折扣。某电器有限公司反映，公司目前同一时段内 4 个项目存在交集，共用科研人员 27 人、共用设备 12 台，部分设备既用于生产又用于研发，部分人员既从事生产又从事研发，很难按实际工时予以分摊，导致目前约 600 万元费用无法合理地摊销在各个研发项目上，未能享受加计扣除。

三、兑现资金时间长，企业流动资金压力增大

2018 年以来，随着研发加计扣除一系列政策的实施及不断优化，2021 年预

缴申报由一年改为半年，受到制造业企业的广泛好评。但部分初具盈利能力的中小型企业反映，由于当前核算周期依然无法按季度申报，不利于企业资金回笼利用。某电子科技有限公司是一家年产值约为5000万元的中型制造业企业，2021年前三季度研发费用投入1272.5万元，季度平均投入424.2万元，根据现行政策，1—9月折合所得税预缴税款100余万元，但目前仍存在技改研发资金缺口50余万元。企业表示若核算周期可调整为按季核算，则可按季减少财务资金占用424万元，减少季度所得税预缴金额25万元，这部分资金可有效缓解企业投入技改研发的资金压力。较多中小制造业企业也有同样的困扰，某电子器械有限公司表示，研发费用加计扣除在第1季度申报时不能填报，只能等到10月申报当年第三季度企业所得税时才可以填报上半年的研发费用加计扣除。2021年上半年该公司研发投入达80万元，占公司现有账面资金的20%，如果这些投入能按季予以返还，将大大减轻企业的负担。某摩擦材料有限公司反映，850万元的研发费用，上半年约需先垫付120余万元的税款，给企业生产经营造成困扰，若下半年遇上订单“爆冷”，资金流动则会受到影响，就不得不向银行贷款，增加企业负担。

四、加计扣除范围限制严格，影响政策激励效果

加计扣除范围较窄，委托研发费用加计扣除比例有限，办公、培训、专家咨询等费用无法全额纳入加计扣除范围，政策“普惠性”不高。某药业股份有限公司反映，因地域限制原因，研发创新人才短缺，故企业在杭州、天津全资成立子公司，设立研发基地，但总公司委托全资子公司进行研发的费用也只能按实际发生额的80%计入研发费用加计扣除项，无法100%计算，如2020年委托天津子公司研发产生研发费3000万元，其中600万元无法加计扣除，按照高新技术企业15%的税率，企业多缴了90万元的企业所得税。同时，公司涉及国外业务较多，相关的产业技术较为发达，因此也委托国外个人进行研发，此部分费用达50万~60万元，但根据加计扣除的政策规定，企业委托境外个人研发不得加计扣除。某管业（集团）有限公司研发中心反映，大型制造企业研发会花费较大成本在制造技术标准制定上，如《冷拔精密单层焊接钢管》国标修订由该公司负责起草，仅2020年用在国标制定的费用就有专家咨询费131万元、技术工人培训费用60万元、办公等杂费用43万元，但由于政策限制，这部分费用企业无法作为研发费用享受政策红利。某咖啡机有限公司反映，目前该企业每年需要为研发场地支出近60万元的房屋租赁费用，占2020年研发支出达19.3%，但据相关政策文件规定，外聘研发人员的劳务费、研发活动的房屋使用费、委托个人研发的费用等都在加计扣除的口径外，因此企业的部分研发费用不能享受该政策，

影响了企业研发创新的积极性。

五、企业专业人才缺乏，核算管理不规范

由于部分企业规模小，财会人员专业能力欠缺，存在对研发费用核算不够规范的问题，这导致企业研发经费认定存在一定难度，未能及时享受加计扣除政策，甚至导致企业存在涉税风险。某医疗器材有限公司反映，2020 年度该公司研发项目支出 44 万元，但由于研发费用归集要求较高，而该公司会计对研发费用加计扣除政策的内容把握不够全面，在数据收集、汇总时未严格按照政策要求执行，导致最终能够享受加计扣除的研发支出仅 10 万元，其余研发费用核算没有达到要求，无法享受加计扣除。杭州某电器有限公司 2020 年度申报享受加计扣除 13. 8128 万元，但在后续税务机关审核中，发现该企业研发费用不符合加计扣除条件，被税务部门责令补缴税款 6906 元并加收滞纳金。

六、受地方政策影响，企业申报积极性不高

部分地区按“税收贡献”的考核排名，一定程度上影响了企业享受新政的积极性。企业参与地方政府贡献排名或政府荣誉评选，其中“税收贡献”是一个重要评价指标。不少企业表示，如果在季度预缴时享受研发费用加计扣除政策，企业很可能因纳税金额的减少而在地方税收收入排名或政府荣誉评选中失去竞争优势，甚至失去参评资格。某弹簧机械有限公司下设的万能弹簧机械工程技术研究开发中心，2021 年前三个季度共计发生研发支出近 300 万元，为增强实缴税金、纳税销售和亩均实缴税金这三项指标的竞争优势，争取获得 2021 年度当地政府的“成长型企业 30 优”荣誉，公司在第三季度预缴申报时选择放弃享受研发费用加计扣除政策，待明年汇算清缴时再享受。此外，根据目前的“能耗双控”政策，企业反映“税收贡献”与当地限电计划相关，部分企业为减少限电限产影响，表示不愿在 10 月提前享受研发费加计扣除政策，而是选择在 2022 年 5 月底前办理所得税汇算清缴时享受。

七、亏损、初创企业及涉密型科技企业意愿不强，激励作用削弱

（一）连续亏损企业研发费用加计扣除意愿不强

亏损企业可依法享受研发费用加计扣除政策，若当年已经亏损，则仍可加计扣除，而增加可予结转以后年度弥补的亏损金额。但是亏损弥补具有结转时间的年限限制，且研发费用加计扣除政策属于税基式优惠，旨在减少企业的应纳税所得额，对于亏损企业仅是放大了可弥补亏损额，却不能直接享受到减免税，对于连续亏损或亏损金额较大的企业来说，他们进行研发费用税前加计扣除的意愿不

强。调研发现，某新能源科技有限公司处在成立初期，在设备添置、人才引进、试验支出等方面的投入较大，导致企业 2018 年亏损 9.4 万元、2019 年亏损 101 万元、2020 年亏损 341 万元。虽然 2021 年前三个季度发生研发费用 446.22 万元，实现利润 361.85 万元，均用于弥补以前年度亏损，第三季度预缴时放弃享受研发费用加计扣除政策。某科技有限公司自 2019 年成立以来，一直处于亏损状态，2020 年全年亏损 1546.2 万元，应纳税所得额为负。虽然 2020 年该企业有超过 800 万元的研发加计扣除，但只能放大企业可弥补亏损额。若 2021 年企业仍然亏损，即使研发费用加计扣除比例提高到 100%，也不能让企业直接享受到减免税。

（二）小微制造业企业加计扣除额度小

制造业企业加计扣除比例虽提高到 100%，但小微制造业企业的研发费用普遍较少，可享受加计扣除优惠十分有限，导致其申报积极性普遍不高。某汽车部件有限公司反映，该企业 2020 年应纳税所得额为 21 万元，研发费用约 2 万元，研发费加计扣除额为 1.5 万元，按 2020 年 5%的企业所得税率缴纳税款，享受减免税额仅 750 元左右，而按 2021 年对小微企业再减按 2.5%的企业所得税率缴纳税款，2021 年 1—9 月研发费用约 1.8 万元，研发费加计扣除额为 1.8 万元，即使预缴申报时可提前享受前三个季度研发费用加计扣除优惠，也只有大概 450 元。

（三）扣除申报信息公开与企业研发涉密属性存在冲突

对安防设施、汽车系统、电子技术等科技型企业而言，研发方向、研发进度、研发投入等信息直接影响到企业的未来发展战略，一旦申报加计扣除，部分研发信息会向税务部门、科技部门和中介机构公开，造成的技术泄密损失可能远远大于加计扣除所带来的收益。因此，出于技术保密的需要，部分企业选择放弃享受研发费用加计扣除政策。调研发现，某安防科技有限公司 2021 年前三个季度“研究费用”项目余额为 24.4 万元，符合享受研发费用加计扣除优惠的条件。然而，企业考虑到目前安防行业技术竞争激烈，同质化现象带来的同行化竞争加剧，出于技术保密需求放弃了研发费用加计扣除优惠。

八、政策适用范围受限，部分企业难以申报

（一）受负面行业清单限制，部分行业难以享受政策

根据研究开发费用税前加计扣除政策规定，烟草制造业、住宿和餐饮业、批发和零售业、房地产业、租赁和商务服务业、娱乐业等行业列入加计扣除优惠的负面清单，不适用税前加计扣除政策。但随着产业升级，上述负面清单内部分行业的研发创新对经济社会发展极其必要。以“新零售”概念为例，更多通过运

用大数据、人工智能等先进技术手段，对商品的生产、流通与销售过程进行升级改造，有助于融合线上服务、线下体验及现代物流，这在当前大背景下更有现实意义，而传统零售企业要想转型为“新零售”，创新研发必不可少，但不少零售企业反映负面清单设置不够合理影响行业升级。调研发现，某农业科技有限公司 2020 年度研发费用达 5592.1 万元，主要用于电商平台的开发、更新与维护，但企业 50%以上的收入来源于农牧产品批发，主行业归属于禁止加计扣除的批发和零售业，而未能享受研发费用加计扣除优惠，政策获得感较低。若纳入政策范围，2021 年前三个季度该企业发生研发支出 2224.9 万元，按照非制造业 75%的加计扣除比例能享受 1668.7 万元的税额减免。

（二）非自主研发税收优惠机制有待优化

根据研究开发费用税前加计扣除政策规定，企业委托外部机构或个人进行研发活动所发生的费用，按照费用实际发生额的 80%计入委托方研发费用并计算加计扣除，受托方不得再进行加计扣除。一方面，导致一些研发活动主要委托外部机构或个人开展的企业的研发费用加计扣除额度较低。调研发现，某科技股份有限公司 2021 年 1—10 月研发费用为 1643 万元，委外研发费用为 250 万元，但税务实际可扣除的委外研发费用为 200 万元，若计算比例提高到 100%，50 万元的研发费用差额可使得公司少缴纳税款 7.5 万元。另一方面，在实际操作过程中，受托方因保护商业秘密、申报手续繁复等原因，不愿意配合登记，导致委托企业无法享受研发费用加计扣除税收优惠。调研发现，某光电信息有限公司委托深圳市一家科技公司进行技术研发，项目金额约 600 万元，但是受托公司以深圳市科技局研发项目登记要求门槛高为由，迟迟不予登记配合，导致该笔研发费用无法加计抵扣。

九、费用真实性难以核实，可能导致税源流失

跨地区审核成盲区，委托研发真实性难以核实。企业委托给外单位进行开发的研发费用，受托方应提供该研发费用支出明细情况，但受托方提供资料的真实性难以保证，甚至有企业会以“委托研发”这一形式来套取税收优惠政策。税务部门受行政管辖权的限制，进一步跟踪辨别难度较高，一旦真实性难以保证，可能导致税源产生一定流失。而当前不少中小规模的企业会选择轻资产运营的发展战略，通过委托研发或者研发外包的形式最大效率提升企业的研发成本。某鞋业有限公司表示，公司部分新鞋打板、测试委托外企业完成，由于地域限制，难以准确认定企业研发活动，比如企业是否通过研发活动在技术、工艺、产品方面的创新取得了有价值的成果等都难以认定。税务工作人员反映，委托研发会产生较大的监管漏洞，委托研发公司一方面将无关工作人员纳入研发人员，人为调高

研发费用；另一方面利用委托研发的方式，实际经营与其研发项目无关的业务，来享受研发费用的加计扣除。

十、优惠享受覆盖不到位

由于缺乏对政策的全面理解，部分企业选择放弃享受政策。尽管相关部门积极宣传加计扣除新政，对企业申报操作流程进行辅导，仍有部分企业对新政理解不全面，或产生畏难情绪，影响了研发费用加计扣除的普惠落实。某电子科技有限公司是一家以中欧技术平台组建的高新技术企业，是中国变频器制造商之一。该企业表示，企业对加计扣除政策的了解程度不高，认为当年发生了亏损不需要再进行加计扣除。实际上企业当年无论是否盈利都需要向税务部门备案研发情况，亏损年研发费用可以在未来 5 年内进行抵扣。某节能科技有限公司反映，2021 年收入总额约为 20 万元，企业实际有研发投入，但由于该企业不了解研究开发费用税前加计扣除政策，不清楚按核定征收方式缴纳企业所得税的企业不能享受此项优惠政策，最终在 2021 年企业所得税征收方式选择了核定征收，所以当年无法享受研发费用加计扣除政策。

第三节　对策建议

一、建立研发费用加计扣除优惠政策常态化工作机制

（1）加强政策宣传辅导，辅导企业准确归集核算研发费用。建议企业根据实际经营情况变更税务登记行业信息，以便更加准确、及时地享受研发费用加计扣除优惠。

（2）鼓励引导制造业小微企业积极申报加计扣除优惠。加大政策宣传和专项培训，进一步加强制造业小微企业对制造业企业研发费用加计扣除政策的知晓率和参与度，精准培育一批发展前景好的制造业小微企业发展为高新技术企业。

（3）开展点对点服务，运用税收大数据，根据纳税人行业类别、主营业务等重点选取目标企业，及时进行点对点宣传和辅导。

（4）建议第三方专业机构、高校学者、行业专家、企业代表开展专项研究，结合企业当前的生产状况和实际问题，逐步推进研发加计扣除口径与高新技术企业认定申报、会计规定、企业申报各级政府项目等情形统一。

二、进一步放宽研发费加计扣除优惠政策享受条件

（1）合理拓宽企业提前享受研发费加计扣除优惠政策的范围，允许企业在

企业所得税前两个季度预缴申报时即可享受研发费加计扣除优惠，帮助企业减轻研发资金压力。

（2）降低中小企业政策门槛。根据中小企业的实际情况，适度放宽对中小企业研发会计核算和归集费用方面的要求，减轻中小企业财务核算的负担。同时对不足抵扣的研发费用可给予盈利年度起结转返还税收，以满足中小企业在创新研发中的资金需求。

（3）扩大政策普及行业，提高政策“普惠性”，取消不予加计扣除行业清单，改为设置不予加计扣除的研发项目范围，建立目录清单制和相关案例库。

（4）扩大研发费用加计扣除的费用范围，将更多研发相关费用，如研发培训费用等纳入加计扣除范围，提高企业享受政策的积极性。优化委托研发与合作研发费用税前加计扣除政策，进一步提高企业委托外部机构或个人进行研发活动的费用加计扣除比例，降低企业研发成本。

（5）完善研发费用加计扣除政策享受相关配套制度，对企业申请的涉密研发信息在一定范围内公开，制订相关保密制度，强化中介机构等单位监督管辖，做好研发费用相关申报资料保密工作，减轻企业申报的顾虑。

三、简化研发费用加计扣除优惠政策申报流程

（1）对可加计扣除研发费用进行更加细化的分类归纳，进一步明确判断标准，便于税企双方和技术部门能够准确掌握可加计扣除研发费用范围。

（2）简化研发费用归集与核算标准，适度放宽对中小企业研发会计核算和归集费用方面的要求，减轻中小企业财务核算的负担。

（3）建立信息化服务平台，运用大数据等技术手段，优化征管软件系统，实现研发费用加计扣除政策全程网上办理，减少企业数据填报、归集等工作量，降低制约企业享受政策的“隐性”壁垒。通过简化制度设计，加强辅导服务，做到“简税”与“减税”并重，不断提高企业获得感，最大限度释放政策红利。

四、完善研发费用加计扣除政策相关配套制度

（1）优化政府税收考核标准，将因享受研发费用加计扣除政策等优惠政策而少缴纳的税款也统计进“税收贡献”指标内，并适当加强考评比重，免除企业享受税收优惠的后顾之忧。

（2）完善统计口径，建议核定统计工作由一个部门、一个系统主导完成，改变目前科技、统计、税务多部门统计造成的不同口径认定的数据不一致局面。

（3）建立监督管理机制，督促企业完善财务会计核算，加强对科技型中小企业资格、研发费用归集等的监督管理，保障政策合法合规实施。

（4）提高加计扣除频次。按季度落实研发费用加计扣除政策，与多数中小型企业所得税按季纳税申报的节奏同步，减少企业资金占用，以进一步加大对企业研发活动的支持力度，促进中小企业创新发展。

五、针对性强化对企业，包括中小企业的配套服务

（1）对企业申请的涉密研发信息在必要的、有控制的范围内公开，制定相关保密制度，强化中介机构等单位监督管理，做好研发费用相关申报资料的保密工作，减轻企业申报顾虑。

（2）鼓励引导制造业小微企业积极申报加计扣除优惠。进一步加强制造业小微企业对制造业企业研发费用加计扣除政策的知晓率和参与度，帮助中小企业完善税务登记，及时根据实际经营情况变更税务登记行业信息。

（3）推动培育中介服务机构，为企业提供财务咨询、政策查询申报、事项提醒、疑难解答等各类服务。

（4）健全相关管理制度，督促企业完善财务会计核算。建立一套完整的科技投入管理制度，将财务核算纳入其中，针对研发费用设立独立的财务账簿，根据年度研发计划把握研发活动核算内容。明确企业内部管理和会计核算要求，指导企业建立与研发费用认定要求相适应的管理制度和内控制度，如研究开发费和生产经营费分别核算等；规范企业研发费用加计扣除活动全流程，在研发活动各时间节点上做好证据资料的收集传递工作，有效分散企业税务风险。

第 21 章　企业“未来工厂”高质量发展的战略路径

——基于全球“灯塔工厂”对标的实地调查

当今世界已经进入前所未有的数字文明新时代，数字经济成为产业竞争、科技竞争、制度竞争的主战场，正在掀起一场新经济革命。而“未来工厂”是数字经济的重要微观体现，是产业数字化和数字产业化的重要支撑，也是后工业时代抢占国际经济关键制高点的重要依托因素。从国内国际实践看，“未来工厂”是与国际“灯塔工厂”同台竞技的重要依托，而“未来工厂”是指工业企业以价值链和核心竞争力提升为目标，深度融合新一代信息技术与先进制造技术，集成应用软件定义的知识模型和能力组件，以数据驱动生产方式和企业形态变革，持续推动生产运营智能化、绿色化、精益化、人本化和高端化升级，通过构建数字化生态组织，引领模式创新和新兴业态发展的现代化新型产业组织单元。“未来工厂”是数字化车间和智能工厂的标杆，是全面推进制造业智能化升级的发展方向，正在成为推动经济质量变革、效率变革、动力变革的关键变量。

第一节　新发展格局背景下建设“未来工厂”的战略意蕴和深远价值

纵观全球，随着以 5G、人工智能、区块链、云计算等为代表的新一代信息技术加速突破应用，全球数字化变革浪潮愈发澎湃，数字技术和数字经济正成为推动传统产业转型升级、增强产业链供应链韧性、建设现代化经济体系的重要力量。以“未来工厂”培育为引领，以产业大脑建设为支撑，深入探索制造方式创新、要素资源重组、企业形态重构，多层次、全链路、全方位赋能企业数字化转型，是实现数字经济与实体经济“虚实”融合、相互赋能、共生发展的现实需要，也是破解传统制造业发展瓶颈、增强产业链国际竞争力、加快建设全球先进制造业基地的关键路径。

一、“未来工厂”建设是加快产业基础高级化和产业链现代化的战略抉择

面对地缘政治动荡不安、国际贸易竞争错综复杂、全球经济复苏不平衡等多

重因素影响，经济全球化遭遇倒流逆风，产业链供应链安全稳定成为产业发展当务之急。特别是与制造业密切相关的关键装备、基础零部件、工业软件等“卡脖子”问题，深刻暴露了国内部分产业链供应链的敏感性、脆弱性，由此引发的“卡链”“断链”危机日渐凸显。唯有加速产业链现代化进程，才能确保产业安全乃至国家整体经济安全。加快建设“未来工厂”，有助于提升产业基础高级化和产业链现代化水平，在全球产业链升级和重构进程中不断提升产业链鲁棒性（稳健性）和核心竞争力，从而有效防止个别西方国家通过“拉小团伙”建封闭供应链，实行产业链“去中国化”。

二、“未来工厂”建设是抢占全球产业竞争制高点的战略抉择

面对全球产业竞争日趋激烈的发展态势，欧盟早在2009年便布局“未来工厂”计划，随后世界各国均在大力推进制造业智能化发展战略，比如2012年美国的“先进制造伙伴计划”，2013年德国的“工业4.0”计划和法国的“新工业法国”战略，2015年英国的“工业2050战略”，2016年欧盟的“数字化欧洲工业”计划，2018年美国的“先进制造业美国领导力战略”，2019年德国的“国家工业战略2030”等。习近平总书记在第二届“一带一路”国际合作高峰论坛开幕式上指出：“我们要顺应第四次工业革命发展趋势，共同把握数字化、网络化、智能化发展机遇，共同探索新技术、新业态、新模式，探寻新的增长动能和发展路径。”2020年6月，中央全面深化改革委员会第十四次会议审议通过了《关于深化新一代信息技术与制造业融合发展的指导意见》，提出将进一步加快制造业数字化、网络化、智能化步伐，加速“中国制造”向“中国智造”转型。加快建设“未来工厂”，持续提升企业原始创新能力、创新资源整合能力、全球价值链治理能力，是落实国家智能制造发展战略的题中之义，也是推动“浙江制造”迈向全球价值链中高端、抢占全球产业竞争制高点的必然选择。

三、“未来工厂”建设是推进新一轮数字化变革的战略抉择

相比广东的“智能制造生态合作伙伴行动计划”（2021年4月启动）、江苏的“智改数转”三年行动计划（2021年12月启动）等，浙江谋划早、行动快，长期坚持数字经济“一号工程”战略并取得显著成效。截至“十三五”末，浙江省数字经济增加值30218亿元、占GDP比重达46.8%；全省已创建省级工业互联网平台210个，建设省级数字化车间/智能工厂263家，上云企业40.5万家，重点制造行业典型企业装备数控化率达60.7%、工业设备联网率达42.3%，完成61项国家智能制造应用和示范项目，产业数字化指数排全国第一。2022年2月，工业和信息化部、国家发展改革委等四部委联合公布了2021年度110家智

能制造示范工厂和241个智能制造优秀场景，名单中除了制造业龙头企业，还包括诸多中小企业，他们以专业化、精细化、特色化，成为各领域的“单打冠军”和“配套专家”。立足浙江块状经济特点和数字经济先发优势，加快建设“未来工厂”，以点带面推动产业集群数字化转型，是推动传统制造业从要素驱动、投资驱动转向创新驱动、数字驱动的重要突破口，也是高水平建设国家数字经济创新发展试验区必须要打的硬仗。

第二节　“未来工厂”改革试点与模式创新

浙江省是全国各地率先进行“未来工厂”改革试点的地区。截至目前，已认定两批次、共32家省级“未来工厂”（详见附表1）。其中，杭州11家、宁波4家、湖州4家、嘉兴3家、金华3家、台州3家、温州2家、绍兴1家、衢州1家，舟山和丽水暂无。32家“未来工厂”在创新应用数字孪生、人工智能、大数据等新一代信息技术，积极探索协同制造、共享制造、个性化定制、“产品+服务”等智能制造新模式、新业态方面，均有各自的优势和特点，推动企业总体生产效率提升54%、生产经营成本降低19%、产品不良品率降低36%、产品研发周期缩短34%、能源利用率提升17%，实现了由生产向研产销一体化、由订单驱动向数据驱动、由产线向平台、由制造向服务、由工厂内部向上下游延伸的发展与变革。

一、行业（集群）示范型“头雁工厂”模式

深化新一代信息技术应用，研发并带动相关领域技术装备突破创新和应用，引领制造业数字化、智能化、绿色化转型发展。例如杭州海康威视电子有限公司自主开发生产园区智慧运维管理系统，并基于AI、深度学习、视觉感知、图像识别等技术，研发推出适用于产品自动分拣、自动扫描入库、信息提取捆绑等多种不同场景的高精度机器视觉大规模应用，搭建多维场景物联，生产效率提升16%，生产运营成本降低25%，产品不良品率降低26%，产品研制周期缩短13%，单位产值能耗降低7%。再如正泰集团积极推进“一云两网”（正泰云，正泰工业物联网、正泰能源物联网）战略布局，通过运用机器人控制、三维视觉算法、平面多自由度精准组装等新技术、新工艺，研制成功拥有自主知识产权的低压电器全制程自动化生产线，实现机器人自动上料、产品自动装配、自动检测、自动包装、智能配送入库，大幅提高产品质量和可靠性，生产效率提升335%，生产运营成本降低43%，产品不良品率降低28%，产品研制周期缩短22%，能源综合利用率提高10%。

二、协同共生型“链主工厂”模式

发挥产业链优势，将生产从企业内部扩大到组织外部，实现产业链上下游供应链有效对接。例如杭州老板电器股份有限公司通过搭建九天中枢工业互联网平台，把供应端、制造端、市场端及研发端的数据打通，实现研发协同、生产协同、供应协同，打造厨电制造业“一个流”批量制造体系，生产效率提升45%，生产运营成本降低21%，产品不良品率降低30%，研制周期缩短48%。再如巨石集团有限公司结合玻璃纤维智能制造系统架构，对窑炉、拉丝机、络纱机等核心生产设备进行3D仿真建模，在虚拟环境中重现制造工艺全过程，并通过产业链协同制造研发平台，推动产业链、供应链深度互联和高效协同，生产效率提升24%，生产运营成本降低12%，产品良品率提升55%，研制周期缩短10%，能源资源综合利用率提升21%。

三、服务发展型“平台工厂”模式

依托工业互联网平台建立起跨企业、跨产业、跨区域的广泛互联互通，打通从用户到制造全环节的数据链路，实现设计协同、生产协同和供应链协同。例如杭州中策橡胶集团有限公司基于数字中台及APS协同制造平台，打造网络化制造纵向集成平台“中策云”，用智能化和大数据串起整个产业链，实现市场与研发协同、研发与生产协同、物流配送与市场需求协同，并面向零售市场，推出个性化需求定制服务，生产效率提升300%，企业用工减少67%，产品不良品率降低40%，研制周期缩短50%。再如阿里巴巴迅犀（杭州）数字科技有限公司，以物联网、云计算、边缘计算等新技术与大数据相结合，完成C2B2M（由消费驱动销售继而影响生产的商业模式）全链路数字化贯通，构建面向“小单快反”的柔性智造商业模式，帮助企业客户平均缩短75%的交货时间、降低30%的库存，让中小企业在保持低成本、高效率的同时，能够承接更多个性化、小规模的订单，从而在快速发展的时尚和服装市场拥有更强竞争力。

四、创新引领型“领航工厂”模式

深耕细分领域，发挥自身技术优势，持续推进智能制造，依靠专业的品质、丰富的产品及优质的服务，赢得市场信赖。例如宁波东方电缆股份有限公司运用数字孪生技术，在不必试制物理实体的情况下，验证产品在真实环境中的性能，从而提高海缆结构设计的准确性，并结合柔性产线整体布局、智能装备配套应用、信息系统集成运行，实现海缆产品全生产周期数据实时、可信、共享，生产效率提升55%，生产运营成本降低20%，产品良品率提升20%，研制周期缩短

30%，能源资源综合利用率提升 15%。再如浙江春风动力股份有限公司建成覆盖全球的设计云平台，利用 3D 建模和模拟仿真技术，实现产品、工艺、关键设备 100%数字化设计，并联合华为公司构建融合数据、业务和应用的智能运营中心，实现园区全数字化运营，生产效率提升 45%，生产运营成本降低 38%，产品不良品率降低 32%，产品研制周期缩短 35%，能源利用率提高 23%。

第三节　“未来工厂”建设主要瓶颈问题和挑战因素

根据对浙江省 1.5 万余家规上工业企业的相关分析，结合现场走访和文献调研，我们发现当前企业推进智能制造转型、建设未来工厂主要面临“不会转”“不能转”“不敢转”和“转不起”等共性问题与挑战，具体包括以下五方面。

一、“未来工厂”改造提升成本高

“未来工厂”投入大、周期长、见效慢。研究显示，中国领先企业的智能工厂建设投资规模 66%都在 1 亿元以上，21%在 5 亿元以上（见图 21-1）。根据调研企业反映，浙江大胜达包装股份有限公司在建设“未来工厂”中持续投入超 5 亿元；杭州杰牌传动科技有限公司卖掉旗下的塔式起重机板块业务，投资 5 亿元打造基于工业 4.0 的智能传动项目；中策橡胶集团有限公司斥资 4.5 亿元打造“高性能子午胎未来工厂”，以数字化赋能企业研、产、供、销全产业链；杭州老板电器股份有限公司 2021 年研发投入 3.7 亿元，同比增长 20.7%，近十年间在信息系统建设及设备购置上持续投入近 5 亿元，居同行前列。另外，根据对浙江省 5000 余个智能制造项目情况的统计，51%的项目软硬件投资低于 1000 万元，软硬件投资超过 5000 万元的仅占 20%；从 1900 余家已改造企业的成熟度自

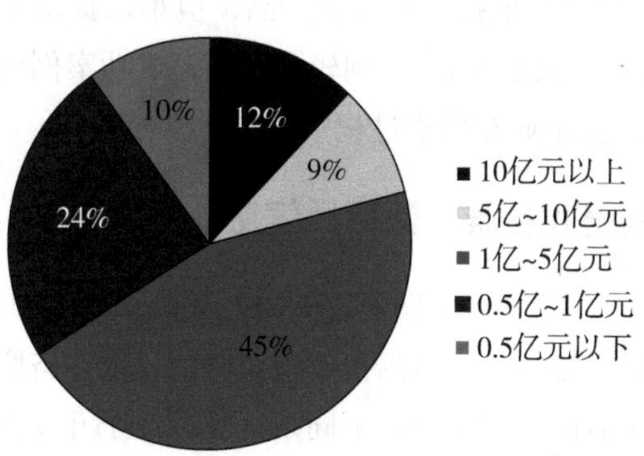

图 21-1　中国领先企业的智能工厂建设投资规模分布

评估来看，70%成熟度为一级。智能工厂建设前期投入较大，适合行业内规模效益领先、资金实力雄厚的龙头企业，对于绝大多数中小企业，“转不起”的现实难题横亘眼前。

二、数字化转型风险高

麦肯锡报告指出，一般企业数字化转型失败率高达80%，数字化转型的关键不只是数字化技术和设备，还要同步兼顾组织变革，使之具有敏捷性和适应性。埃森哲与国家工业信息安全发展研究中心联合发布的《2021中国企业数字转型指数研究》显示，2021年中国企业数字化转型效果显著的占比仅为16%。有研究显示，智能化转型中，IT（信息技术）与OT（操作技术）的融合是一项挑战；大量企业转型失败案例中，都存在人、流程及设备之间相互脱节的现象，有的甚至跟核心战略脱节。排摸结果也反映出，已经实施智能化改造的企业占比仅为45%，43%的企业近两年没有改造意愿。失败率高，是企业推进智能制造转型的首要顾虑。

三、专业供应商和公共服务平台支撑不足

调研发现，制造业中小企业由于缺人才、缺技术、缺服务，普遍面临“不会转”等困难。排摸显示，浙江省66.5%的企业反映缺技术、缺人才，43.9%的企业渴望普惠性的诊断评估服务，30.7%的企业表示缺少可学习借鉴的案例，30.6%的企业希望能够帮助对接优质供应商，25.4%的企业有培训需求。具体包括：①细分行业领域的专业供应商少。浙江大华智联有限公司、浙江鼎力机械股份有限公司等企业反映，细分行业市场上缺乏成熟的智能化装备及系统，现有供应商的数字孪生建模、仿真模拟、系统集成等专业服务跟不上。②专业公共服务平台支撑不够。现有的系统解决方案商很难满足企业个性化的智能制造改造需求。supET工业互联网平台能提供智能化产品，但难以提供个性化定制方案。③可对标的行业标杆少。各领域门类差别较大，缺乏成功案例或行业参照，企业多“摸着石头过河”，部分企业在摸索过程中走了不少弯路。

四、信息化系统兼容难，数据通信协议不够统一

企业建设“未来工厂”的过程中，不同软硬件系统存在分割现象。大多数自动化装备的通信协议不统一，数据接口不相同，导致设备联网、数据采集及硬件通信困难。某化工有限公司反映，不同系统建设由于开发方式、开发时期、开发主体不同，应用层系统标准和接口不一致，导致设备数据交互、提取存在困难。随着业务多元化和管理精细化发展，具有一定规模的企业陆续引进了ERP、

LIMS、CRM、MES、MDC、PDM 等诸多信息化系统，应用于不同的业务场景（见表 21-1 和表 21-2）。但由于数据格式、定义不统一，"数据烟囱""信息孤岛"等现象仍较普遍。系统越多，互相之间打通和数据同步的难度就越大，信息部门对于业务部门的诉求的快速响应面临更大挑战。

表 21-1　工业软件的主要类型

类别	包含软件
生产制造类	CAM（计算机辅助制造）、MES（制造执行系统）、PLC（可编程逻辑控制器）、DCS（集散控制系统）、DNC（分布式数控）、SCADA（数据采集与监控系统）、APS（高级计划排产）等
研发设计类	三维 CAD（计算机辅助设计）、CAE（计算机辅助分析）、二维 CAD（计算机辅助绘图）、CAPP（计算机辅助工艺规划）、EDA（电子设计自动化）、MBSE（基于模型的系统工程）、PDM（产品数据管理）、PLM（产品生命周期管理）等
运维服务类	PHM（故障预测与健康管理）、MRO（维修维护运行管理）、APM（资产性能管理）等
经营管理类	SCM（供应链管理）、CRM（客户关系管理）、ERP（企业资源计划）、FMS（财务管理）、HRM（人力资源管理）、EAM（企业资产管理）、WMS（仓储管理）等
新型架构类	数字工业平台（即工业互联网平台）及其承载的工业 APP（边缘层、Iaas 层、平台层、应用层等新型工业应用软件）等

表 21-2　工业软件典型企业和工业软件类型

序号	企业	核心业务	开发提供的工业软件种类名称
1	阿里云	IT、工业云、大数据与 AI	大数据、存储、安全、AI、云服务
2	中控技术	工业自动化控制	流程工业 DCS，MES，SIS，PLC，实时数据库，APC，OTS
3	新迪数字	产品创新数字化	三期 CAD、3D 零件库、3D 轻量化引擎、协同技术交流、工业云平台
4	品茗股份	产品创新数字化	工程造价，智慧工地，BIM 软件，施工软件
5	广立微电子	产品创新数字化	EDA 软件、电路 IP

续表

序号	企业	核心业务	开发提供的工业软件种类名称
6	优稳自动化	工业自动化控制	DCS、工业物联网控制系统、控制工程应用平台、安全控制系统
7	爱科科技	产品创新数字化	服装 CAD
8	半云科技	IT、工业云、大数据与 AI	大数据、工业视觉检测
9	大远智慧	企业管理数字化	制药行业 MES，质量监测解决方案
10	鼎控自动化	IT、工业云、大数据与 AI	工业 PaaS 平台、3D 可视化、能源管理、设备管理
11	迈迪信息	IT、工业云、大数据与 AI	工业互联网平台服务、数据应用服务
12	华望系统科技	产品创新数字化	MBSE 软件与咨询服务
13	汇萃智能	IT、工业云、大数据与 AI	工业机器视觉平台、软件和解决方案
14	机至数科	企业管理数字化	智能工厂云平台，智能运维，MOM
15	玖玖盾	IT、工业云、大数据与 AI	工业数据库审计、防火墙、运维安全、工控安全
16	匠兴科技	企业管理数字化	MES，MDC，ESOP
17	康勒信息	产品创新数字化	PLM，MES，MOM，APS
18	蓝卓工业互联网	IT、工业云、大数据与 AI	工业互联网，工业操作系统
19	华自智能	企业管理数字化	石化企业智能工厂和数字化解决方案
20	健精智能	企业管理数字化	APS、SCM、WMS、MES
21	捷创技术	企业管理数字化	MES、APC
22	均普智能	企业管理数字化	与非标自动化产线配套的工厂可视化、OEE、瓶颈检测和生产优化等工业 APP
23	数益工联	企业管理数字化	数字工厂系统、设备物联数据采集、数字化管理、数据分析
24	舜宇智能	企业管理数字化	智能工厂解决方案
25	文谷科技	企业管理数字化	MES，WMS，MOM
26	亦云	IT、工业云、大数据与 AI	工业互联网平台，精益 APP，SCM

续表

序号	企业	核心业务	开发提供的工业软件种类名称
27	中之杰	企业管理数字化	ERP，MES，供应链协同
28	浙江文谷	企业管理数字化	MES
29	云科智造	IT、工业云、大数据与AI	工业大数据分析
30	浙大联科	产品创新数字化	PDM
31	恒云智联	IT、工业云、大数据与AI	工业通讯和工业物联网应用、IT技术服务、数字化转型与规划
32	锐制智造	企业管理数字化	MES、WMS、ERP、SCM
33	浙江汉脑	企业管理数字化	工业物联网，纺织服装行业管理软件
34	角马软件	企业管理数字化	图纸与SOP发布，质量检验，生产派报工系统
35	新思维计算机	企业管理数字化	中小企业ERP，产品数据加密及PDM

五、数据安全隐患多

“未来工厂”可以通过互联网、APP或云端直达关键设备实现控制，产业大脑实现了更大维度的数据集中、分析利用和资源优化，所有智能化工厂的应用场景都离不开数据在不同实体之间的交换，这对于网络安全、数据安全是一个全新的挑战。工业控制系统存在隐藏后门不可知、系统老化漏洞多、主动防御能力弱等问题，海量数据在收集、传输、交互、利用等各环节中遭泄露、盗用、篡改等的风险与日俱增。浙江省工业互联网产业联盟通过对1000余家企业调研发现，在数字化转型中77%的企业对数据安全问题存在顾虑。如何让全链条、全场景的数据安全得到有效监管和保障，构建企业和平台之间、平台和大脑之间的数据共享和信任机制，是亟待解决的课题。

第四节　全球“灯塔工厂”建设的经验启示

国际上对下一代工厂的探索实践包括全球层面的“灯塔工厂”、欧盟的“未来工厂”、日本的“e-factory”等。其中，世界经济论坛联合麦肯锡在全球范围内组织评定的“灯塔工厂”，覆盖面较广、评价标准较高、工厂业绩较好、产业链带动作用较强，在第四次工业革命尖端技术应用整合方面卓有成效，是“数字化制造”和“全球化工业4.0”的示范者。“灯塔工厂”的最大特点是对智能化、数字化、自动化等技术进行综合集成（见图 21-2），实现商业模式、生产模式、质量管理模式、产品研发模式和消费者服务模式等全方位变革，促进效率提升、节能减排和经营优化。

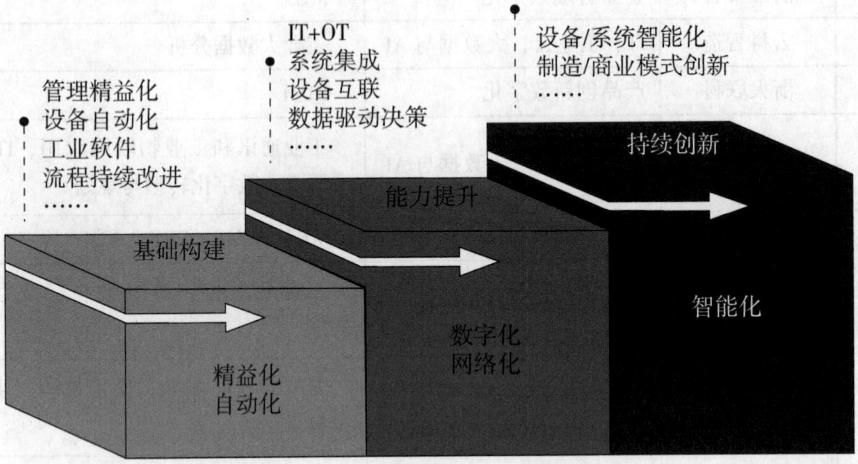

图 21-2 "灯塔工厂"建设进程

一、全球"灯塔工厂"建设概况

截至 2022 年 7 月，全球已有 8 批次共 103 家工厂获此殊荣，其中 37 家位于中国，占比超过 1/3（详见附表 2）。国内的 37 家中，江苏 8 家、广东 4 家、山东 3 家、台湾 3 家、四川 2 家、北京 2 家、天津 2 家、福建 2 家、湖北 2 家、河南 2 家、安徽 2 家、上海 1 家、浙江 1 家（阿里迅犀）、辽宁 1 家、河北 1 家、湖南 1 家。虽然目前中国是全球"灯塔工厂"数量最多的国家，但是属于中国本土企业的"灯塔工厂"数量并不多，海尔（4 家）、美的（4 家）、富士康（4 家）是其中佼佼者。

世界经济论坛指出，66%的"灯塔工厂"通过减少消耗、资源浪费和碳排放提高了可持续性；82%的"灯塔工厂"提高了生产效率。麦肯锡公司认为，103 家"灯塔工厂"展示了数字技术如何提升价值链韧性，促进增长及环境和人类可持续性，从而实现可持续发展领域的突破并加快科技创新。

二、全球"灯塔工厂"建设的主要模式

"灯塔工厂"发展到今天，呈现两个趋势：一是从集团内单个工厂的推广、实践，发展到现在多工厂同时推进的新阶段；二是所涉及的业务流程（包括智能化提升），仅局限于从工厂内部的生产制造向供应链两端进行扩展。"灯塔工厂"主要分为以下三种模式（见图 21-3）。

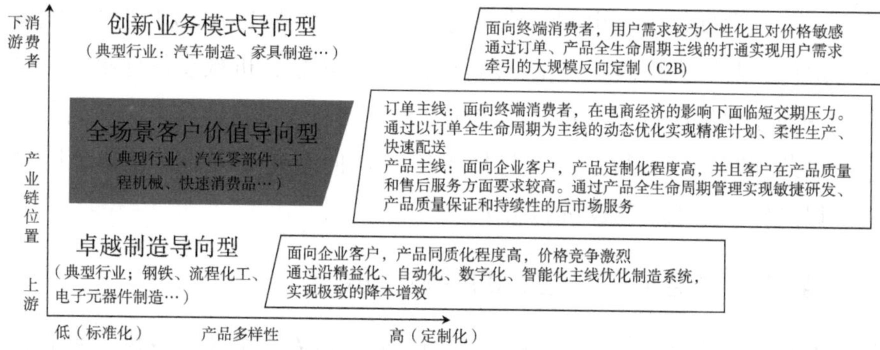

图21-3　“灯塔工厂”实施路径

（一）卓越制造导向型

面向企业客户，产品同质化程度高，价格竞争激烈，通过沿精益化、自动化、数字化、智能化主线优化制造系统，实现极致的降本增效。例如，某新能源电池企业采用库卡机器人等智能装备，利用人工智能、先进分析和边缘/云计算等技术，制造1颗电芯仅需1.7秒，且在该速度下仅有十亿分之一的缺陷率，劳动生产率提高75%，能源消耗降低10%。

（二）全场景客户价值导向型

订单主线面向终端消费者，在电商经济的影响下面临短交期压力，通过以订单全生命周期为主线的动态优化实现精准计划、柔性生产、快速配送。产品主线面向企业客户，产品定制化程度高，并且客户在产品质量和售后服务方面要求较高，通过产品全生命周期管理实现敏捷研发、产品质量保证和持续性的后市场服务。例如某铝车轮工厂借助数字化赋能的柔性制造系统，最小生产批量从300件降到1件，一条生产线可同时生产多种不同样式的轮毂，使“一件订单”“千轮千样”成为可能，生产成本降低33%，设备综合效率提升21.4%，产品不良品率下降20.9%，交付时间缩短37.9%，能源使用效率提升39%。

（三）创新业务模式导向型

面向终端消费者，用户需求较为个性化且对价格敏感，通过打通订单、产品全生命周期主线，实现用户需求牵引的大规模反向定制（C2B）。例如美的微波炉顺德厂区依托集团自行开发的工业互联网平台“美云智数”，构建“以销定产”的柔性制造“T+3”模式，订单交付周期缩短56%，渠道库存下降40%，产品品质指标提升15%，内部综合效率提升28%。

具体而言，不同行业“灯塔工厂”的建设具有不同的特征，如以服饰、日用品、食品饮料等为代表的消费品行业“灯塔工厂”，更注重提升定制化水平，应对消费者市场，改善客户体验；以钢铁制品、油气、化学品等为代表的流程行业“灯塔工厂”，更关注提升生产效率，降低生产成本，以及提高能源使用效率，实现可持续发展；家用电器、汽车等行业的“灯塔工厂”将客户体验置于战略核心地位，开展大规模个性化定制和商业模式创新；机械装备行业的“灯塔工厂”利用数字化解决方案与智能产线结合，实现高效率、低成本的多品种小批量生产；医药和医疗产品行业的“灯塔工厂”偏向于通过突破性技术，降低质量波动，提升生产线效率和设备利用率。

三、全球“灯塔工厂”建设的经验启示

灯塔网络的影响之所以日益广泛，是因为它并没有公式化的标准，没有让企业套用的固化框架；其价值导向更加注重业务系统升级和创新技术应用带来的商业价值，强调企业全员参与的文化与组织能力支撑，以及在以客户为中心的端到端价值链中的改善。灯塔网络突出企业转型过程中的“可借鉴价值”，使其更具有广泛的适用性和不断演进的生命力。

“灯塔工厂”建设的经验表明，在创新运营系统的规模化发展中，五方面核心推动因素功不可没。

（一）坚持价值创造导向

根据世界经济论坛测算，由于技术策略落实不当，70%以上的企业所投资的大数据分析、人工智能、增材制造等技术应用项目没能撑过试运行阶段。“灯塔工厂”普遍秉承务实主义，始终坚持价值导向，成功将合适的技术创新成果应用到商业实践中，因而能够成功跨越“试点陷阱”，实现效率水平大幅提升和远高于行业平均水平的价值创造能力。

（二）深化端到端全链条贯通

所有“灯塔工厂”在工厂层面实现了成功转型，并在生产效率、可持续性、敏捷性、定制化等方面展现出强大竞争力。海尔、强生、雷诺、诺基亚等多家企业，还进一步将新技术革命拓展到实体工厂范畴之外，打通端到端价值链，形成供应网络对接、端到端产品开发、端到端规划、端到端交付等多方面优秀实例，将客户作为流程设计和运营的核心，实现按需批量生产定制产品，重塑客户购买体验和使用体验。

（三）构建协同创新的产业生态圈

“灯塔工厂”企业普遍拥有开放的发展观，同时具备主导或影响行业生态圈的强大能力。一半以上的“灯塔工厂”积极吸纳产业链上下游企业，联合打造行业共性服务平台（如联合研发中心、工业互联网平台等），并通过提供创新增值服务和打造新商业模式产生新收入，包括实行基于设备使用频次和订购时间的付费模式、提供连接数据和利益相关方的技术平台等。相较于将技术解决方案和数

据作为竞争优势的传统观念，开放式协作与使用最佳可用技术是保持领先的关键。

（四）实行“数据+经验”双轮驱动

“灯塔工厂”决策摆脱了传统工厂简单依靠企业负责人单一决策的经验主义，而通过构建企业数字制造平台，依靠云计算、大数据、商业智能分析赋能企业决策，建立“数据+经验”双驱动模式，不仅重构了车间的基础架构体系，也使得新的数字化技术能够以较低成本进行部署，并实现多区域、多平台、多工厂协作。

（五）注重现代制造业高技能人才培养

“灯塔工厂”通过部署现代化生产装备、强化培训交流，帮助员工提升技能并养成终身学习能力。另外，“灯塔工厂”注重车间现场环境改善，通过自动化手段不断降低重复劳动，大幅提升生产效率。

第五节　对策建议

借鉴国际上“灯塔工厂”的实践经验，结合浙江省制造业和数字经济发展实际，以“未来工厂+产业大脑”为核心架构，着力推进浙江省产业链现代化，建设全球先进制造业基地。

一、全面对标赶超国际“灯塔工厂”

截至 2022 年 7 月，全球“灯塔工厂”已增至 103 家。对标国际“灯塔工厂”，“未来工厂”仍有潜力可挖。一是健全“未来工厂”评价标准。“灯塔工厂”更专注价值导向的生产方式重塑和新兴技术运用，建议对标“灯塔工厂”指标体系，健全“未来工厂”评价标准。二是完善数字化基础构架。构建技术协作的生态系统，借鉴西门子成都工厂、博世汽车无锡工厂、富士康深圳工厂等“灯塔工厂”经验，发展具有较高生产效率和柔性制造能力的数字化车间，探索在线定制→数字孪生（仿真配置）→数字供应链→智能配送→智能跟踪的可行路径。三是做好“未来工厂”精准画像。借鉴“灯塔工厂”俱乐部运行机制，从人机协作、质量控制、精益管理、信息化基础、智能化场景等维度，分行业、分层次进行画像，建立培育企业库和项目库。加强优质制造资源云上匹配，建设“云端工厂”。

二、以“产业大脑”为核心、“未来工厂”为引领、数字制造为基础构建产业数字化体系

按照“数字化车间—智能工厂—未来工厂”新智造梯队培育体系，加快制造业全产业链、供应链数字化改造、场景创新和应用推广，推进智能化生产、网

络化协同、个性化定制、服务化延伸、数字化管理等新模式新业态广泛普及，促进制造业和生产性服务业向专业化和价值链高端攀升。一是按细分产业链建设“产业大脑”。搭建政府产业数据统一开放平台，行业龙头企业、专业服务商、第三方平台、科研院所等协同共建“产业大脑”，为“未来工厂”赋能。构建产业链数字孪生，将上下游的产业链数字化环节打通且云化，强化产业链全链条数字化。二是建立梯度培育体系。引导企业从数字车间起步建设数字工厂和智能工厂，构建信息化→数字化→智能化的滚动培育机制，以及产业链上下游数字化联动升级机制，引领全产业链中的“雏鹰企业”“隐形冠军”、专精特新“小巨人”“单项冠军”“雄鹰企业”全面提升。三是实施“未来工厂”专项融资计划，促进金融平台与产业大脑数据对接，探索供应链金融协同机制，为企业数字化改造提供一站式金融服务。

三、超常规支持“未来工厂”创新，增强企业核心竞争力

发挥未来工厂、智能工厂、数字化车间贴近新技术、新工艺、新材料、新产品、新模式的“一线”优势，聚焦与企业发展紧密相关的设计、生产、管理、服务等智能制造全过程，持续推进关键核心技术、基础原材料、关键零部件攻关，加大跨学科、跨领域融合创新，培育更多在国际市场上拥有核心竞争力和行业影响力的专精特新“小巨人”企业、“隐形冠军”企业、“单项冠军”企业，切实保障产业链、供应链安全稳定。一是制定专项技改政策。以配套供应商协同项目总投入核定投资额，推行技改项目专项贷款，探索数字资产抵押，创新推出软件开发技改贷款保证保险等产品。二是支持“未来工厂”及培育企业创建省企业研究院、企业技术创新中心、工程性技术中心等创新平台。加大“未来工厂”研发费用加计扣除比例，将数字化软件开发投入、设备融资租赁成本等纳入加计扣除范围。三是制定通用技术标准，包括识别与传感、通信协议、控制系统等智能装备标准，个性化定制、网络协同制造等智能服务标准，人工智能应用、边缘计算等智能赋能技术标准。四是加强联盟创新。按照“政府发榜—机构揭榜—平台验证—企业应用”的方式开展靶向研发，支持龙头企业或行业协会协同破解 MES、PLM、传感器、计量等高端软硬件的“卡脖子”问题。

四、大力扶持专业服务商

（1）引进和培育数字化服务商。开发面向重点行业、企业的智能制造单元、智能生产线、智能车间的标准化系统解决方案。实施数字化工程服务伙伴计划，制定数字化工程服务企业扶持政策。

（2）建设制造业数字化能力中心、全场景数字孪生生产线、“未来工厂”体

验中心、“产业大脑+未来工厂”融合展示中心、IDE 创新中心等多层次、沉浸式体验环境。

（3）全面推行“数字化诊断”。对照工信部《智能制造能力成熟度模型》，建立在线企业信息化成熟度评估系统，推行在线诊断。采取政府购买服务方式，分区域、分行业提供诊断咨询服务。

五、补齐关键要素短板

（1）制定数字人才发展战略。着眼未来 10 年制定专项人才发展战略及规划，实施“百校百企数字化协同行动”，建立面向细分行业的课程体系和实习实训体系，重点培育懂行业、懂技术的“数字工匠”。

（2）降低通信运营商的数字技术服务收费标准，推动 5G 应用集采，支持企业共享通用性基础软硬件和相关平台。

（3）构建工控系统内生安全体系。建立安全可信的上位控制白环境，运用深度报文解析、恶意代码沙箱、工业蜜罐主动防御和监测分析预警等技术，实现“未来工厂”网络安全能力与网络环境融合内生。

（4）推进数据安全能力成熟度评估。运用同态加密等先进技术，建立数据确权和数据追溯平台。探索建立数据泄密保险制度，降低企业实施数字化改造的数据安全隐患和损失疑虑。

六、夯实数字底座，提升产业大脑赋能发展的能力水平

以一体化、智能化公共数据平台为支撑，加快公共资源交易、金融综合服务、企业服务综合、技术市场交易、企业信用信息服务等政府侧平台数据贯通；依托 supET、supOS 等跨行业跨领域工业互联网平台，持续提升企业设备接入能力、软件集成能力、大数据和云计算支撑能力等，探索完善公共数据共享、开放、管理规则，进一步明确多方协同的数据安全、知识产权保护等工作机制，融合形成高质量、高可用、高价值、高安全的产业数据仓，持续提升产业大脑的基础底座能力。加快工业、信息业、服务业、农业分区等细分行业“产业大脑”上线，推动建立产业链、供应链、资金链、创新链深度融合的新型产业生态和生产关系，在此基础上推动土地、资本、技术、数据等要素资源优化配置，实现更为科学的产业布局、更为有效的产业治理和更为精准的产业服务，有效降低中小企业在转型升级过程中的资金成本、时间成本和试错成本，赋能中小企业加快数字化发展。

七、加快新型基础设施建设，做好“未来工厂”的“三通一平”

积极抢抓当前国家政策的机遇期、窗口期，大力推进 5G、人工智能、VR/

AR、工业互联网等新型基础设施建设，构建适宜“未来工厂”发展的基础设施网络，催生更多制造业企业转型升级的应用案例。特别是要强化工业互联网作为全要素、全产业链、全价值链的枢纽定位，坚持市场主导、政府引导、行业参与、企业为主体，更大力度推动工业技术、经验、知识模型化、标准化、软件化、复用化，推动 supET、supOS 等平台实现“好用”“管用”“通用”，助力中小企业挖掘生产潜力、提高运营管理效率。在产业链上游，要深化云计算、数据管理、数据分析、数据采集与集成、边缘计算等专业技术型企业的技术支撑；在产业链中游，要强化装备与自动化、工业制造、信息通信技术、工业软件的落地服务；在产业链下游，要通过垂直领域用户和第三方开发者的应用部署与创新，构建平台与企业良性互动的正向反馈机制，形成资源富集、多方参与、合作共赢、协同演进的制造业生态。

附表 1 浙江省 32 家“未来工厂”建设概况（截至 2022 年 7 月）

批次	序号	企业名称	属地	建设特色及成效
第一批 12 家（2020 年 12 月公布）	1	杭州海康威视电子有限公司	杭州	引入智能物联网、大数据、云计算等数字化技术，打通产品从“用户需求→海康威视→用户的产品”生命全周期，构建高效协同的高度定制化智能制造新模式，生产效率提升 16%，运营成本降低 25%，产品研制周期缩短 13%，产品不良品率降低 26%，单位产值能耗降低 7%
	2	中策橡胶集团有限公司	杭州	基于工业互联网平台，应用大数据、云计算等技术，综合提炼数据价值，建设出行业内最先进的数字化高性能子午胎“未来工厂”，生产效率提升 300%，研制周期缩短 50%，不良品率降低 40%，用工人员减少 67%
	3	宁波杭州湾吉利汽车部件有限公司	宁波	采用计算机仿真技术、虚拟调试及制造等技术搭建数字化工厂，实现产线布局、工艺流程、制造过程及生产物流的仿真，通过 5G 通信、工业互联网、物联网、R/XR 的新型技术应用，促进生产过程质量监控与提升，生产效率提升 24%，能源资源综合利用率提升 15%，产品良品率提升 30%，万元产值成本降低 25%，研制周期缩短 31%
	4	巨石集团有限公司	嘉兴	应用工业数据中心、大数据分析、在线优化、虚拟仿真等新技术，为智能化装备、信息化应用和数字化决策分析提供有力支撑，生产效率提升 24%，能源资源综合利用率提升 21%，产品良品率提升 55%，万元产值成本降低 12%，研制周期缩短 10%

续表

批次	序号	企业名称	属地	建设特色及成效
第一批12家（2020年12月公布）	5	浙江大华智联有限公司	杭州	配备全制程 PCBA 生产设备及自主研发的自动化生产设备，致力于建设车间信息物理系统的全面融合，统筹标准数据接口，实现工艺、生产、质量、设备、能耗等数据的互联互通，生产效率提升 11%，能源资源综合利用率提升 10%，产品良品率提升 15%，万元产值成本降低 25%，研制周期缩短 13%
	6	浙江春风动力股份有限公司	杭州	深入运用数字孪生、数据中台、5G 通信、人工智能、工业互联网等先进技术，持续引进高精度自动化产线、智能检测、工业机器人、智能仓储物流等装备，升级开发 MES 制造执行系统、ERP 企业资源计划系统、PLM 产品生命周期管理系统、工业云平台，打造基于客户价值驱动的、具有快速响应机制的、支持规模定制的高端动力装备智能制造新模式，生产效率提升 45%，生产运营成本降低 38%，产品不良品率降低 32%，能源利用率提高 23%，产品研制周期缩短 35%
	7	宁波东方电缆股份有限公司	宁波	通过柔性产线的整体布局、智能装备的配套应用、区块链技术应用、信息系统的集成运行，重新构建了 ERP、MES、SCADA、PLC 等系统一体化运营平台，实现各系统数据互联互通、海缆产品全生产周期数据实时、可信、共享，企业生产效率提升 55%，能源资源综合利用率提升 15%，产品良品率提升 20%，万元产值成本降低 20%，研制周期缩短 30%
	8	浙江正泰电器股份有限公司	温州	通过工业物联网与数据采集系统，集成数字化设计、PLM、MES、WMS、EMS、订单交付系统等一体化企业数字化平台，重构生产要素链与价值链，形成具有高柔性、快响应的智能制造能力，生产效率提升 335%，生产运营成本降低 43%，产品研制周期缩短 22%，产品不良品率降低 28%，能源综合利用率提高 10%
	9	横店集团东磁股份有限公司	金华	在生产运营层开发部署 MES、QM、WMS 等信息化系统，在经营决策层部署 ERP、SCM 等系统，应用数据接口、中间件、数据总线等实现从设备层一直到决策层的集成，形成数据驱动的智能化生产模式，人均产值大幅提高，产品品质显著提升

续表

批次	序号	企业名称	属地	建设特色及成效
第一批12家（2020年12月公布）	10	杭州老板电器股份有限公司	杭州	打造九天中枢智能平台，采用5G大数据感知、采集、边缘计算技术，打造超融合实景智慧系统，实现智能化生产及协同制造，生产效率提升45%，产品不良品率降低30%，万元产值成本降低21%，研制周期缩短48%
	11	浙江鼎力机械股份有限公司	湖州	通过综合应用安全可控智能制造装备和核心软件，引入大数据、工业互联网、人工智能、5G等新一代信息技术，建立大型高空作业平台研发制造基地，生产效率提高23%，运营成本降低24%，产品研制周期缩短33%
	12	阿里巴巴迅犀（杭州）数字科技有限公司	杭州	依托大数据进行消费洞察，“犀牛智造”能够快速响应时尚和服装市场，实现100件起订，最快7天交付，有效解决服装行业库存量大、产品生命周期短、新产品快速铺货需求等难题
第二批20家（2022年1月公布）	13	杭叉集团股份有限公司	杭州	以PLM、MES、ERP信息化系统为上层架构，以自动化制造设备、输送设备、存储设备为底层基础，实现设计、计划、排产、生产、检验的全流程数字化、透明化、及时化，生产效率提升20%，能源资源综合利用率提升31%，产品良品率提升21%，万元产值成本降低21%，研制周期缩短33%
	14	奥的斯机电电梯有限公司	杭州	基于新一代信息技术、先进制造技术、物联网技术完成销售管理Elog系统、设计开发EDS系统、生产计划管理JDE系统、OTIS CONNECT电梯物联网、系统仿真分析MASC系统、制造执行智能化MES系统、产品远程服务云平台等信息化建设，生产效率提升76%，研制周期缩短31%，产品设计错误减少90%以上，车间劣质成本降低75%，生产交付周期缩短28%

续表

批次	序号	企业名称	属地	建设特色及成效
第二批 20 家 （2022 年 1 月 公布）	15	浙江大胜达包装股份有限公司	杭州	综合运用人工智能等前沿技术，以行业内国际领先的一体化全自动柔性生产线、SPC 及智能检测、智能管控中心等为基础，融合 APS、MES、i-DMS、订单管理系统、能源综合监控系统等，构建以快速响应用户个性化需求为核心，研发设计、生产智能制造、数据中台管控等紧密协同配合的现代纸包装智能制造协同运营生产管控体系，生产效率提升 280%，能源资源综合利用率提升 19%，产品良品率提升 2%，万元产值成本降低 3%，研制周期缩短 57%
	16	康赛妮集团有限公司	宁波	联合德国西门子打造全行业首家智能数字化工厂，借助 5G 专网技术支撑，庞大的智能化系统能自动完成毛料选料、投料、成纱到出厂成品打包的全过程操作和质量控制，生产效率提升 50%，库存周转率提升 100%，交货周期缩短 50%
	17	雅戈尔服装制造有限公司	宁波	运用人工智能、数字孪生、物联网等新一代信息技术，构建企业服装制造大脑，与异地工厂形成实时动态、双向交互的远程管理能力，生产效率提升 25%，能源资源综合利用率提升 20%，产品良品率提升 10%，万元产值成本降低 5%，研制周期缩短 10%
	18	欧诗漫生物股份有限公司	湖州	运用 5G、互联网、云计算、大数据、物联网、VR 等信息技术，重构生产体系中的信息流、产品流、资金流运行模式，生产效率提升 45%，能源资源综合利用率提升 18%，万元产值成本降低 24%，研制周期缩短 31%
	19	新凤鸣集团股份有限公司	嘉兴	基于“5G+互联网”技术，实现超 10 万台设备互联、人机互联、信息互联、内外互联的全要素连接，形成全供应链协同与全价值链联动分析，生产效率提升 34%，能源资源综合利用率提升 28%，产品良品率提升 22%，研制周期缩短 50%

续表

批次	序号	企业名称	属地	建设特色及成效
第二批20家（2022年1月公布）	20	王力安防科技股份有限公司	金华	积极探索新一代信息技术应用，基于“5G+数字孪生”、大数据、AI等技术，实现了采购、计划、生产、销售等多方面的协同管理和智能决策，产品研发周期缩短33%，产品不合格率降低35%，生产效率提高40%，运营成本降低15%，能源资源综合利用率提升12%
	21	杭州杰牌传动科技有限公司	杭州	应用大数据、云计算、物联网和人工智能等技术，实现一台减速机的智能制造之旅和智能监测运维。生产效率提升57%，能源资源综合利用率提升27%，产品良品率提升31%，万元产值成本降低10%、研制周期缩短33%
	22	杭州西奥电梯有限公司	杭州	通过战略一体化、精益生产、流程再造、高端人才引进等方式重塑数字化生态组织，打造国内电梯行业第一个数字孪生柔性装配系统——上坎自动线，结合“5G+AI”进行工厂布局和产线改造，生产效率提升32%，能源资源综合利用率提升4%，产品良品率提升10%，万元产值成本降低6%，研制周期缩短40%
	23	瑞立集团瑞安汽车零部件有限公司	温州	基于PLM数字化设计平台的产品数字化协同设计开发与仿真验证，形成研发协同能力，基于模型和知识自动化应用，构建设备健康、库存预测、智能调度等管理模型，采用虚拟环境进行一系列仿真测试和评估，生产效率提升23%，能源资源综合利用率提升42%，产品不良品率降低36%，万元产值成本降低38%，研制周期缩短47%
	24	吉利长兴新能源汽车有限公司	湖州	将新一代信息技术与智能制造深度融合，开展新一代信息技术应用、数字化设计、智能化生产、数字化管理、网络化协调、个性化定制、服务化延伸、绿色化智能等主要场景的建设，打造全新汽车制造业新智造体系，生产效率提升18%，能源资源综合利用率提升15%，产品不良品率降低25%，万元产值成本降低15%，研制周期缩短20%

续表

批次	序号	企业名称	属地	建设特色及成效
第二批20家（2022年1月公布）	25	浙江久立特材科技股份有限公司	湖州	以“5G+工业互联网”为基础，将物联网、大数据、人工智能、AR/VR等新一代数字技术与先进制造技术、自动化技术深度融合，打造先进智能制造系统，突破钢管表面AI智能检测、在线脱脂、在线切割、冷轧大变形、全自动输送等关键技术和装备，将精益数字化贯穿研发设计、生产制造、销售服务等全环节，生产效率提升29%，能源资源综合利用率提升25%，产品不良品率降低32%，万元产值成本降低20%，研制周期缩短33%
	26	嘉兴敏华汽车零部件有限公司	嘉兴	采用最新的虚拟仿真核心技术，集成三维可视化技术、3D建模技术，与物联网、视频监控、定位系统、物流管理系统、数据中台等其他先进平台无缝对接，生产效率提升200%，产品良品率提升40%，万元产值成本降低23%，研制周期缩短50%
	27	卧龙电气驱动集团股份有限公司	绍兴	以网络化协同创新模式为指引，研究数字孪生、人工智能、物联网等新一代技术，建成拥有自主知识产权集制造进度控制、在线检测、产品追踪、数据采集等于一体的绕线、注塑、整机总装智能装备，并建设完善电机产业大脑、数字孪生、数据湖及数据驾驶舱等平台，总体生产效率提高80%、生产运营成本降低34%、产品不良品率降低50%、产品研制周期缩短41%、能源综合利用率提高17%
	28	浙江今飞智造摩轮有限公司	金华	搭建机加工智能化柔性加工单元，基于MES、视觉识别技术，结合机械手等，实现多品种混线生产、作业参数自动下发，并对关键尺寸实施在线检测，生产效率提升38%，能源资源综合利用率提升12%，产品良品率提升24%，万元产值成本降低10%，研制周期缩短23%
	29	巨化集团有限公司	衢州	通过数字孪生、大数据、人工智能等新技术应用，实现信息技术、化工制造和管理技术的融合创新，核心装置自动化率达到99%，产品研制周期缩短32%，万元产值成本降低23%，产品不良品率降低22%，人均生产效率提高23%，能源利用率提高15%，关键工艺指标报警率降低50%，污染物排放达标率100%

续表

批次	序号	企业名称	属地	建设特色及成效
第二批 20家 （2022年 1月 公布）	30	爱仕达股份有限公司	台州	运用新一代信息技术、先进制造技术，包括复合金属机器人数控加工中心、智能仓储、全自动智能喷涂设备、全自动组装线等安全可控的核心装备及分布式控制系统、制造执行系统（MES）、大数据监控与决策 PCT 系统等信息化系统，生产效率提高22%，运营成本降低 23%，产品研制周期缩短 35%，产品不良品率降低 31%，单位产值能耗下降 21%
	31	亚欧汽车制造（台州）有限公司	台州	使用 CAD、EPLAN、ABQUS 等软件，对工艺参数实时在线监控调整，采用 TC 数据管理平台，实现产品数字化设计与仿真集成式开发，基于 OHF、ARO、CMP、CIP 系统协同，实现车间智能排产，万元产值成本降低 13%，产品不良品率降低 55%，产品研制周期缩短 26%，人均生产效率提高 98%，能源利用率提高 7%
	32	杰克缝纫机股份有限公司	台州	构建智能服务平台和贯通缝制设备、服装加工及互联网营销全产业链的运营模式，从产品建模设计、工程仿真、工程过程规划管理，到数模管理、缝纫控制等各个环节实现 CAD、PDM、PLM、CAE 等研发工具集成，生产效率提升 24%，能源资源综合利用率提升 18%，产品不良品率降低 33%，万元产值成本降低 21%，研制周期缩短 32%

附表2　全球 103 家“灯塔工厂”概况（截至 2022 年 7 月）

批次	序号	企业名称	企业地址	特色成效
第一批 9家 （2018年 9月 公布）	1	拜尔生物制药	意大利加巴纳特	“数据即资产”——大多数企业使用的数据不到其产生的 1%，但拜耳凭借庞大的数据库，将维护成本降低 25%，运营效率提高 30%~40%
	2	博世汽车	中国无锡	“增强竞争力”——搭建“先订单，后制造”产品定制平台，利用远程人工智能技术预测维护需求
	3	海尔	中国青岛	“以客户为中心的技术”——以人工智能主导转型，包括搭建“先订单，后制造”产品定制平台，以及利用远程人工智能技术事先预测维护需求

续表

批次	序号	企业名称	企业地址	特色成效
第一批 9 家（2018 年 9 月公布）	4	强生 DePuy Synthes	爱尔兰科克	“过程驱动的数字镜像”——该工厂运用物联网，让旧机器相互“沟通”，将运营成本降低 10%，机器故障停机时间减少 5%
	5	菲尼克斯电气	德国巴特皮尔蒙特和布隆伯格	“客户驱动的数字镜像”——通过对每个客户的具体要求构建数字镜像，维修或更换产品的工作时间减少了 30%
	6	宝洁 Rakona	捷克	“敏捷化生产”——只需点击一下按钮，生产线即可立即改变生产产品种类，使成本降低 20%，产量增加 160%
	7	施耐德电气	法国勒沃德勒伊	“工厂一体化”——各工厂共享知识和最佳操作，使公司所有工厂的能源和运营效率达到最高水平，将能源成本降低 10%，维护成本降低 30%
	8	西门子工业自动化产品	中国成都	“3D 模拟生产线优化”——员工利用 3D 模拟、增强现实和其他技术，完善工厂的设计和运营，促使产量提高 3 倍，缩短周期时间
	9	UPS Fast Radius	美国芝加哥	“平衡产能与客户需求”——工厂借助遍布全球的 3D 打印中心和实时制造分析，满足消费者对可快速生产的定制产品的需求
第二批 7 家（2019 年 1 月公布）	10	宝马集团	德国雷根斯堡	该汽车工厂在 2018 年生产了约 32 万辆汽车。尽管在引入定制化物联网平台上投入了不少时间与成本，但工厂最终成功将新应用程序部署时长削减了 80%，在大幅降低了物流成本的同时也令质量问题减少了 5%
	11	丹佛斯商用压缩机	中国天津	该工厂主要生产制冷、空调机组等产品所需的压缩机。丹佛斯凭借全数字追溯系统与智能传感器、视觉检测，自动监控系统等数字工具成功改善了质量控制体系，在两年内将劳动生产率提高了 30%，客户投诉率减少了 57%
	12	富士康	中国深圳	这家专门生产智能手机等电气设备组件的工厂采用全自动化制造流程，配备机器学习和人工智能型设备自动优化系统、智能自我维护系统和智能生产实时状态监控系统。富士康注重优先引入第四次工业革命技术，令生产效率提高 30%，库存周期降低 15%

续表

批次	序号	企业名称	企业地址	特色成效
第二批7家（2019年1月公布）	13	Rold	意大利切罗马焦雷	这家拥有240名员工的企业，主要生产洗衣机和洗碗机锁定系统。作为“灯塔网络”中的一家中小型企业，Rold使用智能手表、快速成型和数字仪表板等第四次工业革命技术，成功将营业额提升7%~8%
	14	Sandvik Coromant	瑞典吉莫	这家切削刀具生产商利用覆盖全生产流程的数字主线，大幅提高了劳动生产率。“非接触式转换”就是其中一例，其支持设计模式自动更改，即使在无人操作（移除结束时的指示）的转换期间也是如此
	15	沙特阿美Uthman-iyah天然气厂	沙特阿拉伯乌德曼尼亚	这座巨型天然气处理厂已经成为多项第四次工业革命技术应用的表率，包括管道和机械无人机检查技术（节约90%的检查时间）和可穿戴技术，例如有助于减少工人检查和维修时间的数字头盔
	16	塔塔钢铁	荷兰艾默伊登	这座大型工厂拥有9000名员工，它始终坚持以人为本，特别设立了高级分析学院，协助工作人员提出有利于减少废弃物、改进生产过程质量和可靠性的解决方案，令工厂财务状况大有改善
第三批10家（2019年7月公布）	17	Arçelik	罗马尼亚乌米尔	这一新建的工厂是该公司用例实验室的研发成果，其设计的生产速度相当于此前工厂的两倍。自建成投产以来，由于实现了低价值任务的自动化，工厂的运营成本下降了11%
	18	福特奥特桑	土耳其科贾埃利省	该工厂利用数字制造和先进自动化技术，突破此前的精益生产思路，在不增加资本支出的情况下，将产量提升了6%，将员工参与度提高了45%
	19	诺基亚	芬兰奥卢	这家完全数字化的诺基亚工厂专注于引入新产品，将产品上市速度提升了50%，将生产效率提高了30%
	20	Petrosea	印度尼西亚Tabang	由于位置偏远，这家采矿服务供应商采用了多项第四次工业革命技术（比如优化卡车调度、实时监测和无人机勘查等），在短短6个月内将矿井扭亏为盈
	21	浦项钢铁	韩国浦项	将人工智能技术引入钢铁行业，提升了生产效率和产品质量。目前，浦项钢铁正与地方学术界、中小企业和初创企业携手合作，打造自己的智能工厂平台

续表

批次	序号	企业名称	企业地址	特色成效
第三批 10 家 （2019 年 7 月 公布）	22	雷诺集团	法国 Cléon	这家雷诺工厂采用多项第四次工业革命技术（协作机器人、虚拟现实等），支持运营商，消除浪费，减少能耗和实现重复性工作的自动化
	23	上汽大通	中国 南京	面对竞争激烈的市场环境，这家工厂实施了大规模定制化的新模式。通过一体化数字主线，对从客户到供应商的端到端价值链实行数字化，在提高销售量的同时减少了成本
	24	施耐德 电气	印度 尼西 亚巴淡岛	作为施耐德制造网络的六家智能化工厂之一，这家生产基地开发了自己的第四次工业革命技术解决方案（比如物联网平台），然后将其扩展到整个施耐德网络和其他公司
	25	塔塔钢铁	印度 卡林 加纳加	这家新建的钢铁厂正在协助建立一家工厂从新建到实现最大生产量的速度新标准。此外，该工厂还对数字分析解决方案进行巨额投资，并积极开展能力建设，帮助原本相对初级和缺乏经验的团队提高了数字化技能，将产品上市时间缩短了 50%
	26	Zymergen 生物 科技公司	美国 爱莫利 维尔	这家生物工程工厂是一家地地道道的数字化企业，将机器人和人工智能技术融入长期以来高度依赖人力劳动的生产流程，从而将创新速度提高了 1 倍
第四批 18 家 （2020 年 1 月 公布）	27	宝山钢铁	中国 上海	这家拥有 40 年历史的工厂很早就采用了数字化。宝山钢铁广泛应用人工智能和高级分析技术，使其在数字时代依然保持行业竞争力，创造出 5000 万美元的价值
	28	福田 康明斯	中国 北京	福田康明斯在其设计、生产和售后服务的整个端到端产品生命周期中都自主部署了物联网和人工智能。其产品质量和顾客满意度由此提高了 40%
	29	通用电气 医疗集团	日本 日野	这家拥有 30 多年精益制造经验的通用电气工厂，利用第四次工业革命技术转型为数字化精益制造，从而成功取得更高业绩。例如成本降低 30%、周期缩短 46%
	30	海尔	中国 沈阳	海尔沈阳电冰箱厂是以用户为中心的大规模定制模式的典范。通过部署可扩展的数字平台，实现供应商和用户的端到端连接，从而使其直接劳动生产率提高 28%

续表

批次	序号	企业名称	企业地址	特色成效
第四批 18家 （2020年 1月 公布）	31	日立	日本 奥米卡 工厂	日立奥米卡工厂在工程、生产和维护运营中应用了一系列工业物联网技术和数据分析，从而在不影响质量的情况下，将核心产品的交付周期缩短了50%
	32	英飞凌	新加坡	英飞凌通过数字化骨干和人员培养，在其制造工厂和供应链网络中应用数据、高级分析和自动化技术，从而降低了30%的直接劳动力成本，提高了15%的资本效率
	33	强生医疗	中国 苏州	该工厂推广了其他强生工厂开发的标准化数字解决方案，从而实现业绩提升，包括生产率提高了15%
	34	美光	新加坡	这家半导体制造厂整合了大数据基础设施和工业物联网，以实施人工智能和数据科学解决方案，从而提高了产品质量标准，使新产品生产速度翻了一番
	35	宝洁	中国 苏州	这家年轻的工厂利用第四次工业革命技术打造出宝洁亚洲的首个关灯运营，并连接了端到端供应链。生产率由此提高2.5倍，生产敏捷性大大提高，实现了电子商务增长和员工满意度提升
	36	潍柴	中国 潍坊	潍柴对整个端到端价值链进行了数字化改造，以准确了解客户需求并降低成本。在人工智能和汽车互联网的助力下，潍柴的研发周期缩短了20%，运营成本降低了35%
	37	爱科	德国 马克 托波道夫	通过将数字解决方案与智能生产线设计相结合，爱科旗下芬特公司（Fendt）可以在一条批量生产线上生产9个系列的拖拉机（从72马力到500马力不等）。由此，生产率提高了24%，生产周期缩短了60%
	38	葛兰素 史克	英国 韦尔	这家制药厂在生产运营中全面应用了第四次工业革命技术，借助高级分析和神经网络充分利用现有数据集。由此，生产速度提高了21%，停工期缩短，设备整体效能提升了10%
	39	汉高	德国 杜塞 尔多夫	汉高开发了一个基于云的数据平台，可以实时连接30多家工厂和10多家分销中心。这有助于满足客户和消费者对服务和可持续性日渐增长的期望值，同时实现了两位数的成本和库存降低

续表

批次	序号	企业名称	企业地址	特色成效
第四批 18 家（2020 年 1 月公布）	40	雷诺集团	巴西 库里提巴	雷诺库里提巴工厂采用第四次工业革命技术，重点关注加强雇员责任感和端到端连接，提高员工敬业度，并携手包括经销商、客户和员工在内的价值链参与方，共同开发互联互通的生态系统。在没有大幅资金投入的情况下，使劳动生产率提高了 18%
	41	MODEC	巴西 里约 热内卢	MODEC 采用先进分析技术以实现对采油船的预防性维护，并合理运用其内部生产装备的数字孪生系统及专属数据平台，旨在加快开发并实现新算法的指数级扩展，成功使这一海上采油平台的停工时间减少了 65%
	42	Petkim	土耳其 伊兹密尔	这家 35 年历史的石化工厂启动数字转型，推动价值创造，自行研发人工智能算法，分析了数十亿种生产情景，优化流程和产品定价，使税前收益增长 20%以上
	43	联合利华	阿联酋 迪拜	为增强成本竞争力，一个当地团队建立了工厂数据湖，大规模开发和部署第四次工业革命用例。尽管投资和时间有限，最终成本降幅仍达 25%以上
	44	强生 视力健	美国 杰克 逊维尔	强生视力健采用数字化形式，建立从供应商到消费者的端到端价值链，采取可重构的制造模式，实现两位数的成本下降和销售增长
第五批 10 家（2020 年 9 月公布）	45	阿里巴巴	中国 杭州	阿里巴巴迅犀试点工厂将强大的数字技术与消费者洞察结合起来，打造全新的数字化新制造模式。它支持基于消费者需求的端到端按需生产，并通过缩短 75%的交货时间、降低 30%的库存需求，甚至减少 50%的用水量，助力小企业在快速发展的时尚和服装市场获取竞争力
	46	美光科技	中国 台湾	为了推动生产率的进一步提升，美光的大批量先进半导体存储器制造厂开发了集成物联网和分析平台，确保可以实时识别制造异常，同时提供自动化根本原因分析，从而加快了 20%的新产品投产速度，减少了 30%的计划外停工时间，并提高了 20%的劳动生产率
	47	美的集团	中国 广州	面对家电行业的激烈竞争及电子商务领域的快速发展，美的集团利用第四次工业革命技术实现从自动化工厂向端到端互联价值链的转型升级，劳动效率提高了 28%，单位成本降低了 14%，订单交付期缩短了 56%

续表

批次	序号	企业名称	企业地址	特色成效
第五批10家（2020年9月公布）	48	联合利华	中国合肥	随着电子商务在中国的蓬勃发展，联合利华通过在生产、配套仓储和配送领域大规模部署柔性自动化和人工智能等第四次工业革命解决方案，建立了拉动式生产模式，将交货期缩短了50%，电子商务消费者投诉减少了30%，同时降低了34%的成本
	49	雷诺集团	法国莫伯日	为了维持工厂的竞争力（被公认为联盟中业绩最好的轻型商用车工厂），雷诺集团在其拥有50年历史的制造工厂中广泛部署第四次工业革命技术，从而减少了50%的保修事件，提高了工厂应对多种车辆配置的灵活性，降低了16%的制造成本
	50	Janssen Large Molecule	爱尔兰科克	随着对生物制品需求的快速变化和不断增长，Janssen通过数字化方式将研发、内部制造和外部制造连接起来，同时部署了先进的过程控制解决方案，以实现供应链状态近乎实时的可见性，将可靠性提高50%，并在降低20%成本的同时加快技术转让
	51	诺和诺德	丹麦希勒勒	面对销量增长、复杂性上升和成本压力，诺和诺德大力投资数字化、自动化和高级分析，为了进行大规模推广，构建了强大的全公司工业物联网操作系统，将设备效率和生产率提高30%
	52	沙特阿美	沙特阿拉伯库阿斯	作为沙特阿美致力于提高运营韧性的组成部分，库阿斯油田被建成完全互联的智能油田，拥有40000多个传感器，覆盖分布在150×40千米的500多口油井，实现了对设备和管道的自主流程控制、远程操作和监控，从而最大化油井产量，仅智能完井技术就可贡献至少15%的产量
	53	DCP Midstream	美国丹佛	在通过运营转型和创新效率应对市场波动的需求推动下，DCP Midstream利用内部开发的数字解决方案和技术风险合作伙伴关系，将运营远程控制与其规划、物流和商业系统结合起来，实现了利润的实时优化，创造了超过5000万美元的价值。

续表

批次	序号	企业名称	企业地址	特色成效
第五批 10家（2020年9月公布）	54	施耐德电气	美国莱克星顿	为了保持业务和技术优势，施耐德电气已有60多年历史的工厂采用了第四次工业革命技术，实现了从供应商到客户的端到端完整转变，客户满意度提高了20%，需求预测准确率提高了20%，并将能源成本降低了26%
第六批 15家（2021年3月公布）	55	博世	中国苏州	作为集团内部卓越生产的典范，博世苏州在生产和物流环节实施了数字化转型战略，将生产成本降低了15%，同时将产品质量提升了10%
	56	富士康	中国成都	面对需求的快速增长和劳动力技能短缺问题，富士康成都采用了混合现实、人工智能和物联网等技术，将生产效率提升了200%，把设备的整体效能提升了17%
	57	惠普	新加坡	随着产品复杂性的提升和劳动力短缺带来质量和成本挑战，为了重点打造高附加值制造业，惠普新加坡踏上了第四次工业革命的征程，推动工厂从响应式劳动密集型模式，转变为人工智能驱动的高度数字化、自动化生产经营模式，从而将生产成本提高了20%，将生产效率和产品质量提升了70%
	58	美的	中国佛山	为了发展电商业务和扩大海外市场份额，美的实施采购数字化、弹性自动化、质量管理数字化、物流智能化和销售数字化等一系列举措，将产品成本降低了6%，将订单交付周期缩短了56%，并将二氧化碳排放量减少了10%
	59	ReNew	印度胡布利	面对飞速增长的资产规模和市场新兴主体不断增加的竞争力，印度最大规模的可再生能源公司ReNew Power开发了第四次工业革命技术，比如专门的高级分析技术和机器学习解决方案等，在不增加任何资本支出的情况下，将风能和太阳能资产增加了2%，将停机时间减少了31%，并将员工生产效率提高了31%

续表

批次	序号	企业名称	企业地址	特色成效
第六批 15家 (2021年3月公布)	60	塔塔钢铁	印度贾姆谢德布尔	为了解决运营关键绩效指标停滞和垄断原料优势即将丧失的问题，具有110年历史的塔塔钢铁贾姆谢德布尔工厂克服根深蒂固的文化和技术传统，部署了多项第四次工业革命技术：在采购环节部署了机器学习和高级分析技术，将原材料成本减少了4%；在生产和物流规划环节部署了规范性分析技术，将客户服务成本降低了21%
	61	青岛啤酒	中国青岛	鉴于消费者日益需要个性化、差异化和多样化的啤酒产品，拥有118年历史的青岛啤酒在价值链上重新部署了智能化数字技术，以满足消费者需求，将客户订单的交付时间和新产品开发时间降低了50%。定制化啤酒的份额和营业收入分别增加了33%和14%
	62	纬创	中国苏州	为了应对“多品种、小批量”的经营挑战，纬创利用人工智能、物联网和柔性自动化技术，在生产、物流和供应商管理等环节提高员工、资产和能源效率，将生产成本降低了26%，同时将能源消耗减少了49%
	63	汉高	西班牙加泰罗尼亚	为了进一步提高生产效率和公司的可持续发展水平，汉高在原有核心数字技术的基础上，大规模使用第四次工业革命技术，将加泰罗尼亚工厂的网络和实体系统连接起来，将运营成本降低了15%，将产品上市时间缩短了30%，同时还有效减少了碳排放
	64	强生消费者保健	瑞典赫尔辛堡	在监管严格的医疗保健和快速发展的消费品环境中，强生消费者保健部门为了满足客户需求，采用数字孪生、机器人及高科技追踪和追溯技术来提升运营灵活性，将产品产量提高了7%，产品上市时间缩短了25%，产品成本降低了20%。此外，该工厂加大投资力度，通过部署第四次工业革命技术，实现绿色科技的互联互通，成为强生公司首个实现碳中和的工厂
	65	宝洁	法国亚眠	宝洁亚眠工厂长期致力于在新产品生产过程中推动运营转型，如今全面拥抱第四次工业革命技术，采取了数字孪生技术和数字化运营管理和仓储优化解决方案，三年内使产量持续增长了30%，将库存水平降低了6%，整体设备效能提高了10%，并将废品废料减少了40%

续表

批次	序号	企业名称	企业地址	特色成效
第六批15家（2021年3月公布）	66	西门子	德国安贝格	为了达成生产效率目标，该工厂采取了结构化、精益化数字工厂策略，部署了智能机器人、人工智能工艺控制和预测维护算法等技术，在产品复杂性翻倍、电力和资源消耗不变的情况下，将工厂产量增加了40%
	67	STAR炼油厂	土耳其伊兹密尔	为了维持公司在欧洲炼油行业的竞争优势，伊兹密尔STAR炼油厂最初的规划定位是成为“世界上技术最先进的炼油厂”。该厂投入了7000多万美元，大力部署先进技术（比如资产数字化绩效管理、数字孪生和机器学习等）和提高组织能力，将柴油和航空燃油的产量提高了10%，同时将维护成本降低了20%
	68	爱立信	美国路易斯维尔	随着5G无线电需求的不断增加，爱立信在美国建立了基于5G技术的数字化和本地化工厂，以贴近客户的需求。该厂采取了灵活的运作方式和高效的工业物联网基础设施，在12个月内打造了25个用户案例，因此将每位员工的产出提高了120%，将订单交付周期缩短了75%，并将库存水平降低了50%
	69	宝洁	美国莱马	消费趋势的变化要求采用更加复杂的包装，将更多的产品外包。为了逆转这一趋势，宝洁莱马工厂投资部署数字孪生、高级分析和机器人自动化等技术，大力提高供应链的灵活性，将新产品的上市时间缩短了10%，使劳动生产率比2020年同期提高了5%。工厂在避免断货风险方面的绩效比竞争对手高出了两倍
第七批21家（2021年9月公布）	70	德龙集团	意大利特雷维索	为了增强市场竞争力，德龙集团特雷维索工厂投资打造数字化和分析能力，提高了业务经营的灵敏度（将最小订单量降低了92%，将交货期缩短了82%）和生产效率（将劳动生产率提高了33%），实现了产品的高质量（将现场品质提高了33%，并获得了食品和饮料行业认证）
	71	伟创力	奥地利阿尔特霍芬	面对来自低成本地区的强有力竞争，伟创力阿尔特霍芬工厂采用了第四次工业革命的相关技术来提高运营效率和灵活性。通过实现更高的监管和质量标准，伟创力赢得了利润更高、周期更长的医疗业务，在物理资产不变的情况下将营业收入提高了50%

续表

批次	序号	企业名称	企业地址	特色成效
第七批 21家（2021年9月公布）	72	强生视力健	英国伦敦	为了改善客户体验，强生视力健采用了适应性流程控制、人工智能和机器人等第四次工业革命的个性化技术，有效应对复杂性不断上升的问题（将库存量单位提高了50%），实现了百分百的个性化包装配置，将客户服务水平提高了8%，同时将到达货物的碳足迹减少了53%
	73	汉高	墨西哥托卢卡	这家成立于1970年的工厂以少品类大批量生产为主，目前正致力于第四次工业革命的转型，重点关注人员和数据的透明度和可用性，将加工成本降低了15%，将能耗降低了14%，将设备综合效率提升了90%
	74	强生旗下骨科公司德普伊辛迪斯（DePuy Synthes）	美国布里奇沃特	为了解决高复杂性、成本压力和手术室效率低下等问题，DePuy Synthes实施了一项第四次工业革命技术方案——“高级病例管理”，在其北美地区的关节修复种植体（臀部和膝盖）整个价值链中采用开源应用程序接口架构、机器学习算法和一套数字化工具，将手术室的器械托盘数量减少了63%，将种植体库存减少了40%，最终将每个位置手术室搭建时间缩短了约15%
	75	Protolabs	美国普利茅斯	Protolabs是一家数字化本地制造商，通过利用数字线程技术，为客户提供注塑生产服务，从而踏上了经营转型之旅，从只提供原型服务的供应商，转变为生产供应商。公司将生产周期缩短为一天，实现了高于行业平均水平20%的毛利润，一举超越传统的竞争厂商
	76	友达光电	中国台湾	为了应对劳工短缺、高度定制化产品要求和极端的气候条件等挑战，友达光电台中三号工厂投资打造定制自动化能力，建设了一个数字分析和人工智能开发平台，将生产效率提高了32%，将高级产品的产量提高了60%，同时分别将用水量和碳排放量降低了23%和20%
	77	宁德时代	中国宁德	为了应对日益复杂的制造工艺和满足高质量产品的需求，宁德时代利用人工智能、先进分析和边缘/云计算等技术，在3年内实现了在生产每组电池耗时1.7秒的速度下仅有十亿分之一的缺陷率，同时将劳动生产率提高了75%，将每年的能源消耗降低了10%

续表

批次	序号	企业名称	企业地址	特色成效
第七批 21 家（2021 年 9 月公布）	78	中信戴卡	中国秦皇岛	鉴于汽车原始设备制造商日益希望获得小批量、高质量的产品，中信戴卡采用了柔性自动化、人工智能和 5G 等技术，打造了数字化制造系统，不仅提升了生产灵活性，还将制造成本降低了 33%
	79	富士康	中国武汉	为了满足客户要求，提升定制化水平，缩短交货周期，富士康武汉工厂大规模引入了先进分析和柔性自动化技术，重新设计了制造系统，将直接劳动生产率提高了 86%，将质量损失减少了 38%，将交货周期缩短至 48 小时（缩短了 29%）
	80	富士康	中国郑州	为了解决技能工人缺乏、质量性能不稳和市场需求不确定等问题，富士康郑州采用了柔性自动化技术，将劳动生产率提高了 102%，并利用数字化和人工智能技术，将质量缺陷减少了 38%，将设备综合效率提高了 27%
	81	海尔	中国天津	为了满足客户的期望，提供更加多元的产品、更快捷的送货和更高质量的服务，海尔在天津新建的洗衣机工厂将 5G、工业物联网、自动化和先进分析技术结合起来，将产品设计速度提高了 50%，将质量缺陷减少了 26%，将单位产品的能耗降低了 18%
	82	群创光电	中国台湾	面对面板行业的激烈竞争、客户更高的质量要求和毛利润的严重下滑，群创光电八号工厂投入采用先进自动化、物联网和先进分析等技术，将加工能力提高了 40%，将成品率损失降低了 33%，从而提高了利基产品的生产能力
	83	LS 电气	韩国清州	为了满足日益上升的需求，也为了降低生产成本，LS 电气韩国清州工厂进行了变革，采用了基于工业物联网的自动化技术、基于机器学习的检测技术和先进的流程控制技术，实现了大规模的定制化生产，将生产成本降低了 20%
	84	三一	中国北京	在多品类、小批量重型机械市场需求和复杂性不断增加的背景下，三一北京部署了先进的人机协作自动化技术、人工智能和物联网技术，将劳动生产率提高了 85%，将生产周期缩短了 77%，从原先的 30 天缩短至 7 天

续表

批次	序号	企业名称	企业地址	特色成效
第七批21家（2021年9月公布）	85	施耐德电气	中国无锡	施耐德电气在中国无锡的电子部件工厂拥有20年历史，如今为了应对日益频繁的生产更改和订单配置需求，建立了灵活的生产线，综合采用了模块化人机合作工作站、人工智能视觉检测等第四次工业革命技术，将产品上市时间缩短了25%，并利用先进分析技术来自动分析问题根源和检测整个供应链中的异常情况，将准时交货率提升了30%
	86	联合利华	中国苏州	为了把握电子商务和大型卖场渠道的勃勃商机，联合利华太仓冰激凌工厂部署了一次性扫描、一站式观看平台，在制造和食品加工等环节为客户打造端到端的透明供应链，并根据消费者的数字化需求，打造了灵活的数字化研发平台，将创新周期缩短了75%，从原来的12个月缩短至3个月
	87	西部数据	马来西亚槟城	客户对产品质量的要求越来越严格，同时还要优化成本，西部数据槟城工厂积极拥抱第四次工业革命技术，向“熄灯制造”模式转型，实行自动化生产和物流，将工厂成本降低了32%，并通过打造智能化规划系统，转向按单定制模式，因此将产品库存减少了50%，将交货周期缩短了50%
	88	西部数据	泰国巴真武里	随着硬盘驱动器的市场需求快速上升、产品质量要求日益严格和成本压力不断增加，西部数据泰国工厂利用网络互连和先进分析技术，实时公开供应商、生产、物流和客户信息，并提供基于数据的洞察和预测，从一个产能饱和的制造工厂，转变为一套数字化运营系统，最终将工厂产量提高了123%，将采购和生产成本降低了30%，将产品退货率降低了43%
	89	ArÇelik	土耳其埃斯基谢希尔	为了应对不断增加的客户需求和日益多元化的产品需求，ArÇelik利用其灵活的工作室，两年之内在自动化、机器人物流和数据人工智能系统等领域部署了30多个高级用例，实现了灵活的产品制造，投资回报周期缩短为1.2年
	90	沙特阿美	沙特阿拉伯布盖格	为了进一步提高产品质量和可持续发展水平，这家具有70年历史的世界最大石油加工和原油稳定工厂发挥数据、先进分析和自动化技术的力量，推进制造工艺的转型，将产品质量提高了21%，并将能耗降低了14.5%

续表

批次	序号	企业名称	企业地址	特色成效
第八批 13 家（2022 年 3 月公布）	91	强生旗下杨森制药	意大利拉蒂娜	杨森拉蒂娜工厂一直在积极部署第四次工业革命的技术解决方案，致力于提高新产品的上市速度、竞争力和灵活性，并提高产品质量，将产品不合格率降低了 30%，将产品上市时间缩短了 84%，同时将能源成本降低了 10%，将物流劳动成本降低了 72%
	92	赛诺菲	法国巴黎	为了加快实施节约计划，赛诺菲在两年前开启采购运营数字化，并积极采用分析技术。截至目前，该厂已经打造和部署了六大产品：数据平台、成本建模平台、成本监测平台、智能化招标分析平台、供应商绩效追踪平台和系统监测管理平台，将工厂开支节省了 10%，并改变了工厂的运作方式
	93	Teva 梯瓦制药	荷兰阿姆斯特丹	全球采购部为梯瓦制药雄心勃勃的毛利率改善计划立下汗马功劳，也为公司的自由现金流目标做出了贡献，致力于到 2024 年底节约 3 倍的历史性销售成本。为此，全球采购部在一年半时间内采用了多项第四次工业革命技术，将劳动力工作效率提高了 30%，为员工提供了技能升级培训，优化了跨部门合作流程，打破了部门之间的界限，并正在梯瓦内部引领第四次工业革命
	94	京东方科技集团	中国福州	为了用一流的产品质量赢得市场份额，京东方福州在完全自动化的生产系统中广泛采用了人工智能和高级分析技术，力求实现最卓越的产品质量、设备效率和能源可持续性，在未进行重大资本投资的情形下，将新产品产量提升期缩短了 43%，将单位成本降低了 34%，并将产量提升了 30%
	95	博世	中国长沙	面临 20%的劳动力成本增长、市场价格连年下探超 10%及客户订单频繁波动等市场不利因素，博世长沙通过 45 个结合自动化和人工智能的第四次工业革命用例的成功实践，提高自身的竞争力，保持其市场领先位置，完成了对新能源汽车客户 100%的渗透，并且帮助工厂实现碳中和

续表

批次	序号	企业名称	企业地址	特色成效
第八批13家（2022年3月公布）	96	海尔	中国郑州	为了应对快速增长的热水器市场需求，也为了满足对高端产品和服务的日益增长的要求，海尔郑州工厂利用大数据、5G边缘计算和超宽带解决方案，与供应商、工厂和客户建立了更加紧密的联系，订单响应速度提高了25%，生产效率提高了31%，产品质量提高了26%
	97	强生消费品（泰国）有限公司	泰国曼谷	为了提升灵敏度、提高盈利水平和节省成本，强生曼谷工厂采用了协作式供应链控制塔、计算流体力学、人工智能能源优化、高级物流数据分析等第四次工业革命的多项技术，将价值链的营业收入增加了47%，库存水平降低了25%，端到端供应链周期缩短了43%，生产效率提升了42%，并将碳足迹优化了20%
	98	LG电子	韩国昌原	为了满足客户对产品质量的更高要求和解决劳动力短缺问题，LG电子重新规划了位于韩国昌原的一座旧工厂，利用柔性自动化、数字化绩效管理和人工智能等技术，将其改造成为一座数字化工厂，从而将生产效率提高了17%，将现场质量提高了70%，同时将库存和能耗水平分别降低了30%
	99	美的	中国荆州	鉴于消费者期望的变化及产品的日趋复杂，拥有30年历史的荆州工厂大规模引入了柔性自动化、物联网和人工智能技术，致力于改变制造系统，从而将劳动生产率提高了52%，生产周期缩短了25%，单位产品的公用资源消耗降低了20%
	100	美的	中国合肥	为了满足国内高端市场的需求和海外市场扩张的需要，合肥美的洗衣机有限公司在整个端到端价值链广泛部署了人工智能和物联网技术，旨在提高响应速度和供应链效率，最终将订货交付时间缩短了56%，客户报告的缺陷率降低了36%，劳动生产率提高了45%
	101	宝洁	中国广州	为了满足大幅上升的电子商务需求，宝洁广州利用人工智能、柔性自动化和数字孪生技术，对价值链上多个系统进行整合，更好地服务全渠道消费者。这一举措提升了供应链的响应速度，将库存和物流成本分别降低了30%和15%，3年内的准时交付率达到了99.9%

续表

批次	序号	企业名称	企业地址	特色成效
第八批 13 家 （2022 年 3 月 公布）	102	施耐德电气	印度 海得拉巴	客户需求的不断变化、业务增长达 54%，施耐德电气实施了工业物联网基础设施、预测性/规范性分析和人工智能深度学习等第四次工业革命的技术，将现场故障率降低了 48%，订货交付时间缩短了 67%，同时将生产效率提高了 9%
	103	联合利华	印度 达帕达	为了加快创新步伐、更快响应消费者需求、在日益严峻的市场环境中提升成本竞争力和落实可持续发展目标，联合利华达帕达工厂在端到端价值链中采用了数字化、自动化和人工智能—机器学习等技术，将产品开发周期缩短了 50%，制造成本降低了 39%，能源消耗减少了 31%

第22章 大中小企业融通发展的比较分析与战略路径

——基于浙江省杭州市的实地调查

大中小企业融通发展是贯彻落实党中央保障产业链供应链稳定、促进国内国际“双循环”重大决策部署的有力举措，是建设现代化经济体系、推动经济高质量发展、建设共同富裕示范区的重要基础，有利于大企业不断做大做强做优、有利于中小企业“专精特新”发展、有利于制造业整体水平提升等，具有极其重要的战略意义。放眼世界经济、中国经济发展，既要靠顶天立地的大企业，也需要铺天盖地的中小企业，大中小企业融通发展在各国经济发展中发挥着重要作用。大中小企业融通发展是提升城市经济竞争力的重要支撑，是进一步激发市场活力和社会创造力的着力点，更是制造业转型升级的关键所在。大中小企业融通发展不仅符合中小企业快速成长壮大的需要，也是大企业保持竞争力的法宝。大企业在研发能力、市场份额、品牌价值等方面具有显著优势，中小企业在创新需求快速响应、产品快速迭代和低成本试错等方面具有独特的优势，大中小企业融通创新是释放大企业创新活力、激发中小企业创新潜力的催化剂，也是提升产业链供应链稳定性和竞争力的黏合剂。

当前，大中小企业融通发展正在步入加速期和窗口期。随着大型企业支撑融通能力、中小型企业专业创新能力的不断提升和新平台不断涌现，中小企业可成为大企业提升资源利用效率的外在推力，大中小企业融通发展突破了地域限制，将成为推进制造业转型升级的根本优势和实现经济高质量发展的重要途径。部分企业正面临资金链断裂、贷款违约等一系列问题，亟须大企业和中小企业从简单合作生产的关系转为供应链、数据链、技术链多位一体的多层次、多角度融合，建立大企业和中小企业联合创新、共享资源、融通发展的产业生态，成为保市场主体、助经济复苏的有效举措。2022年2月7日，浙江省委召开高质量发展建设共同富裕示范区推进大会，围绕推动经济高质量发展先行示范，提出“强化大中小企业融通发展机制”的任务和要求。因此，新发展阶段，杭州推进大中小企业融通发展模式及路径研究对杭州争当浙江省高质量发展建设共同富裕示范区城市范例具有重要现实意义。

第一节 杭州大中小企业融通发展的整体情况

大中小企业融通发展是中国的优势所在，促进制造业转型升级必须牢牢抓住这一优势。2018 年起，国家接连发布了《促进大中小企业融通发展三年行动计划》《关于支持打造特色载体推动中小企业创新创业升级的实施方案》等一系列政策文件（见表 22-1），把大中小企业融通上升到国家重大战略部署，为中小企业发展创造更好条件，推动国家经济转型升级。2021 年 3 月，《中华人民共和国国民经济和社会发展第十四个五年规划和 2035 年远景目标纲要》指出："发挥大企业引领支撑作用，支持创新型中小微企业成长为创新重要发源地，推动产业链上中下游、大中小企业融通创新。"2021 年 12 月 15 日，国务院常务会议特别指出，要鼓励大企业带动更多中小企业融入供应链创新链，支持更多"专精特新""小巨人"企业成长。2022 年 3 月，工业和信息化部印发《关于开展"一起益企"中小企业服务行动的通知》，致力于帮助中小企业纾困解难和创新赋能，推动大中小企业融通发展。2022 年 5 月，工业和信息化部会同科技部等 11 个部门共同印发《关于开展"携手行动"促进大中小企业融通创新（2022—2025 年）的通知》，明确提出将通过部门联动、上下推动、市场带动，促进大中小企业创新链、产业链、供应链、数据链、资金链、服务链、人才链全面融通，着力构建大中小企业相互依存、相互促进的企业发展生态。①

表 22-1 国家关于大中小企业融通发展有关政策（2015 年 5 月至 2020 年 6 月）

序号	重要政策文件	出台时间	政策核心内容
1	《中国制造 2025》	2015 年 5 月	促进大中小企业协调发展；引导大企业与中小企业建立协作关系
2	《关于加快众创空间发展服务实体经济转型升级的指导意见》	2016 年 2 月	鼓励大企业创办专业化众创空间，联合高校院所、中小企业、服务机构等对与自身产业链上下游相关的创新创业活动提供孵化服务
3	《促进中小企业发展规划 2016—2020 年》	2016 年 7 月	推动中小企业与大企业协同创新；促进大企业带动产业链上下游中小企业协同研发、协同制造、协同发展

① 根据中国信息通信研究院发布的《大中小企业融通创新典型模式案例集（2022 年）》，中国信息通信研究院归纳了大中小企业融通创新的生态圈、供应链、创新耦合、内部孵化、融资供给、基地孵化、平台赋能、数据联通、产业集群模式。

续表

序号	重要政策文件	出台时间	政策核心内容
4	《关于支持打造特色载体推动中小企业创新创业升级的实施方案》	2018年8月	支持优质实体经济开发区打造大中小企业融通等不同类型的创新创业特色载体；促进中小企业专业化高质量发展，推动地方构建各具特色的区域创新创业生态环境
5	《国务院关于推动创新创业高质量发展打造“双创”升级版的意见》	2018年9月	实施大中小企业融通发展专项行动，加快建设一批互联网大企业双创平台、公共服务示范平台；支持符合条件的经济技术开发区打造大中小企业融通型、科技资源支撑型等不同类型的创新创业特色载体
6	《促进大中小企业融通发展三年行动计划》	2018年11月	营造大中小企业融通发展产业生态，推动大中小企业融通发展；总结推广一批融通发展模式，引领制造业融通发展迈上新台阶
7	《关于发布支持打造大中小企业融通型和专业资本集聚型创新创业特色载体工作指南的通知》	2019年4月	积极引导打造各具特色的创新创业特色载体，引导创新创业特色载体向专业化、精细化方向升级；打造“龙头企业+孵化”的大中小企业融通型载体，打造“投资+孵化”的专业资本集聚型载体
8	《中华人民共和国国民经济和社会发展第十四个五年规划和2035年远景目标纲要》	2021年3月	发挥大企业引领支撑作用，支持创新型中小微企业成长为创新重要发源地，推动产业链上中下游、大中小企业融通创新
9	《关于加快培育发展制造业优质企业的指导意见》	2021年6月	建设大中小企业融通发展平台载体，支持领航企业整合产业链资源，联合中小企业建设先进制造业集群、战略性新兴产业集群、创新型产业集群等。鼓励领航企业对上下游企业开放资源，开展供应链配套对接，与中小企业建立稳定合作关系，构建创新协同、产能共享、供应链互通的新型产业发展生态
10	《关于开展“一起益企”中小企业服务行动的通知》	2022年3月	实施促进大中小企业融通创新“携手行动”计划，推动大型企业、科研机构、高等院校、检测认证机构等面向中小企业开展技术研发、实验试验、检验检测、资源共享、技术成果转化推广等技术服务，形成大中小企业融通创新生态

续表

序号	重要政策文件	出台时间	政策核心内容
11	《加力帮扶中小微企业纾困解难若干措施》	2022 年 5 月	深入实施促进大中小企业融通创新“携手行动”，推动大中小企业加强创新合作，发挥龙头企业带动作用和中小微企业配套能力，助力产业链上下游中小微企业协同复工达产
12	《关于开展“携手行动”促进大中小企业融通创新（2022—2025 年）的通知》	2022 年 5 月	通过部门联动、上下推动、市场带动，促进大中小企业创新链、产业链、供应链、数据链、资金链、服务链、人才链全面融通，着力构建大中小企业相互依存、相互促进的企业发展生态
13	《扎实稳住经济的一揽子政策措施》	2022 年 5 月	指导金融机构和大型企业支持中小微企业应收账款质押等融资，抓紧修订制度，将商业汇票承兑期限由 1 年缩短至 6 个月，并加大再贴现支持力度，以供应链融资和银企合作支持大中小企业融通发展。在供应链产业链招投标项目中对大中小企业联合体给予倾斜，鼓励民营企业充分发挥自身优势参与攻关
14	《优质中小企业梯度培育管理暂行办法》	2022 年 6 月	中小企业主管部门应着力构建政府公共服务、市场化服务、公益性服务协同促进的服务体系，通过搭建创新成果对接、大中小企业融通创新、创新创业大赛、供需对接等平台，汇聚服务资源，创新服务方式，为中小企业提供全周期、全方位、多层次的服务

杭州市按照国家政策导向，聚焦高质量发展建设共同富裕示范区城市范例，积极建设“创新活力之城”，着力打造产业兴盛的新天堂、创新创业的新天堂、活力迸发的新天堂，全面实施创新驱动发展战略，全力建设全球先进制造业基地，扛起高水平建设创新型省份省会城市的责任担当，通过孵化链、创新链、产业链、供应链、资金链“五链协同”，打造大中小企业融通“新模式”（见图 22-1）。总体来看，一方面，杭州市通过“雄鹰行动”“凤凰行动”等大企业培育，强化产业链上下游引领，新增上市公司 52 家，总量达到 265 家，居全国第四；培育雄鹰企业 28 家，10 家企业迈入“鲲鹏”企业行列，总量达到 66 家；共有 4 家企业入围世界 500 强企业榜单，入围“中国民营企业 500 强”的企业数量连续 19 年居全国第一。另一方面，杭州市积极推动中小企业向专精特新发展，国家

级单项冠军示范企业22家，居全国第二；国家级专精特新“小巨人”53家、隐形冠军54家，“品字标”企业377家，数量较上一年大幅增长，逐步形成了大企业顶天立地、中小企业铺天盖地的发展格局。①

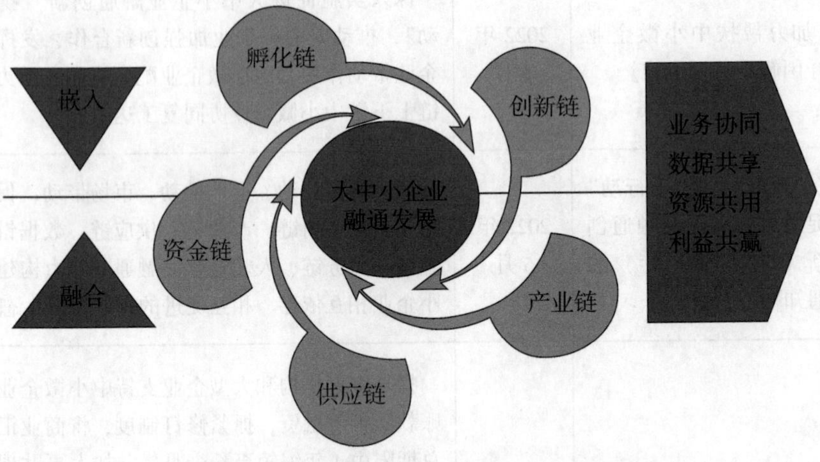

图22-1 杭州市大中小企业融通发展模式

一、聚焦“龙头企业引领+中小企业配套”产业链，“一链一方案”推动大中小企业集群发展

杭州市聚焦十大标志性产业链，以数字化、高端化、全球化、市场化为导向，制订产业链提升发展“一链一方案”，绘制产业链“鱼骨图”，加快培育发展龙头企业，明确产业链提升的目标路径。杭州市在浙江省415产业布局中具有重要地位，数字安防、智能计算、生物医药3个产业链为全省布局中唯一的核心，数字安防入选国家先进制造业产业集群；集成电路、网络通信、节能与新能源汽车、智能装备、智能家居、现代纺织6个产业链为全省核心布局之一。全面实施制造业产业基础再造和产业链提升工程（2020—2025年）、标志性产业链“链长制”，全方位推进产业基础再造和产业链提升，加大龙头企业引领作用，引进和培育科技型、成长型中小企业，助推新兴产业培育，实现产业集聚，构建大中小企业融通发展共同体。编制九大产业链提升方案，绘制产业链图谱，梳理产业链风险、技术攻关、项目清单。以“链长制”企业、单项冠军、隐形冠军等龙头企业为主，覆盖规上企业深入企业开展摸排，滚动梳理来源于国外进口的核心基础零部件、电子元器件、关键基础材料、基础软件等，根据来源国家和来

① 2021年杭州市工业企业营业收入首破2万亿元，规上工业实现增加值4100亿元，增长10.6%，创“十三五”以来最高增速，跻身全国先进制造业百强市，居第四位。

源渠道单一性，确定断链断供风险清单和风险等级。

围绕产业链部署创新链，围绕创新链布局产业链，建设高能级科创平台，瞄准重点产业链“卡脖子”问题，实施关键技术攻关项目，做好产学研对接，扎实推进大中小企业科技创新和产业创新协同发展。生物医药、智能计算、网络通信等入围省标志性产业链，参与省级产业链“一键通”大脑项目建设，申报省级产业链协同创新项目 19 个，急用先行项目 8 个，共获省级资金支持 1.56 亿元。实施产业链协同创新工程，强化专项扶持，做大做强世界一流企业和单项冠军企业。依托龙头企业，分类组建产业链上下游企业共同体，优化产业链分工协作体系。组建产业链上下游企业共同体 23 个，涵盖了视频安防、5G 通信产业、智能网联汽车等重点领域。2021 年举办亚组委重点项目、新材料、芯机联动等产业链上下游对接会（129 场）、产品推广会、区域精准合作等近 350 场。①

二、聚焦专业孵化体系建设，支持企业共享资源和渠道

杭州市结合首批国家小微企业创业创新基地城市示范创建工作，以现代孵化体系建设为抓手，积极探索“孵化+龙头企业”的专业孵化链模式。支持大型龙头企业围绕产业链上下游发展需要，构建专业孵化服务平台，开放企业研发资源，共享市场渠道，培育和孵化产业链上下游企业。目前已有专业孵化器 46 家，占全市孵化器总数 21.4%。如高新汇三维信息科技园就是由上市公司三维通信牵头打造的以信息通讯为主导的专业孵化器。三维通信以搭建公共技术平台、投融资平台、省级重点企业研究院为依托开展创业孵化，不但有效激发大企业的创新活力，还大大提高园区内中小企业创业成功率，成功孵化出杭州必灵网络科技有限公司等高新技术企业。

三、聚焦三大高地建设，培育大中小企业创新综合体

杭州市聚焦打造三大高地和抢占碳达峰碳中和技术制高点，建立健全关键核心技术攻关“倒逼、引领、替代、转化”四张清单机制，实施科技项目揭榜挂帅，全年共培育创新联合体 52 家。如杭州市领军企业贝达药业作为牵头单位，联合生物医药产业链上下游企业浙江瑞博制药有限公司和杭州瑞普基因科技有限公司，组建杭州市“小分子抗肿瘤靶向药物开发”企业创新联合体。聚焦小分子抗肿瘤靶向新药领域，技术攻关方向为小分子靶向抗癌新药联合研究和深度开发，首期攻关课题为“国家一类新药盐酸埃克替尼和甲磺酸贝福替尼的联合研究及盐酸恩沙替尼深度开发”。

① 资料来源：杭州市人民政府门户网站 2021 年 11 月 23 日发布的文件《市经信局扎实开展制造业产业链提升工程》。

四、聚焦实施产业链“链长制”，更大范围集聚产业链上下游企业

杭州市全面推行产业链“链长制”，选择生物医药、人工智能、数字安防等特色产业超前布局，完成生物医药、智能物联产业图谱建设，印发生物医药、智能物联和集成电路产业政策，加快构建“一链一图一册一政策三清单”①。2021年，浙江省已认定27家“链长制”试点示范单位和38家“链长制”试点单位，其中杭州经济技术开发区芯智造、生物医药两条产业链“链长制”列为优秀示范单位。如钱塘芯谷“芯智造”产业链上已经集聚了上下游企业96家，涉及半导体原材料、设备、IC设计、晶圆制造、封装测试及终端产品等各个领域，2021年集成电路产业共实现产值438.09亿元，同比增长11.8%。2022年5月，发布《杭州市产业链链长制实施方案（2022—2025年）》，市领导担任产业链链长，围绕建设智能物联、生物医药、高端装备、新材料和绿色低碳五大产业生态圈，着力打造一系列重点产业链。

五、聚焦“产业大脑+未来工厂”，加快大中小企业数字化转型步伐

在数字化改革背景下，杭州市聚焦“产业大脑+未来工厂”，全方位、系统化推进“未来工厂”体系建设，推动制造方式创新、组织形态重构、产业模式变革，加速制造业数字化转型步伐。杭州市面向龙头骨干企业、大中型企业及中小微企业分层组织推进“百千万”工程，提升制造业企业数字化改造整体水平。针对大企业龙头企业，鼓励发展行业级、区域级工业互联网平台，通过资源整合、产能协作等方式实施供给侧结构性改革，加快推进个性化、柔性化、智能化改造，不断提升产品的市场集中度，在特定行业形成“链主”企业，赋能产业链整体数字化水平提升（见表22-2）。针对中小企业，鼓励主动融入大企业的产业链和生态圈，实现“车间化转型”；鼓励聚焦特定的工艺环节，努力成长为大企业“链圈”的隐形冠军或专精特新；鼓励与大企业实现协同生产，并通过数据共享、产能匹配和交易，围绕大企业建设“卫星”工厂。首批48家“未来工厂”中拥有“链主工厂”5家、“智能工厂”18家、“数字化车间”25家。通过数字赋能贯通消费与制造、畅通产业链与供应链。如西湖区成立的“未来工厂”四大联盟（产业联盟、服务联盟、技术联盟、资本联盟），协同打造了为“未来工厂”建设提供支撑的产业链、供应链和服务链多链融合的图快（TOFast）平台生态体系。平台基于阿里云的数据智能一体机技术、西门子的TIA全集成自动

① 资料来源：杭州市经济和信息化局2022年7月29日公布的文件《市经信局关于市十四届人大一次会议“临安10号”建议的答复》。

化、数字化技术及杭州自动化研究院近 50 年积累的工业自动化工程实施技术，采用云、边、端一体化架构，IT、OT、DT 全融合体系，以数据管理为重点、以全集成控制为基础，具有快速、低成本、整体设计、灵活配置、可阶段性部署的特点，为中小企业实施数字化改革提供便捷的路径和方法。杰牌传动规划建设“研发中心+新制造中心”，通过集中提供标准化厂房，为供应链小微企业提供包含设计、管理、物流、仓储等在内的数字化服务供给，形成“百亿企业、千亿产业”链主生态。伊芙丽规划建设集设计、集采、直播、制造等为一体的生态产业园，招引乔司、临平一带的小微企业入驻，成片带动行业改造提升。上述“平台+”“链主+”的产业发展模式，为小微企业实施“专精特新”发展战略和“车间化转型”提供了有力支撑。

表 22-2　杭州市工业互联网平台标志性产业链覆盖情况

序号	工业互联网平台	建设单位	覆盖标志性产业链
1	大华数字安防产业工业互联网平台	浙江大华技术股份有限公司	数字安防产业链
2	新华三网络通信产业链工业互联网平台	新华三技术有限公司	网络通信产业链
3	明度智慧生物医药行业工业互联网平台	浙江明度智控科技有限公司	生物医药产业链
4	吉利 EVUN 汽车工业互联网平台	浙江吉利控股集团有限公司	节能与新能源汽车产业链
5	西奥电梯工业互联网平台	杭州西奥电梯有限公司	智能装备产业链
6	顾家全屋定制工业互联网平台	顾家家居股份有限公司	智能家居产业链
7	恒逸化纤工业互联网平台	浙江恒逸石化有限公司	现代纺织产业链

杭州市以“产业大脑+未来工厂”为核心，突出数字产业化、产业数字化，强化数字贸易、资源要素、科技创新子系统协同，推动产业链、供应链、创新链、资金链融合应用，实现资源要素的高效配置和经济社会的高效协同。2021 年全市入围部级产业数字化试点示范项目 18 个，其中，新一代信息技术与制造业融合发展试点示范 1 个、工业互联网创新发展工程 1 个、工业互联网平台 3 个、工业互联网 App 优秀解决方案 4 个、工业互联网平台创新领航应用案例 6

个、智能制造试点示范工厂揭榜单位3家。入围省级项目76个，其中，新一代信息技术与制造业融合发展试点示范16个，工业互联网认定平台8个、创建平台15个，重点工业互联网平台2个，“未来工厂”认定企业5家、试点企业6家，智能工厂（数字化车间）22家，产业集群新智造试点2个，数量保持全省领先。完善“1+N”工业互联网平台体系，加快应用“互联网+”、物联网、云计算、大数据等先进手段，优化制造环节，推动大中小企业融通发展。其中“1+N”中的“1”即阿里云supET工业互联网平台，致力于打造服务全产业链的综合性平台，已连续4年入选工信部跨行业跨领域工业互联网平台，在2022年全国28个“双跨”工业互联网平台中排名第9（见表22-3）。“1+N”中的“N”即N个行业级、区域级、企业级工业互联网平台，通过高水平、多层次、系统性打造一批N级子平台，在算力支撑、大数据建模、人工智能等领域为制造业企业数字化改造提供优秀解决方案，基本覆盖“十四五”期间拟重点打造的标志性产业链。

表22-3　杭州市获得部省两级工业互联网领域荣誉情况

序号	荣誉名称	杭州市数量	浙江省数量	占比情况
1	工信部工业互联网试点示范项目（2018—2021年）	10	20	50%
2	工信部工业互联网APP优秀解决方案（2018—2021年）	8	22	36.4%
3	工信部工业互联网平台创新领航应用案例（2021年）	6	12	50%
4	省级工业互联网平台认定项目（2020—2021年）	22	73	30.1%
5	省级工业互联网平台创建项目（2018—2021年）	71	289	24.6%
6	省级重点工业互联网平台项目（2021—2022年）	5	26	19.2%

资料来源：杭州市经济和信息化局2022年7月29日公布的文件《杭州市经信局关于市政协十二届一次会议第391号提案的答复》。

截至2022年3月，supET工业互联网平台依托阿里云在云计算、智联网、大数据、人工智能等领域的核心技术能力，打通研发、生产、供应链在内的全价值链协作与资源的精准对接，联合行业内服务商、龙头企业打造一个产业协同的跨行业跨领域资源与能力共享平台。平台已连接工业设备 213 万台，沉淀工业模型 588 个，集聚开发者 23.8 万个，沉淀工业 App6.2 万个，服务工业企业 9.3 万家，沉淀解决方案 3696 个，覆盖 9 大领域 25 个行业。N 级子平台方面，全市已建成工信部工业互联网平台试点示范项目 10 个，入选工信部工业互联网 App 优秀解决方案 8 个，入选工信部工业互联网平台创新领航应用案例 6 个，培育省级工业互联网平台 71 个，建成省级工业互联网认定平台 22 个，建成省级重点工业互联网平台 5 个，不断拓展工业互联网创新发展的深度和广度。如“链主工厂”新华三集团通过在内部进行全面数字化转型和改造实践，设立了“新华三供应链协同平台”。供应链体系涉及数百家上游零部件供应商和近千家下游客户。通过在上下游产业链之间、各代工厂内部车间之间、车间内部各产线之间持续不断进行生产运营优化与数据打通，以全方位智能管理能力帮助制造业企业实现产业链数字化、智能化转型。

六、聚焦“金融链孵化创新链”，为大中小企业提供源头活水

经过多年发展金融科技，杭州市已形成比较完善和高效的科技金融体系，为大中小企业提供融资支撑。其中，引导基金仅 2021 年就完成 24 支子基金的签约合作，参股子基金新增对外投资 322 家企业，投资金额 56.16 亿元，投资企业上市（含被上市公司并购）22 家（其中 3 家过会待上市），创历史新高。行业母基金层面，2021 年，杭州资本落地 200 亿元的泰格生物医药基金成为杭州市第一支生命健康产业母基金，重点投向创新型医疗器械、生物医药、医疗服务、医疗信息化、数字疗法、智能制造等细分领域创新企业，在客观上形成了一条支持中小企业融资的主要渠道。又如 2022 年 3 月向香港证券交易所递交上市申请书的零跑汽车，2015 年由大华股份及其主要创始人共同投资成立，已成长为一家具备全域自研自造能力的科技型智能电动汽车企业。

第二节　杭州市大中小企业融通发展的主要模式

一、基于“产业大脑+未来工厂”的数字赋能模式

依托数字化改革，积极推进“产业大脑+未来工厂”，打造工业互联网平台，形成产业集群“抱团发展”模式，赋能区域内大中小企业数字化转型发展。例如，杭州市首批 48 家“未来工厂”中拥有“链主工厂”5 家、“智能工厂”18 家、“数字化车间”25 家。其中，“链主工厂”新华三集团通过全面数字化转型和改造实践，设立了新华三供应链协同平台，涉及数百家上游零部件供应商和近

千家下游客户，实现产业链数字化、智能化转型。再如，杭州市滨江区积极推进数字化改革，揭榜杭州数字安防、生物医药产业大脑，推动龙头企业、行业大数据公司为中小企业提供数字化公共服务，以数字化改革助推产业链协同发展，海康、大华、宇视等企业级人工智能开放平台计划接入数字安防产业大脑，已为8000余家中小企业提供算法支撑服务。赋能模式具体经验如表22-4所示。

表22-4 杭州市大中小企业融通工业互联网赋能典型经验

代表性案例	具体做法
卡奥斯工业互联网平台	牵引中小企业数字化，推动数字经济和实体经济深度融合，充分发挥大企业引领带动作用，强有力地支撑产业链供应链补链固链强链，让上下游企业更有韧性和活力
海康卫视工业互联网	通过共享生产能力、共享创新能力，为产业链中小企业提供资金人才支持。依托云平台构建多层次中小企业服务体系，支持中小企业业务系统向云端迁移，提高中小企业信息化应用水平。目前与部分苏州、上海的中小企业在高度专业化的基础上围绕物联网产业链紧密合作、良性共生，形成海康威视根基牢固、多元发展，合作供应链上的中小企业深耕细分行业、专精特新发展的市场形态
余杭区“工业设计引擎”	余杭区承建的数字经济系统省级应用试点“工业设计引擎”致力于解决大中小制造业和工业设计在信息互通、需求导向、协同智造、成本把控等环节存在的堵点与短板问题，通过建设供需大厅、智能设计、成果转化、知识产权、产业图谱等服务场景，推动设计链、创新链和价值链之间无缝衔接，最大限度发挥工业设计创新动能和驱动力，赋能制造业高质量发展。该应用于2022年2月上线“浙政钉”“浙里办”，截至目前已有6万余名设计师实名注册，撮合设计大中小企业供需对接91项，下一步将在全省18个省级工业设计特色示范基地推广运行
supET工业互联网国家级平台	临平区supET工业互联网国家级平台围绕家纺服装、装备制造、电子信息等多个重点行业，成功建设纺织印染、注塑加工等8个行业级平台，通过平台整合行业大中小企业资源，为行业企业提供数字化改革方案，驱动数字产业化、服务产业数字化。目前，supET工业互联网平台已接入工业设备161万台，提供云化通用软件700多款、高价值工业应用软件30多款，托管工业APP数量2.7万个，服务工业企业3.63万家

二、基于上下游协同创新的开发合作模式

龙头企业在新技术、新产品开发时，与上下游企业开展同步沟通协作，实现上下游协同创新，提升新产品开发时效、实现创新同步推进。例如，杭州市富阳

区某集团打造产业链上下游企业创新联合体，开发全产业链核心授权发明专利技术 185 项，实用新型专利技术 147 项，目前占国内 14%的光纤市场份额、13%的光缆市场份额。再如，浙江万向集团正在谋划创建“万向创新聚能城”，并准备开放共享集团的制造场景、研发条件、实验室、供应链和渠道等资源，与国际优势资源公司合作，共同打造创新创业的平台。协同创新模式具体经验如表 22-5 所示。

表 22-5　杭州市大中小企业融通协同创新模式典型经验

代表性案例	具体做法
海尔集团 HOPE 开放式创新服务平台	海尔集团针对创新链、产业链、数据链融通需求，构建三大融通平台——HOPE 开放式创新服务平台，连接创新资源与用户需求，推动协同创新、资源共享、科技成果转化；海创汇创业加速平台，开放大企业产业资源，赋能中小企业，尤其是“专精特新”企业快速发展；卡奥斯工业互联网平台，牵引中小企业数字化转型、推动数字经济和实体经济深度融合，为企业降本增强
天道金科天道数产云	天道金科作为浙江省重点打造的产业数字科技平台，建设天道数产云，为浙江省各地市特色产业、支柱产业提供“产业数字科技+产业数字金融”综合服务。目前业务已开展到浙江全省 11 个地市，为农业、钢贸、塑化、港口、电子化学、五金、电气、阀门、渔业、模具等近 20 个特色产业提供数字科技与金融服务支持。2022 年上半年，天道金科中小微企业服务数量超过 60 万家，助力融资金额达 300 多亿元
大华智联	大华智联通过产业链协同创新机制，与大华股份联合攻关技术视觉、自动检测、工业互联网系统集成等技术，并协同示范应用，产品可解决国内数字安防产业产品种类多、小批量等问题，有效提升生产效率、产品质量
航驱科技	航驱科技根据零跑汽车整车厂需求，协同生产汽车智能电动转向系统，现已成为零跑汽车的重要供应商，为国内第一家该产品量产的自主品牌企业
雄迈集成电路	雄迈集成电路与协同企业巨峰科技配套形成模组或整机生产智能编解码芯片，极大程度上填补部分国产芯片的缺位，改善目前整机厂商可选择国产方案很少的困境

三、基于产业链的延链筑链模式

大中小企业依据自身的优势，围绕产业链做文章，大企业发挥资金、设备、核心技术等方面的优势，中小企业发挥专项技术优势，在产业链的不同环节间通过流程、业务、信息等一系列要素的合作共享，实现产业链高效运转和提质增效。例如，杭州市钱塘新区打造芯谷“芯智造”产业链，已经集聚了上下游企业 96 家，涉及半导体原材料、设备、IC 设计、晶圆制造、封装测试及终端产品等各个领域，2021 年，集成电路产业共实现产值 438.09 亿元，同比增长 11.8%。再如，杭州市滨江区杭州医药港园区，已集聚辉瑞、歌礼生物等各类生物医药企业 800 余家，年产值超 300 亿元，连续数年实现 15%以上的增长，形成了以“一中枢”+“三功能区”（智库中枢+智造细胞、服务细胞、生活细胞）的基本布局，实现生物医药健康产业集群集约发展。延链筑链模式具体经验如表 22-6 所示。

表 22-6 杭州市大中小企业融通基于“链长制”的产业链模式典型经验

代表性案例	具体做法
西投绿城·云漫里	云漫里位于城西科创大走廊东首，是西湖区域板块重要的产业载体，作为杭州首家集聚智能制造产业的特色园区，已成功招引脑机产业、智能制造、数字物流、环保新材料等上下游科技型企业 32 家。其中，国家首个脑机智能科创中心成功落地，以浙江大学脑机智能人才牵头的国内生物科技产业将在西投绿城·云漫里得到集群化的发展，成为城西科创大走廊未来的“智慧大脑”
余杭区“无人驾驶产业大脑”	以无人驾驶产业为例，余杭区参与创建的省级首批信息业分区产业大脑——“无人驾驶产业大脑”致力于推动传统城市交通形态向立体空间延伸和智能化、一体化演变，实现服务产业链上下游企业 200 余家，拓展无人机在物流配送、医疗保障、综合治理等城市场景的应用，创新供给了“5G+无人机血液运输”“5G+无人机即时配送”等项目
杭州东华链条集团有限公司	公司是工信部首批制造业“单项冠军”示范企业，现在已经是自动扶梯链、板式链两个细分行业的全球管家，并培育出农机链、汽车链等一批细分行业的第二梯队，企业与临平国家级经济技术开发区内配套的杭州龙铠利机械有限公司、杭州天苑印务有限公司进行生产制造、市场开拓等领域的深度融合发展，通过龙头企业带动产业链相关中小企业，促进中小企业专注细分领域，形成产业链共生共赢生态
新安化工	公司持续推进技术进步，打造“草甘膦—氯钾烷—有机硅—盐酸—草甘膦”的闭路循环生产系统，且形成了以新安化工为主体、建德境内多家化工企业互为上下游、以循环经济为特征的精细化工产业集群，实现资源最有效利用和排放最小化
“芯智造”产业链	钱塘区“芯智造”产业链以集成电路为核心，依托中欣晶圆、士兰集成等领军型企业，集聚上下游企业 96 家，2021 年实现产值 438.09 亿元，同比增加 11.8%，2022 年“芯智造”产业链蝉联全省“链长制”优秀示范单位榜首

四、基于龙头企业的专业孵化模式

龙头企业通过构建专业孵化服务平台，开放企业研发资源，共享市场渠道，最大程度发挥大企业在技术、人才、资金等方面的优势，培育产业链上下游企业，探索“孵化+龙头企业”的专业孵化链模式。例如，杭州市高新汇三维信息科技园是由上市公司三维通信牵头打造的以信息通信为主导的专业孵化器，以搭建公共技术平台、投融资平台、省级重点企业研究院为依托开展创业孵化，成功孵化出杭州必灵网络科技有限公司等高新技术企业。再如，杭州市滨江区物联网产业园目前在孵企业 20 余家，已成功孵化 2 家国家高新技术企业，1 家瞪羚企业。滨江区打造综合服务体，建成全国首个“全门类、全链条、一站式”知识产权综合服务中心，打造“众创空间+孵化器+加速器+产业园”孵化全链条，覆盖“种子期—初创期—高成长期”全程孵化模式。杭州经济技术开发区（以下简称杭州经开区）利用“靶向孵化”调优现代医药产业布局，通过精准孵化快速有效地起到强链、补链作用，推动形成原有大型企业与新引进前沿企业融通发展的良好格局。杭州经开区医药产业园用地 426 亩，建有 3000~6000 平方米不等的标准厂房，建有 8 栋厂房和 1 栋管理用房作为医药制剂、医疗器械等项目加速器，逐步形成以诊断试剂为特色的产业园。截至 2020 年 1 月，已孵化医药及生物科技企业 5 家，分别是杭湾生物科技、峻山生物、鼎创医疗、夸烨生物科技和安庆恩聚生物医药科技。出台现代医药产业扶植政策，从项目落地、企业培训、科技创新、人才入驻等方面为医药企业提供全方位的政策支持，加快引进、培育医药产业，不断优化现代医药产业发展营商环境。截至 2020 年 6 月，已兑现政策奖励 390 万元。2020 年年初，杭州经开区对各类载体及隐形冠军、创新成长型培育企业拨付首批支持资金 1780 万元，精准帮扶区域中小型现代医药企业。经开区充分发挥现代医药产业链的贯通优势，整合产业协同创新中心、现代医药产业园、龙头企业研究院等特色载体及龙头企业的要素资源，共建“龙头企业+孵化+公共服务平台”的共赢生态，提升龙头企业与中小企业融合发展、协同创新的质量与效率，实现“共频共振、协同发展”的总体目标。专业孵化模式的具体经验如表 22-7 所示。

表 22-7 杭州市大中小企业融通创新孵化模式典型经验

代表性案例	具体做法
浙江日报报业集团	通过小团队的试水、试验，打破固有流程，2014—2021 年，先后开展 9 次大规模的创新孵化申报，申报项目达 300 多个，入孵及完成孵化毕业项目 87 个，集团 500 多名来自采编、运营、经营、技术的员工参与，项目覆盖移动客户端、新闻网站、都市报、县市报到各家专业报等版块，形成一股融合升级的新生力量
乐赋空间孵化器	滨江区物联网产业园乐赋空间孵化器，针对在孵企业不同发展阶段调整培训方式，在创客、孵化、加速等阶段，提供企业创业指导、团队建设、资源对接等培训服务，联系金融机构走进孵化器、自主设立孵化器种子基金，切实有效地帮助在孵企业争取投资与融资，获得投融资的在孵企业 4 家，获得投融资总额约 80 万元（2021 年 9 月数据）。目前在孵企业 20 余家，已成功孵化 2 家国家高新技术企业，1 家瞪羚企业
杭州华立科技股份有限公司	作为龙头企业，建立了全区首家国家级企业技术中心（智能仪表），站上企业研发机构的金字塔尖，引领形成了拥有 15 家国家和省市级企业技术中心的智能装备行业创新集群，带动创建炬华科技、申昊科技等 4 家省级企业技术中心，以及沪宁电梯、米格电机、兆华电子等 9 家市级企业技术中心
医智汇创新工场	临平区医智汇创新工场（医疗及生物医药行业孵化器、国家级科技企业孵化器）在为小企业提供工商、税务、法务等常规服务的基础上，结合行业特性建设了标准化公共实验室、公共科研设备共享平台，让创业者能够拎包入驻，减少前期投入，同时建立了华东地区唯一的生物医药出入境绿色通道。截至目前，医智汇共入孵企业 122 家、已毕业出孵 49 家，拥有国家级高新技术企业 8 家、市级高新技术企业 6 家、雏鹰计划企业 2 家、浙江省科技型中小企业 7 家
中国节能杭州能源与环境产业园	该产业园秉承“绿建园区打造、绿色产业导入、绿色智慧运营”三位一体的园区特色，将节能环保相关项目与高新技术引入开发、建设、运营等各环节，现有 50 余家以节能环保、智能制造、新材料及电子信息为主导的优质企业，2021 年园区实现总产值 20.75 亿元，培育出本松新材等专精特新“小巨人”企业
贝达梦工场	临平区生物医药创新创业平台贝达梦工场，目前已入驻浙江迪谱诊断技术有限公司、浙江伊瑟奇医药科技有限公司、启元生物（杭州）有限公司等百家生物医药企业，并孵化投资了杭州纽安津生物科技有限公司、博源润生医药（杭州）有限公司、启元生物（杭州）有限公司等企业，为一些生物医药企业提供配套基金资助、特色园区服务、专家咨询、后端产业化研发等精准定向服务，赋能初创型企业推进研发项目落地

五、基于上下游协作配套的供应链模式

聚焦大企业供应链体系，着力发挥小企业的自身优势，推动中小企业主动融入大企业的品牌、力量、产品协作配套体系。例如，杭州市淳安县美科 LED 照明设备生产基地，依靠“美科电器”品牌，吸引上下游 SMT 贴片、灯罩、包装等企业入驻生产基地 11 家，上下游大企业把控供给质量及流程标准，且供应链上下游企业财务独立核算、自负盈亏，使得全链条生产效率极大提升。再如，杭州市临安区先后组织召开“芯机联动”集成电路存储专场、装备制造空分设备专场、生物医药专场等产业对接活动，加快本地企业产业链供应链配套衔接，累计开展 10 次产业链对接、14 次杭产品推广，涉及企业及相关机构 500 余家（次）。

六、基于创新联合体的关键技术攻关模式

由政府、科研机构、企业共同成立创新公共服务平台，提供技术创新服务，集聚各类创新资源，打造产业创新服务综合体。例如，杭州市萧山区的浙江大学杭州国际科创中心，搭建集成电路创新平台，建立了西安电子科技大学杭州研究院、北京大学信息技术高等研究院等联合体，企业新建联合实验室 8 家。新增市级以上科技企业孵化器（众创空间）12 家，培育 2 家市级首批高新技术孵化成果转化园。杭州市临平区中国节能杭州能源与环境产业园，将节能环保相关项目与高新技术引入开发、建设、运营等各环节，现有 50 余家以节能环保、智能制造、新材料及电子信息为主导的优质企业，2021 年园区实现总产值 20.75 亿元，培育出本松新材等专精特新“小巨人”企业。再如，滨江区搭建创新联合体，大力推动大小企业融通创新，支持海康威视、大华股份、新华三等“链主”型企业联合产业链上下游优势企业、高校院所搭建创新联合体，实施一批产业链协同创新项目，开展一批“无人区”颠覆性技术攻关；与东方通信、中控集团等企业及浙江股权交易中心联手打造了“六和桥创新创业生态示范区”，以共建“区域创新联合体”模式推动大中小企业创新合作。具体经验见表 22-8。

表 22-8　杭州市大中小企业融通创新平台模式典型经验

代表性案例	具体做法
阿里云企业应用中心	阿里云对外推出企业应用中心，为中小企业提供一站式服务。中小型企业的创业者可以在该平台使用域名、建站、工商注册、产权、企业邮箱、党建云、财务软件、数据智能等。阿里云通过该平台引导中小企业业务系统向云端迁移，支持中小企业转型升级

续表

代表性案例	具体做法
海创汇创业加速平台	海创汇创业加速平台开放大企业产业资源，赋能中小企业，尤其是“专精特新”企业快速发展
浙江中控 supOS 流程工业操作系统	浙江中控研发的 supOS 流程工业操作系统与新建的蓝卓云平台公司完美组合，奠定了中国“流程工业大脑”的龙头地位，已开始为全省、全国提供服务
华为鲲鹏生态体系	华为鲲鹏生态创新中心全力打造鲲鹏生态体系，新华三基于鲲鹏服务器处理器平台，开发出自主可控的 2 路机架服务器整机，逐步替代现有的 x86 平台服务器；安恒信息基于鲲鹏云，推进政务云、行业云等云安全管控平台的实际应用；当虹科技基于鲲鹏计算平台成功研发出 4K/8K 超高清实时编码器和解码器
“时尚 E 家”应用平台	临平区“时尚 E 家”应用平台依托浙江省服装产业创新服务综合体，通过数字化手段整合服装产业上下游全链路资源，能够为行业内上中下游企业匹配原料、订单的供需。例如区内的杭州云场服饰通过“时尚 E 家”的数智赋能，将企业的设计、加工、销售等环节串联起来，帮助企业提高了市场竞争力，2 年时间，企业产值从最初的 200 万元增加到 500 万元，单件利润从 17 元提高到 25 元。目前，“时尚 E 家”已覆盖品牌商 1123 家、生产商 1557 家、设计师 287 名、面辅料商 836 家、终端门店 321 家
“小分子抗肿瘤靶向药物开发”企业创新联合体	浙江省创新型领军企业贝达药业股份有限公司作为牵头单位，联合生物医药产业链上下游企业浙江瑞博制药有限公司和杭州瑞普基因科技有限公司，组建杭州市“小分子抗肿瘤靶向药物开发”企业创新联合体，联合体各成员单位拥有各自独特、领先的技术长板，可以实现优势互补，助力攻克解决抗肿瘤靶向药物开发过程中的“卡脖子”关键技术难题，共同推动和促成更多新药项目顺利研发和产业化，迅速带动创新链与产业链的通融发展
富通集团有限公司产业链上下游企业共同体	富通集团有限公司为光通信、光纤、光缆领域的领军企业，通过打造产业链上下游企业共同体实现创新能力共享融通。该共同体由富通集团作为牵头依托单位，成员单位包括富通光纤、富通通信等 7 家单位，拥有国内领先的光纤核心技术及产业链全系列产品，是我国首家具有自主知识产权光纤预制棒全合成技术的企业，拥有全产业链核心授权发明专利技术 185 项，实用新型专利技术 147 项。目前占国内光纤市场份额的 14%，占光缆市场份额的 13%

续表

代表性案例	具体做法
前进智造园	钱塘区前进智造园是杭州汽车产业的重要基地，依托产业平台钱塘区汽车产业链发展初具雏形，2021 年区内集聚汽车产业规上工业企业 60 家，汽车配套企业 50 家，其中产值超 1 亿元企业 31 家、超 10 亿元企业 9 家、超 150 亿元企业 2 家，实现汽车产量 20.7 万辆，汽车产业工业总产值达 529.3 亿元
高端制剂和药用一致性技术平台	“高端制剂和药用一致性技术平台”由中国科学院肿瘤与基础医学研究所与中国药科大学（杭州）创新药物研究院共建，截至目前，研发设备投入已累计达 2699.96 万元，共有研发技术人员 80 余人，承接新药、仿制药一致性评价等多个横向受托项目，合同总额达 3133 万余元；每年向区、市内多个单位提供技术服务达 800 家次以上，帮助企业解决技术难点
杭州湾上虞经济技术开发区	开发区探索建立产业创新服务平台，按照有偿服务与公益服务相结合的原则，通过创新载体的建设与开放，激发大型医药企业带动中小型医药企业融合发展的自主性与积极性。通过医药产业联盟、院士港湾、专家对接交流会等多种形式的交流平台，为医药龙头企业与中小型医药企业提供广阔得的合作交流空间

七、基于产业引导基金的融资授信模式

探索构建产业基金，支持产业链中小企业协同发展。例如，杭州市引导基金仅 2021 年就完成 24 支子基金的签约合作，参股子基金新增对外投资 322 家企业，投资金额 56.16 亿元，投资企业上市（含被上市公司并购）22 家（其中 3 家过会待上市），创历史新高。其中，杭州资本落地 200 亿元的泰格生物医药基金成为杭州市第一支生命健康产业母基金，重点投向创新型医疗器械、生物医药、医疗服务、医疗信息化、数字疗法、智能制造等细分领域创新企业，形成了一条支持中小企业融资、为中小企业输血的主要渠道。再如，杭州市上城区构建“股权+债权”双模式的科技金融体系，通过产业引导投资基金，引进落地各类投资机构，累计参与设立母子基金 6 支，协议出资 2.2 亿元，实际出资 1.77 亿元，引进落地的基金规模达 37.2 亿元，合作基金累计投资项目 100 余个；通过科技企业信贷风险补偿基金的模式，鼓励和引导银行和担保机构向本区域资源倾斜，帮助本区域中小企业缓解融资难、融资贵等问题，累计为 280 余家（次）中小企业提供贷款超 13 亿元。

八、基于上下游战略投资的并购模式

大企业对上下游的中小企业进行战略投资，成为中小企业的股东，或双方达成协议并购重组，实现互利共赢和做大做强。例如，杭州市建德市建业股份购买下游企业新德环保100%股权，继续向下延伸开发特种胺，形成了一定的生产规模，为后续继续扩大生产规模和开发同类项目创造了有利的条件。再如，滨江区围绕龙头企业薄弱环节，组织专精特新中小企业开展揭榜攻关和样机研发，支持“小巨人”企业围绕产业链布局开展并购重组，吸引上下游中小企业落地，形成更加密切的投资合作关系。

第三节　杭州市大中小企业融通发展存在的主要问题

一、大企业融通发展的内生动力不强

（一）大企业优先考虑“强强联手”

大型企业在实际生产过程中形成了自有供应商体系，出于风险和市场因素考虑，往往不会把供应量少、稳定性较低的中小企业纳入供应链。调研发现，某先进电气创新中心与大型中央企业、国有企业开展多项技术合作，建立合作关系的企业中100%是规模企业，准入门槛较高，与中小微企业建立合作意愿不强。

（二）大企业市场开放程度不够

部分龙头企业对产业链要素控制不全、整合力度不足，缺少区域内自我配套能力，材料、零部件本地化配套率低，难以充分显现行业集聚促进中小企业发展的效果。调研发现，某集团在通信产业链上下游共有企业共同体7家，但有4家企业本质上仍属于集团，且因缺乏完善的运行机制，导致产业链协同创新不足，融通发展效果不明显，没有切实发挥大企业的引领支撑作用。

（三）大企业辐射带动效应不强

在大中小企业融通发展中，需要龙头企业发挥“领头羊”的引领作用，但部分地区由于产业链不健全，导致集聚效应难形成，龙头企业难以带动中小企业发展。以杭州市某区为例，该区大企强企总量偏少、带动力不足，全区仅3家企业入选2021浙江民营企业200强，全市排名靠后；新兴企业蓄势待发、体量偏小，2022年1—2月，全区276家“非阿里系”规上企业实现数字经济核心产业营业收入88.71亿元，仅占比12.5%。具体情况参见表22-9。

表 22-9　杭州市大企业融通发展意愿不够的典型案例

代表性案例	具体做法
浙江兆兴科技有限公司	在集成电路、半导体行业，小企业技术转型升级能力有限，与行业内优秀企业交流合作能够加快技术升级进程，但大企业与其合作能获得的利益太少，综合考量下大多不愿意合作，2020 年公司与上海 2 家半导体大企业有业务往来，想与其建立稳定合作发展关系，但均被拒绝
杭州凯大催化金属材料股份有限公司	该公司现有大型企业合作伙伴 15 家，小企业仅有 2 家，主要原因是大企业资金和实力相对更雄厚，抗风险能力更强，因此更倾向与大企业合作
浙江诚信人才资源交流服务有限公司	作为行业在浙龙头企业，其与多家大中型企业有长期合作。中小型企业虽然不断发展，产业覆盖范围逐步扩大、系统产品升级逐步更新，但在原材料价格大幅上涨等多重因素影响下，合作稳定性仍然无法与大型公司相比，选择大型公司更有利于企业自身发展
杭州德同生物技术有限公司	该公司一直专注妇产科、肿瘤和传染疾病领域分子、免疫及其他前沿技术的诊断市场，开发了一系列分子基因诊断试剂，包括用于子宫颈癌早期诊断的高灵敏度人乳头状瘤病毒（HPV）核酸检测试剂（DH 系列产品），相关细分领域技术已领先国外。生物医药产业链长，最终的销售端以医院为主，国内多数医院的采购思维还是进口优于国产，偏向采购进口药品、医疗器械，作为成长型企业，公司知名度有限，难以进入三甲医院的采购名单，迫切希望各级政府能够进一步优化医院采购方式、机制，让更多中小企业融入供应链
杭州山木智能装备有限公司	公司主要经营数控机床的研发、生产及销售，起初是做台湾品牌的代工，产品贴牌前后的价格相差 5 万~10 万元不等，自主研发生产之后，产品质量不变，甚至更加优质，公司一直想和大华、大和热磁等企业建立联系，进入采购名单，无奈很多大企业也看不上知名度较低的国产品牌，市场难以拓展
杭州江滨内燃机配件有限公司	公司产品为中国石化集团、中国石油天然气集团、杭州制氧集团等配套，汽车配件用户遍及全国 20 多个省（自治区、直辖市），是专业的曲轴连杆生产企业，但与杭州本地车企合作的不多，主要原因在于车企已有稳定的产业链供货渠道，如果没有发生大的变动不会轻易更换供应商
富通集团	集团为国家重点高新技术企业、全国民营百强企业、全国电子信息百强企业和国家创新型企业，是光通信光纤光缆领域的领军企业。由富通集团作为牵头依托单位形成的光通信产业链上下游企业共同体 7 家单位中有 4 家企业属富通集团子企业，剩余 3 家非该集团企业，因缺乏同牵头集团的有效协作机制，3 家企业融通发展效果不明显

续表

代表性案例	具体做法
新安集团	该集团2020年销售产值已经达到31.82亿元，仅在建德就有新安包装、新安物流、励德有机硅、新安迈图等多家子公司或合资企业，出于安全、稳定、可靠、经济等考虑，其大量业务均在内部流转，与外部中小企业融通发展的意愿不强
浙江四和机械有限公司	由于产品精度要求比较高，产品需要通过实验室、计量室等配套车间检测，中小企业尚不具备上述资质，因此大部分中小企业无法真正参与到研发生产中，融通发展仅停留在代加工层面，由供应企业提供毛坯加工，再通过企业高精度设备进行精加工才能满足质量要求。2022年上半年，企业共计生产100万个轮毂单元，产值约为1.5亿元，但外包生产毛坯的总金额仅1000万元，占总产值的比重不到10%
杭州神林电子有限公司	公司目前有80人的技术团队，每年保持产出10个以上的研发专利，平均每个专利每年带来约500万~1000万元的销售收入，技术研发投入大、价值高，因此需要进行充分的技术秘密和专利保护，故企业对融通发展过程中的技术保密存在顾虑
浙江零跑科技股份有限公司	目前公司正在投资研发电池、芯片、智能座舱等新技术，研发及设备资金投入约15亿元，预计研发周期长达18~30个月（CBC电池+车身一体化集成系统2023年3季度投用、800V超高压电气平台2024年4季度投用），因为技术研发周期长、投入高，中小企业资金实力难以支撑，导致难以通过合作带动中小企业

二、中小企业参与融通发展的承接能力不高

（一）中小企业自主创新能力不足

中小企业科技创新起步较晚，创新研发能力相对薄弱，且企业“被动创新”较多，自主创新弱。例如，杭州市某区集成电路产业链普遍采用跟随战略，缺乏关键共性和核心技术，创新能力不足，缺乏配套的“专精特新”中小企业，尚未形成“以大企业为龙头、中小企业为支撑、企业联盟为依托”的完善的产业生态系统。

（二）研发成果开放门槛高，中小企业反向赋能不强

融通发展是大企业与中小企业双向赋能的过程，部分大企业自身发展面临新难题，同样需要中小企业进行反向赋能，但大部分中小企业还做不到。调研发现，中小企业创新能力处在较低水平，55%的受调查企业新增创新经费投入占总

收入的比重小于 5%，59%的企业当年拥有创新项目数为零，75%的受调查企业新增有效专利数量为零。

（三）中小企业数字化程度不高，未形成产业协同生态

部分中小企业数字化改造进程缓慢、产线智能化升级缺乏技术支持，企业间通过数据协同进行融通发展的产业生态尚未形成。例如，杭州市某经济技术开发区 2022 年第一季度对制造业企业的调研显示，全区大中小企业共 11400 多家，其中数控化设备占整体设备 80%以上的企业仅有 24 家，已联网数控化设备占整体 80%以上的企业仅 7 家，导致企业间产业协同水平较低，无法及时实现数据共享。具体情况参见表 22-10。

表 22-10　杭州市中小企业参与融通发展承接能力不高的典型案例

代表性案例	具体做法
诺爱医疗器械有限公司	该企业主要从事医疗技术的开发、医疗器械和教学器材销售。当地某养老服务企业曾与企业联系，希望定点研发供重度和中度失能人员使用的家用电动床、上楼机和护理垫等 20 类 42 款产品，用于智慧居家养老场景。但由于该企业只能开发其中部分产品，且如果承接智能化产品系统也需要一定周期（至少 1~2 年）进行迭代升级，因业务水平暂时无法承接，最后失去这次合作良机
高悦能源科技有限公司	因技术研发需要开发模具，在与 5 家备选合作方洽谈时，3 家大型企业明显准备充足、力量雄厚、人员充足，对于企业的需求也更能及时反馈。而另外 2 家小企业虽然想积极参与竞争，但是不能及时反馈企业需求，竞争力相对欠缺
聚声宝电子科技有限公司	在 2022 年桐庐县中小学校多媒体更新设备采购与安装项目竞标中成功中标，中标价格 278 万元。该公司反映，该项目为专门面向中小企业预留，所以才能竞标成功。此前 200 万元以上标的，公司很难与大型企业竞争
当堂信息技术有限公司	公司主营信息传输、软件和信息技术服务业。公司反映，由于缺少有效反映转型价值的评估模式，无法估算开展数字化转型的投入产出效益，转型存在一定困难。在数字化转型的探索过程中凸显出企业改造基础配套不足、创新能力整体偏弱、研发人才资源匮乏等问题
恩帷机械自动化有限公司	公司作为机械加工小型企业，专攻机械零部件加工，依靠加工高精度、工费低成本的优势坚持以量取胜。由于长期合作的几家大型机械加工业龙头企业实现产业升级，而公司生产资源和资金实力受限，实现与大型公司相匹配的配套升级转型面临重大风险和考验，处于想转又不敢转的艰难境地

续表

代表性案例	具体做法
美浓世纪集团有限公司	为了加快企业转型升级，2021年企业投入资金约420万美元用于绿色智能包装印刷改造，引进国内外先进设备及配套控制系统，长期看不仅能提升产能且节能环保，但目前原材料涨价，市场需求下降，未能达到预期增幅，短期内相比于大企业的大规模传统生产模式，产品价格和产量不占优势，2021年营业收入同比下降46.29%
凤谊纺织有限公司	目前中小企业的数字化改造升级缺少样板企业带领，主要以企业自主改造居多，未触及上下游产业链生态圈的数字化、网络化、智能化发展需求。另外，当前最普遍的数字化改造项目只是数据的收集和展示，一般花费在20万~30万元，但该公司希望将深层次的数据分析运用到生产中，则需要进行个性化定制，总投入超过90万元。数字化改造完成后虽然公司的运营效率上升，次品率和能耗下降，但整体产出效益仍需经过长时间才能弥补投入，很多企业在了解到相关情况后，数字化改造意愿有所下降
国泰萧星密封材料股份有限公司	目前公司已使用ERP、用友、OA等应用软件，实现了库存管理、制造、物流及进销存等功能，但这些通用型系统不能满足企业的个性化需求，数据分析水平也难以满足生产流程优化、精准化营销、商业模式创新等需求，给公司业务发展方向带来更多的不确定性
老板电器股份有限公司	目前企业正在打造产业链融通的“链主工厂”，最主要的阻力是众多产业链上游的零配件企业目前仍未开展最基本的数字化改造，大量涉及产业链内数据交互、研发协作等工作无法顺利展开，目前仍只能通过人工、半自动的形式传递业务信息，企业在后续寻求上游合作时也更倾向于有一定数字化改造程度的企业，逐步淘汰与无法实现数据互联的上游企业的合作

三、大中小企业融通发展的平台缺乏

（一）龙头企业搭建融通特色载体的意愿不强

由龙头企业搭建融通特色载体需大量资金、人力投入，转化为实际效益的周期较长，导致其持续投入意愿不强。例如，杭州市某区在产业链、供应链端开展数字化平台建设的头部企业，均已建成省级工业互联网平台，但因相关企业产业链具有特性且产业较为分散，相关龙头企业均未在本地开展产业链或供应链级的产业布局，目前正在运行的数字化平台以为服务企业自身为主。

（二）园区物理整合多、有机黏合少

部分园区主体往往侧重于提供“物业类”基础服务，受自身能力不足限制，

也提供不了深层次的资源整合服务。例如，杭州市某街道总部经济发展中心，目前企业集群发展和大中小企业融通尚在建设和完善过程中，虽然工业园区等功能区块在不断建立、创新，但仅是简单的集群发展，而非深层次的就技术研发、数字化建设进行共享、共建，致使企业融通水平不高，协同带动能力发挥不足。

(三) 园区运营服务不完善，难以起到融通作用

跨区域上下游企业联动难。高端产业结构涉及门类广、对上下游企业技术要求高，就近产业链运作模式难以在高精尖领域推行，零件短板、技术短板等相关堵点仍然存在，联动平台缺失导致产业链上下游企业沟通和联动困难。例如，杭州市集成电路产业不少龙头企业有意向打通跨地区、全国性产业链，但由于缺乏相应国家级联动平台和渠道，存在人才招聘成功率低、芯片流片资源缺、PCBA 服务不便捷及上下游信息不同步等问题。具体情况参见表 22-11。

表 22-11 杭州市大中小企业融通发展平台缺乏的典型案例

代表性案例	具体做法
浙江勿忘农种业股份有限公司	种子成果转化周期长，从选育到最后推广可能长达十多年，而最终落地推广还面临缺少平台问题，目前国家、省、市各级虽提供免费展示平台，但因其公益性，企业可分配到的展示位较少，而若自己搭建展示平台，至少需要 30 万~50 万元资金，企业希望能有专业服务平台，可以为企业提供产销对接
杭州蔬莓生态科技有限公司	该企业主要从事生物饲料研发和食用农产品批发等业务，近两年该企业致力于加强与大中型农产品市场冷链物流配送业务，经测算，前期投入至少 650 余万元，但目前各大农贸市场实体资源、市场供需和服务方案等各异，经过前期摸排，合作达成难度较大，因而该企业放缓转型升级步伐
杭州普华投资管理有限公司	该公司是一家投资管理、投资咨询公司，多次参与西湖区组织的创客路演等活动，计划与浙江大学科技园开展合作，但目前多数技术成果转化平台及中介机构服务体系不到位，缺少技术、管理、经营、财务、法律等方面的综合型人才，导致高校科技成果与企业需求难以对接，高校无法实现科研成果落地转化，企业则缺少渠道寻找技术提供方
浙江省创业投资集团有限公司	该公司是一家股权投资管理公司，位于辖区西溪谷范围内，西溪谷作为“双创”平台集聚地，拥有浙江大学科技园、x—WORK、筑梦空间、福地创业园等多个创新创业孵化平台，以及每日互动、江南布衣、浙商创投、南都物业、珀莱雅等上市企业 6 家。该公司通过西溪谷举办的创想智谷等活动，与区域多家“双创”企业保持长期合作，并开展深入沟通交流，但西溪谷“双创”平台聚集区域内龙头企业较为缺乏，难以满足企业融通需求

续表

代表性案例	具体做法
西湖科技园	目前入驻企业有300余家，但由于园区配套设施不够完善、“双创”空间未配备专职导师，精细化服务水平难以满足企业需求，导致2022年一季度流出中小企业50家
滨江区纳爱斯国际科创园	园区内杭州悦天云数据科技有限公司，致力于做建筑领域的产业互联网平台项目，以前是该园区的入孵企业和雏鹰企业，被余杭区以政府引导基金3000万元，1500平方米房租减免政策挖走，而园区权限有限，能做的服务也有限，经常会有政策解读、解决日常运营等方面的困难
浙江美承数码科技集团有限公司	该公司与联想、华为、苹果等品牌在物联网小镇内设立各有200平方米左右的B端业务体验中心，希望能与企业合作铺设智能办公场景，也希望能依靠园区的力量来一同开展助企活动，公司曾策划过一系列助企方案，如园内初创企业电脑等硬件免租服务、免费技术支持等，希望形成企业产业融通氛围，但目前在园区3年了，还没有能得到园区的相关支持
瑞意小微园区	淳安县瑞意小微园区以纯房东经济为主，园区管理主要为保洁和维修，缺少综合性服务。同时，园区内入驻的企业结构较为杂乱，含来料加工企业、玻璃制造企业、石材加工企业、钢材加工企业等，受企业主营业务区别较大等影响，企业之间缺少联动性、带动性，以各自发展为主
浙江大学环保科创中心	该公司2014年入驻建德科技城以来，共组建绿色高分子、锂电池、催化材料、生物制剂等10支专业研发与创业团队，但截至目前仍无生产性项目实质性落地
超细粉末国家工程研究中心浙江分中心	超细粉末国家工程研究中心浙江分中心作为该市政府重点引进的产学研和创新创业平台，从2017年至今，仅成功孵化华明高纳1家规模以上企业
1024互联网产业园	杭州市级科技孵化器、“双创”基地1024互联网产业园，位于高新园核心区，现有入驻创新创业团队50余个，主要涉及互联网、电商、直播及专业技术服务等领域，在与本地大中小型企业合作、技术服务、专利产业化等方面，仍未取得重大的实质性进展
杭州高鸿物流有限公司	该公司目前位于杭州传化物流港内，目前已经集聚物流企业100余家，既拥有京东、顺丰等头部物流企业，也拥有不少中小型物流企业。但物流园仅集聚了物流企业，并未形成融通发展格局，反而产生竞争效应，导致各中小物流小、散、弱、差的局面仍然存在。以2022年上半年为例，受国际物流不通畅影响，尾部物流企业均开始承运国内物流线路，但物流园区信息化、智能化程度还不够，无法合理分配资源、物流线路，虽然物流市场容量巨大，但各个物流企业间竞争进一步加剧。上半年，企业承运订单数量1063个，同比减少12%（114个）

四、大中小企业融通发展要素保障不足

（一）专业人才资源短缺

由于技术迭代更新加快、市场竞争日趋激烈，部分企业人才要素供给不足的矛盾日益突出。例如，杭州市某智能科技集团拟定 2021 年新增人工智能、数字交通等方面的行业人才 50 名左右，但实际招聘的还不到 20 人，缺口达 60%。杭州紫光恒越技术有限公司 2022 年高技能人才缺口达 400~500 人。

（二）土地要素集中保障不足

土地指标门槛持续提高，部分中小企业无法达到用地要求，影响其与大企业在同一区块内的集聚发展。例如，某经济技术开发区（园区）用地的指标要求较高，除了容积率达到 2.0 的要求外，针对食品制造业、纺织业、化学原料和化学制品制造业、医药制造业等行业还有不同的固定资产投资强度、亩均税收、单位排放增加值等要求，很多中小企业达不到用地要求，无法与大企业在区块上形成要素、产业的集聚优势。具体情况参见表 22-12。

表 22-12 杭州市大中小企业融通发展要素保障不足的典型案例

代表性案例	具体做法
浙江凌迪数字科技有限公司	目前企业正在研发柔性体仿真工业软件，全世界范围内该领域企业仅有三四家，国内没有相关企业，柔性仿真技术人才招收存在一定困难。公司想要建立融通发展机制，已与东华大学、北京服装学院等服装院校沟通构建人才培养通道，但由于细分领域专业要求高、起步晚，需 2~3 年才能见效，目前仍存在大量人才缺口。同时，公司研发的连接上游制造供应链、下游销售端和消费端的软件已投入使用并初见成效，但部分上下游中小企业缺乏相关技术人才，对该软件的使用无法完全掌握，影响该行业整体融通发展
浙江传化华洋化工有限公司	目前公司存在复合型人才匮乏情况，公司正在建设智能供应链体系，该体系可以连接上游供应商及下游客户，有利于融通发展。公司持续招聘供应链相关的专业人才，但是由于化工和供应链复合型人才较少，供应链团队也只扩展到十余人，占整体员工人数的 3%左右，专业人员缺口依旧存在，同时也因人才短缺，致使部分项目推进缓慢
杰华特微电子股份有限公司	随着行业快速发展，高校培养的专业人才不能满足市场需求，公司间抢人态势日趋严重，竞价模式导致名校应届生起步工资越来越高，偏离合理值，以该公司目前的薪酬体系较难招到名校毕业的人才

续表

代表性案例	具体做法
杭州天宽科技有限公司	现阶段行业热度过高，新兴物联网公司如雨后春笋般迅猛发展，以高工资和高股权为诱饵挖人，有些员工禁不住诱惑，愿意到初创公司放手一试。同行业优秀公司的薪酬也相对更有优势，公司核心人才可能会选择去发展空间更大的企业“镀金”
杭州硬功馆科技有限公司	该公司属于半导体领域小微企业，为了节省成本，只能从普通高校的应届生中招聘员工，所以目前公司7名员工均处于学徒阶段。业务方面，尤其是产品主要靠自己和2个均就职于华为的创始人共同研发。2022年2月为全球最大的玻璃生产商信义玻璃进行产线数字化系统搭建时，由于项目难度极大，普通员工因业务能力一般，只能从旁辅助，技术骨干连续通宵2个月才顺利完成交付
杭州图特信息科技有限公司	该公司是一家经营医疗智慧运营管理、医疗物资SPD智慧供应链“软件+大数据+智能化”创新产品解决方案及服务的企业，专业科研类人才共有5名，严重不足
杭州银盒保成科技有限公司	该公司是一家基于云端技术的SaaS互联网公司，通过商业智能终端和云服务，为零售、餐饮业、泛行业商户提供国内领先的商业智能云POS解决方案，公司目前60%的员工是运营人员，科研类人才只占10%，科技创新动能不足
杭州研智科技有限公司	滨江区生活成本很高，例如租房成本、消费成本等，导致企业人才流失严重，而阜阳、临安等区的生活压力相对较小，因此在政府各类补贴大致相同的情况下，各类人才更倾向于到消费程度较低的区就业，以运营岗为例，以前6000元工资就能招到人，但2022年该区招聘特别难，希望政府能够降低企业人才生活成本，真正把人才留下来
浙江亚卫通科技有限公司	目前该公司仅有研发人员50余人，且该公司生产的产品项目比较多，若有新项目规划，需要前期设计、框架设计、界面设计及从事测试、调试的技术人才等10多人，但市场上从事本行业的研发人员比较缺乏，造成企业人力成本高，且新的研发项目效益也无法立即实现，目前对新项目的研发热情不高
尚研机械制造有限公司	近年来，技术类岗位人才招聘困难，一方面是公司位置处于城郊结合地带，应届毕业生更愿意选择主城区的企业就业，公司几乎招不到应届毕业生；另一方面，专业院校培养的人才大多送往如杭州发动机有限公司、杭州前进齿轮箱集团等大型企业，小型企业只能“捡漏”或选“挑剩”的。另外，专业院校人才输送收费高，小型企业无力承担相关费用

续表

代表性案例	具体做法
科百特过滤器材有限公司	作为全球排名前三的膜分离龙头企业，公司近几年产业规模不断扩张，用工需求也持续加大，以公司的机加工类技术岗位为例，目前该岗位人才缺口达 22 人，其中中高端管理层缺口约 10 人，尽管已开出了最低每月 1 万的工资，但由于科百特地理位置较偏，存在配套设施不完善、租房条件较差等问题，目前相关人才不愿意来
杭州海尔希畜牧科技有限公司	公司共有员工 120 人，大专学历及以上员工共 32 人，占比 26.67%；员工平均年龄 44.8 岁，平均司龄 6.6 年。员工队伍整体年龄偏大，高技能、高学历人才数量和质量均与公司发展规划不匹配，缺乏自主人才梯队建设和技术骨干人员储备，导致当前公司的技术创新、产品研发只能依托高校资源和外聘专家顾问团队

五、供应链金融支撑大中小企业融通发展不够

（一）供应链金融的融资渠道、模式尚不成熟

相较于抵押担保贷款、信用贷款等产品，供应链金融没有明显融资优势，相关融通试点推广效果不佳。例如，农村商业银行依托中征应收账款融资服务平台，发挥核心企业供应链带动作用，推出应收账款质押融资业务，主要面向产业链上下游企业以应收账款不超过 60%的质押率提供配套融资。但该项业务推广成效不够明显。

（二）大企业开展供应链金融的过程中不愿为中小企业授信背书

大型核心企业具有融资优势，在供应链金融中占有至关重要的地位，但部分龙头企业在开展供应链金融时较为谨慎，不愿意为产业链上的中小企业提供担保等融资支持。

（三）供应链金融产品供给少、风控严

目前银行因风险防范等原因，大多以应收类贷款项目为主。例如，县级农商行推出供应链金融产品 4 项，其中 3 项为应收类、1 项为预付类，应收类占比 75%，银行更愿意选择风险较低的产品，产品类型较集中，导致企业可选择范围不大。具体情况参见表 22-13。

表 22-13　杭州市供应链金融支撑大中小企业融通发展不够的典型案例

代表性案例	具体做法
浙江融资担保有限公司	目前中小企业向银行贷款，大多需要有抵押物或融资性担保公司担保，少数企业能得到银行的纯信用贷款。当前 1 年期贷款基准利率大约在 4.35%。银行对担保贷款的利率在国家基准利率的基础上都要进行 30%左右的浮动。在此基础上，企业还要支付 3%~4.5%不等的担保费
杭州网博科技有限公司	公司急需 30 万元的周转资金，但因融资利率高及融资渠道少，融资一个半月尚未贷款下来，影响企业技术创新

六、大中小企业融通发展的政策有待完善

（一）产业链协同项目申报条件较为严格

申报产业链协同项目需围绕新材料、先进装备制造、电子信息等重点行业领域，具备一定规模的制造业创新中心或企业技术中心，并打通上下游产业链后才能申报，对于中小企业而言门槛较高。某设计公司反映，公司属于微小型企业，在相关政策鼓励下，积极与大型企业进行合作，在支付项目款项时，由于大企业内部审批流程较为繁复，耗时较长，资金流转速度较慢，给小微公司现金流及后续运转带来了比较大的挑战。

（二）缺乏完善的管理办法和评价体系

企业与科研单位的合作停留在零星项目、临时合作上，系统性的、基础性的项目少，且没有形成长期稳定的合作。调研发现，某安防企业创新联合体由政府推动成立，成员企业中由于各组成部分运行体制不同，股东间的合作机制还不完善，未能形成长期合作机制。

（三）融通发展的专业性服务机构较为缺乏

虽然各地拥有较多的企业协会、商会、联盟，但专业融通服务机构缺乏、专业化服务供给不足。调研发现，某投资咨询公司计划与浙江大学科技园开展合作，但多数技术成果转化平台及中介机构服务体系不到位，缺少技术、管理、经营、财务、法律等方面的综合型人才，导致高校科技成果与企业需求难以对接，高校无法实现科研成果落地转化，缺少寻找技术提供方的渠道。

七、大中小企业融通发展过程中知识产权保护机制不够完善

（一）产学研知识产权保护存在约束

一些大企业与高校、科研院所等开展产学研合作，往往结成专利技术共同体，向外开放存在壁垒。调研发现，某精细化工有限公司已经成立了涉及高校院

所及产业链上中下游企业的企业创新联合体，与高校院所签订了合作协议，知识产权可以实现共享，但是对于联合体中的上下游企业，没有相关协议条款明确可以进行开放，对核心知识产权共享存在顾虑。

（二）知识产权价值大、保护严

大企业在与中小企业合作研发的过程中，面临自身专利泄露、流失和合作企业间知识产权纠纷的风险，极大影响合作积极性。调研发现，某电子有限公司目前有 80 人的技术团队，每年保持产出 10 个以上的研发专利，平均每个专利每年带来约 500 万～1000 万元的销售收入，技术研发投入大、价值高，因此需要进行充分的技术秘密和专利保护，故企业对融通发展过程中的技术保密存在顾虑。

第四节　国内兄弟城市大中小企业融通发展的主要做法

深圳、上海、北京、苏州、重庆、南京、广州、成都、武汉等城市按照国家《促进大中小企业融通发展三年行动计划》政策引导，积极挖掘和推广大中小企业融通发展模式，发挥大企业引领支撑作用、提升中小企业专业化能力，建设融通发展平台载体，优化融通发展环境，有些方面值得借鉴。[①] 据工业和信息化部有关统计，截至 2021 年年底，我国专精特新“小巨人”企业数量已达 4762 家，制造业单项冠军企业 848 家；基于工业互联网融合发展生态加速构建，有影响力的平台数量超 100 个、设备连接数量超 7600 万台套，平台汇聚工业 APP 突破 59 万个、服务工业企业达 160 万家，行业赋能效果日益凸显。深圳、上海、北京、苏州、重庆、南京、广州、成都、武汉等城市针对大中小企业融通发展，探索了一些好经验好做法。

一、培育领军企业和“链主”企业，增强大企业辐射性

广州、南京、天津等城市围绕重点产业和重点产业链供应链，滚动推出重点培育企业清单，逐渐形成“一企一策”方案，部门协同、市区联动做好涉企惠企政策落实，多渠道保障用能、用工、融资和物流运输等需求，帮助企业加快成长为具有生态主导力和核心竞争力的领军企业、“链主”企业，提升大企业在产业集群中的集聚力、产业链上的带动力、区域发展中的竞争力。

---

① 深圳、上海、北京、苏州、重庆、南京、广州、成都、武汉等城市的做法根据网络公开报道资料整理。

（一）广州典型做法

作为广州首家工业互联网领域的“链主”企业，树根互联打造了一套基于“根云”平台的工业互联网操作系统帮助产业链上下游企业，共同打造更加灵活、更具韧性的供应链体系。同时，联合多家大型企业或“链主”企业打造产业链平台化基础设施，进一步推动产业链、产业集群转型升级。

（二）南京典型做法

南京市在南京比亚迪和南京金龙两大新能源整车基地的基础上，着力引导和扶持乘用车及其配套项目落户溧水新能源汽车特色产业园；积极引进和培育配套零部件企业及核心零部件上下游中小企业，形成产业规模较大和竞争力较强的新能源汽车零部件产业基地。

（三）天津典型做法

天津工业生物所建设的 BIOINN 生物制造众创空间，有效发挥了赋能中小企业技术迭代创新的作用，其通过天津工业生物所在底层共性技术的开发，为孵化企业项目提供技术支持，孵化、转化了多肽绿色生物农药平台、无血清培养基生物合成产业化应用、靶向 BRET 探针关键技术研究和产业化等多个项目。

二、实施“专精特新”行动计划，提升中小企业硬核实力

武汉等地大力支持各类高新技术产业研究院发展，打通“项目遴选、小试中试、产品上市、生成企业”通道，提升中小企业生成能力。建设一批集资源要素供给、教育培训服务、产供销运联动，融合技术交流交易、工作生活于一体的初创企业园区。优化公共服务，在技术创新、智能化绿色化转型、知识产权、市场开拓、合规化建设等方面为企业提供精准高效服务，培育壮大一批专注细分市场、创新能力强、质量效益高、产业支撑作用大的专精特新中小企业，不断提升配套服务大型企业的能力和水平。武汉市成立数字经济发展委员会，市委、市政府主要领导任主任，聚焦“两化三融合”，实施数字经济“573”工程，加大中小企业数字化赋能力度。山东省支持“专精特新”中小企业独立或联合设立研发机构，并建档入库重点支持。安徽省实施“产学研 1+N”创新工程，支持“专精特新”中小企业与强院强校强所合作建立实验室，2022 年计划实施重点产学研合作项目 50 个、“揭榜挂帅”任务 100 项以上。江西省对“专精特新”中小企业申报或牵头申报的科技研发、重大成果转化等创新类项目，同等条件下优先支持。河北省支持大型企业创新裂变、分拆孵化科技含量高的“专精特新”中小企业，打造细分领域的“小巨人”企业。其他的省、直辖市具体情况参见表 22-14。

表 22-14 国内其他省、直辖市支持“专精特新”企业的现行政策与主要做法

目标	现行政策与主要做法	
推动产业链上下游、大中小企业协同创新	聚焦提升企业技术创新能力	山东省支持“专精特新”中小企业独立或联合设立研发机构，并建档入库重点支持
		安徽省实施“产学研 1+N”创新工程，支持“专精特新”中小企业与强院强校强所合作建立实验室，2022 年计划实施重点产学研合作项目 50 个、“揭榜挂帅”任务 100 项以上
		江西省对“专精特新”中小企业申报或牵头申报的科技研发、重大成果转化等创新类项目，同等条件下优先支持
	推动大中小企业融通创新	北京市围绕龙头企业薄弱环节，组织“专精特新”中小企业开展揭榜攻关和样机研发，支持“小巨人”企业围绕产业链布局开展并购重组，吸引上下游企业在京落地
		河北省支持大型企业创新裂变、分拆孵化科技含量高的“专精特新”中小企业，打造细分领域的“小巨人”企业
		山东省围绕“专精特新”中小企业分布集中的重点产业链，采取政府指导、平台承办、双向互动形式，常态化组织产业链“链主”与上下游“专精特新”中小企业供需见面、路演推介等系列活动
	培育壮大特色产业集群	北京市各区围绕主导产业方向和企业发展需求，优化产业和空间布局，做好土地供应保障，打造一批“专精特新”特色园区
		吉林省加快孵化载体建设，在现有省级创业孵化基地内，遴选 10 个主导产业突出、创新能力强的孵化基地，作为省级“专精特新”产业孵化园
		重庆市在新一代信息技术、新能源及智能网联汽车、高端装备等关键领域，重点培育 10 个市级重点关键产业园
加大“专精特新”中小企业融资支持	拓宽市场化融资渠道	2021 年 6 月，海南省股权交易中心设立“专精特新板”，截至目前，已有 123 家企业在“专精特新板”挂牌培育，合计获得融资 5119 万元
		北京市充分利用各级政府投资基金，重点支持“专精特新”中小企业发展。支持龙头企业围绕供应链上下游开展股权投资。鼓励社会资本与政府投资基金开展合作
		广西壮族自治区支持“专精特新”中小企业开展信用类债券融资，按照自治区相关政策给予奖补

续表

目标	现行政策与主要做法	
加大“专精特新”中小企业融资支持	增强信贷有效支持	河北省对“小巨人”企业贴息标准上浮10%，支持市场化企业征信机构采集非信贷数据或替代数据，提供优惠征信服务
		吉林省单独调配30亿元再贷款和20亿元再贴现额度，加大再贷款、再贴现等货币政策工具的定向支持力度
		安徽省持续开展“十行千亿万企”融资服务专项行动，2022年鼓励合作银行安排不少于4000亿元的专项信贷资金，给予中小企业重点支持
强化梯度培育，加大“专精特新”中小企业支持力度	完善梯度培育体系	广东省运用大数据分析判断“专精特新”中小企业在远期、中期挂牌上市的成熟度及市场定位和要求等，制作企业画像和企业标签，按照“潜在拟挂牌上市企业”“重点拟挂牌上市企业”“优先支持拟挂牌上市企业”等不同成熟度层次，实施靶向培育
		辽宁省对于符合梯度培育的“专精特新”产品、企业，构建年度“专精特新”培育库，实施分级动态管理
	提供定制专属服务	安徽省建设推广税企直通互动平台，“点对点”为“专精特新”中小企业精准推送税费政策、提示提醒信息等，一户一档、一企一策
		辽宁省为“专精特新”中小企业提供技术创新、数字化网络化智能化改造等服务
		吉林省推动政府主导的中小企业服务中心建立专家志愿服务团或服务工作站，为“专精特新”中小企业提供各类公益性服务
		湖北省将“专精特新”的“小巨人”企业作为走访服务企业的重点对象，定期深入企业送政策、解难题、促发展
	助力“引才留才育才”	北京市对国家级“小巨人”企业招聘世界大学综合排名前200位的国内高校本科及以上学历毕业生或“双一流”建设学科硕士研究生给予落户支持
		吉林省实施“专精特新”中小企业“百千万”人才培育计划，定期举办“专精特新”中小企业人才招聘会
		河南省实施“中原英才”计划等人才引育工程，为拥有关键核心技术和成果的人才提供个性化政策支持的“绿色”通道

三、搭建产业链供需对接平台，促进大中小企业系统链接

上海、成都、青岛、北京等城市积极支持大企业发起建立产业链企业联盟，根据关键原材料、关键零部件、关键软件需求，全面摸排中小企业主导产品、产能规模、拟配套对象等信息。进一步完善大中小企业融通发展产品供需对接平台功能，推动更多企业、更多产品上系统，实现大中小企业供需清单线上对接。鼓励领军企业、“链主”企业等大型企业针对性召开行业协调会、跨行业对接会，搭建大中小企业信息沟通平台，实现供需双方线下对接。

（一）上海典型做法

上海市科技创业中心搭建大中小企业融通创新创业平台，在创新领域被称为“创新中介”，连续十年举办“创・在上海”国际创新创业大赛，已成为上海规模最大、影响最广、资源汇聚、服务多元的创新创业平台。其中，2021 年参与对接的企业累计超过 1000 家，覆盖专业人群超过 3 万人。上海市成立“上海市企业服务云”，汇聚各类创新资源，加速大中小企业创新能力、生产能力、市场能力的有效对接，促进资源能力的跨行业融合互补。截至 2022 年 2 月，“上海市企业服务云”平台面向全市 260 多万家企业，发布惠企政策 9342 条，解决企业诉求 8 万多个，撮合服务订单近 110 万个。

（二）成都典型做法

成都市高新区发布大中小企业融通“共创计划”，上线“互联网+大中小企业融通”平台，打造线上线下相结合的融通发展服务体系，推动建立融通发展基础数据库，构建基于大数据的大中小企业融通发展智能分析系统，实现各类企业供需的精准匹配，设立融通专员，开设“融通集市”等，有力服务各类企业稳产满产，推动区域经济高质量发展。成都市高新区联合区内大企业每月发布大中小企业融通发展“机会清单”，鼓励大企业建立以产业链为纽带的垂直孵化体系和供应链金融体系，运用研发费用加计扣除等政策手段，推动大企业建立常态化的研发活动众包机制。成都市高新区建立应用场景“机会清单”发布机制，培育发展新动能的做法，获国务院办公厅通报表扬。

（三）青岛典型做法

青岛市围绕“专精特新”中小企业分布集中的重点产业链，采取政府指导、平台承办、双向互动形式，常态化组织产业链“链主”与上下游“专精特新”中小企业供需见面、路演推介等系列活动。青岛政府搭建海创汇平台，把龙头企业在市场、技术、品牌等各方面的资源向中小企业开放。它们不仅可以使用平台的物流网络，还可以获得应用场景、数据等资源，解决数字化转型的难题。海创汇平台解决了中小企业的燃眉之急。在这个平台上，龙头企业海尔集团把自身在

市场、技术、品牌，以及遍布全国的物流配送网络等资源向中小企业开放。借助平台提供的物流网络，青岛迈金科技等公司解决了产品运不出去的问题。

（四）北京典型做法

北京市围绕龙头企业薄弱环节，组织“专精特新”中小企业开展揭榜攻关和样机研发，支持“小巨人”企业围绕产业链布局开展并购重组，吸引上下游企业在京落地。

四、实施大中小企业融通型特色载体专项奖励，扩大企业融通发展效果

北京、上海、南京等城市设立大中小企业融通型特色载体专项奖励资金，开展产业链供应链合作伙伴计划，支持重点行业带动面广、资源整合度高、特色鲜明的大企业建设行业级、跨行业级工业互联网平台，带动中小企业“上云上平台”，促进产业链上下游供应关系稳定、供需信息互通、资源要素融通。支持大企业加大采购中小微制造业企业产品的力度，对融通方式高效、带动作用明显、模式可推广的企业给予政策激励。

（一）北京经济技术开发区设立大中小企业融通型特色载体专项奖励资金

该专项资金的用途：一是支持典型龙头企业开放载体建设，打造全国性标杆案例。围绕经济技术开发区主导产业，利用龙头企业自身转型升级的战略目标，引导中小企业在其细分领域精准布局。在供应链协同、资金融通、大数据应用、人才培养、专利研发等关键环节开放共享资源，构建国家级产业集群，金额不超过300万元。二是针对经济技术开发区已认定的特色载体，根据其绩效评价贡献度及期终绩效考评结果给予奖励支持，金额不超过200万元。

（二）上海张江高新区核心园设立大中小企业融通型特色载体——推动国际知名企业开放创新资源专项奖励资金

该专项资金的用途：一是推动国际知名企业技术、服务、市场、导师等创新资源进入“国际知名企业创新资源库”；二是推动国际知名企业对接张江中小微企业，每年有效服务达到30家（含）以上；三是促成国际知名企业与中小微企业达成合作，每年达成3家（含）以上；四是支持方式为经评估给予每年最高50万元的奖励。

（三）江苏设立大中小企业融通型特色载体奖补专项资金

江苏省财政厅、江苏省工业和信息化厅联合评选大中小企业融通型特色载体，2020年，经组织申报、各地推荐、专家评审等程序，拟确定仪征经济开发区、常熟高新技术产业开发区、南京溧水经济技术开发区、常州国家高新技术开

发区、南通经济技术开发区、淮安高新技术产业开发区、邳州经济技术开发区获评。省财政将以奖补结合的方式予以支持，每个载体奖补资金总额有望达4000万元左右，将可享受政策争取、项目招引、科技创新、人才集聚等一系列优惠政策。

（四）中关村科技园区昌平园设立大中小企业融通专项资金

该专项资金围绕昌平园重点产业方向，主要用于支持医药健康、智能制造、新一代信息技术等领域推动“双创升级”的大中小企业融通型特色载体、中小企业等。特色载体应由一家行业龙头企业主导建设的空间载体作为牵头单位，联合其他不少于3家相同行业领域的空间载体，组成大中小企业融通型特色载体联合体。

五、推动创新资源开放共享，实现大中小企业研发协同

上海、北京、广州、深圳等城市积极引导各类重大科研仪器设备入驻科技共享服务平台，鼓励大企业创建国家级制造业创新中心、企业技术中心、工业设计中心。支持大企业聚焦本行业、本领域发展需要，围绕共性和关键技术需求，加强上下游资源整合组建产学研联盟，以“揭榜挂帅”“赛马”等方式开展技术攻关，吸纳中小企业参与并开放使用科研设施设备，提高创新资源使用效率。支持中小企业积极融入大企业创新体系，立足专长开展基础零部件（元器件）、基础材料、基础软件、基础工艺、基础设计等创新活动，助力大企业加快创新成果突破，提升产业链群的整体竞争力。

（一）上海浦东新区

2021年7月，《中共中央　国务院关于支持浦东新区高水平改革开放　打造社会主义现代化建设引领区的意见》正式公布，浦东新区响应“全力做强创新引擎，打造自主创新新高地”的要求，推出“大企业开放创新中心计划”（以下简称GOI计划），发挥大企业的创新资源和全球创新网络优势，构建“政产学研金服用”七位一体协同创新体系。GOI计划将在3年内建设大企业开放创新中心100家以上。截至目前，浦东新区大企业开放创新中心已达34家，任务完成超1/3。开放式创新是国际趋势下大企业的自发选择，大企业开放创新中心是推动企业研发从封闭转向开放的新型载体，创造一个外部创新资源进入创新生态圈的协同机制，在激发创新、打破壁垒、降低成本、拓展市场、解决“大企业病”等方面作用显著。浦东新区的GOI计划推动了“政产学研金服用”的协同创新。

（二）北京中关村科技园、北大医疗产业园

引入国内外先进技术，共享实验室、药物技术研发中心、转化医学中心对园区内企业开放，可为企业提供实验委托及第三方独立检测等服务。园区周边优质

的医疗资源可衍生出大量对医疗器械研发、生产项目的需求，从而实现资源汇聚，形成研发成果向下游转化的模式。

（三）广州市、深圳市

探索“大手拉小手”模式，打造具有战略性和全局性的产业链，通过一系列稳链固链强链举措，支持产业链上下游企业加强产业协同和技术合作攻关，增强产业链韧性，在合作中打造具有更强创新力、更高附加值的产业链。

六、大力发展供应链金融，实现大中小企业互利共生

北京、宁波等城市以制造业领军企业、“链主”企业等为基础，建立供应链融资核心企业库。鼓励核心企业整合上下游资源建立基于供应链的融资服务平台，实现大中小企业仓储、物流、运输、销售等环节的信息互联互通。支持核心企业向配套中小企业应收账款提供确权服务，为中小配套企业通过标准化票据融资提供便利。鼓励金融机构深化同核心企业的合作，共建“供应商+核心企业+经销商”融资体系，快速响应链上企业的融资、结算、财务管理需求。

（一）北京中央企业的“链主”功能

为了缓解中小企业的资金压力，中央企业发挥“链主”企业作用，解决中小微企业融资难题。以国家电网线上供应链金融平台为例，该平台汇集大量供应商信息。每家企业的供货信息、生产经营状况等数据都实时同步到这个产业链金融服务平台上，广大中小企业以这些信息为信用凭证就可以申请低息贷款。

（二）宁波市奉化经济开发区的怡诺凤麓科创园

设立总规模1亿元的天使投资基金，用于培育发展新材料、新装备产业配套、衍生优质项目。同时，科创园搭建政银企对接平台，链接宁波银行、通商银行、中国银行、建设银行、奉化银行等，为园区企业直接提供投融资接待服务；同时借助政府力量，以中国人民保险集团作为担保，使用科技贷。此外，借力浙江省丰富的民间资本，帮助优质项目进行针对性资本对接。

（三）武汉光谷

光谷金融控股集团是东湖高新区直属国资平台，已布局科技发展（投资）、科技金融、科技服务、科技园区四大业务板块，目前参与投资的项目总规模超2500亿元，服务企业超5000家，是光谷的“新产投”平台。未来将通过金融租赁、证券服务、信托融资、信用增进、融资担保、金融资产交易、普惠金融等方式，力争5年内为光谷各类企业投入1500亿元综合金融资源。

七、实施全产业链管理融通专项行动

西安、徐州等地加快5G、工业互联网等新一代信息基础设施建设，鼓励大

企业自建工业互联网平台，连接中小企业实现网络化融通，支持中小企业利用第三方平台“上云”补齐信息化短板，加快全产业链数字化、智能化转型。支持大企业扩大品牌影响力，推进上下游中小企业统一品牌形象、统一追溯机制、统一包装标识建设，打造集合品牌，提升产品价值。

（一）西安航空经济技术开发区建设数据中心

西安航空经济技术开发区建设数据中心是该开发区重点建设的工业互联网平台。该项目由开发区和腾讯工业云合作建设运营，为所有“上云”企业提供免费专属网页，根据航空企业的需求实现市场供需对接、产能设备共享、科技成果转化等八大功能，通过互联网平台整合产业资源，打破信息壁垒，匹配供需，以共享经济模式对产业链进行赋能。同时，利用产业高端制造产能向其他行业辐射，形成产业互补，带动相关行业向中高端迈进。

（二）江苏省徐州市经济技术开发区

汉云工业互联网平台立足于制造业，将工程机械整机、核心基础零部件等基础共性知识和行业通用知识封装成积木式的数字化模型，供工业 APP 开发者灵活调用，促进工业知识的沉淀、传播、复用和价值创造。汉云平台赋能研发、生产、供应、销售、服务、数据六大业务类型，构建开放共享的协同创新体系。

八、产业园区主导融通模式

以产业园区为依托，打造特色产业集群，推动园区内产业链条化、集群化发展，引导多家企业生产的产品形成上下游供应链，有效实现企业间创新链共享、供应链协同、数据链联动、产业链协作的融通发展模式，形成产业链条化的生态体系。例如，苏州工业园区重点在产业、金融、人才、服务和技术等方面搭平台、汇资源、拓渠道，为园区优质中小企业提供更优创新发展环境，更好服务资源配套，更多融通发展机遇，激发企业内生动力、创新能力、发展活力，促使大量优质中小企业得到培育、获得认定、发现机遇，同时推动其从单打独斗逐步形成特定产业集聚，发挥规模效应。又如，浦口经济开发区聚焦集成电路产业，打造全产业链融通生态体系。以台积电、紫光等龙头企业为主导，加快集成电路产业链上下游企业集聚，引进集成电路设计、封测、生产、配套企业 100 余家，形成全产业链生态体系的融通发展模式。再如，江阴国家高新技术产业开发区以特钢新材料重大项目为抓手，创新互联互通模式，围绕特钢新材料及制品产业重点领域，发展高端特钢产品和深加工服务，突破一批战略性原材料的核心技术，打造金属制品特色单品集群，加快构筑融通发展“全产业链”。

第五节 对策建议

一、集成性出台大中小企业融通发展的政策指导意见

围绕落实国家一系列相关政策意见，加强对大中小企业融通发展的系统性研究，进一步梳理大中小企业培育、产业链创新链融合、企业创新共同体打造等分散的措施举措，集成性出台大中小企业融通发展的政策指导意见，同步配套出台具体的激励政策措施。一是出台促进大中小企业融通发展的支持政策。利用好现有政策，支持一批实体园区打造大中小企业融通型特色载体。积极运用创新券等政策工具，促进大企业创新资源面向中小企业开放共享。在国家科技计划、产业化发展计划等政策项目中构建有效机制，鼓励和支持大中小企业联合申报、共同承担。二是加大专项政策激励力度。对大中小企业融通发展的重大载体、先进模式、示范试点项目等予以政策倾斜支持。在做好中小企业以间接方式参与供应链协同发展模式的基础上，以专项政策奖励的方式鼓励龙头企业参与创业创新活动，与相关孵化器、众创空间达成更多的合作关系，为中小企业提供更多的供应链资源和技术共享支持。在科技成果转化引导基金、中小企业发展基金、国家新兴产业创业投资引导基金等财政设立的基金中，研究设立相关子基金，引导大企业投资中小企业。三是加强融通发展政策宣传。组织开展大中小企业融通发展专业培训，解读和宣贯有关优惠政策，创造良好的公平竞争环境和公共服务环境，进一步增强大中小企业融通发展，促进共同富裕的自觉性、主动性和可持续性。

二、重点扶持一批支撑大中小企业融通发展的重点行业共性平台

建立行业公共服务平台、研发设计平台、创新创业平台、专业孵化平台、展示展览平台等行业共性平台，为大中小企业融通发展提供有力支撑。一是鼓励组建专业的融通发展中介、联盟等服务机构。鼓励优质创新服务机构、高等院校、科研院所、大型企业等组建重点行业服务联盟（平台），发挥已有科创中心、融创中心等融通平台机构的作用，鼓励社会成立专业化的中介机构参与大中小企业融通发展。二是加强大中小企业融通发展公共服务平台建设。进一步加强专业化众创空间等载体建设，引导更多大企业通过开展创业孵化活动，加强与中小企业互动合作。大力发展促进大中小企业融通合作的专业化服务机构，针对融通发展需求提供政策咨询、信息共享、法律等方面的服务和资源对接，为大中小企业融通发展搭建桥梁，提高大中小企业融通合作的成功率和效率。三是加大创新创业平台载体培育力度。引导龙头企业、行业组织等打造集创意设计、技术研发、检

验检测、成果推广、创业孵化、产学研合作、供应链服务、展览展示等功能于一体的产业创新服务综合平台。鼓励引导各镇街、园区积极利用现有的工业集中区、创业点开展创业孵化基地建设，通过挖掘发展潜力，扩大发展规模，最大限度地为各类型创业者提供实践和发展平台。切实发挥技术研究院、工程技术研究中心、技术创新孵化平台等的资源整合和链接作用，帮助更多中小企业解决转型升级中的技术难题。四是共建共享“双创”科研和服务载体。支持大企业牵头建立“双创”平台，推动研发设计协同化、众创化转变，以产业链协同带动中小企业开展针对性的产品创新孵化。加快建设科研设备共享平台、工业互联网赋能平台等，提升融通支撑、拓展融通维度、深化融通程度，促进中小企业融入大企业生态圈。

三、全面实施产业集群和重点产业链“链长制”

坚持“巩固、增强、提升、畅通”产业链八字方针，实行产业链“链长制”、产业生态圈“圈主制”，找准产业链发展定位，大力推进产业链精准招商，针对产业链薄弱环节，纵向开展补充式、填空式招商，实现产业链向上下游延伸，建设具有国际影响力的先进制造业产业链。一是全面推行产业链“链长制”。围绕先进制造业基地建设，在“415”产业集群中找准发力点和突破口，进一步梳理重点产业链，每个开发区、工业园区、高新区、产业集聚区等都建立“一条产业链、一名市领导、一个牵头部门、一个产业链培育方案、一套产业链保障机制”的“五个一”推进机制，通过产业链补链、延链、强链，实现产业链上下游大中小企业融通发展，着力打造具有战略性和全局性的产业链。二是推动中小企业深度对接融入产业链。组织“专精特新”中小企业针对产业链薄弱环节和大企业配套需求开展技术攻关和样机研发，推动大企业帮助配套中小企业改进提升工艺流程、质量管理、产品可靠性等水平。鼓励和支持小配套企业做专做精，提供专业化产品，为行业骨干企业配套形成产业链条，助力中小企业融入大企业产业链。三是加强配套企业上下游协同。出台“链主”型带动本地配套企业的激励政策，进一步提升沿产业链实现大中小企业融通发展的积极性和实效性。支持中小企业与大企业建立稳定的服务外包、专业化分工及订单生产等生产关系，推动中小企业专注于细分市场。

四、实施全产业链数字化融通专项行动

坚持把大中小企业数字化转型作为融通发展的重要着力点，加快 5G、工业互联网等新一代信息基础设施建设，通过工业互联网平台连接中小企业实现网络化融通，支持中小企业利用第三方平台“上云”补齐信息化短板，加快全产业

链数字化、智能化转型。一是加快推进“未来工厂+产业大脑”。加强产业链相关数字化基础设施建设，加快工业信息化改造和装备数字化升级，支持各类企业对标“灯塔工厂”建设“未来工厂”。加快重点产业领域“产业大脑”建设，构建基于大数据的企业融通发展智能分析系统，实现企业供需的精准匹配。支持龙头企业打造线上要素汇集平台、供应链整合平台，开放优质供应链资源和市场渠道，为中小企业提供配套产品服务。支持领军企业建设行业级、区域级工业互联网平台，鼓励中小企业融入工业互联网生态链，共享产业链上下游资源，实现协同发展。二是推进中小企业数字化。加快行业扩面改造步伐，降低产业数字化改造门槛，鼓励大企业打造符合中小企业特点的数字化服务平台，开发低成本的产业链供应链协同解决方案和场景，助力中小企业充分享受产业数字化红利。支持中小企业基于产业集群，与供应链上下游企业打通数据渠道，建设数字化园区和虚拟产业园，实现数据信息共享、制造资源共用、转型过程协同。三是拓展大中小企业数字链。大力打造人工智能、物联网、大数据等数字化产业链，带动大中小企业联动实现“装备智能化、设计数字化、生产自动化、管理精细化、服务网络化”。鼓励行业龙头企业作为“链主”企业，纵向输出数字化能力，支持开发行业特色应用，以应用需求为导向加快网络、安全、智能硬件、应用服务等工业互联网产业链各环节企业集聚，并大力向相关中小企业推广互联网平台，加速大中小企业融通发展进程。四是积极推进工业互联网平台体系建设。结合传统产业改造升级需求，在高端装备、生物医药、汽车制造、家纺服装、供应链物流等领域培育一批影响力突出的行业级、产业链级、企业级工业互联网平台，通过实施“一链一网一平台”试点示范和“揭榜挂帅”计划，带动中小企业“上云上平台”。加快制造能力平台化建设与开放，支持制造业企业、信息通信企业、互联网企业、电信运营商等牵头或联合建设跨行业、跨领域的工业互联网平台。

五、加强大中小企业融通发展的科技创新和知识产权保护力度

保护大中小企业在融通发展中的积极性和创造性，进一步完善知识产权相关政策体系，出台加强大中小企业融通发展知识产权保护的政策，对保护大型企业和中小企业知识产权利益做出针对性安排，切实消除各方顾虑，引导其真正参与到知识产权成果的转化应用中来。一是加强公共技术服务平台建设和效能释放。引导各类园区利用现有的工业集中区、创业点，为各类型创业者提供实践和发展平台搭建更多“双创”平台，支持各类高新技术产业研究院发展，打通“项目遴选、小试中试、产品上市、生成企业”通道，提升中小企业生成能力。二是实施技术协同攻关项目，促进大中小企业协同创新。支持龙头企业开展研发众包，鼓励中小企业及创客团队提供想法、创意、技术解决方案，提高龙头企业研发效

率和中小企业创新能力，实现多维度、多触点的创新能力共享及创新成果转化。三是制定大中小企业融合发展技术标准及知识产权保护规范。进一步完善产权保护政策，让产业链上下游的大中小企业等知识产权利益主体及利益相关方都真正参与到知识产权成果的转化应用中来，实现大融合、大互动。在融资担保、产权保护等方面加强对企业的支持，提升知识产权保护力度，提升中小企业知识产权保护理念。规范企业市场竞争行为，完善企业信用评价体系，营造公平诚信的市场环境。引导政企校三方合作，牵头开展知识产权成果转化工作并给予额外奖补，鼓励企业开展技术合作。四是大力发展促进大中小企业融通合作的专业化知识产权保护机构，为产业链上下游中小企业提供知识产权专业化保障。

六、加强供应链金融创新，实现大中小企业互利共生

借鉴大中小企业融资成熟模式，以制造业领军企业、“链主”企业等为基础，建立供应链融资核心企业库，推动龙头企业与金融机构共同开展上下游产业链供应链融资业务。一是鼓励核心企业整合上下游资源，建立基于供应链的融资服务平台，实现大中小企业仓储、物流、运输、销售等环节的信息互联互通，为金融机构开展线上贷前、贷中、贷后“三查”服务提供支撑。支持核心企业向配套中小企业应收账款提供确权服务，为中小配套企业通过标准化票据融资提供便利。二是共建“供应商+核心企业+经销商”融资体系。鼓励银行等金融机构创新供应链金融业务，建立重点科技企业清单，推动信贷资源向科技型、创新型、成长型中小微企业倾斜。探索大中小企业融通发展税费抵免政策，对研发经费多、上下游融通发展紧密的企业，试行部分减免税收或其他行政事业性收费。三是建立中小企业信贷激励机制。运用信贷风险补偿、增信、贴息等方式，提高金融机构对中小企业贷款的积极性。建立健全中小企业政府性融资担保体系，加大对政府性融资担保机构的扶持力度，提高中小企业获贷率。四是创新产业链供应链联合授信机制。设立专门引导基金，支持建立产业链供应链金融共同体，鼓励金融机构利用区块链、大数据等数字科技，创新开发产业链供应链金融产品，推动核心企业信用产品化，实现多级信用流转和穿透，将金融资源有效注入上下游配套中小企业。

七、搭建供需对接平台，促进大中小企业深度链接

进一步完善大中小企业融通发展产品供需对接平台功能，根据关键原材料、关键零部件、关键软件需求形成“大企业产品需求清单”，根据主导产品、产能规模、拟配套对象等信息形成“中小企业产品供给清单”，实现大中小企业供需清单线上对接。一是鼓励领军企业、“链主”企业等大型企业针对性召开行业协

调会、跨行业对接会，搭建大中小企业信息沟通平台，实现供需双方线下对接。围绕共性和关键技术需求，加强上下游资源整合，组建产学研联盟，以“揭榜挂帅”“赛马”等方式开展技术攻关，吸纳中小企业参与并开放使用科研设施设备，提高创新资源使用效率。支持中小企业积极融入大企业创新体系，立足专长开展基础零部件（元器件）、基础材料、基础软件、基础工艺、基础设计等创新活动，助力大企业加快创新成果突破，提升产业链群整体竞争力。二是发挥政府主管部门和行业协会的引导作用，建立融通发展重点企业和重点项目的融资信息对接清单，常态化开展行业产业链、供应链对接交流会，引导大中小企业结对，进一步打通上下游产业链。深化大企业与中小企业对接服务，通过举办对接会、创业赛事等各种形式的活动，打造大中小企业融通发展的生态圈。三是搭建相关资源共享平台。通过专项行动、荣誉奖励、宣传推广等方式，加强大型企业与中小企业的创新资源对接，加大对中小企业的创新支持。在搭建产业链供需对接平台方面，支持大企业发起建立产业链企业联盟，形成“大企业产品需求清单”，并全面摸排中小企业主导产品、产能规模、拟配套对象等信息，形成“中小企业产品供给清单”，促进大中小企业供需清单对接。

八、加大大中小企业融通发展要素保障力度

建立针对大中小企业融通发展的要素保障清单，专项建立资金、土地、人才等保障库，对重点行业实行指标单列，进一步保障大中小企业融通发展的要素需求。一是加强中小企业技术改造的用地保障。集中规划建设以创新创业孵化、承接产业转移、发展配套加工为主的中小企业集聚区，有条件的区县可利用工业园区之外的现有规划工业用地集中打造一批特色鲜明、污染可控并参照工业园区进行管理的中小企业集聚区。二是引导大企业向中小企业开放设计研发能力、仪器设备、试验场地等各类创新资源要素。鼓励大企业基于产业链组建创新联合体，多种形式开展业务，积极探索科技成果转化、人才活力激发、科技体制机制创新改革先行先试，在技术研发、标准制定、专利布局、绿色发展等方面推动大中小企业加强创新合作。三是建立大中小企业融通发展的人才联合培养模式。推动校企合作模式由短期、松散、单项转变为长期、紧密、系统的合作模式。搭建专业人才的开发共享培训平台，探索建立大企业专家人才到中小企业兼职指导和定期派驻机制，提升企业管理人员的融通对接能力。四是建立各地融通发展的“赛马机制”。构建科学合理的融通发展评价指标体系，对大中小企业融通发展好的地区、园区、企业、平台等，给予一定要素优惠性激励，进一步调动融通发展的积极性。

第23章 "专精特新"中小企业发展面临的困难与对策建议

——基于浙江省的实地调查

加快推动中小企业走"专精特新"发展之路，健全完善优质企业梯度培育机制，是引领和推动经济高质量发展的重要战略举措，对于推动产业基础高级化和产业链现代化具有重要战略价值。中央政策明确指出，支持"专精特新"[①] 企业高质量发展，提升市场竞争力。"专精特新"企业专注于细分市场、创新能力强、掌握一定核心技术，大力发展"专精特新"企业，有助于引领推动中小企业转型，推动制造业高质量发展，提高核心竞争力和高质量发展的主动权。根据工业和信息化部（简称工信部）计划，"要推动形成100万家左右的创新型中小企业、10万家左右专精特新中小企业、1万家左右专精特新'小巨人'企业"。截至2022年，工业和信息化部认定了4762家国家"专精特新"企业，[②] 其中，浙江有470家企业入围工信部"专精特新"名单，企业数量位居全国第一；省级"专精特新"中小企业2125家，走在全国前列。浙江"专精特新"企业总体发展态势良好，相关政策支持力度大，引导要素、服务、资源等向中小企业集聚，推动"专精特新"企业提升盈利能力和创新能力，逐步形成了"创新型中小企业——专精特新中小企业——小巨人企业——制造业单项冠军"的梯度培育体系，为增强产业链供应链稳定性和竞争力提供了重要支撑。但同时，企业在产业链依赖、数字化转型"两难"和"成长期"资金流压力等方面也面临一些困难。

第一节 "专精特新"中小企业发展的现状

一、聚焦深耕主业，市场专业化程度高

"专精特新"中小企业深耕细分市场，掌握独门绝技，主导产品市场占有率

① "专精特新"是指企业具有专业化、精细化、特色化、新颖化的发展特征。德国著名管理学家赫尔曼·西蒙曾提出"隐形冠军"概念，指那些不为公众所熟知，但在某一细分领域或行业具有全球影响力的中小企业。

② 工业和信息化部印发《优质中小企业梯度培育管理暂行办法》（以下简称《办法》），从制度上建立由创新型中小企业、"专精特新"中小企业和"专精特新"企业组成的优质企业梯度培育体系，分层明确培育措施和标准。《办法》从专、精、特、新四方面设置13个指标进行综合评分，满分100分，企业得分达到60分以上即符合"专精特新"中小企业标准。

稳步提升。大量“专精特新”属于高端制造领域，产品技术在国际、国内具有领先地位，市场占有率比较高，走在同类企业前列（见附表1）。例如，杭州市“专精特新”中小企业专注核心业务，在细分市场持续深耕。其中，86.7%的企业主导产品为国内外知名大企业直接配套，73.8%的企业主导产品市场占有率居全省第一，41.3%的企业主导产品市场占有率居全国第一。再如，顺豪新材料按照“专业化、精细化、特色化、新颖化”的模式完善和发展企业，先后制定8项国家标准、1项“浙江制造”标准及28项企业标准，为矿业、冶金、化工、火力发电、核电等领域关键设备的防腐设计提供整体解决方案。

二、聚焦差异竞争，盈利能力强

“专精特新”企业把准专业化定位，突出差异化发展，在细分领域中建立竞争优势，在强链补链中实现协同发展。83.8%（83家）的样本企业营业收入已超过新冠疫情前水平，50.5%（50家）的样本企业营业收入同比增速超过15%，47.5%（47家）的样本企业净利润同比增速超过10%。例如，宇恒电池有限公司持续加大技术研发，电池产品质量不断提高，已连续3年营业收入同比增速超过40%，2021年1—9月净利润同比增长约470%。再如，杭州市铖昌科技等23家“小巨人”企业保持20%以上高速增长，长川科技等6家企业业绩成倍增长，显示出强劲的发展势头。从上市情况看，25家“专精特新”中小企业和11家“小巨人”企业已成功上市，大多数企业都有上市计划。

三、聚焦核心优势，创新驱动力强

加快建设技术创新中心和制造业创新中心，搭建技术供需对接、工程技术人员交流、孵化服务等平台，加快新技术、新工艺、新装备、新材料应用，推动“专精特新”企业成为产业技术基础和共性技术研发的重要载体。截至2021年9月底，样本企业累计有效发明专利2630个，户均有效发明专利、获质量体系认证、制（修）订国际国家标准分别达26.6、3.9和2.3项。例如，湖州倍格曼新材料股份有限公司牵头起草1项、参与3项国家标准的制（修）订，其环保型胶粘剂项目被列入国家“火炬计划”。

四、聚焦补链强链，融通发展“配套专家”

从所属行业看，310家“专精特新”中小企业中有36家属于软件和信息技术服务业，占比11.6%，其余制造业企业平均分布在通用设备制造、计算机通信制造、仪器仪表、医药制造、专用设备制造等细分行业。53家“小巨人”企业中，有9家属于软件和信息技术服务业、42家主导产品属于《工业“四基”发展目录》所列重点领域，拥有关键领域“补短板”“填空白”的企业 48 家。例如，德帕姆泵业首创软管式液压隔膜泵、高压管式过程泵，分别对标德国里瓦 LEWA 及德国菲罗瓦 FELUWA 产品，性能指标更优越，打破了该行业国外设备在国内的垄断局面，在油气开采输送领域产业链上实现完全国产化。例如，宁波市 182 家“小巨人”企业中，属于《工业“四基”发展目录》所列重点领域的企业有 178 家，其中，细分产品属于制造业核心基础零部件（元器件）的“小巨人”企业有 84 家、属于关键基础材料的企业有 35 家、属于先进基础工艺的企业有 34 家、属于产业技术基础的企业有 25 家。主导产品属于关键领域“补短板”的企业有 126 家，属于填补国内空白的有 105 家，在完善我国制造业供应链体系上发挥重要作用。具体情况见表 23-1。

表 23-1　浙江省中小企业梯度培养情况

单位：家

城市	国家级“单项冠军”	国家级“专精特新”小巨人	省级“隐形冠军”	省级“专精特新”中小企业	各市总数
杭州	26	53	54	310	402
宁波	63	182	33	306	557
温州	10	52	43	310	375
湖州	9	29	26	209	251
嘉兴	12	34	20	200	248
绍兴	13	27	27	210	259
金华	3	34	21	210	251
衢州	3	8	10	50	64
舟山	0	11	6	50	64
台州	10	32	30	210	257
丽水	0	8	12	60	75
合计	149	470	282	2125	2803

注：截止时间为 2022 年 3 月 30 日。

五、聚焦梯度培育，政策组合拳力度大

坚持培优和纾困并举，出台促进“专精特新”中小企业高质量发展的系列政策措施，着力完善梯度培育体系，扩大财政支持规模和资助强度，提升精准服务水平，合力支持中小企业实施技术改造、产品研发和推广应用，促进“专精特

新”企业量质并举、能级跃升。调研发现，72.7%的（72家）样本企业享受政策扶持，获财政资金支持51315万元，户均518.3万元；46.5%（46家）的样本企业享受土地、税收和信贷审批等方面的优惠。

第二节 “专精特新”中小企业面临的瓶颈

一、“专精特新”企业创新研发能力不足

（一）企业因产品市场规划缺失、行业对产品了解不足等因素导致研发成果转化难

调研发现，某高科股份有限公司生产的乙烯列原药是优良的植物生长调节剂，产品技术先进、无毒无害，可广泛应用于农蔬种植。但没有考虑到我国农业规模化经营程度低，无法实现批量化使用的情况，产品大规模推广应用受到极大限制。2021年1—9月接收订单1.5亿元，同比“零增长”，净利润同比下降约23.1%。某化学有限公司反映，生产硬脂酸镁的传统方法操作复杂、废水量大，其研发的干法生产工艺操作简单、生产成本低。但由于该技术面世时间不长，且公司本体规模较小，知名度较低，行业内大部分企业对该项技术了解非常不足，仍坚持使用传统生产方法。目前企业在手订单中市场企业订单仅占54.0%，其余均为政府背景采购。

（二）中小企业受自身创新能力制约，造成企业创新研发投入水平欠缺，致使企业冲击“专精特新”内动力不足

丽水市绝大多数企业仍以生产传统工业品为主，现代先进制造业和高新技术产业涉足较少，缺乏高附加值、高科技含量的新产品，自身创新能力不足，创新研发投入不够。

（三）传统产业在发展中已经形成了固定的格局

部分“专精特新”中小企业在细分领域实现创新突破后，大企业凭借较大体量和充足资本直接“破译”或“再造”中小企业的创新成果，又依靠庞大销售渠道和品牌市场知名度对中小企业形成“降维打击”，导致中小企业创新成果利润变低，甚至难以覆盖研发成本。某电器有限公司是“专精特新”培育企业，该公司反映，依靠小型互联网科技洗衣机在白色家电市场取得突破，但产品一上市就遭到国内行业巨头的模仿，不得不陷入降价竞争的循环，一产品小吉洗烘套装洗衣机烘干机组合10千克热泵滚筒双变频AC1000，2020年定价位9000元左右，2021年被迫降价至8000元。但是降价的背景却是人工成本同比增长6.7%，材料成本上涨迅速，如钢材价格同比增长75%等。

二、"专精特新" 企业流动资金紧张

（一）中小企业可抵押资产匮乏、价值低，易造成融资难的局面

调研发现，某轴承有限公司建筑面积按 10000 多平方米计算，市场价约 6000 万元，实际抵押评估为 1000 万元。银行采用抵押评估价 65 折作为贷款，该公司仅能贷到 650 万元，贷款力度较低。某工艺品有限公司反映，2021 年该公司用 4 个知识产权在村镇银行进行质押贷款，评估价值为 2200 万元，但最终仅获得贷款额度 22 万元，仅占质押物价值的 1%，而普通固定资产抵押贷款额度则可以达到抵押物价值的 50%~70%。

（二）"专精特新" 中小企业资金投入大，造成较大的资金流压力

中小企业在市场竞争中的主要优势在于产品质量和稳定性，为保持行业竞争力，需对产品工艺持续迭代，在研发、检测、生产线更新等方面资金投入压力大，对中小企业造成较大的资金流压力。某管业有限公司为专业生产消防波纹软管的企业，近 3 年在生产及检测设备的投入每年在 600 万~800 万元，带来的资金流压力较大，导致对外部融资依赖性增加，外部融资金额年增长率为 10% 左右。

（三）很多小微企业经营风险比较高，贷款有难度

金融机构发放给这些企业的贷款极易产生坏账，金融机构往往十分谨慎。至于股票市场融资，由于我国主板市场审批制度较为严苛，创新板实施注册制，尤其是强化退市机制和信息披露后，对公司业绩要求较大。因此，中小企业通过股票融资的前景也不明朗。

三、"专精特新" 企业高端人才引进难

（一）开设特定学科的高等院校少，相关专业的人才渴求更高待遇

某集团有限公司主营印刷设备、纳米电子墨水显示器等，存在高端人才不足现象，缺口占总人数的比例为 3.2%。调研发现，某电力器材有限公司研发一款新型电力设备，对高级电力工程师的用工需求较大。该企业开出 100 万元年薪稳定高级电力工程师队伍，但由于所在城市不够发达、企业间对高端人才的竞争激烈等因素，仍有 2 名高级电力工程师离职。

（二）受大城市虹吸效应影响，高端人才引进难、留住难的问题更加突出

某汽车空调压缩机有限公司反映，近 5 年来，该公司柔性引进高层次人才 23 人、资深行业专家 7 人，目前留在企业的仅有 8 人，仅占 26.7%，困扰该企业创

新发展。同时，该公司生产一线缺乏年轻人、技术人员，质量管理人员不稳定，近5年引进和培养开发技术人员和质量管理人才32人、数控技术人员238人，人员离职人数97人，流失率35.9%，影响企业日常生产经营和创新发展。某轴承有限公司反映，该公司目前有主要工程技术人才20余人，基本为企业自身培养的员工。原计划2021年招聘技术员工8人，但最后仅招到4人。

（三）“专精特新”企业多为技术密集型行业，对人才的专业性要求高，人才培养周期长

某机器人技术股份有限公司自主研发的巡检机器人已经应用到全国31个省份的超过1500座变电站。该司表示，因杭州当地暂时没有电力方面的高校，电力专业人才需前往北京邮电大学、华北电力大学、南京邮电大学等高校招聘。某泵业科技有限公司反映，由于工作环境、观念等原因，年轻人普遍不愿意从事制造业。2021年度秋招该公司共发出45个面试通知，但最后入职的仅2人，且人员流动率高，多流向大型电商及外资企业。

（四）“专精特新”中小企业对科技人才吸引力不足

受企业知名度、工作待遇等因素影响，科技人才对加入“专精特新”中小企业兴趣不高。某新材料科技股份有限公司系北仑区第二批国家级“小巨人”企业，该公司表示目前拥有职工约200人，其中约50%为研发人员，该公司支付研发人员的年薪约为20万~30万元，且逐年递增，已是公司所能开出的最多薪资，但还是很难招到研发人才。相比而言，研发人员更倾向于去科技型上市公司，年薪约在80万~100万元。

四、“专精特新”企业盈利能力下降

（一）各种原材料价格快速上涨

某环保科技有限公司反映，该企业主要从事热解炭化技术的研究及其装备制造，其生产所需的煤炭等原材料价格大幅上涨，与2020年同期相比涨幅近10%。某机械制造有限公司反映，原料价格波动较大，企业融资成本高，市场销售疲软，产成品库存数量上升较快。

（二）用工成本上升，企业陷入“增收不增利”困境

某电器有限公司于2021年7月入选工业和信息化部第三批专精特新“小巨人”企业名单，该企业主营各类电机的生产及出口，2020年产值2.5亿元，总体发展势头较好，目前企业用工人数维持在400人左右，普通员工月均工资为5000~6000元，受市场整体用工紧张形势影响，员工工资仍在以每年10%~20%的幅度上涨，加上企业社保支出和员工食宿费用，企业实际用工成本每人每月超过7500元，给企业造成较大资金压力。

（三）海运费用攀升，导致外向型“专精特新”企业利润大幅缩水

全球集装箱运输市场面临供应链梗阻，运营效率低下，签订 CIF（到岸价格）条款合同的外贸中小企业报价除货物成本外，还包含运输、保险费用，高运价带来的额外成本由出口企业承担，造成巨大的经营压力。调研发现，某汽配有限公司主要产品为机油、燃油、空气、空调等滤清器，主要销往欧美市场，其中美国市场占比约 50%，2021 年受海运价格上涨影响，利润较年初预期下降约 70%。某腐蚀控制股份有限公司主要从事海洋防腐材料研发、制造、销售，70%的产品出口至欧美地区，2020 年实现产值 2.71 亿元。2021 年 1 月以来海运费用持续“水涨船高”，各条线路费用均上涨，海运集装箱运往美国和欧洲的运价由 4000~6000 美元/箱最高涨至 30000 美元/箱，涨幅高达 300%~500%，2021 年仅海运价格上涨就导致企业利润压缩约 45%，其中企业价值 700 万元、占比 30%的订单出现负盈利现象，企业面临出口量大幅萎缩、客户流失严重的压力。

五、“专精特新”企业产业链不完整

（一）部分“专精特新”企业因处于产业链中下游，多从事贴牌业务，易导致业务单一、增长乏力

部分“专精特新”企业处于产业链中下游，为大企业、大项目和产业链做配套，容易触到业务单一、增长乏力的天花板，仅满足于国产替代或者代工出口，缺乏自主品牌知名度，在国际市场高端价值链竞争中缺乏“通吃”的能力。调研发现，某电子科技有限公司系“专精特新”中小企业，主要为品牌企业 Ninja、美国 Shark、九阳股份有限公司等大客户贴牌代工生产，产品研发主要由客户向其派驻的科研人员完成，由于在研发能力上对客户企业的依赖性过强，导致其自主品牌欧仕德在国内国际的知名度有限，市场竞争力较弱。同时，由于该公司总体产能主要针对上游品牌企业的贴牌订单，更易受贴牌方销售业绩的直接影响，如 2021 年贴牌方销售有所下滑，该企业工业总产值同比下降 37%，利润总额下降 60%。某智能制动股份有限公司是国内第一家批量投产 EPB（电子驻车制动）的企业，2018 年入选省级领军型创新团队，营业收入达 14.1 亿元，完全具备了“专精特新”条件。但其业务集中在为奇瑞、长安、众泰等车企提供 EPB，众泰占了 40%以上，由于业务单一，企业不但 IPO 二度上会被否，而且在 2020 年众泰破产后，主营收入直接腰斩，并失去了竞选“专精特新”的资格。

（二）“专精特新”中小企业在迈向“专业化、精细化、特色化、新颖化”发展过程中面临瓶颈问题

一些“卡脖子”核心基础零部件、关键基础材料仍大量依赖进口，部分基础产品性能、质量难以满足整机用户需求，导致主机和成套设备、整机产品陷入

“缺芯”“少核”“弱基”问题。某轿车配件有限公司主要生产汽车变速箱、差速器等零配件，2020年实现产值1.6亿元。该企业表示，自2020年下半年以来，汽车行业整体受芯片短缺问题影响，出现成车积压，造成仓储费用增加，同时影响全体上游汽配零件订单。受“缺芯”问题影响，预计全年产值减少1000万元。某医疗器械股份有限公司是一家主营婴儿培育箱制造的国家高新技术企业，于2020年3月确立“婴儿隔离转运箱”研发项目，项目周期预计1.5年，研发结果可应用于感染新型冠状病毒性肺炎婴儿的隔离转运。但因所需的美国进口芯片ADS1118芯片交货期长达1年，导致该项目关键环节“易洗消防水高效排风过滤集成结构”难以按预期进度有效研发，造成项目研发周期延长。

六、“专精特新”企业申报条件认定难

（一）对于细分市场的市场占有率很难确切认定，企业难以证明自己是否处于细分行业前列

某环境科技有限公司专业提供纺织印染、造纸等工业企业及园区的污水处理、中水回用、零排放整体解决方案，该企业表示，目前企业根据业务产能和省内印染废水排污情况估计，在浙江省印染废水处理量市场占有率超过20%，在绍兴市印染废水处理量市场占有率超过40%，但是没有相关部门予以认定。某科技股份有限公司反映，该公司专注于工业车辆变速装置行业，主要从事各类叉车等工业车辆变速箱的研发、生产及销售，2021年9月在深圳证券交易所创业板IPO成功过会，但在申报省级“专精特新”中小企业的过程中，由于评选条款中要求“主导或参与制定相关业务领域国际标准、国家标准、行业标准、浙江制造标准或团体标准等至少1项”，该企业“落选”。

（二）经济效益要求过高劝退初创企业

当前“专精特新”中小企业、“隐形冠军”“小巨人”等“专精特新”企业认定时均要求近年主营业务收入或净利润持续增长。这对部分初创型的高精尖企业是一道较难逾越的门槛，一批有潜力的高质量企业被拦在门外。

七、“专精特新”企业要素保障难

（一）低能耗指标供给与高市场占有率不配套

“小巨人”企业大都是行业内的“单项冠军”“隐形冠军”，市场占有率高达50%~70%以上。面临着超过国家一半的产能供给任务，但是公共供给指标仅限于一家地方企业。例如某县2021年10月投产全国首条单晶纳米铜加工生产线，是国内唯一可用于芯片封测的针脚原料，需要年产5000万卷轴以满足国内市场，即使以万元工业增加值能耗≤0.56吨标煤的低标准，也需要新增能耗12万吨标

准煤，占整个县能耗指标的70%。

（二）用地难、用地贵成为“专精特精”中小企业高质量发展之痛

在高质量发展、节约集约用地要求的背景下，受发展规模、投入产出、配套能力、购地成本、环保压力等因素制约，中小企业普遍存在用地难、用地贵问题。以温州市乐清为例，每年用地指标需求大，各类项目建设用地指标需求就达3000亩以上，而每年能保障用地的指标不到需求量的50%。平阳县近两年入选省重大产业项目29个，但是空间整理速度远低于项目落地需求，2021年新增建设用地指标1035亩，但耕地“占补平衡”指标仍缺口8280亩，导致新增建设用地无法使用。同样的现象在“七山二水一分田”的温州市也较为普遍，较多“专精特新”企业或高新技术企业想要扩大规模，但都被土地指标扼颈。此外，小微企业园建设等一系列高效用地办法仍受土地要素制约。以浙江省中部地区某县为例，近5年工业用地供地2497.8亩，年均供地不到500亩，导致企业用地成本居高不下，工业用地二级市场每平方米均价约4500元，小微园出让最高已突破每平方米10000元，能够给予中小企业转型升级的支持用地指标非常有限。

第三节　对策建议

一、拓宽“专精特新”中小企业融入产业链的渠道

（1）支持“专精特新”中小企业加强产业链上下游协同，通过建链、延链、补链、强链，与行业龙头企业协同创新。完善“专精特新”中小企业技术产品目录，推动符合条件的企业参与“军民融合”协作。

（2）为“专精特新”中小企业提供比较完善的产业链配套。针对“专精特新”中小企业，集聚产业链龙头企业、配套企业、科研团队、高端要素，助推更多优质的“专精特新”中小企业高质量发展。设立针对“专精特新”中小企业“卡脖子”技术的攻关项目，积极支持“专精特新”中小企业建设企业技术中心、重点企业研究院、工程技术研究中心，通过“揭榜挂帅”方式组织高校、科研院所、企业联合攻关，突破技术堵点、痛点。

（3）加大“专精特新”中小企业技术改造力度。对技术改造贷款项目进行贴息，对以自有资金建设的技术改造项目按照不超过设备类固定资产投资额的一定比例给予奖补。“零增地”技术改造项目先建后验，对符合要求的“零增地”技术改造项目，其增加建筑面积部分不再增收市政设施配套费等各类费用。

二、持续为“专精特新”中小企业精准注入金融“活水”

(1) 大力发展以知识产权为主的科技资源质押贷款，缓解“专精特新”中小企业在设备引进方面对资金的集中需求，广泛支持融资租赁发展，降低企业资金需求压力。

(2) 发挥产业基金引导功能。积极对接国家中小企业发展基金，采取“母子基金”运作方式，即政府投资基金作为母基金，与各类社会主体合作设立子基金，并交由专业投资机构管理运营，通过股权投资等多种方式，带动社会资本聚力支持中小企业“专精特新”发展。

(3) 扩大信用贷款投放规模和范围，引导金融机构提高信用贷款投放比例，加强流动资金贷款支持，降低“专精特新”中小企业融资成本，对现金流面临较大困难的企业，合力协商还本付息方式，避免因贷款逾期产生罚息等额外成本。

(4) 实施重点产业链中小企业上市培育计划，推动中小企业与多层次资本市场高效对接，在区域性股权市场设立“专精特新”专板，探索为“专精特新”中小企业申请在新三板挂牌开辟绿色通道。

(5) 完善与“专精特新”中小企业融资相关的评估、担保、登记、公证、咨询等中介服务机构体系；引导商业性资金进入信用担保等服务“专精特新”中小企业的政策性机构，发挥市场的金融资源补充作用。

三、提高技术创新支撑能力，突破产业链配套依赖

(1) 鼓励企业积极与相关科研机构开展产学研合作。支持有条件的“专精特新”中小企业联合高校、科研院所，开展基础研究和应用基础研究。围绕“卡脖子”关键短板技术和产品，开展核心技术攻关，参与“工业强基”、产链协同创新项目。在全面执行企业研发费用税前加计扣除国家政策基础上，对高新技术企业和科技型中小企业再按25%的研发费用加计扣除标准给予奖补。

(2) 积极拓宽“专精特新”中小企业融入产业链的渠道，促进产业链协同协作和深度延展，通过建链、延链、补链、强链，培育壮大一批“链主”企业，推动产业链供应链优化升级，增强在高端产业链的话语权。集聚产业链龙头企业、配套企业、科技团队、高端人才，构建完善产业链，提升优势产业，从而带动更多优质的“专精特新”企业发展。

(3) 支持“专精特新”中小企业建设企业技术中心、重点企业研究院、工程研究中心，参与技术创新中心、制造业创新中心、技术创新联盟和产业创新服务综合体建设。鼓励企业通过并购或自建方式在海外设立研发机构。

四、推动“专精特新”中小企业数字化转型

（1）设立数字化转型专项资金，用于企业数字化改造的技术补贴、贷款贴息、补助等。利用基金、信托等金融工具，打造数字化转型金融服务平台，针对性开发特色信贷产品，突出对重大平台、重大项目及各类试点示范的支持。鼓励银行开发针对“专精特新”中小企业数字化改造的相关信贷产品，开设项目融资“绿色通道”，为优质项目提供金融服务。

（2）加快“产业大脑+未来工厂”数字化赋能。对标国际“灯塔工厂”“黑灯工厂”，分行业、分区域、分类型探索企业数字化转型的推进路径，集聚一批工业信息工程服务机构，培育推广一批符合企业数字化转型需求的工业互联网平台、系统解决方案、产品和服务，助推“专精特新”中小企业打造“未来工厂”。

（3）鼓励企业利用大数据、云计算、模拟仿真、知识图谱、数字孪生等新一代信息技术，开展专业细分领域的数字化研发创新，将“工匠经验”软件化、模块化、标准化。支持企业与上下游、高校科研机构开展合作，缩短产品研发周期、提升产品性能、优化材料工艺，对工艺设计环节的创新投入给予重点支持。

五、精准加大对中小企业的政策支持

（1）加强资源要素差别化配置支持。改变针对“专精特新”中小企业的“天女散花式”“撒胡椒粉式”的扶持方式，实施更加精准的“滴灌式”政策资源支持。对“专精特新”中小企业新增投资项目，优先纳入省重大产业项目库，按规定给予用地、排污指标等要素保障。在新增计划指标、批而未供土地、存量建设用地安排上向“专精特新”中小企业倾斜。积极保障“专精特新”中小企业项目用能。鼓励打造一批“专精特新”特色园区。

（2）继续推行阶段性减免中小企业养老保险、失业保险及工伤保险单位缴费，阶段性减征基本医疗保险单位缴费，对企业住房公积金实行缓缴优惠政策，降低企业用工成本。

（3）继续加强对中小企业的税收优惠支持力度，继续减轻中小企业用电成本，加大对出口企业的补贴等。

（4）加大政府采购力度。对“专精特新”中小企业产品进行重点推荐，首次投放市场的，政府采购率先购买，不得以商业业绩为由予以限制。鼓励采购单位通过政采云制造（精品）馆采购“专精特新”产品，提高预付款比例和加快资金支付。

（5）降低“专精特新”企业申报门槛。充分考量条件，适当降低“专精特

新”企业申报标准，为企业提供发展空间。例如，不同产值规模企业，分档次科学设定研发占比条件，主营业务收入0.2亿~0.4亿元，研发占比设定6%；0.4亿~0.6亿元，研发占比设定4%；0.6亿~1亿元，研发占比设定3%。适当减轻体量大的企业的资金压力，为其申报“专精特新”企业消除顾虑。

六、加强“专精特新”中小企业人才培养①

（1）通过发放新引进企业人才特殊津贴、优化企业人才住房保障、优化企业人才子女教育保障、建立企业刚性引才育才奖励机制、建立企业人才进修培训机制、建立企业人才表彰体系、支持校企合作等方式，吸引人才、培养人才、留住人才。

（2）鼓励支持“专精特新”中小企业柔性引才。建立“专精特新”企业人才引进“绿色通道”，引进培育“高精尖缺”人才和高水平科技研发团队，开展职业技能培训，引导本科专科院校加大专项人才的招生、培养力度，帮助企业在用工市场拥有更多的选择性。

（3）深化产教融合。围绕企业发展对人才和技术的迫切需求，深度推动产教融合，强化产业需求和人才供给对接，提高专业对产业需求的快速响应。探索人才培养模式改革，鼓励高校、职业院校和企业建立人才联合培养机制，共建生产实训基地。加大财政支持力度，建立劳动力资源引进财政补助机制，鼓励出台行业一线技术工人认定和引进补助政策。

① 德国是全球范围内拥有“隐形冠军”企业数量最多的国家，约占全球总量的47.8%，同时中小企业占全球相关市场份额的比例高达70%~90%。这得益于其“专注聚焦——持续创新——客户导向”的发展模式和“职业教育——金融支持——技术创新”的保障体系。

附表 1　典型“专精特新”企业市场占有情况

序号	企业名称	类型	所属行业	主导产品	产品技术先进性	全国市场占有率排名	应用领域
1	杰华特微电子股份有限公司	第三批小巨人	集成电路设计	电池管理，LED 照明，DC/DC 转换器	国内领先	全国前三	集成电路设计
2	杭州华澜微电子股份有限公司	第一批小巨人	软件和信息技术服务业	集成电路及应用产品设计，数据存储和信息安全产品的设计	进口替代	全国前三	应用于视频监控系统、大数据存储设备和军用特种装备
3	嘉兴斯达半导体股份有限公司	省专精特新	半导体分立器件制造	绝缘栅双极型晶体管，新型功率半导体	国际先进	全国第一	新能源电动汽车、环保节能、新能源领域
4	浙江铖昌科技有限公司	2018 年隐形冠军培育企业，2019 年隐形冠军企业	信息传输、软件和信息技术服务业	射频芯片	国内先进	全国前三	应用于探测、遥感、通信、导航等领域
5	浙江晶盛机电股份有限公司	省专精特新	制造业	高端半导体装备和 LED 衬底材料	进口替代	全国前三	半导体产业、光伏产业和 LED 产业领域
6	杭州中科微电子有限公司	第二批小巨人	软件和信息技术服务业	卫星导航定位芯片、导航模块，模拟安防类芯片	国内领先	全国前三	导航
7	浙江金瑞泓科技股份有限公司	2019 年隐形冠军企业	计算机，通信和其他电子设备制造业	半导体硅片	进口替代	全省前三	应用于集成电路领域

续表

序号	企业名称	类型	所属行业	主导产品	产品技术先进性	全国市场占有率排名	应用领域
8	天通瑞宏科技有限公司	省专精特新	其他电子器件制造	声表面波滤波器	国际先进	全国第一	电子基础材料和电子元器件制造领域
9	杭州长川科技股份有限公司	第二批小巨人	专用设备制造业	半导体设备、光机电一体化	国内领先	全国前三	用于 SoC、数字逻辑、MCU 以及低速 Memory 的集成电路测试
10	杭州国芯科技股份有限公司	第三批小巨人	计算机、通信和其他电子设备制造业	集成电路设计、应用方案开发、芯片销售	国内领先	省内第一	家庭、车载和穿戴场景
11	矽力杰半导体技术（杭州）有限公司	省专精特新	集成电路制造	集成电路 IC	国际领先	全国第一	固态存储、笔记本电脑、智能电表、LED 照明等多个领域
12	甬矽电子（宁波）股份有限公司	—	集成电路、半导体	以模块封装［滤波器（Filter）、射频前端模块（SIP）、电源模块（PSIP）］，球栅阵列封装（BGA）和 Wi-Fi、BT、物联网（QFN）为主的高端 IC 封装测试	国内领先	全国前三	高端 IC 的封装和测试

续表

序号	企业名称	类型	所属行业	主导产品	产品技术先进性	全国市场占有率排名	应用领域
13	中芯集成电路制造（绍兴）有限公司	—	集成电路制造	提供模拟芯片及模块封装的代工服务	国内领先	全国前三	功率、传感和传输应用领域
14	浙江戈尔德智能悬架股份有限公司	省级隐形冠军	整车	减震器	国内领先	全国前三	汽车减震器
15	爱德曼氢能源装备有限公司	2021 年首台（套）	电池双极	金属双极板、膜电极、质子膜燃料电池（PEMFC），以燃料电池系统为核心部件的氢燃料汽车动力系统	国际先进	全国第一	燃料电池领域
16	宁波舜宇车载光学技术有限公司	单项冠军	光学仪器制造	车载镜头	全球领先	全球第一	汽车领域
17	浙江科马摩擦材料股份有限公司	国家级专精特新小巨人、隐形冠军	汽车零部件制造	汽车用离合器面片	国内领先	全国前三	离合器面片

续表

序号	企业名称	类型	所属行业	主导产品	产品技术先进性	全国市场占有率排名	应用领域
18	浙江盘毂动力科技有限公司	2021年首台（套）	汽车零部件制造	新能源商用车分布式独立悬架轮边驱动系统	国际领先	全国第一	应用于各类型新能源汽车、AGV等电动运输设备、割草机无人机等轻便机械、风机液压站等工业应用、各种发电机等领域
19	浙江孔辉汽车科技有限公司	2021年首台（套）	汽车零部件制造	电控空气悬架系统（ECAS）和电控减振器系统（ECD）	国内领先	全省第三	乘用车电控悬架系统领域
20	温州长江汽车电子有限公司	—	汽车零部件制造	车用控制器	国内领先	全国前三	智能座舱系统、主动安全系统、新能源汽车电子系统、汽车电子电器开关
21	杭州申昊科技股份有限公司	2016年隐形冠军企业	制造业-通用设备制造业	防疫消毒机器人、健康卫士2号机器人、室内操作机器人	省内领先	全国前三	电力、轨道交通、石油化工等工业领域的智能巡检
22	中翰盛泰生物技术股份有限公司	2017年隐形冠军企业，2016年隐形冠军培育企业	医疗器械	POCT、生化、免疫、分子诊断的体外诊断仪器/试剂/原材料	国内领先	全国前三	医疗体外诊断原材料开发，诊断仪器及试剂的研发、生产、销售、服务及科技孵化，分子诊断第三方检验和生物信息技术服务，第三方医疗器械冷链物流等领域

续表

序号	企业名称	类型	所属行业	主导产品	产品技术先进性	全国市场占有率排名	应用领域
23	浙江石化阀门有限公司	第二批小巨人	日用化工专用设备制造	高温掺合阀	国际领先	全球第一	应用于石油、化工、冶金、电力等行业，并出口欧美、俄罗斯、非洲、东南亚、中东和日本等国家和地区
24	湖州太平微特电机有限公司	第二批小巨人	其他计算机制造	永磁同步电机	全省领先	全国前三	飞机雨刷用 55ZWX002 无刷电机及控制器
25	浙江国自机器人技术股份有限公司	第三批小巨人	工业机器人制造	巡检、智能物流及智能制造机器人	省内领先	全国前三	应用于电力、物流、石油石化、轨道交通
26	宁波方正汽车模具股份有限公司	单项冠军	模具制造	汽车燃油系统多层吹塑模具	国内领先	全国前三	汽车核心模具供应商
27	浙江水晶光电科技股份有限公司	单项冠军	制造业－光电子器件制造	光学低通滤波器（OLPF）、红外截至滤光片及组立件（IRCF）和窄带滤光片（NBPF）、3D 深度成像、光学元器件、增强显示（AR）组件、半导体封装光学元器件、微纳结构加工光学元器件等	国内领先	全国前三	在薄膜光学元器件、生物识别、薄膜光学面板、AR 新型显示、汽车电子、半导体光学等领域

续表

序号	企业名称	类型	所属行业	主导产品	产品技术先进性	全国市场占有率排名	应用领域
28	嘉兴新中南汽车零部件股份有限公司	2021年隐形冠军企业	制造业	军工商用重卡配套之离合器助力器、离合器总泵等	国内领先	全国第二	用于大重型汽车、客车和工程机械
29	浙江天马轴承集团有限公司	单项冠军	滚动轴承制造	深沟球轴承、角接触球轴承、双列调心滚子轴承等各类轴承	国际领先	全球前三	铁路货车、客车与轨道交通轴承、汽车轴承（新能源）、风电轴承、船舶轴承、机床轴承、机械轴承、冶金轧机轴承、电机轴承等领域
30	杭州福斯特应用材料股份有限公司	单项冠军	塑料薄膜制造	太阳能电池胶膜（EVA/POE膜）、太阳能电池背板	国内领先	全国前三	光伏、电子电路、锂电等新材料领域
31	宁波容百新能源科技股份有限公司	省专精特新	计算机、通信和其他电子设备制造业	动力电池正极材料	国际领先	全国前三	锂电池领域
32	杭州正银电子材料有限公司	—	电子材料、零部件、结构件行业	晶硅太阳能电池用正面银浆、背面银浆和背场铝浆等	国内领先	全国前三	光伏新材料领域

续表

序号	企业名称	类型	所属行业	主导产品	产品技术先进性	全国市场占有率排名	应用领域
33	浙江凯华模具有限公司	第三批小巨人	模具制造	微发泡汽车注塑模具	省内领先	全国前三	塑胶模具领域
34	湖州久立永兴特种合金材料有限公司	省专精特新	钢压延加工	高品质特种合金新材料	省内领先	全国前三	合金新材料
35	浙江普利药业有限公司	—	生物医药	缓控释制技术、掩味制剂技术、难溶性注射剂技术	国内领先	全国前三	解热镇痛、抗生素、心脑血管、抗过敏消化系统和皮肤科领域
36	浙江大丰实业股份有限公司	单项冠军	其他专用设备制造业	冬奥主火炬地面核心装置系统	国际先进	全球前三	智能舞台

第 24 章 “双创主体”融通发展情况、存在的问题及对策建议

——基于浙江省的实地调查

党的十九届四中全会提出，支持大中小企业和各类主体融通创新，这是实施创新驱动发展的关键所在。融通发展是创新发展的应有之义，发挥创业生态优化、创新资源汇聚、创业主体集聚、创新人才多元等优势，以融通创新为突破口，强化平台功能，促进产业链、供应链、创新链融通，有助于引领形成创新发展的新格局。党中央、国务院就支持大中小企业融通发展、促进融通创新做出部署，要求进一步推动各类“双创主体”融通发展，搭建更多双创平台，促进中小微企业和创客融通创新，提高双创质量和效率。浙江省积极落实国家“大众创业、万众创新”战略，大力推动各类“双创主体”融通发展，打造“五位一体”创新创业生态体系，持续推进“大众创业、万众创新”，全力构建大中小企业融通创新生态、产学研融通创新创业体系，实现“双创”质效齐升。同时，“双创主体”融通发展也存在一些问题，亟须进一步关注。

第一节 “双创主体”融通发展情况

一、“双创”平台主体建设逐步完善

从“双创”平台的建设数量看，截至 2020 年年底，浙江省拥有各类科技企业孵化器 438 家，拥有各类众创空间 773 家，省级以上实验室、研究中心约 1200 家，获批国家“双创”示范基地 13 家。从“双创”平台的类型来看，浙江省“双创”平台主体主要包括区域、高校和科研院校、企业三大类，为深化产学研合作搭建了硬核阵地，其中科技企业不断壮大。权威机构发布的榜单显示，2020 年浙江省有海康威视、均胜电子等 15 家企业入选中国企业 500 强，全省高新技术企业实现营业收入 4.34 万亿元、净利润 5311 亿元，分别增长 19.6%、36.1%。

二、政策扶持力度持续加大

政策扶持在资源倾斜、产业引导、简政放权等方面共同发力，着力营造“双创最优环境”，不断释放创新创业活力。惠企政策方面，例如杭州市、义乌市对

首次认定为国家高新技术企业的，给予 60 万元的奖励；杭州市对通过复审的高新技术企业给予 20 万元奖励；嘉兴市对有效期内的高新技术企业，在企业评价中可予提档，在用能、用电、用地、排污、税收等方面给予倾斜支持。产业引导政策方面，例如舟山市聚焦海洋电子信息、大数据、大健康、新材料四大科创高地，打造海洋科学城，重点发展船舶与海洋工程科技服务产业等五大产业。简政放权方面，例如省科技厅推行厅机关对外 40 个办事事项“零次跑”，设立创新券申领、科技型中小企业认定 2 个智能秒办事项，贯彻落实全国深化“放管服”改革，优化营商环境重点工作任务，开展科研经费“包干制”试点，推进科技项目申报“一张表”，落实外国人工作居留许可并联受理等具体工作举措。

三、“双创”平台主体效能不断发挥

浙江省各地“双创”平台以产业链为依托，以当地龙头企业为核心，为大型企业提供信息交流渠道与协同研发机遇，为中小微企业提供人才、技术、检测等服务，并承办各种交流宣传活动，不断发挥自己的强大能量，引领产业、企业展翅高飞。例如万向集团“双创”示范基地借助万向集团在能源科技和动行智控产业的优势，联合上下游企业，打造技术研发、创意设计、检验检测、成果转化、创业孵化、人才培养、科技金融等服务体系，并持续开展“校企行”专项行动，开展“双创”主题日活动，举办大企业创新需求对接会。又如网易联动产业链上下游合作伙伴、高校研究院所、创投机构等，推动政、产、学、研、用、金多元化融通创新，已累计扶持超过 5000 家“双创”企业，带动新增就业岗位 2 万以上，服务创新创业者上百万。再如杭州湾上虞经济开发区利用龙盛研究院平台优势，向中小企业提供科研基础设施及大型科研仪器，平均每年为中小企业提供检测服务 1000 次以上。

四、科技成果转化体制机制愈加完善

浙江省着力推动成果、技术转移转化，为“双创技术供给”持续提供助力。加强高校院所科技成果转化，开展科技成果拍卖和技术交易合同登记，2020 年共举办科技成果路演拍卖活动 20 场，成交 255 项、金额 3. 15 亿元；实现技术合同交易总额 1043. 9 亿元，超额完成年度目标。加快推动建设知识产权联盟，构建专利转移制度，探索专利免费开放许可制度，促进技术成果转化。目前，浙江省建成国家级产业知识产权联盟 7 家，新建市级产业知识产权联盟 22 家；打造“签订协议+低价转移”的专利转移模式，通过“有偿”转移，促进优势互补、抱团发展；已公布全省 14 所高校和科研院所免费开放许可的 379 件专利，并通过专利精准匹配和推送系统向首批 6365 家企业推送，预计将惠及潜在意向企业

12000多家，带来潜在收益100亿元以上。

第二节 “双创主体”融通存在的困难问题

一、部分大型企业缺乏融通积极性

从调查结果看，部分大型企业对联合研发，信息和人才共享，向中小企业开放仪器设备等意愿不高。

（一）大型企业担忧回报不高，竞争力降低

大企业往往有专属研发团队作为基础，以保证其在行业中技术领先，若开展共性技术研发，将由龙头企业出资、出人或出技术成为研发主力，成果服务于整体行业，等同于无偿分享自身技术，没有足够的等值回报，变相降低了自身在行业内的竞争力。调研发现，某电子有限公司为行业龙头企业，自行组建了50余人的技术研发改造部门，自主研发改造的自动装配设备比市场上的成品更具先进性。在成立共性技术设备改造研发平台的过程中，企业更倾向于保持其自身的竞争力，不希望分享其先进技术。

（二）部分大企业担忧数据安全、技术泄密等问题

据越城区调研显示，辖内11家大型企业拥有371台大型仪器设备，设备原值4.51亿元，但共享开放收入仅为22.5万元，共享使用率不足10%。龙头企业某集成电路（绍兴）有限公司拥有先进的半导体测试设备，可满足多数相关中小企业的测试需求，但企业对设备开放共享存在信息安全方面的顾虑，且边际效益低，目前仍未将设备上报至开放共享平台。某注塑模具有限公司作为异质结钙钛矿叠层电池组件创新联合体核心企业，已获得国家发明专利授权6项、实用新型专利授权8项，公司加入创新联合体的初衷是支持“双创”企业融通发展、共同进步，但对企业间技术交流合作和成果共享存疑虑。特别是在攻克关键共性技术时，会要求各成员企业拿出最新的核心技术研究数据或者实验样品，但因为各成员企业研发能力差距悬殊，在合作研发过程中极易被技术点相似、研发能力相近的成员单位抄袭或复制。关键核心技术是企业的命脉，原则上不会拿出来共同研究，尤其是研发进度在50%以上的企业，宁愿“闭门造模”。基于合作研发的风险性、组成人员的稳定性及创新的可持续性等诸多考虑，目前企业能合作的只是一些行业标准、产品规格的制定和设计软件的开发等共性项目。

二、中小企业处于弱势地位

（一）部分中小企业参与度低

许多“双创”平台对行业、规模要求较高，部分中小企业由于能够投入的

资金和资源有限，参与度较低。以某县为例，该县在椅艺产业综合体组织实施的关键共性技术攻关清单中，19 项关键共性技术相应成果共应用于 21 家企业，其中技术相应成果只应用于 1 家企业的关键共性技术有 13 项。参与关键共性技术攻关和相应成果应用的均为行业龙头企业和大型企业，小微企业很少参与。

（二）中小企业难以进入大企业的生态体系

大企业经过长时间的发展，已经形成了相对固定的上下游产业链和供销渠道，合作伙伴相对固定，往往不愿意与周边中小企业、“双创主体”进行融通发展。尤其是大型企业在掌握话语权和定价权的基础上，与中小微企业的合作多以常规商业合作为主，较少有技术创新、产业链供应链共建、金融共享等方面的合作。某旅游咨询服务有限公司反映，其业务多依托于携程等大平台开展，处于艰难求存的状态。目前，该企业积极争取携程等大型平台在市场、数据、渠道等领域向小企业开放更多资源，但大平台出于利益考虑并没有这方面的合作意向。

（三）合作过程中中小企业话语权较弱

中小企业为了能够获得市场及资金技术支持，往往在双方合作过程中需额外同意专利申请、禁售等非常规要求。调研发现，某智能科技有限公司为成都 HT 光通信、万马泰科、贵州中烟等企业开发智能检测系统，但是其在为成都 HT 光通信开发免切片线缆护套尺寸智能检测系统时，对方要求该公司两年内不对其同行销售。

三、金融支持力度待提高

（一）中小企业融资难、融资贵问题仍然存在

金融机构在选择金融支持对象时会对“双创”企业进行较为严格审慎的筛选，导致“双创”企业的融资工作困难。调研发现，某节能科技有限公司主攻热电厂锅炉连排废水余热回收项目，具备国家自主知识产权领先技术，技术壁垒高，可发挥优势进行企业间融通发展，提高行业发展质量和效率。但目前公司发展面临的最大问题是资金流不足，相关项目需要 500 万～600 万元投入，目前已有 3 家银行贷款审批共计约 400 万元，不足以支撑融通项目需求。

（二）知识产权质押融资体系不完善

科创企业其核心竞争力主要来源于知识产权等无形资产，受评估机构欠缺、价值较难评估等因素影响，知识产权质押融资存在流程复杂、门槛高、仍需要其他担保物等问题。部分农商银行反映，办理该业务需将企业的知识产权质押登记寄到杭州窗口进行办理，窗口出具质押登记通知书后再寄回，这一过程需要 10～15 天。对于存量贷款企业来说，这一办理流程的时间过于漫长。某幕墙装饰有限公司反映，企业在知识产权抵押贷款过程中，银行仍需审核不动产等实际抵

押物。

（三）共担资金风险机制不完善，供应链融资模式推广不开

对大中小企业而言，通过融通发展可以更好地使用金融工具，获得更高的资金使用额度，满足企业发展的融资需求。但大企业在获益的同时，也需承担一定的资金风险，一旦供应链上的中小企业出现问题，大企业需承担垫资代偿压力，影响其资金融通意愿。某风机股份有限公司反映，公司作为大型企业，在融资方面容易获得银行的支持，而中小企业如果获得大企业的信用背书，也会更容易得到融资帮助。但这样一来，大企业需要承担一定的风险，如果中小企业出现资金断链问题，自身将要承受信用风险。因此考虑到经济下行风险，该企业暂无为供应链上的中小企业提供资金融通扶持计划。

四、政策支持保障不够

（一）支持政策不够全面

虽然国家层面、省级层面及各地市都出台了一些“双创”支持政策，但对“双创”融通的全方位支持还有欠缺。调研发现，某实业发展股份有限公司反映，“双创”政策实施以来，企业所收集到的政策多为引导性、鼓励性文件，缺少关于打造众创空间的资金激励性政策文件，而要打造一个真正能发挥效用的行业性创新联盟，前期投入在1000万元以上，在没有补贴性政策推动的前提下，想要让企业单独自发创建一个普惠性质的联合协作体十分困难。某集团“双创”基地根据企业内部需求，收集、梳理和发布创新需求，并与10多所高校“双创”示范基地建立合作，但尚无针对“企业+高校”联合共建的产教融合平台支持政策，产教融合推动成果转化的政策和机制需要进一步优化。

（二）部分政策门槛高，企业享受困难

部分中小企业达不到政策要求从而难以享受政策支持，导致部分政策没能真正帮助、扶持有需求的“双创”企业参与融通发展。某科技有限公司反映，公司已进入省科技型中小企业认定名单，如通过杭州高科技融资担保有限公司审核，可根据企业经营情况获得不超过投资额50%的贷款担保。但目前在企社保人员只有7人，不符合申报条件第三条“企业上年度职工数不少于10人”的要求，故无法申报。某管理委员会反映，在申请认定“雏鹰计划”企业时，条件包含企业注册成立时间满1年、拥有自主知识产权、上年度研发投入不低于50万元等，但“双创”企业成立初期由于规模和成果有限，难以达到申请条件。

五、部分“双创”平台发展提升困难，服务能力较弱

（一）部分平台资金保障不足，持续发展和提升存在困难

“双创”平台要想充分运作，需持续投入大量资金，由于获得实际效益的周

期较长，参与各方企业持续投入的意愿不强。以某市模具创新中心为例，该中心由 25 家科研院所、上下游企业、高校自主合作成立，承担该市模具行业整合创新资源、前沿和共性技术研发、生产资源共享等功能，在前期投入 5000 万元场地、设备后，组织多家科研单位及人员研究塑料模具中多气泡模具气辅技术，但因塑料模具行业的研究成本高、投入大，短期内看不到产能转化的可能性，缺少实际塑料模具类订单支撑，且后续仍需持续投入 8000 万元，存在较大资金缺口，各方企业保持观望态度，最终未能继续攻克该技术难题。

（二）部分“双创”平台服务能力有限

部分“双创载体”核心资源有限，运营管理水平不高，缺乏对产业资源的集聚整合能力和外部资源的导入能力，只能为中小企业提供较为基础的技术服务，无法满足深度融通发展需求。以某市为例，该市孵化器对企业的服务仍主要局限于场地出租、物业管理、项目申报、培训服务等常规事务性服务，孵化器运营团队专业程度不高，缺乏经营思维和经营手段，未构建起有效的孵化器运营商业模式，运行仍主要依靠政策补助、场地出租、物业管理等。

六、融通需求对接困难

由于“双创”主体宣传力度不够，平台服务跟不上企业的多样化需求，企业应用平台意识不强，从事服务对接活动的专业机构较少，缺乏推荐渠道和展示平台等多方面原因，导致需求对接存在找不到、不想找等困难和问题，客观上影响了“双创”融通发展的进程。调研发现，某机械有限公司主要从事刹车盘的生产，2021 年 4 月计划投资 2000 万元实施智能化改造，以达到节能降耗目的，但在技术改造过程中遇到熔炼炉工艺提升技术难题，自己的技术人员难以攻克，于是想寻求相关创新公共服务平台，联合攻克熔炼炉等工艺整合技术难题。但经多方咨询，历经 3 个月都没有找到合适的创新服务平台，不得不暂时搁置该技改计划。

七、“双创”专业人才缺乏

（一）高端人才培养周期长、缺口大

“双创”融通发展大多通过专业技术平台进行合作，但高新技术等行业专业人才培养周期长，仍存在大量缺口。调研发现，某数码科技有限公司主要研发柔性体仿真工业软件，全世界范围内该领域的企业仅有三四家，国内没有相关企业，柔性仿真技术人才培养存在一定困难。目前，该公司想要建立融通发展机制，已与东华大学、北京服装学院等服装院校沟通构建人才培养通道，但由于细分领域专业要求高、起步晚，需 2～3 年才能见效，目前仍存在大量人才缺口。

同时，公司研发的连接上游制造供应链、下游销售端和消费端的软件已投入使用并初见成效，但部分初创型中小企业缺乏相关技术人才，对该软件的使用及研发无法完全掌握，影响了该行业整体的融通发展。某数字科技有限公司反映，该企业将全球各类优质跨境电商资源整合“上云”，提供跨境电商产业链“一站式、标准化、全流程”服务，致力于成为全球数字智能营销中心。2018 年与浙江理工大学、浙江省电子商务促进会共同组织开设经管创业课程，用于系统化培育专业型人才，受四年一班学年限制，需消耗大量时间成本，截至目前仅引进高校人才 2 名。

（二）结构性缺工制约“双创”发展

一方面，管理人员和技术工人缺乏是当前企业用工存在的共性问题，而对“双创”企业来说尤为如此。某电子商务有限公司反映，本地主播专业技术人才资源匮乏，而外地主播因不稳定、成本高等原因难以引进。该公司自 2021 年开展直播带货以来，由于很难招到优秀专业的主播人才，导致直播事业发展滞缓。又如浙江百川导体技术股份有限公司目前有在职专业技术人才 18 人，但缺少高端的材料及机械方面的项目主管人才 5 人，占比约 20%，导致错失 3 个项目。另一方面，人才与“双创”平台需求不匹配，如长三角健康农业研究院，作为新型研发机构，研究院对专业度和人才层次要求较高，有的顶尖人才从事的领域与产业发展方向不匹配，有的顶尖人才引进后，科研团队无法随迁，存在单打独斗现象，作用发挥不明显。

（三）部分地区人才吸引力弱、留人难，导致“双创”融通发展动能不足

特别是三、四线城市，因城市能级限制，对高端人才缺少吸引力。很多“双创”平台处于“有店无客”的尴尬境地，创业者、创客团队质量普遍较为低下。以某县科技企业孵化器为例，由于缺乏优质的高校资源支撑，现有在孵企业仅 52 家，入驻率仅达 65%。大学毕业生创业企业只有 5 家，占 9%，创新带动意识不足。

八、数字化、标准化程度不够高

（一）不少中小企业数字化水平不高，导致打通线上、数字化融通渠道存在困难

大部分中小企业在数据建设过程中只用传统手工记录数据或采用简单数据模型进行数据拆分，“上线”“上云”进展缓慢，难以真正实现全周期信息化、数据化操作。而大企业相关数据有自身标准，小企业若要根据大企业的标准制定数字化项目改革，又需要巨大投入，导致协同发展难以推动。某科技股份有限公司

反映，部分中小传统企业存在数据系统孤立、硬件数据缺失等问题，获取全面数据较为艰难，大多数企业仍处于初始的数据统计阶段，彼此之间缺少互通，难以形成数据应用闭环。某信息科技有限公司发挥甬台温地区中小微企业数量众多、工业体系齐全的优势，正式上线“生意帮”平台。但是由于很多中小微企业主缺乏数字化发展意识，导致平台上线之初很少有企业进驻，现在的 2400 家模具厂、6500 家机加工厂、2700 家表面处理厂、500 家组装厂，是平台运营方花费一年多的时间“扫街”“验厂”，一家家搜集信息才建立的数据库。由于需要直接去企业采集数据，导致很难进行全省或者全国等更大范围的产能配置。

（二）行业、企业的标准化建设仍有待加强，产业链上下游或行业间技术、设备差异较大导致联合攻关存难题

某机械集团有限公司反映，机械设备配件制造接线种类就超过 30 多种，不同设备厂商主导着各自接线类型的设置，由于联通的标准不统一，不同厂商提供的数字化设备、工业软件就无法统一集成和互联互通，从而无法加入融通平台，造成“双创主体”不能融通的问题。企业生产的产品不同，企业性质不同，导致双方难以建立有效标准，融通通道不顺畅，使“双创主体”融通发展无法顺利开展。

九、部分地区融通发展产业基础差

（一）部分地区产业基础较差，集群效应不明显，难以产生融通合作

新时期大中小企业融通发展，需要有足够数量的市场主体和足够发展程度的产业环境为支撑，而部分地区没有足够数量的市场主体和足够发展程度的产业环境为支撑，不具备推进大中小企业融通发展的产业基础。制造业主要以劳动密集型传统产业为主，产品多位于产业链中低端，附加值较低，创新基础差、能力弱、缺乏创新型企业家和技术人才，导致新旧产业动能转换不快，产业链不完整、不高端，企业融通发展的基础缺失。在开放共享实验室的过程中，因中小型化工企业分布少，企业开放共享实验室的效益不高，存在退出融通共享的倾向。

（二）部分地区产业过于集中，同质化企业过多，形成过度竞争环境

在政府引导较少、统筹规划较弱的情况下，“双创主体”融合发展空间受挤压。某地科技部门计划以县域内规模较大的企业为载体打造面料创新设计中心、印染中心、印花中心、面料共享智库、服装制造智慧管理中心 5 个技术共享中心。但由于企业处在产业链同一端，存在竞争关系，因此企业间协同创新的意愿不高，“双创主体”融合促进协同创新仍然依靠具有公共服务职能的产业技术研究院来推动。

第三节 对策建议

一、树立融通发展理念，探索“双创”新机制、新模式

(1) 引导企业树立大中小企业融通发展的理念，在全社会范围内进一步宣传推广大中小企业融通发展的理念，让更多“双创主体”投身到融通发展中。

(2) 加强对大企业，特别是国有大型企业的引导，鼓励龙头企业在内部形成与中小企业深度合作的机制，推动大企业加大对中小企业的支持、引领力度。

(3) 探索“双创”融通发展的新机制、新模式、新样板，对成功有效且可复制的经验加强宣传，并在全社会予以推广。要以市场化手段进行调控，引导企业建立良性合作机制。同时，通过举办大中小企业融通发展创新创业论坛等方式，深入企业交流，促进双方进一步构建长期合作、互利共赢关系。

二、着力“畅通”，更好促进多元主体之间的知识流动

(1) 畅通企业与政府之间的知识流动。由经信及科技部门牵头，构建创新企业服务地图，建立基于互联网前沿技术的企业数据库，加强对企业发展运营中的困难和行业特点的把握，提升专业化服务能力，更好引领企业自主创新。在此基础上，探索设立专业化中介平台，引进专业人才负责运营服务。

(2) 畅通企业与高校之间的知识流动。发挥行业领军人才的作用，支持高校成立由企业资助运营的、独立从事应用技术研究的研究中心，缩短技术产业化距离；建立技术转移平台机制，鼓励高校成立独立的、专业化的技术转移中心，校地共建推动技术创新产业化。促进学校、科研院所、企业三方在创新人才培养方面的合作，鼓励研究生联合培养，促进三方人员的流动。

(3) 畅通企业之间的知识流动。构建公平竞争的市场环境，破除信息壁垒，充分发挥企业的能动性，激励企业投入创新竞赛，促进知识在不同行业之间、产业链上下游之间流动，帮助企业获取更多产业和市场前沿信息，促成企业之间在产品研发设计、生产加工等方面的合作，提升集群整体的创新能力。

三、加强政策供给，提升“双创”融通支持力度

(1) 建立健全促进大中小企业融通发展的政策保障体系，在税收、科研奖励、金融信贷、服务创新等方面加大对中小微企业及“双创主体”的政策扶持力度。

(2) 针对部分发展落后地区出台相应配套政策，降低相关标准和政策门槛，

使更多“双创”企业能享受政策，参与融通发展。

（3）强化知识产权成果保护。针对我国知识产权合作中的制度需求，完善法律制度，明确基于协同创新的企业知识产权合作中的权属及收益关系。同时，通过提高知识产权审查的质量和审查效率、加大探索建立跨地区知识产权案件异地审理机制等举措，提高知识产权保护力度，提高大中小企业协同创新的积极性。加快形成涵盖行政执法、司法保护、仲裁调解、行业自律等各个环节的知识产权保护体系，构建知识产权保护新格局，为创新主体和市场主体提供更加有力的法治保障。

四、加强“双创”平台主体建设，提升“双创”融通服务能力

（1）聚焦细分行业，分类分级推进融通平台载体培育建设，创新融通发展合作机制，明确大企业引领、中小企业协同的责任分工，积极引导大型企业、科研机构、中小企业等参与平台建设。

（2）强化对平台的政策倾斜和资源投入，优化平台空间和软硬件设施，着力提高平台能级，提升其在高层次人才、技术、融资、管理、信息等方面专业化、精细化、高端化的服务能力。

（3）加强创新联合体建设。发挥中小企业在共性技术原始创新中的主体作用，进一步优化营商环境，加大对科技型民营中小企业的培育与扶持力度，强化中小企业在原始创新中的优势。进一步推动创新联合体的产学研融合，由高校、科研院所等机构研发和提供关键技术，对接需求企业，在企业内完成专利落地与技术应用，同时促进供应商和经销商合作开拓市场，提升产品的市场占有率，实现科研成果市场化、经济效益最大化。

五、加强要素集聚，提升“双创”融通发展动能

（1）推动人才要素集聚，结合“双招双引”，全方位宣传创新平台、产业规划、政务服务等信息，帮助企业吸引更多人才加入，出台配套人才政策，大力扶持人才创新创业、就业安家，让人才来了能留得下、有作为。

（2）加快创新要素集聚，积极鼓励龙头企业、有技术优势的大企业开展创新仪器设备共享、区域协同创新、关键共性技术联合攻关，带动行业内更多创新主体融通发展，与国内外知名研发机构、高校加强合作，完善知识产权保护体系，促进新技术、专利的转化落地。

（3）促进资金要素集聚，加大对“双创”项目的金融政策支持力度，引导金融机构加强对“双创”融通的金融支持，深化金融服务和金融产品创新，健全和完善长效的抵押担保机制，探索推广知识产权质押融资，着力破除“双创”

企业融资难、融资贵的问题。

六、聚焦“融合”，构建从点到面的互动创新生态系统

（1）强调企业引领创新的主体地位，进一步提升服务专业化水平。加强集群凝聚和互动，引导龙头企业吸引产业链上下游企业入驻，通过地域文化形成人文凝聚力，吸引企业集聚。建立专业化决策机制，支持专业人士参与决策过程，积极推动服务型政府建设。

（2）注重产业链补链和服务链升级，进一步突出产业集群的优势和特色。一方面，在引导产业链聚集的同时注重补链招商，引进完善上下游产业链，逐步发展壮大产业基地；另一方面，前瞻性地识别场景需求、个性需求和服务需求，不断促进产业服务链升级。

（3）构建产业主体与服务机构的网络连接，形成互促共生的产业生态圈。加快促进企业、政府、高校及孵化器等中介机构在内的多元主体之间的融合，为企业打造多方面的产业服务网络。

七、加强产业发展，提升“双创”融通产业基础

（1）加速构建产业集群，聚焦细分产业，加快引进、培育有核心带动作用的重大龙头企业，建立完善的中小企业梯次培育体系，鼓励中小企业“专业化、精品化、特色化、创新化”，培育发展一批专业化水平高、配套能力强、主体活力强劲的成长型企业。

（2）优化产业链布局，注重完善产业链上下游布局，减少企业同质化竞争，并围绕产业链布局创新链、服务链，打通产业链融通发展壁垒，提升产业链协同创新、协同发展动能。

（3）提高企业数字化、标准化水平，推广符合中小企业需求的信息化产品和服务，加强中小企业在各环节对云计算、物联网、人工智能、网络安全等新一代信息技术的集成应用，加快轻量级数字化试点，探索打造“未来工厂”，加快企业数字化、标准化、智能化转型升级，为融通发展奠定更好的基础。

第 25 章 “单项冠军”企业面临的问题与对策建议

——基于浙江省的实地调查

培育和发展“单项冠军”企业是提升制造业竞争力、促进制造业高质量发展、建设制造强省的重要举措。[①] 我国制造业正处于由大变强、爬坡过坎的关键阶段。“单项冠军”企业代表着全球细分行业的最高水平，是制造业发展的领头雁、排头兵，大力培育“单项冠军”企业，对于推动制造业高质量发展、加快建设制造强国具有重大意义。浙江省明确指出，加大传统制造业转型升级力度，加快建设“单项冠军”之省，打造万亿级世界先进制造业集群。

第一节 “单项冠军”企业发展情况

培育打造制造业“单项冠军”企业，是发挥我国制造业比较优势、锻造产业竞争长板的重要突破口，是瞄准产业基础领域关键核心技术攻关、破解“卡脖子”问题的有效抓手。浙江省高度重视“单项冠军”企业培育工作，把“单项冠军”企业作为提升产业核心竞争力的中坚力量和推动经济高质量发展的重要支撑。目前，浙江省累计培育“单项冠军”企业（产品）114 个，数量居全国第一，并在全国率先提出制造业“单项冠军”之省的建设目标，着力打造“冠军企业”培育的浙江样板。

一、数量维度呈现领先性

工业和信息化部分五批共遴选出“单项冠军”企业（产品）596 家，其中，浙江省有 114 家，占全国总数的 19.1%，居全国第一位，山东省（107 家）、江苏省（89 家）居二、三位。从增量看，浙江省也位居全国第一。2020 年“单项冠军”入围名单中，浙江省以 33 家（17.8%）的数量领跑全国。宁波市共有“单项冠军”企业 45 家，数量位居全国所有城市之首（包括直辖市）。

---

① 德国著名管理学家赫尔曼·西蒙提出“隐形冠军”概念，这主要是指在本行业领域处于领先位置，拥有绝大多数市场份额，但不为社会公众所知晓的中小企业。中国结合制造业发展实际，提出了“单项冠军”概念。

二、分布维度呈现广泛性

一是区域分布范围广。浙江省“单项冠军”分布在9个地市的41个县（市、区），其中，宁波45家、杭州20家、绍兴11家、嘉兴9家、温州8家、台州8家、湖州7家、金华3家、衢州3家。二是产业链覆盖全。“单项冠军”产品包括关键基础材料、核心基础零部件（元器件）、中间环节工业品、终端消费品等，覆盖了产业链的各个环节。三是产业分布领域多。“单项冠军”覆盖数字安防、智能装备、节能与新能源汽车、新材料、智能家居、现代纺织等多个标志性产业领域，不仅集中于传统的优势产业领域，同时向部分新兴产业领域逐渐延展。

三、发展维度呈现引领性

一是引领市场拓展。平均国际市场占有率为20%左右，市场领先地位明显，半数企业（产品）市场占有率位居全球第一位。二是引领创新发展。浙江省的“单项冠军”企业平均研发投入强度为4.7%，是规上工业企业的2倍，87%的企业建有国家级或省级企业技术中心等研发机构。三是引领制造模式升级。42家“单项冠军”企业建设有数字化车间、智能工厂或“未来工厂”，其中，浙江省首批12家“未来工厂”中，“单项冠军”企业占7席。

第二节　“单项冠军”企业培育的经验做法

一、培育方面强化梯队性

一是建立“单项冠军”企业培育库。聚焦浙江省重点产业领域，遴选储备一批掌握核心技术、市场占有率高的培育企业，建立分类分级、动态跟踪的“单项冠军”企业培育库，目前省级培育库企业共有245家，细分领域市场占用率均位于全国头部、全球前列。二是强化企业运行监测。搭建制造业“单项冠军”及培育企业的运行监测平台，建立“单项冠军”培育企业的综合评价体系，设定培育目标，加强入库企业的监测评估，对达到培育目标的企业择优推荐申报国家制造业“单项冠军”。三是推动梯次融通发展。按照“省隐形冠军—专精特新‘小巨人’—单项冠军”的梯次培育路径，强化部门协作与政策协同，实施“放水养鱼”“雏鹰行动”“雄鹰行动”“凤凰行动”等优质企业培育专项行动，支持“单项冠军”企业长高长壮、做大做强。

二、技术方面强化内生性

一是提高创新投入。引导企业加大创新投入，在核心关键技术上拥有自主知识产权，掌握行业标准制定主导权，在产业链有较高话语权。2019 年，浙江省“单项冠军”企业研发经费支出总额超过 215 亿元，占全省规上企业研发经费支出的 13%左右，平均每家拥有发明专利 58 件。二是布局建设创新载体。发挥冠军企业的创新主体作用，支持冠军企业建设企业技术中心、重点企业研究院等创新平台。浙江省 91%的“单项冠军”企业建有企业技术（研发）中心，其中拥有国家级企业技术中心 45 家、省级企业技术（研发）中心 49 家。三是协同攻克关键技术难题。紧抓“单项冠军”在产业链关键环节的掌控能力，以“单项冠军”为龙头组建制造业创新中心、产业链上下游企业共同体等产业关键共性技术协同创新载体，对于关键核心领域的“卡脖子”技术产品，采取目录引导、“揭榜挂帅”的方式实施攻关。

三、品质方面强化品牌性

一是提升企业产品质量。深化质量提升行动，滚动实施产业质量提升项目，推进对标达标活动，鼓励冠军企业应用先进的质量管理方法和质量工程技术，提高质量管控能力。二是塑造冠军产品品牌。鼓励冠军企业制定自主品牌发展战略，开展品牌培育活动，创建“品字标浙江制造”“浙江制造精品”。三是助力企业开拓市场。实施企业主体开拓市场、政企联动精准对接、服务机构助企推广、电商平台助企销售、示范应用促市场、产品“出海”扩市场六项行动，助力企业以优秀的创新产品抢占国际国内市场，培育出更多的单项冠军产品。

四、政策方面强化集成性

一是加强系统谋划。围绕“关键核心技术—产品—企业—产业链—产业集群”和“冠军企业—冠军企业群体—‘单项冠军’之城（县）—‘单项冠军’之省”的双链路培育计划，建立省市县三级联动、各部门协同的冠军企业培育工作机制。二是加强政策集成。针对制造业“单项冠军”要素特征，制定“单项冠军”企业培育的一系列政策举措，通过财税激励、金融支持、人才引培、要素保障等措施加强对“单项冠军”培育。三是注重氛围营造。建立“单项冠军”发布机制，发布年度“单项冠军”省级培育库情况、培育成果、各地工作成效，形成比赶学超氛围。加强对“单项冠军”的宣传，及时总结典型经验和好的做法，引领企业走“专精特新”发展道路。

第三节 “单项冠军”企业培育面临的问题与瓶颈

一、“单项冠军”企业梯度培育体系不够健全

（一）“单项冠军”企业的密度和覆盖率不够高

虽然浙江省冠军企业数量居全国第一，但与发达国家相比，浙江省每百万人口的“单项冠军”数量为1.74家，与德国的16家差距较大，且区域分布极不均匀，第一梯队的杭州、宁波两地占全省总数的50%以上，而第三梯队的金华、衢州两地均为3家。同时，浙江省冠军企业主要集中在通用设备、专业设备、电气机械、通信电子等装备制造领域，而新一代信息技术、新材料、新能源等战略性新兴产业和高技术产业占比较少。以某市为例，该市3家“单项冠军”均为化工新材料和特种纸等传统产业，而在“单项冠军”培育名单中的58家企业，化工新材料企业就有22家，占比38%；特种纸企业11家，占比19%，生物医药、电子信息等新兴产业的企业较少。

（二）行业市场占有率评价标准还不够明确

企业在申报“单项冠军”企业的过程中，需要由所在行业的国家级行业协会提供国内第一、全球前三的市场占有率证明材料，部分行业市场规模大、行业企业多、细分产品多，但缺乏专业的统计手段，无法出具相关报告，导致部分实际市场占有率很高的企业无法申报。调研发现，某装饰新材股份有限公司在无醛级板材领域中实际市场占有率较高，但由于板材细分产品多，缺乏专业有效的统计手段，无法出具相关证明材料，导致企业无法申报。

（三）行业机构的支撑力不足

行业协会细分度较低，影响企业申报。某科技股份有限公司企业反映，其是浙江省“隐形冠军”培育企业，产品已在1000多个电力变电站运行，为全球关键电源用户提供稳定可靠的电池安全监控产品和服务，由于该企业所在的蓄电池在线监测管理系统制造行业领域尚未成立行业协会，无处开具证明，导致企业无法备齐申报所需资料，无法进行申报。同时，细分行业排名的证明主要依赖行业协会出具，行业协会的统计时限影响企业准备申报所需资料。如某智能仪表股份有限公司反映，其所在的中国计量协会燃气表工作委员会，目前只能开具2019年的行业排名，因统计数据时效性问题，2020年尚未统计出结果，而2019年的行业排名只可参加2019年“单项冠军”企业申报，排名公布日期之前申报工作就已结束。专业化的行业机构缺位，企业难获取精准有效市场信息。如某新材料技术股份有限公司反映，其企业主要从事高性能改性工程塑料研发、生产及销

售，产品直接出口少，均是通过终端客户间接出口，目前企业没有找到相关专业机构对该行业在全国、全球产品占有率等方面做比较标准、合理的统计分析。产业细分领域窄，满足补短板企业少。“单项冠军”需要满足“主要从事制造业 1~2 个特定细分产品市场（特定细分产品销售收入占企业全部业务收入的比重在 70%以上）”，属于《中国制造 2025 浙江行动纲要》明确的 11 类重点发展产业或浙江省“传统制造业改造提升”重点行业。例如金固股份 19 年销售收入为 12. 6 亿元，达到政策门槛，而且细分领域占比也符合要求，但由于其生产的钢制轮毂不算现在主推的关键领域补短板行业，无法通过认定。

（四）梯级培育系统性不够强

有些地区对于中小企业沿科技型“雏鹰企业”——省“隐形冠军”、国家级专精特新“小巨人”、国家级“单项冠军”的梯级培育尚缺乏顶层设计和系统谋划，突出表现为“雏鹰企业”“隐形冠军”“单项冠军”培育各成体系，造成企业培育路径关联度不高，不利于企业梯次升级和做大做强。

二、技术创新能力还不够硬

（一）高度专业化人才、技术型人才紧缺制约“单项冠军”企业的培育

某建筑设计有限公司反映，虽然公司从业人数足够，但还空缺 10%的高素质专业人才，优秀的室内外设计师、景观设计师、动画师人才一直紧缺。某数码科技有限公司反映，目前全球范围内柔性仿真领域企业仅有三四家，国内该领域尚为空白，当前企业正在研发柔性体仿真工业软件。但由于柔性仿真领域细分化程度高，全球技术大牛数量不超过 10 个，且大多在海外工作，因此在人才招聘方面困难较大，不利于攻破技术难题。高校、研究院等科研力量支撑不够，企业研发水平不高。相较北京、上海、江苏等地，浙江省高等院校、国家重点实验室较少，高新技术策源发展能力不强，相关行业、企业发展水平不高。

（二）“单项冠军”企业的核心技术成色仍然不足

“单项冠军”企业培育中，真正的技术驱动型企业仍然不够多，多数企业研发投入占比不高，掌握创新发明专利等核心技术不足，制约“单项冠军”企业的培育发展。核心专利申请大部分被国外企业所掌握，在专利持有人未授权国内生产商的情况下，国内生产商无法生产类似产品。受限于自主研发投入大、周期长，国内生产商短期内实现技术替代难度较大。某链条集团有限公司是制造业“单项冠军”企业，而汽车传动链条作为其主要产品，其在国内市场份额处于领先水平，产品配套的轴承、销轴目前主要依靠欧洲进口，如改用国产轴承将对产品质量带来一定风险。

（三）技术专利保护有待加强

企业面临产权保护及专利侵权等方面的知识产权风险。培育"单项冠军"企业必须要重视企业技术专利的挖掘、申报、培育运用，增强核心竞争力。然而"单项冠军"企业公司目前正面临知识产权风险。某安防技术股份有限公司反映，据公司2020年三季度报表显示，公司全球化战略及自主品牌战略的推进，将有可能导致公司面临产权保护及专利侵权等方面的知识产权风险，并有可能带来商务关系、舆论环境波动及法律诉讼事件增多、费用成本上升等风险。

三、产业链领导力和集聚力不够强

（一）行业标杆示范企业欠缺

与德国、日本等国有悠久历史的"单项冠军"相比，国内部分"单项冠军"企业或培育企业属于比较年轻的市场领导者，品牌影响力不强，全球市场竞争能力偏弱。以浙江省冠军企业为例，除海康威视、大华股份等有终端消费品市场的企业已形成知名品牌外，绝大多数冠军企业仅为中间产品供应商，社会影响力和知名度有待提升。制造业中部分细分领域的全球化程度高，市场长期被国外垄断，标杆型、示范型企业缺少，国际竞争力不强，距离工信部"单项冠军"要求还有差距。

（二）重大创新平台不足

杭州高新技术开发区（滨江）与城西科创大走廊是杭州市，乃至全省数字经济发展两大极核之一。目前，城西科创大走廊已经集聚了浙江大学、之江实验室、阿里达摩院等科研院所，未来还将有良渚实验室、西湖实验室等省级实验室布局。相比之下，高端创新平台不足、基础研究能力相对薄弱成为杭州高新技术开发区（滨江）的发展短板。

（三）产业链优势不明显

杭州拥有23家全国500强企业、50家民营企业500强企业，虽然汽车零部件及配件制造企业万向钱潮的汽车万向节总成已做到全球第一，但产业链优势不明显，杭州市汽车零部件及配件企业的盘式制动器、钢制无内胎滚型车轮、刹车片背板还达不到市场占有率全球前三的"单项冠军"要求，尚未围绕优势产业链形成"单项冠军"集群。

四、政策扶持力度亟待强化

（一）政策有效激励不足

政策扶持力度有待加强，以便激励企业创新投入。某清洁能源有限公司表示，浙江省有多个地市出台了针对“单项冠军”培育的政策，如宁波对“单项冠军”企业和产品给予一次性 300 万元奖励，杭州对“单项冠军”企业给予一次性 200 万元的奖励。目前该企业每年都有创新计划，但 50%以上都是对技术研发和设备更新，投资金额相对较大，关注点更多停留在提高企业效益上，对争取“单项冠军”积极性不高，同时，企业在关键材料、零部件、装备等方面还存在短板，迫切希望在全面执行企业研发费用税前加计扣除政策的基础上，对培育企业再按 25%研发费用税前加计扣除标准给予奖补。

（二）政策扶持角度比较单一

工业和信息化部发布的《制造业单项冠军企业培育提升专项行动实施方案》中明确提出要加强政策支持，对两类企业申报国家有关技术改造、工业强基工程、重大专项、节能减排等资金支持的项目，以及申报国家级工业设计中心、技术创新示范企业的，予以优先支持。但在省、市、区具体相关政策中对“单项冠军”示范及培育企业的激励政策，集中于资金扶持，缺乏企业关心的税收、土地、人才、科技、金融等角度的专项扶持政策。

（三）空间要素保障有待提升

土地资源，特别是工业用地资源日益紧缺，对于“单项冠军”企业发展所需工业土地供给不足。以某区为例，2020 年该区工业用地出让总量仅为 4 宗 60. 9 亩，无法满足制造业大规模提升产能的空间需求。该区通过探索“工业上楼”、发展“园中园”、支持企业技术改造等方式深挖存量用地，努力提升工业用地利用率，但受主城区资源禀赋、政策限制等因素影响，空间提升工作进度缓慢，难见明显成效。同时，企业用地有待进一步整合。某智能设备股份有限公司反映，因工艺需求和生产需要，用地面积较多。用地的分散性使公司生产经营严重分散，企业内部协作不便；增加原、燃料和产品的供销距离；增设厂外设施与重复投资导致公司额外增加物流、运营、管理成本，造成利润额削减、职工生活不便等问题。

（四）政策宣传引导需要加强

某电机有限公司反映，当前各地对于“单项冠军”企业培育计划宣传引导不足，导致部分企业对培育相关政策、计划了解不深、分析不细，需进一步加强。某电子电器有限公司反映，该公司对“单项冠军”企业政策有所耳闻，但对于具体政策绩效指标体系却不是非常了解，希望政府有关部门能搭建平台，做好宣传引导工作。某生物技术有限公司反映，该公司有 60%的员工对“单项冠军”企业培育相关政策完全不了解，30%的员工只了解部分福利政策。

第四节　对策建议

一、进一步完善分类培育体系

（一）系统性构建全方位梯度培育体系

加强产业基础再造，实行梯度分级晋档，打通“雏鹰企业”→“隐形冠军”→专精特新“小巨人”→“单项冠军”→“雄鹰企业”的全方位梯度培育体系，提升产业链现代化水平。支持市级“隐形冠军”成长为省“隐形冠军”企业，优选推荐国家专精特新“小巨人”企业；将专精特新“小巨人”企业纳入“单项冠军”培育库，建好“单项冠军”企业后备队；优选“单项冠军”企业作为“雄鹰企业”培育对象，培育成长为全球行业标杆。发挥各级中小企业公共服务示范平台的作用，开展分类指导和精准服务，引导和鼓励企业聚焦细分领域“专精特新”发展，为培育库企业提供技术创新、“上市辅导”“上云用云”、工业设计等公共服务。

（二）将“单项冠军”企业作为品牌培育重点对象

积极引导企业开展产品质量提升和品牌创建，实施企业品牌战略，强化品牌推广，促进产品的市场地位，提高企业影响力。发挥“专特优精”“默默深耕”等工匠精神，引导企业家专注于制造业、专注于自身擅长的领域“十年磨一剑”，打造“单项冠军”。加强品牌的动态培育建设，对各级培育库入库企业加强监测、指导和跟踪服务，实行优胜劣汰、能进能出的动态化管理，打造一批“单项冠军”的金字招牌。

（三）培育第三方服务企业

“单项冠军”涉及专业的评价体系和行业数据，企业单打独斗较为盲目，缺乏行业指导。建议通过省、市、区条线的纵向沟通及与其他职能部门的横向联系，引进优质第三方服务公司，为企业提供政策解读、高校对接、法律咨询、技能培训等多元化的服务。同时，加大对行业协会和第三方服务企业的扶持力度，加大指导力度，确保企业有方向、有目标，举措科学合理，避免盲目发展，造成资源浪费。

二、加快建设“未来工厂”

（一）培育冠军型“链主工厂”

以“单项冠军”培育企业为引领，强化“单项冠军”培育企业在关键产业链中的龙头作用，加快产业链上下游的补充延伸，带动本地大中小企业融合发展，构建互联互通专业配套价值链，实现产业链上下游供应网络对接，形成以龙头企业为引领、大中小企业融会贯通发展的良好态势。加强产业链内各企业之间的交流沟通，推进企业间合作，打造区域品牌，将现有分散的冠军企业及各种资源、要素进行优化重组和有效集聚，形成品牌突出、特色鲜明、优势明显的产业群。

（二）建设引领型的“头雁工厂”

支持智能制造水平较高的企业广泛应用数字孪生、人工智能、工业互联网等技术，实现智能设计、柔性生产、智慧运营、绿色制造、协同制造的智能工厂，形成可复制、可推广、可持续的新制造模式，成为智能制造新标杆。通过深化应用带动相关领域关键核心技术实现突破，引领浙江省制造业数字化、智能化、绿色化转型发展。

（三）打造标杆型“智能工厂”

在有条件的“单项冠军”企业中进一步推广数字化设计、智能化生产、网络化协同、服务化延伸等场景应用，建成技术效益领先、生产效率较高、应用效果突出、示范效应显著的行业标杆工厂。面向重点制造业产业集群，支持“单项冠军”企业推进数字车间、智能产线的改造提升，建立“平台接单、按工序分解、多工厂协同”的共享制造模式，打造企业技术升级和形态创新示范。

三、进一步提升“单项冠军”企业的创新能力

（一）实施系统对标提升工程

引导“单项冠军”企业对标全球领先标杆企业实施对标提升，推进企业管理现代化。加大对自主创新、品牌创新、攻克行业共性核心技术的优质企业的政策支持力度。对“单项冠军”企业申报市级以上企业技术中心、技术创新示范企业、首台（套）产品等予以优先支持。鼓励“单项冠军”牵头产业创新服务综合体、制造业创新中心等创新载体建设，加强产业前沿和共性关键技术的研发，通过打通技术研发、转移扩散、产业化、商业化链条，增强“单项冠军”企业（产品）技术领先能力，提高市场竞争能力。

（二）推进“单项冠军”企业的数字化升级

鼓励企业应用新一代信息技术大力发展智能化产品和远程服务，打造以智能化产品为载体的系统方案解决商。引导企业紧密围绕用户需求开展创新，利用产品全生命周期智能制造等技术，提供个性化、定制化的产品和服务。支持“单项冠军”企业在细分产品领域部署前沿技术和基础研究，利用财政资金鼓励企业采

用工业机器人、高端数控机床、智能化控制系统等，加快技术改造，支持企业通过制造装备升级提高生产效能。

（三）建立分层分级、动态跟踪管理的关键核心技术科技攻关计划清单

沿着“技术→零件→部件→整机→系统”的发展路径，集中力量突破一批关键共性技术，研发一批具有核心知识产权和产业化能力的关键领域技术成果，实施替代进口。推动创新资源向“单项冠军”企业集聚，优先支持承担国家企业技术中心、制造业创新中心等建设任务。支持“单项冠军”企业利用自身核心技术和市场推广模式优势，围绕主营核心产品，构建产业配套联盟，建设专业园、配套园，拓展产业链，带动产业链上下游企业发展。

（四）鼓励“单项冠军”企业与高校、科研院所共建研发中心

以企业技术中心、工业设计中心等创新平台为依托，开展联合攻关创新。大力发展“高校经济”，注重优质高校资源的投入、运用和转化，全力助推浙江大学、西湖大学、国科大杭州高等研究院等高能级创新平台建设，加快推进科技成果产业化，促进人工智能、智能制造等科创产业发展。

四、进一步加强精准对接服务

（一）建立“单项冠军”优秀人才数据库

探索“项目+人才”“技术+人才”等形式，以人才资金或技术入股的方式领办或合办项目。建立起“单项冠军”企业与人才的桥梁，引导优质中介服务机构主动对接服务，帮助解决“单项冠军”企业的人才需求问题，协助企业壮大优化人才队伍。创新“单项冠军”优秀人才职称评定和评奖评优机制，给予专项资助或优惠，引导和支持优秀人才扎根“单项冠军”企业发展。广泛吸纳海外专业人员或退休技术人员，推进技术（产品生产技术、品质管理技术、仓储管理技术等）信息化管理。

（二）优化“单项冠军”企业的营商环境

全面梳理国家、省、市鼓励企业发展的各项政策措施，将各类政策要点以最简洁的方式提供给企业，使企业尽快熟悉各项政策。构建“单项冠军”企业全程跟踪服务体系，健全完善常态化、组团化、网格化企业服务机制。开展“冠军贷”宣传会、企业税费减负落实会等各类活动，加强政企之间、银企之间、企业之间的对接，对企业提出的问题及时协调解决。

（三）为企业提供融资等支持

鼓励银行业金融机构对区级以上“单项冠军”企业优先开展融资服务，开

发“冠军贷”等金融产品，对企业获得银行贷款给予最高 50%的贴息补助。发挥政府产业基金的引导作用，鼓励创投资本、社会资本加大对区级以上“单项冠军”企业及培育企业的融资支持力度。设立“单项冠军”企业培育发展基金，支持符合“专精特新”发展方向的培育期、成长期中小企业发展。多举措出台惠及企业外贸降本的政策，帮助企业运用展会、电商平台等进一步开拓国际市场。

第26章 民营经济出现信心不振的苗头性问题分析与对策建议

——基于浙江省的实地调查

民营经济是支撑经济高质量发展的重要驱动力。民营经济兴，则浙江兴；民营经济强，则浙江强。浙江是民营经济大省，民营经济增加值占 GDP 的比重达65%以上，贡献了全省75%左右的税收，80%以上的技术创新和外贸出口，90%以上的市场主体和城镇就业岗位。近年来，浙江省经济社会发展稳中向好、稳中有进，最重要最根本的就是坚持“两个毫不动摇”，大力推进“腾笼换鸟”“凤凰涅槃”，推动民营企业实现大转型、大发展、大飞跃。但在“三重压力”背景影响下，民营经济发展面临前所未有的困难和挑战。浙江省千方百计稳住和发展民营经济，实施一系列减负降本政策，民营经济总体呈现出复苏增长态势，但也出现一些信心不振的苗头，亟须进一步关注。

第一节 民营经济信心不振的苗头性问题分析

一、企业家预期信心不够强

据浙江省有关部门调查显示，民营企业景气、信心指数双回落，2021年二季度分别为131.5和133.0，低于全部企业的133.1和134.5，分别比一季度回落2.0点和2.8点，且回落幅度均比全部企业高0.5点。同时，民营企业家信心预期指数低于即期指数0.7点，其中工业、批发零售业、房地产业企业家信心预期指数分别低于即期指数4.7点、0.2点和0.9点；工业、房地产业预期景气指数分别低于即期指数3.7点和1.0点。

二、计划投资增长乏力

区域内民间投资乏力，民营企业家投资意愿不强。浙江省统计局调查显示，2021年上半年民间新开工项目数同比下降6.8%，计划投资总额仅增长1.4%；房地产开发新入库项目数下降24.3%，计划总投资下降19.5%。二季度，民营企业计划投资指数98.6，低于全部企业的99.2，比一季度下降2.3点，下降幅度比全部企业高1.5点。对民营企业的调研显示，投资意愿下降的企业比上升的企业占比高出 9.5 个百分点。

三、挂靠大型企业现象频现

市场竞争越来越激烈，招投标等领域隐性壁垒未消除，项目中标难度大，民营经济发展空间受限。除加强自身管理外，部分企业考虑通过挂靠国有企业、大型企业等方式谋求业务开拓。调研发现，某建筑景观设计有限公司因项目来源受限，无法承接到项目，现已挂靠到大型中央企业，承接来自中联的大型项目。某物联网科技有限公司通过海康威视数字技术股份公司授权来进行项目工作，将项目风险控制在 10%~30%左右，极大减少了不稳定性。

四、芯片等关键零部件供应不足制约产能释放

目前，全球芯片供应紧张仍未完全好转，大量生产工艺“涉芯”的制造业民营企业反映，因芯片替代性差，芯片供应量少、供应不稳定导致生产时断时续，大量订单因此流失，影响正常生产经营。调研发现，某电器有限公司主要从事电水壶、榨汁机等产品的生产，这些产品均需用到 MCU 微处理、电源管理类芯片，以往购置芯片到货周期为 15 日，目前已延长至 40 日，且每次订单数量仅为往年同期的 60%，导致企业无法全力投入生产。某空调有限公司的芯片主要来源渠道为美国、德国、日本、中国台湾。原先公司芯片月需求量在 7000 万颗左右，现在芯片供应方缩减每月芯片供应量，且价格上涨 15%~50%，但仍无法保障足额供应，目前每月缺少 ST、TI、MPS 等芯片 1000 万颗，缺少芯片 2000 万颗。由于芯片短缺，造成企业 2021 年 1—6 月营业收入下降约 2.2%。汽车、家电行业因“缺芯”影响，预计全年分别减产 12%和 10%左右。

五、企业资金周转情况趋紧

被调查的 63680 家民营企业中，超过 9000 家企业反映资金周转紧张，占规模（限额）以上（简称规上）企业的 14.2%。其中工业企业中，非金属矿物制品（20.7%）、石油加工（19.1%）、有色金属冶炼压延（17.1%）、计算机通信电子（16.8%）、黑色金属冶炼压延（16.4%）、电气机械（16.4%）行业资金周转紧张企业占比较高；水利环境公共设施管理业、卫生和社会工作、建筑业，以及交通运输、仓储和邮政业中资金周转紧张企业占比分别为 22.4%、19.3%、17.4%和 16.5%。工业中，电气机械、文体用品、非金属矿物制品业资金周转紧张企业占比上升较快。规模以上民营企业中，2571 家企业反映融资困难，占 6.0%。

六、政策调整导致部分行业受震荡

行业监管、扶持等相关政策调整对相关企业也造成不小冲击。例如2021年以来，钢铁行业出口退税政策重大调整，取消了23种钢铁产品出口退税，并适当提高铬铁、高纯生铁的出口关税，加剧了国内产品竞争，产品利润率下降。调研发现，某钢铁集团出口的镀锌铁丝，原先集团将全部退税让利给客户，一个月出口需求可达1600~1700吨，取消退税后，让利部分缺失，造成产品竞争力降低，目前一个月出口需求降至300~400吨。随着需求量的进一步降低，企业有意向取消部分产品出口业务。某钢管有限公司反映，产品出口退税税率由13%降至0，原本利润为每吨20000元的不锈钢钢管每吨利润减少了近2300元，部分订单甚至出现亏损出口的情况。

七、碳达峰、碳中和目标下高耗能投资项目落地艰难，制约部分民营企业投资意愿

我国明确提出力争2030年实现碳达峰，2060年实现碳中和。在此背景下，高耗能产业投资审查及审批从严，部分投资减速或难以实施，部分工业民营企业受环保标准制约一些项目难以实施。调研发现，某晶钻工业园项目开展第三代半导体功率器件用超高导热金刚石材料生产。企业计划投资62272万元，项目建成后形成年产大尺寸金刚石120万克拉的生产能力，年综合能耗约4.3万吨标煤。在碳达峰、碳中和目标下，该项目能耗指标超过限定水平，卡在能源技术评价环节未能获得批复，进而推进进度受阻。

第二节　民营经济信心下滑的因素分析

一、国际形势导致外向型行业受冲击

（一）出口需求不稳

部分海外地区订单减少，造成部分企业出口受冲击。某电气有限公司反映，由于国外客户所在地区形势不容乐观，要求公司先交1/3的订单货物，而剩下的2/3订单要求延后交货，对企业的生产经营产生了重大的影响，2021年1—7月经营业绩同比下滑85%，导致公司近12个月内无新的投资计划。某皮件有限公司反映，由于国际形势复杂，其出口销售受到了很大影响，上半年出口销售额同比下降45%，惨淡的经营现状使公司多项投资计划被迫搁浅。

（二）国外政策壁垒影响企业发展

国外多项政策调整对出口造成冲击。例如2021年3月，欧洲议会投票通过

“碳边界调整机制”议案，拟于2023年起，对不能遵守碳排放相关规定的贸易国家的商品征收碳边境调节税（俗称碳关税）。根据高盛集团预计，如果对整个碳足迹征收100美元/吨的碳关税，中国出口商每年将被欧盟征收350亿美元的碳边境调节税。据此测算，浙江省外贸企业每年将被欧盟征收60亿美元的碳边境调节税。再如《欧盟电子商务增值税法规》正式落地，终止低于22欧元的小额包裹进口增值税豁免政策，所有进口到欧盟国家的货物均需缴纳VAT（欧盟增值税）。某科技有限公司反映，欧盟推行本次税改，意在打压跨国电商，扶持本地实体经济。本次税改落地后，出口欧盟22欧元以下的商品利润将大幅压缩，初步估算从原来的30%压缩至10%。

二、内需回暖受阻，内向型企业受影响

（一）相关行业企业投资风险增加

难以预测未来行业形势，叠加民营企业抗风险能力较弱的实际情况，相关行业的民营企业投资、扩产意愿低迷。某民宿反映，每年7—8月是民宿行业的旺季，但受外部环境影响，原本计划改造升级民宿部分设施的计划只能暂时搁置。某建筑设计工作室反映，公司为拓展业务，投资30万元进入无人机培训行业，但项目“夭折”概率大大增加，至今仍未盈利，短期内已无其他投资意愿。

（二）企业出现库存积压、资金周转困难等问题

由于内需迟迟没有常态化，企业经营压力和资金周转压力不减。浙江省有关部门统计显示，2021年上半年规上企业存货、应收账款分别增长18.8%、11.1%，比2020年同期高10.4个、-1.1个百分点，比2019年正常年份同期高14.9个、6.2个百分点。规上企业应收账款处于近年来的较高水平，企业间资金周转较为紧张，严重影响企业发展信心。

三、资源要素制约，项目落地和产能发挥受限

（一）土地要素紧缺

部分地区出现无地可用或有地无指标现象，民营企业拿地难度增大，项目落地受限制。调研发现，某集成电路产业在项目落地过程中用地指标问题突出，现有存量建设用地790亩，未来两年已选址或需落地项目用地约1500余亩，目前待农转用土地575亩，土地指标捉襟见肘。再如某市每年用各类项目建设用地指标需求达3000亩以上，而每年能保障的用地指标不到需求量的50%。

（二）碳达峰、碳中和带来能耗指标紧缺

受“双碳”政策影响，能源环境制约加剧。当前民营企业发展需要消耗能源，但随着碳达峰、碳中和目标及具体措施的陆续出台，区域能源指标总量控制

现象严重，企业得不到足量能源指标，发展受制。调研发现，某芯片项目总投资约150亿元，综合能耗约20万吨标煤，而目前该区已用完本年度能耗指标，能源技术评价审批处于暂停状态。某新材料项目是当地历史上单体投资规模最大的产业项目，需新增能耗90万吨左右，占该市2020年规上工业用能的6.2%，用能指标缺口较大。

（三）资金要素紧缺

融资难问题对于民营企业来说仍然存在。当前银行对民营企业的信贷服务仍以不动产抵押担保为主，银行承担的风险相对较小，但多数民营企业规模不大，厂房土地等固定资产少，多以流动资产为主，普遍缺乏可用于贷款的有效抵押资产，很难及时获得银行贷款。某乳业有限公司反映，公司因扩大生产需要较多的流动资金，但由于缺乏足够的抵押物，商业银行贷款额度较低，只能向当地某融资担保公司申请担保贷款1000万元，费率3.5%，担保费用总额35万元。该费率较当前的银行贷款利率仍高了不少，一定程度上加大了公司融资成本。

四、成本快速上升，企业经营难度提升

（一）原材料成本大幅上升导致企业利润下降

当前全球大宗商品价格大幅上涨，市场原材料价格整体呈上升趋势。对浙江省制造业影响较大的原油、钢铁、铜、铝等大宗商品价格比2020年底平均上涨50%左右。2021年6月，全省工业生产者购进价格指数118.7%，出厂价格指数107.2%，连续6个月购销差倒挂。企业出现增收不增利现象，民营经济信心不振。某橡塑设备有限公司反映，公司所需的铜、钢等原材料价格不断上升，涨幅高达60%~100%不等，导致产品成本上升。公司将产品价格适当提高了10%左右，虽然营业收入同比增长约48%，但利润却下降了约37%。

（二）人工成本大幅上升导致企业用工难、用工贵

浙江省统计局调查显示，由于社保减免政策退出，2021年上半年规上民营工业企业人均薪酬同比上升20.5%。用工成本上升，企业利润和投资意愿受影响明显。某电子有限公司表示，为了招揽员工，普通的车床工人工资已经从2020年每月5500元涨到6000元，精密度高的岗位也从6500元涨到7300元，甚至8000元，用工成本增加导致企业产品利润空间缩小。某轻纺有限公司反映，为满足生产需要，该企业现有员工1000余人，人均工资为5500元/月，并以每年16%的增幅增加，而企业营业收入每年增长率约为5.6%，目前仅能维持运转，无足够资金开展机械化、数字化转型扩大产能。

（三）海运成本大幅上升导致企业出口难

港口拥堵、集疏运体系不畅，国际海运航线“一舱难求”，运价暴涨。2021

年 6 月底，中国出口集装箱运价综合指数 2591.4，创历史新高，达 2020 年同期 3 倍。8 月以来，全球十大抵美船东陆续上调运输价格，平均每个集装箱的港口拥堵费、旺季附加费高达 3000～8000 美元。运输成本上升，导致企业利润缩水及资金周转承压，部分低附加值企业不得不放弃外海订单。某进出口有限公司表示，其出口的面料价格低廉且体积较大，2 万多美元的产品海运费报价将近 8000 美元，几乎无利润空间。又如浙江某进出口有限公司以 FOB 方式出口，目前美西航线单个货柜价格高达 15000 美元，同比涨幅达 275%，但经协商，进口商拒绝分摊运费，企业仍将承担运费上涨带来的成本。部分海外客户无法负担高昂运费，企业被迫放弃 FOB 方式。

第三节　对策建议

一、进一步激发民间投资新活力

落实国务院关于激发民间投资活力、促进经济持续健康发展的指导意见，深入推进“放管服”改革，支持民间投资创新发展，清理核查民间投资项目报建审批情况，进一步降低民营企业经营成本，鼓励民间资本投向八大万亿产业，大湾区、大花园、大通道、大都市区建设等领域。放宽民间投资市场准入，鼓励民营龙头骨干企业参与国有企业混改。整合各类投资项目计划，推行“一库一码”制度。

二、加强对民营企业的要素保障

从土地、能耗、资金等多方面加强对民营企业的要素保障。加强土地供给侧结构性改革，加快推进碳达峰，增加能耗保障，促进优质项目加快落地建设。畅通民营企业融资渠道，推动对民营企业信贷投向政策导向的持续引导，对有市场需求的中小金融机构加大再贷款、再贴现支持力度，提高其对民营企业提供金融服务的能力和水平，缓解民营企业融资难。

三、支持民营企业债务融资

加强发债融资的统筹协调和指导，及时掌握浙江民营企业发债需求，实行清单式服务和管理，合理用好企业债务融资工具。加快修订债务融资工具财政激励办法，加大对民营企业债务融资工具承销发行的财政奖励力度。加强对浙江民营企业发债融资的业务指导，推动金融机构与民营企业之间的业务交流和信息沟通，维护好民营企业发债融资的良好局面，共同营造良好的金融生态。加强企业内部风险管控，推动多元化融资，避免盲目融资、过度融资，加强资产负债表管理，特别是资金链和现金流管理，切实把企业资金用到刀刃上。

四、破解民营企业用工难、用工贵问题

搭建就业服务平台，强化开展就业服务，及时为民营企业和求职者提供准确的供求信息。发展跨区域劳务合作，根据民营企业用工需求，加强与劳动力资源地区的联系与合作，建立稳定的用工输入基地。推动企业与各大高校合作，以人才引进优惠政策为契机，吸引成熟团队、高端人才进驻企业发展。引导企业通过先进设备引进、智能制造覆盖等方式加快机器换人步伐。

五、降低民营企业经营负担

保持政策延续性，切实落实减税降费政策，降低企业缴费负担。对调整较大的政策落实设置一定缓冲期，倒逼企业在政策调整期内进行自我革新和转型升级，减少企业损失。进一步开展大宗商品价格监测，及时对各类市场主体进行引导生产，加强大宗商品进出口和储备调节，严厉打击经销链哄抬价格、囤货提价等行为，稳定企业原材料成本。加大稳外贸扶持力度，落实各项稳外贸出口政策，加大航运公司的补贴力度，降低企业外贸风险和成本。

六、破除民营经济隐性壁垒

坚持“非禁即入”，对法律法规没有明确禁止的行业和领域，鼓励和支持民间资本进入；对可以采用市场化运作的基础性公共项目，向民间资本全面开放；对允许外资进入的领域，鼓励民间投资优先进入。包括行业准入、招投标、退出机制等环节的各种隐性壁垒，保障各种所有制性质的市场主体公平参与市场竞争。鼓励民营企业以参股、控股、合作、联营和特许等各种方式向多领域发展。坚持推进供给侧结构性改革，淘汰落后产能，推动民营企业转型升级，通过技术进步和创新，加快企业智能化、数字化步伐，积极开发新产品、扶持新业态、培育新模式，提升行业和企业的竞争力。

第四篇　海内外市场开拓与中小企业稳进提质

第 27 章　环境管理体系认证与中国制造业企业出口“增量提质”

推动中国对外贸易“增量提质”是构筑高水平国际循环参与模式、塑造出口竞争新优势的关键。本研究借助网络爬虫技术收集并整理了 2008—2014 年中国制造业企业 ISO14001 环境管理体系认证数据集，并将该数据集与中国工业企业数据库、中国海关数据库、中国环境统计数据库与企业专利数据库进行匹配以构造研究样本；随后综合采用倾向得分匹配法与双重差分法，从微观层面实证考察了自愿型环境规制对企业出口行为的影响及其内在作用机制。研究结果表明，ISO14001 认证在显著提升企业出口数量的同时，也有效改进了企业出口质量。机制分析发现，企业进行 ISO14001 认证，一方面可通过降低合规成本、缓解监管风险、提高社会声誉等途径直接促进其出口的“增量提质”；另一方面也会引发创新效应，通过促进过程创新与产品创新间接促进出口的“增量提质”。异质性分析表明，ISO14001 认证对企业出口行为的正向影响在主要出口国为高环境标准国家、低对外开放水平地区、重污染行业与规模较小的企业中表现得更为明显。本研究的结论不仅有助于深化对自愿型环境规制与企业出口行为关系的认识，而且为加快建立中国出口竞争优势，实现经济高质量发展提供了决策参考。

第一节　问题提出

加快构建以国内大循环为主体、国内国际双循环相互促进的新发展格局是“十四五”时期推动经济高质量发展的必然要求。为此，中国不仅要重视国内大循环这一强劲引擎，发挥其主体带动作用，还要构筑高水平的国际循环参与模式，实现出口数量与质量的双重跃升，以此稳固新发展格局的战略支点。2022年《政府工作报告》明确提出：“扩大高水平对外开放，推动外贸外资平稳发展。充分利用两个市场两种资源，不断拓展对外经贸合作，以高水平开放促进深层次改革、推动高质量发展。”虽然近年来中国在国际价值链中所处的地位不断攀升，外溢效应持续增强，但日益动荡的国际贸易形势与日趋强烈的国际贸易摩擦给中国发展高质量对外贸易带来了严峻挑战。在此现实背景下，如何应对贸易风险与挑战，确保对外贸易“促稳提质”，是塑造出口竞争新优势首先需要解决的问题。

近些年来，众多学者从不同维度、不同层面研究了中国企业出口行为的影响因素，为打造出口竞争优势提出了富有建设性的解决方案（李坤望等，2014；祝树金等，2022；Liu and Lu，2015；He and Shen，2019）。随着环境污染问题日益突出及气候变化问题愈演愈烈，环境规制对企业出口行为的影响也逐渐引起了国内外学者们的广泛关注。然而，既有研究主要关注强制性环境规制对企业出口行为的影响（高翔和何欢浪，2021）。例如借助两控区政策这一准自然实验，Hering and Poncet（2014）定量识别了强制性环境规制对出口数量的影响，他们的研究结果表明强制性环境规制显著提升了企业出口数量；类似的，盛丹和张慧玲（2017）、韩超和桑瑞聪（2018）则考察了两控区政策对企业出口产品质量的影响，其研究结论表明强制性环境规制能够显著改善企业出口产品质量。就其影响机制而言，一方面，传统观点认为严苛的环境规制会在导致企业合规成本上升的同时挤出生产性投资，从而降低其在国际市场上的竞争力（Hering and Poncet，2014）；另一方面，也有部分研究认为强制性环境规制能够迫使企业进行创新以提高生产率，助力企业形成贸易比较优势，实现出口数量与质量的双重跃升（韩超和桑瑞聪，2018；Shi and Xu，2018；Liu et al.，2021）。

与强制性环境规制不同，自愿型环境规制强调企业依据自身条件自觉地供给环境公共物品、改善环境绩效（潘翻番等，2020）。因此，有别于强制性环境规制影响企业出口行为的内在机理，开展自愿型环境规制的企业能够根据自身禀赋灵活调整经营策略，在将节能减排行为对生产活动的负面影响降至最低的同时实现出口数量与质量的提升。例如当污染企业面临强制性环境规制时，往往会因为技术创新需要长周期、高投入且存在高风险而遵循渐进性的技术改造模式，即通过购置污染减排设施而非技术创新，以在短期内实现遵循成本的有效降低（万攀兵等，2021；Sharma，2001）；相反，企业进行自愿型环境规制不仅反映出其具有通过开展技术创新来实现环境绩效长期改善的强烈动机（Camisón，2010），还意味着其具备开展技术创新所需的客观条件，因而更适用于波特假说的理论范畴

（Jiang et al.，2020）。此外，企业进行自愿型环境规制还能够向利益相关者释放出积极履行环境责任与义务的信号，进而提升其产品的国际认可度与竞争力。国外已经有少数研究试图阐明自愿型环境规制与企业出口行为的关系，但其结论并不统一。借助严谨的实证检验，部分学者发现自愿型环境规制有利于扩大企业出口规模（Martincus et al.，2010）；然而，也有部分学者发现自愿型环境规制无法有效扩大企业出口规模（Prakash and Potoski，2006）。例如，Nishitani（2009）发现日本制造业企业进行 ISO14001 环境管理体系认证（以下简称 ISO14001 认证）能够显著提升企业出口数量；不同的是，Dasgupta 等（2000）发现进行 ISO14001 认证无法提高墨西哥制造业企业出口数量。上述文献表明自愿型环境规制在发达国家与发展中国家作用迥异（Blackman，2008），这意味着以其他国家为样本来探究自愿型环境规制对企业出口行为的影响，其研究结论可能无法适用于中国。遗憾的是，由于难以获取企业层面的自愿型环境规制数据，鲜有文献以中国为对象研究自愿型环境规制与企业出口行为的关系，少数关注两者关系的文献也仅侧重于其对出口数量的作用，忽略了其对产品质量的可能影响（Xu et al.，2018）。

在此基础上，本研究以企业是否参与 ISO14001 认证作为自愿型环境规制的代理变量，运用倾向得分匹配法和双重差分法定量考察其对企业出口数量和质量的双重影响，并深入探究上述影响的内在机制。研究结果表明，企业进行 ISO14001 认证不仅能够显著提高其出口数量，也能够显著提升其出口质量；且这种积极影响对主要出口国为环境标准较高国家、低对外开放水平地区、重污染行业、规模较小的企业更为强烈。就影响机制而言，进行 ISO14001 认证能够通过降低遵从成本、化解监管风险、提升社会声誉等途径直接实现企业出口的“增量提质”，也能够通过创新效应，即诱发过程创新与产品创新，间接提高企业出口数量与质量。

本研究的边际贡献主要体现在以下三个方面。

（1）先前研究环境规制与企业出口行为之间关系的文献主要聚焦于强制性环境规制，其认为强制性环境规制分别会通过倒逼企业开展技术创新与增加企业合规成本这两种途径，从而对其出口数量与质量产生正反两方面的影响。与上述机制不同，出口企业参与自愿型环境规制不仅能够通过释放积极履行环境责任的信号从而建立起良好的绿色声誉，也能够引导企业依据自身条件把握契机，积极主动进行过程创新与产品创新以实现出口的“增量提质”。然而，鲜有文献基于上述视角对自愿型环境规制与企业出口数量和质量的关系进行系统而全面的讨论。为此，本章将研究视角从企业被动接受强制性环境规制拓展到主动参与自愿型环境规制，以企业是否进行 ISO14001 认证为切入点，深入考察自愿型环境规制对企业出口数量和质量的双重影响，并在此基础上系统而全面地识别了其内在机制，证实了企业进行 ISO14001 认证有助于诱发自身的过程创新与产品创新，进而实现出口的“增量提质”。

（2）仅有少数研究考察了自愿型环境规制对企业出口规模的影响，尚无文献探究其对企业出口质量可能产生的影响；且前者的研究对象主要聚焦于欧美发达国家企业，针对发展中国家企业，特别是中国企业的研究极为匮乏。鉴于各国国情，特别是所处的发展阶段不同，既有关于自愿型环境规制与企业出口行为关系的研究结论可能无法适用于中国。为此，本研究以全球最大的发展中国家及第一贸易大国——中国的制造业企业为研究对象给出了经验证据，在一定程度上填补了两者之间关系的空白。

（3）就研究数据而言，既有关于中国 ISO14001 认证的定量研究均基于上市公司数据或者截面调查数据展开，可能会面临样本选择偏差问题。本研究通过爬取 1996—2018 年国家认证认可监督管理委员会数据库，整理了一套全新的制造业企业 ISO14001 认证数据集，并据此构造了自愿型环境规制虚拟变量，形成了较为有力的量化手段，有效减轻了样本数量较少与样本选择偏差对研究结论的准确性、普适性的干扰。

第二节　特征性事实、ISO14001 认证影响因素与研究假设

一、中国 ISO14001 认证实践

与发达国家相比，虽然自愿型环境规制在中国起步较晚，但近年来发展十分迅速。目前，中国实践最为广泛的自愿型环境规制项目为 ISO14001 认证。该认证最初由国际标准化组织于 1996 年推出，截至 2019 年，其应用范围已遍及全球 171 个国家（地区），逐渐成为世界上实践最为广泛的自愿型环境规制项目之一。其为企业管理自身环境行为提供了基本框架，其目标包括防止或减轻企业对环境的负面影响、协助企业履行环境法规、改善企业环境绩效、向利益相关者传递企业信息等。为获得 ISO14001 认证，企业必须对其生产活动中的环境相关行为进行全面梳理与审查，并据此建立相应的环境管理体系。在正式申请认证前，待认证企业环境管理体系应至少运行 3 个月且在近 1 年内未因环境违法行为受到处罚。满足上述条件后，企业可自行选取具有认证资质的认证机构进行认证，以获取 ISO14001 认证证书。获得认证后，认证企业需继续遵循计划、执行、检查、处理这一流程循环，以确保环境管理体系实践的完整性与有效性。就认证时效而

言，一方面，为确保认证的有效性，认证企业必须每年接受第三方检查，以确保其在证书有效期内符合环境管理体系认证标准；另一方面，认证企业每 3 年需要接受一次全面复评进而重新取得 ISO14001 认证证书。根据国家认证认可监督管理委员会提供的统计数据，截至 2018 年年底，中国 ISO14001 认证数量已累计达到 553365 次，其中，制造业企业认证数量累计达到 242528 次，占比为 43.8%。图 27-1 展示了 2008—2018 年间制造业与整体累计 ISO14001 环境管理体系证书的数量，可以发现两者均呈现出明显的上升趋势。上述事实为本研究在中国情境下研究自愿型环境规制与企业出口行为的关系奠定了坚实基础。

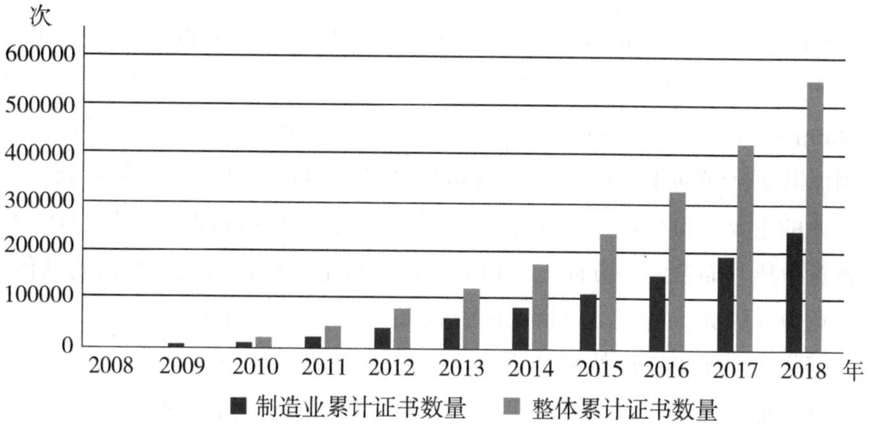

图 27-1　2008—2018 年新增/累计 ISO14001 环境管理体系证书数量

二、ISO14001 认证影响因素

既有文献基于利益相关者理论、合法性理论、规制影响理论等对 ISO14001 认证的影响因素进行了深入研究（Nishitani，2009）。就其内部驱动力而言，企业规模、所有制类型、股东环保意识等特征均会对其是否参与 ISO14001 认证产生显著影响。①企业规模扩大有助于其参与 ISO14001 认证（Blackman and Guerrero，2012）。由于开展 ISO14001 认证需要企业支付较高的认证成本与维护成本，因此与小规模企业相比，大规模企业更有可能主动承担此类成本进而申请认证。②企业所有制类型会显著影响其参与 ISO14001 认证的意愿（Liu et al.，2010）。与国有企业和外商投资企业相比，私营企业通常面临着更为激烈的市场竞争，因此具有更高的动力通过开展 ISO14001 认证提升企业声誉与品牌价值；与此同时，外商投资企业的母国往往具有较高的环境标准，因而其更可能通过开展 ISO14001 认证以遵循母国环境标准。③由于股东能够参与企业环保决策，因此其环保意识也是企业参与 ISO14001 认证的主要影响因素。④出口目的国多元化与出口产品种类多元化同样是驱动企业进行 ISO14001 认证的因素（Martincus et al.，2010）。

若企业出口目的国与出口产品种类较多，则获取 ISO14001 认证能使企业从中获取更大的收益，因而其具有更强的动机申请认证。

客户需求与竞争压力是影响企业进行 ISO14001 认证的重要外部驱动力，且其均具有较强的国家和行业异质性（Christmann and Taylor，2006）。① 就客户需求而言，一方面，不同出口目的国的进口商对出口企业是否进行 ISO14001 认证具有不同的要求。发达国家的进口商通常面临来自消费者、政府与非政府组织的多重环保压力，这些压力能够借由全球供应链传导至中国出口商。换言之，国外进口商会要求中国出口商满足较高的生态支持性惯例与标准（例如 ISO14001 认证）以应对多方环保压力。在此背景下，向该国进行出口的企业具有更强的动机申请 ISO14001 认证，Christmann and Taylor（2001）的研究也证实了上述结论。另一方面，不同行业的进口商同样对企业是否进行 ISO14001 认证存在差异化需求（Martincus et al.，2010）。由于重污染行业进口商通常会面临较强的环保压力，因而其更加倾向于选取具有 ISO14001 认证的出口企业作为贸易对象。因此，若某企业的主要出口行业隶属于重污染行业，则其更加倾向于申请 ISO14001 认证。就竞争压力而言，一方面，出口商需要在特定出口目的国与本国的其他出口商展开竞争，因此，特定出口目的国中具有 ISO14001 认证的中国出口企业越多，则将该国作为主要出口目的国的出口企业更有可能申请 ISO14001 认证；另一方面，出口商也需要在特定出口行业中与本国的其他出口商展开竞争，因而特定出口行业中具有 ISO14001 认证的中国出口企业越多，则将该行业作为主要出口行业的出口企业有更强的意愿申请 ISO14001 认证。

三、研究假设

（一）直接效应

ISO14001 认证本身就具有促进认证企业出口"增量提质"的作用。

（1）就认证企业而言，构建完备、规范的环境管理体系能够从组织层面对其生产活动加以引导，同时改善管理绩效与环境绩效，减少其为应对强制性环境规制所需支付的合规成本（Albertini，2019）。在面临严苛的强制性环境规制时，合规成本的降低能够有效缓解企业所面临的资金压力，使企业将更多的资金投入生产与研发活动，进而提高出口数量与质量。具体而言，环境管理体系要求认证企业将环境绩效持续改善作为方针，据此制定具体的环境目标与相应的自我约束机制，例如制定标准化的生产制造流程，以此降低生产过程中的材料、运营和环境管理成本（Iatridis and Kesidou，2018）。为确保环境管理体系的顺畅运行与规

① 由于本研究的对象主要为出口企业，故本部分主要以出口为切入点讨论客户需求对企业进行 ISO14001 认证的影响。

划方案的贯彻落实，企业需要定期监测、评估其实施情况，并根据评估结果适时对规划方案做出调整与改进，从而在实现整体环境绩效持续性改善的同时为降低合规成本构筑坚实基础，最终实现出口的“增量提质”。

（2）进行 ISO14001 认证不仅能够使出口企业更易于满足东道国政府的监管要求、降低阻滞企业出口的监管风险，还能够提高出口企业的社会声誉，增强其产品在国际市场上的竞争力，进而增加出口产品数量、扩大国际市场份额（Xu et al.，2018；Riaz and Saeed，2020）。具体而言，发达国家严苛的环境法规与排放标准致使国外进口商拥有较强的环保意识且重视管控产品生产过程对环境的影响。更为重要的是，这些标准可能会借由全球价值链影响出口企业（McGuire，2014）。与非认证企业相比，进行 ISO14001 认证的出口企业往往具有更为完备的环境风险管控体系与良好的环境绩效，这意味着其更易于符合国外进口商对出口企业环境表现的预期及进口商所在国的环境监管要求，从而缓解国外进口商对于出口企业环境表现较差的担忧并化解来自东道国政府的监管风险，最终在产品出口市场上形成更大的竞争优势（Nishitani，2009；He and Shen，2019）。与此同时，出口企业的环境表现和社会声誉与利益相关者（国外进口商）的社会合法性息息相关，因此国外进口商在进行产品采购决策时更加倾向于信赖并选择环境表现较好、社会声誉较高的认证出口企业作为供应商（Zou et al.，2015）。ISO14001 认证作为帮助企业获取利益相关者支持的潜在媒介，能够释放出企业积极履行社会责任的可靠信号，纾解国外进口商与认证出口企业的信息不对称，这有助于吸引重视环境管理的国外进口商并加快构建两者间的信任关系，提升国外进口商对认证出口企业的评价，最终提高认证出口企业产品在东道国的竞争力与市场份额（Testa et al.，2018）。此外，在环境风险与信贷风险相互耦合的背景下，进行 ISO14001 认证也能够向外部投资者传递企业自觉履行社会责任的信号，进而在缓解认证企业与外部投资者之间信息不对称的同时提高企业资信度，这有利于认证企业获得外部投资者的青睐，缓解融资约束，最终助力认证企业实现出口的“增量提质”（DeBoskey and Gillett，2013；Iatridis and Kesidou，2018）。

基于以上分析，本研究预期出口企业进行 ISO14001 认证将会显著增加其出口数量并提升其出口质量。因此提出假设 1。

假设 1：与未进行 ISO14001 认证的出口企业相比，进行 ISO14001 认证能够促进企业出口的“增量提质”。

（二）间接效应

除上述直接效应外，企业进行 ISO14001 认证也会产生间接效应，进而促进出口的“增量提质”，本研究将其概括为创新效应。

波特假说认为，设计合理的环境规制将有利于鼓励企业进行创新，以改进其生产工艺并提高生产率，最终实现环境绩效与经济绩效的双赢（Porter and van der Linde，1995）。与其他类型的环境规制相比，自愿型环境规制具有更强的灵活性，因而更适用于波特假说的理论范畴（Camisón，2010；Jiang et al.，2020）。作为自愿型环境规制的主要形式之一，已有众多学者对ISO14001认证在提升企业创新绩效方面的效果进行过理论与实证评估（He and Shen，2019）。就其内在机制而言，一方面，借助于环境管理体系，企业能够全面地监测与管理生产活动所造成的环境影响，这有助于激发企业的创新意愿、帮助企业寻找新的技术创新点，进而推动企业根据其自身优势开展最适宜的创新活动，打造以绿色发展为基调的“创新”引擎（Amores-Salvadó et al.，2015）；另一方面，构建良好的环境管理体系能够充分调动企业主动参与创新活动的积极性，进而实现自身环境绩效的有序改进，这不仅为企业日后应对日益趋紧的强制性环境规制构筑了“缓冲带”，而且为企业长期维持自身的环境合法性奠定了坚实基础（Potoski and Prakash，2005）。

综上所述，企业进行ISO14001认证能够显著改善其创新绩效，为此，本研究试图从创新视角出发厘清ISO14001认证与企业出口“增量提质”的关系。具体地，参考既有研究对于创新行为的分类范式，本研究将企业创新活动细化为过程创新与产品创新，以下将分别从上述两种维度探讨创新帮助企业实现出口“增量提质”的作用机理（Ziegler and Nogareda，2009）。一方面，从过程创新视角看，其不仅能够帮助企业从源头减少污染物的产生量，也能够优化、改进生产流程，最终实现企业出口的“增量提质”。具体的，研发并应用清洁生产技术的企业能够直接减少生产过程中污染物的产生，这意味着在面临外部环境目标约束时，此类企业生产活动遭受的负面影响较弱，因此产量相对更高，从而为出口规模的扩大提供了有效支撑；与此同时，通过对既有生产流程与工艺的改进，企业也能够提高产品质量，这为出口更高质量的产品奠定了坚实基础。另一方面，从产品创新视角看，企业进行产品创新会增加可供出口的产品种类，一般而言，产品种类丰富的企业往往易于在东道国取得竞争优势，因此具有更高的出口数量；与此同时，在环境管理体系的约束下，企业进行新产品研发不仅需要注重产品质量的改善，也要关注新产品生产过程中的环境影响，据此可以推断，企业研发并生产新产品能够实现环境绩效优化与产品质量改进的双赢（Kawai et al.，2018）。

基于上述分析，本研究预期进行ISO14001认证有助于出口企业进行过程创新与产品创新，本研究将这一机制链条定义为创新效应并提出假设2.

假设2：企业进行ISO14001认证将会产生创新效应，进而促进其出口的“增量提质”。

第三节 研究设计

一、数据整理

为考察自愿型环境规制能否有效促进企业出口的“增量提质”，本研究使用了如下 5 个微观数据集，包括作者自行整理的制造业企业 ISO14001 认证数据集、中国工业企业数据库、中国海关数据库、中国环境统计数据库与企业专利数据库。由于国家认证认可监督管理委员会数据库中 1996—2008 年的数据缺失较为严重，经与中国工业企业数据库匹配后，2008 年当年及以前并无匹配成功企业，且为确保进行平行趋势检验时 2009 年认证企业存在相对较长的提前期，本研究将样本起始年份设定为 2004 年。另外，由于中国工业企业数据库 2015 年及以后数据不可得，故样本终止年份为 2014 年，最终本文样本区间确定为 2004—2014 年。需要指出的是，由于中国工业企业数据库 2010 年各变量数据缺失严重，故样本期间内不包括 2010 年数据。

微观层面自愿型环境规制数据的收集与整理是本研究的重要工作之一。得益于上市公司环境信息披露制度的发展与完善，先前研究往往通过查询上市公司信息披露的公告进而获取微观层面的 ISO14001 认证数据集（Xu et al.，2018；He and Shen，2019）。[①] 然而，使用此种方式获取的数据集不仅观测值数量较少，也会导致样本失去随机性，从而产生样本选择偏差问题，最终影响研究结论的稳健性与普适性。例如，上市公司样本所含企业往往规模较大、竞争力更强且管理更为规范，此时无法准确识别 ISO14001 认证对企业出口行为影响的平均效应。为此，与先前研究不同，本研究借助网络爬虫技术爬取 1996—2018 年国家认证认可监督管理委员会数据库，重新收集并整理了一套全新的制造业企业 ISO14001 认证数据集。该数据集包括申请 ISO14001 认证通过的制造业企业名称与认证年份信息。

随后，本研究该数据集与中国工业企业数据库、中国海关数据库、中国环境

① 2007 年原国家环保总局发布了《环境信息公开办法（试行）》，要求企业公开环境信息。2008 年，上海证券交易所发布《上市公司环境信息披露指引》，强制要求上市公司披露年度资源消耗总量、污染物种类、排放量等环境信息。2010 年，中华人民共和国环境保护部发布《上市公司环境信息披露指南》，明确了中国 A 股市场重污染行业上市公司环境信息披露的内容和形式。上述系列文件的出台为获取上市公司环境管理体系认证数据提供了可能。

统计数据库与企业专利数据库进行匹配和组合,[①] 进而获得了 3 套制造业企业面板数据用于检验 ISO14001 认证与企业出口数量和质量的关系及其影响机制（见表 27-1）。[②] 其中，面板数据 A 由制造业企业 ISO14001 认证数据集、中国工业企业数据库、中国海关数据库匹配而成，主要用于研究自愿型环境规制是否可以实现企业出口的“增量提质”及其影响机制；面板数据 B 由制造业企业 ISO14001 认证数据集、中国工业企业数据库和中国环境统计数据库匹配而成，主要用于检验创新效应是否存在；面板数据 C 由制造业企业 ISO14001 认证数据集、中国工业企业数据库和企业专利数据库匹配而成，同样用于检验创新效应是否存在。需要指出的是，若将 5 个数据库一次性匹配、合并会致使观测值数量大幅下降，进而影响实证结果的准确性。为此，参照 He 等（2020）的做法，本研究分别匹配、组合不同数据集，以用于实证检验。

表 27-1　数据库匹配情况

数据	第一步					第二步		
	中国工业企业数据库	中国海关数据库	中国环境统计数据库	企业专利数据库	匹配成功观测值数	认证数据集	匹配成功观测值数	匹配成功企业数
面板数据 A	√（2878621）	√（288959）			268315	√	14215	6476
面板数据 B	√（2878621）		√（1253294）		183141	√	13183	5839
面板数据 C	√（2878621）			√（2513856）	100944	√	13002	5652

在上述匹配过程中，第一步需根据企业名称、组织代码等信息匹配除制造业企业 ISO14001 认证数据集外的两套数据库，并保留两套数据库中同时存在的企业观测值；第二步，使用企业名称作为匹配依据，将上一步骤中获得的匹配结果与制造业企业 ISO14001 认证数据集再次匹配，进而获得整合数据。上述匹配过程中存在如下要点：①在进行面板数据 B 和面板数据 C 的第二步匹配前，需要根

① 由于 ISO14001 认证证书的有效期为 3 年，这意味着匹配成功观测值数与匹配成功企业数的比例关系应为 3：1，然而在第一步匹配过程中无法确保企业始终存续于样本期间，故其比例关系并非为 3：1 严格对应；括号内为匹配前样本数量。其中，专利数据库匹配前样本数量为未汇总至企业层面的专利总条数。

② 由于中国工业企业数据库、中国海关数据库、中国环境统计数据库与企业专利数据库已被诸多学者广泛应用于不同经济学领域的研究中，故本研究不再赘述对上述 4 个数据库的清洗过程。

据中国工业企业数据库中的出口交货值变量剔除其值小于、等于 0 的企业，以保留出口企业样本，由于面板数据 A 的匹配过程中已经涉及中国海关数据库，这意味着匹配成功的企业必然为出口企业，故可省略该步骤；②在进行第二步匹配时，以企业名称作为匹配准绳计算企业名称相似度，相似度为 1 则直接保留，随后逐年人工检查企业名称相似度小于 1 的情况，以排除企业名称相似度高但并非同一企业导致的匹配错误。

为进一步阐明本研究样本选取方面的优势，本研究整理并总结了已有关于中国 ISO14001 认证定量研究所使用的样本情况。[①] 不难发现，整体而言，以往研究所使用的样本量普遍较少，且认证企业观测值数量与占比较低。

二、变量说明

（一）企业出口行为变量

（1）就企业出口数量而言，本研究同时从企业出口产品金额与出口产品数量两个维度对其进行测度。[②] 具体的，本研究根据中国海关数据库将 HS 八分位码的出口产品金额与出口产品数量分别加总至企业层面，随后进行对数化处理，以获取企业出口产品金额变量（ln*quantity*1）与出口产品数量变量（ln*quantity* 2）。

（2）就企业出口质量而言，本研究首先参照施炳展和邵文波（2014）提出的测算方法对企业出口产品质量进行测算，随后将其汇总至企业层面，进而获得企业出口质量变量（*quality*）。[③] 产品质量作为产品内垂直差异的直观映射，具有丰富的内涵，其主要包括客观性特征（如耐用性）、心理和视觉满足感（如美观程度）和社会性特征（如品牌社会地位）（Garvin，1984）。简而言之，在产品数量不变的前提下，能够提升消费者效用水平的特征都可被归结为产品质量（施炳展和邵文波，2014）。

（二）自愿型环境规制变量

本研究根据企业是否进行 ISO14001 认证设定自愿型环境规制变量（*ISO*）。具体而言，根据制造业 ISO14001 认证数据集中提供的认证年份，本研究将企业认证当年及其后两年的自愿型规制变量赋值为 1，否则为 0。

（三）机制检验相关变量

为检验创新效应的存在性，本研究分别从过程创新与产品创新两大维度设定如下 9 个创新变量。就过程创新而言，本研究构建发明专利申请数量（ln*pat*，定

---

① 先前关于中国 ISO14001 认证的定量研究数据情况见《中国工业经济》网站附件。

② 需要特别强调的是，在下文分析时，企业出口数量这一表述涵盖出口产品金额与出口产品数量两个维度。

③ 该方法已经被广泛应用于产品质量测算，故限于篇幅，本研究不再赘述测算方法，具体过程见施炳展与邵文波（2014）。

义为企业专利数据库中的发明专利申请数量加1取对数）与实用新型专利申请数量（ln*um*，定义为企业专利数据库中的实用新型专利申请数量加1取对数），对其进行测度，同时本研究也依据世界知识产权组织提供的国际专利分类绿色清单工具识别企业层面的绿色专利申请数量，进而构建绿色专利申请量变量（ln*green*，定义为企业专利数据库中的绿色专利申请数量加1取对数）；① 需要指出的是，鉴于企业专利申请数量无法表明企业在生产过程中实际采用该专利，为此，本研究将中国环境统计数据库中提供的SO_2、化学需氧量和废水产生量与中国工业企业数据库提供的工业总产值相结合，进而分别计算出单位产值二氧化硫产生量（$SO_2output$）、单位产值化学需氧量产生量（*codoutput*）与单位产值废水产生量（*wateroutput*）以进一步表征过程创新（Ziegler and Nogareda，2009）；② 此外，本研究还使用OP法计算了企业的全要素生产率（*tfp*），以作为过程创新的代理变量。就产品创新而言，本研究使用了两个变量对其进行度量。一方面，本研究构建了新产品产值变量（ln*newproduct*，定义为企业新产品产值加1取对数）；需要指出的是，由于2009年以后中国工业企业数据库并没有提供新产品产值这一变量，因此，在使用该变量测度过程创新并进行实证检验时会导致样本数量锐减。另一方面，本研究在HS八分位码层面对企业出口产品种类数量进行汇总，进而计算企业层面的产品种类数量（ln*expro*，定义为企业出口产品种类数量取对数）作为产品创新的代理变量。

（四）控制变量

结合已有研究，本研究选取的控制变量主要来自企业与行业层面。企业层面控制变量包括企业年龄（ln*age*），定义为年份变量减创建年份加1取对数；资本密集度（ln*cap*），定义为真实资产数额与企业就业人数的比值取对数；企业规模（ln*size*），定义为企业就业人数取对数；是否国有企业虚拟变量（*soe*），国有企业赋值为1，否则为0；是否外商投资企业虚拟变量（*for*），外商投资企业赋值为1，否则为0。行业层面控制变量包括在城市制造业二位码行业层面计算的赫芬达尔指数（*hhi*）和产业集聚指数（*agg*）。

（五）其他变量

（1）在进行倾向得分匹配时，除上述控制变量外，本研究还在协变量中加入了对数形式的省份ISO14001认证机构数量（ln*ISOins*），该数据由作者根据国家认证认可监督委员会数据库整理获得。此外，本研究也使用了对数形式的出口

① 需要说明的是，由于本研究所使用的企业专利数据库未提供2014年各专利的分类号，故该年内本研究无法识别专利是否为绿色专利，故绿色专利申请量数据的样本期间不包括2014年。

② 污染物产生量被定义为污染物排放量与污染物处理量之和，其能够更为准确地反映企业生产过程中污染物的产生情况。

目的国数量（ln*expcountry*）、对数形式的出口产品种类数量（ln*exppro*）、对数形式的主要出口目的国 ISO14001 认证数量（ln*countryiso*）、对数形式的主要出口行业 ISO14001 认证数量（ln*industryiso*）、对数形式的主要出口目的国中具有 ISO14001 认证的中国出口企业数量（ln*countryisochina*）和对数形式的主要出口行业中具有 ISO14001 认证的中国出口企业数量（ln*industryisochina*）。①

（2）在异质性检验部分，为表征主要出口国环境标准，本研究使用了主要出口目的国是否为欧盟国家虚拟变量（*eu*），若企业主要出口目的国为欧盟国家，则赋值为 1；否则为 0。省份层面的对外开放水平变量（*trade*），定义为省份进出口总额与国内生产总值的比值。本研究也根据《污染源普查重点污染源行业分类》构建了行业污染属性虚拟变量（*pollu*），重污染行业赋值为 1，轻污染行业赋值为 0。②

三、识别策略与计量模型设定

严谨、精准的识别策略是准确评估自愿型环境规制对企业出口数量和质量影响的重要前提。本研究的实证思路为：选取进行 ISO14001 认证的企业作为实验组，并通过倾向得分匹配法逐年对实验组企业进行匹配，从而在剩余企业中选取与实验组企业具有相似特征的未认证企业作为对照组，以缓解自选择偏差。在进行倾向得分匹配时，需要选取企业 ISO14001 认证的影响因素作为协变量。基于前文对于 ISO14001 认证影响因素的讨论以及样本可用变量情况，本研究主要基于内部驱动力与外部驱动力视角选取协变量。一方面，就内部驱动力变量而言，本研究选取企业年龄、资本密集度、企业规模、是否国有企业虚拟变量、是否外商投资企业虚拟变量、出口目的国数量、出口产品种类数量加入匹配；另一方面，就外部驱动力而言，本研究选取主要出口目的国的 ISO14001 认证数量和主要出口行业的 ISO14001 认证数量，以表征国家层面和行业层面客户需求的差异，若特定国家和特定行业的 ISO14001 认证数量较高，可以认为该国家和行业更可能要求出口企业具有 ISO14001 认证（Martincus et al.，2010）；类似的，本研究也使用主要出口目的国中具有 ISO14001 认证的中国出口企业数量和主要出口行业中具有 ISO14001 认证的中国出口企业数量表征出口企业面临的竞争压力，若特定国家或特定行业中具有 ISO14001 认证的中国出口企业越多，则意味着出口企业在参与该国和该行业的出口产品竞争时面临更大的竞争压力；同时，本研究

① 主要出口目的国和主要出口行业被定义为企业出口产品金额最多的国家及行业。为确定企业出口产品金额最多的行业，首先需要根据各出口产品的 HS 编码确定其出口行业。具体步骤包括将 HS 编码转换为 SITC 编码，随后参考盛斌（2002）根据 SITC 编码确定出口产品所属的制造业二位码行业。

② 描述性统计结果见《中国工业经济》网站附件。

还选取省份 ISO14001 认证机构数量、赫芬达尔指数和产业集聚指数，以控制认证机构可得性、国内行业竞争程度与产业集聚程度对企业申请 ISO14001 认证的影响。需要特别指出的是，为避免上述匹配变量与 ISO14001 认证变量间可能存在的反向因果关系，除企业年龄和两个企业所有在制类型变量外，其余匹配变量均采用滞后一期形式（Martincus et al.，2010）。[①] 故最终回归所用样本区间为 2005—2014 年。此外，为避免参与 ISO14001 认证的企业事前就比未参与的企业有更好的出口数量与质量，本研究还将滞后一期的企业出口产品金额、数量与企业出口质量作为协变量加入匹配过程。

随后，将实验组与对照组合并组成新的面板数据，并借助双重差分模型识别 ISO14001 认证对企业出口数量与质量的影响及其内在机制。为尽可能确保匹配结果的稳健性，本研究参照 Blackman 等（2010）采取近邻匹配与核匹配法筛选对照组企业，进而获取 4 套样本。由于 Abadie 等（2004）研究表明近邻一对四匹配时匹配估计量误差较小，故本研究选取近邻一对四匹配获得的样本用于基准回归，并将近邻一对六匹配、近邻一对八匹配和核匹配生成的 3 套样本用作稳健性检验。[②] 需要指出的是，由于实证检验部分涉及 3 套不同的面板数据，因此本研究需要分别针对其应用近邻一对四匹配，以获取 3 套匹配后面板数据。此外，近邻一对六匹配、近邻一对八匹配和核匹配只应用于面板数据 A，进而构成新的面板数据用，以检验本研究主要结论的稳健性。[③]

随后，基于近邻一对四匹配获得的样本，本研究设定如下双重差分模型来考察自愿型环境规制对企业出口变量的影响：

$$export_{it} = \alpha ISO_{it} + \beta X_{it} + \gamma_i + \gamma_t + \varepsilon_{it} \qquad (27-1)$$

其中，$export_{it}$ 为 t 年企业 i 的出口行为变量，包括出口产品金额变量（ln*quantity*1）、出口产品数量变量（ln*quantity*2）与出口产品质量变量（*quality*）；ISO_{it} 为 t 年企业 i 自愿型环境规制变量；X_{it} 为一系列控制变量的集合，包括企业年龄（ln*age*）、资本密集度（ln*cap*）、企业规模（ln*size*）、国有企业虚拟变量（*soe*）、外商投资企业虚拟变量（*for*）、赫芬达尔指数（*hhi*）、产业集聚指数（*agg*）；γ_i 和 γ_t 分别表示企业固定效应与年份固定效应，ε_{it} 为随机扰动项。需

① 由于面板数据 B 和 C 面板数据不包括出口目的国数量、出口产品种类数量、主要出口目的国的 ISO14001 认证数量、主要出口行业的 ISO14001 认证数量、主要出口目的国中具有 ISO14001 认证的中国出口企业数量、主要出口行业中具有 ISO14001 认证的中国出口企业数量变量，故进行倾向得分匹配时不加入上述协变量。

② 事实上，本研究同样对样本进行了尝试性的近邻一对一匹配，然而在对匹配后实验组与对照组进行平衡性检验时发现，两组间依旧存在较大差异，无法通过平衡性检验，故本研究在回归中对该种匹配方法获取的样本不予使用。

③ 匹配后数据平衡性检验结果见《中国工业经济》网站附件。

要指出的是，在进行影响机制检验时，首先保持式（27-1）右侧不变，随后将 $export_{it}$ 分别替换为不同的机制检验相关变量以进行回归；就异质性检验而言，本研究将特定的异质性变量与 ISO_{it} 的交互项及特定的异质性变量共同加入式（27-1），随后进行回归。

第四节　实证结果

一、基准回归

表 27-2 报告了 ISO14001 认证对企业出口行为影响的估计结果。第（1）至第（3）列为仅控制企业与年份固定效应的回归结果。此时，核心解释变量 *ISO* 的估计系数分别为 0. 1254、0. 0986 和 0. 0051，且均于 1%的水平显著。在此基础上，本研究进一步引入企业与行业层面的控制变量，结果如第（4）至第（6）列所示。可以发现，核心解释变量 *ISO* 的系数分别为 0. 1136、0. 0775 和 0. 0044，且依然在 1%、1%和 5%的水平显著。上述结果意味着与未进行 ISO14001 认证的企业相比，进行 ISO14001 认证确实能够显著提高企业的出口产品金额、数量与质量，假设 1 得以初步验证。

表 27-2　ISO14001 认证对企业出口行为的影响

变量	(1)	(2)	(3)	(4)	(5)	(6)
	ln*quantity*1	ln*quantity*2	*quality*	ln*quantity*1	ln*quantity*2	*quality*
ISO	0. 1254*** (0. 0302)	0. 0986*** (0. 0330)	0. 0051*** (0. 0018)	0. 1136*** (0. 0303)	0. 0775** (0. 0332)	0. 0044** (0. 0018)
ln*age*				0. 0639 (0. 0802)	0. 1054 (0. 0995)	-0. 0031 (0. 0050)
ln*cap*				0. 0780*** (0. 0207)	0. 0929*** (0. 0229)	0. 0039*** (0. 0012)
ln*size*				0. 3430*** (0. 0301)	0. 4114*** (0. 0338)	0. 0184*** (0. 0017)
soe				-0. 2691* (0. 1411)	-0. 2026 (0. 1931)	-0. 0203** (0. 0089)
for				0. 1156** (0. 0549)	0. 0753 (0. 0613)	0. 0062* (0. 0033)

续表

变量	(1)	(2)	(3)	(4)	(5)	(6)
	lnquantity1	lnquantity2	quality	lnquantity1	lnquantity2	quality
hhi				-0.3203 (3.3038)	-7.5230* (3.9944)	-0.4281** (0.1941)
agg				0.0110 (0.0120)	0.0135 (0.0130)	0.0006 (0.0007)
企业固定效应	是	是	是	是	是	是
年份固定效应	是	是	是	是	是	是
观测值	61140	61140	61140	59540	59540	59540
调整 R^2	0.0523	0.0391	0.0354	0.0615	0.0503	0.0433

注：表中所有回归均聚类于企业层面，括号内为聚类标准误；*、**、***分别表示10%、5%和1%的显著性水平。下同。

本研究认为ISO14001认证主要通过降低合规成本、化解监管风险与提高社会声誉助力企业实现出口的“增量提质”。一方面，得益于落实环境管理体系引致的管理与环境绩效改善，企业能够在应对强制性环境规制时更为游刃有余，即降低其所需的合规成本，缓解资金压力，进而实现出口数量与质量的双重提升（Albertini，2019）。例如，合规成本的降低能够促使认证企业在研发活动中投入更为充沛的资金，进而促进过程创新与产品创新，最终在国际市场竞争中抢占先机。然而，这一推测尚需要严谨的实证检验加以验证。另一方面，企业进行ISO14001认证具有强烈的信号效应，这一举措能够向利益相关者（如外部投资者和国外进口商）传递企业积极履行社会责任的信号，加深利益相关者对企业环境表现的了解，有效缓解两者间的信息不对称，这不仅能够帮助企业获取外部投资者的青睐，也有助于增强其产品的国际认可度和竞争力，最终提升国际市场份额（Riaz and Saeed，2020）。

二、稳健性检验

为确保基准回归结果的稳健性，本研究进行了如下5种稳健性检验：①平行趋势检验；②剔除同期强制性环境政策对结果的干扰；③排除匹配方法对结果的干扰；④减轻遗漏变量和随机因素对结果的干扰；⑤使用与实验组企业具有更高相似性的对照组样本进行估计。① 上述5种稳健性检验的结果均与基准回归结果

① 稳健性检验详细结果见《中国工业经济》网站附件。

相似，由此说明本研究的实证结果稳健。

三、异质性检验

前文结果表明，整体而言，进行 ISO14001 认证会对企业出口数量与质量产生显著的积极影响。为进一步深化对上述关系的理解，本研究从主要出口目的国的环境标准、出口企业所处地区的对外开放水平、出口企业的行业污染属性、出口企业规模等维度切入，对两者间可能存在的异质性关系进行检验。

（一）主要出口目的国环境标准

欧盟国家历来重视企业环境绩效的评估、报告与改善（杨光勇和计国君，2011）。在国际标准化组织提出 ISO14001 认证前，欧盟委员会已经通过了生态管理与审核系统（EMAS），该系统同样要求参与企业评估、管理和持续改进其环境绩效。与 ISO14001 认证不同的是，该系统对参与企业提出了更高的要求，例如其需持有由主管机构签署的合法性证明、做出持续改善环境绩效的直接承诺、增加系统透明度、确保员工的有效参与等。因此，该系统被公认为全球最为严格的环境管理工具（Marrucci and Daddi，2022）。在此背景下，与非欧盟国家企业相比，欧盟国家企业通常具有较好的环境绩效。此时，即使出口企业已获取 ISO14001 认证，仍然难以在与当地制造商的竞争中取得优势；反之，由于非欧盟国家对于环境绩效重视程度相对较低，因此已获取 ISO14001 认证的出口企业在与当地企业的竞争中更易于取得优势，进而有助于改善自身出口绩效。

基于上述讨论，本研究预期，与主要出口目的国为欧盟国家的出口企业相比，ISO14001 认证对于出口目的国为非欧盟国家出口企业的出口行为具有更强的改善作用。为此，本研究首先生成企业主要出口目的国是否为欧盟国家虚拟变量（*eu*），若企业主要出口目的国为欧盟国家，设定为 1，反之为 0。随后将其与 *ISO* 变量生成交互项加入式（27-1）进行回归，结果如表 27-3 中第（1）至第（3）列所示。观察结果可知，*ISO* 变量均显著为正，这与基准回归结论一致。有趣的是，当被解释变量为企业出口产品金额与数量时，$ISO \times eu$ 均显著为负；而当被解释变量为企业出口质量时，$ISO \times eu$ 则并不显著。这意味着与主要出口目的国为非欧盟国家的企业相比，ISO14001 认证对主要出口目的国为欧盟国家的企业出口数量的改善作用较弱，上述实证结果与本研究预期相符。

表 27-3　主要出口目的国环境标准与地区对外开放水平异质性检验

变量	(1)	(2)	(3)	(4)	(5)	(6)
	lnquantity1	lnquantity2	quality	lnquantity1	lnquantity2	quality
ISO	0.1313***	0.1055***	0.0050***	0.2293***	0.2561***	0.0102***
	(0.0317)	(0.0349)	(0.0019)	(0.0661)	(0.0720)	(0.0039)
ISO×eu	-0.1291*	-0.2044***	-0.0046			
	(0.0746)	(0.0768)	(0.0041)			
ISO×trade				-1.6173**	-2.5010***	-0.0813*
				(0.8233)	(0.9275)	(0.0488)
控制变量	是	是	是	是	是	是
企业固定效应	是	是	是	是	是	是
年份固定效应	是	是	是	是	是	是
观测值	59540	59540	59540	59540	59540	59540
调整 R^2	0.0616	0.0506	0.0433	0.0621	0.0507	0.0434

注：控制变量包括 lnage、lncap、lnsize、*soe*、*for*、*hhi* 和 *agg*。下同。

（二）地区对外开放水平

中国各省份对外开放水平差异显著，在此背景下，ISO14001 认证对企业出口数量与质量的提振作用是否会由于地区对外开放水平的差异而有所不同？理论上而言，由于对外开放水平差异会直接导致区域间出口机会存在差异。若地区对外开放水平较低，出口机会较为稀缺，当地企业出口参与程度较低，进行 ISO14001 认证将会有利于企业在竞争中脱颖而出，进而攫取更多出口机会，以极大地提升自身出口数量；反之，若地区对外开放水平较高，企业易于获取出口机会，此时其对 ISO14001 认证的依赖与重视程度相对较低。因此，本研究预期与处于对外开放水平高的地区企业相比，ISO14001 认证对低对外开放水平地区企业的出口数量与质量的带动作用更强。

为验证这一问题，本研究将进一步在式（27-1）中加入省份层面的对外开放水平变量与 *ISO* 的交互项，随后再次进行回归，结果报告于表 27-3 中第（4）至第（6）列。不难发现，关键解释变量 *ISO* 的系数依旧显著为正，这与基准回归结论相符；然而，*ISO×trade* 系数显著为负。结合上述两个变量系数的符号方向与显著性水平可知，ISO14001 认证对低对外开放水平地区企业的出口数量与质量的带动作用更大。如前文所述，本研究认为区域间出口机会的差异是造成上述结果的主要动因。若地区对外开放水平较低，出口机会较为稀缺，当地企业出口参与程度较低，进行 ISO14001 认证将会有利于企业在竞争者中脱颖而出。此时，企业也会更加注重发挥 ISO14001 认证对其产品质量的改善作用，以达成出口数量与质量同步提升的双赢局面。

（三）行业污染属性

鉴于行业间污染程度不同，环境规制对不同行业出口数量与质量的影响可能存在差异。既有文献主要从强制性环境规制视角出发对上述问题做出解答，其结果表明，与轻污染行业相比，强制性环境规制不利于重污染行业出口数量的提升与出口质量的改进（盛丹和张慧玲，2017；Hering and Poncet，2014）。然而，鲜有研究从自愿型环境规制视角切入，对上述问题进行研究。为此，本研究根据《污染源普查重点污染源行业分类》设定行业污染属性虚拟变量（*pollu*），将所有行业划分为重污染行业和轻污染行业，进而检验自愿型环境规制对企业出口行为的影响是否因行业污染属性的差异而有所不同。

观察表 27-4 中第（1）至第（3）列可知，当被解释变量为企业出口质量时，*ISO* 系数与 *ISO*×*pollu* 系数均显著为正，这意味着与轻污染行业的企业相比，ISO14001 认证对重污染行业企业出口质量的影响更强。事实上，与轻污染行业企业相比，重污染行业企业通常拥有更强的“创新动机”，即其更加倾向于通过创新来降低自身生产行为对生态环境产生的消极影响，从而在提高环境绩效的同时进一步推动产品质量的改进。

表 27-4　行业污染属性与企业规模异质性检验

变量	(1)	(2)	(3)	(4)	(5)	(6)
	ln*quantity*1	ln*quantity*2	*quality*	ln*quantity*1	ln*quantity*2	*quality*
ISO	0. 1053***	0. 0688**	0. 0035*	0. 4632**	0. 6411***	0. 0465***
	(0. 0317)	(0. 0347)	(0. 0018)	(0. 2303)	(0. 2480)	(0. 0131)
ISO×*pollu*	0. 1131	0. 1188	0. 0118**			
	(0. 0758)	(0. 0791)	(0. 0049)			
ISO×ln*size*				−0. 0552	−0. 0890**	−0. 0067***
				(0. 0367)	(0. 0396)	(0. 0021)
控制变量	是	是	是	是	是	是
企业固定效应	是	是	是	是	是	是
年份固定效应	是	是	是	是	是	是
观测值	59540	59540	59540	59540	59540	59540
调整 R^2	0. 0615	0. 0503	0. 0434	0. 0616	0. 0506	0. 0438

（四）企业规模

ISO14001 认证对企业出口行为的影响是否会由于企业规模的差异而有所不同？一般而言，规模经济的存在通常使规模大的企业在出口竞争中处于优势地位（Bernard et al.，2010），其出口规模较大、市场占有率较高，且拥有分布广泛、数量庞大的客户群体。因此，即使不依赖于 ISO14001 认证引致的出口红利，其也可以通过调整自身出口战略实现出口数量的持续增长和出口质量的稳步提升。相反，小规模企业受自身条件所限，出口选择较少、出口规模较小，在出口竞争中往往处于劣势地位，其迫切需要开辟海外市场、提高市场份额，这致使其更加重视 ISO14001 认证诱发的出口红利，并相应地对经营方式与出口策略进行调整，以释放 ISO14001 认证诱发的出口红利，最终更为充分地实现出口产品数量的提升与质量的改进。基于上述讨论，本研究预期企业规模将会显著影响 ISO14001 认证与企业出口行为的关系。

为验证上述观点，基于式（27-1），本研究将企业规模（ln*size*）作为异质性变量引入回归，表 27-4 报告了上述回归的结果。观察表 27-4 第（4）至第（6）列可知，ISO14001 认证有利于实现企业出口数量提升与质量提升的双赢；同时，*ISO*×ln*size* 变量系数表明，与大规模企业相比，ISO14001 认证对小规模企业出口数量和质量的正向带动作用更强。[①] 这一结果与本研究预期相同，即小规模企业的确更加重视 ISO14001 认证引致的出口红利，更加注重发挥 ISO14001 认证对其出口的带动作用。

第五节　作用机制检验

根据上述结果可知，ISO14001 认证能够帮助企业实现出口数量增加与质量提升的双赢。由此产生的问题是，这一过程通过何种机制来实现？既有研究表明创新是助力企业塑造对外贸易新优势，实现出口“增量提质”的重要引擎（施炳展和邵文波，2014）。一方面，过程创新能够直接优化企业生产过程，从而在减少其污染物排放的同时提高生产率；另一方面，进行产品创新不仅会直接增加企业可供出口的产品种类，也有利于企业统筹推进产品质量改进与环境影响管控。据此可知，过程创新和产品创新为企业进一步扩大出口规模、改进产品质量奠定了坚实基础。因此，为了探究 ISO14001 认证是否会通过促进创新进而助力企业实现出口的“增量提质”，本研究基于式（27-1），对等式左侧被解释变量进行替换，以对上述影响机制（假设 2）进行实证检验。

① 虽然被解释变量为出口产品金额时，*ISO*×ln*size* 系数不显著，但其仍旧为负。

相应的，本研究将创新效应进一步区分为过程创新与产品创新。就过程创新而言，本研究将式（27-1）中的被解释变量分别替换为发明专利申请数量（ln*pat*）、实用新型申请数量（ln*num*）、绿色专利申请数量（ln*green*）、全要素生产率（*tfp*）、单位产值二氧化硫产生量（$SO_2output$）、单位产值化学需氧量产生量（*codoutput*）和单位产值废水产生量（*wateroutput*）。就产品创新而言，本研究将式（27-1）中的被解释变量分别替换为新产品产值（ln*newproduct*）和产品种类数量（ln*exppro*）。

表 27-5 第（1）至第（6）列和表 27-6 中第（1）列给出了表征过程创新的不同变量作为被解释变量的估计结果。其中，表 27-5 中第（1）至第（3）列回归结果基于面板数据 C 匹配后数据获得；表 27-5 中第（5）、第（6）列和表第 27-6 中第（1）列回归结果基于面板数据 B 匹配后数据获得。观察上述结果可知，核心解释变量 *ISO* 在表 27-5 中第（1）至第（4）列中均显著为正；在表 27-5 中第（5）、第（6）列和表 27-6 中第（1）列均显著为负。这意味着 ISO14001 认证不仅有助于企业增加发明专利申请数量、实用新型专利申请数量与绿色专利申请数量，提高全要素生产率，也有助于其降低单位产出的污染物数量。这充分表明 ISO14001 认证能够激发企业实施过程创新，提高创新绩效，最终实现出口数量与出口质量的双重跃升。表 27-6 第（2）至第（3）列给出了以不同的产品创新变量作为被解释变量的估计结果。核心解释变量 *ISO* 的系数分别为 1.0699 和 0.3520，且在 10%和 1%的水平显著，这说明进行 ISO14001 认证能够显著提高出口企业新产品产值和产品种类数量。换言之，ISO14001 认证有助于促进企业产品创新，进而在增加其产品种类数量的同时提高产品质量，最终促进企业出口数量与质量的增长。

表 27-5　创新效应检验 1

变量	（1）	（2）	（3）	（4）	（5）	（6）
	ln*pat*	ln*num*	ln*green*	*tfp*	$SO_2output$	*codoutput*
ISO	0.1906***	0.2011***	0.0361***	0.0085***	-0.0783**	-0.1505***
	（0.0062）	（0.0134）	（0.0038）	（0.0027）	（0.0271）	（0.0234）
控制变量	是	是	是	是	是	是
企业固定效应	是	是	是	是	是	是
年份固定效应	是	是	是	是	是	是
观测值	71524	71524	42676	59537	59675	33995
调整 R^2	0.0680	0.0367	0.0148	0.1456	0.0209	0.0074

表 27-6　创新效应检验 2

变量	(1)	(2)	(3)
	wateroutput	ln*newproduct*	ln*exppro*
ISO	-0.2538***	1.0699*	0.3520***
	(0.0426)	(0.5893)	(0.1282)
控制变量	是	是	是
企业固定效应	是	是	是
年份固定效应	是	是	是
观测值	63917	20256	53900
调整 R^2	0.0071	0.1892	0.0313

综合表 27-5 和表 27-6 的结果可知，与未进行 ISO14001 认证的出口企业相比，进行 ISO14001 认证将会引发创新效应，促使出口企业进行过程创新与产品创新，从而实现出口的“增量提质”，假设 2 得证。值得一提的是，已有文献指出，由于技术创新具有长周期、高投入和高风险等特征，污染企业通常会采取资本更新而非技术创新的方式来应对强制性环境规制（万攀兵等，2021；Sharma，2001）。有别于上述观点，本研究的实证结果充分表明自愿型环境规制（进行 ISO14001 认证）能够显著促进企业技术创新。具体而言，根据企业自身条件合理构筑并贯彻执行环境管理体系，不仅能够调动企业开展创新活动的积极性，也能够帮助其全面监控生产过程对环境的影响。上述过程均有助于企业进一步探寻技术创新方向，因势利导开展创新活动，从而提升其创新绩效（Amores-Salvadó et al.，2015；He and Shen，2019）。

第六节　结论与政策启示

本研究以企业参与 ISO14001 环境管理体系认证为切入点，采取倾向得分匹配法与双重差分法从微观层面深入考察了自愿型环境规制对制造业企业出口行为的影响及其内在机制。为此，通过爬取国家认证认可监督管理委员会数据库，本研究收集并整理了一套全新的制造业企业 ISO14001 认证数据集，并将其与中国工业企业数据库、中国海关数据库、中国环境统计数据库与企业专利数据库进行匹配、组合，形成多套用于检验 ISO14001 认证与企业出口行为关系及其作用机制的微观面板数据。本研究从自愿型环境规制角度出发，为理解发展中国家自愿型环境规制与企业出口行为间的关系提供了新的见解，也为加快培育出口新动能，实现经济高质量发展提供了决策参考。

研究结论表明：①进行 ISO14001 认证不仅能够增加企业出口产品金额与数量，也能够提高企业出口产品质量，这意味着自愿型环境规制有助于实现企业出口的“增量提质”；②就影响机制而言，申请 ISO14001 认证有助于企业减少合规成本、提升社会声誉，进而直接提高出口数量与质量；与此同时，也能够引发创新效应，诱发企业过程创新与产品创新，进而间接地助力企业实现出口的“增量提质”；③ISO14001 认证对企业出口数量与质量的正向影响在出口目的国、地区、行业与企业维度均表现迥异。具体而言，其对主要出口国为环境标准较高国家、位于低对外开放水平地区、属于重污染行业和规模较小的企业出口行为的正向影响更强。

本研究结论对于进一步普及 ISO14001 环境管理体系，实现企业环境绩效与出口绩效的双赢，最终带动经济高质量发展具有重要政策含义。

（1）以推广 ISO14001 环境管理体系为抓手，突破阻碍对外贸易促稳提质的瓶颈，实现出口数量与质量的“双跃升”，以发展高质量对外贸易，最终实现经济高质量发展。政府部门应联合行业协会采取切实措施向出口企业阐明构建环境管理体系的益处，向其大力推广环境管理体系，进而帮助其在愈演愈烈的国际贸易竞争中取得一席之地。

（2）以普及 ISO14001 环境管理体系为重点方向，实现自愿型环境规制工具与强制性环境规制工具治理效能的相辅相成，进而在提升政府环境治理效能的同时降低治理成本。囿于环境监管与执法成本日益提高，政府部门应当积极探索包容性监管，在监管过程中注重普及环境管理体系，进而在助力污染企业纾解环保困局的同时降低监管成本，缩小财政资金缺口。

（3）以规范 ISO14001 环境管理体系认证流程为依托，构筑相应的管理要求基本框架，在切实把好认证机构资质审核质量关的同时，加强对认证过程的监督与指导，扭干认证过程中的水分，切实确保认证质量，发挥认证功效，防止其流于形式。政府部门应逐步完善认证机构资质认定与审核标准，严格准入门槛，防止认证机构滥竽充数，进而从源头规范环境管理体系认证市场；同时，也应当出台相应的管理机制对认证过程加以引导，督促认证机构恪守认证规范，以进一步减少形式认证、虚假认证等问题的产生。

（4）以实践 ISO14001 环境管理体系为纽带，赋能对外开放水平较低地区的企业、重污染企业、小规模企业等，引导并带动其抓住对外发展机遇，在应对国际贸易形势动荡挑战的同时全面塑造出口竞争新优势。为此，在推广、普及环境管理体系的过程中，政府部门不应采取“一刀切”的方式，而应当在充分考虑主要出口目的国、地区、行业与企业异质性特征的基础上采取循序渐进的推广模式，同时辅以创新财政支持机制，充分发挥环境管理体系在出口贸易中的惠企纾困作用，以进一步激发市场主体活力。

随着中国环境规制工具谱系的日益完善，自愿型环境规制在中国实现绿色高质量发展进程中的重要性与日俱增。然而，在当前的社会经济发展背景下，对于自愿型环境规制与企业行为关系的理论与实证研究仍然较少。因此，未来研究仍需立足于中国实践，进一步探究自愿型环境规制对企业环境、经济绩效的影响，进而助推中国实现经济实现高质量发展。

第28章 “全球最低企业税率”对跨国企业的影响分析

——基于浙江省的实地调查

2021年7月10日，二十国集团财政部长和央行行长第三次会议在意大利威尼斯就国际税收框架达成历史性协议，解决超大型跨国集团利润重新分配问题、设置15%的全球最低企业税率，将在全球范围内消灭“避税天堂”，结束“逐底竞争”。截至2021年年底，已有132个国家加入协议。这是100多年来国际税收的基本规则最大、最重要的一次调整，将对大型跨国企业的部分征税权从企业注册地重新分配至企业经营与盈利地，为世界各国和不同规模企业营造更加公平的竞争环境，对今后相当长一个时期的国际税收分配格局、税收多边治理等将产生深远影响。美国极力推动“全球税改”，旨在在全球实施长臂管辖。如果跨国企业在非七国集团国家或地区享受低于15%的企业税率，美国政府有权向该企业追缴其中差额。因此，至今仍在“避税天堂”配置利润的跨国企业和在浙江省投资并享受税收优惠的跨国企业或将面临追缴和补缴税款风险，影响其增资意愿。“全球税改”背景下，美国将抓住国际规则制定权，加大对全球多边经贸关系的掌控。浙江省就“全球最低企业税率”对跨国公司可能带来的影响进行了调研，结果显示，整体上其对浙江省境内跨国公司的影响有限，但将对浙江省“走出去”的跨国公司造成一定不利影响，对重点扶持行业企业产生一定不利影响，亟待引起高度重视。

第一节 “全球最低企业税率”基本评价

一、总体上跨国公司持积极态度

全球企业税率在过去几十年间出现国家间“逐底竞争”，只有少数低税经济体从中受益，而多数国家和地区显著受损。实施“全球最低企业税率”有利于营造公平的全球营商环境。浙江省跨国公司总体上对此持积极态度，例如杭州市就国际税收改革双支柱方案对辖区内跨国企业开展调研，发现该市跨国公司对“全球最低企业税率”总体持乐观态度，认为“全球最低企业税率”主要针对大型跨国科技巨头，政策的实施会推动国际市场环境更加公平。宁波市对26家跨国公司开展的调查显示，65%的跨国公司对该政策持欢迎态度，85%的跨国公司认为该政策不会对目前的海外利润造成影响。某能源有限公司表示，该协议在削弱企业向低税率地区转移的同时，将迫使各国遵守全球标准，有利于在目前情况下最大程度上解决“税收政策逐底竞争”问题，有利于营造更为公平的全球经营环境。

二、部分跨国公司心存担忧

（一）小型跨国企业担忧被波及

全球防税基侵蚀解决方案（支柱二）的门槛为全年集团营业额达到7.5亿欧元，由于政策未最终敲定，低于该标准的小型跨国企业仍然担心政策会扩大覆盖面，进而波及自身。

（二）部分享受税收优惠的科技型企业担忧红利减少

部分跨国经营企业为高新技术企业，税率为15%，恰好为全球最低税率方案规定的最低税率，企业对研发费用加计扣除等企业所得税优惠政策的适用问题存在担忧。某汽车零部件有限公司表示，企业享受高新技术企业15%税率和研发加计扣除两项税收优惠政策叠加，实际税率低于15%。对于“全球最低税率”的实施，企业担忧是否会影响到中国现行的企业所得税各项优惠政策的调整，从而造成企业税负上升。

（三）部分企业心存追缴疑虑

目前由于实施细则尚未出台，部分企业担忧后续被追缴税款。调研发现，某气体有限公司是中国石化与世界500强集团合资成立的跨国公司，2018—2019年该企业已享受地方留存税收全部返还政策，若实施“全球最低企业税率”，企业担忧存在税费追缴的可能，初步估算仅这两年就要被追缴税费约120万元。

三、跨国公司将持续关注

目前，相关规则制定尚处于框架阶段，具体政策执行时不确定因素较大，很多企业还处于观望阶段。调研发现多数企业处于分析观望阶段，表示会继续关注全球最低税率的后续动态以及开展相关测算工作。调研发现，大部分跨国企业法务部门尚未着手研究“全球最低企业税率”。某精密机械（浙江）有限公司表示，目前该计划仍处于提议阶段，要达成国际共识，需要进行长期的谈判和妥协，即使其母公司所在的日本是二十国集团成员国之一，其加入该最低税率计划也至少要等2022年3月31日财年结束以后，届时根据全球子公司合并报表数据、获取到一手数据以后，日本总部才会对此政策做出评价。某集团有限公司表示，目前“全球最低企业税率”具体政策未确定，公司会持续关注具体政策以确定对企业的影响。若“全球最低企业税率”规定指名义税率，则目前集团下属境外子公司所在地均在名义税率高于 15%的地区，“全球最低企业税率”对集团暂无影响；若该规定指实际税率，则集团在海外的经营，需统筹考虑企业实际经营投资业务需要、税率、政府补助等综合情况，判断是否影响企业投资决策。

第二节　“全球最低企业税率”对跨国公司的影响

一、整体上对境内跨国公司影响有限

（一）最低税率方案适用门槛较高

根据方案的支柱一、支柱二要求，浙江省在营收、利润等指标方面符合标准的跨国企业有限。如支柱一主要适用于全球收入超 200 亿欧元且利润高于 10%的跨国企业（不包括采掘业和部分金融业企业），按此标准，杭州市受影响的企业目前仅阿里巴巴一家。再如温州跨国企业的海外公司涉及行业主要为加工业、通用设备制造业、电气机械、汽车制造业和皮革等，海外利润收入较低，海外利润占比不大，利润率超过 10%的较少，经测算，目前符合相关条件的企业仅有青山特钢和正泰集团。

（二）省内企业现有税率普遍高于最低税率

除高新技术企业外，目前中国企业适用所得税率为 25%，高于最低税率 15%，因此对辖内公司的影响有限。例如玫琳凯中国、浙江伊莱克斯杭州工厂、浙江冠科美博生物科技有限公司、不二家（杭州）食品有限公司等重点跨国企业全球区域内的各大关联工厂目前企业所得税率均在 15%～40%之间，最低税率的实施对企业短期内实质影响不大。

（三）中国企业所得税实行全球征税原则

对居民企业的全球所得征税，即便中国企业的境外所得，如股息、红利等没有汇回国内，也要对其征税。某交通投资集团有限公司表示，目前企业所得税税率高于 15%，集团下属的境外企业分布在赞比亚等中非地区，且多为非独立分支机构，境外所得并入集团汇总计算缴纳企业所得税，因此“全球最低企业税率”的出台对企业影响不大。

二、对“走出去”的跨国公司造成一定不利影响

（一）在低税率、零税率辖区投资的企业将受影响

为了提高市场开拓、资本运作、税收筹划等方面的便利性，不少中资企业会选择在香港等低税率地区设立离岸公司或收购国外公司，若实行最低 15%税率，

相关企业可能会有一定的损失。某集团有限公司表示，集团下属 3 家香港公司都从事离岸经营业务，根据香港当地政策实际税负为零。若“全球最低企业税率”实施，则可能对该企业产生影响。

（二）对“一带一路”企业走出去会有影响

该政策可能会削减国内企业在“一带一路”沿线国家的投资持续性。新税收方案会减少“一带一路”沿线国家的税收优惠操作空间，比如伊朗、越南、尼日利亚、沙特阿拉伯等国家的区域性、行业性税收优惠政策将会大大减少，税收的不确定性风险加大，甚至部分行业产品出口会受到抑制。

（三）加重少部分企业海外子公司的税收负担

“全球最低企业税率”对部分已经在低税率国家或地区设立公司或搭建控股平台的跨国公司来说，将加重部分海外子公司的税收负担。某大型集团测算反映，集团在全球 48 个国家设有 120 家企业，按企业填报的税前利润和本年度计提企业所得税折算的税负率，低于 15%最低税率的有 16 个国家，同时该集团 98.47%的税前利润来自中国国内，目前国内税率也低于 15%的最低税率。

（四）对未来成长性企业出海产生影响

目前“全球最低企业税率”只适用于营收超过 7.5 亿欧元的大型跨国公司，省内绝大多数企业不在其列。但随着中国经济快速发展，未来更多企业会达到该政策门槛，他们出海投资过程中会受到影响。如以互联网企业为代表的高科技公司，可能面临同谷歌、脸书等美国互联网巨头一样的局面，即要在海外业务所在国缴纳更多的税，还可能会影响企业出海上市积极性。

三、将对重点扶持行业企业产生一定不利影响

“全球最低企业税率”实施可能会限制中国重点扶持行业税收优惠政策实效。目前中国部分行业和企业可以享受税收优惠待遇。如根据相关政策规定，国家鼓励的集成电路设计、装备、材料、封装、测试企业和软件企业及重点集成电路设计企业和软件企业，在免税期限结束后，可分别按照 12.5%和 10%征收企业所得税。两项税率均低于“全球最低企业税率”的 15%，较高的“全球最低企业税率”标准可能会减少相关企业能够享受的税收优惠，降低国内税收政策灵活度。某安防集团公司表示，集团在全球 48 个国家设有 120 家企业，按企业填报的税前利润和本年度计提企业所得税折算的税负率，低于 15%最低税率的有 16 个国家，波及范围较大。同时，集团 98.47%的税前利润来自国内，且因享受软件企业优惠等税率优惠，目前国内实际税率低于 15%。最低税率的实施有可能会对企业享受该类优惠产生影响。某新能源股份有限公司反映，由于集团境内多家企业均享受了税收优惠政策，在中国所得税有效税率也低于 15%。此外，该协议

还支持授予各国对利润率超过 10%的企业征收 20%及以上税收的权利，集团整体的利润水平已超过 10%，该协议一旦实施，或产生一定影响。

四、将促使跨国公司在全球布局时更看重综合因素

全球税率“逐底竞争”形成的“避税天堂”对外资结构有一定影响。与来自欧洲，美国、日本韩国等发达国家和地区的高质量外资相比，来自“避税天堂”的外资有一部分是“返程投资”，对浙江省的发展促进作用不够明显。根据 TaxFoundation 数据，2020 年全球主要国家企业所得税率分别为：美国 25. 77%、德国 29. 90%、法国 32. 02%、英国 19. 00%、日本 29. 74%、加拿大 26. 47%、中国（大陆）25. 00%、印度 30. 00%、俄罗斯 20. 00%、澳大利亚 30. 00%、西班牙 25. 00%，但也有不少国家企业所得税低于 15%，包括阿曼（15. 00%）、马尔代夫（15. 00%）、爱尔兰（12. 5%）、保加利亚（10. 00%），英属维尔京群岛（0）、开曼群岛（0）等。不少跨国公司将境外利润转移至维尔京群岛、开曼群岛、百慕大群岛等“避税天堂”的英属地，积累了大量未被任何国家征税的投资，15%的“全球最低企业税率”将使得这些地区不再具有税率竞争优势。跨国公司全球投资布局时除了税收因素，也会综合考虑其他多方因素，包括市场业务、营商环境、基础设施、人力资源等。“全球最低企业税率”的实施，将在减缓国家间税收“逐底竞争”的同时进一步提高跨国公司对其他各方面因素的要求。如浙江省丽水市对辖内 37 家外资企业的调查显示，企业对中国市场抱有充分信心。某药品包装企业（德资企业）表示认可中国投资环境，希望能继续深耕中国市场、发展壮大企业。某科技企业（日资企业）表示，企业仍然非常看好中国市场未来的发展，“全球最低企业税率”对企业在中国的业务影响不大。某深冷技术股份有限公司表示，因在国外出售产品需要有当地国家的产品认证，部分国家不认可中国的产品认证，所以在美国休斯敦设立的子公司主要是为本公司出口的产品提供认证服务，便于拓展欧美市场。某过滤设备有限公司表示，中国香港作为亚洲金融中心之一及亚洲重要海港之一，该公司在中国香港设立控股集团有限公司，主要是为方便融资等各项金融活动和在国际上售卖自身产品。

五、将对跨国公司自身经营提出更高要求

（一）对企业自身竞争力提出更高要求

长期以来，部分跨国公司利用各个国家税率不一，积极合法避税，特别是大型跨国企业更容易将全球销售利润、税收转移到低税率国家或地区，从而实现税收比较优势。设定“全球最低企业税率”，切断了一些企业向低税率地区转移的路径，使大型跨国公司难以通过在低税率地区建立加工厂来压低产品价格，减少

中小型跨国企业在税负成本方面的竞争劣势，有利于营造更加公平的全球竞争环境，重塑行业竞争格局，促进行业良性竞争，推动各企业更专注于提升产品、技术、供应链等方面的竞争力。某电缆公司表示，出于业务拓展、技术积累等多方面因素考量，其第一家跨国子公司成立在美国，相比其他低税率地区不具备税率优势，与已经建立完备跨国体系的大型跨国公司相比难以形成价格竞争力。而“全球最低企业税率”推行后，相同技术、人工等成本情况下，利润率将处于同一水平，有利于企业与大型跨国公司进行公平竞争。

（二）对企业税务合规性提出更高要求

一方面，税基的确定可能会涉及会计准则的运用。发达国家的会计准则与国际会计准则较为接近，发展中国家大部分有自己国内的会计准则，但需要进一步了解熟悉国际会计准则。由于各国之间的税会差异，有些时间差因素也可能导致某年的税率会暂时性低于最低税率，这就需要发展中国家尽量减少税会差异，以反映最真实的税负情况，减少不必要的税负调整。另一方面，国别报告的充分运用与报送质量将显得更为重要。根据现行规定，集团收入达到7.5亿欧元的跨国集团需要向主管税务部门报送国别报告，详细记载该集团和分支机构在全球的经营收入、纳税情况等，这些信息将成为是否适用最低税率的重要参考依据。随着双支柱的不断推进，跨国集团将需要更加重视国别报告报送的合规性及相关数据的准确性、完整性。某汽车控股集团有限公司表示，今后全球各国将呈现合作共享企业税收信息，企业要更加重视跨国业务的税务合规性，提前筹划考虑跨国布局的税务框架合理性和规范性，并规范运作。

（三）对企业资产负债管理提出更高要求

“全球最低企业税率”的结构化和刚性化，总体上会推高企业的税率，后者可能会进一步加剧多数税收体系中已存在的债务融资倾向，从而在一定程度上提高企业债务水平，加大企业潜在的债务风险。这就要求企业进一步控制负债规模和比例，提高流动性管理能力。

第三节　对策建议

一、加强对“全球最低企业税率”实施的动态研判评估

“全球最低企业税率”的逐步落地是全球税制的重大改革，相关政策体系复杂、牵扯面广，长期影响还有待进一步观察和分析。虽然从短期看，其对于浙江省外资企业影响不大，但长期还有待观察和分析。强化全球形势跟踪评估，精准研判发展方向，实时跟进“全球最低企业税率”实施情况，根据实施情况制定

相应对策。加强调查研究，通过多部门联合研讨、智库研究、税企座谈等各种方式，做好国际税改方案和各相关国家国内法立法进程的跟踪研究，对最低税率中有效税率和有效税负如何计算、财政补贴如何计算等各类新问题认真研判，根据实际情况制定相应对策。在二十国集团国际税收框架协议下，建立重大外资转移预警机制，强化前瞻性预期监管。针对重点行业、重点地区建立国际产业链供应链安全评估与风险预警系统，推动跨国企业合规经营。动态监测浙江省外商投资分布、外资企业运营状态，全面提升开放型经济治理能力。对接国际高标准经贸规则，发挥综合保税区功能优势，大力发展保税加工、保税制造、保税维修和国际分拨等新兴业态。

二、为跨国企业“走出去”提供专项政策支持

加强对企业“走出去”的税收辅导，及时出台相关政策解读，组织企业进行培训和交流，让企业及时了解最新的国际税收规则，提升企业对协议的理解和应对能力，根据全球税负情况及早进行税收筹划，规划调整投融资架构和商业模式，升级财务系统，满足合规要求。加强对大型“走出去”跨国企业的服务，建立起政府部门与大型跨国经营企业的联动机制，做好跨国企业海外产业链布局的保障服务工作，及时帮助解决跨国企业在海外经营和产业链布局中碰到的问题。主动对接海外华商和侨胞企业，积极建立境外经贸联络处，探索建立跨国公司服务新机制。

三、进一步健全外商投资服务保障体系

跨国公司投资时不仅要考虑税负，还要考虑所在地的产业技术配套、人力资源成本、土地要素保障能力、资金成本、产品市场规模及景气程度等因素。在实行“全球最低企业税率”后，税率优惠等税收工具在吸引外资方面的操作空间收窄，地区之间的招商引资竞争更加聚焦非税收因素，国际双向投资和经济合作向更公开透明、合法合规的方向发展，需更多研究其他政策工具来优化营商环境。抢抓全球税改带来的新一轮跨国企业全球重新布局契机，全面深化外商投资备案制度，扩大金融、保险、医疗等现代服务业外资开放，放宽金融机构外资持股比例，拓宽外资金融机构业务经营范围。加速推进外商投资股权投资企业（QFLP）试点，丰富外商境内股权投资通道。创新招商引资渠道，通过以商招商、产业链招商、驻外招商等多模式联合招引，集聚一批全球优质生产性服务业和高端生活服务业企业。进一步完善外资服务保障体系，全面落实外商投资准入前国民待遇加负面清单管理制度，形成法治化市场经济，增强外商长期在中国投资的信心。进一步优化手续流程，提升审核审批效率，加强外资招引及配套服

务，给予外商更多投资便利，主动吸引更多国际投资。要稳定宏观税负预期，保持宏观政策的连续性、稳定性，稳定国内市场主体，包括外国投资者的预期。要完善争议预防和解决机制，加大相互磋商和争议解决力量，切实维护企业合法权益，增强外商长期在中国投资的信心，让外商愿意来、留得住、有发展。

四、建立我国海外企业税收服务联盟

引导各地或区域探索建立海外企业服务中心，为企业境外经营提供以税收为切入点的政策咨询、融资投资、法务和风险预警等服务。对于“走出去”企业在建立全球架构时，充分考虑和评估双支柱的潜在影响，尽早对跨国公司经营开展海外税负评估，特别是对“走出去”较早且发展较好的海外企业，以及采用大量跨境关联服务费和特许权使用费安排的企业，尽早评估相关影响。主动对接海外华商和侨胞企业，积极建立境外经贸联络处，探索建立跨国公司服务新机制。鼓励企业健全企业治理机制，提升财务核算规范性水平，严格按国际会计准则和中国会计准则要求规范经营和核算，预防因销售规模和利润率标准差异而引发全球税收征管的摩擦或纠纷。

五、加强对数字贸易领域征税和监管规则的研究

在全球对大型科技平台监管合作的背景下，结合中国实际情况构建针对性的税收征管体系，在二十国集团框架下积极推动平台类科技企业反垄断信息的共享，强化前瞻性预期监管。进一步加强与美国、欧盟、英国、日本等成员国的协调，推出平台类企业权利与义务更加平衡的数字规则标准，确立全球数字规则新基准。针对数字经济领域的平台型跨国企业，研究七国集团的未来监管趋势，特别是对跨境数字贸易、跨境数据流动等的税收监管措施，做好相应的政策储备。

第29章　RCEP正式生效对外贸企业的影响效应与对策建议

——基于浙江省外贸企业的实地调查

《区域全面经济伙伴关系协定》（RCEP）的签署标志着当前世界上人口最多、经贸规模最大、最具发展潜力的自由贸易区正式启航。[①] RCEP势必会产生更大贸易和投资的创造效应和转移效应，进而扩大区域内贸易和投资，延伸全球产业链，增强区域生产网络体系，为浙江省外贸企业带来机遇，同时也会带来更多的挑战。2021年11月2日，RCEP保管机构东盟秘书处发布通知，宣布文莱、柬埔寨、老挝、新加坡、泰国、越南6个东盟成员国和中国、日本、新西兰、澳大利亚4个非东盟成员国已向东盟秘书长正式提交核准书，达到协定生效门槛。2022年1月1日，RCEP将在已批准该协定的东盟6国和中国、日本、澳大利亚和新西兰等非东盟成员国正式生效，区域内90%以上的货物贸易最终会实现零关税，将显著拉动区域整体的经济、贸易和投资增长。中国与RCEP各成员国之间经贸往来密切，协议生效将产生深远影响。

第一节　外贸企业与RCEP国家经贸合作分析

浙江是开放大省、外贸大省，随着RCEP的签署和生效，外贸企业将深耕与RCEP成员国的传统外贸市场，开拓新兴市场，进一步促进本地区产业和价值链的融合，为区域经济一体化注入强劲动力，推进贸易投资自由化、便利化。

（一）RCEP国家是浙江省最大的进出口市场

2010年以来，浙江省对RCEP区域出口、进口比重分别提升了3.8个和5个百分点。2021年1—9月，浙江省对RCEP国家出口占全省的比重达19.4%，超过欧盟（19.1%）、美国（18.3%），是全省第一大出口市场；进口占比达41.0%，远高于欧盟（8.8%）、美国（6.0%）。浙江省在RCEP国家的贸易中，纺织服装是出口的主要商品，金属矿产资源是进口的主要商品。

（二）RCEP国家是全省利用外资的重要来源地

截至9月，RCEP成员国在浙江累计投资280.7亿美元，占全省利用外资总

① 2020年11月15日，东盟十国及中国、日本、韩国、澳大利亚、新西兰15个国家签署《区域全面经济伙伴关系协定》（RCEP）。RCEP于2022年1月1日起正式生效。

额的6%。日本、新加坡、韩国等RCEP国家是除中国香港外（约占全省外资的70%）浙江省外资的重要来源地。

（三）RCEP国家是浙江省对外投资的主要目的地

截至2021年9月，浙江省企业在RCEP国家累计投资362.2亿美元，占全省对外投资总额的36%，形式以绿地投资为主。

（四）RCEP国家是浙江省服务贸易的重要合作伙伴

2021年1—7月，浙江省服务贸易前十大国际市场中，新加坡、日本、澳大利亚、韩国分别居第3、第4、第9、第10位，占全省服务贸易总额的16.9%，主要是通信服务、网络教育和医疗等。

第二节　外贸企业对RCEP生效的中性评价分析

部分外贸企业由于业务集中在欧美传统市场、客户集中在保税区等原因，认为RCEP对其影响相对较小。某户外用品有限公司反映，该公司主要出口欧美，来自欧美的订单占80%，来自澳大利亚和新西兰的订单占10%，其余10%为其他分散订单。目前在做的澳大利亚和新西兰市场，2021年订单金额约500万美元，在取消关税后肯定会受到积极影响，但因订单仅占全部订单的10%，整体影响不会太大。某应用材料股份有限公司表示，该公司2020年全年出口12.54亿元，亚洲区域出口额为11.93亿元，由于公司主要产品是光伏组件，许多东南亚客户都将经营场所设在了当地的保税区，进行合理避税，即使是需要缴纳关税的客户，关税部分成本也由客户承担，所以从目前情况看，RCEP正式生效未发现直接惠及企业的内容。

第三节　外贸企业对RCEP生效的正面评价分析

一、关税减让、原产地累计规则有助于降低关税，促进企业降本增效

RCEP协定生效后，成员国间90%以上货物贸易的关税将为零关税，或在10年内降到零关税。对外贸企业而言，减免关税将有效降低跨境交易成本，提高自身竞争力和盈利能力。一方面，有利于降低出口成本，扩大产品出口。某纺织机械有限公司表示，RCEP生效后，企业化纤制针织衫、女式牛仔裤及男女式羽绒

服等产品的出口税率降低，企业一年至少可减少税费 80 万~100 万元。又如温州某动物营养科技股份有限公司反馈，该企业在越南拥有 2 家全资子公司，从事宠物食品生产，每年从中国向越南出口的宠物食品原料达 3 亿多元，目前越南该类产品进口关税为 7%。RCEP 实施后关税降为零，使其每年可节约关税成本 200 多万元。另一方面，有利于降低设备、原材料等进口成本。某贸易有限公司表示，RCEP 协定生效后每年能让企业降低进口技术、设备费用关税近 1000 万元，公司将会有更充足的资金用于更新技术，提升产品质量。再如某进出口有限公司主要进出口汽车配件、工程机械配件、五金机械配件、空调配件等设备，原本从日本进口一套 RS6 AKebono 刹车片约需 800 元，在 RCEP 生效并实现中日贸易零关税后，按企业月均销售 1000 余件来计算，预计每月节省成本 2 万余元。

二、扩大原产地规则适用范围有助于打破贸易壁垒，加快市场拓展

RCEP 除了实现关税减免，同时也大大降低了非关税贸易壁垒，促进了贸易问题解决和区域贸易自由往来。根据 RCEP，一国使用来自其他成员国的原材料生产，仍将被视为原产地，出口时都可享受优惠税率，国内的原材料和半成品能将被更多地使用。以箱包生产为例，越南大多使用来自中国的原材料生产，在当前政策下越南箱包产品出口至日本、韩国时无法享受优惠税率。但 RCEP 生效后，越南即便使用来自中国的原材料生产箱包，仍将被视为原产地，可享受出口优惠税率，因此越南的箱包企业有望加大对中国原材料的进口。某进出口贸易有限公司主要出口木材至泰国，年出口量达 1000 多万美元，该企业反映，RECP 中有关卫生和植物的措施及标准将对企业的出口有所助益，这方面的措施主要是为保护人类、动物或植物的生命和健康制定的，不对其他成员构成不合理歧视。木材属于植物类货物，针对此项措施落实后减少木材贸易方面的相关壁垒，企业将会增大其出口量。某电子材料有限公司主要生产覆铜板、绝缘板、半固化片（PP）等电子材料，在该领域有 10 多年生产销售经验，产品远销韩国、印度、俄罗斯、越南等国家，还与中国台湾地区、韩国等大型覆铜板、电子厂家有良好的合作关系。2021 年 1—8 月，该公司出口额 2400 万元人民币，同比增长 90%。RCEP 生效对企业来说是重大利好，在 RCEP 降低贸易壁垒和投资壁垒大趋势下，中国、日本、韩国自贸区谈判中涉及的诸多问题将得以突破，长远来看对出口业务会有积极帮助。

三、简化各类证书手续有助于提升贸易便利化水平

RCEP 简化了海关通关手续，采取预裁定、抵达前处理、信息技术运用等高效管理手段，做到尽可能在货物抵达后 48 小时内放行，快运货物、易腐货物等

争取抵达后6小时内放行，这为外贸企业通关节约大量时间，降低隐形成本。某食品有限公司是一家专业从事香菇和黑木耳等食用菌产品生产、销售、出口的现代化企业，其产品主要销往欧洲及美国、日本、韩国、新加坡等国家和地区。该企业表示，目前食用菌在日本通关基本上要1个星期左右，RCEP中提出对生鲜水果等易腐货物实行6小时内通关，通关时间将缩短96%左右，该公司2021年出口日本的产品约为500万美元，PCEP正式生效后，该公司打算在原有基础上扩大1/5（100万美元）以上的市场份额。又如杭州某进出口有限公司主要出口畜牧业相关产品，如猪、牛、马等兽类注射器等，目前公司最大的问题就是物流太慢，经常有货物滞留海运港口，有时滞留时间甚至长达2个月，RCEP落地后，可为出口企业提供更多物流专线和服务，提高运输效率，降低运输时间。此外，目前大多数自贸协定需要凭签证机构签发的原产地证书才可享受关税减让，而根据RCEP相关规定，经核准出口商出具的原产地声明将与传统的原产地证书一起，作为享受关税减让的凭证，该制度将切实提升自由贸易协定实施的便利化程度。某陆港国际贸易有限公司表示，据RCEP的经核准出口商制度安排，取得该资质的企业产品出口RCEP成员国时，无须签证机构签发原产地证书，采取自主出具原产地证明的方式，加快了通关效率。

四、有助于推进产业链和供应链重塑

RCEP正式生效后，可以利用区域累积规则，通过区域内要素资源配置，进一步增强区域内产业链供应链的韧性，发挥各国优势，加速推进区域产业链布局重构和改造升级，进一步完善产业链分工体系。某智能控股有限公司已在越南建设工厂并投产，主要生产制冷和空调用核心自动控制元器件，并在当地销售或出口。公司运行部表示，随着RCEP的落地，未来不排除更多产品被纳入零关税范围，这将对公司在东南亚的业务布局和产业链布局产生重要影响。同时，RCEP首次将中国、日本、韩国三国置于同一自贸协定下，利于推进东北亚的产业链协作和产业链重构。以温州市机电行业为例，日本的优势产品如无源元件、半导体材料、精密设备、不锈钢丝、钢材、离心泵等，一直都是该市机电行业的上游产品。某电子有限公司表示，RCEP实施后，会考虑从日本引进一些高端机器，并向日本学习高端精密制造的经验，未来可能会考虑集中发展营销和品牌，将一些劳动密集型的制造环节放在东盟其他国家，进一步优化产业布局，实现转型升级。

五、RCEP助力区域内进出口企业打开海外市场

协定实施后，RCEP各成员之间的合作将更加紧密，也将更有效率地实现内

外市场联通、要素资源共享，推进区域经济一体化进入新阶段，助力进出口企业高质量发展。某科技公司表示，企业正致力于开拓新兴市场，东盟市场就处于快速增长中，目前出口增长同比超过 20%。某物流公司反映，该企业目前正在积极建设"72 小时"全球必达物流网络，在东南亚有超过 100 条航线的运能，每周可以提供 3000 标箱的空运舱位；到日本有直达专线，并可以提供当地化物流服务，直通终端用户。目前，公司在马来西亚、日本等国均已布局海外仓。在做好充足准备的基础上，RCEP 的助力将带动企业向海外市场进一步发展。

六、有助于强化跨领域、多要素的合作交流

RCEP 生效将有利于协定内的外贸企业设备、人员、技术、行业等多领域合作交流，促进技术、人才等多要素流动。某精密机床（浙江）有限公司反映，RCEP 将加强自然人临时移动便利，签约国投资者、公司内部流动人员等将获得签证便利和临时居留权限，这将使得公司高管及技术专家在中国与日本之间往返更加便利，有利于加强各国分部之间的交流联系。某服装后整理有限公司表示，RCEP 生效后区域内 90%以上的货物贸易将最终实现零关税，公司将以更低的成本进口先进技术和重要设备，有更多的资金投入到产品研发和生产领域，将实质性提升产品竞争力。某金属有限公司表示，企业生产的铝锭作为汽车关键零部件，80%出口到日本，在日本最大合作伙伴为丰田汽车公司，RCEP 签署后，能加固现有的合作模式，加速商品、技术等方面的流动。

七、有助于加速人民币国际化

尽管目前人民币国际化进程不断向前推进，但人民币结算在日本、韩国、澳大利亚等发达国家中应用还不足。随着 RCEP 的签署和不断深化，预计会有更多国家选择人民币进行计价交易，有助于中国企业避免汇兑损失的风险。某进出口有限公司 2021 年 1—10 月货物贸易项下从越南收款 477 万美元，占总体货贸收入总额的 11%。企业表示，RCEP 的签署将有助于合作伙伴更愿意以人民币计价进行交易，同时有利于企业规避汇兑风险，未来将给更多的客户推荐人民币结算。某照明灯具有限公司反映，公司致力于研发、生产具有行业领先水平的 LED 照明产品，在全球灯具行业中处于领先地位，其前三出口市场为韩国、菲律宾、印度尼西亚，均是 RCEP 成员国。2021 年以来，公司向 RCEP 成员国的累计出口达 1700 万美元，且较 2020 年同期增长 102%。以往货款结算以美元为主，目前美元兑人民币为 6.38 元，与 2020 年峰值 6.9 元的汇率相比下降幅度达 7.5%。按出口额测算，汇率损失达 887.6 万美元，若 RCEP 生效，推动跨境人民币结算模式，势必给企业减少汇率波动带来的利润损失影响。

八、有助于促进跨境电商发展

RCEP 中重点提到要鼓励搭建跨境电商发展服务平台，推动配套物流服务体系建设及支持和建设更多的海外仓，这将加速中国跨境电商转型升级，服务更多国家消费者。如某服饰有限公司主要从事服饰类产品的跨境电商业务，产品销往日本、韩国、欧洲、美国等国家和地区。企业认为，RCEP 的签订给跨境电商提供了一项均等化的、国民待遇化的落地措施，以及一个更加公平的国际化政策环境，能够帮助企业降低经营风险和不确定性。某新材料有限公司表示，近来许多国家采取了不同程度的封闭管控措施，RCEP 的签署提振了跨境电商的信心，而且明确规定了电子认证、签名认证、消费者保护、个人信息保护等方面的要求，使企业获得稳定的互联互通环境。RCEP 生效后，企业在一成员国所申请到的著作权、专利、商标、外观设计，受其他成员国保护，这在对外投资及电商领域意义重大。某电子商务园区反映，RCEP 将使区域内国家间的规则得到统一和规范，这对于跨境出海企业来说，大大降低了经营风险和不确定性，将带动区域内跨境投资效率提升，并推进品牌和商标文化建设，出海电商品牌化建设将跃上新的高度。

第四节　外贸企业对 RCEP 生效的负面评价分析

一、担忧加剧出口企业市场竞争

RCEP 的红利将公平覆盖所有成员国，外贸市场环境将更加开放，企业将面临更大竞争压力。一方面，出口订单可能被分流，出口竞争加剧。某纺织品进出口有限公司表示，RCEP 签署可能会分流中国纺织业订单，越南、老挝等东南亚国家利用自身廉价的劳动力、房租及水电费大力发展纺织业，更具价格优势，在国际市场上可能抢走原本属于中国的订单。某护理用品有限公司表示，公司的出口国之一是菲律宾，在 RCEP 实施前，泰国向菲律宾出口需要缴关税，而中国出口到菲律宾则不需要缴关税，因此菲律宾的客户更愿意选择中国的制造商；实施后，泰国和中国向菲律宾出口都不要缴关税，则企业面临的竞争压力会更大，客户有可能选择泰国制造商。另一方面，进口产品将对国内市场造成一定冲击。某智能科技有限公司反映，公司主要生产的微电机产品，一直以来都是日本、韩国企业的优势产品。目前，该企业产品凭借比国外产品低 20%的价格，抢占国内市场份额 50%左右，日本、韩国等国家的产品市场份额占 20%左右。企业担心随着

RCEP 生效，关税下降后国外产品价格也将进一步降低，国内市场份额可能会被日本和韩国企业取代。某沥青公司反映，韩国是沥青出口大国，RCEP 实施后，一旦取消关税，必然会降低韩国沥青进口成本，对国内沥青市场带来冲击，影响国内沥青企业生产和对外供应量。

二、担忧协定落实存在一定未知性

由于国际贸易摩擦、各国政局稳定性、营商环境、产业配套、融资难度等多方面因素，企业对协定的落实效果心存担忧。部分地方反映，因为中国与欧盟关系存在摩擦，导致《中欧贸易投资协定》部分协议内容履行困难，甚至被欧盟议会临时取消，因此 RCEP 生效情况也容易受国际环境影响而变化。针对 67 家外贸企业的调查显示，超过半数企业对 RCEP 落地持谨慎观望态度。某进出口有限公司表示，协定确实有利于进出口贸易，但国际贸易摩擦时有发生，担心 RCEP 最后成为“一纸空文”。另一进出口有限公司反映，RCEP 的签订虽然扫清了准入制度上的障碍，但并不意味着企业就能毫无顾虑地去东南亚国家投资建厂，如其有意在缅甸投资建厂扩大生产规模，但考虑到缅甸的政治局势一直都不稳定，当地很大一部分外商投资的工厂处于停工状态，因此目前仍持观望态度，准备待当地局势比较稳定后再进行投资。

三、担忧发生反倾销风险

随着 RCEP 出口零关税的落地，企业优质商品以低价格打入东亚区域，将对当地企业产生冲击，外贸企业顾虑或存在被反倾销调查的风险。某轴承有限公司表示，这几年轴承出口到韩国市场增加了 56%，韩国属于 RCEP 范围，协定生效后，一旦关税由当前的 6%降低至 0，韩国市场需求将更大，或存在倾销的“嫌疑”。某科技有限公司反映，2020 年以来，连续遭受越南对华聚酯长丝纱线反倾销调查、墨西哥对华聚酯加工丝反倾销调查及韩国对华聚酯全拉伸丝 FDY 反倾销调查等贸易摩擦案件，涉案金额累计 2666 万美元，虽然企业积极参与应诉，但对该三大市场的出口势必有所影响。企业期盼 RECP 能建立更加公平公正的贸易市场，提高反倾销、反补贴“门槛”，降低经贸摩擦风险。

四、担忧人才缺乏

RCEP 背景下，外贸企业在向外扩张、境外投资过程中，普遍面临对双边贸易政策、货币结算、税收政策、知识产权保护等制度层面的东西无法全面了解的困境，而熟悉当地语言、生活习惯、制度环境的中高端人才又极度匮乏。某海港集团表示，部分企业在开展境外贸易时，往往会从国内选派高管常驻国外，但大部分选派过去的都是负责日常经营和生产业务的管理人员，往往出现水土不服的情况。某汽摩配有限公司反映，该公司出口越南、新加坡等5个国家，但由于贸易人才缺乏，贸易过程中交流、报关、法务等工作经常碰壁，延误企业市场开拓，最终不得不选择到杭州、温州等地设立办事处寻找人才，而由于杭州、上海等地的人才虹吸效应，目前有意向到仙居就业的跨境人才缺乏。某家具股份有限公司反映，业内虽然都在讨论RCEP生效，但协定文本长、条款多，企业缺乏外贸专业人才，短时间内无法了解协定的具体内容。

五、担忧认知不足错失市场先机

RCEP规则下，市场环境更加开放，知识产权保护更加严格，竞争更加充分，但目前仍有相当一部分企业对RCEP认知不足，对双边贸易政策、货币结算、税收政策、知识产权保护等制度层面的东西无法全面了解，未能制定针对RCEP生效的后续策略，恐错失市场先机，且可能会增加贸易风险。针对105家出口企业的调研显示，80%的企业以上没有成立针对RCEP的部门，该部分企业表示在重构原材料税率和原产地规则清单、生产和物流的线路规划、重新规划原材料供应商和市场区域等方面缺乏经验，可能会影响他们在RCEP生效后的发展。

六、担忧各国原产地规则碎片化，大宗商品企业实际红利难享受

原产地规则作为判定进出口货物“国籍”的标准和方法，是自由贸易协定项下优惠贸易政策实施的重要配套工具。但目前，国际上尚未形成统一的原产地规则，每个RCEP国家都有各自的原产地规则，均规定了产品“当地附加值”或“转换”标准。对此，考虑到国际贸易碎片化的现实，RCEP在第二十二条“申请享受优惠关税待遇”特别规定：进口货物的完税价格不超过200美元或与其等额的进口缔约方货币，或进口缔约方规定的其他更高金额，进口缔约国可以不要求提供原产地证明，但是对以进口大宗商品为主的外贸企业而言，优势并不明显。如鄞州区某集团2021年上半年实现进口12.34亿美元，同比增长9%；进口产品主要集聚在金属、矿产品、化工原料、橡胶石油等，进口国别主要为澳大利亚、日本、韩国、泰国、马来西亚等国家，单笔订单金额均远超200美元，实际优惠难以享受。

第五节　对策建议

一、尽快出台RCEP的相关实施指导意见

适时出台如何实施RCEP的相关指导意见，鼓励和支持地方结合RCEP各成

员国的降税承诺和产业特点，推动优势产品出口，积极扩大先进技术、重要设备、关键零部件等进口。RCEP 正式生效对于促进自由贸易有很大的作用，企业希望 RCEP 正式生效后将会有更多、更完善的相关法律法规出台，让中国企业在海外投资经营更有保障。RCEP 中表明，日本要直至 15 年后才将纺织服装类进口关税下降至零，时间较长，建议尽快推动完善相关条款，尽早下调关税，减轻企业压力。指导企业应对新兴市场贸易风险，全面做好风险评估，依托国内智库建立 RCEP 缔约方风险数据库，根据企业需求快速反馈目标国家的风险情况，给企业提供清晰的投资风险评估报告。加强对投资目标区域社会文化和法律规则的了解，构建企业内制裁合规制度。

二、建立 RCEP 工作机制，针对性加强引导和帮扶

（1）成立包括发改、经信、商务、交通、国资、公安、海关、市场监管、科技、财政、税务、人行、贸促等部门的 RCEP 工作专题小组，形成各级政府合力推进的工作机制，出台落实 RCEP 三年行动计划，梳理清单中的机遇与风险、改革突破点，进一步明确工作时间节点，表格化、清单式做好任务落实。

（2）结合地方与产业实际，加强对 RCEP 成员国的产业经济结构、市场、资源的分析，帮助企业了解成员国之间的相对优势，评估自身在国际分工中的优势与劣势，更精准有效地制定发展策略。积极开展政策解读和实操性培训，帮助企业尽快学懂弄通原产地区域累积规则等协议内容，及时应对 RCEP 生效带来的变化。

（3）强化对外贸易的监测预警，根据企业需求快速反馈目标国家的风险情况，给企业提供清晰的投资风险评估报告，帮助企业尽量减少外贸过程中的摩擦和风险，并及时在知识产权纠纷、反倾销等方面给予企业更多有针对性的支持帮扶。

三、利用 RCEP 中的国际经贸合作条款，助推产业链升级

（1）与日本、韩国及东盟相关地区加强在数字经济、电子信息、轻工、纺织、汽车等行业的合作，开展更多国际各类展会，加快市场布局。抓住关税降低的契机，建设好境内外开放平台，加强产业链的深度合作，形成优势互补的产业链格局。

（2）强化产业链竞争优势，通过优化产业链布局，打通产业链卡脖子关键环节，塑造国内产业链整体竞争新优势，切实提高国内产业的国际竞争力。出台政策帮助企业加强与东南亚国家的产业链协作，以应对政策落地后上下游产业链面临的重构挑战。中国对 RCEP 国家和地区的货物贸易往来主要集中在纺织、玩

具、服装鞋类、箱包、家具和塑料制品等劳动密集型制造产业，协定落地后，相关行业或将加速低附加值产业向东南亚外迁的进程。对此，应研究出台相关政策，加强与东南亚国家在产业链垂直分工方面的协作，提升产业附加值和产业链的融合能力，使东盟国家的成本优势和中国制造业产业链配套得到优势互补。

（3）推动传统产业企业升级，鼓励企业优化生产工艺、加速技术改造和设备升级、打造自主品牌、加快绿色低碳发展，以应对东南亚国家在土地、人力资源、能源等方面的低成本优势。加大对科技企业的扶持力度，鼓励企业加大研发投入，突破关键核心技术，着力提高产品竞争水平，打造更多的龙头企业和“隐形冠军”。

（4）出台优惠政策扶持中小企业转型升级。RCEP 专门设置了中小企业篇章，旨在为中小企业合作搭建更广阔的信息平台。对于国内中小企业而言，东盟 10 国更有市场优势，将对国内企业在区域内国际市场竞争形成更大挑战，倒逼国内低端产业转型升级。对此，研究出台相关优惠政策，加快扶持中小企业转型升级，更好地提升国际竞争力。

四、进一步降低经贸摩擦风险，提高进出口便利度

（1）近年来，美国、欧盟、越南等主要国家及地区频繁对中国发起反倾销、反补贴等各类贸易调查案件。对此，建议 RECP 建立更加公平公正的贸易市场，提高反倾销、反补贴“门槛”，降低经贸摩擦风险。

（2）简化跨境物流通关流程，将贸易流程中的磋商、订单、报关、运输等流程进行信息化、数字化管理，提高业务办理速度和效率，提升通关便捷性。

（3）畅通物流，扶持国内船运公司扩大运能，着力保障集装箱供应，提高港口周转效率，打击治理海运乱象，加大平抑出口海运价格力度，帮助企业打破发货难困境。

（4）做好国际协商，推动 RCEP 区域内认证标准统一和认证流程优化，减少重复检验、重复认证，推动协定国做好合理优化防疫监测、出关流程等方面的措施，减少企业在通关环节消耗的成本和时间。

五、帮助企业应对新兴市场贸易风险

全面做好风险评估，依托国内智库建立 RCEP 缔约方风险数据库，根据企业需求快速反馈目标国家的风险情况，给企业提供清晰的投资风险评估报告。加强对投资目标区域社会文化和法律规则的了解，构建企业内制裁合规制度。在全球经济不景气背景下，RCEP 生效将为区域内投资者增强信心，但投资仍面临较大挑战。一方面，可能会遭遇政治、社会、法律等风险，例如东南亚部分国家极端

宗教主义和分裂势力升温，东盟国家宗教信仰差异化明显，RCEP15 个缔约方司法环境各异，且分属不同法系，法律法规、税收政策、办事流程等差异较大等。另一方面，在中美竞争背景下，还可能面临来自 RCEP 缔约方遵守美国制裁的风险，例如部分缔约方基于政治因素选择不执行 RCEP 中关于投资便利化和自由化措施，或将 RCEP 条款国内转化一拖再拖。

六、优化营商环境，制定便利政策

RCEP 生效以后，更加开放的国际环境给企业带来潜在机遇的同时，也对企业自身经营能力和风险防范能力提出了更高的要求，要为企业提供更多关于 RECP 国别风险分析与防范、企业对外投资过程中的安全防护、合规性经营等讲解与培训，助力企业更好地“走出去”。进一步制定和优化提升物流、货代、海运等方面的便利性和倾向性优惠政策，给予企业相关政策保障，加深企业规则认识深度。继续完善新形势下的外贸发展政策，支持企业提升经营水平，增强产品竞争力，更好地开拓 RCEP 及“一带一路”市场。建立和完善自贸协定实施公共服务平台，强化自贸区服务网为企业服务的功能，开展公共服务平台建设。推动实施好协定，重点做好相关指导和服务工作。

七、加大人才支持力度

RCEP 背景下，需要更多全能型的专业型人才，但从目前来看，中国现有的专业人才，无论是数量上还是质量上都还无法满足当前对外贸易的需求。企业期盼 RCEP 生效后，国家能够更加关注弱势地区的人才供给和培养力度，以更多的政策红利吸引人才落户，同时积极开放区域间的人才共享，吸引更多的高校人才参与交流，为企业提供更多助力。一是加强专业人才培养，不断完善产学研用结合协同育人模式，有计划地培养一批熟悉地区产业情况、精通原产地规则、外语能力强的人才队伍；二是吸引更多人才加入，加快出台配套人才政策，以政策红利帮助企业引进更多行业人才、高校人才乃至国外人才，为企业提供更多助力；三是推动企业开展人才再教育培训，着力提高现有管理层和员工在贸易规则、产业、外语、法律等方面的专业素养，更好满足企业国际业务的发展需要。

八、完善配套体系支持

一是推动建设 RCEP 经贸合作示范区。RCEP 作为全球规模最大的自由贸易协定，将对进出口贸易产生重要影响；二是进一步深化人民币国际化体系，推动 RCEP 区域内更多国家、企业采用人民币计价交易，帮助国内企业规避汇兑风险；三是搭建交流合作体系，积极组织开展线下外贸展会、线上企业产品推介等多元化活动，对境内外线下展会项目和重点线上数字展会给予适当的补助，助力企业开拓区域内市场；四是强化中国自贸区服务网为企业服务的功能，探索设立专门的信息服务平台，整合国内外相关信息资源的同时，加强对成员国市场的跟踪和调研，与成员国国内信息咨询机构建立联系，为企业开拓市场提供全面、准确的信息咨询服务；五是完善政策法规体系，包括明确零关税目录清单、反倾销反补贴“门槛”、知识产权保护等，给予企业更多政策保障，加深企业规则认识深度；六是统一产品市场准入标准。商品出口需要出口国的各类专业认证、质检才可进行交易，不同国家质检标准的差异较大，专业认证、质检种类多、标准多，导致中国外贸企业相应的成本升高，带来一定不利影响。建议 RCEP 生效后，成员国之间逐步统一相关标准，减少因标准不同导致的贸易壁垒。

第30章 “双循环”背景下海外仓高质量发展面临的困难与建议
——基于浙江省的实地调查

海外仓是“双循环”的重要战略支点，是保障产业链和供应链畅通运转的重要支撑，对于稳外贸、拓出口、促增长具有重要支撑作用。浙江省作为开放大省、市场大省、出口大省，始终重视海外仓建设与发展，将海外仓作为“国内国际双循环”的重要战略支点，认真贯彻落实国务院办公厅《关于推进对外贸易创新发展的实施意见》和《关于加快发展外贸新业态新模式的意见》，深化外贸领域“放管服”改革，推动外贸领域制度创新、管理创新、服务创新、业态创新、模式创新，不断完善海外仓建设配套政策，鼓励传统外贸企业、跨境电商和物流企业等参与海外仓建设，提高海外仓数字化、智能化水平，保障产业链供应链畅通运转，海外仓企业迎来新的发展机遇，但同时也面临一些困难挑战亟待高度关注。

第一节 海外仓布局建设的总体分析

通过积极推进外贸跨境服务体系建设，支持各类主体投资运营海外仓，引导企业利用海外仓资源提升跨境贸易的时效性和便利性。据浙江省商务部门摸排统计，浙江省目前拥有海外仓数量约600余个，总面积约800万平方米。海外仓企业主要集中在宁波、金华、杭州，占全省总数的60%以上；海外仓主要分布于美国、加拿大、德国、英国等发达国家，占全省海外仓总数的80%以上。总体看，浙江省海外仓发展呈现以下三大特点。

一、全球区域布局不断拓展

随着跨境电商业务快速全球化，浙江省企业投资建设的海外仓也从传统的欧美市场逐步向其他国家市场拓展。2015年以来，浙江省先后动态评定了六批省级公共海外仓，共39家，总面积78万平方米，服务企业超过5000家，基本覆盖了本省重点目标市场及全球贸易枢纽地区。例如杭州市辖区企业已投资建设了153个海外仓，在传统的欧美地区外，也逐渐覆盖了亚洲（15个）、大洋洲（12个）、非洲（4个）等地区。又如宁波市57家企业已在全球22个国家（地区）

建设经营海外仓共计 210 个，总面积 250.2 万平方米，在北美、欧洲以及中东欧等“一带一路”沿线国家均有布局，且建设规模逐步扩大。

二、运营服务能力持续优化

随着自身规模扩大、仓储管理系统升级、业务能力多样化，海外仓运营企业服务效率和多样化需求保障能力不断提升。例如宁波市某国际物流有限公司 2020 年新增海外仓 3.5 万平方米，总面积达 7 万平方米，日均大件发货量 2 万单，同比增长 150%。又如杭州市某信息科技股份有限公司旗下跨境电商平台新蛋，其智能化物流仓储中心配备了自主研发的自动派货系统，能同时处理几万种以上商品，正确率达 99.9%。平台可覆盖美国 90%的人口，单日包裹数达 5 万件以上，当天发货率达 99%。再如杭州市某综合型全牌照国际物流公司，目前已在美国、英国、日本、澳大利亚、印度、马来西亚、加拿大、荷兰、阿联酋、沙特阿拉伯等建成 10 家海外仓，能够为跨境电商企业提供物流货物的暂存、分拣、中转，以及退换货的仓储、换标、换箱、一件代发等多种境外操作服务，降低了跨境电商企业的海外仓储物流成本。

三、政策扶持力度不断加大

为鼓励引导海外仓健康快速发展，浙江省各地纷纷支持企业海外仓和海外仓运营中心等建设发展。例如绍兴市明确“对新列入省级跨境电子商务公共海外仓建设试点名单的企业，除省级扶持资金外，给予不超过 20 万元的一次性资金扶持；对经认定达到市级公共海外仓建设标准、运营一年以上的，按建设成本的 40%给予建设（运营）主体一次性补助，最高不超过 50 万元；对新建在‘一带一路’国家或地区的公共海外仓，奖励额度再增加 10 万元”。又如宁波市加大对海外仓金融、外汇、政府服务的支持力度，升级出口退税申报系统，推出相应退税服务举措，及时解决出口海外仓退税信息缺失、申报错误等问题，方便企业申报，坚定企业发展“跨境电商+海外仓”业务模式的信心。

第二节　海外仓发展面临的主要困难和问题

一、建设运营成本高，投资风险大

海外仓前期建设需投入场地租金、仓储系统、场地设备等，投入成本大，整体投资回收期较长，导致许多企业，特别是中小企业望而却步。某阳光照明股份有限公司表示，自建海外仓平均每 1000 平方米需投资 300 万～500 万元，建设公共海外仓成本会更高，仅一套智能化管理系统就需投入几千万元，对大多数企业来说难以承受。部分跨境电商企业有意愿建设公共海外仓，但由于公共海外仓建设要求高、成本风险较大而未能实现。某进出口有限公司曾意向发展跨境公共海外仓，但最终未能实现。企业表示主要有三方面困难：一是自建海外仓需要在当地注册一家公司，他们曾申请在埃及注册公司，但由于签证、手续烦琐、耗时长等原因未能成功注册；二是公共海外仓需要为企业提供通关、仓储、分销、展示等境外综合营销服务，需要具备完善的仓储管理系统，该系统建设费用较高；三是需要具备公共海外仓所在国的清关资质和清关证书。该公司目前在埃及东部省斋月 10 号城租赁海外仓，面积约 3000 平方米。某电器有限公司表示曾有意在美国、欧洲等地建立海外仓，但调研发现不考虑时间成本和租赁场地的保证金占用，项目投资回收期需 4 年，企业最终取消了在美国建设海外仓的计划。

海外仓建成落地后，后续每年人工、租赁、物流管理费用等运营成本也较高，导致不少企业海外仓运营压力较大。调研发现，某供应链管理有限公司 2020 年在美国洛杉矶通过租用方式新建了一个 1 万平方米的海外仓，其中租金 3 万美元/月，40 名左右当地员工平均工资 0. 25 万美元/人，水电、耗材与设备等其他杂费约 1 万美元/月，每月成本达 15 万美元。以每单 1 美元利润来计算，1 个月需出售 15 万单才可确保盈利，每月 25 个工作日，平均每天应有 6000 单销量，企业面临较大压力。不少企业海外仓因无法承担高额的仓库租赁费、保证金等运营成本而无法继续经营。

二、专业人才缺乏，运营管理困难

海外仓需要依托良好的运营管理，相关业务对员工的综合素质要求较高，需要掌握外语、网络运营管理、数据分析转化、平台操作、相关政策制度等多方面知识。目前，不少海外仓受人才问题制约。

（一）相关专业人才缺口较大，无法满足海外仓规模提升带来的人才需求

2020 年，据有关部门对跨境电商人才的抽样调查数据显示，海外仓企业业务岗位缺少专业化人才占比为 61%、管理岗位占比为 16%、技术岗位占比为 23%。某科技有限公司反映，公司在美国瑞德兰德、瑞吉维、兰乔库卡蒙格 3 地租用海外仓，相应电商维护人才需 30 人，但目前仍存 9 人缺口，尚未招聘到合适的专业人才。某县经济商务局反映，目前国内企业只有在上海、深圳等一线城市能招到专业的运营人才，或转向国外直接招聘运营团队，部分企业已雇的运营人才队伍不稳，人才成本持续保持在 100 万~200 万元之间。

（二）部分地区海外仓人工成本高、工时短、效率低

某水产食品科技开发有限公司反映，国内仓储用工成本一般 3 美元/小时左

右，而在美国至少需 15 美元/小时，且员工不愿加班，实际工作时间仅为国内的 40%。某家具有限公司反映，美国海外仓管理人员平均年薪为 8 万美元，按实时汇率折算为 51.8 万元人民币，企业人力成本较高。某外贸集团有限公司反映，其在美国北卡罗来纳州的海外仓，一名普通员工的月薪为 3000 美元左右，是国内同水平员工薪资的 2~3 倍。

由于专业人才缺乏及海外人才成本较高，部分企业只能将海外仓运营管理工作委托第三方机构或使用第三方海外仓。某新材料股份有限公司反映，其建设的海外仓面临国内外派和当地聘任双难问题，目前每年支付 80 余万元委托海外第三方机构进行综合管理。某实业有限公司反映，如没有专业性的运营团队，不敢冒险去做海外仓自建，相比之下更倾向于第三方海外仓。

三、数字化程度低，服务效率不够高

跨境电商物流全程链条长、流程复杂。优质的跨境电商海外仓服务需要全流程的数字化管理作为支撑，包括发货前的商品注册、评估进出口关务的要求与标准、海外仓库的多种标准化增值服务、“三流合一”的系统化对接与操作、清晰的库存周转与管理数据等。但现阶段海外仓数字化、标准化程度参差不齐，部分海外仓信息化、自动化、智能化水平相对较低，并且海外仓之间缺乏统一的数字化信息共享平台，无法实现贸易全链条覆盖，这都影响了海外仓服务效率的进一步提升。某市商城集团建有市场采购仓和跨境电商仓，跨境电商仓均可在平台上实现订单、库存等信息的数字化管理，但部分市场采购仓，特别是处于非洲、东南亚等地区的加盟仓暂未铺设信息管理系统。同时，海外仓企业自建系统无法与跨境电商平台数据进行对接，无法实现精准化的仓储服务，对目的地国产品销售趋势收集不充分，拓展业务所需的产品数据支撑不够。某进出口有限公司反映，其在意大利的 1.3 万平方米海外公共仓由于仓储管理系统无法与使用海外仓的跨境电商企业实现数据共享，导致跨境电商企业无法及时掌握产品的销售情况，目前只能依赖于企业定期手动将仓储情况导出后反馈给跨境电商企业，致使客户端产品需求分析滞后，影响企业战略布局。

四、海外疫情影响海外仓经济效益

（一）海外新冠疫情导致社会整体需求下降

不少商品销售困难，商品周转率变低，部分企业在海外仓的货物滞销堆积。调研发现，某塑胶有限公司 2020 年在海外仓储备价值 20 万美元的货物，截至目前只销售 8 万美元，超半数货物囤积，目前已计划暂时取消海外仓运营模式。某贸易有限公司反映，因美国新冠疫情导致零售业低迷，该公司箱包、服饰等产品在美国地区销售情况不佳，共有价值 10 万美元的产品长期积压，即使低于成本价也无法出售，而继续放于亚马逊仓库将每年产生额外的 3 万美元 FBA 仓储费用，以至于最终只能销毁处理。

（二）海外新冠疫情导致货物出口面临集装箱供需失衡、检疫关卡多、通关慢、不确定性强等问题

国内企业向海外仓补货只能“盲操作”，部分企业发出货物长期难抵达，部分海外仓处于空仓状态。调研发现，某休闲家具用品有限公司 2021 年 6 月向美国海外仓发出货品，直至 8 月中下旬才完成入仓，期间海外仓处于空仓状态，错过产品销售旺季，直接经济损失 300 余万美元。某餐饮设备股份有限公司反映，公司每月有 300~400 个 40HQ 集装箱货物发往美国海外仓，2020 年下半年开始，海运时间由原来的 30 天左右延长到 60~80 天，严重影响了产品的周转和销售，也增加了企业的流动资金压力。

（三）海外新冠疫情导致国外当地物流效率下降和货物销售速度减慢

某物流科技有限公司表示，公司在德国的伍珀塔尔、雷姆沙伊特、蒙海姆和施韦尔姆拥有自营仓库 6 个，总面积近 10 万平方米。民众居家时间多，消费行为转为线上，居家类休闲类商品销量猛增，亚马逊和企业自有网站等线上购物平台订单暴增，但目前德国仅 2 家国有快递企业在运作，物流运力和人力派送能力难以满足公司现实需求。

五、配套机制不完善，整体发展受影响

（一）法律监管机制不健全

近年来，国家不断推出监管机制来促进海外仓的发展，规范跨境电商市场，但许多方面还不是很成熟，海外仓的审批、监管等保障体系还不够健全。如 2020 年海关总署第 75 号公告文件中新增了“9710 跨境电子商务企业对企业直接出口”与“9810 跨境电子商务出口海外仓”的监管方式。调研发现，某不锈钢管企业曾尝试使用“9710”的监管方式进行贸易，按照相关流程进行“9710”报关申报，由于海关系统数据无法同步的原因，该笔订单无法进行匹配，不能进行异地报关。而作为比“9710”更复杂的“9810”方式，海外仓的贸易包含海外仓库选址、租用、物流收发货与退换货等多项具体业务，因此涉及的法律风险、经济风险、政策风险等困难更大。再如税务方面，海外仓企业对客户存放在自己仓库内的货物是否如实缴税问题负有监督义务和连带责任，监管的缺失给企业带来额外风险。在德国的一些同质中方企业布局的海外仓存在偷税漏税现象，这不仅影响了企业在当地的公平竞争，也影响中国在跨境电商领域的国际形象。

（二）供需对接机制不完善

由于海外市场需求难以定性定量，而且不同主体建设的海外仓由于利益冲突叠加，标准化、数字化信息共享缺乏，协同合作比较困难，导致海外仓空置和“爆仓”现象同时发生。如浙江某产品有限公司在欧洲的海外仓，每年2—5月是空置期，但仍需要人工保洁维护，造成额外开支；而每年9—10月为“爆仓期”，企业还需额外租库，造成资源浪费。又比如温州市某国际贸易有限公司在美国密苏里州的海外仓多次出现“爆仓”，虽然当前在美国的海外仓数量很多，但由于管理系统不同、业务水平不同等问题，与其他国内企业运营的海外仓很难直接达成有效沟通对接，无法实现货物中转和库存扩充。

（三）第三方海外仓申诉维权机制不成熟

某电子商务有限公司表示，通常情况下第三方海外仓对于因物流原因导致的申诉和赔偿服务较为薄弱。如该企业发出10个同样的3.33米电壁炉产品，其中一个货物因红外线扫描出现误差，判定包装周长超出4.14米，导致企业多支付了800美元的超长附加费，而该产品的单价为1599美元，附加费就占了产品单价的50%以上，企业只能通过第三方海外仓向快递公司发起申诉，因快递公司本身就有一定概率驳回申诉，即便正常受理到索赔完成也需耗时30天左右，且因海外仓采取预充值的方式，超长附加费早已从账户中扣除，最后企业只能自行承担损失。

（四）海外仓认定缺乏统一机制

现有海外仓有为跨境电子商务卖家提供服务的第三方海外仓，还有跨境电子商务平台的平台型海外仓库及企业自建的海外仓等。对于这些不同种类的海外仓缺少权威机构评级认定，导致外贸企业在选择时无从下手。某电子商务有限公司表示，由于没有平台或机构提供各海外仓的评级、业务认证等，公司只能通过试错方式寻找靠谱的合作伙伴，先找一些低货值少量产品试几次，确保没什么大问题才会整个地区使用，颇为费时费力。

六、第三方海外仓定价体系不完善，仓储成本波动大

第三方海外仓作为一种新兴跨国物流基础设施，定价体系仍不完善，运营企业主要根据存储形势自行定价，缺乏统一的标准，存在旺季存储价格飙升现象，不利于行业健康持续发展。某服装有限公司主营服装产销出口，目前使用的是位于美国加州国际物流有限公司运营的海外仓。据企业进出口业务负责人反映，海外仓运营企业根据市场行情自行定价，无具体调控政策，存在市场好，价格就随之飙升的情况。2021年4—5月，海外仓存储价格约为每周5美元/立方米，而8月已上涨至12美元左右。公司8月存储货物约100立方米，仅存储费用就高达

4800 美元，较 5 月上涨 140%。此外，企业还需要支付给海外仓运营公司装卸货费用，收费标准为 20 美元/立方米。8 月，共支付仓储费及装卸货费 6800 元美元。随着年底圣诞节打折季到来，各行各业都加大了备货力度，仓储价格还会进一步上涨。

七、退货处理费用高、难度大，企业负担增加

目前，出口商品被退回海外仓时，海外仓对被退出口商品进行接收、登记、储存，在这过程中卖家需要支付退货费给海外仓和 FBA。同时，无论是直接销毁低价值退货商品的销毁费，还是高价值商品的重新贴标上架服务费，海外仓收取的费用均较高，跨境电商企业负担较重。调研发现，某女生服饰有限公司 1 箱衣服（100 件）出仓费为 1.93 美元，分拣费和贴标费为 77.1 美元，装箱费 6.43 美元，即 85.46 美元的成本，而 100 件衣服的实际利润一般仅为 400 美元（售价为 14 美元）左右。若商品退货后需销毁，还需支付一笔销毁费用，以亚马逊 FBA 为例，大件货物销毁费大约为 0.6 美元/件，小件货物销毁费大约为 0.3 美元/件。某进出口有限公司主要从事办公用品、文具用品、行李箱等商品的进出口业务，其产品主要出口美国，在亚马逊上出售。企业表示，如果买家发生退货，其需要支付退货费给海外仓和 FBA，以一件售价 12.99 美元的商品为例，FBA 会将 12.99 美元退还给客户，然后海外仓派工作人员去客户家上门取退货件，最后把这个退货重新送回到 FBA 仓库。这个过程中，海外仓和 FBA 都要收取额外的退货处理服务费用，费用合计约 3.08 美元；此外 FBA 还会收取退款管理费用，该笔费用约为售价的 8%（1.04 美元），即售价 12.99 美元的产品退货处理费用约需 4.12 美元，约占售价的 32%，退货成本十分高昂。

八、支付渠道不方便，手续费用较高

一方面，海外仓建设不可避免地需要资金交易，但由于国内跨境结汇认可度不高，致使海外仓交易产生的跨境支付渠道存在不顺畅的情况，对部分海外仓交易、建设产生不利影响。调研发现，某进出口贸易有限公司曾想买下瑞士一保税仓改建成海外仓，价格仅 3 欧元/平方米，相当便宜，但由于必须在合同签订 5 天内完成资金交付，企业咨询国内银行贷款事宜，银行回复最快需要半个月汇出，导致最终该笔交易未完成。另一方面，支付成本较高也加重了企业负担。某幼教装备股份有限公司 2016 年在德国纽伦堡建立海外仓。企业表示，目前国际支付市场大部分都被国际信用卡组织 Visa、国际支付公司 PayPal 等公司垄断且手续费很高。如使用 Visa 信用卡进行交易，收取的手续费就可以达到 2%～3%，而通过 PayPal 进行交易，收费的手续费会达到 3%～5%，甚至一些时候可能达到

了7%，成本较高。

九、跨境电商税收政策支持力度需要加强

2020年，海关总署启动跨境电商B2B出口监管改革试点，增加了跨境电商直接出口（“9710”）和跨境电商出口海外仓（“9810”）两种新模式，进一步释放了跨境电商政策红利。但当前“9810”模式由于直接出口至海外仓，退税流程后移，且出口退税政策没有明确，基层税务部门在具体业务执行中尺度不一，有不少企业无法及时退税，导致企业开展该模式业务的积极性不高、意愿不强。某区税务部门表示，根据财税有关规定，向海关报关后实际离境并销售给境外单位或个人的货物才能享受出口退税。而“跨境电商出口海外仓模式”下，货物向海关报关后实际离境只是运抵海外仓暂时仓储，并没有实现销售，只有在海外仓的货物实现销售并体现在财务核算中时，才可以退税，导致企业难以把握退税办理时间的节点。“9810”模式下，实行先收汇再退税，导致退税周期过长，占用企业营运现金。某科技有限公司反映，“9810”模式下自货物通过到货物实际销售，一般会存在1~3个月的时间差，有的甚至更长，给企业财务资金周转带来压力。

第三节　对策建议

一、引导企业降低成本风险

积极引导海外仓企业增强风险意识，在保证质量和业务开展的前提下，控制海外仓成本。鼓励相关企业合作建设海外仓，支持海外仓资源共享共用，提升运作利用效率，降低企业投入成本。为企业货物出口纾困解难、畅通渠道、稳定运价，并配套发展海外国际仓储物流体系，推动将国内跨境电商订单共同集货与共同配送模式应用于海外仓运营，减少碎片化订单、分散运输带来的物流成本。

二、培育海外仓专业人才

加强行业组织建设和海外仓专业人才培育，开展校企合作和社会培训，让更多从业人员和学生学习与海外仓有关的专业知识，熟悉海外仓的操作流程，为海外仓管理和运营培养一批高素质复合型、应用型、创新型跨境电商人才。加大对跨境电商专业人才的政策奖励力度，鼓励企业提高人才待遇，吸引更多优秀人才投入海外仓建设及运营，为跨境电商高质量发展提供有力的人才和技能支撑。

三、加强海外仓数字化改革

鼓励企业积极开展海外仓数字化、信息化建设，推动公共海外仓管理体系迭代升级，提升服务效率。引导公共海外仓与跨境电商平台开展信息合作，科学规划备货量，推进海外仓降本增效。探索建设海外物流智慧平台，完善海外仓企业物流体系，依托海外仓建立覆盖全球、协同发展的新型外贸物流网络。推进海外仓之间的信息服务平台建设，打通海外仓企业间的“信息孤岛”，推动更多海外仓共建共享，提供海外市场信息的对称性，进一步改善海外仓供需不平衡现状。

四、细化政策保障支持

完善跨境电商海外仓税收政策支撑，进一步明确“9810”业务退税政策操作指引。不断完善海外仓监管配套政策和扶持政策，及时修订相关法律法规，推动跨境电商合规化、数据显性化，促进行业健康快速规范发展。组织企业开展政策培训，给予企业政策指导，帮助企业及时了解相关政策和重要外贸出口国通关政策、法律政策，帮助企业更好地“走出去”。

五、加大金融支持力度

统筹安排一定的财政资金用于跨境电商公共海外仓建设。综合运用建设—运营—移交（BOT）、结构化融资等投融资方式多元化投入海外仓建设。引导金融机构加大对海外仓企业的信贷支持力度，创新开发跨境电商金融及信保产品，鼓励商业银行对海外仓企业提高信用融资比例，有效缓解跨境电商企业资金被占用、融资难等问题。

六、加强外汇结算服务供给

深化贸易外汇收支便利化试点，支持更多符合条件的银行和支付机构依法合规为外贸新业态、新模式企业提供结算服务，加大出口信用保险对海外仓等外贸新业态、新模式的支持力度。积极探索拓宽收结汇通道，支持海外仓企业通过数字化信息共享实现便利化收结汇。引导海外仓企业通过正规合法渠道开展资金的跨境收支业务，提高企业的合规经营意识。加快人民币跨境支付系统（CIPS）建设，进一步便利市场主体使用人民币计价结算。

七、加强海外仓的国际推广

就企业建设海外仓过程中面临的困难与相关国家进行交涉，争取适当放宽市场准入、优化营商环境，推进海外仓加快建设发展。举办海外仓业务推广和对接活动，鼓励外贸企业出国考察海外仓，了解海外仓的运营方式、服务项目、功能及合作项目等，提升企业建设、运用海外仓的意愿。支持企业加快重点市场海外仓布局，完善全球服务网络，鼓励海外仓企业对接跨境电商综合试验区线上综合服务平台、国内外电商平台等，进一步匹配海外市场供需信息。

第 31 章　规模以上工业企业发展面临的形势问题与对策建议

——基于浙江省企业订单的实地调查

规模以上（简称规上）工业企业的发展不仅是区域经济发展的重要引擎，而且对促进各地区经济稳进提质和竞争力提升具有重要的现实意义。2021 年 1—8 月，浙江省规模以上工业增加值 12767 亿元，增长 17.9%，两年平均增长 9.6%，保持了良好的恢复态势。但由于全球经济复苏仍存在较多不确定性，经济恢复的基础仍需巩固。企业订单是规上工业企业发展的重要晴雨表。为了解三季度工业企业发展形势，我们对浙江省内相关企业进行了快速调研，结果显示工业企业订单总体稳定，但有下滑苗头，可能影响下一阶段经济走势，亟待关注。

第一节　规模以上工业企业的订单情况及主要问题

一、新订单总体稳定，下滑苗头隐现

当前多数企业新订单基本稳定，但受经济增长放缓、贸易保护主义抬头等多种因素影响，企业订单开始呈现下滑苗头。针对 1268 家规上工业企业的调研发现，78.9%的企业新签订单与 2020 年同期相比基本持平或有所增加，其中 42.0%的企业新订单有所增加；21.1%的企业新订单有所下降。针对 557 家重点骨干企业的调查显示，第三季度订单较上季度增长或持平的企业占比为 85.1%，环比回落 9.3 个百分点；其中 15.9%的企业预计第三季度订单增长 15%以上，环比回落 4.6 个百分点。

二、出口预期下降，大企业相对乐观

调研发现，部分出口企业存在订单下降隐忧。针对某市辖内 798 家有出口业务的企业的调查显示，77.7%的企业新签出口订单较 2020 年同期持平或有所增加；22.3%的企业同比出口订单下降。“订单+清单”监测调查系统数据显示，外贸出口订单景气指数和企业出口信心指数分别为 110.6 和 99.2，分别跌入“相对景气”和“微弱不景气”区间，其中企业出口信心指数为 2021 年以来首次跌破 100，显示企业对未来出口预期下降。不同规模的企业出口订单也呈现分化，“订

单+清单”监测调查系统数据显示，年出口 1 亿美元以上的企业外贸出口订单景气指数和企业出口信心指数分别高于整体 16. 2 个点和 24. 6 个点，相对更为乐观，而中小企业出口形势则更为严峻。

三、短期订单增多，订单可持续性降低

当前，部分企业和采购商观望情绪较浓，企业短期订单增多，订单短期化趋势有所显现。以某县为例，该县 80 家监测企业中，新签出口订单以 3 个月以内短期订单为主的企业占 92. 5%，甚至部分企业短期订单可占到企业所有订单的 3/4 左右。以某市为例，针对全市 1000 家左右省级重点外贸企业的调查分析发现，新签订单中以 3 个月以内短期订单为主的企业比例分别为 85. 44%、短期订单占企业所有订单的比重最高达到 85. 8%，占比较高。

四、订单履约率下降，回款周期延长

调研发现，受需求减弱、成本上涨等因素影响，部分企业订单履约率出现下滑，并且账期延长。以湖州市为例，2021 年 8 月该市企业在手订单履约率为 73%，环比下降 0. 5 个百分点，为 2021 年以来首次下降。其中，机电行业在手订单履约率为 79. 1%，环比下降 4. 1 个百分点；农产品和医化行业在手订单履约率分别为 75. 6%和 74. 4%，环比分别下降 1. 1 个和 2. 5 个百分点。49. 7%的企业反映部分订单被延迟，41. 1%的企业反映部分订单被取消。某纺织品进出口集团有限公司反映，由于国外终端消费疲软，不少订单被搁置或取消，还有一些客户提出延迟付款，账期增加 90~180 天不等，有的甚至提出延长账期至 1 年，若不同意延期就取消订单。2021 年上半年，公司营业收入同比下降 8. 62%，利润同比下降 49. 69%。某包装机械有限公司反映，2021 年 1—8 月，企业的订单金额较 2020 年同期上涨 15%，但应收账款较 2020 年同期上涨 50%，若相关款项最后未能收回，企业的利润率可能会下滑至 10%，甚至更低。

五、新兴产业订单形势较好，动能充沛

调研发现，高端制造业、新兴产业订单情况较好，动能更为充沛。以绍兴市为例，其集成电路产业受“缺芯”影响呈井喷式增长，订单爆满、产能满负荷运转。2021 年 1—7 月，全市 123 家集成电路企业实现产值 244. 4 亿元，同比增长 78. 5%，超过面上工业 47. 2 个百分点；实现利润 23. 8 亿元，同比增长 93. 4%。以杭州市为例，该市 2021 年新兴产业引领增长，1—7 月该市新能源产业增长 23. 9%，新一代信息技术产业增长 21. 6%，高端装备制造业增长 28. 3%，新材料产业增长 29. 5%，节能环保产业增长 31. 4%，增速均高于规上工业平均水

平。随着杭州数字化改造的逐步深入，抢先入场的智能制造企业在第三季度和全年都将有亮眼成绩。

六、传统产业订单有所分化，行情相对较差

（一）化工行业不少企业订单同比回落

某高科股份有限公司反映，2021 年出口订单下降明显，只占总订单的 10%，低于 2020 年 20 个百分点，产品价格同比下降 28%；某科技股份有限公司反映，其主要产品 CLT 酸订单和 2020 年同比减少 15%左右，预计第四季度 CLT 酸订单大约 1500 吨，比 2020 年少 10%；某化工公司表示，2020 年由于国外新冠疫情导致异丙醇订单激增，同期基数较高，2021 年出现订单同比回落。

（二）纺织行业各地行情冷热不均

针对 170 家重点纺织企业的调研显示，受东南亚地区纺织服装行业减产停工、交货延误等影响，欧美零售商将订单转移至国内，2021 年 8 月，51. 3%的企业生产订单已排至 1~3 个月后，环比增加 12. 1%，37. 6%的企业生产订单已排至 3 个月以后，环比增加 15. 8%，企业产能普遍在 8 成以上，部分开机率在 90%以上。而有的地区纺织行业行情相对冷淡，如温州市纺织服装行业重点监测企业 191 家，截至 2021 年 8 月底，订单较 2020 年同期增长的企业数占比仅为 23. 55%，低于全市平均水平 5. 15 个百分点。

（三）建材行业受房地产及外需影响订单呈现明显下滑

调研发现，受房地产形势影响，多家卫浴企业订单均有不同程度的下降。例如，领军企业杭州某实业有限公司，2021 年 1—8 月外贸订单数为 80 单，累计订单额为 602 万美元，2020 年同期外贸订单数为 154 单，累计订单额为 802 万美元。某混凝土公司 2020 年受亚运会、地铁基建等利好逆势增长，而 2021 年下半年受项目结尾影响，整体产量已经萎缩，预计下半年将持续下滑并在未来面临一年的严冬期。

第二节 影响规模以上企业订单走势的主要因素分析

一、原材料上涨对中下游企业产生压力

有色金属、塑料、石化等原材料价格上涨导致产品价格上涨，造成部分客户减少或取消订单，生产企业也因利润空间受挤压，接单较为谨慎。针对近 3000 家小微企业的调查显示，67. 76%的企业表示由于原材料的大幅上涨面临订单不

足及不敢接单的双重困难。某工贸有限公司反映，竹板等原材料价格同比大幅上涨，导致利润总额同比下降93.9%，为防止生产亏损的情况出现，企业对新订单呈现观望态度。某纺织有限公司反映，原材料氨纶18D由2020年同期的3万元/吨上涨至10.5万元/吨，2021年1—7月，订单同比下降约两成，毛利率因坯布价格得不到同步涨幅而从2020年同期的15%下降到5%，8月以后，订单进一步下滑，开机率只有40%。最近氨纶、涤纶等出现跌价预期，涤纶长丝降价10%~12%，多数客户处于观望状态，企业接单意愿不强，订单出现进一步下滑。

二、物流紧张导致企业接单更谨慎

2020年下半年以来，国际供需结构失衡导致的“一舱难求”、运费暴涨现象持续。根据发改部门的调查数据，八成以上企业反映“一箱难求”问题仍未解决，35.7%的企业表示该问题较一季度无变化，甚至加剧。中国出口集装箱综合指数是2020年同期的3倍以上，再创历史新高，美西、美东航线运价指数继续上扬。72.7%的企业反馈，集装箱运价持续上升，运价上涨一倍以上的企业占比达到23.8%。在国际物流不畅的背景下，75.5%的企业延长发货周期，48.2%的企业延长1~2周，16.9%的企业发货延长1个月左右，9.6%的企业延长1~3个月。出货困难、运费暴涨导致企业库存增加、利润下降且容易发生违约风险，接单更加谨慎。某液压设备有限公司表示，尽管订单形势良好，但由于钢配件、液压设备重量大，每公斤货品运输成本增加4倍以上，严重压缩了企业利润空间。某空调设备有限公司产品主要出口至北美、拉美等地区，现在一个前往美国的40尺标准货柜船运价格从5000多美元上涨到20000多美元，让该公司不得不缩减100万~200万美元的订单，且由于货柜严重缺少，企业仓库已堆积了10多个货柜共计300多万元的货物未发货。某电器有限公司主要向美国出口灯饰，其目前已接订单2600万元，较2020年持平，但与2019年相比下降27.7%。受集装箱柜缺少影响，企业目前已积压1000万元的产品。

三、“芯片荒”制约机电、汽车、智能家居等行业订单扩大

海外新冠疫情反复加剧原材料供应紧张，导致全球芯片产能受阻，“缺芯”情况有可能持续较长时间。受“缺芯”影响，部分企业担心交付困难不敢接单。某照明有限公司反映，由于LED电光源芯片缺货，有些订单不得不放弃，2021年前三季度订单数预计减少10%。也有企业因下游“缺芯”而订单减少。例如汽车行业因“缺芯”影响而产能下降，汽车零配件生产企业订单量也明显受影响。某汽车零部件有限公司发动机曲轴订单量能稳定在11000套左右，但7月开始订单量下滑，到8月只有8000多套，下降约27%。下游整车企业东风本田第三

季度订单量减少约 20%~30%，导致集团汽车零部件订单量相应减少了 18%~22%。

四、能源“双控”影响企业接单

随着能源“双控”和碳达峰、碳中和工作的推进，国家、省级严控“两高”项目，部分地区高能耗企业也面临停产、减产，对企业本身和上下游产业链订单产生一定影响。某汽轮股份有限公司表示，受“双碳”经济用户项目延期与取消，截至 2021 年 9 月 6 日，企业订单同比下降 3%。某钢铁制品有限公司的年产 120 万吨炼钢及配套 130 万吨轧钢项目，项目节能审查意见预测综合能耗 2.08 万吨标煤，但 2021 年 1—7 月该项目总用能 2.17 万吨标煤，用电量 7.7 亿度，已超过节能审查要求，接下去将会采取限电措施，限制企业生产，影响企业接单。

五、政策调整导致部分企业订单下滑

以钢铁退税政策为例，2021 年 5 月 1 日起，国家取消了部分钢铁冶炼产品的增值税退税（13%），使得中低端的钢铁产品出口价格大幅上升，导致中低端不锈钢产品在国际市场上的价格优势丧失，订单数量下滑。某钢材集团出口的镀锌铁丝，原先集团将全部退税让利给客户，一个月出口需求可达 1600~1700 吨，退税政策取消后，让利减少造成产品竞争力下降，单月出口订单需求降至 300~400 吨。虽然内销为主的焊丝、管子、冷拔丝等订单有所增加，但涨势不明显，总体上涨 5%。再以医药行业为例，随着国家深入推进药品集中采购，医药生产企业的传统市场销售渠道、经营模式面临较大调整。某药业有限公司反映，药品集中化、规模化采购导致企业订单相应减少，企业不得不顺应趋势进行调整，积极开展多渠道应对，多次参与国家竞争集采并有中标，尽可能抵消产销不足的影响。

六、贸易摩擦导致外贸订单下降

受贸易摩擦持续影响，部分行业企业出口订单受冲击。以 TMT 行业为例，2021 年 6 月，美国联邦通信委员会（FCC）以“国家安全威胁”为由，提议禁止使用 5 家中国公司的电信及视频监控设备于美国电信网络中。美国制裁对公司的负面影响还在持续，FCC 对公司产品的认证限制还在立法过程中，最终限制程度还有待进一步观察。由于美国市场前景不明朗，企业由被动接受改为主动改变策略，减少在美的相应市场配比，目前占海外营收 1/10 左右。某光电技术有限公司专业从事光电器件、光电集成电路以及光机电一体化系统等相关产品的设计、制造与销售，受中美贸易摩擦间接影响，企业订单量同比下滑 30%~50%。再以紧固件行业为例，2020 年 12 月 21 日，欧盟正式对原产自中国的钢铁制紧固件产品发起反倾销调查，2021 年 6 月 17 日，对原产于中国的铁制或钢制紧固件产品实施进口登记，为期6个月。在此背景下，国内紧固件外贸企业遭遇出口壁垒，外贸订单呈下降趋势，或对三、四季度造成持续影响。某紧固件有限公司受欧盟反倾销政策影响，出口欧盟的产品订单同比下降20%左右，造成产值同比下降10%。企业预计第三季度、全年出口订单分别同比下降25%、30%左右。

七、部分行业订单热度假象褪去后出现回调

全球新冠疫情持续，迫使国际市场部分订单向我国转移，如印度新冠疫情暴发后，该国大量医药、纺织订单转移，利好我国医药、纺织行业。但随着全球新冠疫苗接种率的提升，中国前期因抗疫得力、生产快速恢复而形成的“相对优势”会逐渐消退，部分行业订单可能会发生“二次转移”。某制药股份有限公司反映，得益于原料药板块国外市场订单充裕，亚非拉市场原料药销售额实现同比增长约76%，但增长份额都以解热镇痛类、氨基酸类、四环素类、头孢菌素类、林可霉素类等大宗原料为主。企业虽占据上游产业，但难以拥有市场话语权，印度新冠疫情使国际原料药价格维持高位，但在后期印度新冠疫情趋于稳定后，国际订单恐将回流，预计三、四季度销售额将有所回落。

第三节　对策建议

一、加强分析研判

加强对周边国家新冠疫情影响的分析研判，健全动态跟踪、实时监测及预警响应机制，帮助企业做好国外新冠疫情加剧可能带来的风险应对。完善订单数据、进出口数据等的监测，及时掌握各项经济运行数据，提前做好研判分析，定期向企业通报，提供指导，帮助企业切实降低订单风险和损失。

二、帮助企业平稳成本

积极引导上游原材料供应链整合，保障原材料供应，打击现货市场囤货、期货市场恶意做多、涨价联盟、跟风炒作等行为，避免原材料继续大幅上涨，降低企业材料成本压力。扩大国际物流供给，扶持国内船运公司扩大运能，加大平抑出口海运价格力度，治理海运乱象，帮助企业打破发货难困境，降低物流成本。

三、避免政策“一刀切”

政策调整过程中，尽量设置过渡期，帮助企业更好应对政策调整。对于能耗紧缺问题，科学测算地区、行业、企业的能耗情况，根据不同情况制定政策，合

理分配能耗指标，避免粗暴的“一刀切”减产、关停，导致行业供给打乱，市场借机炒作。

四、推动企业转型升级

推动企业以数字化、智能化为方向，加速技术改造和设备升级，实现节能减排、绿色发展。鼓励企业加大科技研发投入和高端人才引进，加快新技术、新工艺、新产品的研发创新，进一步提高产品的附加值、不可替代性和品牌效应。支持企业提高国际化运营水平，开拓产品国外销售市场，扩大产品境外市场份额和话语权，更好应对订单回流。

五、完善供应链、产业链

把握全球产业链布局调整契机，加快推动新旧动能转换和产业结构调整，着力打造具有国际竞争力的产业链和供应链。重点加强重要制造业领域关键材料、关键零部件、关键工艺的技术研发，培育更多龙头企业和“隐形冠军”，突破关键环节的国外垄断，避免被“卡脖子”。

第32章　外贸企业经营面临的困难及稳外贸的对策建议

——基于浙江省的实地调查

当前世界正处于百年未有之大变局，国际治理体系与国家发展格局正发生深刻变化。全球化趋势与逆全球化行为并存。在深入推进全球化发展的同时，近年来，世界经济疲弱，发展失衡、治理困境、公平赤字等问题更加突出，反全球化思潮涌动，保护主义和内顾倾向有所上升，给世界经济贸易发展蒙上了阴影。随着国际形势不确定性加剧，浙江省外贸承压较大，既面临重大机遇，也面临诸多严峻挑战，必须适应新形势、培育新优势、开创新格局。

第一节　外贸企业经营的态势剖析

面对错综复杂的国内国际形势，浙江省开放型经济规模持续增长，综合竞争优势明显增强，进出口规模继续保持全国第三位，进出口、出口增速均居沿海主要省市第三位。但从短期看，"订单+清单"监测预警系统出口订单景气指数和企业出口信心指数分别为110.6、99.2，处于"相对景气"和"微弱不景气"区间，系2021年以来首次连续"双降"，下阶段出口压力进一步提升。

一、单月出口止跌回升

根据海关数据，2021年1—8月，浙江省进出口总值2.63万亿元，同比增长23.9%，较2019年同期增长32.8%。其中，出口1.9万亿元，同比增长20.4%，较2019年同期增长27.5%；进口0.73万亿元，同比增长34.3%，较2019年同期增长49%。2021年8月，浙江省进出口3642.0亿元，增长16.4%。其中，出口2664.2亿元，增长12.1%，增速较7月回升14.2个百分点；进口977.8亿元，增长29.9%。当月，浙江省进出口、出口规模均仅次于6月，为单月历史次高。

二、对拉美出口增长较快，自美国、非洲等进口增长较快

2021年1—8月，浙江省对各主要进出口市场均保持两位数增长。从出口看，浙江省对欧盟、美国、东盟、拉美和非洲出口分别增长18.1%、19.1%、18.5%、44.4%和16.6%，其中，丽水市对拉美出口增长14.0%，绍兴市对东

盟、拉美、非洲等新兴市场出口合计增长 20.38%。从进口看，浙江省自美国、非洲、巴西、中东欧和英国进口分别增长 56.7%、53.3%、60.6%、92.0%和 75.2%。浙江省对“一带一路”沿线国家进出口增长 24.7%，比重（34.3%）较 2020 年同期提高 0.2 个百分点。其中，杭州市对“一带一路”沿线国家和地区出口 953.36 亿元，同比增长 29.6%；湖州市对“一带一路”沿线国家和地区出口 236.9 亿元，同比增长 39.6%。对 RCEP 国家进出口增长 21.2%，占比达到 25.6%，其中湖州市对 RCEP 成员国家出口 162 亿元，同比增长 27.6%，占比 20.5%。

三、机电产品出口比重提升，资源类产品进口拉动明显

2021 年 1—8 月，浙江省机电产品出口增长 24.9%，占出口总值的 45.7%，比重提升 1.6 个百分点。其中，丽水市 8 月机电产品出口 14.5 亿元，同比增长 14.0%，占丽水市同期出口总额的 53.7%；杭州市机电产品出口 1282.16 亿元，同比增长 25%；衢州市机电产品出口 52.81 亿元，同比增长 28.35%；台州市机电产品出口 774.88 亿元，同比增长 41.62%。铁矿砂、原油、未锻轧铜及铜材和铜矿砂进口分别增长 86.9%、54.7%、40.4%和 61.2%，合计拉动进口增长 13.8 个百分点。

四、各类外贸主体齐头并进

2021 年 1—8 月，浙江省民营企业进出口 1.98 万亿元，同比增长 23.6%。其中出口 1.54 万亿元，同比增长 19.5%，占全省出口总值的 81.3%。其中，杭州市民营企业货物出口 2061.15 亿元，同比增长 26.2%，占该市货物出口的 70.5%。同期，外资企业进出口 4284.3 亿元，同比增长 24.8%，拉动浙江省进出口增长 4.0 个百分点。其中杭州市外资企业货物出口 529.10 亿元，同比增长 18.7%。国有企业进出口 2226.9 亿元，同比增长 26.4%，拉动浙江省进出口增长 2.2 个百分点。2021 年 8 月，浙江省 81 家外贸综合服务平台企业合计进出口 65.6 亿元，同比增长 11%。

五、多种贸易方式齐发力，跨境电商和市场采购增长较快

2021 年 1—8 月，浙江省一般贸易进出口 2.07 万亿元，同比增长 22.5%，占全省进出口总值的 78.7%。其中出口 1.50 万亿元，同比增长 19.7%；进口 5714.4 亿元，同比增长 30.6%。其中湖州市 2021 年 1—7 月一般贸易出口 703.2 亿元，同比增长 33.3%，占全市出口总额的 88.8%。跨境电商进出口 497.3 亿元，同比增长 1.0 倍。市场采购出口 2232.6 亿元，同比增长 20.8%。其中湖州市 2021 年 1—7 月市场采购试点报关出口 10355 单，共计金额 63.2 亿元，成为全

市出口增长的重要引擎。保税物流进出口 1372.3 亿元，同比增长 59.3%。

六、出口订单小单短单化趋势明显，订单好转企业比例有所下降

据“订单+清单”系统调查显示，出口订单小单短单化趋势明显，短期（3 个月）、长期（6 个月）订单比例为 83.5%、0.9%，大单（100 万美元以上）、小单（10 万美元以下）比例为 1.0%、89.4%。如嘉兴海宁市约八成企业 3 个月以内短期订单占比超 50%，五成企业的短期订单占企业所有订单约 75%；嘉兴平湖市箱包行业 78%的企业 3 个月以内短期订单占比超 50%；温州市 2021 年 9 月全市入库样本企业中 3 个月以内短期订单占在手订单总额 50%以上的企业占 71.45%，其中 3 个月以内短期订单占在手订单总金额 75%以上的企业占 51.33%。

第二节 当前外贸企业的瓶颈因素及关键症结分析

一、“双控双减”政策影响外贸企业生产和原材料供应

（一）有序用电政策压缩产能，导致企业拒接新单，在手订单面临违约风险

受“双控双减”政策影响，部分外贸企业上游产能供应紧张，自身生产计划受到影响。近日，全国各地陆续实施限电限产措施，不少地区甚至采取了从“开六停一”到“开五停二”，再到“开四停三”的错峰限电。这导致企业开工开机率下降，产能无法匹配需求、订单交期延误、后续订单缩减等现象不断突显。调研发现，某装饰材料有限公司在 2021 年 10 月开始限电停产半个月，产能近乎下降 50%，预计压降 30%左右的订单；某灯饰有限公司由于高耗能被列入停产名单，实际产能被压减 50%，2021 年上半年所接订单均需要延期 2 个月以上才能交付，违约需要赔付的金额就达到了 800 万元；松阳县某服饰有限公司按照要求限电停产 7 天，预计产值将减少 23%左右。

（二）“双控双减”政策导致部分外贸企业上游高能耗企业供应不足，影响正常生产

某机械有限公司反映，由于限电令导致材料供应商产能下降，目前已收到 3 家供应商发函申请延期交货；某户外用品股份有限公司上游江苏企业受限电影响，导致其原材料供应不足，直接影响国外 5000 万美元订单交货。

二、国际形势严峻复杂影响外贸企业发展预期

（一）贸易摩擦持续影响产业出口

以美国为首的西方国家通过加征关税、“实体清单”、贸易救济调查、非关

税壁垒等手段全方位对中国施加影响。2021 年 6 月 17 日，美国以“国家安全威胁”为由，禁止使用 5 家中国公司的设备；7 月 9 日，将 23 家中国企业列入出口管制“实体清单”。

（二）部分国家的内部政治局势变化，对华关系持续恶化，严重制约部分外贸企业发展

调研发现，某能源有限公司在中国限制澳洲煤炭进口后，2021 年 1 月进口的价值约 3 亿元的澳洲煤炭，至今仍在港口尚未通关，2021 年前三季度，该企业商品销售额为 1.9 亿元，较 2020 年同期下降 49%；2021 年 9 月，印度对中国不锈钢无缝钢管产品发起反倾销立案调查，某不锈钢有限公司成为被调查对象，涉案金额 520 万美元；杭州市某塑料制品有限公司受中美贸易摩擦影响，复合防水建筑材料对美出口增加 25%的关税，2017—2020 年利润率下降了 20 个百分点，自营出口和委托外贸公司出口量从 7400 万元下降到了 1580 万元。

（三）海外新冠疫情反复起伏，物流时效性差，外贸业务人员流动困难

某智能电气有限公司因新冠疫情原因，失去了原本在瑞典的 4.6 亿元业务，2021 年 1—7 月出口同比下降 23.32%；某玻璃制品有限公司反映，正常 5~7 天的国际快递时效，现在需要花近 1 个月才能到客户手上；某机械公司机电电梯出口业务约占总业务量的 10%，但受新冠疫情持续影响，其境外安装业务受阻，2021 年 1—7 月出口额 6.5 亿元，同比下降 26.74%。

（四）东南亚地区逐步“解封”，部分订单回流

东南亚国家本就是世界重要的原材料供应和制造业加工基地，越南的纺织业、马来西亚的芯片、泰国的汽车工厂，在全球制造业供应链中都占有重要位置。东南亚新冠疫情肆虐，客观上导致订单回流国内，形成出口快速增长的局面。目前，东南亚各国政府正在推进重新开放的计划，以在控制新冠疫情和保持人员、资金流动之间取得平衡，生产正常化后部分订单恐回流东南亚。某纺织有限公司主营纺织品，计划投资建设新生产线，但企业担心 2021 年年底东南亚生产趋于正常后，总体订单量下滑，新增设备生产线因产能过剩关停将难以覆盖设备购置成本。某服饰有限公司主营无缝内衣，企业预测随着新冠疫情得到控制，预计 2021 年年底可能有 10%左右的订单会回流东南亚。

（五）部分外贸企业出口转内销面临困难

由于外贸企业产品标准不适应国内需求，当前企业出口转内销存在一定困难。一般而言，机械、食品、服装、纺织品、家具等行业国内外生产销售标准差异较大，出口产品在国内市场的适配度不高，影响在国内的经营销售。某机械有限公司主要经营销售范围包括轻小型起重设备、液压机械等，主要出口欧美等国

家，由于国内外订单对产品的厚度、宽度等规格要求差别较大，出口订单难以转内销。2021 年 1—7 月，该公司累计出口 8224.23 万元，同比下降 7.29%。某窗帘有限公司表示，2021 年公司一直都想拓展业务范围，弥补外贸订单直线下降的空缺，有意往国内订单发展，但目前收到的报价都较低、订单量较少，公司对国内业务拓展仍存担忧。

三、外贸企业经营成本上升

（一）国际海运费用高位运行

据航运交易所数据，截至 2021 年 9 月 19 日，宁波市出口集装箱运价指数（NCFI）报收于4205.4 点，较上月继续上涨 471 点。据德路里全球集装箱运价指数（WCI），10 月第 1 周，集装箱（12.2 米）单箱平均运价达 10129.7 美元，同比增长 289%。宁波到美国东部的集装箱运价已经突破 2 万美元/TEU，比 2020 年 9 月上涨了近 1.5 万美元；欧洲地中海航线价格涨幅也类似。根据样本企业调查显示，超六成（63.3%）企业反映物流成本压力较大，“一舱难求”局面依然存在。2021 年 8 月，宁波出口集装箱运价指数平均值为 3862.6 点，同比上涨 325.0%。21 条航线中有 16 条航线运价指数上涨。近三成企业舱位和集装箱满足率降至 60%以下，形成库存积压。考虑到欧美进口需求较旺、全球港口拥堵、海员缺口持续扩大等因素，预计海运价格还将维持高位。某电器有限公司表示，出口至美西航线（上海—西雅图）的海运费从年前的 5000 美元涨至 14000 美元，涨幅达 180%；某进出口有限公司表示，在新冠疫情前，通常海运费预算占货值的 4%~7%，现阶段已上涨到 30%；某塑胶有限公司尽管 2021 年以来对美出口增长 2 倍，但海运费就已占货物成本的 1/3 左右，导致增收不增利。目前，海运“预提费”“落箱费”等各类附加费用增多，但船期可靠性却持续下降。2020 年以来，受持续紧张的国际物流供需形势影响，各大船公司纷纷增加各种名目的附加费用，高运价叠加附加费用，部分企业出现运货价比倒挂现象。与此同时，集装箱航运公司按时向客户交付货物的能力却大幅下降。据航运分析和咨询公司 Sea-Intelligence 的最新数据，2021 年 8 月船期可靠性下降至 33.6%，为历史最低水平，10 艘集装箱船中只有 3 艘能够按时交货。部分企业遭遇被取消订单和发货延后问题。某皮具有限公司反映，当前订箱需支付每只 800 元以上的“订箱费”，货物不能及时进仓会被收取 100~800 元不等的“附加费”，以往出货高峰，正常 1 个月出口 200 个柜左右，2021 年 8 月只出了 50 个柜，目前，公司库存积压近 350 个柜，货值 8000 万元，客户下单意愿明显下降。另据永康市 91 家年出口额超 1000 万美元的五金企业数据，截至 2021 年 8 月，上述企业出口货物库存价值同比增加 10.15 亿元，待运货柜缺口 4343 个，均创历史新高。

（二）原材料价格普遍大幅上涨，导致外贸企业利润空间受挤压

上游原材料价格的上涨传导至中下游企业的生产成本中，但出口价格上调难以对冲原材料上涨，导致企业利润空间缩窄。浙江省超九成企业（97.4%）反映原材料价格上涨或持平，比重高于出口商品价格上调或持平的企业（93.0%）。其中，原材料涨幅超过10%的企业占比24.8%，出口商品价格上调超过10%的企业占比仅为9.1%。调研发现，某工艺礼品厂由于80%的订单为2020年10—12月接收，且按当时的市场行情进行成本估算，以铁为例，报价的行情为5300元/吨，2021年最高价为8000元/吨，因此出现订单越多亏损越大的尴尬局面；某包装材料有限公司2021年以来原材料PP薄膜价格上涨20%，溶剂价格上涨10%，致使公司1—8月利润相比2020年同期减少150万元；某服饰股份有限公司2021年以来原材料价格已上涨约30%，但已接订单仍按照协议价格，目前企业利润下滑约30%，开机率仅保持在80%左右。

（三）汇率波动增加企业成本

2020年6月以来，随着美元指数不断走弱，人民币对美元汇率不断升值，年末达到6.5左右。2021年以来，人民币对美元汇率小幅升值1.2%，特别是2021年4—5月汇率较快升值，一度升至6.36。全省年出口收汇在1000万美元以下的企业中，近九成未使用汇率避险产品，普遍遭受了汇兑损失。调研发现，某卫浴科技有限公司由于2021年人民币汇率提高至6.4左右，导致公司收到的结款减少，利润率从4%下降到2%；某五金股份有限公司2021年出货订单均为2020年下半年所接订单，在此期间，人民币兑美元汇率由2020年7月的7.07涨到2021年7月的6.47，但销售价格不受汇率变动影响，导致企业利润压缩；某五金门部件（平湖）有限公司因为美元一路贬值，2021年1—8月，企业已经由于汇率变动亏损近5万元。

四、外贸企业关键技术被“卡脖子”

芯片供应量不足、价格上涨，导致外贸企业订单延期交付、盈利困难。调研发现，某电器股份公司的电饭煲、锅具等产品存在芯片供应缺口总价约300万元，全年存在同样缺口的订单将超过1000万元；某数码科技有限公司由于芯片制造商供应紧张，目前公司订单交付周期平均延期3个月至半年；某精工机械有限公司由于全球汽车“芯片荒”、汽车产量减少、新冠疫情蔓延等因素影响，2021年8月以来，企业订单量出现下滑，较前两年平均减少20%，9月出口订单仍下降约10%。

五、外贸企业面临诸多外部风险

受出口退税政策调整影响，部分钢铁生产、出口企业损失严重。调研发现，

某不锈钢有限公司产品出口退税税率由13%降低至0，每吨不锈钢钢管利润减少近2300元，使得原来每吨毛利润500元的不锈钢，如今出现每吨亏损200元的情况；某机械有限公司2021年5—7月出口额1365万元，取消出口退税后，增加缴税额187万元；某锻造有限公司大部分产品出口退税比例为10%，而取消出口退税后，导致企业在国外市场竞争力下降，国外洽谈订单量已经出现明显减少。

第三节 对策建议

一、大力推进数字贸易发展

一是提升发展跨境数字贸易。加强跨境电商综合试验区和跨境电商产业集群试点，推动新业态、新模式发展，扩大跨境电商综合试验区范围。二是大力培育数字贸易企业。通过自主培育与外部引进相结合，培育有全球影响力、资源配置力和创新驱动力的数字贸易龙头企业，集聚价值链整合能力强、发展潜力大的数字贸易创新企业，促进数字贸易资源集聚。三是加快外贸供应链体系建设。积极布局海外仓、海外营销网络、海外国际营销公共服务平台，加强供应链上下游资源整合，提升物流仓储、报关清关、入库质检等服务水平。四是深入推进 eWTP 建设。扩大海内外实践，带动电商模式、技术、服务和标准的国际合作。

二、推动跨境电商多模式发展

支持外贸企业开展跨境电商业务模式创新，重点加快“9610”“9710”“9810”等多种跨境电商模式集聚，推进与跨境平台的合作进程，培育新的出口增长点。加速跨境贸易产业链数字化转型，探索整合从平台、物流、支付到人才的“数字+跨境”新业态、新模式，谋划打造跨境电商特色枢纽中心。引导龙头企业从全程供应链建设角度，整合国内外资源，构建布局合理的海外仓服务网络。鼓励物流企业共建共享公共海外仓，探索建立海外智慧物流平台。引导企业开拓新兴市场，在“一带一路”重要节点市场设立一批海外仓。引导企业发展外贸综合服务平台、联合国采购等新业态。探索搭建区级线上拓市平台，引导企业通过参加线上展会、搭建企业网站，推动产品数字化展示，开展线上销售，提升线上获取订单水平。以 RCEP 落地为契机积极开拓国际市场，指导企业用足用好各类自贸协定，助力企业开拓市场。

三、强化对外贸易全球化布局

一是大力培育本土跨国公司。鼓励企业通过直接投资、收购兼并等方式加强与境外企业合作，建立生产、技术、品牌、营销网络和战略资源渠道。二是开拓多元化市场。大力开拓“一带一路”沿线及东盟、非洲等新兴市场。加大企业参展支持力度，加强与国际知名展览企业的合作，办好以“一带一路”为重点布局的境内外展会，扩大海外影响力。三是推动境外平台建设。以“一带一路”沿线国家和地区为重点，完善境外经贸合作区布局，设立国家级境外经贸合作区，形成主导产业明确、公共服务功能健全、具有集聚和辐射效应的产业园区，服务浙江省企业“走出去”。加快“一带一路”境外服务系列站建设，建设“一带一路”丝路学院，探索校企合作新模式。四是有序引导境外投资。引导传统劳动密集型产业利用境外资源布局，提升优势产业全球资源配置能力，引导和鼓励企业把总部、结算中心、研发设计和高端制造留下来，推进产业优化升级。

四、合理安排外贸企业有序用电，避免“一刀切”

一是加大限电企业扶持力度，有关部门应联合出台限电扶助临时性政策，从财税、费用等方面给予支持，降低限电对外贸企业产能等的影响，鼓励金融机构加大融资支持，避免限电企业因采购发电设备造成资金链短缺等情况，适当减免银行手续费用，帮助企业共渡危机；二是设置“缓冲期”，提前告知企业，以便于企业做好产能安排，同时划定能耗标准，对用电需求量较小的中小企业适当放宽限制；三是推动企业自身降耗提效，帮助部分企业进行提振转型，提高生产效能，降低能耗排放，最大限度进行转型升级，降低受拉闸限电的影响，提高企业出口产品的增加值。

五、合理控制海运费价格，探索海运之外的运输途径

一是增加集装箱供给，缓解运力紧张难题，同时出台政策予以适当补贴，减轻海运费暴涨对外贸企业的重大冲击。二是探索铁路运输等其他的运输途径，减少对海运的依赖。常态化运行中欧班列。培育各地市一级货代，争取线条仓位分配的更多话语权，继续开通一批地市重点出口产品特色班列，加快资金兑现速度。三是鼓励企业通过拼箱减少物流费用，优化业务流程，减少因运输能力不足造成的产品积压与仓储费上涨。此外，持续关注原材料价格波动，推动相关产业链上下游企业建立长期稳定合作关系，对违反市场规律的原材料价格波动进行宏观调控，积极参与和推动国际产业链供应链保障合作，稳定原材料市场预期，保障产业链平稳有序。

六、加大对外贸企业的金融、税收、保险等政策支持

推动贸易政策与财政、金融、信保、物流、科技、用工等政策融合，帮助外

贸企业应对综合成本上涨、国际供应链受阻等困难。一是积极与金融机构开展对接，调研了解外贸企业金融需求，鼓励银行创新产品和服务，强化对中小微企业的贷款扶持力度，减轻企业融资压力；二是积极开展期货套期保值等金融业务培训，指导外贸企业开展汇率避险，保护外贸企业利益。及时调整出口信用保险额度，创新推出更多面向外贸企业的产品，发动小微企业参与出口信保联保平台、中大型企业投保出口保险，扩大出口信保覆盖面；三是推进企业“降本减负”。打好“降本减负”组合拳，进一步降低企业的税费负担，以及用能成本、融资成本、物流成本等。

第33章　外贸企业参加线下展会的问题、困难及建议
——基于广交会视角的实地调查

外贸是拉动经济增长的“三驾马车”之一，对于稳经济、促发展具有重要作用。外贸企业参展是经济活动和市场活动的重要晴雨表。为了解外贸企业对线下中国进出口商品交易会（以下简称广交会）的参展意愿情况，我们对相关企业开展调研，结果显示，外贸企业参加线下广交会的意愿总体偏低，这个问题亟待政府有关部门高度关注。

第一节　外贸企业参展意愿调研分析

从2021年调研情况看，外贸企业参展线下广交会的意愿有所下降。根据某市对辖区内1083家企业开展的“线下广交会参会意愿度”调研数据，29.09%（315家）的企业表示愿意参加线下广交会，70.91%（768家）的企业表示不愿参加或者还在考虑当中。除品牌展位外，申请到特装展位、一般性展位等的企业参展意愿也有所下降，如温州瑞安市原先分配到展位的101家外贸企业中，仅43家企业将参加本次线下展会，参展意愿率为42.57%。通过对比发现，企业规模、行业、性质等因素对企业线下参展意愿有一定影响。从企业规模来看，规模较大的企业线下参展意愿较强。如绍兴市针对118家往年参展企业的调研发现，规模以上（简称规上）企业具有参展意愿的为53.3%，而小微企业只有40.1%。从企业性质来看，生产企业线下参展意愿相对更高。温州瑞安市对分配到展位的101家企业的调研显示，生产型企业中愿意参展的占比44.12%，而流通型企业中愿意参展的占比39.39%，相对较低。从企业所处行业来看，不同行业的企业线下参展意愿有差别。调研发现，服装纺织面料企业有参展意愿的占53.3%，而五金工具类企业有参展意愿的达63.3%。

第二节　外贸企业参展意愿下降的原因分析

一、展会规模压缩，企业需求难以保障

因受新冠疫情影响，2021年第130届线下广交会展期由之前的三期缩短为一

期，时间由 12 天缩短为 5 天，展位由 6 万个缩减至 2 万个，且以品牌展位及新能源展位为参展主体，一般性展位将在品牌展位及新能源展位确认后，按比例进行调减安排。以绍兴市为例，2021 年 8 月 25 日广交会组委会展位调整前，该市展位分配名额 776 个，报名企业 534 家，调整后展位缩减至 184 个，缩减幅度达 76. 3%，仅能保障 90 余家企业参展。受展位紧缺和配额受限影响，部分企业，特别是品牌层次不够高的企业参展需求难以保障，企业积极性受影响。

二、参展成本高昂，企业负担较重

参加线下广交会需承担机票、住宿、摊位费等多项开销，不少企业认为线下参展人力、物力、时间成本较高，负担较重。特别是外贸形势严峻的背景下企业资金链紧张，控成本的导向也一定程度上影响了参展意愿。温州市对 54 家企业的调研显示，92%的企业认为参展成本较大，其中 38 家企业的参展成本在 10 万元以上（包括展位租金、人力成本等）。温州某鞋业有限公司反映，此次广交会的成本包括人力成本（住宿、交通、补贴等）5 万元、展会成本（展位、装修、样品等）30 万元、其他成本 10 万元，总计 45 万元，预计 2021 年展会带来的直接或间接订单额仅 200 万元左右，除去成本后的企业利润还不够花费的参展成本。

对于某些行业企业，线下参展花费更大，参展决策更为慎重。某家具有限公司表示，家具行业所需展台面积较大，其需要 300～400 平方米，装修成本超过 1500 元/平方米，且展会结束后装修部分无法回收。再加上 40 名员工的机票、住宿、伙食等费用，参加一次线下展会的成本预计超过 200 万元，参会成本较高。某智能装备股份有限公司反映，2020 年参加广交会时，公司曾派出专门物流将大型设备搬运至广州，费用较高，且风险需企业自行承担。

三、线上模式成熟，企业更加青睐

线上展销模式趋于成熟，形式日益多样，运行和管理制度日渐完善，时间成本和经济成本相对更小，相比线下广交会，线上展会对企业来说吸引力增强。2021 年第 130 届广交会首次采用线上线下融合举办模式，设置线上免费展位 6 万余个，部分中小企业出于成本、地域距离、产品展示等因素考虑，倾向于参加线上展会。某电器有限公司反映，此前参加线上广交会挖掘新订单 20 余笔，达成意向订单 150 万美元，与线下展客单成交量仅相差 10%左右，但可以节约成本 10 余万，企业计划在线上展方面投入更多资源。某工贸有限公司反映，企业主要生产各种摩托车车架、系列发电机、汽车配件等产品，由于湖州到广州距离远、运输成本高且无法做到全面展示，加上广交会有“云展厅”，企业更倾向于线上参展，直接在厂房直播可以更好地展示产品的特点与优势。

同时，也有部分企业选择其他线上渠道。客户更加青睐于通过线上平台直接与企业交流，为了迎合客户群体需求，企业将展会重心转移至阿里巴巴、made in China 等线上平台，收益转化率高于线下广交会，基本确定不会参加 2021 年的线下广交会。某空调设备有限公司表示，线上展会方式能提高双方对接互动便利度，帮助企业接触到更多客商。

四、专业针对性不强，企业参展转化率不高

广交会作为综合性国际贸易盛会，知名度高、历史悠久、规模庞大、商品种类齐全，2021 年 130 届广交会有 16 大类商品，设置了 51 个展区，但同时也导致行业集聚性和针对性不强，对于中小型外贸企业和行业集聚密集度高的企业促进作用不够明显，参展转化率不高，影响企业参展积极性。部分企业更倾向于参加专业展会或寻求其他展销渠道。某缝纫设备有限公司反映，公司产品以长臂机为主，在通用机械、小型加工机械及工业零部件展区中属于细微的一个展品种类，有兴趣了解的采购商很少。而中国国际缝制设备展览会、华南国际缝制设备展等专业展会，参加人员更加细分，对缝制设备有个性化需求的客人更多，参展效率会更高。又如浙江某新型制冷剂有限公司主要从事制冷剂研发、生产和销售，2020 年出口额达 947 万美元，考虑到广交会参展采购商专业性不强、有限时间内难以接触更多相关专业领域的采购商等因素，该企业一般都选择参加中国制冷展、杭州制冷展等专业性强、领域窄的专业主题展会。某科技有限公司表示，公司主要生产遮阳产品，属于较为狭窄的行业，市场份额不大，因此参加广交会意义不大。但近两年公司都参加了上海的 R+T Asia 亚洲门窗遮阳展，虽然 R+T 展会费高达 60 万元，明年可能提高到 100 万元，但因客户有针对性，订单和销售额增长较明显。

五、成本大幅上涨，企业收益难以保证

由于关键零部件、设备等沟通与获取不畅通，上游原材料价格上涨，不少企业外贸订单利润下降，对新订单持观望态度，参展的积极性下降。某智能仓储设备有限公司表示，虽然公司主要原材料钢板于国内采购，但是下游企业生产钢板的原材料铁矿石在新冠疫情期间进口减少，导致 2021 年国内钢板产量减少，价格上涨 20%，直接导致公司产品在国外市场丧失竞争优势，行情不佳，故对于 2021 年的广交会企业参展意愿不强。某家居股份有限公司表示，海绵和木材的价格上涨了 30%，美元汇率相较 2020 年下降了 6%左右，目前生产订单已处于亏损边缘，公司正在维持老客户订单，无意接手新订单，虽仍会参加此次广交会，

但对收益不抱期望。

此外，国际海运运力紧张，“一箱难求”和海运费用不断走高让外贸企业承受极大压力，不少企业货物被积压，导致部分企业即使参展也只结交意向客户，短期内不敢盲目接收新订单。某卫浴有限公司表示，海运费用持续上涨，从中国发货至美国的海运费用为22000美元/标准柜，经营成本增加直接导致企业净利润下降7.6%。同时，集装箱缺口导致企业发货仍受阻，目前已完成生产的订单发货已经排到了2021年10月，新订单即使完成生产也要排队发货。利润低及发货难导致企业参加展会接收新订单的意愿降低。某木塑材料有限公司法人代表反映，中国至北欧的海运费已经从每集装箱3000美元上涨至12000美元，可以说是“天价运费”，并且上海港至欧洲、美国港的船舶平均仓位利用率已基本高于95%，出口运力和舱位十分紧张，船期延误、准班率降到低点、集装箱滞港等现象屡见不鲜，对企业出口业务造成很大的经营压力。

第三节　对策建议

一、优化展位布局

全面了解企业线下参展意愿情况，根据实际需求统筹安排行业间线下展位数，合理分配参展名额，适当扩大展会规模，或是延长展会时间，分类分批参展，尽可能满足线下参展需求强烈的企业，从而提高企业的参展积极性。建立摊位流转机制，充分盘活展位资源，打击非法中介生存空间，避免摊位价格恶性竞争，减轻企业负担。

二、提高外商参与度

加大广交会宣传力度和外商引流力度，重点邀请境外机构或者企业驻华代表、境内采购商参加广交会，并多渠道、多途径邀请全球各国。完善国外客户入境采购渠道，在确保新冠疫情可控的前提下，进一步精简外商入境流程与难度，增加无法赴现场参展的外商参会渠道，降低参会外商数量下降导致的负面影响。

三、拓宽线上线下双渠道

做好线上线下一体谋划、一体推进、一体运营，努力打造线上线下相互促进、相互融合、相互赋能的全天候贸易平台。完善相关设备及软件，促进线上信息互通无阻，提高线上展会参与体验感和成交量。利用线上渠道尝试性开展跨地域、跨平台、跨展会的交流合作，打造专业性分类展会，提高企业客户转化率。

四、降低企业参展成本

加大政策补助力度，建议地方出台相关补贴政策，如展位费补贴、后续达成合作的奖励机制等，减少企业参展的成本压力。加大参展保险支持，加快理赔速度，缩短定损核赔时间，降低企业参展的风险成本，增强企业参展信心。

五、做好参展配套服务

加强入境人员检测，有效减轻企业顾虑。加强对广交会等各项展会的监督管理，维护市场秩序，规范市场行为，促使外贸企业间良性竞争，保护参会商、采购商等各方合法权益。优化国内各关区、各港口集装箱空箱调配，加大出口运力调配力度，帮助参展企业的货物顺利出口。

第五篇　营商环境优化与中小企业稳进提质

第34章　创建国家信息经济示范区和国家数字经济创新发展试验区对全国的启示研究

数字经济驱动我国经济高质量发展是新旧动能转换必须把握的重大历史性战略机遇，加快建设国家数字经济创新发展试验区是打造我国数字经济创新发展标杆的重要战略举措，也是抢占全球数字经济发展制高点的重要路径。[①] 本章通过对国家数字经济创新发展试验区的调研，总结了浙江省以深化供给侧结构性改革为主线，启动数字经济“一号工程”战略，实施“数字经济五年倍增计划”，探索创新数字经济发展体制机制，数字经济发展质量和效益走在全国前列的做法；分析了探索实践过程中存在的共性问题，提出了值得全国各省（自治区、直辖市）借鉴启示的政策建议。

第一节　创建国家信息经济示范区和数字经济创新发展试验区的主要做法

浙江省抢抓新一轮科技革命和产业变革加速演进的新机遇，以数字化改革为引领，深入实施数字经济“一号工程”2.0版，着力推进数字产业化、产业数字

① 2019年10月20日，国家数字经济创新发展试验区启动会在第六届世界互联网大会（乌镇峰会）召开，河北省（雄安新区）、浙江省、福建省、广东省、重庆市、四川省6个国家数字经济创新发展试验区接受授牌。根据《国家数字经济创新发展试验区实施方案》，各试验区坚持新发展理念，结合各自优势和结构转型特点，在数字经济要素流通机制、新型生产关系、要素资源配置、产业集聚发展模式等方面开展大胆探索。

化、治理数字化和数据价值化，国家数字经济创新发展试验区和数字经济系统建设成效显著，全省数字经济发展势强行稳，引擎动能显著增强，成为推动全省经济基本盘稳固的硬核支撑，全面擦亮数字经济创新发展“金名片”。

一、突出战略布局的前瞻性，构建规划方案、政策配套、督查激励三位一体的闭环政策体系

（1）2014 年，浙江省把以互联网为核心的信息经济作为支撑浙江未来发展的八大万亿产业之首和重中之重，制定实施《关于加快发展信息经济的指导意见》《信息经济发展规划》等一系列政策文件。

（2）2017 年，浙江省进一步提出实施数字经济“一号工程”，明确建设全国数字产业化发展引领区、产业数字化转型示范区、数字经济体制机制创新先导区，加快建设数字大湾区、城市大脑、移动支付之省等十大标志性、引领性项目。

（3）探索建立数字经济统计及监测体系，组织对全省各市县开展年度综合评价，对发展数字经济成效显著的地方政府开展专项激励。

（4）制定了《浙江省数字经济促进条例》任务分工方案，广泛开展《浙江省数字经济促进条例》宣贯实施。浙江数字经济总量从 2014 年的 1.09 万亿元增长至 2018 年的 2.33 万亿元，增长 2.14 倍；占国内生产总值的比重从 27.2%上升至 41.5%。2021 年浙江数字经济核心产业增加值总量突破 8000 亿元大关，达到 8348.27 亿元，同比增长 13.3%，比全省 GDP 高 4.8 个百分点，占 GDP 的比重达到 11.4%，同比提高 0.5 个百分点，对全省贡献率达到 14.9%，拉动 GDP 增长 1.3 个百分点。规上数字经济核心产业营业收入接近 3 万亿元，达到 2.97 万亿元，同比增长 25.4%，成为稳增长、促发展的“压舱石”和加速器。

二、突出创新驱动发展，从“数字产业化”和“产业数字化”两端协同发力

（1）以国家战略需求和“数字产业化”为导向，加快推进阿里达摩院、国家数据智能技术创新中心等重大创新平台建设，促进量子通信、5G 商用、金融科技、区块链等产业化，之江实验室类脑计算芯片、阿里飞天 2.0 操作系统、杭州“城市大脑”等一批创新成果在全国领先。

（2）重点围绕高端装备、关键零部件等产业链核心环节，以及被美国列入“实体清单”的企业可能被限制或断供的技术与产品，实施核心技术产品的国产替代行动计划，重点突破一批“卡脖子”核心技术。

（3）聚焦“产业数字化”，将工业互联网作为推动制造业数字化转型的关键

支撑，打造“1+N”工业互联网平台体系。浙江省“产业数字化”指数 2020—2021 年居全国第一，supET 平台、supOS 工业操作系统入选国家跨行业、跨领域工业互联网平台，重点工业企业装备数控化率、工业企业设备联网率分别超 65% 和 50%，关键业务环节全面数字化的规模以上制造业企业比例超 50%。深化以“产业大脑+未来工厂”为核心的数字经济系统建设，推进产业大脑工业、农业、服务业、信息业分区建设，化工、电机、智能家电等 14 个细分行业大脑已上线试运行，连接设备 22601 个、工业 APP 超 2000 个，服务企业 12252 家。深入实施“标准化+”，成功推动国际电子商务交易保障标准化技术委员会秘书处落户杭州，在全国率先制定“企业上云标准体系”，2020 年参与制（修）订数字经济领域国际标准、国家标准和行业标准 50 项。全省数字经济核心产业技术研究开发费占主营业务收入的比重从 2014 年的 2.8%提高到 2019 年上半年的 3.9%，高出规模以上工业 2 个百分点。

三、突出开放协同包容，构筑富有弹性和活力的数字经济创业创新生态系统

（1）支持“阿里系”“高校系”“浙商系”“海归系”（“新四军”）创业创新，杭州市连续 3 年人才净流入率居全国第一。

（2）建设数字经济特色小镇，构建阿里巴巴等龙头企业“双创”平台，打造数字大湾区，淘宝网、支付宝分别成为全球最大的网络零售和网上支付平台。

（3）人才政策从“零敲碎打”向“滚雪球”集成转变，实施数字经济“一号工程”人才计划，建立全球人工智能高端人才数据库，设立 10 亿元人工智能人才产业发展母基金。

（4）实施百家数字骨干企业扶持行动，开展领军企业“雄鹰计划”、企业上市“凤凰行动”、高成长性企业“雏鹰计划”。2018 年，浙江省数字经济超千亿元企业 1 家、超百亿元企业 20 家，上市企业 67 家。

（5）深化数字经济区域协同发展，加快数字长三角建设，制定《数字长三角建设方案》，共同谋划布局一批重大平台、重大项目建设，推进长三角区域数据共享交换平台建设，联合实施产业链补链固链强链行动，围绕新型显示、集成电路、数字安防等重点产业，联合实施产业链补链固链强链行动。

四、突出内生改革活力，扎实开展体制机制和制度创新的先行先试

（1）组建规模 100 亿元的省数字经济产业投资基金，争取国家集成电路产业投资基金、制造业转型升级基金等支持。

（2）集中力量办大事，2019—2022 年浙江省财政拟安排 500 亿元以上的财政专项支持数字经济发展。

（3）推动浙江科技大脑、“亩均论英雄”大数据平台、中小企业公共服务平台等一批数字化服务平台建设，加强统计分析、预警监测、政企互动。

（4）促进政府数据开放共享，推出全国首个覆盖设区市的省级政府数据统一开放平台，“掌上浙江”建设深入推进，“浙里办”APP 上线。

（5）简化现有涉及数字经济的行政审批事项，清理规范制约数字经济发展的行政许可、商事登记等事项，在全国率先启动《数字经济促进条例》立法。

第二节　当前面临的主要问题

一、数字技术与制造业融合深度不够

（1）数字经济发展出现“三二一”产业逆向渗透趋势，消费领域、流通领域数字经济引领发展，但工业领域数字化不充分。

（2）工业 1.0、2.0、3.0 并存，数字技术与制造业融合深度不够，传统制造业利用数字技术的投入强度大、投资专用性强、转换成本高。

（3）第二产业、第一产业 ICT 中间投入占行业中间总投入的比重分别仅为 5.5%和 0.4%，远低于第三产业的 10.1%。

（4）电子商务、软件服务、移动互联网等“软”产业发展较快，但集成电路、机器人、通信装备等“硬”产业发展滞后，缺乏有国际竞争力的硬件装备和硬件产品。

二、数字经济创新能力和核心技术不够强

（1）目前数字经济崛起更多依靠“人口红利”“网民红利”“市场红利”，突出表现在“一条腿长、一条腿短”，即“应用端”成熟、“创新端”和“基础端”薄弱，基础研究、原始创新和基础产业与国际先进水平相比差距较大。

（2）在中美贸易摩擦的大背景下，核心技术“卡脖子”问题愈发凸显，发达国家技术封锁和核心部件出口管制越来越严，集成电路、人工智能等产业链核心技术和关键器件“缺芯少魂”。

（3）从研发角度看，数字经济研发投入占 GDP 的比重仍然不高，缺少重特大项目支撑，核心芯片、工业软件和关键器件等中高端产品的供给能力仍较为薄弱，“缺芯少魂”现象短期内还较难出现根本性改变。

三、“数据孤岛”和“数据烟囱”仍比较突出

（1）行业壁垒、地域壁垒、条块分割形成的“数据孤岛”“数据烟囱”阻碍数据自由流动和开放共享。

（2）大量数据资源沉淀在体制内，政府内部缺乏统一的大数据平台，整合共享层次还比较浅，数据开放共享力度还不大。

（3）跨部门、跨层级、跨领域联办事项的业务流、信息流、数据流没有标准化，“数据跑路”“信息跑路”存在“中梗阻”，部门业务协同难、数据共享难等问题突出。

（4）浙江省通过国家数据共享平台对接了国家人口库信息、学历学位信息、企业信息等 17 类数据接口，但针对国家部委的数据共享需求清单仍有 362 项，涉及 26 个部委。

四、数字治理的法规制度和政策体系还不够完善

（1）数据作为关键创新要素存在管理制度障碍，数字产权归属及业务边界难以界定，对于数字知识产权、数据安全缺乏强制性制度保障，数据所有者业务和平台业务边界难以界定，容易引发知识产权归属纠纷。

（2）工业大数据的价值还没有充分挖掘，大数据交易机制还没有形成。

（3）数字化转型的资本投入、人才、技术、管理方面要求高，中小企业数字化转型缺乏有效的政策保障。

（4）政府扶持政策的针对性和精准性还不够，财政资金偏向于龙头企业的示范试点项目，量大面广的中小微企业较难享受，轻资产企业由于“投入门槛”也较难享受。

五、高层次和应用型的数字科技人才支撑不足

（1）从整体看，数字经济领域高水平科研机构和创新型人才数量明显不足，与发达国家和地区的差距十分明显。

（2）高端专业技术人才、跨界复合型人才的结构性短缺成为制约数字经济高质量发展的突出瓶颈。

（3）兼具数字经济与实体经济知识技能的跨界复合人才十分短缺，互联网企业、软件企业大多不熟悉工业知识、流程、业务，而工业企业缺少精通云计算、大数据等新一代信息技术的人才，适应数字经济深度融合发展的复合型人才、应用型人才、领军型人才匮乏。

第三节 对策建议

一、以提升数字化生产力为靶向，推动数字经济核心技术创新及应用

（一）实施数字技术“卡脖子”攻坚

把“卡脖子”关键核心技术攻关作为应对中美贸易摩擦的重中之重，地毯式梳理“卡脖子”关键核心技术清单，围绕高新技术产业，以及对产业安全风险影响较大的计算芯片、工业控制系统、高性能材料、高端装备及核心部件等领域进行攻坚，集中力量开展核心技术、非对称技术、“杀手锏”技术、颠覆性技术等战略性前沿技术攻关。启动集成电路“强芯行动”，强化对新一代集成电路、高性能磁性材料、高精度传感器等科技攻关。建设天地一体化信息网络、光网络、量子网络等一批国家重点实验室。

（二）培育平台型企业

在产业竞争生态化趋势下，精心培育一批数字经济航母级平台型企业，支持百度自动驾驶、阿里云城市大脑、腾讯医疗影像、科大讯飞智能语音等平台型企业创新发展，推动数字经济平台型企业和“独角兽”企业在海外上市，打造“平台型企业+独角兽”的孵化生态，加速形成富有吸引力和竞争力的数字经济生态圈。

（三）助推“企业上云”

聚焦工业控1制系统、高端工业软件等支撑能力不强，平台数据采集、大数据建模、工业APP等薄弱环节，大力发展工业互联网并推动工业云平台建设，培育国际领先的云平台和国内领先的行业云平台，着力攻关工业控制系统、工业技术软件化、虚拟制造和虚拟仿真、智能数控系统等技术，打造全球领先的云服务产业体系和云产业中心。降低中小微企业数字化转型成本，推动企业内部纵向集成、企业之间横向集成、产业价值链端到端集成。

（四）深化数字经济国际合作

落实《G20数字经济发展与合作倡议》，实施APEC互联网和数字经济路线图，推动数字“丝绸之路”、中国—东盟信息港、eWTP新型贸易中心等建设。启动数字经济国际合作示范项目和示范工程，共建联合实验室、国际技术转移中心、国际合作基金及技术示范推广基地。构建全球数字贸易网，建设“一带一路”信息港，搭建“一带一路”沿线重点国家和城市数字经济战略联盟，共建网络空间命运共同体。

二、以提升数字产业辐射力为靶向，建设若干数字经济重大支撑性平台

（一）高质量建设数字产业集聚区

培育具有世界竞争力和影响力的数字产业集群，因地制宜建设云计算产业园、大数据产业园、物联网产业园等，吸引跨国总部、研发中心、生产性服务业企业入驻，打造云计算、大数据等数字产业集聚区。建设大数据技术先进、产品智能化过硬的智能制造示范基地，培育数字经济创新驱动的孵化器、创客空间及特色小镇，提升数字经济集聚能级。

（二）高标准建设大数据交易中心

目前大多数超大规模数据中心设在美国，占全球的 44%，中国仅占 8%。加快制定我国大数据中心建设规划，在能源供给充足、信息设施完善、地质气象条件良好的地区建设全国大数据中心及灾备中心。推广上海数据交易中心“交易机构+创新基地+产业基金+发展联盟+研究中心”五位一体模式，打造国际一流的综合性大数据交易服务平台。

（三）高水平布局“云、端、网”

加快 5G 商用、超宽带光纤接入，以及 IPv6、窄带物联网（NB-IoT）、低功耗广域物联网（LPWAN）等应用，打通陆上信息丝绸之路、海上信息丝绸之路、天地一体信息网络，切实防范因国际互联网物理链路中断而导致的根域名风险。实施北斗卫星综合示范工程和高分辨率卫星遥感应用示范工程，重点研发核心路由交互、软件定义网络（SDN）、超高速大容量智能光传输等网络通信技术。

三、以促进数字技术产业化为靶向，推动新兴数字技术向现实生产力转化

（一）主攻人工智能产业链

深入实施我国新一代人工智能产业发展行动计划，在算法、算力、算料上重点突破，打造具有全球影响力的人工智能创新高地。建设智能车间、智能工厂、智能产业链，着力打破人工智能的感知瓶颈、交互瓶颈及决策瓶颈，优化网络协同设计、复杂系统设计、全息影像技术等智能服务，构筑更加系统化的智能制造全产业链，推动“制造为中心”向“智造为中心”转型。

（二）突破大数据关键领域

高水平建设国家大数据综合试验区，建设国家数据科学中心、亚太数据交换中心和全球领先的大数据产业中心，构建自主可控的大数据产业生态系统。制定

面向重点行业、产业集群应用的大数据软硬件系统解决方案，研制智能海量数据存储与管理系统、非结构化数据处理、数据可视化等大数据产品。加大 EP 级数据存储、清洗挖掘分析、异构数据融合等大数据技术研发力度。

（三）紧扣万物感知（端）、万物互联（管）、万物智能（云）发展物联网产业

建设物联网运行支撑软硬件平台，推进物联网在车联网、工业互联网、智慧城市等领域示范应用，打造全球物联网产业中心和世界级物联网产业集群。加快发展传感器、音视频采集、射频识别技术等数据采集设备，以及高性能、低成本、低功耗传感设备，实现智能终端万物互联。

（四）孵化集成电路、量子通信、柔性电子等新型业态

聚焦嵌入式中央处理器（CPU）、工业控制、高端存储等重点领域，构筑包括芯片设计、芯片制造、封装测试在内的集成电路产业链。加强与国际集成电路龙头企业合作，力争在国际领先的纳米先进工艺上取得根本性突破。推进虚拟现实（VR）和增强现实（AR）、显示器件、光学器件、人机交互等关键共性技术的产学研攻关，突破量子通信、量子传感、量子计算等技术研发及应用，加强柔性显示、柔性传感、柔性固体器件等柔性电子产业化，培育新兴产业增长极。

四、以产业数字化为靶向，广泛推动数字技术赋能传统产业

（一）深挖制造业数字化转型空间

实施“数字技术+先进制造”战略，推进“大数据+产业集群”“大数据+专业市场”建设，启动制造业数字化转型工程，构建工业互联网网络、平台和安全体系，大力推进产业集聚区、工业园、经济开发区、小微企业园等数字化转型和智能化改造。加强工业互联网、智能控制、新型传感器、机器视觉等技术在装备制造中的集成应用，促进制造业向柔性化、智能化、精细化转变。

（二）深挖服务业数字化转型空间

以数字内容产品为核心载体，构建数字内容产业链，进一步拉伸服务业数字化的链条。纵深推进工艺设计、现代物流、金融服务、检验检测等生产性服务业数字化转型，支持生产性服务企业利用互联网搭建智能设计、智慧物流、智慧能源等面向特定环节、特定场景的平台。加强互联网、移动互联网、移动智能与生活性服务业深度融合，发展智慧旅游、智慧健康、智慧教育等新业态。

（三）深挖农业数字化转型空间

建设数字植物（育种）工厂、数字牧场，推广农田智能监测、养殖环境监测、设施精准控制等数字化农业技术，重塑农村传统生产模式和经营模式。深入推进农旅电商融合，实现农产品预订种植、社区直销和网络营销。建设农业信息

化示范基地，搭建全国统一的农产品质量安全追溯平台，建立农业遥感监测和应用体系，以及农产品质量安全监管全流程追溯系统，构建对市场主体行为全生命周期的监管链。

五、以政策制度创新为靶向，探索数字经济高质量发展的政策保障路径

（1）加快推动《数字经济发展促进条例》立法，从制度供给层面为数字经济治理提供支撑。

（2）围绕数据所有权、数据使用权、数据流转权等内容，制定数据确权、采集共享、交易流通、跨境传输等关键共性标准。开展国家大数据交易等数据资源流通标准研制，引导资源型数字经济、技术型数字经济等领域基础共性标准、关键技术标准的研制及推广。

（3）审查现有法律法规对数字经济的包容性和容忍度，及时废止有违创新规律、阻碍数字经济新业态发展的政策条款。实行政务数据开放共享“负面清单”管理，完善公共数据资源目录体系。

（4）开展知识产权和数据资产等无形资产抵押贷款，支持金融机构开展以知识产权为抵押物的信贷业务，鼓励数字经济中小企业在“新三板”等股权交易中心挂牌融资。

（5）建立以信用为基础的数字经济市场监管机制，探索符合数字产品、服务、技术、模式发展趋势的监管制度。借鉴欧盟数字经济与社会指数（DESI）、世界经济论坛网络就绪度指数（NRI）、国际电信联盟 ICT 发展指数（IDI）等国际数字经济指标体系，建立与数字经济相适应的跨部门、跨层级、跨领域统计制度和统计方法。

第 35 章　企业监管碎片化治理的现实考量与优化路径：基于复杂巨系统理论新视角的实地调查

市场主体监管低效甚至失效的原因错综复杂，与现有监管体制机制和监管政策制度有关，但深层次的根源之一是监管碎片化问题。监管部门之间基于本位主义的部门利益考量，以及碎片化的制度和机制安排，在市场主体监管过程中依据自身权责进行分割监管，致使出现监管自利行为、失管漏管现象及执法缝隙和监管盲区。传统理论在一定程度上难以规避监管的局限性和碎片化问题，而基于系统方法的复杂巨系统理论通过系统集成为破解这一问题提供了理论支撑和有益启示。本研究将巨量市场主体监管作为开放的复杂巨系统，探索基于复杂巨系统理论的监管治理逻辑，以及通过跨业务融合、跨功能集成、跨领域协同破解监管碎片化问题的优化路径。

第一节　命题提出

“放管服”改革背景下，我国持续深化涉企审批改革，降低市场准入门槛，各类市场主体快速涌现，与之相对应的监管领域、空间范围、监管对象、市场主体行为等都发生了巨大变化。放权之后的市场主体监管低效，甚至失效问题成为政府治理饱受诟病的重点领域，如何加强对市场主体的事中事后监管成为社会聚焦的重要话题（王俊豪，2021）。尽管理论和实践层面都试图破解市场主体监管领域的机构职能设置不科学、监管法律法规不健全、监管职责交叉重叠、横向监管协同不力、监管信息共享机制不畅通等一系列问题，但始终未能从根本上解决监管治理面临的种种问题，这在一定程度上影响了政府监管的整体效能，也不利于政府治理现代化。新一轮科技革命和产业变革的蓬勃兴起对政府监管治理体系提出了大量新挑战、新命题（鲍静、贾开，2019），有限的监管资源、日益加重的监管任务与市场主体数量扩张，特别是与新业态、新模式快速涌现之间的不适应性和不匹配性的矛盾愈来愈凸显（陈振明，2020），监管机理、监管领域、监管范围、监管流程、监管工具等较以往都发生了十分显著的变化（刘鹏，2017），现行的监管碎片化机制难以适应网络化、数字化、平台化的发展趋势，滞后于平台经济、共享经济、数字经济的发展实际。

2022年国务院《政府工作报告》明确指出："加快建立健全全方位、多层次、立体化监管体系，实现事前事中事后全链条全领域监管，提高监管效能。抓紧完善重点领域、新兴领域、涉外领域监管规则，创新监管方法，提升监管精准性和有效性。"市场主体监管涉及面比较广泛，包括金融监管、环保监管、安全生产监管、贸易监管、价格监管、不正当竞争监管等诸多领域。针对监管的多元化、跨领域、跨部门特性，理论界特别是整体性治理理论（Holistic Governance Theory）运用整体性理念去重新整合监管碎片化的治理机制，试图弥补政府治理"这根链条"的断裂点。然而，由于现行的基于职能精细化分权的"分工型职能构架"难以从根本上改变，纵横交错的行政界限和职能壁垒难以有机衔接，难以从根本上解决市场主体的监管治理问题。如何构建与新发展阶段相适应的市场主体监管机制，尤其是如何对传统的碎片化监管方式进行颠覆式变革和重塑，在监管业务流程优化再造基础上建立覆盖企业从注册到注销的全生命周期的监管机制，是亟待破题的重大理论命题和实践问题。

在现行的政府监管职能条块分割、纵向同构、横向分工的管理体制下，监管部门在监管对象上形成明显的区间化、分段化、孤立化等碎片化特征，横向监管权力资源配置互不隶属，监管职能存在交叉重叠，甚至裂解问题，外在表现出来就是监管效能低下和监管机制碎片化分割（刘淑春，2018）。运用系统论（System Theory）思维和方法解决复杂性社会问题，为本研究提供了新的视角。系统论既不是"整体论"，也不是"还原论"，而是"整体论"与"还原论"的辩证统一（钱学森等，1988）。本研究尝试运用系统论中的复杂巨系统理论探索碎片化监管的治理思路和逻辑，具体聚焦以下问题：其一，监管碎片化导致的监管低效，甚至失效的现实困境是什么？这是本研究的着眼点和出发点。其二，破解市场主体监管治理困境的理论逻辑是什么，如何运用复杂巨系统理论进行理论层面的阐释？在此基础上，运用复杂巨系统理论探索构建监管治理机制的路径在哪？总之，本研究从新的理论角度探讨市场主体的监管治理困境破解。

第二节　市场主体碎片化监管的现实考量

通过已有研究发现，监管低效，甚至失效的原因是错综复杂的，既涉及监管体制机制的协同性、耦合性不够（Roderick，1999；Wilson，1977）、监管制度和政策不够完善（俞思念，2018）等因素，也与监管机理与监管资源配置不够科学合理（崔萌、孟庆国、吴晶妹等，2020）、监管模式与监管工具滞后（Altman et al.，1994；黄璜、成照根，2019）、监管相应奖惩机制欠缺（陈丽君、杨宇，2018）等诸多因素密切相关（鲍静、解亚红等，2018）。纵向层级之间、横向部门之间、时间先后之间的监管链处于割裂状态，导致监管责任缺位风险、监管机制断链风险，以及监管信息不对称风险，从而引发“劣币驱逐良币”“机会主义行为”“违法者大行其道”等现象（刘淑春，2020），这是“放管服”改革背景下强化事中事后监管迫切需要研究的重大命题，需要在现行监管体制和框架体系的前提条件下，对监管碎片化治理的现实困境重新进行审视。

一、基于市场主体监管治理机制重塑的考量

从市场主体全生命周期理论逻辑看，监管是贯穿市场主体从注册成立、市场准入、投资建设、融资信贷、生产经营到注销退出市场等环节，以及衔接事前、事中、事后全过程的动态监督管理过程（Gilardi，2002），囿于监管职能的分散化、监管部门的多元化、监管过程的割裂化、监管平台的壁垒化等问题，一定程度上导致监管机制的碎片化（Gil-Garcia and Sayogo，2016）。监管部门之间基于本位主义的部门利益考量及碎片化的制度安排，在监管过程中依据自身权责进行分割监管，容易出现“各扫门前雪”的监管自利行为，对于权责交叉地带和衔接地带往往出现失管、漏管现象，存在不同程度的执法缝隙和监管盲区。监管要素之间的孤立性和异构性，监管主体之间难以互操作和互对接，导致监管协同机制面临组织无序的困境，外在表现就是监管机制的条块分割、多头执法。如果不对监管业务进行系统性重塑、对监管链条进行穿透式管理，寻求整合监管链条的方法和路径，将不可避免地掉入“头痛医头、脚痛医脚”的运动式监管怪圈（刘亚平、苏娇妮，2019）。数字化时代，政府监管在理念、技术、工具、价值等维度不同于以往，传统监管方式、监管技术、监管资源难以支撑数字时代监管体系的多元化、实时性、动态性、耦合性等特征，全要素、全链条、全周期的闭环监管机制尚未形成，特别是传统监管属地管辖的地域有界性跟不上互联网经济的无界性趋势。例如网约车等新行业，经营者只需在平台注册后即可开展经营，但由于平台企业注册在其他地区，县市一级既没有登记对应的经营主体，也无法掌握平台后台数据，导致对网约车等行业出现监管难和监管真空现象。

二、基于市场主体监管治理责任边界的考量

就政府内部结构而言，针对市场主体的监管责任被分散在市场监管、商务、税务、人行、公安、银保监、海关、人力社保、环保、建设等具有监管职权的政府部门，现实中监管部门之间存在职能交叉、利益重合、监管真空、相互扯皮、多头监管等问题，相互关联的横向部门监管权被部门的职能分置切割成片状，以功能监管、行为监管、价格监管、质量监管等为核心的监管体系形成较为封闭和本位的监管体制，难以凝聚整体的监管合力，这是监管责任层面碎片化的重要表征之一。政

府管制的重要目标之一是公众利益最大化（George，1975），但监管责任碎片化导致的“分治型监管”不仅加大了跨部门相互协调的难度和沟通成本，也极其容易带来“过度监管”和“执法扰民”现象。监管利益的驱使性，以及监管资源的有限性、监管链的割裂性、监管力量的不足性可能导致监管过程中或多或少存在监管的随意性，乃至选择性，以至于出现盲目执法、重复监管、选择性监管等顽瘴痼疾，影响了监管的有效性（Laffont and Tirole，1986）。以浙江省监管系统为例，国家“互联网+监管”事项清单中检查事项为218项，但省级权力事项库中行政检查事项多达900余项。按照目前“有许可就有检查，有处罚就有检查”的政策，极易导致行政检查事项的碎片化、高频化。更有甚者，如俘获理论所主张的观点，实际操作过程中政府管制有可能被管制对象所俘获，存在部门利益吞噬公共利益、滥用监管权力和监管资源的风险（Peltzman，1976），利益集团通过对政府管制者进行游说使得管制政策可能偏离既定的目标靶向（Buchanan et al.，1984）。

三、基于市场主体监管治理信息共享的考量

监管信息在市场主体的监管构架体系中起着通联性、泛在性、资源性的基础作用，无论是事前的信用承诺和市场准入、事中的信用评价和过程监督，还是事后的信用评价和激励约束，均有赖于监管信息的实时共享和信息对称性（胡仙芝、马长俊，2020）。受传统监管方式和监管技术条件的客观因素制约，政府监管信息系统之间普遍存在横向的“孤岛效应”、纵向的“烟囱效应”及特定情境的“屏蔽效应”（宋林霖、赵宏伟，2017；张勇进、章美林，2018），难以形成完整的市场主体监管信息链。正如“科斯地板”理论所主张的，监管部门所能监管的领域和范围是极其有限的，仅能获取处于“科斯地板”与“科斯天花板”之间的部分监管信息，针对市场主体生产经营风险的监管精准性、预见性、互通性不够，导致信息不充分、不对称，影响了监管效能和质量，乃至产生“监管时滞”和“监管失效”。例如司法领域有全国法院被执行人信息查询系统，市场监管领域有国家企业信用信息公示系统，税务领域有重大税收违法案件信息查询系统，银行领域有个人信用信息服务平台，执法领域有综合执法监管平台，环保领域有环境执法信息公开平台等，不同平台间存在重重信息壁垒，制约系统互联互通和信息实时共享。再以“证照分离”告知承诺为例，监督反馈还未实现全程数据化，企业的承诺信息只推送至后置审批部门，履行属地监管职责的部门无法接收到相关信息，导致信息不对称和履约监管盲区。同时，监管部门也因政府信任“距离悖论”和“层级差序”的存在而缺少信息的共享意愿和内在动力（韦彬、林丽玲，2020）。

第三节　复杂巨系统理论探讨与适用性分析

作为宏观经济活动的“微观细胞”，市场主体的发展对于产业提质增效和经

济固本培元至关重要，但同时通过政府的有效监管营造市场主体之间的公平竞争环境也不可或缺。据《2021 年国民经济和社会发展统计公报》显示，尽管面对新冠疫情冲击和中美贸易摩擦等不利因素影响，我国 2021 年市场主体增加 2887 万户，市场主体总数达 1.5 亿户。面对现实世界的巨量市场主体及其错综复杂、千变万化的市场行为，理论解释力，尤其是对实践的支撑性是不足的，市场失灵论、政府失灵论、第三方监管理论、协同监管理论等已有理论难以为摆脱现实困境提供有效的阐释。就市场失灵论而言，信息不对称、负外部性、市场垄断等市场失灵现象并不少见，市场的自调节机制难以适应外部变化的挑战；从政府失灵论看，委托代理、监管俘获、职责分割等问题始终无法从根本上得以解决，面对平台经济、共享经济等新兴业态的兴起，监管经常出现“道高一尺，魔高一丈”的被动现象；第三方监管理论则是公认的“补充式监管”，然而仅依靠行业自律、公益组织不足以或根本上难以面对复杂的监管任务。以公共价值为基础的协同监管理论是监管理论的新迈进（蓝志勇、吴件，2021），没有停留在传统的监管主体和监管职责协同层面，从智慧监管的层面提出了协同监管的方向，但如何从微观机制运行层面构建监管机制则需要进一步深入探讨。

市场主体监管对象的巨量性和市场主体监管行为的复杂性对传统监管理论带来了不小的挑战，探索新的理论依据来阐释并推动监管碎片化这一复杂问题的解决越来越显得迫切。系统论（Systems Theory）创始人贝塔朗菲（Bertalanffy）认为，系统是由相互关联、相互作用、相互影响的诸多要素构成并具有某些功能的综合体，其特点在于研究方法注重定量性、技术应用突出科学性、管理决策强调整体性。系统的整体功能并不仅取决于各要素的简单集合，而是系统要素及其相互联系而实现的系统整体功能。① 钱学森进一步从系统工程（System Engineering, SE）角度，将一般意义上的系统分解为“简单系统”和“巨系统”两大类，根据组成系统的元素和元素种类的多少及彼此之间的关联性和复杂程度，把“巨系统”分为“简单巨系统”（Simple Giant System）和“复杂巨系统”（Complex Giant System）。如果组成系统的子系统或元素不仅数量大而且种类多，这些元素彼此之间的关系又比较错综复杂，此外，还有多层次的内部结构，那么这类系统就被称为“复杂巨系统”。由此而言，市场主体监管问题属于比较典型的具有非线性、非平衡态特质的复杂巨系统问题。从理论适用性看，巨量市场主体的监管系统本质上就是多变量作用、多因子耦合、内外部交互的复杂巨系统，运用系统管理论中的复杂巨系统理论对这个问题进行研究，从研究对象的整体与部分、结构

① 根据钱学森科学家的观点，系统论是应用系统思维分析事物本质和内在联系，有效集成信息论、博弈论、耗散结构论、控制论、运筹学等科学方法，在整体上把握事物发展规律的理论。

与功能、纵向层次关系、横向协同关系等角度（薛昱、雷家骕等，2020），探索建立监管系统化构架，具有理论和实践研究的可行性及价值。

复杂巨系统理论针对的问题具有高度的复杂性，本研究的问题涉及海量和多元的因素，这些因素使得系统产生了非线性、随机性、交互性，使系统的复杂程度超越了单一理论、单一学科所达到的认知高度。开放的复杂巨系统问题需要跨学科、跨领域、跨方法、跨层次的综合集成来解决，这种综合集成是思想的革新、理论的突破、方法的优化、路径的迭代，本质上是开放复杂巨系统的动力学和解释力问题，与之相对应的系统则具有开放交互性（系统对象及其子系统之间紧密相关）、巨量性（涉及要素巨大）、动态复杂性（子系统之间动态变化）、系统进化和演化（基本单元动态演化）、层次性（系统具有纵向层次关系）等特质属性。传统单一维度的理论认知和方法依据在一定程度上难以规避现实复杂问题带来的局限性、片面性问题，而复杂巨系统通过跨部门、跨学科、跨层次的综合系统集成来解决，已经在载人航天飞船等重大科学工程、宏观经济智能决策支持系统（MEIDSS）等重大经济问题等领域得到有效运用。就本研究而言，巨量市场主体的监管问题是比较典型的复杂社会问题，符合复杂巨系统理论所具备的特质属性（见图 35-1），可以尝试通过“复杂巨系统”理论进行分析并得到解决问题的理论方法和实践路径。

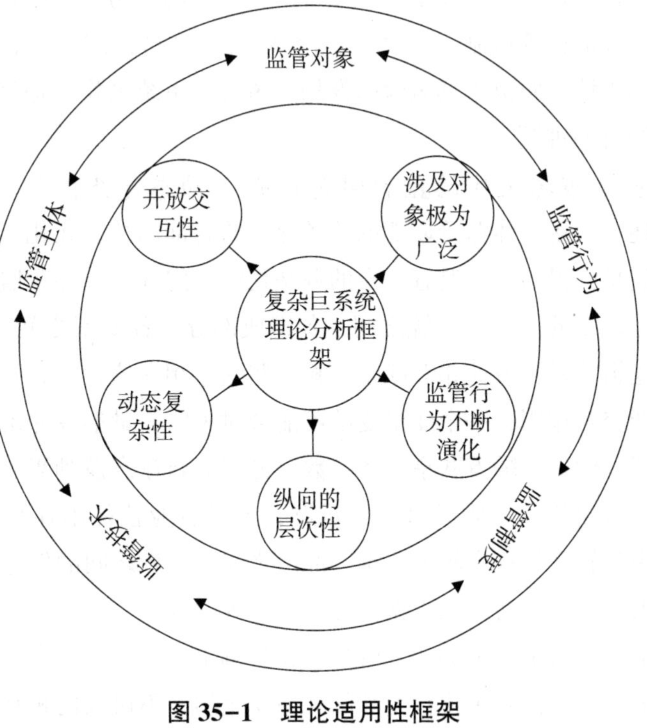

图 35-1 理论适用性框架

（一）从监管"主体—环境"角度看，巨量市场主体监管具有"开放交互"特质

监管系统与其他社会系统的开放性一样，需要与外界进行物质、能量和信息交互，系统主体与环境相互影响作用的过程中表现为系统的运动和发展。从这一角度看，市场主体监管问题属于比较典型的巨系统问题，其微观复杂性和宏观整体性特征十分显著，包含巨量主体、多元因素、多维领域，且因素之间相互影响，使系统产生非线性、随机性及自适应性。从市场主体层面看，这一复杂巨系统涉及税务系统、金融系统、商务系统、公安系统、市场监管系统、海关系统、人力社保系统、环保系统、经信系统、科技系统等大量子系统，监管总系统与这些子系统之间存在信息交换和行为交互关系，且"总系统—子系统"与外部的社会系统也是实时开放互动的关系。

（二）从监管对象看，监管涉及的市场主体极为广泛，行业领域覆盖面广，且数量和规模具有动态的增量性

全国市场主体数量从改革开放初期的49万户增长到2021年的1.5亿户，近年日均新设企业1.97万户，日均新设市场主体6.42万户，且从企业生命周期角度看，市场主体基本上存在从"个体工商户→小微企业→中小企业→规模以上企业→龙头骨干企业→行业领军企业→大型跨国企业"的规模递进发展路径。面对巨量的市场主体、快速的市场增量及动态演化的市场行为、规模特征，如何构筑系统性、溯源性的监管机制（钱弘道、徐博峰，2017），破解监管的碎片化、随意性及选择性困境，防范市场风险引发局部风险或系统风险，是政府监管实际操作层面亟待探讨的难题。

（三）巨量市场主体的监管问题具有"动态复杂性"

如前所述，市场主体监管职能的分散化、监管部门的多元化、监管过程的割裂化、监管信息的孤岛化、监管平台的壁垒化，一定程度上导致监管机制的碎片化问题，数量繁多的监管子系统之间、各组成部分、各要素之间存在多种渠道、多种方式的逻辑关联，彼此相互联系、相互制约、相互依存、相互影响，存在林林总总的复杂交互作用，一个变量变动可能会对关联变量形成冲击，具有多维度动态复杂特征。例如，随着共享经济、数字经济等新业态蓬勃兴起，跨区域、非实体的市场主体给传统监管带来很大难题，该类企业往往不存在固定的经营地点，数据采集与管理等存在较大困难，部门之间、地域之间的信息壁垒使已采集数据难以汇聚，导致监管对象数据信息不对称等问题。

（四）巨量市场主体的监管行为不断演化

市场主体行为和监管主体行为都是动态变化的，不仅彼此相互作用、相互影响，而且也会受到外在的技术变革和政策制度影响。尤其是进入平台经济时代，

平台型企业监管出现诸如大数据杀熟、消费者画像、“二选一”排他性竞争等市场异化行为，不仅运用数字技术手段针对消费者不断推出新的基于大数据算法的消费诱导，而且凭借平台地位、数据优势、技术手段等排斥市场公平竞争并规避政府的监管行为。如此背景下，新一代信息技术应用也必然会从“监管端”倒逼推动政府监管体制机制向系统性、数字性、耦合性方向变革，对传统线下监管模式进行颠覆式变革和重塑，在监管业务流程优化再造基础上建立覆盖企业市场准入、市场交易、市场竞合、市场退出等全过程的新型监管机制。

（五）巨量市场主体的监管机制具有层次性

市场监管体制机制具有政策信号“自上而下”的传递性和信息的“自下而上”的集成性。例如市场监管包括食药、工商、质监经历了“分级—垂管”的反反复复，除北京、天津、重庆、深圳等地实行垂直管理之外，绝大多数地区实行分级管理。垂直管理有利于提高监管机构的独立性，打破行政垄断分割，摆脱地方干扰；而分级管理有利于落实地方政府主体责任，发挥地方政府组织能力和地缘优势，保障监管开展的工作条件和公共资源。无论是分级模式还是垂直模式，政策信号的下传和监管信息的上报都涉及从国家部委到省级、市县、乡镇（街道）等多维度纵向层次，在监管机制上进行着政策自上而下和信息自下而上的交互对接。

综上分析，监管系统内部是“监管主体—监管对象—监管行为—监管技术—监管制度”各种因素耦合作用的过程，复杂巨系统理论的模块分解与系统综合、归纳与演绎、局部与整体、定性与定量、结构与功能等分析能够为探索巨量市场主体监管碎片化破解路径提供新的理论和方法。通过对复杂巨系统理论的属性分析使得解决这一问题具有可行性，某种意义上看，实践认知的“一元化”（协同监管导向）与理论认知的“多元化”（多种理论并存）张力问题在一定程度上得到缓解，符合理论界对协同监管、联合监管的呼吁，通过后文的运行机制分析得出这一理论对于新发展阶段背景下的监管强化是有益启示。

第四节　基于复杂巨系统理论的市场主体监管数字化改革逻辑与运行机制

面对巨量市场主体的开放交互性、动态复杂性、进化演化及纵向层次性等特征，实现机制和路径就需要改进传统的监管方式。市场主体有效监管需要通过系统重塑及其有效关联来实现预期功能（Siegenfeld and Bar-Yam，2019），运用复杂巨系统理论既能避免“整体论”的只见森林、不见树木，也能防止“还原论”的只见树木、不见森林。这一理论在监管碎片化治理领域的运用，关键是采用从定性到定量、从宏观到微观的综合集成方法，将巨量市场主体监管作为一个整体系统，通过跨业务融合、跨系统集成、跨领域协同的数字化改革最大限度破解监管碎片化困境。

一、基于复杂巨系统理论推动监管跨业务融合的内在逻辑与运行机制

系统基本运行逻辑之一是强化系统内部的整合与协作，构建系统上下左右联结的整合型治理结构，实现最优系统、最优功能、最佳状态的治理绩效。面对数量级庞大的市场主体和繁重的监管任务，运用复杂巨系统理论方法，从宏观功能和微观结构相结合的视角，对硬系统（技术系统）和软系统（管理系统）的内部业务构成及运行规律进行剖析，构建业务层实时融合、数据层实时共享、监管层实时联动的系统平台。结合实践层面的应用，在"互联网+监管"系统基础之上，[①] 构筑数据驱动监管为核心的分布式平等监管、智能化实时监管、集成化监管系统（见图 35-2），实现系统协调联动和功能精准定位。其内在逻辑和微观机制体现在三个方面。

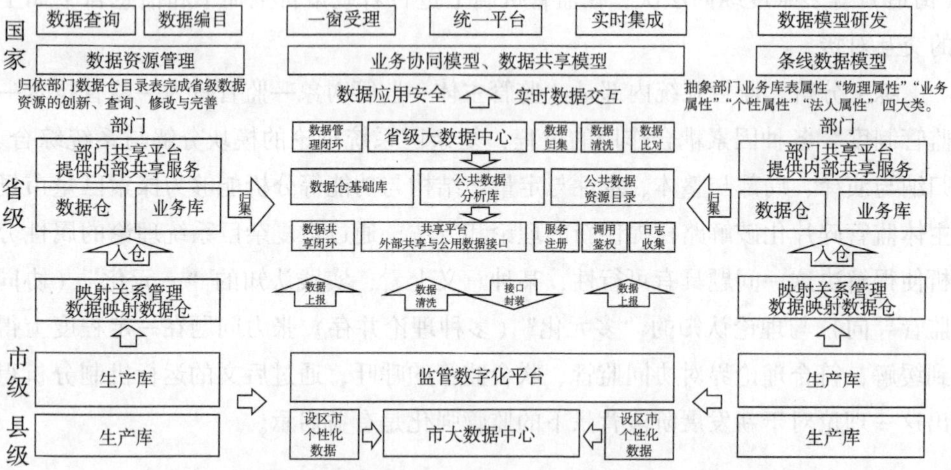

图 35-2 基于复杂巨系统的市场主体监管数据共享机理

（一）建立监管业务流程协同机制

复杂巨系统理论的实现路径之一是"宏观和微观相结合"以及"创新与规范相结合"，宏观层面的监管是微观行为的放大，需要突破常规思维约束，探索

① 国务院办公厅电子政务部门建立的"互联网+监管"平台侧重于监管系统的打通，目前各省（自治区、直辖市）纵向数据归集取得了一定进展，但横向打通部委之间的系统、实现部委数据实时共享尚未实现全面突破。更重要的是，监管数字化是"互联网+监管"的 2.0 升级版，核心是通过大数据分析实现精准监管和风险监测预警。

形成新的业务流程协同机制。这不仅涉及技术层面的问题，而且涉及机制和流程层面的变革（Meujer et al.，2016）。从政府部门的业务职责角度出发，要进一步探索实施监管事项清单管理制度，系统梳理所有相关监管部门的监管事项清单，对部门的监管业务、监管事项、监管模块进行量化，实现监管业务事项的标准化。业务流程规范之后，还需要建构监管业务流程协同机制，对每项监管业务流程形成完整的制度，确定跨部门、跨领域、跨层级的业务协同逻辑（Letaifa，2015），并根据监管事项入驻率、监管规则应用率、跨部门监管行为覆盖率等指标进行迭代升级。

（二）数据流与业务流同步

运用复杂巨系统理论推进跨业务融合的重要原则，需要打破审批部门与监管部门之间、横向部门之间、系统上下之间的“数据孤岛”和“信息烟囱”，建立分类分级分层、纵横条块衔接的数据技术链路，加强相关业务系统与监管信息系统的对接，形成科学的业务协同模型和数据共享模型（见图 32-2）。从实践看，常用的监管系统平台有全程电子化登记平台、市场监管案件管理信息系统、“互联网+监管”平台、企业信用综合监管警示系统、消费者投诉举报系统等，系统兼容性不强。针对这一问题，要构建统一规划设计、统一技术标准、统一运维管理的系统平台。以浙江省为例，通过打通省级部门和市县三级 292 个政府办事系统，贯通企业在线平台、公共信用信息平台和 33 个行业管理平台（模块），实现 58 个省级部门的 459 个信息项、5735 个数据项，以及 33 个行业部门 37 个领域，共归集 229 类评价数据、7361 个数据项共享，为“事前管标准、事中管达标、事后管信用”全流程监管提供了支撑。

（三）建立闭环监管机制

适应政府监管向平台化监管演变的趋势，通过神经网络分析（Neural Network Analysis）等机器深度学习法，开发市场主体风险实时监测评价模型，建立风险感知、线索移交、情报导侦、联动执法等机制，对监管风险点利用传感技术等对市场主体行为进行全程溯源，形成信息归集、产品研发、实时监管、监管反馈的闭环管理，对被监管对象实施针对性的监管。针对平台反垄断、强迫交易、虚假广告、网络传销、损害商业信誉、侵犯知识产权、制售假冒伪劣产品等重点失信行为，利用监管系统进行联合惩戒，形成纵向联动无断层、横向协同无缝隙的闭环监管机制，进一步提高监管执法的网络效应和靶向效应。

二、基于复杂巨系统理论推动监管跨功能集成的内在逻辑与运行机制

对复杂巨系统的把握由不确定性转向确定性是一个逐步改进的过程，需要通

过控制方法的优化来提高，强化监管技术创新与监管制度的嵌套，减少系统内部的“熵增”现象，形成以数据治理为核心、以功能集成为支撑、以功能优化为导向的监管，最终趋向控制系统内部风险的功能目标。其内在逻辑和微观机制体现在三方面。

（一）从要素流系统整合的角度，加强多维立体监管功能集成

基于复杂巨系统的开放交互性、动态复杂性及系统演化的属性，探索建立系统、平台、监管一体化的实现机制，也就是从市场主体监管的核心要素入手，基于人流、物流、资金流、技术流、信息流、数据流等要素流的系统整合视角，建立“数据采集→数据清洗→数据规划”精准识别评估机制，多维立体对市场主体进行穿透式监管。尤其是平台型企业、互联网金融、共享型经济、虚拟经济等新业态、新模式的监管方式与传统的实体企业不同，对监管技术、监管工具、监管方式、监管机制等有更高的要求，需要破解线下监管权力地域限制的“有界性”，从线下市场主体的二维平面监管向线下市场主体、线上市场主体、网络交易平台、虚拟货币等构成的多维立体监管转变。

（二）从市场主体全生命周期的角度，加强风险监测预警功能集成

运用复杂巨系统理论中的系统动力学方法，以及机器学习聚类分析方法、决策树模型、贝叶斯分类方法等技术，构建市场主体智能监管模型与监管机制，对市场主体全生命周期中可能发生的风险行为进行识别，变“事后被动型监管”为“事前主动型监管”。实践中，运用国家平台、互联网平台、第三方平台等产生的风险线索数据，全方位对接金融风险监测防控、安全生产风险监测防控、设备安全风险防范预警、经济犯罪监测防范等重点行业风险监测预警系统，构建不同行业类型、不同生命周期、不同发展规模的风险监测预测模型，在此基础上，由风险等级转换模型对市场主体风险值进行转换并形成风险企业库，[①]实现市场主体风险全景画像、态势感知及预测预警。[②]例如，针对生态环境、食品药品、特种设备、融资授信、安全生产、产品质量等重点监管领域，推行非接触式智能监管，实现线上线下全流程业务闭环。

（三）从市场主体监管全链条闭环的角度，加强信用约束和惩戒功能集成

根据市场主体在市场准入、经营、退出过程中遵守法律法规等状况，建立数据目录体系、数据归集机制，以及非结构化数据的整合共享机制（Bajaj and

---

① 根据信息熵和信息增益等构建决策树，依托风险指标体系、风险量化模型、风险处置规则对市场主体风险数据进行挖掘，形成有价值的数据回流。

② 浙江省市场监管部门从公共信用、治理体系、资本能力、质量能力、市场表现5个维度对企业进行分级预警评价，形成16个二级指标、58个三级指标，并对三级指标引入观测点，通过109个观测点的指标进行实时分析，实现企业全生命周期信用风险监测预警。

Ram，2003），广泛汇聚市场主体登记、行政许可、执法检查、行政处罚、红灰黑名单等监管数据。通过分析市场主体基础信用、治理信用等信用静态结构属性和质量能力、资本运营、市场表现等信用动态行为属性（见图 35-3），实施针对性监管。从实际层面看，围绕破解监管执法中存在的取证难、处罚难、执行难等问题，特别是面向全国网络交易市场监管，聚合市场监管等部门涉网职能，强化网络交易监测预警、协同监管、电子存证管理，实现对违法违规市场主体的精准监管。在依法开展联合惩戒的基础上，实现对失信市场主体关联信用预警，[①] 根据信用风险监测预警制定相匹配的剪链策略。

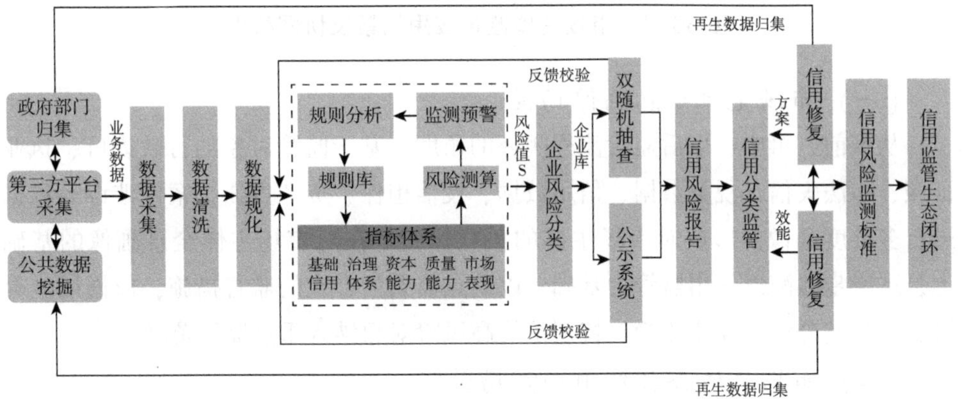

图 35-3　市场主体监管生态闭环的协同运行机理：基于信用监管维度

三、基于复杂巨系统理论推动监管跨场景协同的内在逻辑与运行机制

从复杂巨系统的价值建构角度看，跨行业、跨部门、跨领域的多跨场景协同需要通过“需求牵引”和“技术催化”双向驱动，基于回应性监管理论建构“触发任务→分级分类→现场检查→协同执行→违法处置→信用奖惩”的全链条、闭环式、回应性的监管机制（见图 35-4），运用场景设计、模块分解、场景集成的开发模型实现市场主体监管跨场景应用（刘鹏、王力，2016），实现更加敏捷、无缝隙、闭环式的市场主体监管应用场景。

① 国务院办公厅 2020 年 12 月印发《关于进一步完善失信约束制度　构建诚信建设长效机制的指导意见》（国办发〔2020〕49 号），对惩戒情形进行了界定，制定国家失信惩戒措施基础清单和地方补充清单，明确按照失信行为发生的领域、情节轻重、影响程度等实施针对性的不同类型、不同力度的惩戒措施。同时，国务院按照《关于建立完善守信联合激励和失信联合惩戒制度　加快推进社会诚信建设的指导意见》（国发〔2016〕33 号）规定，规范严重失信主体名单认定标准，设定了严重失信主体名单的范围。

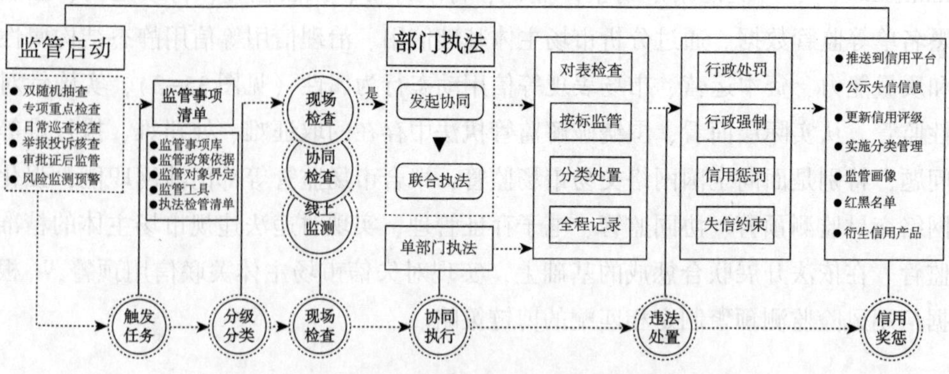

图 35-4　市场主体监管应用场景及协同机理

（一）市场主体全息画像场景

从事前、事中、事后监管流程闭环的角度，基于监管对象的行政许可、执业证照、违法失信、税务数据、信用数据、授信担保、资产负债、案件涉诉等数据进行多维度画像，形成对市场主体的关联标签。在对市场主体全息画像的基础上，进一步匹配以信用监管为基础、以重点监管为补充的监管措施，依据风险等级实施分类分级差异化监管，特别是将高风险对象纳入重点监管范畴。

（二）市场主体公共信用档案场景

基于监管系统产生的海量信息，按照基础信息、守信信息、不良信息等分类，以统一社会信用代码为标识建立监管评价结果应用的正反馈机制，对评价对象信用状况以分数或等级符号标注，形成统一的公共信用档案。[①] 对照国家出台的联合奖惩备忘录，推动行业主管部门单位衔接公共信用信息管理条例，制订行业领域红灰黑名单认定标准，形成标准清晰、认定科学、管理规范的红灰黑名单制度。

（三）衍生监管场景

行业主管部门在通用型公共产品的基础上，进一步叠加行业特色和其他公共信息，形成具有行业针对性的公共监管产品。此外，探索监管指数产品，包括区域监管评价产品、行业监管评价产品、政府监管评价产品等，构建富有特色、场景丰富的衍生监管产品体系。

① 美国是信用评级业最发达的国家，标准普尔（Standard&Poor's）、穆迪（Mood's Investors Service）和惠誉（Fitch）在信用评级业占有主导地位。这些机构的业务主要包括：与政府有关的评级、与工商企业有关的评级、与金融机构金融产品有关的评级和与评级有关的信用研究及信息服务。

第五节　对策建议

本研究认为，监管碎片化的长效治理，亟待建构复杂巨系统理论所主张的“系统性嵌入—系统性供给—系统性覆盖—系统性效力”的系统治理机制（麦强、陈学钊等，2021），以此形成更为有效的治理体系和动力机制，促进监管碎片化治理的系统化和长效化。

一、强化市场主体监管功能的系统性嵌入

从系统论角度看，通过复杂巨系统方法和监管系统化平台，有助于推进“放管服”功能相互渗透、相互嵌入。建立市场主体行政监管与行政审批的相容机制，对涉企经营许可事项制定相应的事中事后监管措施，破解不批不管、只批不管、严批宽管等问题。以推进公共服务“系统性重构”为目标，将监管功能纳入公共服务流程，健全市场主体风险预警与评估机制，对信用状况较好的市场主体给予融资授信、研发激励、能耗指标、用地指标等政策优惠，使信用评价结果良好以上的红名单市场主体在各类服务事项中得享便利和实惠。利用监管平台优化公共资源对市场主体的配置效率，防范市场主体的道德风险和逆向选择，净化市场公平竞争生态。

二、强化市场主体监管标准的系统性供给

监管碎片化治理是错综复杂的系统工程，巨量市场主体监管系统对系统之间的融合带来了挑战，需要对系统产生的代码、数据、信息等标准各异的元素进行迅速、精准而有效的捕捉、甄别、汇聚、转换、挖掘，同时对监管业务格式、数据采集标准、监管数据标准、信息平台系统、数据编码转换、信用修复标准等进行系统性的规范（Liu，2011）。根据英国 Captial One 数据科学部研究，数据价值的高效化利用须从数据的标准化源头开始。应按照数据元、数据串、数据仓、数据库的数据链流程，研究制定“互联网+监管”平台标准、事中事后监管技术规范、监管业务流程技术规范、监管数据清洗与质量模型技术规范、监管数据安全与共享规范，构建以监管对象为中心、全生命周期高效协同的技术标准规范。

三、强化市场主体监管信息的系统性覆盖

依靠单边的政府监管难以适应数字经济浪潮下市场主体的迅速发展和快速变迁，值得研究的问题是回应性监管理念下政府监管信息的不对称性和非充分性。管制者与被管制者之间、管制政策制定者与执行者之间的信息不对称性导致“监

管失灵”“监管低效”（顾昕，2016），正如新古典经济学派所主张的，只有满足完全市场、完全信息、完全独立性这三个条件，市场才是最优化配置资源的手段（Selznick，1985）。然而全周期、全要素、全链条的监管机制构建依靠市场“无形之手”① 或依靠政府监管“有形之手”都难以单独完成。监管碎片化治理既需要内部的政府部门协同，也需要外部的政企协同，依托数字技术工具建构社会数据库（Society to Government，STG）及政务数据库（Government to Government，GTG），推动政府与企查查、天眼查、启信宝、企查猫、水滴信用等企业合作开展，全面掌握市场主体的税务、涉诉、知识产权、社会保障、价格违法、行业垄断、消费投诉、假冒伪劣等生产经营信息。

四、强化市场主体监管数据的系统性效力

监管效力取决于数据效力。在监管机制碎片化、监管数据源众多、共享机理复杂的情景下，大量原始数据、加工数据、衍生数据汇聚，数据流动、数据使用更具灵活性且难以控制质量（McNealy et al.，2007）。现实中，少数企业通过堵塞摄像头、加装过滤吸收装置、人为设置程序等手段干扰监测设施、篡改监测数据，以此逃避监管处罚。以污染源在线监控为例，监管部门掌握企业实时排污情况主要依靠该系统的数据回传上报，但部分企业为逃避监管“钻空子”进行数据造假，且手法隐秘。某环节的监管数据失效，可能导致整个监管链的失效。对此，从源头对监管数据质量进行管理，建立监管数据分级分类管理机制，强化分级授权、数据脱敏、行为监控等安全手段，防范数据篡改造假风险。在数据匹配、数据接口、数据清洗、数据共享等环节制定配套规则屏蔽人为因素的干预（Fan et al.，2014），在数据分析、数据校验、逻辑关联及系统整合的基础上建立数据质量评估制度，确保监管系统效力。

---

① 天眼查、企查查等大数据科技公司通过爬虫技术手段抓取官方公开数据并提供信息查询服务，与区域性信息共享平台的部分数据来源相同，但第三方平台修复数据更新滞后。某企业反映，企业经过信用修复后，在国家信用信息公示系统中仅显示行政处罚信息 2 条，但天眼查第三方平台中还有 8 条不良信用数据。

第36章　企业信用监管数字化转型的若干问题与对策建议

——基于浙江省的实地调查

信用问题是政府“有形之手”治理失效和市场“无形之手”治理失灵需要重新审视的重点问题。通过信息公示与联合惩戒的方式对违法、失信企业的市场行为进行限制规范，使违法失信企业“一处违法，处处受限”，维护良好的市场经济秩序和一流的营商环境。“放管服”改革逐渐深化之后，如何实现“事前管标准、事中管检查、事后管处罚、信用管终身”，特别是利用数字化推进信用监管全覆盖迫在眉睫。以系统思维和系统方法推进企业信用监管数字化转型，是数字经济高质量发展和数字政府建设的迫切要求，有助于破解“信用碎片化”“市场柠檬化”“监管割裂化”等难题。[①] 本章聚焦信用监管数字化转型，深入调研分析了浙江省企业信用精准画像尚难成型、信用监管标准和制度不够健全、信用惩戒联动性亟待加强、信用评价激励力度不够等问题，提出了针对性的政策建议。

第一节　企业信用监管数字化转型的主要措施

深入实施信用“531X”工程，将信用建设作为深化“放管服”改革的重要支撑，重点推进33个部门信用监管场景应用。按照“通用+专业”要求，建立了信用指标体系和智能化分级模型，以信用为基础的精准监管机制基本建成。监管重点推进建立“一套指标、一个模型、一项制度、两个共享”。“一套指标”是指建立信用指标体系；“一个模型”是构建信用评价模型；“一项制度”是建立分级分类监管制度；“两个共享”是指将行业信用评价结果和行业信用监管结果共享到浙江省公共信用信息平台和“互联网+监管”平台，形成闭环管理。

一、融入政府数字化转型，形成信用监管的闭环管理

依托电子政务“一朵云”资源，在浙江省政府“四横三纵”框架内，构建

① 信用监管是监管部门依靠信息技术手段收集、整理、分析市场主体信息，进而判断市场主体的信用状况，并对市场主体信用状况进行分级、分类监管，以加强事中、事后监管为主的新型监管方式。

全省统一公共信用库和业务协同模型，建成全省一体化公共信用信息平台。打通省级部门和市县三级292个政府办事系统，建成信息归集、产品研发、信用应用、成效反馈的闭环信用监管闭环，为“事前管标准、事中管达标、事后管信用”的全流程监管提供技术支撑。省公共信用信息平台、企业信用预警平台和33个行业信用评价平台（模块），贯通“互联网+监管”平台，形成公共信用重点监管对象、企业信用预警对象和行业信用监管对象库，全省统一实施分级分类监管。行业评价结果和监管结果实时反馈到省公共信用信息平台，高效协同的监管机制基本建成（见图36-1）。

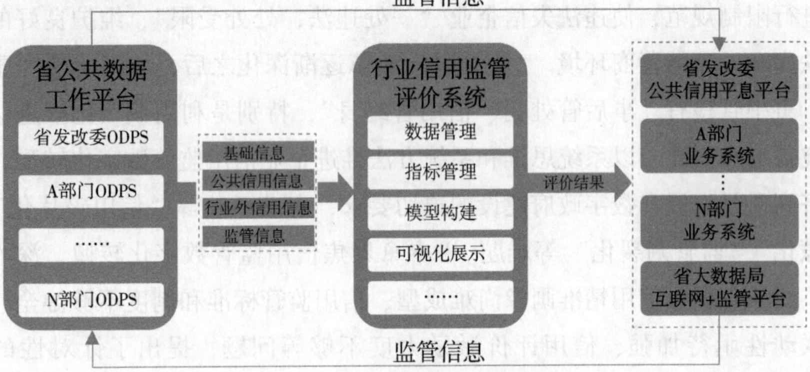

图36-1 行业信用监管流程图

二、以信用大数据为支撑，推进信用监管智能化

（一）形成分级的信用指标体系和行政管理数据库

为行政管理和监管建立数据库。浙江省公共信用信息平台涵盖58个省级部门的459个信息项、5735个数据项，归集信用信息16亿条。33个行业部门37个领域共归集229类评价数据、7361个数据项，累计使用信用数据达51.1亿次。例如省水利厅开展水利工程建设领域行业信用监管，共归集行业信用信息8600多万条数据，其中，全国水利建设市场监管平台归集了453条信用评级信息、66条水利安全生产等级信息、207家监理企业资质类别信息、251条企业获奖信息，向省市县三级水利行政主管部门采集了7879次检查活动数据，向全省在建水利建设项目采集了5052个水利施工及监理合同履约评价信息。

（二）通过建立实时信用模型，推动行业管理智能化

浙江省公共信用信息平台，对企业、自然人、社会组织、事业单位和政府机构5类主体全面开展实时公共信用评价，其中覆盖企业281.3万家，向浙江省“互联网+监管”平台（省执法监管平台）实时提供6万家重点监管对象。行业

主管部门将归集到的数据通过智能化分析或机器学习，构建行业实时评价模型，对监管对象实施智能化分层分级，形成 18 万家重点监管对象。例如省市场监管局从公共信用、治理体系、资本能力、质量能力、市场表现 5 个维度对企业进行分级预警评价，形成治理体系等 16 个二级指标，年报披露等 58 个三级指标，并对三级指标引入观测点的概念，通过 109 个观测点的指标进行实时分析，实现企业全生命周期信用风险的监测和预警。

（三）通过建立协同监管机制，提升监管精准性

浙江省"互联网+监管"平台（执法监管平台）将公共信用评价重点监管对象、企业信用预警对象和行业信用评价，形成"通用+专业"系列信用产品，嵌入"双随机，一公开"系统，依据信用等级进行差异化监管。同时也实现单一监管向高效协同监管转变。如温州市龙湾区娱乐场所专项检查针对"互联网+监管"平台（省执法监管平台）中行业信用等级较差的重点监管对象，实施跨部门联合检查，原来的"七个部门不同时间查七次"缩减为"七个部门同一时间查一次"。

三、以制度建设为重点，推进重点领域监管规范化

2020 年年初，浙江省委省政府印发《关于加快推进信用"531X"工程　构建以信用为基础的新型监管机制的实施意见》，省发展改革委印发《浙江省五类主体公共信用评价指引（2020 版）》《行业信用监管责任体系构建工作指引》等文件，行业部门出台针对科研、企业环境保护、道路危险货物、农产品质量、安全生产、校外培训、消防安全等重点监管领域 30 个以上行业信用监管规范性文件，信用监管制度体系逐步完善。

第二节　企业信用监管数字化转型面临的难题

一、企业信用精准画像尚难成型

（一）企业信用评级标准不统一

国务院办公厅《关于加快推进社会信用体系建设构建以信用为基础的新型监管机制的指导意见》明确要求，探索建立全国统一的信用报告标准，但国家层面关于信用监管评价模型中的指标设计、权重分配、关联分析等项目缺乏统一标准，各地基本上自建信用监管评价模型，在信用评级无统一标准的情况下，各地自建模型的信用评价结果无法统一应用，地区之间、部门之间的互认难度较大。

（二）数据链尚未彻底打通

国家尚未制定统一的信用信息采集归集、分类管理标准，受大数据共享技术

和查询技术限制，不同业务系统、不同信息平台间的信息壁垒依然存在。目前，企业信用数据散布于金融机构、海关、质检、税务、环保、市场监管、人力社保、教育、医疗、财政等职能部门，信息条块分割和部门垄断问题依然存在。2016 年 12 月，市场监管总局基本建成国家企业信用信息公示系统，但信息多头归集、多头公示、标准和运行规则不统一等问题依然存在，各部门各层级信用平台未完全整合，难以在同一平台上查询一家企业的全部信用评价数据。

（三）信用数据归集不够全面

行政处罚信息、行政许可信息、抽查检查结果信息等还存在归集不全面、关键字段信息缺失等问题，特别是行政处罚信息，有些部门没有按照“谁产生、谁提供、谁负责”的原则进行归集，没有通过国家企业信用信息公示系统归到企业名下，导致企业“全景画像”无法形成。平台企业、网络购物、共享经济、微商等新业态的数据采集机制还未落实，部分信用数据与监管机制更新缓慢，难以跟上数字经济快速发展的监管需求。

（四）国家企业信用公示信息系统数据更新不及时

国家企业信用信息公示系统无相关 APP 应用，提供的信息比“企查查”“天眼查”等少，仅能提供企业工商信息，无法提供关联企业信息、法院判决信息、失信信息、知识产权信息等，网站实际利用率不高。

二、企业信用监管标准和制度不够健全

（一）评判标准不一导致信用监管不均衡

我国关于企业信用监管的专项法律法规体系尚未建立，上海、浙江、湖北等少数省（直辖市）出台了地方性信用法规，却也没有统一标准。红黑名单认定标准需省级以上行业主管部门制定，许多行业领域自上而下未制定红黑名单认定制度，导致很多领域无法认定红黑名单。一些行政处罚信息已构成黑名单认定，但是部门不认定，应用部门无法判断行政处罚信息是否为联合奖惩对象。联合奖惩标准不一致，各地信用平台数据不一致，导致同一主体在不同区域受到的监管存在不均衡，尤其是在招标投标领域，企业信用核查标准不同会影响招标投标的公平性。调研发现，某厨房设备有限公司在参加招投标时，出具了市场监管局开具的 AAA 级“守合同重信用”企业证书，但因异地县无法查询该企业的信用等级，最终在审核时通过与其他企业的证书进行对比，发现该证书系伪造。

（二）企业信用监管成果公示环节仍待优化

目前通过“信用中国”等政府网站能公开查询企业是否为纳税信用 A 级纳税人，是否有重大税收违法失信案件信息，但上述名单外纳税人的纳税信用等级信息不对本企业以外的公众提供查询权限。信用监管专用平台对接难且相关平台

受众较小，难以形成影响力，对违规企业难以起到警示作用。调研发现，某皮革制品有限公司 2021 年 11 月在淘宝网申请开设商铺，但始终无法通过审核，淘宝网反馈不通过原因为被市场监管部门列入经营异常名录，需从异常名录中移除才能申请入驻淘宝网。主要原因是，由于该公司两年未年报，导致浙江省企业信用综合监管警示系统自动将其列入异常经营名录，而该公司不知情。

（三）市场主体信用记录统一管理路径尚未建立

目前，企业查询本单位的信用记录，主要通过向相关行政机关进行申请查询。如企业想获得无违规证明，需要分别前往市场监管、人民法院、不动产登记部门及各相关政府部门申请无违规证明文书。

（四）信用惩戒法律法规依据待统一

我国 2016 年出台《关于建立完善守信联合激励和失信联合惩戒制度加快推进社会诚信建设的指导意见》，对于失信者做出了限制招投标、优惠政策享受等方面的笼统规定，其余均为各地自行出台的地方性信用法规，各地执法尺度不一。

（五）企业信用修复机制不够完善

信用信息修复和异议渠道不够便捷高效、不科学合理，信用修复办法原则性过强、修复细则缺失，企业轻微违法行政处罚和严重违法行政处罚采取同样的修复标准。

三、企业信用监管法律法规滞后

（一）专项立法缺失

我国现行法律只在《中华人民共和国民法通则》《中华人民共和国合同法》《中华人民共和国消费者权益保护法》《中华人民共和国反不正当竞争法》等民事法律中有信用相关规定，企业信用监管数字化转型过程中涉及的信用信息采集、公开等尚无法律支撑，浙江省信用监管主要依据《浙江省公共信用信息管理条例》，不足以对社会上的各种失信行为形成强有力的法律规范和约束。

（二）企业信用修复制度缺失

按照浙江省发改部门的相关规定，企业只需满足责任义务履行完毕、期限应满 1 年及以上、未产生新的同类不良信息即可申请信用修复，而市场监管部门仍执行 2014 年颁布的《工商行政管理行政处罚信息公示暂行规定》第十四条“行政处罚信息自公示之日起届满 5 年的，记录于企业信用信息公示系统，但不再公示”的规定。

（三）不良失信范围较窄

无论是国家发展和改革委员会的“信用中国”，还是市场监管部门的“国家企业信用信息公示系统”，都存在归纳的不良失信行为不够全面的问题。例如“信用中国”“国家企业信用信息公示系统”等平台未将欠缴电费、违约用电、窃电等失信行为涉信用数据纳入公示范围。

四、企业信用惩戒联动性亟待加强

（一）信用约束孤立化

信用惩戒方面缺乏健全的联动机制，难以实现“一处违法，处处受限”和“一时违法，长期影响”的信用惩戒格局。企业因逾期未年报、公示虚假信息等原因被列入经营异常名录后，会受到融资授信、工程招投标、政府资金补助等17方面的限制，其他方面则未完全受限。部分企业在经营过程中较少涉及招投标等事务，现有失信惩戒措施对其震慑力有限。

（二）缺乏有力的企业信用评定惩戒机制

当前对于失信企业主要根据《企业信息公示暂行条例》，将企业列入经营异常名录作为惩戒，对其在政府采购、评优评先上存在一定限制，但对企业主要负责人却没有相关惩戒措施。且失信企业改正后，即可移出企业经营异常名录，恢复所有权益。

（三）联合惩处倒逼力度不强

市场监管领域中有经营异常名录、严重违法失信名单，若企业被列入以上“黑名单”将受到各部门联合惩戒，但目前该惩戒方式仅限于企业的招投标、银行贷款等方面，更多部门并未运用该“黑名单”，尚未形成“一处受限、处处受限”的联合惩戒。市场监管部门反映，跨部门联合抽查尚停留在多部门联合出动检查的初级方式上，组织联合检查的规范性不够，深度融合、高效集成、常态化的改革实践尚未破题。

（四）信用闭环监管存盲区

虽然信用监管形成了信息归集公示、信用风险分类监管、“黑名单”管理、信用惩戒的监管链条，但仍未形成有效闭环。以“证照分离”告知承诺为例，记录、归集企业的履约守诺情况并反馈用于企业信用评价，是形成信用监管闭环的需要，但目前此类信用承诺的履约闭环管理机制尚未健全，既容易因信息不对称造成监管“盲区”，也不利于记录企业履约守诺信息用于后续监管和服务。

五、企业信用评价激励力度不够

（1）企业的信用监管信息尚未与商业银行风控模型完全嵌入。信用状况较好的轻资产企业，未能凭借其良好的信用评级获得商业银行信用贷款授信。

（2）在信用监管结果市场化、社会化运用上，部分行业商业网络平台信用评价体系对企业更具震慑力。以服务业为例，餐饮、住宿企业更在意“美团”“携程”等业界影响力较大的商业平台信用监管体系。企业在实际经营过程中更关注“美团”“携程”上的客户评价，因为几乎其全部客户都会从“美团”“携程”上寻找该类企业的信用度，不会从官方信用服务平台上查询其信用度。

（3）信用红黑名单的认定和实际运用尚未打通地域壁垒。调查发现，部分企业因曾经受到行政处罚，虽已完成信用修复，但在参与其他省市招投标评估中仍会受到影响。某锅炉有限公司 2015 年因违法排放污水被行政处罚，导致信用产生不良记录，2019 年 9 月 2 日该公司信用修复完毕，在“信用中国”等显示其为守信激励对象，“信用浙江”中也显示其信用状况良好，但在“天眼查”“企查查”等网络平台仍能查询到其行政处罚记录。

第三节　对策建议

一、以系统思维建立信用数字化转型机制

（一）建立信用数据回流机制

建立信用数据回流的保障机制，开放知识产权、认证认可等属于中央审批事权相关平台的部分端口，方便各地对接进行数据共享，夯实企业信用风险分类管理基础。

（二）加快建设信用联合奖惩数字化系统

打通公共信用信息平台与“城市大脑”“亲清在线”平台的互联渠道，健全联合奖惩的跟踪、监测、反馈机制，推进信用修复网上办理，实现联合奖惩成效跟踪体系，推动信用数字化治理。健全数字化监管体系。

（三）持续完善数字化监管体系

支持全国数据下放、政企数据共享、区域信息共享，建立跨区域网络抽检信息共享、恶意投诉举报协同治理和信息联动机制。目前行政处罚行为的数据归集还是依靠人工补录的方式进行，建议做好处罚系统与监管目录系统的对接，实现行政检查、行政处罚等行为的数据自动归集，提升“互联网+监管”平台中监管对象数据的归集效率。

（四）扶持信用服务行业发展

出台信用市场专业评估机构发展扶持政策，引导扶持信用咨询、信用评估、信用担保和信用保险等信用服务业发展，形成信用产业集聚效益。

二、构建以信用为核心的新型监管模式

（一）建立“通用+专业”信用评价体系

信用管理牵头部门制定出台“通用”信用评价体系，各部门结合各自监管要求，制定“专业”信用评价标准，为行业分级分类精准监管创造条件。实行信用承诺制，将其作为事中、事后监管的重要依据。健全信用分级分类监管机制，将“双随机、一公开”检查与信用规则关联，根据信用等级高低实施差异化监管措施。

（二）推进信用监管立法

制定企业信用风险分类相关标准，明确企业信用信息归集的范围、指标体系、权重比例设置。以立法或部门、地方行政规章的形式，确立企业信用监管的基本构架和总体原则。对企业信用信息的采集、录用和公开做出统一规范，对企业信用评价的依据、标准，评价的方法，评价的机构等相关问题做出具体明确的规定，建立统一的信用分级分类监管规则和标准。规定信息公开使用的类别和隐私保护问题，对公共信用信息在各环节的使用程序进行规范。

（三）实施企业信用风险分类管理

依托“互联网+监管”平台，全面收集风险指数样本，运用机器学习归纳样本特征，对企业进行风险概率判定，并实施不同频次的监管。

三、扩大企业信用归集共享范围

（一）健全信用数据归集共享机制

发挥国家企业信用信息公示系统收集年报公示信息的基础性作用，打通部门和地方业务系统的数据流和业务流，建成信息归集、产品研发、信用应用、成效反馈的闭环信用监管管理体系。

（二）运用技术手段提升信用信息准确性

针对市场主体信用治理信息总量大、分布广、种类多、变化快、归集难等特性，探索整合从职能部门到社会信用服务机构等多类主体的信用信息，织成全国企业信用“一张网”，以大数据挖掘等科技手段支撑，用客观实时数据导出替代传统申报登记，增强信用数据获得的及时性和准确性。

（三）建立多元化的信用公示平台

定期向全社会公开监管数据信息，减少甚至消除消费者和生产经营者之间的信息不对称，实现多元化监管主体与多重监管手段并存。发挥国家“互联网+监管”系统的大数据分析功能，做到信息端口互联共通，信息归集及时全面，统一不良信息公示时长、一般失信行为和严重失信行为等标准。稳步推进更多行业信用监管所需的信息纳入信用信息范畴并公开。对部门在监管过程中产生的信息，在统一公示的基础上，支持社会中介根据行业、领域，对信用监管数据进行再梳理、再开发、再应用。

（四）完善信用修复制度

建立信用修复垂直系统内和横向系统间的传导机制，使信用修复申请人只需要在一个端口完成信用修复，即可实现各平台上不良记录的修复。探索推行全程“零见面”主动提示服务、线上便利服务和快速处理服务，通过建立完善大数据筛查、跨部门数据比对、数据对接等方式，实现“企业不跑腿、数据多跑路”。

四、创新企业信用监管应用场景

（一）信用画像

对企业的投资关系、行政许可、执业证照、违法失信、税务数据、信用数据、授信担保、资产负债、案件涉诉等明细数据进行多维度画像，从事前、事中、事后监管流程闭环的角度，实现对企业的精准标签关联，为监管业务场景提供标签画像支持。

（二）推行“信易贷”

推广杭州经验，通过“城市大脑”赋能，将“杭州 e 融”平台延伸，重点触达园区、小镇的企业，探索创建信用示范园区、信用街区，降低社会交易成本。

（三）推动“掌上管”

基于“大平台+小前端”理念将监管功能从 PC 端移植到手机端，打通“互联网+监管”功能应用端“最后一米”，实现执法监管信息“掌上可查”、执法监管事务“掌上可办”、监管事项“掌上可管”。通过行政许可、日常监管、行政处罚信息实时流转、实时抄告、实时监控、实时留痕，做到违法线索互联、监管标准互通、处理结果互认。

（四）建立第三方企业信用评价制度

按照“守信便利、失信惩戒”原则，对守法企业积极鼓励，优先推荐实施一类管理、绿色通道等措施；对有不良信用记录或者不履行信用承诺的企业，应当将其作为监督抽查、执法检查和日常巡查的重点，将“黑名单”失信主体信用记录与企业融资、政府补助、工商注册登记等直接挂钩，全方位实施联合惩戒，严防失信企业扰乱贸易市场。

五、健全“双随机、一公开”机制

进一步推进“双随机”事项扩面，在国家部委公布的双随机检查事项清单基础上，除特殊重点领域全覆盖检查，临时性专项检查及投诉举报、转办交办、大数据监测产生的个案检查外，原则上所有日常主动发起的监管检查都转为通过

“双随机”抽查的方式进行。对监管检查事项进行彻底梳理，经过评估后进行随机抽查方式的转换，提高随机抽查的科学性、有效性、实用性。在梳理监管检查事项中，科学分析是否适用进行主动检查和随机抽查方式，除核心、底线、主线监管事项外，要给基层留取自行选择监管力量投放在不同监管事项及采取监管方式的权力。日常监管要区分重点、一般和其他监管事项类别，把一部分一般性的随机抽查转为触发式事后检查模式，有事严查，无事不扰。科学设置检查对象库、抽查比例，完善信用分类评价监管机制，制度上允许对抽查出现问题的企业加大处罚力度。各部门内部跨业务条线和外部跨部门的联合检查要经过试点摸索进入常规化、规范化阶段，探索联合检查的不同方式和方法，加强数字化监管、非现场监管手段的运用，做到不同条线、部门在检查中深度融合，提高联合检查质效。

第37章　企业数字化转型政策落地存在的问题与对策建议

——基于浙江省企业的实地调查

在新一轮科技革命和产业变革背景下，数字化转型成为企业高质量发展的重要战略抉择。我国经济已经由高速增长转入高质量驱动的阶段，面对产业结构调整、资源环境约束、技术变革与创新带来的行业颠覆与机遇，特别是随着云计算、大数据、人工智能、5G等数字技术的快速发展，以数字化、网络化、信息化和智能化为特征的数字化浪潮已经席卷全球。企业数字化转型是企业与数字技术全面融合，通过数字化的全方位赋能，提升企业生产效率和市场竞争力。在这一过程中，有效的政策供给是企业数字化转型的催化剂和加速器，加大政策供给力度，有利于加快推动企业数字化转型步伐。

第一节　企业数字化转型政策存在的问题

企业数字化转型是需要一个长期坚持和不断积淀的过程。从实地调研情况看，为全面促进制造业数字化转型，国家层面及各地纷纷出台了一系列支持政策，有力促进了企业数字化转型，但同时相关政策支持力度和实际落实情况还存在一些差距。

一、政策奖补和政策支持力度有待提升

制造业企业在数字化转型过程中，为寻求发展壮大，往往会投入巨额资金进行数字化改造、智能化项目研发等。由于数字化转型产生效益需要一定的时间，企业在此过程中经常会面临较大压力，期盼得到更多政策上的帮扶支持。但是当前不少地区的奖补政策、金融政策等对数字化转型的支持力度相较于企业的投入占比还比较小，有待进一步加强。调研发现，某快速电梯企业为发展壮大，自主研发了一条全自动厅门流水线，可以从原材料上线到产品焊接成型自动完成，是国内首条全自动厅门、电梯轿门生产线。自企业启动该项目以来，前期投入已达1亿余元，期间引进了萨瓦尼尼钣金柔性生产线、自动喷粉线及上下线机器人等先进设备，并与研发单位共同研发了厅门自动钣金生产线、合成激光切割线、自动扶梯龙门工装定位线等。由于前期投入资金较大，截至目前虽然获得了包括智

能制造示范园区项目专项基金、省机器人奖励、省机器人市配套补助等多项补助，但总额160余万元的补助相比投入的庞大资金作用并不明显。目前研发新项目存在资金紧张的问题，也对后续项目研究进度造成了影响。

二、政策存在重叠冲突

（一）数字化转型支持政策存在类别较多、认定范围难理解的问题

针对“5G+工业互联网”试点项目、数字化车间项目、产业投资项目等方面的补助认定范围均有所交叉，企业在考虑申报项目类别时，难以辨别自身项目符合哪一类。如“5G+工业互联网”试点项目和省级数字化车间，两个项目在申报过程中对设备都定义为“以购置、自制、融资租赁等形式添置智能制造装备和计算机硬件设备”，认定范围定义一致，该区企业爱柯迪股份有限公司，既入选了“5G+工业互联网”试点项目，同时入选了省级“未来工厂”企业名单，在2021年市级开展项目申报过程中，企业对该申报哪个项目存在困扰。

（二）补助政策之间存在冲突和重复，导致企业最终获得的补助有限

某药业股份有限公司反映，以智能制造系统集成项目为例，项目投资1.815亿元，符合技改、“两化”等多项补助政策条件，但由于涉及同一事项的，按从高原则企业仅能申报技改补助一项，合计只获得补助2300万元。某实业发展股份有限公司反映，该公司建造了智能化车间，投入了近亿元资金，但只享受到了800万元左右的补助，主要因为公司所享受的“对投资100万元及以上（软件和硬件投资）的自动化（智能化）成套装备改造试点、机器换人、智能化工厂和数字化车间项目，按设备投资额的10%给予补助”政策与技改的10%补助不重复享受，且补助比例与其他地区有所差距。接下来两年公司的数字化投入预计至少1亿元，如果支持政策可以改善，企业就能每年再多研发1~2个智能项目。

（三）非自主研发税收优惠政策不健全，导致企业难以享受

根据《关于完善研究开发费用税前加计扣除政策的通知》（财税〔2015〕119号）规定，企业委托外部机构或个人进行研发活动所发生的费用，按照费用实际发生额的80%计入委托方研发费用并计算加计扣除，受托方不得再进行加计扣除。在实际操作过程中，受托方因保护商业机密、申报手续繁复等原因，不愿意配合登记，导致委托企业无法享受研发费用加计扣除税收优惠。某光电信息有限公司反映，2020年委托深圳市一家科技公司进行技术研发，项目金额约600万元，但是受托公司以深圳市科技局研发项目登记要求门槛高为由，迟迟不予登记配合，导致该笔600万元研发费用无法加计抵扣。

三、政策门槛要求高、覆盖面不够

目前各地虽然都有政策支持企业的数字化转型升级，例如工业发展专项资金

补助、数字化车间补助等，但是部分政策本身门槛要求较高，补贴范围存在局限性，覆盖面较小。

（一）对企业投入门槛要求较高

部分行业企业智能化、数字化改造升级存在项目小、投入少、程度低等缺点，造成在技改项目奖励申报过程中，无法达到奖励门槛或者不符合申报条件等问题。以某市为例，按照当地《产业投资和智能制造项目管理实施办法》第六条规定：针对技术改造项目要求项目投入至少要 700 万元，“5G+工业互联网”试点项目要求项目投入至少 200 万元，在“5G+工业互联网”试点项目中要求至少超过 100 台生产设备/设施、仪器仪表、传感器（变送器）等，限制条件让部分中小企业难以承受，进而无缘扶持政策，政策获得感不强。

（二）对企业本身资质、性质有要求

某新材料科技有限公司反映，该公司通过引入自动化环保防火高档硅酸钙板装饰面板生产线，于同年 12 月投产，总投资 2300 万元，投入资金来源多为贷款。2021 年 4 月，由于其属于新成立企业，尚未完成升规，其申请工业技术改造专项资金补助被驳回，无形之中减少约 120 万元的资金补助。

（三）对数字化设备、软件来源有要求

现有数字化改造激励政策申报都对重点设备类奖励进行明确规定，奖励原则也采用竞争性分配，换言之，企业购买的设备若不在产业激励目录中或设备金额较低就无法获得奖励。此外，也没有关于自主研发设备、程序软件的相关奖励标准，企业就算自行研发了设备、程序软件，也无法获得奖励。

四、政策奖补时效、兑现速度待提高

现有数字化改造政策多为“先付后补”方式，相关奖励补贴需在企业智能化改造结束后发放，企业在前期改造升级过程中投入压力较大。尤其是部分中小企业底子薄、实力弱、资金缺，数字化改造升级过程中往往需按阶段先行支付项目费用，而单个改造项目投入资金往往高于企业经济负荷能力，因此即便企业有改造意愿，但考虑到实际资金投入情况，对数字化转型难以下定决心，导致数字化改造提升工作进展缓慢。某机械有限公司反映，从 2017 年试水打造数字化全自动立体仓库，到生产车间智能化改造，引进全自动设备和数字工厂管理系统，到 2021 年委托外部机构研发、调试机械臂，前后共投入 2000 万～3000 万元。而政策补贴一般都要在智能化改造全部完成、企业申报、政府验收后才能发放，企业前期改造持续性投入资金压力较大。某精密制造有限公司反映，公司从 2021 年 4 月至今总投资约 300 万元，由于公司新成立，资金压力较大，且相关补助较少，虽然公司产品的市场行情较为理想，也有意扩大生产规模，但是迫于资金压

力，只能逐步进行扩产、数字化升级。

五、数字化人才政策不够健全

数字化转型对人才的依赖程度较高，大量制造业企业位于二、三线城市，由于区位环境、资源等方面的限制，与一线城市存在一定的差距。中小制造业企业自身缺乏相应的信息化专业人才，人才引进渠道单一，高层次数字化创新人才引不进、留不住，需要更完善的人才政策支持。某清洗机有限公司行政人力部门反映，公司筹备推进“无人工厂”试点建设，急需2名自动化软件设计工程师，前期与几名工程师对接后，对方均表示北京、上海等地的政策红利更具吸引力，公司目前仍面临着人才匮乏的问题，严重制约“无人工厂”进程。某缝纫机有限公司反映，公司每年在提升数字化水平方面投入约200万元，成立大数据中心，构建自己的数字化体系。但是该公司数字化专业人才仅2人，急需CTO（技术架构师）、CPO（产品架构师）、CIO（首席信息官）等专业型技术人才，但是公司通过4处对接走访发现，各类数字化人才集中在一线城市，基层较为缺乏，若是邀请外地数字化专业人才需要非常高的薪酬待遇，一名高级技术架构师年薪可达150多万元，在没有政策支持的情况下，企业难以承受。

第二节　深层次原因剖析

一、中小企业对政策了解和掌握不够

数字化转型涉及的环节较多，存在多部门实施政策奖补现象，政策复杂且集成度较低。大企业经常性有项目投入，政策获取渠道较多，对政策相对了解，但中小企业受关注度较小，到政府部门主动了解相关政策的积极性和沟通交流机会也较少，再加上部分企业主抓生产，人员流动性强，对政策的知晓程度和理解程度有待提高，影响整体政策运用效果。某市反映，2021年有62家制造业企业赴相关部门咨询政策，但咨询关于数字化转型政策的仅5家，大部分制造业企业对了解税收减免等其他政策的积极性更高。某药业有限责任公司反映，该公司未成立相关信息化部门专门负责数字化转型，大多时候都是在政府宣传相关政策并经该公司测算效益符合企业发展要求后，再由设备部、技术部、生产部3个部门临时抽人进行数字化项目建设，建设完成后大家又会回到原来的岗位。

二、部分地区无力支撑政策实施

工业和信息化部办公厅关于印发《中小企业数字化赋能专项行动方案》的

通知第 12 条指出，要强化网络、计算和安全等数字资源服务支撑，但实际情况中，除一线热门城市外，大多数中小城市，特别是部分县域地区受城市能级影响，当地的软件和信息服务业企业存在规模较小、层次低、核心竞争力弱等问题，难以对制造业数字化转型提供强有力的技术支持，对数字化转型的服务支撑能力不足，导致政策贯彻执行效果弱。对浙江省 1799 家重点软件企业监测的统计显示，杭州与宁波软件产业处于全省第一梯队，规模约占全省的 96.7%，而其余地市服务支撑能力相对较弱。以台州市为例，外地的数字经济大品牌服务企业因在台州的业务不够饱满而不愿意在台州专门配备人员设立独立的公司，哪怕是花大力气引进的分公司或办事处，一旦遇到业务不够饱满，就会收缩产线离开。又如仙居县，数字化转型相关的云端搭建和主要技术人员都未在仙居本地，大型的如阿里云等云服务商的技术力量都集中在省会，因此当地很多企业担忧，如果出了问题，云服务商不能及时到位解决，会耽误企业正常生产。

三、企业享受政策程序烦琐，某种程度上延长了政策兑现时间

由于财政资金规范性要求高，企业推进数字化转型后去享受政策还需要通过项目申报、评选、审计等环节，且材料多、质量要求高，需要专门人员进行整理。一些政策还与经营情况挂钩，很多补助无法在当年就全额兑现。例如某公司 2021 年已申报技改补助 2000 余万元，但仍有 2 个项目涉及 3000 余万元技改补助资金，不能按年度及时兑现，企业希望政府能在技改投入补助政策及兑现方面给予更大力度。

四、审批政策限制部分企业数字化转型

目前，在能源“双控”政策影响下，各地纷纷出台相应的排放标准和减排方案，因此部分制造业企业数字化转型项目也受到影响。调研发现，某涂层技术股份有限公司属于高耗能企业，主要生产涂层植绒、遮光装饰布、家用纺织布，是目前中国最大的功能性涂层布生产厂家。企业计划利用自有空余厂房，总投资 6000 万元，引进国外先进设备打造数字化车间，项目建成后，预计年可实现产值 33720 万元。该项目于 2021 年 2 月完成项目备案，并已通过节能评估专家会审，但受能源“双控”政策影响，项目暂时搁置。

五、安全性保障法律法规不够完善

制造业企业数字化转型必然涉及数字安全方面的问题，目前数字经济尚未形成规模庞大的产业链，企业数字化支撑保障体系在立法和制度层面还不完善，安全性政策与配套法律法规落后于数字经济发展，企业数字化发展、企业数据权益

保护、数据产权使用规范等相关的专项政策指导缺少，数字经济所引发的新情况、新问题缺乏法律约束，可能引起伦理道德问题及数据安全问题，部分企业对数字化转型缺乏“安全感”。对1149家不同规模的制造业企业数字化转型情况的调查，发现27.6%的企业认为当前保障数据安全的管控系统空缺，企业核心数据安全性无法保障；14.2%的企业表示出于安全性考虑，企业现暂停数字化转型的步伐。某机械股份有限公司法务负责人表示，在数字经济时代，数据成了重要的生产要素，大数据、人工智能、物联网、云计算等领域，都高度依赖对数据的读取、采集和应用，如何保障数据安全、数据产权归属权的划分、数据监管问题等一系列问题，在国家层面仍有待进一步深入研究。某机械有限公司反映，数字化转型涉及自身产品生产信息和生产过程，工业生产数据涵盖设备、产品、运营、用户等多个方面，在采集、存储和应用过程中一旦泄露，会给企业和用户带来严重的安全隐患。目前，各种信息窃取、篡改手段层出不穷，单纯依靠技术难以确保数据安全，未出台相关政策机制前，只能暂缓数字化转型计划。

六、数字化转型缺乏统一的数据标准

制造业企业产生和利用经营管理、设备运行、外部市场等大量数据，但由于工业设备种类繁多、应用场景较为复杂，不同环境有不同的工业协议，数据格式差异较大，不统一标准就难以兼容，也难以转化为有用的资源。目前，我国已有全国信息技术标准化技术委员会、智能制造综合标准化工作组、工业互联网产业联盟等多个从事相关标准研发的机构，制定了《国家智能制造标准体系建设指南（2018年版）》《工业互联网标准体系框架（版本1.0）》等规范性文件，但具体标准的研制和推广工作刚刚启动，市场接受度还不够高。以某航空机械制造有限公司为例，该企业需大量试验数据来支持新产品开发工作，但由于企业使用CATIA系统，执行EASA标准（欧盟），而大部分代工厂商使用PDM管理系统，执行CAAR标准（中国），系统间数据标准不统一，代工厂商无法通过工业互联网给企业提供数据，80%的数据都需自行测试得到，而部分零部件的耐高温、耐低温和耐腐蚀测试等需委托第三方机构进行，测试时间在3~6个月不等，拉低了企业研发效率，研发成本提高25%。

第三节　对策建议

一、完善企业数字化转型的扶持政策体系

一是科学合理归并数字化转型相关政策类别，细化智能化、数字化改造奖励

标准，科学设定补助认定范围，减少政策间的重叠、冲突现象。从金融、人才、审批等多方面完善政策支持体系，全方位加强对数字化转型的支持力度。从立法和制度层面建立健全企业数字化支撑保障体系，加大数据安全技术研发投入，保护企业数据权益。加大金融扶持力度。二是出台数字化改造专项奖励政策。明确智能化、数字化改造奖励标准，增强企业自主改造积极性，切实维护存在政策冲突的企业的合法权益。加大对企业数字化转型专项资金、优惠信贷、税费减免的政策支持，鼓励制造业企业加大数字化转型投入力度。三是在立法和制度层面建立健全企业数字化支撑保障体系。指导企业数字化发展，保护企业数据权益，加大数据安全技术研发投入。

二、加大企业数字化转型的政策支持力度

一是适当降低政策补助门槛，形成“抓大不放小，扶强也帮弱”的数字化转型格局。进一步提高数字化建设项目的奖励和补助力度，特别是对数字化相关的软件系统（无形资产）方面的开发和实施投入，可以进一步提高补助比例。加大对重点企业开发具有国际、国内领先价值的项目支持帮扶力度，提高奖励补助金额。二是探索多元化补贴方式，减轻滞后影响，如以企业实际完成投资额度为界限，可以适当分阶段补贴，提高企业转型积极性。补充对新成立未升规企业转型提升补助相关规定，进一步推动更多潜力型企业积极进行转型。出台专门的金融产品，如数字化改造的定向低息贷款，或发放本地服务商的“定额抵扣券”，多措并举缓解企业的资金压力，以真金白银的政策对企业形成鼓励。三是对重点企业开发具有国际、国内领先价值的项目加大支持帮扶力度，将引进重大项目的专班、专人服务机制延伸扩展到重点企业生产、转型的全过程中。

三、优化企业数字化转型的激励政策兑现方式

目前，企业享受政策的程序比较烦琐，财政资金受审计等监督影响，规范性要求高。企业推进数字化转型主要通过项目推动，享受政策需要通过项目申报、评选、审计等环节，且材料多、质量要求高，往往需要聘请专业人员进行整理，政策获得感不强。对此，探索多元化补贴方式，加强财政政策兑付的灵活性，减轻滞后影响，如按季度、半年进行一次审核兑付；以企业实际完成投资额度为界限，可以适当分阶段补贴，提高企业转型积极性；对新成立未升规企业转型补充提升补助相关规定，进一步推动更多潜力型企业积极进行转型。优化政策兑现流程，加强对企业的兑现指导，加快兑现速度，帮助企业更方便、更快捷地兑现政策，减少因数字化转型而导致的资金周转压力。

四、加大企业数字化转型政策的宣传力度

目前，企业数字化政策的集成度、知晓度有待提高。数字化转型涉及环节比较多，存在多部门实施政策奖补现象，规上企业经常性有项目投入，政策获取渠道较多，中小企业受关注度较小，存在找政策且难以享受到的现象。对此，应组建标准宣传应用小组、俱乐部、知名高校专家团队、高端科研机构顾问、专业智造服务商团队等涵盖“政产学研介”的新智造服务团队，加快建设并完善公共服务平台。通过宣讲、培训、上门服务等多种方式，加强对企业，特别是中小企业的政策宣传力度，让更多企业了解数字化转型政策。打造数字化转型样板，鼓励有条件的地区积极探索形成案例并宣传推广，指导基层地区、企业等少走弯路，提高政策绩效。

五、强化企业数字化转型的服务保障能力

一是加快数字化公共服务平台建设，不断提升数据资源管理和服务能力，为不同规模、不同需求的企业提供差异化服务。加强各地区数字化服务能力，通过适当补助等形式推动数字化转型服务机构、企业等加大对制造业数字化的业务拓展、支持能力，更好地保障中小企业数字化转型需求。二是加强数字化技术标准建设。制造业数字化转型要坚持标准引领，优先开展智能制造综合标准化建设，引导行业组织、企业研究制定制造业数据的行业标准、企业标准、人才标准，并适时将成熟的行业标准上升为国家标准。三是研究出台相关地方法规及政策，加强数据信息安全监管，同时加大云平台安全防护和数据安全保护力度，切实保障企业数据信息安全。依托大型互联网企业技术，借鉴制造业企业的优秀数字化成果，不断完善、革新数字化监管平台，扩大监管平台对企业系统数据的包容性，真正实现便捷、高效、安全。

第38章　企业监管数字化变革的若干问题与对策建议

——基于浙江省的实地调查

企业数字化监管是“放管服”改革的必然要求，也是数字政府建设的重要内容，有利于破解市场主体量大、监管力量不足、监管碎片化等问题，进一步提升监管的有效性、针对性和时效性，对政府监管体系和监管能力提升具有重要意义。近年来，浙江省利用信息化、“大数据+”等手段，创新数字化监管模式，大力推进“互联网+监管”改革，构建了部门协作、平台统一、数据共享的新型监管模式，提升了企业监管领域的数字化水平。调研显示，企业监管数字化改革不断深化，一线执法人员已全面应用掌上执法，掌上执法率、抽查事项覆盖率、监管事项入驻率、信用规规则利用率、监管事件处置率等指标大幅提升，但监管数据共享不足、一体化程度低、数字化成本高、监管惩罚力度差、新业态监管难等问题仍需破解。

第一节　企业监管数字化变革分析

一、打造“互联网+监管”平台，实现监管数据“一网共享”

大力推进浙江省行政执法监管（“互联网+监管”）平台开发建设。该平台作为国家“互联网+监管”系统的省级子平台，已于2019年7月起在浙江省正式上线，实现了省市县全贯通、部门全覆盖、掌上执法全应用。平台依托浙江政务“一朵云”的数据资源，建设全省统一的执法监管数据中心，打破“信息孤岛”，汇聚、整合各地各部门主体登记、行政许可、执法检查、行政处罚、年度报告、信用红黑名单等数据，覆盖全省715余万市场主体和120余万特定人员、设施设备、工程项目、场所场地等监管对象，已归集各类数据3.7亿条，形成执法监管“最全”数据库，实现数据“一网共享”。开发平台移动端“浙政钉·掌上执法”系统，打通执法监管端的“最后一米”，执法人员通过手机就可以完成现场执法检查的全部环节，所有主体信息“掌上可查”、执法任务“掌上可办”、监管事项“掌上可管”。目前已在全省所有执法部门推广应用，使用掌上执法开展现场检查的比例高达99%以上，有力提升了基层一线的执法监管效能。

二、依托数智协同，推动平台经济监管数据共享

（一）打通政企数据交换渠道

打通政企间数据壁垒，2016年年底上线全国首个“红盾云桥”，向大型平台开放注册登记和食品类经营许可数据，核验平台内经营主体身份的真伪，通报违法行为，实现数据自动比对、协查和反馈，有力支撑政企协同、案件协查、异地案件移送、主体比对等业务，为网络市场监管数字化、在线化打下坚实基础。

（二）提升监管数据共享运用

建设智慧网监平台，连通注册登记、投诉举报、执法办案、信用公示等业务系统，形成平台数据库、网店数据库、反向主体数据库、反向投诉人数据库四大主体库，通过被投诉、被处罚等负面标记，触发监管流程，经过数据汇总和关联分析，快速锁定违法对象，并推送相关信息至执法办案系统，形成监管闭环，为“政企合作、部门合作、区域协同”奠定了坚实基础，推动网络市场社会共治体系有效成型。

（三）依托大数据技术实现监管风险“一网共防”

研制企业信用风险预警系统，集成对接食品药品、金融P2P、企业欠薪等15个重点行业的风险监测预警子系统，将风险监测预警信息作为执法监管任务的触发因子，形成风险模型监测→风险预警提示→风险对象确定→风险分类处置→处置结果记录→结果反馈的闭环管理，提高监管有效性，防范系统性、行业性风险。

三、依托数智执法，提升平台经济监管多方协同

（一）全国首创网络执法平台，实现在线办案

上线全国首个“市场监管互联网执法办案平台”，联通市场监管部门和网络交易平台间的信息系统及数据资源，将举报投诉、转办交办、监测发现的各类违法信息进行整合，快速确定嫌疑人和涉嫌违法行为，在线证据确认、证据上传、检查固证、调查、第三方平台存证出证，形成全程在线办案的电子取证链。以杭州市为例，截至2020年年底，累计处理网络违法案源1.29万件，立案查处6302件，责令改正291件，对外移送1189件，罚没款290.15万元。

（二）全国首创“在线协查网”，实现异地协查

传统函寄模式下，网络案件信息和证据协查包括至少“外地—杭州—平台—杭州—外地”5个环节，加上人工制作和审核环节，流程长达数月。为此，杭州市在“红盾云桥”基础上，全国首创“在线协查网”，外地和杭州、杭州和平台间在线实时发送协查函件，平台自动在线返回交易信息、交易记录和回函，实现

协查在线化。近年来，杭州市还发起召开“网络交易监管与消费者权益保护城市协作会议”“全国 20 城市网络发展与治理跨区域合作会议”和“长三角网络市场一体化治理工作会议暨优化网络营商环境发展论坛”，完善区域化协作的体制机制建设。实施网络案件在线协查和移送，信息交换周期从 3~5 个月缩短至 2~3 天，解决网络案件主体信息和交易信息获取难题，2020 年服务全国监管部门完成异地协查 7.39 万件。

四、依托数智维权，营造最优网络消费环境

（一）开通“红旗渠”，建立纠纷和解绿色通道

在原国家工商总局授权下，设立全国唯一的电子商务 12315 投诉维权中心。深化政企合作，联通淘宝、天猫、网易、蘑菇街、贝贝网、飞猪、菜鸟等 15 个电商平台，开通“红旗渠政企合作绿色通道”项目，在征得消费者同意的前提下，由平台先行处置消费投诉，发挥信息优势，缩短调解流程，实现网购纠纷在线快速分流，调处平均时间从 15 天缩短至 7 天。2020 年共化解网购投诉举报 5.90 万件，大幅减少行政调解量。

（二）上线“调解平台”，实现多方线上有效调解

上线“网络消费纠纷在线调解平台”，统筹行政、电商、司法等力量，衔接行政调解、行业调解、人民调解，引入多方力量参与不见面的“在线调解”，实现消费者、商家和调解人员跨地域有效沟通调解，处置效能显著提升。平台的所有调解记录形成历史数据库，通过数据智能分析，为网络交易矛盾纠纷调解提供案例借鉴，从源头上降低消费纠纷发生率。2020 年共处理各类投诉 17.6 万件，日均 701 件，群众认可率超 95%。

（三）发挥“两中心”作用，开展网络产品质量监测

建成“网络商品质量监测（杭州）中心”“国家电子商务产品质量风险监测处置中心（杭州）”，利用政企数据共享和大数据分析等手段进行抽查，将结果在线推送给平台，提高抽检通知书、检测结果通知书等法律文书的送达率，提升不合格产品后处置效率，通过下架不合格商品和平台网规处置，加大对销售不合格商品违法行为的威慑力度。截至目前，已累计监督抽查网络产品质量超 1.5 万批次，查处网络产品抽检不合格案 2455 件，下架不合格产品 4000 多批次；风险监测网络产品质量超 2 万批次。

五、全面应用掌上执法，将随意监管转变为随机一体化监管

（一）由单一部门分散监管转变为多部门协同监管

依托“互联网+监管”系统，以“一次到位”为目标，形成“部门联合、随

机抽查、按标监管”的工作格局，大幅减少多头重复执法监管现象，做到服务零距离、监管不扰民，联合执法率逐年提升。

（二）由粗放型监管转变为精准高效监管

在监管中纳入企业信用机制，综合考虑安全风险、社会民生、舆论热点等因素，对企业开展分行业、时间、区域等的分类监管。2021年应用信用规则达94%以上。开展烟花爆竹专项监管，依据信用风险等级对监管单位进行分类筛选，搭建重点单位、重点时间段的信用监管模型。同时，推进事后智慧监管、审慎监管，通过“互联网+监管”平台对告知承诺事项进行监管信息推送，要求取证后30日内完成监管，实现“先证后管”的闭环。

（三）由随意监管转变为随机一体化监管

通过制订计划、构建信用模型、系统随机抽取的方式，聚焦重点高风险点位，梳理食品生产、产品质量等涉及安全、公共利益的重点监管清单，定期开展风险预判和处理，将原有的传统线下的随意监管转变为按计划、关联信用、全过程闭环的一体化监管体系，实现监管全程可视化、可留痕、可追溯，大幅提升监管效果。例如某市实施“8+X”监管模式，在制订计划中一次性将企业共性的高频检查事项纳入所有事项检查，既减少了对企业的打扰，又实现了对事项一次性进行全面规范监管。通过推广“浙政钉”掌上执法系统，实现一线执法人员全面应用，应用信用规则率达95.27%，跨部门监管率18.94%；事件处置率99.76%，综合绩效列全省前列。

六、建立健全信用监管机制

构建“通用+专业”信用风险分类监管制度，按照风险等级确定“双随机”抽查比例和频次。同时，把监管中产生的数据纳入市场主体名下并归集到公共信用体系，将执法结果转化为新的信用数据，作为后续监管的依据，形成信用监管闭环。构建全省统一公共信用库和业务协同模型，建成全省一体化公共信用信息平台。打通省级部门和市县三级292个政府办事系统，建成信息归集、产品研发、信用应用、成效反馈的信用监管闭环，为“事前管标准、事中管达标、事后管信用”的全流程监管提供技术支撑。浙江省公共信用信息平台、企业信用预警平台和33个行业信用评价平台（模块），贯通“互联网+监管”平台，形成公共信用重点监管对象、企业信用预警对象和行业信用监管对象库，全省统一实施分级分类监管。行业评价结果和监管结果实时反馈到省公共信用信息平台，高效协同的监管机制基本建成。省公共信用信息平台涵盖58个省级部门的459个信息项、5735个数据项，归集信用信息16亿条；33个行业部门37个领域共归集229类评价数据，7361个数据项，累计使用信用数据达51.1亿次。全面推行企业年报公示制度，提高市场主体主动公示意识。企业年报是企业反馈自身经营情况、自主履行公示承诺的重要举措，全面推进企业年报工作，确保企业年报公示工作按时、全面、高质量完成。2020 年，杭州市企业、农专社、个体户平均年报率达到 95.94%、97.26%、98.20%，同比分别增长 2.51%、6.15%、4.77%，达到历史新高，10 个单位 3 项市场主体年报率均超过 90%，企业年报综合绩效全省领先。同时，通过将未年报企业列入经营异常名录、严重违法失信企业名单，实现负面信息共享实施联合惩戒，不断深化企业信用惩戒力度。

通过监管数字化建设，推动了监管手段的变革和新型监管机制的建立，大幅提升了浙江省执法监管的规范化、精准化、协同化水平，基本形成了“一网通管”的数字化监管新格局。

（一）提升了执法监管规范性，从“人”在管向“标准”在管转变

平台统筹建设全省统一的执法监管业务规范，制定全省统一的监管事项清单，形成标准化检查表单，执法人员只需“按标”勾选检查内容，现场打印责令改正通知书等执法文书，就能完成全部执法检查工作，过程规范留痕。监管从任性执法、随意执法的“人”在管变为监管事项统一、检查表单统一的“标准”在管。

（二）提升了执法监管精准性，从传统低效监管向精准高效监管转变

通过信用分类监管机制和风险监测预警机制建设，从“信用+风险”“通用+专业”多个维度对监管对象全景“画像”，实行分类管理。以企业信用风险预警系统为例，系统对浙江省 260 万家在册企业进行初次评测，对高、中风险的企业在“双随机、一公开”监管时加大抽查比例，问题检出率达到 44.63%，大幅提升了监管的针对性和有效性。

（三）提升了执法监管协同性，从单兵作战向协同联动监管转变

实现审批与监管、部门与部门、部门与镇街三大协同监管，形成整体政府背景下的大监管体系。浙江省各部门根据“进一次门、查多项事”的要求，统一应用平台，合理整合检查任务，实现多项任务一次完成，有效减少了执法扰民现象。

第二节 企业监管数字化变革的典型案例剖析

一、台州市企业监管数字化改革

近年来，在“放管服”改革持续深化和各地大力推进数字政府建设的背景下，网络信息技术在国家治理中得到广泛应用。政府各部门通过运用大数据、物联网等技术，改变以往线下单一监管模式，探索推行远程监管、移动监管、预警防控等一系列非现场监管模式，提升监管精准化、智能化水平，推进国家治理体

系和治理能力现代化进程。

（一）搭建平台，助力一体化监管

台州市在浙江省率先实施企业安全风险分级管控，在“智慧监管平台”的电子地图上形成“红橙黄蓝”四色安全风险空间分布图，结合视频监控、物联网技术，为监管人员提供重大危险源、高危行业企业的安全生产实时监控和历史数据查询功能，实现一图四色、实时监控、风险研判的智慧化管理。截至目前，已对2630家小微企业全面开展风险等级评定；布控2120余路视频监控，实现539家入园企业实时云监控；“智慧监管平台”开通企业超过1800家，在小微企业的覆盖率达80%。

（二）创新应用，助力智慧化监管

创新打造区域工业大脑，为监测协调工业经济和服务企业增添助力。台州市以省数字经济“一号工程”战略为引领，在全省率先将区域级工业互联网平台升级为“一张图分析、多维度监测、智能化预警”的区域工业大脑，高效全面监测辖区工业经济运行情况。截至目前，累计归集部门历史数据、经信业务数据、平台应用数据和企业实时数据4个维度10大类数据总量超500T，部署面向企业和政府的解决方案10个。

（二）建设场景，助力精密化监管

结合政府数字化转型建设监管应用场景，对工业企业进行分级精准监管，并建立配套制度形成监管闭环，实现对企业的“精密智控”。推出“环境问题发现”场景应用，通过“一报一码一机制”制度完善了园区环境问题闭环管理体系，确保环境问题整改工作不留死角、不留盲区。台州市将场景应用于临海台州湾经济技术开发区、仙居县经济技术开发区等多个园区，对70家重点监管企业进行评分赋码，督促企业整改3354条问题，引导企业自我发现与整改2330条问题。

二、温州市企业监管数字化改革

（一）创建产业链预警平台

该平台通过“全景式”实时数据分析监测，全面掌握厂区、车间的能耗情况，实现工业经济运行研判、诊断分析预警、安全隐患排查等功能。目前平台覆盖四类对象，包括规模以上企业、小升规培育企业、规模以下样本企业及投资额5000万元以上重点在建工业项目。同时，根据数据分析、应用，监测企业生产设备能耗及产能等情况，实现靠前助企、精准帮扶，第一时间帮助8家经营困难企业复产，落实3个滞后企业帮扶指导措施，规范企业生产经营问题120多个。

（二）创建市场监管“数字驾驶舱”

该平台在框架搭建上，实现多层级应用“一码登录”、多数据集成“一库资源”、多指令督办“一单流转”；在业务功能上，实现动态监管类“一屏掌控”、现场执法类“一机办结”、对外服务类“一体受理”；在实战成效上，实现智能巡查“设备换人”、AI 抓拍“自动取证”、风险预警“消除隐患”。目前，该平台拥有应用受理、一单流转、部门协同、执法监管、对外服务 5 个功能模块，打造了基础数据、食品安全、市场主体、质量与标准、特种设备、执法办案、网络监管、药品监管、智慧农贸、投诉举报 10 个应用场景，后台可快速调取相关数据进行比对分析。

（三）创建国资国企数字化监管平台

该平台集成企业信息、党建管理、人力资源、财务监督、产权资产、重大事项等模块，并将国有企业产权登记管理、国有企业员工档案管理、国有企业银行账户管理等 15 项高频业务整合到线上，各国有企业通过该平台完成审批、备案，平均办件时间从 10 个工作日缩减为 3 个工作日内，真正实现“零次跑”。同时，区属国有企业及所属企业定期上传财务报表、资产信息、任务下达完成情况等，形成可追溯、可流转的智能化管控体系，从体制机制上防范化解国有资产经营管理过程中可能出现的廉洁风险，确保了国有资产的安全完整和保值增值。试运行 1 个月期间，平台已录入 416 条国有企业人员信息，629 条资产类信息，覆盖 70 家区属国有企业及所属企业，逐步构建业务驱动、提质增效、安全可控的国有资产国有企业监管大格局。

（四）创建“智慧工地”平台

该平台运用“智慧安监”“智慧桩基”“智慧支付”等数字化监管新手段，有效解决“数据孤岛”问题，在日常监管、人机管理、工薪保障等方面，强化数字赋能。截至目前，共计 369 个桩基工程接入平台，已有 5280 家企业、22887 位个人、3890 台桩机设备在平台上进行注册。平台已累计生成 114085 根桩基施工数据，桩基工程产生交互信息量大约为 5501 万条。截至 2021 年 6 月底，“工薪保障”平台在建工程“六项制度”中数字化监管率平均达 98. 91%，全市建筑工地实名制“云登记”人数达 1134636 人，其中在职人数 258763 人，农民工工资专户累计监管发放工资 298. 8 亿余元。

第三节　企业监管数字化变革存在的突出问题

一、企业服务方面

（一）存在“多头重复填报”现象

在数字化改革的进程中，涌现较多涉企监管平台，而数据共享程度尚且不足，需要企业在不同平台重复填报数据，消耗企业过多精力。调研发现，某机电技术有限公司仅在2021年6月就填写了浙江省商务运行调查监测系统、宁波市经济运行监测平台、浙江省经济社会发展监测一体化平台等10个涉企监管数字化报表，投资、产值、财务状况、从业人员及工资总额、研发投入等部分数据存在重复填报的情况，因填报任务繁重，企业甚至考虑专设一名员工完成数据填报等工作。

（二）少数终端数据采集设备安装成本较高，导致企业监管数字化“上热下冷”

由于部分数字化设备安装成本较高，且需要企业端承担，并保持日常运行维护和更新，导致企业主动“拥抱”监管数字化转型的意愿不强。以环保领域的污染源自动监控系统为例，企业安装费用在20万元以上，年度维护费用6万元左右，网络运营费用400元/月。其中，只有网络运营费由政府进行补贴，其他费用均需自理。由于费用昂贵，企业积极性不高，导致该系统覆盖面较小。调研发现，某实业有限公司购置污染源在线监控设备成本约为20万元，每年运维费用约为3万~5万元。目前排污许可申报登记的企业达1.8万多家，因企业成本问题，目前纳入在线监控的排污企业仅为100余家重点监管行业排污单位。以“阳光厨房”为例，企业除了需要支付设备费3500元/台以外，还要支付运行维护费用480元/年，对“小本经营”的网络餐饮来说难以承受。

（三）软硬件改造投入大，部分企业对数据安全性存在顾虑

（1）企业监管数字化转型涉及软硬件升级和改造投入，部分需企业或者相关使用单位自行投入，一定程度上制约数字化转型进程。某区生态环境部门反映，目前污染源在线监控系统安装、运维费用由企业全额承担，政府不再予以补助。企业多优先考虑价格因素，运维质量或受影响，部分在线数据存在误差，不利于政府对相关数据进行精确监测。

（2）产品和用户数据是企业的核心竞争力，部分企业担心数字化过程中可能出现相关数据丢失或泄露。某信息科技有限公司表示，“2020年在浙江全省工业企业这块做了一个调研，77%的工业企业认为数字化转型最大的顾虑和障碍是安全的问题”。

（四）数字化智能终端设备的安装及维护需要较大经费开支，往往需要企业独自承担，导致基层在全面推进数字化监管中存在较大阻力

在推进外卖在线“阳光厨房”工作中，需要在餐饮后厨拉专线安装智能摄像头，每条专线安装费500元，且后续每年还要500元维护费用，费用全部需要企业承担。市场监管部门推广“浙食链”，为了让农贸市场和经营单位积极主动“上链”，通过财政资金对民生实事项目应用单位一次性补助3000元/户。某市开

发推广的监管系统，主要对量大面广的企业锅炉开展数字化监管，但是推广使用速度较慢，该市锅炉总数已突破 2. 8 万台，但目前仅安装数十台设备，主要原因之一就是一台锅炉装一个需要 2000 元，一家企业往往有数台甚至数十台、数百台锅炉，需要很大一笔支出。

（五）场景开发后企业层面需要同步建设配套的物联设备，需投入一定的建设成本及数据服务费

例如“浙食链”“阳光工厂”建设需要安装监控、温控、干湿度等设备，改造无线网络环境，首次资金投入至少 2 万元，每年支付数据服务费、维护费至少 1000 余元。对小微企业而言，相关建设成本可能带来不小负担，也是推广的堵点难点。以某县为例，该县推广的“浙江外卖在线”应用共有入网餐饮单位 261 家，已完成“阳光厨房”建设 165 家，剩余的小餐饮单位自身经营条件差，但认为改造成本较高，不愿意投入资金，甚至出现下架网络餐饮的现象。

（六）新业态监管能力仍不足，非实体市场存监管真空

网络购物、共享经济、数字经济等新业态蓬勃兴起，跨区域、非实体的市场主体给传统监管带来很大难题。该类企业往往不存在固定的经营地点，数据的采集与管理等存在较大困难，加之部门、地域间的“信息壁垒”使得已采集数据难以集中汇聚，导致监管对象数据信息不全和信息不对称等问题。例如网络订餐、网约车、共享单车等行业的发展，相应新增市场主体并未纳入登记监管范围，存在真空失管的状态。又如网约车等新行业，目前经营者只需要在平台注册后即可开展经营，但由于平台企业注册在其他地区，县市一级既没有登记对应的经营主体，也无法掌握平台后台数据，因此对网约车等行业排查难、监管难，存在监管真空情况。

（七）企业监管对象数字化意识不强

各执法部门通过开发数字化监管平台，构建“企业自查、镇街排查、部门监管抽查”的执法监管体系，但实际应用过程中，由于企业数字化监管意识淡薄，考虑到自查容易暴露企业问题隐患，多数选择不自查或避重就轻，加上部门监管抽查力度有限，导致数字化监管平台效益难以有效发挥。某区反映，在对企业监管的数字化转型推进中，企业物联设备的相关信息组成了一大数据来源。但仍有部分企业主体在设备物联的转型上步子迈不开，或因为企业基础不足，或因为害怕数据泄露，或因为决策层数字化转型定位不清，处于观望阶段，在一定程度上影响了政府监管的覆盖面。

（八）监管数据难以及时更新

目前大部分数字化监管平台上的企业数据难以实现自动更新，必须由监管对象定期手动输入。但是部分企业受制于数字化操作能力水平低、上报意愿不强

等，难以高质高效开展数据上传，导致相关基础数据的归集效率不高。某县市场监管部门反映，近几年餐饮行业更新迭代快，所辖区内餐饮行业经营主体近两年新注销830家、新申请1000余家，店面转让频率高，而应用信息系统难以自动检测监管对象更换店内营业人员的情况，需要商家主动输入变更后的人员基本信息，易造成数字化监管空档。

二、具体应用方面

（一）自动监测设备易受干扰，导致数据失真，增加监管难度

相较于传统监管模式，数字化监管更多依靠各类监测数据来判断企业是否合法合规，部分企业会通过堵塞采样头、加装过滤吸收装置、人为设置程序等手段干扰监测设施、篡改监测数据，以此逃避监管处罚。以浙江省生态环境部门的污染源在线监控为例，监管部门掌握企业实时排污情况主要依靠该系统的数据回传上报，但部分企业为逃避监管，“钻空子”进行数据造假，且手法较为隐秘，难以发现。

（二）企业数字化监管缺乏有效法律支撑，阻碍应用步伐

数据安全相关立法尚不完善，部分市场主体对数据安全问题存在顾虑，提供数据较为保守。目前，我国针对数据安全的法律法规还不完善，而企业监管的数字化转型，需要企业将大量数据传输至互联网云端，在法律法规不完善、互联网及云服务器的安全性监管机制还不健全的情况下，存在商业机密泄露风险，部分企业在提供数据方面存在顾虑。某电子商务股份有限公司主要从事电子产品经营、软件开发、经济信息咨询服务等，需在省经济和信息化数据服务平台填报经营月报数据。该企业表示：“数字化平台很容易导致信息泄露，一旦信息泄露会给企业带来较大损失。”

（三）信用约束机制不够完善，企业监管惩戒力度薄弱

根据企业信用等级和监管类别，分别对企业采取扶持、警示、监控、强制、限制等措施，然而实际工作中，最多的是将企业列入异常经营名录，这些企业会在银行贷款、政府招投标、政府奖励、评选先进等方面受到限制，但如果这些企业并没有贷款、招投标之类的需求，列入异常经营名录对于他们等于没有影响，直接导致这一措施威慑力不够。这些手段难以对失信企业，特别是对融资需求较小的小微企业和个体工商户形成足够的威慑力。例如遂昌县某金矿有限公司被列入经营异常名录已3年，其企业贷款虽受限制，但仍可以通过法人个人申请贷款进行融资，企业被列入异常名录未对企业造成实质性影响，对企业几乎没有震慑力。

三、数据共享方面

（一）受垂直管理部门体制限制，数据归集覆盖面不足

数字化监管的其中一个主要方向就是汇集各监管部门对同一企业主体的监管

数据，形成“大数据池”，在此基础上对该企业主体进行数据分析研判，“大数据池”容量越大，分析越精确，但目前部分单位因管理体制受限，无法在省级层面共享企业监管数据，导致“大数据池”水量不足，影响后续数字化监管的开展。以浙江省“互联网+监管”平台为例，该平台汇聚、整合各地各部门主体登记、行政许可、执法检查、行政处罚、信用红黑名单等数据，实现数据“一网归集”“一网共享”，为后续应用大数据做好风险监管、风险预警等智慧监管，但是涉及司法协助、不动产查封、税务信用等主体经营相关的信息还是未充分归集，主要是因法院、税务等部门垂直管理体制原因，无法提供数据，例如税务部门的欠税、非正常户等信息未向省行政执法监管平台提供，导致无法开展针对性监管。

（二）部分行业产品源头数据库未打通

以医疗行业为例，目前医疗器械注册（备案）产品使用的两个数据库未实现互通，即用于第三类医疗器械注册和第一类医疗器械备案的国家药品监督管理局医疗器械注册管理信息系统，及用于管理第二类医疗器械注册的浙江省药品监督管理局的行政审批系统分设。由于权限问题，基层局无法实时获取准确的医疗器械注册（备案）信息。以宁波医疗器械生产、经营日常监管为例，生产企业监管信息需要通过省药品监督管理局的医疗器械生产信用管理系统现场检查后录入，实现与国家药品监督管理局监管系统的对接，经营企业通过省行政执法监管“互联网+监管”平台实现移动端实时录入，无须对接国家局监管系统。生产、经营监管数据未实现统一平台。

（三）行业信用风险分级分类监管未全覆盖

根据建立新型监管机制的要求，“互联网+监管”平台嵌入了各类信用风险分级分类信息，在各类检查任务设置中可引用相关信息对信用差、风险高的监管对象加大抽取力度。目前平台内在用的通用类信用风险信息已经有“企业信用风险信息”“国家信用信息”“公共信用信息”3 类，但行业领域的信用风险信息相对欠缺，平台中只有人力社保、市场监管、文化旅游、交通运输等职能领域的 32 个特定行业的信用风险信息，未能实现市场监管领域行业信用风险分类全覆盖，在对部分特定行业实施定向检查时，仅能应用通用类信用风险信息，没有针对性的行业信用风险信息，无法实现精准监管。

（四）信息互通尚未完全打通，隐性信息壁垒仍然存在

不同类别事项线上监管系统之间业务协同和信息共享能力仍然不足，企业信息融合度、共享度不高，难以形成完整的企业信息链，影响了企业信用信息的有效利用。以征信领域为例，社会征信涉及多部门多领域，目前银行、金融等商务领域个人征信体系较为健全，但政务诚信、社会诚信和司法工薪等领域参与度仍

然不高，一体化的联合征信平台还未完全建立。在企业信用修复过程中，初审部门在实际审核企业提交的申请材料时无法查询到该企业受过的所有行政处罚，绝大部分企业也无法自行提供所受处罚材料，从而无法准确判断申请企业是否符合修复条件。

四、数据资源方面

（一）数据质量待提升，监管效果受影响

部分监管基础支撑信息数据质量还不够高。以绍兴信用监管平台为例，“双公示”信息中的行政处罚信息，数据不规范、不完整现象还比较突出，由于部门源头公示不到位、数据交换清洗校核不准确等原因，已公示的184万余条处罚数据中，有40多万条数据存在处罚部门字段空缺等关键信息缺失现象。

（二）数据收集、归结存堵点难点

市县部门在信用监管所需数据信息的可得性上存在难点。以投资项目在线审批监管3.0平台的应用为例，该平台大部分许可事项办件信息都统一归集到省大数据部门，但“数据回家”“数据开放”的力度远跟不上市县对相关数据的应用需求。国家层面，失信被执行人等全国红黑名单信息下放共享机制不完善，市县级开展信用联合奖惩缺乏必要的数据支撑。以市场监管部门为例，知识产权、认证认可等审批职责目前仍在国家部委。虽然目前相关审批材料已可在线上报和审批，但审批结果等数据仍在国家部委，数据回流机制尚未建立，涉及这些数据的，目前只能以基层工作库人工导出、筛查后再做归集，效率很低，影响数据更新与归集的及时性。

（三）数据深度利用不足，与信用监管结合不够

以绍兴市公共信用信息平台“信用绍兴”为例，已形成覆盖全市21万家企业、389万18周岁以上自然人的公共信用档案，归集27个市级部门及省公共信用信息平台下行的信用信息3323余万条，开展行政许可、行政处罚、红黑名单、信用承诺等信息公示。但信用数据利用不足，与监管结合的深度不足。以“证照分离”告知承诺为例，承诺的监督反馈还未实现全程数据化，企业承诺信息只推送至后置审批部门，履行属地监管职责的部门无法接收到相关信息，容易形成信息不对称和履约监管盲区。

（四）数据安全性待提高，企业对数据泄露存疑虑

监管部门要求企业提供生产区域的监测、监控和预警参数，但多数企业对已接入的数据安全存疑，担忧核心技术存泄露风险。某氟材股份有限公司明确表示，数字化监管平台要求接入生产区域装置、生产参数等数据，但这些数据是企业的核心机密，一旦泄露，企业的核心技术也将随之泄露。在无法保障数据安全

的前提下，企业不愿将相关数据按要求接入政府的数字化监管平台。部分监管数据已涉及企业生产工艺参数，关系到商业秘密。例如，政府对危化品车辆运输的监管及企业仓库、罐区的监管，相关数据已经可以推算出企业原材料和产品的库存，一旦数据泄露会造成企业在与上下游供应链企业价格谈判中处于不利位置。

五、平台建设方面

（一）平台一体化不足，导致监管困难

当前各个线口都有自己相对应的监管平台，且相互之间都是独立的，导致综合执法部门、基层部门工作较为杂糅，监管难度较大。例如，基层市场监管所常用的数字化平台有全程电子化登记平台、市场监管案件管理信息系统、“互联网+监管”平台、企业信用综合监管警示系统、12315 消费者投诉举报系统等，以“互联网+监管”为例，该项工作考核指标来源于“互联网+监管”系统的有 3 项、“互联网+监管”事项管理系统的有 2 项、行政执法监管（互联网+监管）平台的有 6 项，3 个系统分别属于 3 个不同的软件开发公司，因为各种原因系统经常升级，应用中遇到问题缺少救济途径，客服电话几乎都是占线打不进。

（二）信用平台信用修复标准未统一

国家、省、市级公共信用修复流程、依据尚未统一，导致企业在信用修复时限上存在差异。例如“信用中国”和“信用浙江”“信用宁波”平台对行政处罚信息的信用修复，因国家、省、市修复流程及规定不同，导致修复时限不一致。在“信用中国”平台公示的企业行政处罚信息，最短 3 个月即可申请信用修复，而《浙江省公共信用修复暂行管理办法》中规定需满 1 年方可申请信用修复，导致某企业行政处罚信息在“信用中国”上已信用修复，但“信用浙江”“信用宁波”尚无法修复。

（三）浙江省“互联网+监管”平台操作性不强

浙江省“互联网+监管”平台升级更新频繁，检查记录丢失、抽查事项无法及时同步、掌上执法系统不稳定、实施清单要素质量不高等现象时有发生。而且由于开发和管理主体不同，浙江省“互联网+监管”平台与省生态环境移动执法系统执法数据不能相互共享，需要执法人员反复多次输入，一定程度上影响了执法效能。

（四）数字化系统建设维护成本高

数字化监管模式通过网络化、非现场化对企业违规行为自动识别、主动报警，节约了在途及执法人力成本。但在数字化建设初期和后期维护运行中需投入一定的资金成本，尤其在上级未有明确规定、企业监管体量较小等情况下，企业数字化监管转型意愿不强。某市经信局反映，为实现企业用电实时监测，该局对

全市5000家工业企业安装了近7000个电力测点装置，由于工作负荷较大，测点装置的定期维护成本较高。据初步预计，每年装置维护费用上大概在50万元，但由于缺少关于维护费用的出资规定，目前维护费用的出资主体还未能确定，企业对该笔费用支出存在一定担忧。

六、平台开发方面

（一）企业数字化监管缺乏系统设计，平台重复建设，兼容性不强

目前，各部门数字化监管平台种类繁多，但缺乏顶层谋划，各系统平台间兼容性不强，往往导致平台与平台之间数据重叠、功能重复。据某区统计，涉企系统多达15个，其中园区管理系统、企业监测系统等均存在一定程度的重复建设。调研发现，某进出口有限公司每月报送的系统主要包括浙商务运行监测系统、订单+清单系统、重点企业监测、服务贸易直报系统、服务外包系统，除商务系统外，还有税务、统计、人行等不同统计系统需要报送。

（二）第三方机构技术水平参差不齐，部分系统开发质量难以保障，导致实际使用效果不佳

监管数字化系统往往需要依托第三方平台开发并提供相应技术服务，受企业规模、资金等要素影响，技术支持无法与当前监管体量适配，导致监管终端运行不畅。以交通运输企业数字监管为例，该系统主要依靠车辆GPS数据与车内多点视频监控实现动态监管。目前各家交通运输企业依托的技术平台各不相同，技术支撑也存在较大差距，导致实际应用中系统常常存在视频接入困难、连接不稳定、视频画面质量差的问题，监管效果并不理想。

（三）部门间协同监管缺乏顶层谋划，导致资源重复采集、数据低效率使用

目前，各部门间、部门内部业务条线监管系统众多，但系统间一体化程度低、数据标准不统一，甚至存在同一业务“数据不兼容、后台不连通”的现象，大量信息仍需人工重复录入，造成监管效率低下。以某县工业运行监测平台为例，该平台是综合性大数据信息平台，基于税收、工业产值、主营业务收入、利税、利润、用电量各项数据，实现对规模以上工业企业生产经营情况的分析及监测。但目前平台数据收集仍然依赖各部门手动上报，相关部门的汇集渠道不通，横向获取存在一定难度，导致数据存在滞后性，影响监管部门对企业的实时掌握。

（四）企业信用信息共享机制有待进一步完善

企业基础数据量大面广，通过企业年报公示，每年收集大量企业经营数据。据生态环境部门反映，生态环境监测有水质自动站、地表水自动站、清新空气站

等环境质量监测平台，污染源监管有视频监控平台、工况自动监控监管平台、在线监控系统等，另外还有全国排污许可证管理信息平台、生态环境统计业务系统等，各平台信息不互通，不利于部门对企业“综合查一次”检查的开展。

（五）部分系统数据存在滞后性，功能有待进一步优化

在实际操作过程中，许多系统平台存在功能、使用权限、稳定性等方面的问题。市场监督管理部门反映，当企业未履行年报公示义务而被列入异常名录后，企业在银行办理贷款会受约束；而当企业履行义务并已移出异常名录后，银行方面信息未能实时更新，依旧会依照原有的警示信息而对企业的相关业务进行掣肘。由于信息资源数据并非设备直传，而是通过中间数据库对接，或存在一定滞后性，基层难以第一时间精准研判并进行预警。

（六）平台技术标准不统一

由于缺乏标准体系的支撑，各部门采集的数据格式不统一、标准不一致，采取的处理技术、应用平台各异，数据库接口差异大。因此，信息管理平台难以整合，导致数据导引、数据获取、交互交换中发生迟滞、偏差，信息资源的共享存在困难。市场监督管理部门反映，部分大型生产企业自身也开发了诸如 TTS 追溯系统、ESC 产线赋码采集系统，企业 2 个系统与“浙食链”系统尚未实现数据对接，企业的数据流上传效率不高。

（七）数字化平台集成共享程度不够

一方面，监管企业的数字化平台过多，各部门均有相应系统，企业来回切换软件、疲于应付。如安全监管数字化涉及应急管理、市场监管、交通运输、环保监管等部门均有独立系统，“特种作业安全码”“浙运安全码”“特种设备码”等，数量较多且由于系统整合度不高，需企业单独使用，导致企业在使用系统时出现重复填报、反复采集同类信息的现象，增加了企业填报和部门梳理数据的重复劳动。另一方面，部门间的信息未互联、互通、共享，难以形成完整的企业信用监管的信息链，跨部门间的信息共享交流还有障碍，监管所需的信息数据开放程度不足，信息割裂现象普遍。据浙江省人民银行反映，金融机构在对贷款企业实施贷后管理中，仍自主对企业的生产经营运行情况进行分析研判，尚不能通过共享税务、市场监管等部门对该企业生产经营相关的监管信息而对企业进行全面的评估。

七、信用监管方面

（一）信用评价标准不统一，评价结果差异大

目前，各级各地政府均将信用评价作为监管企业的重要方式，但评价标准、方式等尚未统一规范，导致评价结果有出入，基层执法面临困难。如在统一行政

执法（“双随机”）平台中，同一家公司却有不同的信用评价等级选项。

（二）信用修复制度不完善

国家企业信用信息公示系统涉及食品药品、特种设备等方面的处罚，即使情节较轻免予处罚的，暂时也无法修复。同时，企业异常名录移出有时间限制。某县市场监督管理局反映，列入异常名录的企业在3年内改正失信行为可当即移出，不会影响个人征信；但3年内未履行相关义务，系统就无法申请移出，只能一直在企业异常名录内，缺少自主救济渠道。

（三）信用惩戒力度不强

目前对于违规企业的惩戒方式，主要有责令整改、列入经营异常名录、列入严重失信企业名录等几方面。目前，对企业在评优评先、银行贷款、招投标等方面予以限制，但违规企业只需更正异常行为，申请移出异常名录即可，“违规成本”相对较低，难以起到良好的约束作用。同时，部分数据不能完整传输到信用共享平台，联合惩戒力度不高。

八、“双随机、一公开”方面

（一）随机抽查机制不合理

2018年以来，“双随机”抽查计划设定为每年2次，但抽查比例未结合地方实际设置，存在部分企业被抽查比例过高，而部分行业企业长期处于未被抽查的状态。某县反映，该县共有“两客一危”企业5家，按照20%的抽查比例，结合日常检查，企业频繁被抽检；而普货企业有300余家，剔除个体工商户仍有30余家，按照10%的抽查比例，每次抽查数为3~4家，部分企业存在长期未被抽检的情况。此外，联合监管有待强化推进。企业监管数字化转型的目标是实现共治共享参与监管，经过系统排查，可以做到只进一次门、检查多项事，但在实际监管中仍存在监管部门重复检查的情况。

（二）部分主体未引入行业信用风险分类指标

目前，跨部门联合“双随机、一公开”监管主要通过企业信用风险分类展开，针对不同风险程度、信用水平的检查对象实施差异化抽查，但目前只有针对企业的通用信用风险指标体系。信用信息平台并没有针对个体户、农专社或者场所场地等主体的信用风险分类指标体系，也没有引入日常监管的动态信用数据，导致各部门在开展联合“双随机、一公开”监管时，无法根据不同行业的不同特性划分信用风险等级。

（三）系统操作权限有待进一步下放优化

目前全国行政执法综合管理监督信息系统正在建设当中，各地均有自己的执法监管平台，部分权限下放不足，导致操作烦琐。例如浙江省通过行政执法监管平台，在现场检查中录入差错，如需修改要向系统后台提出书面申请，程序较烦琐；检查表单相关逻辑严密性不足，如企业已迁出，原本直接录入结果已迁出就行，但实际至少要填一张检查事项表，并填异常才能选填迁出，而事实上这种情况不应属于异常类企业；检查事项设置不科学。

九、监管机制方面

（一）部门协同监管效应尚未形成

"互联网+监管"工作涉及方方面面，要服从国家"互联网+监管"考核要求，符合政府监管数字化转型及依法行政的考核要求，但目前各地各级数据资源管理部门、司法部门、市场监管部门等牵头单位的分工不完全相同，需要进一步明确，且信息化水平存在差异，数字化转型程度不对等，监管协作机制尚不完善，制约了协同监管工作的推进。如行政执法监管平台两年来一直迭代升级，不断上线新的工作模块，但有一些新制度配套的行政文件没有制定，责任单位和工作要求不够明确，影响行政工作的落实。

（二）检查事项碎片化

由于处罚条款较为琐碎，相应造成了行政检查事项清单的碎片化，条目庞杂，数量众多。以市场监管系统为例，国家"互联网+监管"事项清单中检查事项为 218 项，但在省权力事项库中行政检查事项达 900 余项。有些部门事项名称简单引用法条罚则，导致部分检查名称冗长难懂，和监管部门日常实际监管检查的归类和定义方式有较大区别。相当一部分行政检查事项属于处罚前的检查，如不经区分，一律按照"检查事项全覆盖"的要求，会增加企业和基层负担。

（三）检查事项和"双随机"抽查事项还需进一步融合

目前，存在国家"互联网+监管"事项清单中检查事项、浙江省权力事项库行政检查事项和"双随机"抽查事项三张清单，经过省级部门的几轮梳理，目前浙江省权力事项库行政检查事项已基本涵盖了国家"互联网+监管"事项中的检查事项，但"双随机"抽查事项尚未与省权力事项库行政检查事项融合，仅有省市场监管局等个别部门完成两张清单融合工作。

（四）"双随机"监管基本手段作用还不突出

按照新型监管机制要求，除特殊重点领域外，原则上所有行政检查都应通过"双随机"抽查的方式进行。从检查事项来看，"双随机"抽查事项占所有行政检查事项的比例不高。以浙江省权力事项库中的行政检查事项为基数，4611 项行政检查事项中由各省级部门设定为"双随机"监管方式的 2686 项，占比 58%（目前省权力事项库的行政检查事项仍在调整过程中）。在操作层面，由于绝大部分省级部门未在执法监管平台上做相应的事项配置，2686 项抽查事项仅有部分在执法平台实现全流程运用。

（五）部分自动监测数据作为执法依据缺乏标准

目前，部分智能监管手段获取的电子数据缺乏配套的有效性审核标准，导致监测数据无法直接用作执法证据。例如数字化环保监管方面，某区重点排污单位均已安装污染源自动监控设施，通过自动监控联网实现对重点排污单位的全覆盖24小时监管；同时正在推进建设工业企业建设工况监控系统，实现对企业生产、治污设施运行工况的智能监管。但当企业自动监控出现超标或者其他报警信息时，执法部门将自动监测数据作为执法依据缺乏相应依据。虽然《环境行政处罚办法》《中华人民共和国计量法》《中华人民共和国行政处罚法》均有相应的自动监控数据使用规定，但是实践中对电子数据的审核认定缺乏标准规范，管理部门难以对相关科技化监督手段数据进行实际有效运用。又如浙江省污染源自动监控数据不能直接应用于执法中，企业自动监控数据超标还需要对企业进行实样检测，以实样检测结果为准，所以导致自动监控在企业数字化监管中更多的是起到威慑作用。

第四节　对策建议

一、构建一体化监管平台

一是探索监管一件事改革。以“双随机、一公开”为抓手，深化跨部门联合监管，加大推进多跨协同联合监管应用，通过深度挖掘监管数据，组建更为精准、高效、规范的新型联合监管模型，构建“无事不扰”“无处不在”的监管格局。二是建立综合性监管平台。按照数字化改革“三张清单”要求，将各类行政审批类的软件并入统一的行政审批平台，根据目前业务需求重新设计开发监管类软件，通过统一用户建设、应用对接集成、入口集成建设等方式，打造一体化、一站式的企业监管综合业务平台。三是建立科学的政府购买投入机制，包括制定购买计划、确定购买需求、编制预算、选择承接主体、服务过程中和完成后的监督评估、责任的认定等。

二、加强各部门间数据共享

一是建立跨部门数字化转型联动机制，建立健全互通共享机制，整合各部门现有系统数据，打通多跨协同数据壁垒，推动部门信息共享体系建设，完善互通共享平台建设，通过强化区域统筹、健全考核机制、研发数据产品、健全安全制度等措施全方位逐步消除困难因素，实现数据通查、线索互通、案件共办。二是消除部门间信息壁垒，积极探索各种行之有效的合作方式，定期召开合作论坛，深入了解各种数据生产全过程，以便能在企业监管上熟练应用。严格遵守数据安全管理规定，非经相关部门认可，一律不得对外提供涉企数据。明确可实时共享的数据范围，建立区级信息共享平台，并出台相应的制度文件，严格控制各单位人员权限和数据用途，确保数据安全高效传递。三是建设通用的数据录入分析软件。基层工作人员可通过该软件录入对应数据，改变数据录入的无序化，并通过软件系统进行分析，直观体现数据背后的监管现状，部门可直接生成各类报表，减少基层重复性的报表数量。在该软件构建时，也应当保留适用基层所的个性化模块，方便基层所在数字化工作中构建自己的数据库，把散落在工作人员电脑上的碎片化信息综合成系统性的数据库。

三、改进数字化监管方式

一是针对新业态推行非现场监管。采用网络监测、视频监控等非现场监管方式，利用人工智能、大数据分析等技术，构建新型互联网等行业领域的重点产品物品的风险监测预警模型，为全程动态监管提供重点事件跟踪、查询检索、可视化展示、统计分析等智能化服务，进一步提升监管风险预测预警能力和水平。二是提升企业基础数据智能化采集能力，保障数据信息的真实、完整、全面，实现“填一次表、查多项事”的检查要求，既保证必要的抽查覆盖面和监管效果，又为企业减压。三是加强企业数字监管科技支撑。积极运用大数据、人工智能、区块链、5G 等新技术优化数字监管系统，推动数字监管平台软件系统迭代升级，推进系统互联互通。四是加强监管数据开发。在保障数据安全的前提下，加大政府部门数据保障力度，提高银行及第三方支付机构掌握的真实交易信息对监管部门的开放共享程度，推进数据业务协同，提高企业监管的数字化程度和效率。建设数字化多跨协同应用场景，打通部门和地方业务系统的数据流和业务流，建成信息归集、产品研发、信用应用、成效反馈的闭环监管体系。

四、完善监管体制机制

一是简化检查监管事项清单。科学评估上一轮监管事项改革成效。统一梳理设置检查事项的原则和逻辑，以与监管实际结合为导向，由各省级部门自行对行政事项清单进行一定程度的再梳理和合并。二是融合“双随机”监管事项和省权力事项库（监管库）中的检查事项，重点解决“双随机”监管事项和行政检查事项“两张皮”的问题，同时在平台上进行设置，推动省权力事项库中已经设定为“双随机”监管模式的行政检查事项通过省执法监管平台开展全流程电子化管理。同时，各省级部门进一步梳理行政检查事项清单，除重点领域以外，进一步将检查事项转化为“双随机”监管事项。三是优化信用评价联合惩戒体系。出台部门间红黑名单认定和管理制度并构建行业评分体系，精准为行业分级分类精准监管创造条件。制订出企业真正在意且威慑力强的惩戒措施，加大失信企业惩戒力度，完善企业信息公示制度，提高企业失信成本，让企业管理者重视自身信用等级，倒逼企业诚信经营、规范经营。

五、降低企业配套设施投入成本

一是企业支持是企业监管数字化转型的最后一环，通过提升系统兼容度，给予企业对设备的更多选择权，各地要增强服务举措，指导企业统一采购，降低企业建设资金投入。二是加强数字化监管资金补贴，提高企业终端安装率。坚持政府部门和社会资本合作，形成政府、保险公司、企业主体等多元共治局面。建议与开发公司和保险公司协调，由政府补贴一定的比例，降低保险费用、后期维护、软件升级等服务费，以相对较低的价格推广应用，引导企业加快数字化系统和相关设备投入，推动企业融入数字化进程。

六、加强监管数字化的配套保障

一是制定出台监管数字化的规范指引。建议加强顶层设计，强化法律法规的支撑，细化规章制度，通过出台实施办法、规范指引等文件，对数字监管予以规范，明确数字监管的适用原则、适用范围、实施标准、问责体系等。二是加强基层新型数字化监管队伍建设。建议出台专项政策和资金，加强对基层监管队伍的建设扶持力度，全面提升基层监管队伍的数字化、信息化、专业化水平，有效改善年龄结构老化、信息化素质不高等问题，满足监管数字化工作开展的要求。建立基层数字化监管信息员岗位，明确岗位分工和工作职责，对接基层业务系统的运维事项，同时保证对专业专职人员的定期培训，通过专人专岗的设置，夯实基层数字化监管的推广运行落实基础，切实有效解决基层队伍年龄老化，操作困难，学习吸收能力差的问题。三是强化数据安全保障，加大系统安全性投入，引入多家高质量的网络安全技术公司，提供全方面安全支持，提高系统安全系数。四是完善“互联网+监管”考核指标。平衡好加强事中事后监管和优化营商环境的关系，尊重基层监管实践中的意见建议，避免就“数字”论“数字”，为了提升某个指标而发起不必要的检查。相关考核指标的计算口径在省里出台的相关文件中保持一致。列入考核的指标，可以准确统计、公开透明，便于各级牵头部门推进和监管执法部门针对性提升。

参考文献

一、英文部分

[1]Ackerman F, Heinzerling L E. Pricing the Priceless: Cost-Benefit Analysis of Environmental Protection [J]. University of Pennsylvania Law Review, 2002, 150(5): 1553-1584.

[2]Adner R, Puranam P, Zhu F. What Is Different About Digital Strategy? From Quantitative to Qualitative Change [J]. Strategy Science, 2019, 4(4): 253-261.

[3]Aghion P, Angeletos G M, Banerjee A, et al. Volatility and Growth: Credit Constraintsand the Composition of Investment [J]. Journal of Monetary Economics, 2010, 57(3): 246-265.

[4]Agrawal A, Gans J, Goldfarb A. Prediction Machines: The Simple Economics of Artificial Intelligence [M]. Brighton: Harvard Business Press, 2018.

[5]Ahmed B, Digital, F. Digital Transformation [M]. Switzerland: Springer International Publishing Switzerland, 2016.

[6]Allen F, Qian Y, Tu G, et al. Entrusted Loans: A Close Look at China's Shadow Banking System [J]. Journal of Financial Economics, 2019, 133(1): 18-41.

[7]Almeida H, Wolfenzon D. The Effect of External Finance on the Equilibrium Allocation of Capital [J]. Journal of Financial Economics, 2005, 75(1): 133-164.

[8]Amankwah-Amoah J, Khan Z, Wood G, et al. COVID-19 and Digitalization: The Great Acceleration [J]. Journal of Business Research, 2021, 136(C): 602-611.

[9]Ambec S, Cohen M A, Elgie S, et al. The Porter Hypothesis at 20: Can Environmental Regulation Enhance Innovation and Competitiveness? [J]. Review of Environmental Economics and Policy, 2013, 7(1): 2-22.

[10]Anderson M C, Banker R D, Janakiraman S N. Are Selling, General, and Administrative Costs "Sticky"? [J]. Journal of Accounting Research, 2003, 41(1): 47-63.

[11]Arellano M, Bonhomme S. Quantile Selection Models With an Application to Understanding Changes in Wage Inequality [J]. Econometrica, 2017, 85(1): 1-28.

[12] Arias-Pérez J, Vélez-Jaramillo J. Ignoring the Three-Way Interaction of Digital Orientation, Not-Invented-Here Syndrome and Employee's Artificial Intelligence Awareness in Digital Innovation Performance: A Recipe for Failure [J]. Technological Forecasting and Social Change, 2022, 174(C): 1-11.

[13] Armstrong C S, Guay W R, Weber J P. The Role of Information and Financial Reporting in Corporate Governance and Debt Contracting [J]. Journal of Accounting and Economics, 2010, 50(2-3): 179-234.

[14] Atuahene-Gima K. Resolving the Capability-Rigidity Paradox in New Product Innovation [J]. Journal of Marketing, 2005, 69(4): 61-83.

[15] Badertscher B, Shroff N, White H D. Externalities of Public Firm Presence: Evidence from Private Firms' Investment Decisions [J]. Journal of Financial Economics, 2013, 109(3): 682-706.

[16] Ball R, Shivakumar L. Earnings Quality in UK Private Firms: Comparative Loss Recognition Timeliness [J]. Journal of Accounting and Economics, 2005, 39(1): 83-128.

[17] Baranchuk N, Kieschnick R, Moussawi R. Motivating Innovation in Newly Public Firms [J]. Journal of Financial Economics, 2014, 111(3): 578-588.

[18] Bartelsman E, Haltiwanger J, Scarpetta S. Cross-Country Differences in Productivity: The Role of Allocation and Selection [J]. American Economic Review, 2013, 103(1): 305-334.

[19] Barth J R, Caprio G, Levine R. Bank Regulation and Supervision: What Works Best? [J]. Journal of Financial Intermediation, 2004, 13(2): 205-248.

[20] Baum J A, Li S X, Usher J M. Making the Next Move: How Experiential and Vicarious Learning Shape the Locations of Chains' Acquisitions [J]. Administrative Science Quarterly, 2000, 45(4): 766-801.

[21] Benlian A, Haffke I. Does Mutuality Matter? Examining The Bilateral Nature and Effects of CEO-CIO Mutual Understanding [J]. The Journal of Strategic Information Systems, 2016, 25(2): 104-126.

[22] Beuselinck C, Deloof M, Vanstraelen A. Cross-jurisdictional Income Shifting and Tax Enforcement: Evidence from Public Versus Private Multinationals [J]. Review of Accounting Studies, 2015, 20(2): 710-746.

[23] Beyer A, Cohen D A, Lys T Z, et al. The Financial Reporting Environment: Review of the Recent Literature [J]. Journal of Accounting and Economics, 2010, 50(2-3): 296-343.

[24] Borenstein S, Saloner G. Economics and Electronic Commerce [J]. Journal of Economic Perspectives, 2001, 15(1): 3-12.

[25] Bradshaw M, Liao G, Ma M. Agency Costs and Tax Planning When the Government is a Major Shareholder [J]. Journal of Accounting and Economics, 2019, 67(2): 255-277.

[26] Brandt L, Van Biesebroeck J, Zhang Y. Creative Accounting or Creative Destruction? Firm-Level Productivity Growth in Chinese Manufacturing [J]. Journal of Development Economics, 2012, 97(2): 339-351.

[27] Brower J, Rowe K. Where the Eyes Go, the Body Follows?: Understanding the Impact Of Strategic Orientation on Corporate Social Performance [J]. Journal of Business Research, 2017, 79(C): 134-142.

[28] Brynjolfsson E, Hitt L M. Beyond Computation: Information Technology, Organizational Transformation and Business Performance [J]. Journal of Economic Perspectives, 2000, 14(4): 23-48.

[29] Buera F J, Kaboski J P, Shin Y. Finance and Development: A Tale of Two Sectors [J]. American Economic Review, 2011, 101(5): 1964-2002.

[30] Caballero R J, Hoshi T, Kashyap A K. Zombie Lending and Depressed Restructuring in Japan [J]. American Economic Review, 2008, 98(5): 1943-1977.

[31] Calleja K, Steliaros M, Thomas D C. A Note on Cost Stickiness: Some International Comparisons [J]. Management Accounting Research, 2006, 17(2): 127-140.

[32] Canhoto A I, Quinton S, Pera R, et al. Digital Strategy Aligning in SMEs: A Dynamic Capabilities Perspective [J]. The Journal of Strategic Information Systems, 2021, 30(3): 101682.

[33] Cennamo C. Competing in Digital Markets: A Platform-Based Perspective [J]. Academy of Management Perspectives, 2021, 35(2): 265-291.

[34] Chernozhukov V, Hansen C. Instrumental Variable Quantile Regression: A Robust Inference Approach [J]. Journal of Econometrics, 2008, 142(1): 379-398.

[35] Choi J H. Accrual Accounting and Resource Allocation: A General Equilibrium Analysis [J]. Journal of Accounting Research, 2021, 59(4): 1179-1219.

[36] Chow T, Klassen K J, Liu Y. Targets' Tax Shelter Participation and Takeover Premiums [J]. Contemporary Accounting Research, 2016, 33(4): 1440-1472.

[37] Clark B H, Montgomery D B. Managerial Identification of Competitors [J]. Journal of Marketing, 1999, 63(3): 67-83.

[38] Clarke G, Cull R, Peria M S M, et al. Foreign Bank Entry: Experience,

Implications for Developing Economies, and Agenda for Further Research [J]. The World Bank Research Observer, 2003, 18(1): 25-59.

[39] Clarkson P M, Li Y, Richardson G D. The Market Valuation of Environmental Capital Expenditures By Pulp and Paper Companies [J]. The Accounting Review, 2004, 79(2): 329-353.

[40] Cleary S. The Relationship between Firm Investment and Financial Status [J]. The Journal of Finance, 1999, 54(2): 673-692.

[41] Costa M D, Habib A. Trade Credit and Cost Stickiness [J]. Accounting & Finance, 2021, 61(1): 1139-1179.

[42] Aspremont C, Jacquemin A. Cooperative and Noncooperative R&D in Duopoly with Spillovers: Erratum [J]. American Economic Review, 1990, 80 (3): 641-642.

[43] David J M, Hopenhayn H A, Venkateswaran V. Information, Misallocation, and Aggregate Productivity [J]. The Quarterly Journal of Economics, 2016, 131(2): 943-1005.

[44] Dechow P, Ge W, Schrand C. Understanding Earnings Quality: A Review of the Proxies, Their Determinants and Their Consequences [J]. Journal of Accounting and Economics, 2010, 50(2-3): 344-401.

[45] Decker R A, Haltiwanger J C, Jarmin R S, et al. Changing Business Dynamism and Productivity: Shocks Vs [R]. Responsiveness' NBER Working Paper, 2018.

[46] Demir F. Financial Liberalization, Private Investment and Portfolio Choice: Financialization of Real Sectors in Emerging Markets [J]. Journal of Development Economics, 2009, 88(2): 314-324.

[47] DiMaggio P. Culture and Cognition [J]. Annual Review of Sociology, 1997, 23(1): 263-287.

[48] Doherty N F, Terry M. The Role of IS Capabilities in Delivering Sustainable Improvements to Competitive Positioning [J]. The Journal of Strategic Information Systems, 2009, 18(2): 100-116.

[49] Dollinger M J, Golden P A, Saxton T. The Effect of Reputation on the Decision to Joint Venture [J]. Strategic Management Journal, 1997, 18(2): 127-140.

[50] Donaldson L. The Contingency Theory of Organizations [M]. Thousand Oaks: Sage, 2001.

[51] Duchin R, Ozbas O, Sensoy B A. Costly External Finance, Corporate Investment, and the Subprime Mortgage Credit Crisis [J]. Journal of Financial Economics,

2010, 97(3): 418-435.

[52]Duysters G, Lavie D, Sabidussi A, et al. What Drives Exploration? Convergence and Divergence of Exploration Tendencies Among Alliance Partners and Competitors [J]. Academy of Management Journal, 2020, 63(5): 1425-1454.

[53]Easterly W R. The Elusive Quest for Growth: Economists' Adventures and Misadventures in the Tropics [M]. Cambridge:MIT Press, 2002.

[54]Edwards J R, Lambert L S. Methods for Integrating Moderation and Mediation: A General Analytical Framework Using Moderated Path Analysis [J]. Psychological Methods, 2007, 12(1): 1-22.

[55]Einav L, Levin J. Economics in the Age of Big Data [J]. Science,2014, 346(6210): 715-721.

[56]Erhemjamts O, Raman K. The Role of Investment Bank Reputation and Relationships in Equity Private Placements [J]. Journal of Financial Research, 2012, 35(2): 183-210.

[57]Erickson M, Hanlon M, Maydew E L. How Much Will Firms Pay for Earnings That Do Not Exist? Evidence of Taxes Paid on Allegedly Fraudulent Earnings [J]. The Accounting Review, 2004, 79(2): 387-408.

[58]Fabrizi A, Guarini G, Meliciani V. Green Patents, Regulatory Policies and Research Network Policies [J]. Research Policy, 2018, 47(6): 1018-1031.

[59]Fan J P, Wei K J, Xu X. Corporate Finance and Governancein Emerging Markets: A Selective Review and an Agenda for Future Research [J]. Journal of Corporate Finance., 2011, 17(2): 207-214.

[60]Ferracuti E, Stubben S R. The Role of Financial Reporting in Resolving Uncertainty about Corporate Investment Opportunities [J]. Journal of Accounting and Economics, 2019, 68(2-3): 1-9.

[61]Fiegenbaum A, Thomas H. Strategic Groups as Reference Groups: Theory, Modeling and Empirical Examination of Industry and Competitive Strategy [J]. Strategic Management Journal, 1995, 16(6): 461-476.

[62]Fombrun C, Shanley M. What's in a Name? Reputation Building and Corporate Strategy [J]. Academy of Management Journal, 1990, 33(2): 233-258.

[63]Foster L, Haltiwanger J, Syverson C. Reallocation, Firm Turnover, and Efficiency: Selection on Productivity or Profitability? [J]. American Economic Review, 2008, 98(1): 394-425.

[64]Frankowiak M, Grosvenor R, Prickett P. A Review of the Evolution of Mi-

crocontroller-Based Machine and Process Monitoring [J]. International Journal of Machine Tools and Manufacture, 2005, 45(4-5): 573-582.

[65] Frynas J G, Mol M J, Mellahi K. Management Innovation Made in China: Haier's Rendanheyi [J]. California Management Review, 2018, 61(1): 71-93.

[66] Fukuda S I, Nakamura J I. Why Did 'Zombie' Firms Recover in Japan? [J]. The World Economy, 2011, 34(7): 1124-1137.

[67] Gatignon H, Xuereb J-M. Strategic Orientation of the Firm and New Product Performance [J]. Journal of Marketing Research, 1997, 34(1): 77-90.

[68] Giachetti C, Lanzolla G. Product Technology Imitation Over the Product Diffusion Cycle: Which Companies and Product Innovations Do Competitors Imitate More Quickly? [J]. Long Range Planning, 2016, 49(2): 250-264.

[69] Giannetti M, Ongena S. Financial Integration and Firm Performance: Evidence from Foreign Bank Entry in Emerging Markets [J]. Review of Finance, 2007, 13(2): 181-223.

[70] Gil-Garcia J R, Sayogo D S. Government Inter-Organizational Information Sharing Initiatives: Understanding the Main Determinants of Success [J]. Government Information Quarterly, 2016, 33(3): 572-582.

[71] Gormley T A. The Impact of Foreign Bank Entry in Emerging Markets: Evidence from India [J]. Journal of Financial Intermediation, 2010, 19(1): 26-51.

[72] Graham J R, Hanlon M, Shevlin T, et al. Incentives for Tax Planning and Avoidance: Evidence from the Field [J]. The Accounting Review, 2013, 89(3): 991-1023.

[73] Greene W H. Econometric Analysis [M]. New York: Pearson Education Limited, 2012.

[74] Greif A, Tabellini G. Cultural and Institutional Bifurcation: China and Europe Compared [J]. American Economic Review, 2010, 100(2): 135-140.

[75] Greif A, Tabellini G. The Clan and the Corporation: Sustaining Cooperation in China and Europe [J]. Journal of Comparative Economics, 2017, 45(1): 1-35.

[76] Gupta A, Misangyi V F. Follow the Leader (or not): The Influence of Peer CEOs' Characteristics on Interorganizational Imitation [J]. Strategic Management Journal, 2018, 39(5): 1437-1472.

[77] Hadlock C J, Pierce J R. New Evidence on Measuring Financial Constraints: Moving Beyond the KZ Index [J]. The Review of Financial Studies, 2010, 23(5): 1909-1940.

[78]Hajli M, Sims J M, Ibragimov V. Information Technology (IT) Productivity Paradox in the 21st Century [J]. International Journal of Productivity and Performance Management, 2015, 64(4): 457-478.

[79]Hakala H. Strategic Orientations in Management Literature: Three Approaches to Understanding the Interaction Between Market, Technology, Entrepreneurial and Learning Orientations [J]. International Journal of Management Reviews, 2011, 13(2): 199-217.

[80]Hammer M, Champy J. Reengineering the Corporation:A Manifesto for Business Revolution [M]. Zondervan Publishing House, 2009.

[81]Michael, H. Beyond Reengineering: How the Process Centered Organization is Changing Our Work and Our Lives [M]. Harper Collins Publishers, 1996.

[82]Hanlon M, Heitzman S. A Review of Tax Research [J]. Journal of Accounting and Economics, 2010, 50(2): 127-178.

[83]Hannan M T, Freeman J. Structural Inertia and Organizational Change [J]. American Sociological Review, 1984,49(2): 149-164.

[84]Hart O, Moore J. Foundations of Incomplete Contracts [J]. The Review of EconomicStudies, 1999, 66(1): 115-138.

[85]Havrylchyk O, Poncet S. Foreign Direct Investment in China: Reward or Remedy? [J]. The World Economy, 2007, 30(11): 1662-1681.

[86]Herbert T T. Strategy and Multinational Organization Structure: An Interorganizational Relationships Perspective [J]. Academy of Management Review, 1984, 9(2): 259-270.

[87]Hoopes J L, Mescall D, Pittman J A. Do IRS Audits Deter Corporate Tax Avoidance [J]. The Accounting Review, 2012, 87(5): 1603-1639.

[88]Hsieh C-T, Klenow P J. Misallocation and Manufacturing TFP in China and India [J]. The Quarterly Journal of Economics, 2009, 124(4): 1403-1448.

[89]Huang Y, Pagano M, Panizza U. Local Crowding-Out in China [J]. The Journal of Finance, 2020, 75(6): 2855-2898.

[90]J. Stigler G. The Citizen and the State:Essays on Regulation [M]. Chicago: University of Chicago Press, 1975.

[91]Jaffe A B, Palmer K. Environmental Regulation and Innovation: A Panel Data Study [J]. Review of Economics and Statistics, 1997, 79(4): 610-619.

[92]Jansen I P, Ramnath S, Yohn T L. A Diagnostic for Earnings Management Using Changes in Asset Turnover and Profit Margin [J]. Contemporary Accounting Re-

search, 2012, 29(1): 221-251.

[93] Jeong I, Pae J H, Zhou D. Antecedents and Consequences of the Strategic Orientations in New Product Development: The Case of Chinese Manufacturers [J]. Industrial Marketing Management, 2006, 35(3): 348-358.

[94] Julio B, Yook Y. Political Uncertainty and Corporate Investment Cycles [J]. The Journal of Finance, 2012, 67(1): 45-83.

[95] Kaplan S N, Zingales L. Do Investment-Cash Flow Sensitivities Provide Useful Measures of Financing Constraints? [J]. The Quarterly Journal of Economics, 1997, 112(1): 169-215.

[96] Katila R, Ahuja G. Something Old, Something New: A Longitudinal Study of Search Behavior and New Product Introduction [J]. Academy of Management Journal, 2002, 45(6): 1183-1194.

[97] Khan A. Financial Development and Economic Growth [J]. Macroeconomic Dynamics, 2001, 5(3): 413-433.

[98] Kim J-B, Li Y, Zhang L. Corporate Tax Avoidance and Stock Price Crash Risk: Firm-Level Analysis [J]. Journal of Financial Economics, 2011, 100(3): 639-662.

[99] Kindermann B, Beutel S, de Lomana G G, et al. Digital Orientation: Conceptualization and Operationalization of a New Strategic Orientation [J]. European Management Journal, 2021, 39(5): 645-657.

[100] Klefsjo B. Beyond Reengineering: How the Process-Centered Organization Is Changing Our Work and Our Lives [J]. Quality Progress, 1997, 30(5): 155.

[101] Kmieciak R, Michna A, Meczynska A. Innovativeness, Empowerment and IT Capability: Evidence from SMEs [J]. Industrial Management & Data Systems, 2012, 112(5): 707-728.

[102] Ko H, Chung Y, Woo C. Choice of R&D Strategy and Asymmetric Cost Behaviour [J]. Technology Analysis & Strategic Management, 2021, 33(9): 1022-1035.

[103] Kothari S P, Leone A J, Wasley C E. Performance Matched Discretionary Accrual Measures [J]. Journal of Accounting and Economics, 2005, 39(1): 163-197.

[104] Kunz V D, Warren L. From Innovation to Market Entry: A Strategic Management Model for New Technologies [J]. Technology Analysis & Strategic Management, 2011, 23(4): 345-366.

[105] Kusiak A. Smart Manufacturing Must Embrace Big Data [J]. Nature,

2017, 544(7648): 23-25.

[106]La Ferrara E, Chong A, Duryea S. Soap Operas and Fertility: Evidence from Brazil [J]. American Economic Journal: Applied Economics, 2012, 4(4): 1-31.

[107]Lamarche C. Robust Penalized Quantile Regression Estimation for Panel Data [J]. Journal of Econometrics, 2010, 157(2): 396-408.

[108]Larrain M, Stumpner S. Capital Account Liberalization and Aggregate Productivity: The Role of Firm Capital Allocation [J]. The Journal of Finance, 2017, 72(4): 1825-1858.

[109]Lau C-M, Yiu D W, Yeung P-K, et al. Strategic Orientation of High-Technology Firms in a Transitional Economy [J]. Journal of Business Research, 2008, 61(7): 765-777.

[110]Lerch C, Gotsch M. Digitalized Product-Service Systems in Manufacturing Firms: A Case Study Analysis [J]. Research-Technology Management, 2015, 58(5): 45-52.

[111]Letaifa S B. How to Strategize Smart Cities: Revealing the SMART Model [J]. Journal of Business Research, 2015, 68(7): 1414-1419.

[112]Leuz C, Wysocki P D. The Economics of Disclosure and Financial Reporting Regulation: Evidence and Suggestions for Future Research [J]. Journal of Accounting Research, 2016, 54(2): 525-622.

[113]Liberti J M, Petersen M A. Information: Hard and Soft [J]. Review of Corporate Finance Studies, 2019, 8(1): 1-41.

[114]Lowry M, Michaely R, Volkova E. Initial Public Offerings: A Synthesis of The Literature and Directions For Future Research [J]. Foundations and Trends in Finance, 2017, 11(3/4): 154-320.

[115]M A S J. Digital @ Scale: The Playbook You Need to Transform Your Company [M]. New York: WILEY, 2017.

[116]Machado J A, Silva J S. Quantiles Via Moments [J]. Journal of Econometrics, 2019, 213(1): 145-173.

[117]MacKay R B, Chia R. Choice, Chance, and Unintended Consequences in Strategic Change: A Process Understanding of the Rise and Fall of Northco Automotive [J]. Academy of Management Journal, 2013, 56(1): 208-230.

[118]Mamonov S, Peterson R. The Role of IT in Organizational Innovation-A Systematic Literature Review [J]. The Journal of Strategic Information Systems, 2021, 30(4): 101696.

[119] Marquis C, Bird Y. The Paradox of Responsive Authoritarianism: How Civic Activism Spurs Environmental Penalties in China [J]. Organization Science, 2018, 29(5): 948-968.

[120] Massini S, Lewin A Y, Greve H R. Innovators and Imitators: Organizational Reference Groups and Adoption of Organizational Routines [J]. Research Policy, 2005, 34(10): 1550-1569.

[121] McNeal R, Schmeida M, Hale K. E-disclosure Laws and Electronic Campaign Finance Reform: Lessons from the Diffusion of E-Government Policies in the States [J]. Government Information Quarterly, 2007, 24(2): 312-325.

[122] McNichols M F, Stubben S R. Does Earnings Management Affect Firms' Investment Decisions? [J]. The Accounting Review, 2008, 83(6): 1571-1603.

[123] Meijer A, Bolívar M P R. Governing the Smart City: A Review of the Literature on Smart Urban Governance [J]. Revue Internationale Des Sciences Administratives, 2016, 82(2): 417-435.

[124] Meyer J W, Rowan B. Institutionalized Organizations: Formal Structure as Myth and Ceremony [J]. American Journal of Sociology, 1977, 83(2): 340-363.

[125] Mikalef P, Pateli A. Information Technology-Enabled Dynamic Capabilities and Their Indirect Effect on Competitive Performance: Findings from PLS-SEM and Fsqca [J]. Journal of Business Research, 2017, 70(1): 1-16.

[126] Miles R E, Snow C C, Meyer A D, et al. Organizational Strategy, Structure, and Process [J]. Academy of Management Review, 1978, 3(3): 546-562.

[127] Mithas S, Krishnan M S, Fornell C. Why Do Customer Relationship Management Applications Affect Customer Satisfaction? [J]. Journal of Marketing, 2005, 69(4): 201-209.

[128] Moll B. Productivity Losses from Financial Frictions: Can Self-Financing Undo Capital Misallocation? [J]. American Economic Review, 2014, 104(10): 3186-3221.

[129] Morris S, Shin H S. Unique Equilibrium in a Model of Self-Fulfilling Currency Attacks [J]. The American Economic Review, 1998, 88(3): 587-597.

[130] Mu J, Di Benedetto C A. Strategic Orientations and New Product Commercialization: Mediator, Moderator, and Interplay [J]. R&D Management, 2011, 41(4): 337-359.

[131] Muller N Z, Mendelsohn R, Nordhaus W. Environmental Accounting for Pollution in the United States Economy [J]. American Economic Review, 2011, 101

(5): 1649-1675.

[132]Noble C H, Sinha R K, Kumar A. Market Orientation and Alternative Strategic Orientations: A Longitudinal Assessment of Performance Implications [J]. Journal of Marketing, 2002, 66(4): 25-39.

[133]O'Connor G C, Rice M P. A Comprehensive Model of Uncertainty Associated with Radical Innovation [J]. Journal of Product Innovation Management, 2013, 30(S1): 2-18.

[134]Orhangazi Ö. Financialisation and Capital Accumulation in the Non-Financial Corporate Sector: A Theoretical and Empirical Investigation on the US Economy: 1973-2003 [J]. Cambridge Journal of Economics, 2008, 32(6): 863-886.

[135]Palmer K, Oates W E, Portney P R. Tightening Environmental Standards: The Benefit-Cost or the No-Cost Paradigm? [J]. Journal of Economic Perspectives, 1995, 9(4): 119-132.

[136]Pandey N, Pal A. Impact of Digital Surge During Covid-19 Pandemic: A Viewpoint on Research and Practice [J]. International Journal of Information Management, 2020, 55: 102171.

[137]Parmigiani A, Rivera-Santos M. Clearing A Path Through the Forest: A Meta-Review of Interorganizational Relationships [J]. Journal of Management, 2011, 37(4): 1108-1136.

[138]Peltzman S. Toward A More General Theory of Regulation [J]. The Journal of Law and Economics, 1976, 19(2): 211-240.

[139]Peng Y. When Formal Laws and Informal Norms Collide: Lineage Networks Versus Birth Control Policy in China [J]. American Journal of Sociology, 2010, 116(3): 770-805.

[140]Piotroski J D, Wong T. Institutions and Information Environment of Chinese Listed Firms [M]. Capitalizing China:University of Chicago Press,2012.

[141]Pittman J A, Fortin S. Auditor Choice and the Cost of Debt Capital for Newly Public Firms [J]. Journal of Accounting and Economics, 2004, 37(1): 113-136.

[142]Plantin G. Shadow Banking and Bank Capital Regulation [J]. The Review of Financial Studies, 2014, 28(1): 146-175.

[143]Popa S, Soto-Acosta P, Loukis E. Analyzing the Complementarity of Web Infrastructure and Einnovation for Business Value Generation [J]. Program, 2016, 50(1): 118-134.

[144]Popp D. International Innovation and Diffusion of Air Pollution Control Tech-

nologies: The Effects of Nox and SO_2 Regulation in the Us, Japan, and Germany [J]. Journal of Environmental Economics and Management, 2006, 51(1): 46-71.

[145] Porter M E, Heppelmann J E. How Smart, Connected Products are Transforming Competition [J]. Harvard Business Review, 2014, 92(11): 64-88.

[146] Powell D. Quantile Treatment Effects in the Presence of Covariates [J]. Review of Economics and Statistics, 2020, 102(5): 994-1005.

[147] Powell W W, Koput K W, Smith-Doerr L. Interorganizational Collaboration and the Locus of Innovation: Networks of Learning in Biotechnology [J]. Administrative Science Quarterly, 1996: 116-145.

[148] Queiroz M, Tallon P P, Coltman T, et al. Aligning the It Portfolio with Business Strategy: Evidence for Complementarity of Corporate and Business Unit Alignment [J]. The Journal of Strategic Information Systems, 2020, 29(3): 101623.

[149] Quinton S, Canhoto A, Molinillo S, et al. Conceptualising a Digital Orientation: Antecedents of Supporting SME Performance in the Digital Economy [J]. Journal of Strategic Marketing, 2018, 26(5): 427-439.

[150] Rajgopal S, Venkatachalam M. Financial Reporting Quality and Idiosyncratic Return Volatility [J]. Journal of Accounting and Economics, 2011, 51(1-2): 1-20.

[151] Ravichandran T. Exploring the Relationships Between IT Competence, Innovation Capacity and Organizational Agility [J]. The Journal of Strategic Information Systems, 2018, 27(1): 22-42.

[152] Roberts P W, Dowling G R. Corporate Reputation and Sustained Superior Financial Performance [J]. Strategic Management Journal, 2002, 23(12): 1077-1093.

[153] Rochet J C, Tirole J. Tying in Two-Sided Markets and the Honor All Cards Rule [J]. International Journal of Industrial Organization, 2008, 26(6): 1333-1347.

[154] Roychowdhury S, Shroff N, Verdi R S. The Effects of Financial Reporting and Disclosure on Corporate Investment: A Review [J]. Journal of Accounting and Economics, 2019, 68(2-3): 101246.

[155] Saebi T, Lien L, Foss N J. What Drives Business Model Adaptation? The Impact of Opportunities, Threats and Strategic Orientation [J]. Long Range Planning, 2017, 50(5): 567-581.

[156] Schreyögg G, Sydow J. Organizational Path Dependence: A Process View [J]. Organization Studies, 2011, 32(3): 321-335.

[157] Schweiger S A, Stettler T R, Baldauf A, et al. The Complementarity of Strategic Orientations: A Meta-Analytic Synthesis and Theory Extension [J]. Strategic

Management Journal, 2019, 40(11): 1822-1851.

[158]Semadeni M, Anderson B S. The Follower's Dilemma: Innovation and Imitation in the Professional Services Industry [J]. Academy of Management Journal, 2010, 53(5): 1175-1193.

[159]Setia P, Setia P, Venkatesh V, et al. Leveraging Digital Technologies: How Information Quality Leads to Localized Capabilities and Customer Service Performance [J]. MIS Quarterly, 2013,37(2): 565-590.

[160]Shamsie J. The Context of Dominance: An Industry-Driven Framework for Exploiting Reputation [J]. Strategic Management Journal, 2003, 24(3): 199-215.

[161]Shevlin T, Shivakumar L, Urcan O. Macroeconomic Effects of Corporate Tax Policy [J]. Journal of Accounting and Economics, 2019, 68(1): 101233.

[162]Shi B, Feng C, Qiu M, et al. Innovation Suppression and Migration Effect: The Unintentional Consequences of Environmental Regulation [J]. China Economic Review, 2018, 49: 1-23.

[163]Simerly R L. An Empirical Examination of The Relationship Between Management and Corporate Social Performance [J]. The International Journal of Management, 2003, 20(3): 353-359.

[164]Smith C W, Stulz R M. The Determinants of Firms' Hedging Policies [J]. Journal of Financial and Quantitative Analysis, 1985, 20(4): 391-405.

[165]Solow R M. Technical Change and the Aggregate Production Function [J]. The Review of Economics and Statistics, 1957, 39(3): 312-320.

[166]Soto-Acosta P. COVID-19 Pandemic: Shifting Digital Transformation to A High-Speed Gear [J]. Information Systems Management, 2020, 37(4): 260-266.

[167]Srinivasan R, Haunschild P, Grewal R. Vicarious Learning in New Product Introductions in the Early Years of a Converging Market [J]. Management Science, 2007, 53(1): 16-28.

[168]Stiglitz J E. The Role of the State in Financial Markets [J]. The World Bank Economic Review, 1993, 7(1): 19-52.

[169]Syverson C. Product Substitutability and Productivity Dispersion [J]. Review of Economics and Statistics, 2004, 86(2): 534-550.

[170]Teoh S H, Welch I, Wong T J. Earnings Management and the Long-Run Market Performance of Initial Public Offerings [J]. The Journal of Finance, 1998, 53(6): 1935-1974.

[171] Tirole J. The Theory of Industrial Organization [M]. Cambridge: MIT

Press, 1988.

[172] Tiwana A. Evolutionary Competition in Platform Ecosystems [J]. Information Systems Research, 2015, 26(2): 266-281.

[173] Wales W, Beliaeva T, Shirokova G, et al. Orienting Toward Sales Growth? Decomposing the Variance Attributed to Three Fundamental Organizational Strategic Orientations [J]. Journal of Business Research, 2020, 109(C): 498-510.

[174] Wallsten S. The Competitive Effects of the Sharing Economy: How Is Uber Changing Taxis [J]. Quarterly Journal of Economics, 2015, 122(2): 1-21.

[175] Wang H-J, Ho C-W. Estimating Fixed-Effect Panel Stochastic Frontier Models by Model Transformation [J]. Journal of Econometrics, 2010, 157 (2): 286-296.

[176] Wang P. Chasing the Hottest IT: Effects of Information Technology Fashion on Organizations [J]. MIS Quarterly, 2010, 34(1): 63-85.

[177] Waymire G B, Basu S. Accounting Is an Evolved Economic Institution [J]. Foundations and Trends(R) in Accounting, 2008, 2(1-2): 1-174.

[178] Whited T M, Wu G. Financial Constraints Risk [J]. The Review of Financial Studies, 2006, 19(2): 531-559.

[179] Wiedner R, Barrett M, Oborn E. The Emergence of Change in Unexpected Places: Resourcing Across Organizational Practices in Strategic Change [J]. Academy of Management Journal, 2017, 60(3): 823-854.

[180] Williams C, Lee S H. Resource Allocations, Knowledge Network Characteristics and Entrepreneurial Orientation of Multinational Corporations [J]. Research Policy, 2009, 38(8): 1376-1387.

[181] Wilson C. A Model of Insurance Markets With Incomplete Information [J]. Journal of Economic Theory, 1977, 16(2): 167-207.

[182] Wu J, Jeon B N, Luca A C. Foreign Bank Penetration, Resource Allocation and Economic Growth: Evidence from Emerging Economies [J]. Journal of Economic Integration, 2010, 25(1): 166-192.

[183] Wu L, Hitt L, Lou B. Data Analytics, Innovation, and Firm Productivity [J]. Management Science, 2020, 66(5): 2017-2039.

[184] Xiao K. Monetary Transmission Through Shadow Banks [J]. The Review of Financial Studies, 2019, 33(6): 2379-2420.

[185] Yeow A, Soh C, Hansen R. Aligning With New Digital Strategy: A Dynamic Capabilities Approach [J]. The Journal of Strategic Information Systems, 2018, 27

(1): 43-58.

[186]Yu M, Debo L, Kapuscinski R. Strategic Waiting for Consumer-Generated Quality Information: Dynamic Pricing of New Experience Goods [J]. Management Science, 2016, 62(2): 410-435.

[187] Yuan B, Xiang Q. Environmental Regulation, Industrial Innovation and Green Development of Chinese Manufacturing: Based on an Extended CDM Model [J]. Journal of Cleaner Production, 2018, 176(13): 895-908.

[188]Zhang C. Clans, Entrepreneurship, and Development of the Private Sector in China [J]. Journal of Comparative Economics, 2020, 48(1): 100-123.

[189]Zhang M J, Lado A A. Information Systems and Competitive Advantage: A Competency-Based View [J]. Technovation, 2001, 21(3): 147-156.

[190]Zhong T, Sun F, Zhou H, et al. Business Strategy, State-Owned Equity and Cost Stickiness: Evidence from Chinese Firms [J]. Sustainability, 2020, 12(5): 1-21.

[191]Zott C, Amit R, Massa L. The Business Model: Recent Developments and Future Research [J]. Journal of Management, 2011, 37(4): 1019-1042.

二、中文部分

[192]埃森哲. 2020年中国企业数字转型指数研究 [R]. 2020.

[193]蔡春花, 刘伟, 江积海. 商业模式场景化对价值创造的影响——天虹股份2007—2018年数字化转型纵向案例研究 [J]. 南开管理评论, 2020(3): 98-108.

[194]蔡昉, 陈晓红, 张军, 等. 研究阐释党的十九届五中全会精神笔谈 [J]. 中国工业经济, 2020(12): 5-27.

[195]曹平, 张伟伟. "去杠杆"政策抑制国有企业创新了吗? ——兼议后疫情时期"去杠杆" [J]. 技术经济, 2021(12): 25-36.

[196]池仁勇. 区域中小企业创新网络的结点联结及其效率评价研究[J]. 管理世界, 2001(1):105-112.

[197]陈春花, 朱丽, 钟皓, 等. 中国企业数字化生存管理实践视角的创新研究 [J]. 管理科学学报, 2019(10): 1-8.

[198]陈冬华, 胡晓莉, 梁上坤, 等. 宗教传统与公司治理 [J]. 经济研究, 2013(9): 71-84.

[199]陈冬梅, 王俐珍, 陈安霓. 数字化与战略管理理论——回顾、挑战与展望 [J]. 管理世界, 2020(5): 220-236.

[200]陈剑，黄朔，刘运辉. 从赋能到使能——数字化环境下的企业运营管理［J］. 管理世界，2020(2)：117-128.

[201]陈丽君，杨宇. 构建多元信用监管模式的思考［J］. 宏观经济管理，2018(12)：45-54.

[202]陈诗一. 节能减排与中国工业的双赢发展:2009—2049［J］. 经济研究，2010(3)：129-143.

[203]陈石，陈晓红. “两化融合”与企业效益关系研究——基于所有制视角的门限回归分析［J］. 财经研究，2013(1)：103-111.

[204]陈收，蒲石，方颖，等. 数字经济的新规律［J］. 管理科学学报，2021(8)：36-47.

[205]陈晓红，李杨扬，宋丽数字经济理论体系与研究展望［J］. 管理世界，2022(2)：208-224.

[206]陈振明. 新场景与新思考:新发展阶段的公共治理前瞻［J］. 国家治理，2020 (33)：18-23.

[207]成琼文，丁红乙. 税收优惠对资源型企业数字化转型的影响研究［J］. 管理学报，2022(8)：1125-1133.

[208]池毛毛，叶丁菱，王俊晶，等. 我国中小制造企业如何提升新产品开发绩效——基于数字化赋能的视角［J］. 南开管理评论，2020(3)：63-75.

[209]崔萌，孟庆国，吴晶妹，等. 考虑大数据辅助市场信用监管的演化博弈分析［J］. 宏观经济研究，2020 (11)：102-115.

[210]戴维奇，刘洋，廖明情. 烙印效应:民营企业谁在“不务正业”?［J］. 管理世界，2016(5)：99-115.

[211]戴亦一，肖金利，潘越. “乡音”能否降低公司代理成本?——基于方言视角的研究［J］. 经济研究，2016(12)：147-160.

[212]杜传忠，杨志坤. 我国信息化与工业化融合水平测度及提升路径分析［J］. 中国地质大学学报(社会科学版)，2015(3)：84-97.

[213]杜勇，谢瑾，陈建英. CEO 金融背景与实体企业金融化［J］. 中国工业经济，2019(5)：136-154.

[214]方军雄. 市场化进程与资本配置效率的改善［J］. 经济研究，2006 (5)：50-61.

[215]傅元海，叶祥松，王展祥. 制造业结构变迁与经济增长效率提高［J］. 经济研究，2016(8)：86-100.

[216]高孟立. 双元学习与服务创新绩效关系的实证研究——组织冗余与战略柔性的调节作用［J］. 科技管理研究，2017(14)：202-212.

[217]葛宝山，谭凌峰，生帆，等.创新文化、双元学习与动态能力关系研究［J］.科学学研究，2016(4)：630-640.

[218]龚关，胡关亮.中国制造业资源配置效率与全要素生产率［J］.经济研究，2013(4)：4-15.

[219]郭家堂，骆品亮.互联网对中国全要素生产率有促进作用吗？［J］.管理世界，2016（10）：34-49.

[220]郭云南，姚洋，Foltz J. 宗族网络与村庄收入分配［J］.管理世界，2014(1)：73-89.

[221]郝项超，梁琪，李政.融资融券与企业创新：基于数量与质量视角的分析［J］.经济研究，2018(6)：127-141.

[222]何帆，刘红霞.数字经济视角下实体企业数字化变革的业绩提升效应评估［J］.改革，2019(4)：137-148.

[223]何小钢，梁权熙，王善骝.信息技术、劳动力结构与企业生产率——破解"信息技术生产率悖论"之谜［J］.管理世界，2019(9)：65-80.

[224]贺正楚，潘红玉，寻舸，等.高端装备制造企业发展模式变革趋势研究［J］.管理世界，2013(10)：178-179.

[225]洪荭，陈晓芳，胡华夏，等.产业政策与企业成本黏性——基于资源配置视角［J］.会计研究，2021（1）：112-131.

[226]胡楠，薛付婧，王昊楠.管理者短视主义影响企业长期投资吗？——基于文本分析和机器学习［J］.管理世界，2021(5)：139-156.

[227]胡媛媛，陈守明，仇方君.企业数字化战略导向、市场竞争力与组织韧性［J］.中国软科学，2021(S1)：214-225.

[228]黄大禹，谢获宝，孟祥瑜，等.数字化转型与企业价值——基于文本分析方法的经验证据［J］.经济学家，2021（12）：41-51.

[229]黄璜，成照根."互联网+监管"：政策演变与模式划分［J］.电子政务，2019(7)：68-78.

[230]黄玖立，冼国明.金融发展、FDI与中国地区的制造业出口［J］.管理世界，2010(7)：8-17.

[231]黄丽华，朱海林，刘伟华，等.企业数字化转型和管理：研究框架与展望［J］.管理科学学报，2021(8)：26-35.

[232]黄群慧，余泳泽，张松林.互联网发展与制造业生产率提升：内在机制与中国经验［J］.中国工业经济，2019(8)：5-23.

[233]黄速建.中国工业企业在应对国际金融危机中的表现［J］.经济管理，2010(5)：1-10.

[234]黄先海，金泽成，余林徽. 要素流动与全要素生产率增长：来自国有部门改革的经验证据[J]. 经济研究，2017(12)：62-75.

[235]江伟，胡玉明. 企业成本费用黏性：文献回顾与展望［J］. 会计研究，2011 (9)：74-79.

[236]靳庆鲁，孔祥，侯青川. 货币政策、民营企业投资效率与公司期权价值［J］. 经济研究，2012(5)：96-106.

[237]康俊卿，曾燕，陈夙雨，等. 重大突发公共事件下的电商平台应对举措——论电商平台救助入驻企业的最优策略与救助效益［J］. 系统工程理论与实践，2022(2)：345-367.

[238]寇宗来，刘学悦. 中国企业的专利行为：特征事实以及来自创新政策的影响［J］. 经济研究，2020(3)：83-99.

[239]赖晓冰，岳书敬. 智慧城市试点促进了企业数字化转型吗？——基于准自然实验的实证研究［J］. 外国经济与管理，2022(10)：117-133.

[240]蓝志勇，吴件. 电商时代的协同监管理论之探［J］. 中国行政管理，2021 (6)：37-43.

[241]黎来芳，张伟华，陆琪睿. 会计信息质量对民营企业债务融资方式的影响研究——基于货币政策的视角［J］. 会计研究，2018(4)：66-72.

[242]李柏洲，尹士. 数字化转型背景下ICT企业生态伙伴选择研究——基于前景理论和场理论［J］. 管理评论，2020(5)：165-179.

[243]李东红. 数字化转型的五大陷阱［J］. 中国经济报告，2019 (2)：54-57.

[244]李刚，黄思枫. 全球新冠疫情背景下我国中小企业生存与发展对策研究——基于数字化转型和商业模式升级应对策略分析［J］. 价格理论与实践，2020(7)：13-16.

[245]李海舰，李燕. 对经济新形态的认识：微观经济的视角［J］. 中国工业经济，2020(12)：159-177.

[246]李海舰，田跃新，李文杰. 互联网思维与传统企业再造［J］. 中国工业经济，2014(10)：135-146.

[247]李坤望，蒋为. 市场进入与经济增长——以中国制造业为例的实证分析［J］. 经济研究，2015(5)：48-60.

[248]李雷，杨水利，陈娜. 数字化转型对企业投资效率的影响研究［J］. 软科学，2022(11)：1-11.

[249]李婉红，王帆. 智能化转型、成本黏性与企业绩效——基于传统制造企业的实证检验［J］. 科学学研究，2022(1)：91-102.

[250]李晓钟，黄蓉. 工业4.0背景下我国纺织产业竞争力提升研究——基于

纺织产业与电子信息产业融合视角 [J]. 中国软科学, 2018(2): 21-31.

[251]李艳, 杨汝岱. 地方国企依赖、资源配置效率改善与供给侧改革 [J]. 经济研究, 2018(2): 80-94.

[252]李勇坚. 中小企业数字化转型:理论逻辑、现实困境和国际经验 [J]. 人民论坛・学术前沿, 2022(18): 37-51.

[253]梁上坤. 管理者过度自信、债务约束与成本黏性 [J]. 南开管理评论, 2015(3): 122-131.

[254]林建浩, 吴冰燕, 李仲达. 家庭融资中的有效社会网络:朋友圈还是宗族? [J]. 金融研究, 2016(1): 130-144.

[255]刘冲, 刘莉亚, 李庆宸. "排斥"还是"包容":传统宗族文化与现代银行发展 [J]. 经济研究, 2021(4): 110-125.

[256]刘诗源, 林志帆, 冷志鹏. 税收激励提高企业创新水平了吗? ——基于企业生命周期理论的检验 [J]. 经济研究, 2020(6): 105-121.

[257]刘淑春, 闫津臣, 张思雪, 等. 企业管理数字化变革能提升投入产出效率吗 [J]. 管理世界, 2021(5): 170-190.

[258]刘淑春. 数字政府战略意蕴、技术构架与路径设计——基于浙江改革的实践与探索 [J]. 中国行政管理, 2018(9): 37-45.

[259]刘淑春. 中国数字经济高质量发展的靶向路径与政策供给 [J]. 经济学家, 2019(6): 52-61.

[260]刘武. 企业费用"黏性"行为:基于行业差异的实证研究 [J]. 中国工业经济, 2006(12):105-112.

[261]刘亚平, 苏娇妮. 中国市场监管改革 70 年的变迁经验与演进逻辑 [J]. 中国行政管理, 2019(5): 15-21.

[262]刘洋, 董久钰, 魏江. 数字创新管理:理论框架与未来研究 [J]. 管理世界, 2020(7): 198-217.

[263]卢宝周, 尹振涛, 张妍. 传统企业数字化转型过程与机制探索性研究 [J]. 科研管理, 2022(4): 83-93.

[264]罗珉, 李亮宇. 互联网时代的商业模式创新:价值创造视角 [J]. 中国工业经济, 2015(1): 95-107.

[265]罗仲伟, 陆可晶. 转危为机:运用数字技术加速中小企业群体性转型升级 [J]. 价格理论与实践, 2020 (6): 10-16.

[266]马述忠,张洪胜. 集群商业信用与企业出口——对中国出口扩张奇迹的一种解释[J]. 经济研究,2017(1):13-26.

[267]马赛, 李晨溪. 基于悖论管理视角的老字号企业数字化转型研究——以

张弓酒业为例 [J]. 中国软科学, 2020(4): 184-192.

[268]毛基业, 王伟. 管理信息系统与企业的不接轨以及调适过程研究 [J]. 管理世界, 2012(8): 147-160.

[269]南晓莉, 张敏. 政府补助是否强化了战略性新兴产业的成本黏性? [J]. 财经研究, 2018(8): 114-127.

[270]潘红波, 陈世来.《劳动合同法》、企业投资与经济增长 [J]. 经济研究, 2017(4): 92-105.

[271]潘越, 宁博, 纪翔阁, 等. 民营资本的宗族烙印: 来自融资约束视角的证据 [J]. 经济研究, 2019(7): 94-110.

[272]潘越, 翁若宇, 纪翔阁, 等. 宗族文化与家族企业治理的血缘情结 [J]. 管理世界, 2019(7): 116-135.

[273]裴长洪, 倪江飞, 李越. 数字经济的政治经济学分析 [J]. 财贸经济, 2018(9): 5-22.

[274]戚聿东, 肖旭. 数字经济时代的企业管理变革 [J]. 管理世界, 2020(6): 135-152.

[275]阮荣平, 郑风田. 市场化进程中的宗族网络与乡村企业 [J]. 经济学(季刊), 2013(1): 331-356.

[276]邵敏, 包群. 政府补贴与企业生产率——基于我国工业企业的经验分析 [J]. 中国工业经济, 2012(7): 70-82.

[277]申广军, 姚洋, 钟宁桦. 民营企业融资难与我国劳动力市场的结构性问题 [J]. 管理世界, 2020(2): 41-58.

[278]沈国兵, 袁征宇. 互联网化、创新保护与中国企业出口产品质量提升 [J]. 世界经济, 2020(11): 127-151.

[279]施炳展, 李建桐. 互联网是否促进了分工: 来自中国制造业企业的证据 [J]. 管理世界, 2020(4): 130-149.

[280]苏治, 荆文君, 孙宝文. 分层式垄断竞争: 互联网行业市场结构特征研究——基于互联网平台类企业的分析 [J]. 管理世界, 2018(4): 80-100.

[281]孙耀吾, 翟翌, 顾荃. 服务主导逻辑下移动互联网创新网络主体耦合共轭与价值创造研究[J]. 中国工业经济, 2013 (10): 147-159.

[282]孙元元, 张建清. 中国制造业省际间资源配置效率演化: 二元边际的视角 [J]. 经济研究, 2015(10): 89-103.

[283]谭德凯, 田利辉. 民间金融发展与企业金融化 [J]. 世界经济, 2021(3): 61-85.

[284]谭语嫣, 谭之博, 黄益平, 等. 僵尸企业的投资挤出效应: 基于中国工业

企业的证据［J］. 经济研究，2017(5)：175-188.

［285］万兴，杨晶. 互联网平台选择、纵向一体化与企业绩效［J］. 中国工业经济，2017 (7)：156-174.

［286］王俊豪. 中国特色政府监管理论体系：需求分析、构建导向与整体框架［J］. 管理世界，2021(2)：148-164.

［287］王春云，王亚菲. 数字化资本回报率的测度方法及应用［J］. 数量经济技术经济研究，2019(12)：123-144.

［288］王化成，刘俊勇. 企业业绩评价模式研究——兼论中国企业业绩评价模式选择［J］. 管理世界，2004(4)：82-91.

［289］王辉，忻蓉，徐淑英. 中国企业 CEO 的领导行为及对企业经营业绩的影响［J］. 管理世界，2006(4)：87-96.

［290］王开科，吴国兵，章贵军. 数字经济发展改善了生产效率吗［J］. 经济学家，2020(10)：24-34.

［291］王垒，曲晶，赵忠超，等. 组织绩效期望差距与异质机构投资者行为选择：双重委托代理视角［J］. 管理世界，2020(7)：132-153.

［292］王永钦，李蔚，戴芸. 僵尸企业如何影响了企业创新？——来自中国工业企业的证据［J］. 经济研究，2018(11)：99-114.

［293］韦彬，林丽玲. 网络食品安全监管：碎片化样态、多维诱因和整体性治理［J］. 中国行政管理，2020 (12)：27-32.

［294］魏江，应瑛，刘洋. 研发网络分散化，组织学习顺序与创新绩效：比较案例研究［J］. 管理世界，2014(2)：137-151.

［295］吴群. 传统企业互联网化发展的基本思路与路径［J］. 经济纵横，2017 (1)：57-61.

［296］夏清华，娄汇阳. 基于商业模式刚性的商业模式创新仿真——传统企业与互联网企业比较［J］. 系统工程理论与实践，2018(11)：2776-2792.

［297］肖静华. 企业跨体系数字化转型与管理适应性变革［J］. 改革，2020 (4)：37-49.

［298］肖旭，戚聿东. 产业数字化转型的价值维度与理论逻辑［J］. 改革，2019(8)：61-70.

［299］谢洪明，葛志良，王成. 社会资本、组织学习与组织创新的关系研究［J］. 管理工程学报，2008(1)：5-10.

［300］徐政，丁守海，曾丹. 美国加征进口关税对中国企业出口的影响——基于出口企业的生产动态视角［J］. 系统工程，2021(6)：34-47.

［301］许恒，张一林，曹雨佳. 数字经济、技术溢出与动态竞合政策［J］. 管理

世界, 2020(11): 63-84.

[302]薛昱，雷家骕，曲麒富，等. 管理方法的革命:以钱学森总体设计部助推国家治理体系与治理能力现代化 [J]. 中国软科学, 2020(12): 145-152.

[303]杨德明，刘泳文. “互联网+”为什么加出了业绩 [J]. 中国工业经济, 2018(5): 80-98.

[304]杨蕙馨，焦勇，陈庆江. 两化融合与内生经济增长 [J]. 经济管理, 2016(1): 1-9.

[305]杨其静. 企业成长:政治关联还是能力建设? [J]. 经济研究, 2011(10): 54-66.

[306]叶广宇，赵文丽，黄胜. 服务特征对外国市场进入模式选择的影响:一个研究述评 [J]. 经济管理, 2019(11): 193-208.

[307]叶松勤，凌方，廖飞梅. 混合所有制、政府控制层级与企业费用黏性 [J]. 科研管理, 2020(1): 202-210.

[308]尤尔根·梅菲特,沙莎. 从1到N:企业数字化生存指南[M]. 上海;上海交通大学出版社,2018.

[309]于连超，张卫国，毕茜. 环境执法监督对企业绿色创新的影响 [J]. 财经理论与实践, 2019(3): 127-134.

[310]余淼杰，金洋，张睿. 工业企业产能利用率衡量与生产率估算 [J]. 经济研究, 2018(5): 56-71.

[311]余明桂，范蕊，钟慧洁. 中国产业政策与企业技术创新 [J]. 中国工业经济, 2016(12): 5-22.

[312]郁芸君，张一林，彭俞超. 监管规避与隐性金融风险 [J]. 经济研究, 2021(4): 93-109.

[313]袁淳，肖土盛，耿春晓，等. 数字化转型与企业分工:专业化还是纵向一体化 [J]. 中国工业经济, 2021 (9): 137-155.

[314]袁振超，饶品贵. 会计信息可比性与投资效率 [J]. 会计研究, 2018(6): 39-46.

[315]张成思，张步昙. 中国实业投资率下降之谜:经济金融化视角 [J]. 经济研究, 2016(12): 32-46.

[316]张琦，郑瑶，孔东民. 地区环境治理压力、高管经历与企业环保投资——一项基于《环境空气质量标准(2012)》的准自然实验 [J]. 经济研究, 2019(6): 183-198.

[317]张新民，陈德球. 移动互联网时代企业商业模式、价值共创与治理风险——基于瑞幸咖啡财务造假的案例分析 [J]. 管理世界, 2020(5): 74-86.

[318]赵兴庐，张建琦，刘衡. 能力建构视角下资源拼凑对新创企业绩效的影响过程研究［J］. 管理学报，2016(10)：1518-1524.

[319]周开国，卢允之，杨海生. 融资约束、创新能力与企业协同创新［J］. 经济研究，2017(7)：94-108.

[320]周楷唐，麻志明，吴联生. 高管学术经历与公司债务融资成本［J］. 经济研究，2017(7)：169-183.

[321]周亚虹，许玲丽. 民营企业 R&D 投入对企业业绩的影响——对浙江省桐乡市民营企业的实证研究［J］. 财经研究，2007 (7)：102-112.

[322]周中胜，陈汉文. 会计信息透明度与资源配置效率［J］. 会计研究，2008(12)：56-62.

[323]朱武祥，张平，李鹏飞，等. 疫情冲击下中小微企业困境与政策效率提升——基于两次全国问卷调查的分析［J］. 管理世界，2020(4)：13-26.

[324]诸竹君，黄先海，余骁. 金融业开放与中国制造业竞争力提升［J］. 数量经济技术经济研究，2018(3)：114-131.

[325]诸竹君，陈航宇，王芳. 银行业外资开放与中国企业创新陷阱破解［J］. 中国工业经济，2020(10)：175-192.

[326]诸竹君，黄先海，王毅. 外资进入与中国式创新双低困境破解［J］. 经济研究，2020(5)：99-115.